El camaleón

Planeta

El camaleón
La invención de Donald Trump
Maggie Haberman

Traducción de Àlex Guàrdia Berdiell

⊕ Planeta

Obra editada en colaboración con Edicions 62, S.A. – España

Título original: *Confidence Man. The Making of Donald Trump and the Breaking of America*

© Maggie Haberman, 2022
Edición española publicada en acuerdo con Javelin Group,
LLC y Casanovas & Lynch Literary Agency.

Iconografía: Toby Greenberg
Realización Planeta: Fotocomposición
Traducido por: © Àlex Guàrdia Berdiell, 2024

Fotografía de la autora: © Doug Mills
Créditos de portada: © Christopher Brian King
Adaptación de portada: © Genoveva Saavedra / aciditadiseño
Fotografía de portada: © Bill Truran / Alamy, © Tasos Katopodis / Getty Images

© 2024, Edicions 62, S.A. – Barcelona, España

Derechos reservados

© 2024, Editorial Planeta Mexicana, S.A. de C.V.
Bajo el sello editorial PLANETA M.R.
Avenida Presidente Masarik núm. 111,
Piso 2, Polanco V Sección, Miguel Hidalgo
C.P. 11560, Ciudad de México
www.planetadelibros.com.mx

Primera edición impresa en esta presentación: octubre de 2024
ISBN: 978-607-39-1995-1

BR Printers, Inc.
665 Lenfest Road
San Jose, CA 95133
Impreso en U.S.A - *Printed in U.S.A*

A mi familia

Índice

Prólogo

—¿Qué quieres que diga?

Era el 5 de mayo de 2016, dos días después de las primarias republicanas de Indiana. Yo estaba en el asiento trasero de un taxi amarillo que circulaba por la Quinta Avenida, con el portátil en el regazo y un teléfono al oído.

Al otro extremo de la línea se hallaba el probable candidato republicano a la presidencia. Yo había contactado con su equipo por si tenían algo que comentar sobre las palabras de apoyo que le había mandado David Duke, exlíder del Ku Klux Klan y antiguo político de Luisiana. En concreto, Duke acababa de esgrimir que la oposición a la campaña de Trump era obra de «extremistas judíos» y «supremacistas judíos». Tal como hizo en otros momentos de la campaña, la Liga Antidifamación (ADL, por sus siglas en inglés) urgió al candidato a «rechazar rotundamente» las declaraciones.

Donald Trump me saludó y fue directo al grano.

—Justo me pillas con mis dos abogados judíos —dijo. Supuse que se refería a David Friedman y Jason Greenblatt, ambos representantes de su empresa, la Trump Organization—. Quiero hacer una declaración. ¿Lista? —me preguntó. Yo acerqué las manos al teclado—. El antisemitismo no tiene cabida en nuestra sociedad, que debería estar unida, no dividida.

Tecleé sus palabras, pero entonces hizo una pausa. Una pausa un pelín demasiado larga.

—¿Ya está? —pregunté.

Otra pausa.

Al final, Trump dijo:

—¿Qué quieres que diga?

Trump era conocido por buscar mensajes que le ayudaran a satisfacer a su público, pero en ese contexto, su incertidumbre me desconcertó. No debería ser tan difícil saber qué decir para demostrar que quieres alejarte del supremacista blanco por antonomasia del país. Yo repetí lo que ya les había dicho a sus asesores de campaña: quería saber si iban a contestar o reaccionar a los comentarios antisemitas de Duke sobre los «extremistas judíos». Trump debió de percatarse de que su primera declaración había sido insuficiente y añadió que rechazaba «de medio a medio» las palabras de Duke. Colgamos pocos segundos después.

¿Qué quieres que diga?

En ciertos aspectos, era la pregunta que vertebraba la trayectoria de Trump como empresario; su éxito lo había convertido en un habitual de los tabloides de Nueva York. Donald Trump había sido un adolescente deportista y, luego, había soñado con hacer carrera en Hollywood, pero había terminado cumpliendo con el deseo de su padre: que lo sucediera al frente del negocio inmobiliario de la familia. Sin embargo, lo que siempre quiso el hijo fue ser una estrella.

Esa pregunta guio a Trump y lo animó a proyectar la imagen que deseaba que la gente tuviera de él: la de un tiránico multimillonario arrellanado en una silla de cuero en el programa de telerrealidad *The Apprentice*. Él era un vendedor dispuesto a decir lo que fuera para sobrevivir diez minutos más. También lo movía su fe en la repetición. Erre que erre, transmitía a sus empleados y amigos una versión de la misma idea: si repites lo suficiente algo, esto se vuelve realidad. Juntos, esos instintos lo ayudaron a evitar los peligros públicos y privados durante casi medio siglo y se convirtieron en la base de su filosofía política, primero como candidato y luego como presidente y expresidente.

Aunque algunos de sus confidentes esperaban que Trump cambiara con el peso de la presidencia, eso nunca fue muy plausible. Con los años, quienes se acercaban a él y decidían no alejarse solían aducir que se habían visto absorbidos por una especie de Trump «bueno». El Trump bueno era capaz de mostrar generosidad y bondad, organizaba fiestas de cumpleaños a sus amigos y les preguntaba continuamente cómo andaban cuando caían enfermos. Cuando vivía en la Casa Blanca, hasta llamó por sorpresa a la hija de un aliado político suyo que padecía cáncer de mama. El Trump bueno podía ser gracioso, divertido, amable y atento, y por lo menos tenía la habilidad de fingir interés por la gente de su alrededor. Escuchaba los consejos de sus asesores cuando estos querían frenar sus impulsos autodestructivos y sabía mostrarse vulnerable. Esa versión se granjeó la lealtad de mucha gente a lo largo de las décadas. Codearte con Trump era como «ser amigo de un huracán —me dijo un amigo suyo de toda la vida—. Era muy emocionante, pero no acababas de saber de dónde soplaba el viento».

En la Casa Blanca, la gente que conocía a Trump por primera vez solía quedar pasmada; esa persona no se parecía en nada al cascarrabias de Twitter ni al jefe furibundo de un sinfín de reportajes. En ciertos aspectos, él se beneficiaba de la atención mediática y de su perfil en las redes sociales. En general, las primeras veces que hablaba contigo en persona era comedido y te llevaba a cuestionarte la veracidad de lo que habías leído. (En ocasiones, mandaba tuits en mayúsculas y repletos de odio mientras se reía sobre ello.) Se trataba de una persona carismática y capaz de encandilar. En esos primeros lances, preguntaba cosas personales, te prestaba toda su atención y te hacía creer que eras la única persona en la sala.

Pero incluso los que justificaban su apego reconocían que siempre acababa apareciendo un Trump «malo». Ese era el hombre que hacía comentarios racistas y luego subrayaba que la gente lo había malinterpretado, con lo que daba munición a sus aliados para defenderlo. Sus principales intereses eran el dinero, el dominio, el poder, el acoso y él mismo. Para él, las reglas y leyes constituían trabas innecesarias, más que frenos a su conducta. De repente perdía los estribos y, hecho un basilisco, dirigía toda su rabia contra un asesor cuando la sala estaba repleta de gente. Sus arrebatos infundían miedo en los demás, que no sabían si iban a ser su próximo objetivo. De vez en cuando, él admitía que se había excedido, pero en lugar de pedir perdón, la siguiente vez que veía a su víctima se mostraba efusivo con ella. Ansiaba recibir una retahíla interminable de elogios e instaba a sus asesores a alabarle en su presencia o en televisión. Creó un ecosistema basado en las rivalidades constantes, en el que los miembros de su círculo trataban de defenestrar por todos los medios a quien hubiese empezado a ganarse su confianza. Trump desoía los consejos de funcionarios de toda la vida, de empresarios y de sus propios abogados. Animaba a la gente a acometer osadías en su nombre y exigía pruebas de fidelidad sin cesar; muchos se desvivían tanto por su aprobación que daban su brazo a torcer. Al parecer, su sed de fama aumentaba con cada pequeño sorbo de popularidad. Tampoco le abandonaba jamás la rabia al verse herido, una rabia únicamente equiparable a su reacción desproporcionada contra la persona a quien culpaba del daño sufrido. Trump casi siempre barajaba sus opciones hasta el último momento y solo moderaba su comportamiento cuando se veía obligado a ello. Por lo general, esperaba con entereza a que las personas e instituciones que oponían resistencia se cansaran, y acababa doblegándolas a su voluntad por inercia. Esa versión de Trump fue la que afloró con especial insistencia durante las ocho semanas previas al violento estallido del 6 de enero de

2021, provocado por su pérdida en las elecciones del año anterior. Cuando él dejó el cargo, algunos de sus asesores y partidarios más cercanos reconocieron en privado que tanto ellos como su movimiento político habían sido rehenes de la negativa de Trump a bajarse del escenario. No obstante, también afirmaban que lo único que podía cambiar las cosas era la mismísima muerte de Trump.

Trump no fraguó la intensa polarización que ha dividido el país por lo menos desde los años noventa, cuando Bill Clinton y el presidente de la Cámara de Representantes Newt Gingrich se enzarzaron en una batalla partidista sin cuartel enmarcada en una guerra cultural cada vez más virulenta. Después de eso, se produjeron una serie de traumas: el proceso de destitución, unas elecciones presidenciales ajustadísimas y decididas por el Tribunal Supremo, un ataque terrorista calamitoso que transformó el mundo entero, dos conflictos interminables y muy costosos en el extranjero, un huracán devastador que puso de relieve las diferencias raciales, una crisis financiera que arruinó a millones y que acabó sin que nadie rindiera cuentas... Sin embargo, en lo sucesivo Trump sí sacó tajada de esos sucesos, añadiendo gasolina a las tendencias existentes y explotando el cisma cultural, definido, en cierta medida, por la ira contra el Gobierno y contra los poderes fácticos, así como por el rencor de los votantes blancos de un país cuya demografía se hallaba en pleno cambio. En esa nación obsesionada por el famoseo, donde la política siempre se había tratado como un combate de lucha libre o como un juego, Trump encontró su momento. Decidido, atizó y aprovechó el derrumbe de las identidades culturales y políticas que estaba escindiendo el país en una trinchera de odio y polarización.

Trump llevaba décadas sobreviviendo a una infinidad de experiencias que habían estado a punto de acabar con su trayectoria profesional. Tras una vida entera tirándose faroles, seduciendo, engatusando y usando la fuerza para librarse de situaciones comprometidas, en 2016 se hizo con la Casa Blanca y no vio ninguna necesidad de cambiar. Se mirara por donde se mirara, Trump ya había tenido una vida fascinante cuando fue nombrado presidente. Llevaba décadas siendo famoso y personificando una actitud descarada para con la riqueza que le había ayudado a inmiscuirse en la cultura pop del cine y la televisión. Su habilidad para reinventarse cuando bordeaba el precipicio, muchas veces por méritos propios, no tenía parangón.

Al concluir su presidencia, había conseguido hitos de relevancia histórica. Había cambiado la orientación política del Partido Republicano hacia el antiintervencionismo, el nativismo y la confrontación con China. Su legado estaba lleno de grandes logros, incluyendo una remodelación total del Tribunal Supremo con jueces conservadores, una reforma fiscal, acuerdos de paz en Oriente Medio y una economía que su predecesor había reconstruido y que él había hecho todavía más grande, con unas cifras de tasas de ocupación récord. Pero para él, nada parecía tan importante como el tesoro que había perdido: el segundo mandato.

Cuando 81 millones de votantes le rechazaron y le echaron del cargo que le brindó más atención de la que nunca antes había gozado, Trump arremetió contra los mismos procesos democráticos que le habían llevado al poder. Estuvo semanas asegurando sin pruebas que los votos contra él eran fraudulentos, y sus aliados prepararon demandas artificiosas. Habituado a confundir los problemas jurídicos con los problemas de relaciones públicas, Trump esperaba que las fuerzas del orden y la judicatura se posicionaran de inmediato a su favor. Quiso ascender a una letrada conspiranoica a asesora principal de la Casa Blanca y sopesó la opción de presionar al fiscal general para que creara un consejo especial que investigara sus afirmaciones. También sugirió mandar a las autoridades a incautar las máquinas de recuento de votos.

El sentido de todo ello fue ver hasta dónde conseguía alargar «la lucha», como él solía llamarla. Adoptó una estrategia de tierra quemada, aunque sus movimientos privados tras las elecciones dejaban intuir la triste realidad de su situación. En público, entonaba el grito de protesta «Stop the Steal» («Basta de robo») concebido años atrás por uno de sus consejeros más antiguos.[1] Pero en privado, Trump estaba renovando la casa de Florida donde iba a vivir tras dejar la presidencia y al menos fingía estar barajando su presencia en la toma de posesión de Joe Biden. Algunos aliados debatieron si algún abogado estaría dispuesto a negociar un acuerdo global para eximirle de los cargos penales que le acechaban tras el final de su mandato, aunque la idea quedó en agua de borrajas.

Cuando se quedó sin opciones, Trump instigó a los suyos a marchar contra un poder del Estado que no estaba bajo su control y, en un principio, se hizo a un lado. Observó por la televisión cómo los protestantes se sublevaban, asaltaban el edificio del Capitolio e interrumpían la sesión que iba a certificar las elecciones que él había perdido.

En octubre de 1988, la consultora Penn and Schoen Associates, Inc. entregó a Donald Trump un informe sobre la opinión que el país tenía de él. En el resumen del documento se decía: «Trump posee una base única de respaldo entre jóvenes, ejecutivos, gerentes de grado intermedio y minorías».

Doug Schoen, el autor del estudio, señalaba que, «entre las cuestiones que le restan apoyos, solo hay una que influya en un gran número de votantes: su falta de experiencia en la gestión. Pero eso se puede subsanar y, en este mismo documento, hemos trazado un plan para abordarlo».

Las noventa y cinco páginas del informe habían sido redactadas once meses después de que Trump publicara *The*

Art of the Deal (*Trump: el arte de la negociación*), un superventas que catapultó a ese promotor inmobiliario prácticamente desconocido fuera de Nueva York al salón de la fama de los exitosos norteamericanos. En ese momento, Trump probó por primera vez la fama, una droga que iba a alimentarle y de la que cada vez pareció requerir dosis más elevadas. Al cabo de cinco lustros, Trump gozaría del subidón por excelencia: en la Casa Blanca iba a recibir toda la atención que el mundo podía dispensarle a un solo ser humano.

Antes de presentarse como candidato, biógrafos como Wayne Barrett, Tim O'Brien, Gwenda Blair, Harry Hurt y Michael D'Antonio sudaron tinta para contar la historia de Trump y de su ascenso, su familia, sus vínculos empresariales y su popularidad. Durante su presidencia, y una vez acabada esta, Trump fue objeto de más monografías que ningún otro presidente con un solo mandato, tal vez con la excepción de John F. Kennedy. Algunas de esas obras corrieron a cargo de mis compañeros y de otros corresponsales de la Casa Blanca. Los libros analizaban los cambios de humor del sujeto, su estilo disfuncional de gobernar y su toma de decisiones en cuestiones políticas de calado. Sus capítulos estaban repletos de anécdotas presenciadas de manera fortuita, de revelaciones de empleados descontentos y de exclusivas que yo lamentaba amargamente no haber descubierto. Pero casi siempre empezaban en la Casa Blanca o al emprender su campaña presidencial, cuando Trump se presentaba como una ingenua del escenario político.

Nada más lejos de la realidad... Trump había valorado presentarse a la presidencia durante buena parte de su vida adulta; a veces, con más seriedad de la que había reconocido en su momento. No dejaba de ser un intento tímido de mejorar su marca, pero la idea de convertirse en un estadounidense famoso con inmenso poder lo había seducido a finales de los ochenta. Incluso en las décadas en que decidió no presentarse, se estaba allanando el camino hacia su candidatura. La mayoría de los estrategas políticos no habrían considerado serio su comportamiento antes de las campañas, pero su nivel de interés sí lo era.

Ahora bien, la labor presidencial en sí misma no resultaba tan emocionante como verse rodeado por la marabunta entusiasmada de una convención, ni como ver los globos caer cinematográficamente para celebrar su nominación como candidato del partido. Igual que otros presidentes, Trump se percató de que la limitación de poderes del cargo no era proporcional a la majestuosidad del título. La mayor parte de las facultades que le otorgaba la presidencia le traían sin cuidado; cuando no se ocupaba desganadamente de menudencias, parecía pasar el rato. Una noche, Trump se reunió con sus asesores para elegir la música que iba a sonar en sus mítines y estuvo más de una hora pidiéndoles que indagaran en Spotify para encontrar una canción específica de *Tommy*, la ópera *rock* de The Who. Él aseguraba que existía, pero los asesores no la encontraban.

Este libro pretende hallar los hilos que conectan esos dos mundos. No aspira a ser un estudio minucioso de los años en la Casa Blanca, ni de las investigaciones sobre la presunta conspiración entre Rusia y la campaña de Trump de 2016, ni de las últimas diez semanas de la presidencia. Es un análisis de la realidad que gestó a Trump y de la personalidad y el carácter del personaje; de cómo perfilaron y definieron su presidencia.

Desde el 6 de enero de 2021, mi labor se hizo más fácil. Durante un tiempo, los disturbios en el Capitolio dejaron estupefactos a los asesores, aliados, consejeros y socios de Trump. Algunos se negaban a hablar, tal vez porque sentían que se lo debían por motivos profesionales o personales, o tal vez porque todavía le tenían miedo. Pero, sobre todo después de que Trump dejara el cargo, otros se mostraron más predispuestos a contar la verdad. Solo para escribir este libro, hablé con más de doscientas cincuenta personas. Las conversaciones, los datos y los lances aquí descritos se basan en actas y grabaciones detalladas, y también en observaciones y recuerdos de gente que estuvo presente. (Cuando se le preguntó sobre muchas de las informaciones que figuran en el libro, Trump les quitó hierro y las tachó de «bulos», «falsedades» o «fábulas».) En el transcurso de esas entrevistas, saltó a la vista que el pasado de Trump había sido un preludio de buena parte de los hechos de su presidencia.

La Nueva York que dio a luz a Trump era un auténtico barrizal de corrupción y mala praxis. La inmundicia abarcaba tanto las sedes del poder ejecutivo como algunos medios de comunicación, pasando por el sector en el que la familia Trump había sustentado su riqueza. A finales del siglo xx, Nueva York era un lugar donde la política racial tribal dominaba esferas enteras de la vida pública. Esa política, que impidió a los representantes de la comunidad negra ocupar cargos de gobierno municipal hasta 1989, inspiraba la cobertura mediática de la criminalidad y la función pública y dictaba qué se construía en cada sitio y quién cobraba por ello. El mundo de los promotores neoyorquinos era un hervidero de personajes sombríos, ataques cruzados y feroces luchas financieras. Muchas veces, si querías hacer negocios, ese era el precio que tenías que pagar. Pero Trump se mostraba especialmente insolente con los periodistas que informaban sobre él; a estos, les costaba señalar a otro promotor que admitía sin pudor que había usado un alias —estando bajo juramento— en una demanda que se le interpuso por haber contratado a trabajadores mal remunerados y sin papeles para construir la Torre Trump.

Él quería ver hasta dónde podía llevar una campaña presidencial que iba a definir los últimos años de su vida. Es cierto que había barajado presentarse otras veces y que había hecho mucho trabajo de campo para entablar relaciones en los estados clave para las primarias, pero sus asesores reconocen que nunca pensó mucho en lo que conllevaría el cargo. Como no entendía cómo funcionaba el Gobierno ni tenía interés en aprender, recreó a su alrededor el mundo que lo había creado a él.

En sus dos campañas y cuatro años de presidencia, Trump trató el país como una versión de los cinco distritos de Nueva York. En 2017, sus asesores se dieron cuenta de que Trump había pensado que la presidencia operaba como una de esas antiguas superestructuras del Partido Demócrata en las que un solo jefe controlaba todo lo que se cocía en su distrito y sabía que su apoyo era lo único que podía garantizar el éxito electoral ajeno, donde el «nosotros contra ellos» era la ley de una urbe en que la dinámica racial cambiaba en cada manzana.

Cuando llegó a Washington, Trump recurrió al saber acumulado durante décadas y décadas de altibajos empresariales y personales. En sus inicios, él había contado con un puñado de consejeros y mentores cruciales. Norman Vincent Peale, que predicaba el «poder del pensamiento positivo» y una versión embrionaria del evangelio de la prosperidad, hizo creer a su aprendiz que se podían crear cosas solo con desearlas; cuando algo le salía bien, Trump lo atribuía a su fuerza mental. El irascible propietario de los New York Yankees George Steinbrenner solía echar a la gente a la calle sin contemplaciones, algo que fascinaba a los aficionados y llamaba tanto la atención de la prensa como los propios resultados del equipo; en él, Trump halló un modelo de hipermasculinidad que imitó bastante durante los escabrosos años ochenta, cuando el VIH aterrorizó al país. De Ed Koch y Rudy Giuliani, aprendió el arte del espectáculo político. Y de Meade Esposito, el implacable jefe del Partido Demócrata de Brooklyn, aprendió cómo cabía esperar que se comportaran los grandes aliados políticos. El agitador Roger Stone, gran amigo de las controversias, estuvo muchos años ayudando a Trump a prepararse para la función pública, desde esa primera encuesta de 1988, y tuvo un papel clave a la hora de planificar su auge. Pero dejando a un lado a su padre, la mayor influencia para el futuro presidente fue Roy Cohn, que le enseñó a erigir toda su vida en torno a tres piedras angulares: la cercanía al poder, la evasión de responsabilidades y la creación de ardides en los medios. No podemos saber cuántas de las muestras de esa personalidad tosca han tenido como objetivo impedir que la gente descifrara el ardid. Tal vez ni el propio Trump lo sepa.

Si los viejos modelos regían su conducta, también lo hacían las rivalidades e inquinas arraigadas. En todas las rencillas que colmaron su presidencia, quienes ya llevaban un tiempo a su lado veían los resultados de los agravios sufridos por la Trump Organization. Dos de sus víctimas favoritas, el senador John McCain y el representante de Nueva York Jerry Nadler, se habían opuesto a que, en los años noventa, Trump accediera a un programa federal de crédito para construir en el West Side de Manhattan. La representante Debbie Dingell, por otra parte, era la mujer de un difunto congresista que había tratado de investigar los movimientos de Trump con uno de sus casinos.

Pero aunque su leyenda rezuma intrigas —hay quien habla de su impredecibilidad y quien lo describe como un agente del caos—, lo irónico, según dicen quienes lo conocen desde hace años, es que durante su vida adulta solo ha usado unas cuantas artimañas. Puede contratacar, inventar una mentira rápida, echar balones fuera, distraer o dar informaciones engañosas, montar en cólera, fingir ira, hacer cosas o declaraciones para salir en los titulares, vacilar y ocultarlo con una embestida, hablar pestes de un asesor con otro asesor para abrir una brecha entre ambos... Lo difícil es saber qué truco está usando en un momento dado.

Cuando asesora a alguien, lo más común es que Trump priorice que el individuo tenga «buena pinta». Es como si pensara que la vida es un programa de televisión y que él escoge el reparto. Trump es un obseso de los secretos ajenos. Se le da de maravilla encontrar flaquezas y aprovechar los puntos débiles, y también animar a la gente a tratar de contentarle arriesgándose en su nombre para que él pueda alegar inmunidad por las repercusiones. Él habla mucho de la importancia que le da a la lealtad, pero ha abusado bastante de quienes se la han ofrecido sin reservas, y le gusta ver cómo la gente que lo criticó se arrastra para pedirle perdón o permiso. Dicho eso, también aseguran que se siente solo y que es tan combativo como complaciente con los demás, que suele rehuir el conflicto directo.

Es muy sugestionable. Busca ideas, pensamientos y declaraciones de otros y los adapta para apropiárselos; una vez, unos asesores de campaña lo tildaron de «loro sofisticado». Se ha mostrado dispuesto a creer que todo es cierto, y también a decir que todo es cierto. Posee algunos instintos ideológicos básicos, pero muchas veces no tiene reparo en reprimirlos si eso le sirve para otro fin. Sus declaraciones son etéreas y te permiten atribuirles el sentido que quieras, de modo que dos facciones enfrentadas podrían alegar que cuentan con su apoyo. Por lo general, Trump se limita a reaccionar. No tiene un proyecto. Eso sí, desorientando a la gente, Trump les hace creer que baraja una estrategia ulterior o un plan secreto. Sus intenciones se enmarcan en algo que él ve como un juego, con reglas y objetivos a los que solo él ve sentido.

Normalmente, su necesidad de vivir en el eterno presente eclipsa cualquier capacidad para pensar a largo plazo.[2] Ahora bien, Trump también vive en el eterno pasado. Arrastra constantemente una ristra de agravios, o de quimeras de los buenos tiempos perdidos, e intenta forzar a los demás a revivirlos con él en el presente. Hace décadas que se guía por la predisposición a tomar el camino que sabe que enfurecerá a sus críticos y le hará parecer un tipo duro.

Entre sus atributos más recurrentes encontramos: el deseo de aplastar a los oponentes; su aversión al bochorno o a rehuir voluntariamente una pelea; su convicción de que, por lo que sea, al final todo le saldrá a pedir de boca, y su negativa a aceptar el modelo tradicional de los negocios o la política. Esas cualidades han sido su punto fuerte, igual que lo ha sido mostrar orgullosamente aquello que los demás trataban de ocultar. Con el tiempo, su ojeriza fue *in crescendo*, sobre todo a medida que tenía que hacer frente a nuevas investigaciones tanto de la fiscalía como de sus rivales políticos. En todo caso, la causa de esa ojeriza era lo de menos. Uno de los principios elementales del movimiento trumpista ha sido encontrar objetivos válidos contra los que descargar la rabia preexistente. Esa rabia ayudó a identificar a sus prosélitos, cuyo vínculo con él no radicaba tanto en la ideología como en los enemigos compartidos: los liberales, los medios de comunicación, las tecnológicas o los organismos de regulación. Los empleados y asesores que construyeron su identidad en torno a Trump se sentían más unidos a él cuando alguien lo atacaba. (En la Casa Blanca, los ayudantes que no lo conocían de antes se llevaron una gran sorpresa al ver que proyectaba en todo momento una imagen de confianza, incluso cuando parecía estar pasando un apuro.) Sus admiradores más fervorosos se identificaban un poco con él o veían en su figura algo a lo que querían asemejarse.

Su trayectoria empresarial antes de hacerse con la presidencia no fue ningún espejismo. Construyó una torre gigantesca en la Quinta Avenida y abrió tres casinos en Atlantic City. También convenció a bancos y representantes públicos para que le ayudaran a lograrlo. Hizo grandes adquisiciones y obligó a los poderosos a sentarse a hablar con él. Se hizo con una enorme cartera de propiedades. Pero nunca fue un empresario del caché de otros titanes de las finanzas y los bienes raíces de Nueva York con los que él procuraba que lo compararan. En su ciudad natal, muchos ejecutivos se mofaban de que Trump aparentara tener más dinero en la cuenta del banco y más bienes inmuebles de los que tenía en realidad; se reían de su afán por prestar su nombre a casi cualquier contrato de licencia. Una vez abandonada la presidencia, se puso en marcha una investigación penal sobre si había hinchado el valor de sus propiedades para engañar a las entidades crediticias. Pero fuera de la burbuja de Nueva York, Trump llevaba décadas siendo considerado la personificación de la riqueza. En el resto del país, simplemente era alguien que había construido grandes torres con letras doradas en la puerta.

Para entender a Donald Trump, su presidencia y su futuro político, la gente debe saber de dónde viene.

Mis padres se conocieron trabajando en *New York Post*, uno de los tabloides con los que Trump acabó identificándose, y yo nací en Nueva York el mismo mes que nuestro protagonista tuvo su primer enganchón con el Gobierno. Estudié en una escuela pública del Upper West Side, y una de las salidas que hicimos fue al vestíbulo de la nueva maravilla arquitectónica conocida como la Torre Trump. Como adulta, he vivido casi siempre en el distrito donde Fred y Donald Trump descubrieron los entresijos del poder político, y he trabajado en los medios de noticias que el magnate más apreciaba.

Durante gran parte de la última década, a medida que Trump pasaba de las noticias eminentemente locales al ámbito nacional e internacional, yo me he dedicado a informar sobre él a tiempo completo en calidad de corresponsal de *The New York Times*. He vivido en mis carnes los dos tipos de conducta que exhibe con los periodistas: su deseo perenne de llamar la atención mediática, por un lado, y sus mensajes de odio y sus declaraciones furibundas contra la cobertura de los medios, por el otro. Para una periodista, su auge abría múltiples puertas, tanto por ser una fuente inagotable de noticias como por incrementar el nivel de interés por mi trabajo. Pero también eran muchas las desventajas de tener que ser una de las actrices de la película en la que había convertido su vida.

A lo largo de su trayectoria, Trump ha demostrado simultáneamente el mayor temple y la mayor susceptibilidad de cualquier personaje público sobre el que yo haya informado. Tan pronto podía aceptar con resignación un alud de noticias negativas como podía obsesionarse por un desaire menor cometido, a su entender, por un presentador de televisión. Desde sus inicios hasta el presente, Trump siempre se ha rodeado de secuaces, informadores e individuos dispuestos a espiarse entre sí, todo con el fin de asustar y amenazar para forzar a la gente a aceptar sus términos. Muchos han querido utilizar su inherente paranoia y su escaso interés por los detalles para doblegarlo para sus propios fines. A menudo, Trump espoleaba sus tácticas.

El rechazo republicano de los grandes medios fue a más durante la presidencia de Obama y se acopló a la perfección con la rabia de Trump, salvo que, para él, todo era más personal que para sus compañeros de partido. Trump se veía parte de los medios porque, durante años, había sido un tertuliano habitual de televisión y había sido invitado a la radio. Las noticias que no le gustaban, las consideraba una traición.

Uno de los rasgos más peculiares de Trump a lo largo del tiempo ha sido su destreza para conseguir que la gente de su alrededor imitara su conducta, aunque no siempre lo ha hecho a propósito ni lo ha reconocido explícitamente. En su mundo, muchos han empezado a ostentar cualidades de las que solo Trump ha salido indemne. Como referente de un negocio familiar, la cantidad de gente susceptible de caer bajo su embrujo fue limitada. Como candidato a la presidencia —y luego como comandante supremo—, ese círculo se ensanchó sin mesura y acabó englobando a algunas voces críticas del Partido Republicano que comenzaron a comportarse como él.

Pero también lo hicieron muchos detractores que seguían plantándole cara. Todos adoptaron su hábito de insultar o de hacer declaraciones que iban más allá de los hechos corroborados, o se negaban a pedir perdón por sus errores, o creían que el fin justificaba los medios de sus ataques. Durante dos décadas, el umbral político de lo que se consideraba una conducta pública aceptable había bajado y, de paso, había arrastrado a todo el mundo. Trump estaba muy cómodo navegando en esas aguas tan volubles.

Yo sabía bastante sobre la época de Trump en Washington: su forma de ser, su estilo, su manera de entender el poder... Pero muchas veces, el hecho de estar constantemente analizando su mundo me hacía cuestionar si los hechos más simples eran ciertos. Es algo que también les sucedió a muchas de las personas que trabajaron para él en la Casa Blanca.

Como candidato y presidente, Trump habló más veces conmigo de las que él admitió, pero tampoco tantas como las que algunos demócratas y asesores del mandatario querían creer, ni por asomo. En la Casa Blanca, tuiteaba sobre mí sin parar y me mencionaba de pronto ante sus consejeros. Una vez, lo hizo después de verme en una entrevista con la PBS en la que dije que el presidente veía la televisión varias horas al día. Él se quejó de mi comentario, soslayando el hecho de que se había enterado precisamente porque había estado viendo la televisión. Se burlaba de mi aspecto con sus asesores y le dijo esto a uno de ellos: «¿Te has dado cuenta de que siempre lleva las gafas sucias?».

Poco después de ganar las presidenciales de 2016, una persona que hacía años que conocía a Trump me dijo que no daba crédito a los resultados: «El país ha elegido a Chauncey Gardiner y nadie se da cuenta», refiriéndose al protagonista de *Bien-*

venido, Mr. Chance. En la adaptación del libro, Peter Sellers interpretaba el papel de un pánfilo jardinero llamado Chance (en castellano, 'azar') al que, tras una serie de malentendidos, acababan confundiendo con un genio de alto copete llamado Chauncey Gardiner. Pero la comparación era desacertada. Trump no sabía gran cosa más allá del sector inmobiliario, la construcción, los deportes, las películas y la televisión, pero era más astuto y listo de lo que sus críticos suponían, y poseía un instinto de supervivencia seguramente incomparable en la historia política norteamericana. Y a diferencia del jardinero Chance, Trump no era inofensivo; su mentalidad arrolladora significaba que, la mayoría de las veces, alguien tenía que pagar por su éxito.

El fin de semana previo a las elecciones de 2016, firmé un reportaje con tres compañeros sobre los deslices de Trump durante la campaña.[3] En el texto, anunciábamos algo que había sacado de quicio al candidato: escribimos que sus asesores le habían borrado la aplicación de Twitter del móvil. El 8 de noviembre de 2016, horas después de cerrarse los colegios electorales, Trump estaba a punto de certificar la victoria en un estado clave cuando Patrick Healy, un colega de *The New York Times*, intentó llamarlo al móvil.

—Señor Trump —dijo Patrick, buscando alguna reacción—, va a convertirse en presidente de Estados Unidos.

—Gracias, gracias, es un gran honor. Puedes decirle a Maggie —contestó— que nadie me ha quitado Twitter.

Otro compañero, Adam Nagourney, un histórico del periódico en Washington, me mandó un mensaje en referencia a lo que significaba para mí la victoria de Trump: «Qué gran noticia para ti». Lo decía porque, en general, los periodistas de campaña acompañaban a su candidato a la Casa Blanca cuando este se proclamaba ganador. Además, una servidora llevaba más tiempo que los otros periodistas informando sobre Trump.

Yo acababa de seguir una campaña mordaz —a menudo, disfuncional— y vengativa, sometida en todo momento al afán del candidato de controlarlo todo: la labor de los medios, sus adeptos, sus asesores... Ya había notado su instinto innato de poner a prueba los límites de la transgresión, así como su desdén peligroso por la democracia y los derechos civiles. Ahora, todo el Gobierno estaría en sus manos. A su pulsión dominante, iba a sumarse por primera vez un inmenso poder sobre la vida de millones de personas. Contesté en el acto: «No tienes ni idea de lo que se avecina».

I

El poder del pensamiento negativo

La mañana del 21 de noviembre de 1964, Donald Trump y su padre, un hombre con buenos contactos políticos, fueron a la ceremonia de inauguración del puente de Verrazano-Narrows, que conectaría Staten Island con Bay Ridge, en Brooklyn.[1] Antes de que empezara el acto a las once, un destacamento de políticos y personajes influyentes se subieron a 52 limusinas y cruzaron el barrio de Bay Ridge hasta un extremo del puente.[2]

Al frente de los dignatarios apelotonados tras la cinta estaba el director de la Triborough Bridge and Tunnel Authority Robert Moses, al que Trump padre y Trump hijo admiraban por la mano de hierro que había mostrado consolidando el poder y cumpliendo por la tremenda sus planes de construcción. Cabe decir que, incluso para Moses, el proyecto había sido particularmente difícil de culminar. La conexión de los distritos había tardado décadas en consumarse. Al final, cinco hombres recibieron las tijeras doradas, incluidos el gobernador, el alcalde de Nueva York y Moses, el encargado de amenizar la fiesta.

Los hombres esperaron a su señal para cortar la cinta y, luego, la procesión cruzó el puente en coche hasta Staten Island, donde se iba a celebrar el acto oficial.[3] En las gradas estaba el ingeniero que había diseñado el proyecto para construir el puente en suspensión, Othmar Ammann.[4]

Para Donald Trump, los ochenta minutos de ceremonia fueron una «triste experiencia»[5] que lo marcó para siempre. Según la versión de los hechos del joven de dieciocho años, ese día llovía a cántaros y Ammann estaba solo mientras los demás charlaban sobre su creación y le ignoraban por completo. «Llovió durante horas. No dejaban de presentar y elogiar a cretinos —señaló Trump en 1980, en una entrevista con el periodista de *The New York Times* Howard Blum—. A mí, me obsesionaba pensar que todos los políticos que se habían opuesto al puente estaban recibiendo aplausos mientras que, en un rincón, empapado por la lluvia, estaba el ingeniero de ochenta y cinco años de Suecia que había diseñado el puente y le había dado todo su amor. Y nadie mencionaba ni siquiera su nombre.

»En ese momento entendí que, si la gente te trata como le da la gana y tú no haces nada, te toman el pelo —le dijo Trump a Blum—. En ese momento aprendí algo que no olvidé nunca más: a mí, no me la dan con queso.»[6]

Trump era el único que recordaba ese día en esos términos. «Un sol radiante y un cielo despejado»;[7] así empezaba la crónica de Gay Talese para *The New York Times* del día siguiente. No llovió. Ammann era suizo, no sueco, y cuando se acabó de construir el puente, él llevaba décadas en Estados Unidos, puesto que había emigrado en 1904.[8]

Y lo cierto es que, durante la ceremonia, Ammann fue de los primeros a los que Moses elogió para pedir un aplauso al público. «Ahora pediré que se levante y reciba una ovación uno de esos grandes hombres de nuestro tiempo; una persona modesta y sencilla que suele pasar inadvertida en estas ocasiones solemnes. Entre tanta gente famosa, es posible que ni sepáis quién es —dijo Moses, acercándose al micrófono—. Amigos míos, os pido que recibáis al mejor ingeniero de puentes que existe, tal vez el mejor que haya existido. Un suizo que ha vivido sesenta años en este país, donde también ha trabajado con maestría.»⁹ Ammann se alzó y recibió una calurosa ovación de la multitud. Moses sí olvidó una cosa: su nombre, un aparente desliz involuntario. Tal vez ese fue el germen del mito de Trump, porque el resto era casi todo mentira. Cuando Trump sugirió que a Ammann se la habían dado «con queso», reveló algo sobre sí mismo: él creía que todo el mundo estaba buscando siempre la forma de hacerle daño, y que si se sentía perjudicado, no era por accidente. Por el motivo que fuera, Trump se adueñó de ese incidente y lo convirtió en un mito fundacional, erigiéndose en un narrador poco fiable de su propia historia desde el principio. Nadie corroboró sus declaraciones hasta al cabo de muchos años, pero por una buena razón: ¿quién iba a pensar que esos detalles pudieran ser falsos?

Incluso sin edulcorar nada, ese día Trump pudo empaparse muchísimo del poder. Todos los que movían los hilos del mundo al que su padre había aspirado a pertenecer estaban ahí; cada uno habló de su propia contribución para culminar el proyecto. Pero el gran interés de Trump en ese momento no era qué clase de poder, destreza o influencia podía depararte el honor de cortar la cinta de un proyecto de construcción (y eso que él iba diciendo que quería ser propietario de inmuebles de ensueño en Nueva York). La madre del cordero era aprender a ser una estrella.

Por aquel entonces, Trump estaba en su primer año en la Universidad de Fordham del Bronx.¹⁰ La institución académica jesuita no se contaba entre las más elitistas del país y no había sido su primera opción. En el futuro, Trump se jactaría de haber estudiado en la Escuela de Negocios Wharton de la Universidad de Pensilvania, pero él había flirteado con la idea de estudiar cine en la Universidad del Sur de California.¹¹ Con los años, Trump ha reconocido en privado que su padre no quería que estudiara cine, sino que prefería que siguiera el negocio familiar. Cuando yo le pregunté por ello, insistió en lo contrario: «Nunca se involucró mucho porque nunca se lo conté. Yo era muy joven, pero siempre me encantó el cine. Me alegro de no haberlo estudiado».

Trump siempre estuvo obsesionado con las películas, incluso cuando estaba tratando de hacerse un hueco en el sector inmobiliario de Nueva York; un mundo menos glamuroso y a menudo lúgubre. Cuando sí pensaba en grandes propiedades, casi siempre lo hacía a una escala excesivamente ambiciosa. «Yo quería que fuera más emocionante y, como sabes, siempre tuve debilidad por el mundo del espectáculo y otras cosas —dijo Trump más adelante—. Pero creo que incorporamos algo de la farándula al negocio inmobiliario.» Al final, se dio cuenta de que la prensa hablaría de él tanto si acababa los proyectos como si no.

Parte de ello, Donald lo había aprendido de su padre. A Fred Trump también se le daba bien generar dramas y llamar la atención de la prensa, aunque no parecía gustarle tanto como a su hijo. Fred Trump solía usar un alias, Harry Green, para que los contratistas no se le subieran a las barbas; él creía que seguramente aumentarían los precios si conocieran su verdadera identidad. Luego, Donald adoptó esa misma práctica de los seudónimos y empezó a aludir a sí mismo con nombres como John Barron y John Miller. Lo hizo en sus negocios, pero también para actuar como su propio publicista al lidiar con la prensa en cuestiones relativamente triviales, como las que atañían a su vida amorosa.[12]

Ante todo, Fred Trump era un empresario eficiente que construía viviendas espaciosas para familias de clase media. Conocía muchos atajos y sabía moverse políticamente. Como Fred no necesitaba mucho las subvenciones para personas con escasos recursos, trataba al Gobierno como si existiera únicamente para satisfacer a los empresarios, cuando no estaba acosándolos y amenazándolos.

En esa época, muchas constructoras de Nueva York eran familiares. En algunas, los patriarcas criaban a sus hijos con vistas a que los sucedieran. Pero si algunos de sus homólogos promotores denostaban a sus vástagos delante de los demás, Fred alardeaba siempre de Donald. Eso sí, en privado trataba a sus hijos como si estuviera supervisando un negocio en vez de un hogar. Según parientes y socios, menospreciaba a sus pequeños y los volvía a unos contra otros, anteponiendo en todo momento la construcción de un imperio de mecanismos financieros de cara a maximizar los beneficios. Fred Trump legó a su hijo ese talante, pero no la filosofía del esfuerzo del migrante de primera generación que empezó a dejarse las uñas en la adolescencia.

Los padres de Fred Trump se convirtieron en residentes permanentes de Estados Unidos por casualidad. Su padre, Friedrich Trump, había sido peluquero. Había migrado desde Alemania porque no encontraba suficiente trabajo para ganarse el pan. Buscando un nuevo empleo, abandonó el servicio militar de su país, obligatorio para los adolescentes, y acabó huyendo de «tres siglos de barbarie europea».[13]

En 1885, Friedrich desembarcó del SS Eider en el puerto de Nueva York y se fue a vivir con una hermana que había llegado al país un año antes. Tras seis años trabajando como peluquero y alternando pisos, decidió que quería algo más de la vida y se marchó al oeste para sacar tajada de la fiebre del oro de Klondike.[14] En lugar de minar el oro personalmente, fundó empresas para intentar satisfacer a otros que acudían a los remotos y salvajes poblados del Yukón en busca del tesoro. No hay pruebas sólidas de que gestionara burdeles en esos parajes, pero la biógrafa Gwenda Blair encontró pruebas de que toleraba la prostitución en sus establecimientos, y posiblemente incluso la promovía.

Friedrich adquirió la ciudadanía estadounidense en 1892, pero nueve años más tarde volvió a Alemania de visita y empezó a salir con la hija de los vecinos de la familia. Elizabeth Christ y Friedrich se casaron en 1902 y ella se fue con él a Nueva York, pero no quiso quedarse en Estados Unidos, así que en 1904 se volvieron a Alemania.[15] Fue por poco tiempo. Como Friedrich se había saltado el servicio militar, no podía permanecer en el país, así que al final fue expulsado. La pareja regresó a Estados Unidos para siempre el 30 de junio de 1905. En ese momento, Elizabeth estaba embarazada de su segundo hijo y la familia se instaló en el Bronx, donde Frederick Christ Trump acabó naciendo ese mismo año. En casa se hablaba alemán.[16]

Una vez instalada la familia en Nueva York, Friedrich Trump murió tempranamente a los cuarenta y nueve años, a raíz de la pandemia de la gripe de 1918. Salió a pasear con su hijo de doce años, Fred, y se empezó a sentir mal. Volvió a casa, se acostó y «entonces murió —le dijo Fred a Blair—. Tal que así».[17]

Friedrich dejó una fortuna valorada en más de medio millón de dólares actuales, amasada gracias a sus activos de los pueblos mineros y a los pequeños solares que había adquirido en Queens.[18] Su viuda, Elizabeth Trump, tomó posesión de la cartera de bienes raíces y fundó la empresa E. Trump & Son en 1927. Su hijo Fred, que aún no tenía la edad para firmar cheques, trabajó con ella para agrandar el negocio.

A Fred, le costó encontrar su camino. Tras graduarse del instituto, se puso a trabajar de carpintero, pero el mazazo de la Gran Depresión le obligó a ponerse al frente de un supermercado de Queens para no hundirse.[19] En 1927, le arrestaron durante un mitin del Ku Klux Klan organizado para protestar contra «la policía católica romana de esta ciudad», que había «atacado» a los «norteamericanos protestantes nativos» por tratar de «proteger una bandera, la de Estados

Unidos; una escuela, la pública; un idioma, el inglés», según los folletos.[20] El acto reunió a mil personas y Fred fue uno de los acusados de no dispersarse conforme a las órdenes de la policía.

El joven intentó establecer los vínculos políticos que se necesitaban para triunfar en el sector inmobiliario de Nueva York. El Comité Demócrata del Condado de Kings, el nombre oficial del Partido Demócrata de Brooklyn, encarnaba una organización modélica con un dominio sin parangón en el gobierno y la política del distrito más poblado de la ciudad. Fred hizo buenas migas con Frank V. Kelly, líder del distrito y apoyo local clave en la campaña presidencial de Franklin D. Roosevelt.[21] La amistad nació justo cuando Kelly estaba fraguando una estratagema para convertirse en jefe del partido, lo cual le permitiría colocar a personas y conceder licitaciones a dedo, influir sobre la judicatura del distrito y decidir qué terrenos de la ciudad serían edificables.

La valía de la incipiente relación de Trump con Kelly se hizo patente enseguida. Julius Lehrenkrauss llevaba décadas siendo el inversor hipotecario más potente de Brooklyn. En medio siglo, su empresa, conocida en Nueva York como la Casa Lehrenkrauss, había concedido unos 26 millones de dólares en hipotecas a 40.000 hogares de la ciudad. En 1934, Julius, de sesenta y seis años, fue imputado junto a dos socios por el fiscal del distrito del condado de Kings. Los acusaron de fraude hipotecario en masa.

Las imputaciones fueron un terremoto para la clase política de Brooklyn y los tribunales obligaron a liquidar el negocio hipotecario de la empresa. Para Fred Trump, que entonces contaba veintinueve años, resultaba muy atractivo incorporar ese proveedor hipotecario a la compañía moribunda que su madre había fundado.[22] Generaría ingresos automáticamente en virtud de los abonos mensuales y sería una buena oportunidad para comprar inmuebles a punto de caer en el impago u otros que fueran subastados. Sabiendo que no era probable que pudiera igualar las pujas de la competencia, Trump se alió con otro postor para mejorar sus perspectivas. Sin embargo, el periodista que ha investigado con mayor tenacidad el auge de Donald Trump declara que, posiblemente, el tribunal de Brooklyn que valoró el caso de bancarrota de Lehrenkrauss no concedió la victoria a Fred Trump y su socio por el valor de su puja, sino por otros motivos. Los socios de Kelly habían brindado un apoyo sustancial. «El ferviente respaldo que recibió de los fautores del Partido Demócrata —escribió Wayne Barrett— da a entender que lo habían elegido su ganador. Así pues, la de Lehrenkrauss fue la primera colaboración entre Trump y la organización de Brooklyn; una alianza que duraría toda una vida.»

En los años treinta, Fred Trump se dedicó a construir casas en Brooklyn a un ritmo vertiginoso, incluyendo cientos de bungalós en un solar de East Flatbush que el circo Barnum & Bailey acababa de abandonar. También buscó otras vías de entrada a la organización del condado probando suerte en los influyentes clubes políticos que representaban los barrios del distrito.[23] En Flatbush entró en la órbita de Irwin Steingut, un político que hacía malabares con los intereses de las diferentes minorías étnicas de Brooklyn para unirlos bajo una única bandera, y en Coney Island conoció a Kenny Sutherland, que regía con mano de hierro el reducto frente al mar. Pero las relaciones más largas y fructíferas Fred las forjó en el Madison Club del centro de Brooklyn, donde entró en contacto con el abogado Abraham «Bunny» Lindenbaum. A través de este, conoció al contable Abraham Beame, que en la década siguiente se incorporó al gobierno municipal como subdirector de presupuestos. Otro exmiembro del club era Hugh Carey, que acabaría siendo el gobernador número 51 de Nueva York.

Pero la entrada del país en la Segunda Guerra Mundial puso fin a un programa federal de promoción de vivienda que, hasta ese momento, había sido la tabla de salvación de Fred. Así que el hombre se reinventó y en 1942 trasladó su familia a Virginia, pues el Gobierno federal le encargó construir viviendas para el Ejército cerca de la base naval de Norfolk. El acuerdo le permitía a Fred Trump quedarse los edificios en propiedad y empezar a construir a una escala mucho mayor.[24] Para cuando regresó a Nueva York en 1944, Fred tenía bastante más experiencia con la que impresionar a sus contactos políticos de Brooklyn.

El pequeño Dennis llevaba un ratito en el patio trasero de su casa, jugando en el parque infantil, mientras su madre, Martha Burnham, estaba dentro charlando con una vecina. Asustada por los chillidos repentinos de su hijo, la madre salió de casa como una exhalación y vio que a su bebé le estaban lloviendo piedras.[25] Se las estaba arrojando un vecino de cinco años apoyado en la valla que separaba su hogar del de los Burnham. Años más tarde, Martha le contó a su hijo la historia de cómo había arrastrado a Donald Trump hasta su casa por el cuello y le había contado a su madre lo que había pasado.

Mary Anne MacLeod, una inmigrante escocesa que trabajó como criada al llegar a Nueva York, conoció a Fred Trump en 1935, durante una velada en Queens.[26] Tras un fugaz noviazgo, la pareja se casó en una iglesia del Upper East Side y se fue de luna de miel a Atlantic City o a las cataratas del Niágara (hay diferentes versiones).[27] Al año siguiente, Mary dio a luz a Maryanne, la primera de cinco hijos.

La familia se instaló en una casa que Fred había mandado construir en la calle Midland Parkway de Jamaica Estates. De más mayor, Donald Trump describió la zona como un «oasis» en medio de las zonas «peligrosas» de Queens.[28] Los niños estaban mucho más consentidos que los otros que vivían en la calle. Tenían criados en casa y un chófer siempre en la puerta. Los vecinos recuerdan que, cuando hacía mal tiempo, llevaban a Donald en coche para que repartiera los periódicos sin mojarse.[29] En el caminito de entrada había dos coches con matrículas personalizadas con las iniciales de Fred Trump.[30]

A los visitantes puntuales, la familia les parecía encantadora. Pero los vecinos aseguran que no se trataba de un hogar acogedor. Incluso cuando estaba en casa, Fred Trump era igual de formal que el traje de tres piezas que siempre llevaba: frío, severo y poco dicharachero. No se mostraba muy comprensivo con los errores o imperfecciones y tendía a destacar lo negativo antes que lo positivo. A Mary Trump se la recuerda como una persona social cuando acompañaba a su marido a fiestas y actos, una apasionada del glamur de la Corona británica. Pero para los vecinos, era una presencia emocionalmente introvertida en un hogar controlado por Fred.

En 1948, cuando nació el hijo más pequeño de los Trump, Mary se sometió a una histerectomía de urgencia. Maryanne le contó a Gwenda Blair, la biógrafa familiar, que su padre le había dicho que mamá estaba en el hospital y que tal vez no sobreviviría.[31] Pero Fred la obligó a ir al colegio todos los días como si nada hubiera pasado, prometiéndole que la llamaría si había alguna novedad. He aquí un ejemplo del desapego emocional que sintetizaba el espíritu familiar, basado en la idea de perseverar e ignorar enfermedades, malas noticias y peligros.

En la escuela, Donald se ganó la fama de ser un chico agresivo y con instinto acosador. Se comportaba así incluso con su hermano más pequeño, Robert, que era una víctima habitual de sus tropelías. Años más tarde, Donald rememoró con orgullo el día en que pegó los bloques de construcción de su hermano para hacer su propia torre y dejó a Robert sin juguete.[32]

Cuando Donald tenía ocho años, su padre tuvo el primero de los dos emponzoñados encontronazos con las autoridades. En 1954, Fred Trump tuvo que testificar en el Congreso por haber aceptado de la Autoridad Federal de Vivienda un crédito mucho más cuantioso de lo que el proyecto había requerido. Al final, le prohibieron recibir más fondos del programa y tuvo muy mala prensa, un lujo que no podía permitirse. La experiencia fue un jarro de agua fría para la familia, que entendió que ese mismo Gobierno que podía ser la fuente de su riqueza también era capaz de arrebatársela de un plumazo.

Pese a su impulsividad y sus arrebatos en el colegio, algunos amigos de Donald recuerdan al joven como un muchacho dulce y divertido. En la escuela privada de Kew-Forest, Donald hizo muy buenas migas con un chico llamado Peter Brant.[33] A ambos les encantaba el béisbol y, durante la Serie Mundial, iban a la escuela con una radio de transistores escondida y escuchaban los partidos durante las clases a través de un pequeño auricular que llevaban oculto bajo la manga. Una vez, se arrimaron a la valla del patio para ver pasar el convoy de Dwight Eisenhower durante una visita del presidente a Nueva York. Brant invitaba muchas veces a su amigo a dormir en su casa y, según dice, Donald solía destacar con seriedad lo maravillosas que eran las sábanas.[34]

A los diez u once años, ambos solían ir a Manhattan en metro. Brant describió esas excursiones como un rito de iniciación al mundo que yacía más allá de sus enclaves de Queens, y lo comparaba con un viaje a «la jungla». Deambulaban por Times Square y por las tiendas de curiosidades y volvían a casa con artilugios extraños, como zumbadores de mano y navajas. Fueron grandes amigos hasta séptimo curso, cuando Fred descubrió la colección de navajas que los niños habían comprado.[35] En ese momento, dice Brant, el padre envió a Donald a la academia militar de Cornwall, Nueva York, a más de cien kilómetros hacia el norte. De repente, el muchacho de trece años tuvo que despedirse de la familia y de todas las comodidades imaginables de las que había disfrutado durante años. Estaba lejos de su casa y solo, sin uno de los mejores amigos que había tenido.

Brant no se explicaba el adiós súbito de su amigo. La verdadera razón de la desaparición de Trump siempre le pareció un enigma. «Toda la vida me he preguntado si había algo de su pasado que yo desconocía y que hizo que su padre lo mandara a la academia militar —confesó Brant a *The Washington Post* en 2016—. Hoy, no le mandarían allí por hacer lo que hizo.»[36]

Algunos reclutas de la academia estaban al cuidado del mayor Theodore Dobias, un veterano de la Segunda Guerra Mundial conocido por dar tortazos a los chavales para que obedecieran. Donald fue víctima de castigos físicos como bofetadas y puñetazos. En la academia militar, la influencia de su padre siguió siendo omnipresente, pese a vivir a 150 kilómetros. «Lo único de lo que hablaba Donald —dijo su compañero de clase George White— era de que tenía que ganar. Fred le inculcó que tenía que ganar costara lo que costara, y que los demás no importaban. Al resto, los trataba como a perros.»

En el último curso, la administración escolar ascendió a Trump a capitán de la Compañía A, un prestigioso reconocimiento que sembró las dudas entre sus compañeros.[37] Algunos sospechaban que lo había conseguido gracias a la influencia que su padre tenía en la escuela. Como capitán, Trump se encargaría de liderar a los demás chicos de la unidad. Pero lo hizo «con desafecto», según su excompañero Sandy McIntosh.[38] Cuando un alumno de la Compañía A se excedió en su novatada a un compañero, en la escuela comentaron que Donald se había quedado en su habitación escuchando el tocadiscos. La víctima se quejó a sus padres y Trump perdió su cargo. Aun así, él se negó a admitir su derrota y recalcó que, en verdad, lo habían ascendido a otro cometido.

Los compañeros de clase de Trump afirman que, los fines de semana, había chicas que iban a verle aprovechando que se permitían las visitas, aunque no está claro si tenía una relación sentimental con ninguna de ellas. Peter Ticktin, compañero de clase de Trump, escribió un libro sobre su experiencia con él. En su obra, demostró ser consciente de la necesidad del futuro presidente de recibir elogios. De hecho, contó que la foto de Trump en el anuario del último curso había ido acompañada de un codiciado piropo: «Le otorgamos a Donald el título de Mujeriego —declaró Ticktin—, porque queríamos darle algo para que supiera que era alguien querido y respetado y que merecía un reconocimiento».[39]

En otoño de 1964, Trump se había matriculado en la Universidad de Fordham del Bronx, que quedaba bastante lejos de su casa en Jamaica Estates. Estudiar en esa institución jesuita no era parte del plan. «Ahí es donde entró», le dijo a Blair su hermana Maryanne.[40] Nunca se integró. Se dedicaba a merodear apáticamente por el campus en traje y corbata y se esforzaba poco por participar en las actividades grupales para conocer a gente. Se unió al Cuerpo de Adiestramiento de Oficiales de la Reserva (ROTC, por sus siglas en inglés) del Ejército en su primer año, pero se borró porque estaban reclutando a alumnos para combatir en Vietnam.[41]

Trump hizo muy poca mella en el recuerdo de sus compañeros.[42] Uno dice que conseguía ahorrarse siempre los 25 centavos del peaje del puente Robert F. Kennedy, dejándole la papeleta a un amigo con bastantes menos recursos que él. Según otro, Trump hacía mucho hincapié en el origen étnico de los demás estudiantes. «Yendo a la universidad, una vez se quejó de que había demasiados alumnos italianos e irlandeses en Fordham. Me aseguró que ese comentario no iba por mí», confiesa Fitzgibbon, un excompañero con apellido irlandés.

Mientras Trump se buscaba la vida en Fordham, Fred se enfrentaba a su segunda crisis relacionada con las subvenciones públicas. En 1957, había empezado a comprar terrenos en Coney Island, un barrio de Brooklyn situado a orillas del mar y famoso por su playa y por los parques de atracciones.[43] El plan era construir el Trump Village, un complejo de siete edificios con pisos de alquiler subvencionados por un programa del estado de Nueva York llamado Mitchell-Lama. Fred dio luz verde al proyecto antes de confirmar las hipotecas de los edificios. Él y su viejo amigo Abe Beame —auditor municipal y, por ende, director financiero de la ciudad— tenían muchos motivos para contar con que todo acabara saliendo bien.

Pero la financiación privada se le estaba resistiendo a Fred, por lo que el promotor dependía de la generosidad del Gobierno.[44] El Estado le prestaba los fondos para comprar los solares que iba necesitando, pero, al final, un auditor descubrió que Fred estaba calculando los costes de los terrenos —estipulados por los tribunales de Brooklyn, a cargo de sus compinches demócratas del condado— a un precio muy superior del que realmente pagaba. (Y aunque hacía donaciones desorbitadas a los demócratas de la ciudad, Fred figuraba como votante republicano.) Pese a los hallazgos de la auditoría, los funcionarios como Beame no hicieron ningún cambio en el procedimiento.

Transcurrido un tiempo, la Comisión de Investigación Estatal empezó a husmear en la especulación del promotor. En enero de 1966, lo citaron a una vista pública para pedirle explicaciones por lo sucedido en el Trump Village. Los investigadores no quedaron satisfechos con sus respuestas. Doce años después de las vistas del Senado que habían concluido con su exclusión relativa de los programas federales, a Fred Trump le cerraron el grifo de la financiación pública.[45]

Mientras su padre afrontaba esa crisis, Donald se marchó de Nueva York. Tras dos años en Fordham, pidió el traslado a Wharton, la escuela de negocios de la Universidad de Pensilvania. Su prestigio encandilaba a los Trump. El primogénito, Fred jr., conocido como Freddie entre sus amigos y parientes, no había conseguido entrar en esa universidad y había terminado matriculándose en la de Lehigh. En Wharton, Trump no dejó en sus compañeros una impronta mucho mayor que en Fordham. Ni siquiera aparece en el anuario de último año; su nombre figura bajo el título «Alumnos sin fotografía».[46] Solo un compañero, Louis Calomaris, dice que oyó a Donald pronosticar esto en clase: «Voy a ser el rey del inmueble de Nueva York».[47]

La tragedia con la Comisión de Investigación Estatal se tradujo en que Fred Trump dejó de percibir fondos públicos para el Trump Village, pero esa no fue la única traba administrativa a sus planes para Coney Island. En 1965, adquirió unos terrenos que antes habían albergado el Steeplechase Park, un parque de atracciones del siglo xix que alojaba el famoso Pabellón de la Diversión, un recinto cerrado lleno de atracciones con un rostro sonriente pintado en la fachada de cristal. Ese año, Nueva York había aprobado su primera ley para proteger los monumentos históricos y Fred temía que esa propiedad fuera declarada lugar de interés, con lo que ya no podría construir nuevos edificios allí. Así pues, organizó una «ceremonia de despedida vip» para el pabellón y mandó invitaciones para el 21 de septiembre de 1966 a mediodía. Fred compareció con cuatro modelos a las que había contratado: dos iban con vestido y dos en bikini, pero las cuatro llevaban cascos de protección. El promotor repartió ladrillos a los invitados para que pudieran arrojarlos a la fachada del pabellón donde había la cara sonriente.[48] Una vez terminada la fiesta, llegó la maquinaria pesada y arrasó el Steeplechase Park.

Pero Fred Trump nunca tuvo la oportunidad de edificar allí. No se había clasificado como suelo urbanizable para uso residencial, y cuando Beame perdió las elecciones municipales de 1965 contra el republicano moderado y reformista John Lindsay, Fred se quedó sin los contactos necesarios para salirse con la suya. Los terrenos estuvieron años sin urbanizar.[49]

Barrett sostiene que ninguno de esos reveses al negocio familiar afectó a Donald, que estaba a punto de licenciarse en Wharton.[50] A lo sumo, vinieron a confirmarle que había elegido bien su camino. Trump veía que Fred necesitaba un sucesor que prosiguiera su obra, pero su padre aún no había dejado claro quién quería que fuera su heredero. Al principio, había deseado que fuera su hijo tocayo quien se uniera a él en el negocio inmobiliario. Su sueño era encontrar una extensión y un reflejo de sí mismo que pudiera continuar con la empresa en el futuro.

La pugna por el favor del padre provocó una fea rivalidad entre Donald y Fred jr., que se llevaban casi ocho años y tenían un carácter muy diferente. Se ve que el padre gustaba de provocarlos. De entre todos sus hijos, Fred Trump prefería atender, ridiculizar y engatusar a los dos mayores. En vez de motivar al simpático Freddie, su padre era severo con él, y lo agobiaba. El alto, atractivo y bonachón Freddie entró a trabajar en el proyecto del Trump Village al poco de licenciarse en Lehigh. Siempre que elegía materiales que su padre consideraba un dispendio, Fred le cantaba las cuarenta. A raíz de esas experiencias, Freddie se fue distanciando del negocio de la construcción y se hizo piloto comercial.[51] La decepción del padre fue mayúscula.

Siguiendo los pasos de Fred, Donald se burlaba de las decisiones de Freddie y lo chinchaba. Aseguraba que podía hacer algo mejor y más ambicioso que pilotar aviones. Pero a pesar de las mofas, el ejemplo del hermano mayor dejó huella en Donald. El alcoholismo de Freddie acabó costándole la vida a los cuarenta y dos años.[52] Durante décadas, Donald invocó ese final trágico como el motivo por el que podía cometer muchos excesos, pero nunca bebía. «Lo observé —dijo Trump a un periodista, hablando de la caída de su hermano— y aprendí de él.»[53] Con el paso del tiempo, Trump se volvió más franco con sus amigos. A sus estrechos colaboradores, les confesó que él atribuía directamente la muerte de Freddie a cómo lo había tratado su padre.

Incorporado ya en la empresa familiar, Donald siguió sin perder el interés por el mundo del espectáculo y por el camino a la fama que brindaba. En 1969, entró en el despacho del productor David Black justo encima del Palace Theatre y preguntó qué tenía que hacer para ser productor.[54] En su almuerzo con Black, Trump subrayó que había investigado sobre su siguiente producción, la comedia *Paris Is Out!*, y quería invertir en ella. A cambio de aportar la mitad del presupuesto, Trump deseaba que su nombre apareciera en los carteles y el programa de mano del espectáculo. La obra se canceló a principios de 1970 tras 112 representaciones.[55] Tampoco fue un fracaso, pero Trump perdió gran parte de su inversión.

Donald siguió priorizando el sector inmobiliario, pero, desde el principio, sus aspiraciones fueron más ostentosas que las de su padre. Urdió para rebautizar el negocio familiar fuera de Manhattan con el nombre «Trump Organization» a fin de que la empresa pareciera más imponente y asentada de lo que realmente estaba. Fue solo uno de los cambios en su gran campaña para revolucionar los aspectos pueblerinos de la vida con su madre y con su padre. En 1971, se mudó a un piso propio de alquiler regulado en el Upper East Side y se volvió un habitual de las elitistas discotecas de Manhattan.[56]

El objetivo de Donald era causar impresión. Normalmente llegaba del brazo de mujeres despampanantes, trofeos que elevaban su perfil. «En realidad, no era el donjuán disfrutón que fingía ser. Era parte del espectáculo —dijo al cabo de unas décadas Rudolph Giuliani, un abogado neoyorquino activo en el escenario político—. Es un tío que no bebe, no fuma y que prefiere dormir en su casa.»[57] Eso no le impidió hacerse un nombre en establecimientos como Le Club, una guarida secreta en un edificio de estuco del Midtown; en la fachada, una placa lucía el texto: «EXCLUSIVO PARA MIEMBROS». Los intentos de Trump de entrar en ese club de Manhattan cayeron en saco roto una y mil veces, hasta que por fin fue aceptado.[58]

Los primeros pasos de Trump en el negocio familiar fueron un nunca acabar de dificultades. En octubre de 1973, la Sección de Vivienda del Departamento de Justicia notificó a Trump Management, Inc. que se los iba a demandar por prácticas arrendatarias discriminatorias contra inquilinos negros. En la causa figuraban tanto Fred, presidente del consejo, como Donald, presidente de la empresa.

El Gobierno y las organizaciones de derechos civiles llevaban años investigando a los Trump, desde que Donald estudiaba en la universidad. En el Trump Village, el gigantesco complejo de 3.700 pisos, solo había registradas siete familias negras. No era casual. Las personas negras interesadas en alquilar las viviendas aseguraban a las autoridades que los encargados del mantenimiento de los edificios les prohibían el acceso, o les denegaban el mismo piso una y otra vez. Los Trump no eran los únicos caseros en usar esas prácticas. El destacado promotor neoyorquino Samuel LeFrak, un amigo de Trump, también fue demandado por infringir la *Fair Housing Act* («Ley de Vivienda Justa») de 1968. Pero LeFrak decidió llegar a un acuerdo rápido con el Ejecutivo y ofreció un mes de alquiler gratis a cincuenta familias negras para ayudarlas a instalarse en edificios principalmente ocupados por arrendatarios blancos.[39]

Sin embargo, Donald estaba siendo asesorado por Roy Cohn, un privilegiado nacido en Nueva York y ex fiscal federal de Washington. Cohn había desempeñado en 1951 un papel fundamental en la condena de Julius y Ethel Rosenberg, ejecutados por traicionar al país y espiar para la Unión Soviética. Gracias a eso, Cohn consiguió un puesto como investigador jefe del senador Joseph McCarthy, cuya subcomisión estaba trabajando a destajo en su particular caza de brujas. Durante el macartismo, el país se sumió en el miedo al comunismo y al mero hecho de ser llamado comunista. En una maniobra menos conocida, McCarthy y Cohn también trataron de expulsar a todos los gais de la función pública, basándose en la tesis de que eran vulnerables al chantaje. Su labor, bautizada como «terror lila» por los historiadores, llevó a Eisenhower a firmar en 1953 un decreto presidencial para aprobar la investigación y despedir a empleados federales presuntamente homosexuales.

Para cuando entró en la vida de Donald dos décadas después, Cohn era un abogado privado muy asentado en Nueva York. Su bufete estaba en una casa adosada del East Side.

49

Desde su marcha del Gobierno, Cohn había sido objeto de una auditoría fiscal, se había librado cuatro veces de ser condenado, representaba a mafiosos y famosos, interponía demandas contra políticos e intimidaba a periodistas.[60] Y lo hacía casi todo a plena luz del día. Se le daba de maravilla acceder al «banco de favores» de Nueva York, como lo llama la periodista Marie Brenner. Eso hacía que su práctica del derecho tuviera un tinte mafioso. Las personas que se cruzaban en su camino tenían motivos para temer que encontraría la manera de calumniarlas, si eso le resultaba útil para ganar una batalla o saldar cuentas. Sus reglas, en la medida en que las cumplía, incluían un concepto abstracto y amenazador de la «amistad». En 1978, le contó al periodista Ken Auletta hasta dónde estaría dispuesto a llegar para proteger a los que consideraba sus amigos: «No mentiría en ninguna circunstancia. Pero haría todo lo posible dentro de los límites de la legalidad para no perjudicar a nadie de quien hubiera aceptado ser amigo».[61]

Cohn medía sobre un metro setenta, era delgado y llevaba el pelo muy corto, con entradas. Lucía una cicatriz en la cara y tenía por costumbre lamerse los labios mientras hablaba. Su mirada denotaba fatiga crónica. Era muy sabido que se acostaba con otros hombres, pese a que uno de sus grandes hitos laborales había exudado una profunda homofobia.

Su gran talento era el terrorismo emocional. A Cohn, que la gente supiera que era una persona horrible le hacía feliz: «Gracias a eso, tengo fama de tipo duro, de ganador».[62] ¿Qué puede hacer uno cuando su adversario está dispuesto a abalanzarse encima de él y, con un lenguaje que no ha oído casi nunca en su vida, graznar hasta obligarle a ceder?

Cohn también se mostraba agradable, gentil y generoso con sus amigos.[63] Los periodistas de sociedad, los dueños de discotecas, los ejecutivos de grandes medios y los políticos que lo complacían y temían tenían una imagen afable de él; a su entender, era un triste bribón de pasado oscuro. Lo consideraban alguien poderoso, y las conexiones con el poder y la fama resultaban cruciales para la gente con quien él lidiaba. Cohn estrechó lazos con la presentadora de televisión Barbara Walters, trabajó con el gran magnate de los medios Rupert Murdoch y, en 1980, tuvo el honor de que Nancy Reagan le agradeciera todo lo que había hecho por su marido.

La historia de Trump sobre cómo conoció a Cohn ha ido cambiando, pero su versión más coherente, la de su primer libro *The Art of the Deal*, es que se conocieron en 1973 en Le Club, poco después de que el Gobierno demandara al empresario por discriminar a los inquilinos. Según Trump, otros abogados le habían dicho que la causa estaba perdida. Pero Cohn le dio la respuesta que él quería oír: «Mándales a freír espárragos y peléalo en los juzgados».[64]

En casi cualquier momento posterior de su vida, seguramente Trump se habría sentido repugnado por el aspecto reptiliano de Cohn; recordemos que, en la Casa Blanca, se ofuscó con el «canon de belleza»[65] de los consejeros y miembros de su Gabinete. Pero si Trump tenía algún problema con su semblante, nunca lo expresó. Más tarde, él mismo me confesó: «Yo era muy joven y Roy era muy político». Dijo que el jurista era «un tipo diferente», pero no se explayó más.

Una lección primordial que Trump aprendió de su mentor era que casi todo se podía entender como una transacción. Incluso un empleado aparentemente neutral como el abogado, al que en teoría se contrataba para que defendiera los intereses del cliente, se podía transformar en algo así como un líder de partido o un capo de la mafia. El valor de una persona dependía de cuánto te gustara o de cuánto te debiera. «Si le gustabas a Roy, te ayudaba —me dijo Trump—. Pero si no le gustaba alguien, pues... no sé, creo que sí aceptaba algunos clientes que no le gustaban. Me parece que les metía una puñalada trapera. Ya conoces a Roy. ¿Me entiendes? Le tenías que gustar, y punto.»

Durante su presidencia, Trump se quejaría amargamente de los abogados que trabajaron para él, tanto de los asesores de la Casa Blanca como de los representantes de bufetes externos y de los tres fiscales generales. Él creía que nadie le había sabido proteger de sus enemigos cuando las espadas habían estado en alto. Repetía a menudo que ninguno de ellos era «como Roy Cohn».

2

Bienvenidos a la ciudad del miedo

«Píratelas antes de que cuente hasta tres o te mando arrestar, hostias.»

Richard Ravitch estaba furioso. Poco después de asumir la presidencia de la UDC (siglas en inglés de la Corporación de Promoción Urbanística) del estado de Nueva York, en febrero de 1975, recibió una llamada de Louise Sunshine, una recaudadora de fondos demócrata con amigos importantes.[1] Él la conocía porque sus hijos iban a la misma escuela que los de ella. Sunshine le pidió que aceptara verse con un nuevo cliente a quien estaba asesorando, un joven promotor con grandes planes para sí mismo y para la ciudad de Nueva York. Ravitch aceptó y, en la hora acordada, Sunshine llegó a su despacho del Midtown con Donald Trump. En esos momentos, el joven promotor estaba reacondicionando un edificio cercano que había perdido su majestuosidad y se caía a trozos, el Commodore Hotel, pero le estaba costando encontrar respaldo financiero por culpa de los impuestos.[2] Como presidente de la UDC, dijo Trump, Ravitch podía ayudarle concediendo al proyecto una exención tributaria.

Estaba siendo un año especialmente calamitoso para Nueva York, que había caído en la peor crisis económica desde la Gran Depresión.[3] El poder fiscal municipal dependía casi por completo del estado, y el alcalde Abe Beame había despedido a 40.000 empleados públicos para recabar apoyos en Albany.*4 El alcalde precisaba respaldo político para aprobar una enorme subida de impuestos e impedir otra hecatombe. Las medidas de austeridad suscitaron protestas de los trabajadores, entre otras, una huelga de los servicios de limpieza que hizo que la basura se acumulara en las calles.5 Los servicios esenciales se estaban descuidando en los cinco distritos y Nueva York tenía cada vez más dificultades para seguir resultando atractivo para los turistas y conservar a sus habitantes.

Pero Trump se desvivía por edificar y por obtener ayuda pública para hacerlo. «Quiero una exención fiscal», reiteró. Ravitch no entendía cómo podía ser que el constructor no hubiera conseguido apoyo financiero de ninguna entidad de crédito. Le preguntó quién lo había rechazado. Trump mareó la perdiz, pero no respondió. «Dame las cifras», dijo Ravitch. Él esperaba oír un análisis de la previsión de ingresos y el plazo de amortización, pero fue testigo del sermón de un vendehúmos que se llenaba la boca señalando lo bueno que sería ese proyecto tan bonito en la calle Cuarenta y dos, en esos momentos en que la ciudad estaba tan deteriorada. A Ravitch, la perorata no le dio frío ni calor, así que Trump pasó a la intimidación: «Si no me concedes la reducción de impuestos, haré que te despidan». Entonces, Ravitch respondió con la amenaza del arresto. Trump se fue con las manos vacías, pero solo fue un revés temporal.

Trump no sabía planificar a largo plazo. Eso sí, le encantaba aplastar a rivales y críticos. Si se sentía envalentonado con esa estrategia, era porque había comprobado que funcionaba contra el Gobierno. Para Trump, la respuesta a la demanda por discriminación se convirtió en una pauta de con-

* Albany alberga el Capitolio del estado de Nueva York y, por consiguiente, se usa como metonimia del poder del estado. (N del T.)

ducta para casi todas las disputas que iba a tener durante los siguientes cincuenta años, fuera cual fuera su dimensión o trascendencia. Cuando lo acusaran de mala praxis, Trump se ofendería mucho y se defendería mintiendo descaradamente, alegando que él era la verdadera víctima. En *The Art of the Deal*, escribió: «Me sacaba de quicio la idea de pactar. —Él lo achacaba a una cuestión de instinto y estrategia—. Prefiero pelear antes que claudicar, porque si claudicas una sola vez, la gente asumirá que lo haces siempre».[6]

Por lo tanto, en diciembre de 1973 Trump se dejó aconsejar por su nuevo abogado Roy Cohn y demandó al Gobierno por 100 millones de dólares en daños y perjuicios. En su rueda de prensa para anunciar la demanda de reconvención, Trump se defendió con jerigonza procesal: «Según mi leal saber y entender, ni yo ni nadie de nuestra organización hemos discriminado jamás, ni hemos mostrado ningún prejuicio, a la hora de alquilar una vivienda». Trump dijo que no quería firmar un acuerdo con los federales que obligara a la empresa a alquilar pisos a personas beneficiarias de ayudas sociales, puesto que eso significaría un «éxodo masivo de la ciudad no solo de nuestros arrendatarios, sino de comunidades enteras».[7] Un periodista le preguntó al promotor por qué creía que ese acuerdo le forzaría a alquilar viviendas a personas receptoras de ayudas públicas. Trump contestó que había visto suceder algo parecido dos años atrás, cuando el Gobierno había demandado al amigo de su padre Sam LeFrak.[8] (El hijo de LeFrak, Richard, dijo entonces que esa descripción de los hechos no se ajustaba a la realidad.)

Cohn prestó declaración jurada en el caso, en un texto escrito especialmente para la prensa. El letrado llegó a decir que no importaba cómo acabara la demanda de reconvención de 100 millones de dólares: «Me imagino que nunca se subsanarán del todo los daños, porque nunca vas a poder compensar esos primeros titulares».

El tira y afloja entre el Departamento de Justicia y Cohn duró veintiún meses. Muchas veces, el propósito del letrado parecía ser únicamente alargar el procedimiento e intimidar al bisoño abogado del Gobierno. En un interrogatorio, Cohn atacó al principal testigo contra Trump, un exempleado que reveló el código usado para identificar las solicitudes de alquiler de arrendatarios negros; el abogado aseguró que lo habían coaccionado para que testificara. Para Cohn, cualquier analogía era válida: el Gobierno había «interrogado en plan Gestapo» al empleado de Trump, declaró el equipo del magnate en una alegación, y los federales se habían «personado en la oficina de los Trump con cinco soldados imperiales».

A nivel de imagen, más o menos la táctica surtió efecto, pero judicialmente no logró su objetivo. Cohn solicitó que se sancionara por desacato al abogado rival, pero el juez lo riñó por verter acusaciones infundadas.[9] Al final, Cohn aceptó lo inevitable e inició contactos entre bambalinas para llegar a un pacto. En junio de 1975, Trump firmó un acuerdo por el que se comprometió a no discriminar a ningún inquilino, con consecuencias específicas para cada infracción de lo firmado. La empresa también debería comprar anuncios locales para invitar a las personas racializadas a alquilar sus viviendas.

Trump sobrevivió a su primer desencuentro con el formidable poder del Gobierno. Se puede decir que el pulso acabó en derrota, pero durante décadas, cada vez que le preguntaban por el caso él mencionaba un aspecto del acuerdo que le había sabido a victoria: el pacto dejó negro sobre blanco que los Trump no admitían haber cometido ningún delito.

Con su intervención, Cohn se erigió en una piedra angular de la vida de Donald, rivalizando en importancia con el propio Fred. Su padre había logrado introducir un poco a Donald en el mundillo de Brooklyn y Queens, pero ahora Roy iba a abrirle las puertas a un mundo más grande. No solo iba a protegerle de todo, sino que le permitiría establecer contactos que, hasta entonces, habían sido impensables: gente del deporte, la política y los medios, así como una cartera de clientes más sórdida. Trump siempre había disfrutado con las broncas, pero Cohn trató de enseñarle a ser más estratégico, y no solo instintivo.

A medida que estrecharon lazos, Cohn ayudó a Trump a dar rienda suelta a su ambición y ensanchar su negocio en Nueva York, una ciudad que se parecía poco al idílico oasis de Queens que el magnate recordaba con nostalgia de su juventud. En 1975, tras años de mala gestión y malversación presupuestaria, el Ayuntamiento estaba prácticamente en quiebra. Algunos de los créditos bancarios que necesitaba para seguir a flote se hallaban al borde del impago. Beame estaba tratando de cosechar apoyos en Albany para subir los impuestos y evitar una catástrofe todavía mayor, pero eso significaba despedir a mucha gente; entre otros, más de cinco mil policías de uniforme.

Los sindicatos policiales intentaron presionar a Beame para que renunciara a su idea. Con la basura acumulándose en las calles, los trabajadores sindicados en huelga se colocaban en estaciones, aeropuertos y hoteles y repartían panfletos adornados con calaveras y un grueso borde negro para advertir a los turistas de no entrar en esa ciudad arrasada por una oleada de delincuencia sin fin a la vista.[10] Mucho tiempo después de finalizar el conflicto por los despidos, el título de los panfletos seguía formando parte del acervo popular: BIENVENIDOS A FEAR CITY («ciudad del miedo»), una referencia sarcástica al nombre Fun City («ciudad de la diversión») con que el alcalde John Lindsay había bautizado a la urbe a finales de los años sesenta.[11] Para un empresario como Trump, que estaba intentando cosechar apoyo público a sus proyectos en un momento de tremenda vulnerabilidad para Nueva York, el epíteto cínico de «la ciudad del miedo» le sería más útil.

La demanda de discriminación contra los inquilinos le enseñó a Donald que el Gobierno podía ser una amenaza para su negocio. Dicho eso, él sabía, al igual que su padre, que también podía ser un trampolín hacia nuevas riquezas. Un ejemplo de ello fue la quiebra de la Penn Central Transportation Company en 1970, que obligó a poner a la venta las numerosas propiedades que la empresa ferroviaria poseía por el país.[12] Los promotores neoyorquinos tenían entre ceja y ceja un activo en particular: el patio de maniobras que la empresa tenía en el West Side, uno de los solares sin edificar más grandes que quedaban en Manhattan.[13]

Para Trump, era un terreno especialmente suculento. Una vez asentado en el sector inmobiliario, uno de sus propósitos fundamentales era diferenciarse de su padre, un «simple» promotor de viviendas para familias de clase media en Brooklyn. Los terrenos vacíos junto a los rascacielos del Midtown, los teatros de Broadway y los lujosos bloques de pisos de Riverside Drive constituían el lienzo perfecto para que el joven de veintisiete años pudiera demostrar qué era capaz de lograr por sí mismo.

Trump dio jabón a los ejecutivos de Penn Central, pero esperó a que hubiera un cambio de poder en el consistorio para dar el paso.[14] En enero de 1974, Beame sucedió a Lindsay en la alcaldía. Donald se aseguró de que Fred figurara en los contratos como socio comanditario —que lo fuera realmente era harina de otro costal— para garantizar a los representantes municipales que el proyecto no caería en bancarrota. Luego, el joven organizó una reunión con el alcalde y el administrador de los bienes raíces no ferroviarios de la empresa en Nueva York. Allí, Beame proclamó: «Sea lo que sea lo que quieran Donald y Fred, tienen todo mi apoyo», rodeando teatralmente a los dos Trump con sus cortos brazos.[15]

En su campaña por obtener los vistos buenos necesarios, Trump se topó con el abogado David Berger, que representaba a los accionistas de Penn Central y que había expresado sin tapujos su escepticismo respecto a venderle nada a Trump. En nombre de los propietarios de Nueva York, Berger informó al empresario de su inminente demanda a las energéticas, a las que pensaba acusar de pactar los precios del combustible usado para calentar sus edificios.[16] Berger iba a embolsarse una tercera parte del hipotético acuerdo; la cantidad dependería del número de pisos que fueran representados colectivamente en la demanda. Trump, de hecho, acabó sumándose a la causa, con lo que ensanchó los potenciales beneficios de Berger. Pocos días antes de una vista judicial clave sobre la cuestión de los terrenos de Penn Central, en noviembre de 1974, Trump fue a ver al abogado a su bufete de Filadelfia.[17] Cuando regresó a Nueva York, Berger había dejado de oponerse a la venta. Trump aprovechó la bancarrota de Penn Central para llevarse dos solares del patio de maniobras al oeste de Central Park. Uno iba de la calle Treinta a la Treinta y nueve del Midtown, y Trump proponía construir un nuevo palacio de congresos; el otro, más al norte, se extendía desde la Cincuenta y nueve a la Setenta y dos, y el promotor quería edificar unos colosales bloques de pisos.

Como Trump sabía lo difícil que sería edificar ahí debido a las normas de urbanización, desvió su atención hacia otro activo de la cartera de Penn Central: el gran Commodore Hotel, anexo a la Grand Central. Durante buena parte del siglo XX, la estación había sido la principal puerta de entrada y salida de Nueva York, pero la caída del volumen de pasajeros en los trenes interurbanos había hecho mella. Hablando con los representantes públicos, Trump presentó su proyecto para un nuevo hotel que insuflaría vida al decrépito East Side y aseguró que la empresa Hyatt había manifestado cierto interés en la colaboración.[13] Pero ningún banco ni inversor quería financiar una reforma integral del Commodore sin la garantía de que se podría pagar la hipoteca, y Trump sostenía que los números no salían por culpa de los elevados impuestos municipales. Primero intentó conseguir, a través del estado, una moratoria de varias décadas sobre los impuestos a la propiedad del edificio, recurriendo a los vínculos de su padre con el presidente de la cámara estatal. Cuando sus intentos de burlar al sistema en Albany no cuajaron, pidió una reducción fiscal a los representantes municipales. Muchas veces trató de embaucarlos asegurando que tenía el apoyo de un inversor financiero a largo plazo y señalando que tenía derechos sobre la propiedad en general. En mayo de 1975, habló de que había firmado un «contrato de adquisición» con Penn Central para el hotel, y un año más tarde reveló a *The New York Times* que poseía «una opción sin fecha límite estipulada para comprar el Commodore a los administradores ferroviarios a cambio de 10 millones de dólares».[19]

Cuando las instancias municipales le pidieron a Trump que enseñara la opción que decía poseer, el granuja mandó un trozo de papel en el que solo figuraba su firma.[20] La opción firmada por el hotel tardó doce meses más en llegar. Como no querían echar por la borda su relación con el promotor, los representantes de la Penn Central confirmaron al consistorio que querían venderle el Commodore a Trump, así que el problema del papeleo resultaría más fácil de ignorar. Cuestionar el derecho de Trump sobre el hotel no iba a redundar en beneficio de nadie.

En el transcurso de las negociaciones, Trump entabló algo parecido a una amistad con el representante de la agencia promotora con el que estaba negociando, Michael Bailkin. A veces quedaban para tomar algo en un bar de la Tercera Avenida y Trump le contaba a su amigo detalles de su vida privada; por ejemplo, de los problemas de su hermano Freddie con el alcoholismo. En una conversación, Bailkin le dijo a su interlocutor que era una persona muy superficial, y

Trump contestó: «Claro, es una de mis virtudes. Nunca finjo ser otra cosa».[21]

Más que admitir su fondo emocional o intelectual, Trump estaba reconociendo que lo único que le interesaba eran los negocios y que pensaba usar todos los medios necesarios para conseguir lo que quería. Trump logró deslumbrar a Bailkin. Impresionado por su tesón, el burócrata movió los hilos para que la propuesta de reducción fiscal superara las distintas fases de aprobación. Bailkin trazó un plan: Trump donaría la propiedad del Commodore a la ciudad después de comprársela a Penn Central y el consistorio se la arrendaría a él durante un período de noventa y nueve años. Entonces, a Bailkin se le ocurrió la idea de sortear el Gobierno municipal y solicitar la deducción fiscal de cuarenta años a través de la UDC, que estaba bajo el ámbito del gobernador Hugh Carey, un demócrata de Brooklyn del que Fred Trump era un gran donante. Fred prometió a las autoridades competentes que iba a «conceder credibilidad financiera» a la iniciativa de su hijo.

En diciembre de 1975, Trump visitó la sede de la UDC para verse con su presidente y, al parecer, pensó que todo le iría de cara. Pero a diferencia de otros funcionarios, Richard Ravitch no iba a permitir que Trump lo embelesara o lo pisoteara. La petulancia del empresario le ofendió, y le pareció impropio que llegara con una recaudadora de fondos que trabajaba para el gobernador. Ravitch puso manos a la obra para tumbar la reducción.[22] Advirtió al Ayuntamiento que una deducción fiscal a un proyecto hotelero como aquel supondría una prebenda excesiva a un interés privado, y convenció a varios ediles para que se opusieran.

Bailkin iba a abandonar enseguida el Gobierno municipal para dedicarse a la abogacía, pero antes propuso otra salida. A cambio de la deducción fiscal, Trump podía entregar a la ciudad una parte de sus beneficios del hotel. Al principio el promotor se negó, pero terminó usando esa solución intermedia para retomar con buen pie las negociaciones con los concejales intransigentes. El nuevo concepto diluyó la oposición política al proyecto Commodore. En la primavera de 1976, finalmente Trump logró la aprobación preliminar del Consejo de Presupuestos y una primera votación favorable de la agencia de Ravitch.[23] Para conseguir la deducción, el empresario combinó la simpatía con el chantaje de un modo que terminó convirtiéndose en un sello distintivo de su interacción con la política.

En términos políticos, ya se había hecho lo más difícil, pero Trump aún necesitaba los últimos permisos antes de mandar sus grúas al hotel. Tras el adiós de Bailkin, Roy Cohn reclutó a Stanley Friedman, un teniente de alcalde de Beame. Friedman había llegado al Ayuntamiento después de escalar durante años por la jerarquía del Partido Demócrata del Bronx, una organización más débil que su homóloga de Brooklyn. Friedman era un hombre de partido que iba acumulando apoyos y, según denunció la fiscalía años más tarde, usaba los mecanismos burocráticos para enriquecer a sus amigos y socios. El último regalo de Friedman al proyecto Commodore llegó en septiembre de 1976, cuando concedió a Trump una desgravación fiscal de cuarenta y dos años por un valor de 168 millones de dólares, con la condición de que devolviera a la ciudad una parte de los beneficios del hotel.[24]

El interés de Trump en las propiedades de Penn Central fue su forma de reinventarse ante la prensa. El promotor pidió al experto en relaciones públicas Howard Rubenstein que le ayudara a orquestar sus ruedas de prensa para promover el proyecto del palacio de congresos y el Commodore. En la primera comparecencia ante las cámaras, Trump se mostró un tanto nervioso. Pero aunque había exhibido una clara ambivalencia respecto a su papel protagonista, terminó encandilado. «Qué bien me lo he pasado —le dijo a Rubenstein—. Volvamos a hacerlo.»

Con Rubenstein a cargo de su imagen, en noviembre de 1976 *The New York Times* hizo un reportaje sobre Trump en el que aparecía como un niño prodigio muy querido, con un brío apreciado por sus rivales.[25] En el texto, Judy Klemesrud no le describía como un promotor, sino como un «impulsor inmobiliario». La periodista siguió a Trump durante un día en una limusina con chófer y publicó lo que le había dicho el propio magnate: que era «reacio a la publicidad» (el texto no comentó lo risible de esa afirmación). El único lugar donde el promotor parlanchín guardó silencio fue en la sede de la Trump Organization en Brooklyn, cuando se encontró con su padre. «Ante el patriarca, el hijo parecía intimidado, aunque no sin desprender cierta ternura.»

Klemesrud acompañó a Trump al 21 Club, uno de los establecimientos favoritos de Cohn. Allí, el joven habló con dos hombres cuyo hospital judío iba a nombrarle Hombre del Año. «Yo ni siquiera soy judío, sino sueco —le dijo Trump a la periodista—. La mayoría de la gente cree que mi familia es judía porque tenemos muchos edificios en Brooklyn. Me imagino que no tendrás que ser judío para ganar ese premio, porque me han dicho que otro año lo ganó un gentil.»

Donald no era ni judío ni sueco; su padre era un norteamericano de primera generación y sus abuelos eran alemanes. Fred había adoptado el hábito de decir que su familia era sueca porque tenían muchos inquilinos judíos y, después de la Segunda Guerra Mundial, no quería ahuyentarlos.[26] Donald perpetuó esa ficción durante muchos años.

Según una biografía, Trump había dicho a sus confidentes que no tenía pensado casarse. Pero ahora había empezado a asegurar que, si encontraba a la mujer indicada, lo estudiaría.[27] Era un momento propicio; todavía era un empresario joven. Su incursión en Manhattan iba viento en popa y las obras del Commodore estaban a punto de comenzar.[28]Al final, Trump aprendió a ser una marca. Él quería que la gente relacionara sus proyectos de construcción tanto con su promotor como con los propios edificios.

Entonces, conoció a la mujer indicada. Trump se enamoró de verdad de Ivana Marie Zelnickova. Le gustaba a varios niveles. Era una rubia alta y despampanante que había trabajado como modelo de bajo perfil. Tenía raíces en Europa del Este y un acento muy marcado que, a Trump, le parecía exótico y sofisticado. Pero si el empresario esperaba haber encontrado una esposa obediente que estaría dispuesta a cogerlo del brazo y hablar poco, estaba equivocado. Ivana se había labrado su propio camino antes de casarse con Donald. Se había criado en la Checoslovaquia comunista, donde había sido una hábil esquiadora y una actriz infantil.[29] En 1971, con veintidós años, se casó con su gran amigo, el entrenador austríaco de esquí Alfred Winklmayr, para obtener la ciudadanía del país alpino y poder huir del bloque soviético. La pareja se divorció en 1973 e Ivana se fue con otro novio a Canadá, donde trabajó como monitora de esquí a tiempo parcial. Luego conoció a Trump.

Al poco tiempo de conocerse, Trump le habló de ella a Bailkin. Entusiasmado, se la describió como una supermodelo de Canadá y antigua integrante de la selección checa de esquí en los Juegos Olímpicos de 1972.[30] Ninguna de esas dos cosas era cierta del todo. Según Barrett, Ivana había hecho algún trabajillo como modelo en Canadá y también había participado en una sesión de publicidad para anunciar los Juegos Olímpicos de Montreal de 1976. Cuando llevaban años casados, los verdugos de Trump de la revista *Spy* buscaron pruebas de que hubiera sido suplente del equipo olímpico, como dijo ella, pero no encontraron ninguna.[31] Al final, Ivana declaró que había intentado entrar en el equipo olímpico, pero no lo había conseguido, y culpó a los demás de difundir esa exageración.[32]

El noviazgo fue relativamente corto. Ivana seguía viviendo en Canadá y los fines de semana visitaba Nueva York. Se quedaba con los padres de Donald en la casa de Jamaica Estates. Él usó con ella la misma táctica que le había ayudado a salir airoso del pacto del Commodore. Según Ivana, su novio le decía: «Si no te casas conmigo, te estarás arruinando la vida».[33]

No obstante, antes de la boda Roy Cohn intervino otra vez para proteger los intereses de Trump. Tras aconsejarle en vano que no se casara —«No entiendo por qué quieres hacer esto», le dijo—,[34] Cohn le persuadió de que obligara a su prometida a firmar un acuerdo prematrimonial. En una versión, se llegó a estipular una prima por cada hijo que tuvieran, aunque la disposición se eliminó del acuerdo final. En otra versión se previó que, en caso de divorcio, ella tendría que devolver a Trump todos los regalos que él le hiciera durante el matrimonio. Ivana se levantó de la mesa de negociación por culpa de esa cláusula, pero acabó sentándose otra vez una vez modificados los términos.

En el acuerdo había una frase que plasmaba el escaso interés de Trump en vivir a lo grande; ahí se establecía que sus preferencias en ese momento no eran «ni opulentas ni caras». Lo cierto es que su forma de vida sí se terminó volviendo ostensiblemente opulenta y cara, pero Cohn ya pensaba —y tal vez Trump también— que Ivana ansiaba un estilo de vida más lujoso. Según Barrett, el acuerdo prematrimonial era esencialmente un «aviso para navegantes cazafortunas».[35]

La ceremonia nupcial tuvo lugar en abril de 1977 en la iglesia Marble Collegiate de la Quinta Avenida, de la que

Trump y sus padres se habían convertido en feligreses.[36] Los casó Norman Vincent Peale, pastor de la iglesia y autor del superventas *El poder del pensamiento positivo*. Las hermanas de Donald fueron las damas de honor. Bailkin formó parte del cortejo nupcial y Abe Beame estuvo invitado. Después de la ceremonia se celebró un banquete en el 21 Club de la calle Cincuenta y dos, junto a la Quinta Avenida, el templo de Cohn y ahora ya de Trump.

Apenas si hubo invitados de parte de Ivana. Fueron algunos amigos suyos de Canadá y sus padres, pero, por lo demás, toda la boda fue un fasto patrocinado por los Trump. Más adelante, Ivana se dio cuenta de que había entrado en una familia en la que la palabra de Fred iba a misa. Años después, afirmó que era un «padre brutal».[37] Para ilustrarlo, contó la anécdota de cuando fueron al Tavern on the Green, un famoso restaurante de Central Park, y el patriarca pidió filete. Sus hijos, todos ellos adultos, lo emularon y pidieron lo mismo. Pero cuando Ivana dijo que quería lenguado, Fred metió baza con la camarera: «No, tomará filete». Ella recalcó que quería el pescado.[38] Sabía que si permitía que Fred la tomara por el pito del sereno, sería así durante toda su vida.

El matrimonio no suavizó el deseo de Trump de seguir disfrutando de la vida nocturna de Nueva York. El año de la boda, abrió las puertas el Studio 54, y el magnate procuró que lo vieran siempre por allí. Más tarde, rememoró con todo lujo de detalles la depravación de la discoteca, de la que él había sido un observador ajeno: «Vi cómo se follaban a supermodelos. Eran muy conocidas, y se las estaban cepillando en unos asientos en medio de la sala —le contó Trump a su biógrafo Tim O'Brien—. Eran siete, y a cada una se la follaba un tío diferente. Y en medio de la sala».[39]

El año que Trump se casó con Ivana fue el año que Wayne Barrett llegó a su vida, y separarse de él resultó ser harto más complicado. Barrett era un periodista sensacionalista de la vieja escuela, con una trayectoria marcada por sus impactantes noticiones y, según sus detractores, por sacar conclusiones sin fundamento. En 1973 Barrett entró en *The Village Voice*, un conocido semanario alternativo con raíces en el mundo contracultural del Greenwich Village.[40] Sus ideales de la Nueva Izquierda entremezclaban los valores progresistas con un profundo desprecio por el codicioso aparato del Partido Demócrata, que regía Nueva York con escasa oposición. El principal investigador político del rotativo en ese momento, Jack Newfield, era originario de Brooklyn y había crecido en la pobreza, así que desprendía una ira inflexible por la desigualdad y la injusticia racial de los sistemas financieros y políticos de su ciudad. A Newfield le gustaba acusar a los responsables, y se convirtió en un mentor para Barrett.[41] Le previno del promotor inmobiliario de moda, que había conseguido persuadir a Nueva York para que le concedieran una deducción fiscal sin precedentes. Con el dinero y los contactos de su padre y su tenaz fanfarronería, Donald Trump era alguien a quien echar el ojo, o eso pensaba Newfield.

En 1978, Barrett empezó a recopilar montones de documentos de fuentes del Gobierno y llenó libretitas enteras con nombres de personas a quienes quería entrevistar. Hizo acopio de todos los hechos y los dispuso cronológicamente para trazar el camino de Trump hasta conseguir los derechos sobre las propiedades de Penn Central y el respaldo político a la reforma del Commodore. Barrett no quería establecer contacto con el empresario hasta que avanzara un poco con su investigación. Pero un día estaba solo en una sala de reuniones de la UDC revisando la documentación del acuerdo del Commodore cuando sonó su teléfono. «¡Wayne! —dijo una voz estentórea al otro extremo de la línea—, ¡soy Donald, me han dicho que estás haciendo un reportaje sobre mí!»[42] Los dos estuvieron horas charlando.

En la entrevista, Trump recibió al primer periodista en hurgar seriamente en su vida con una sospechosa dádiva: «Wayne, que sepas que no tienes por qué vivir en Brownsville. Yo te puedo encontrar un piso».

3

Los frisos de la discordia

El 15 de enero de 1979, *The Village Voice* publicó en portada
su primer reportaje sobre Donald Trump bajo un titular que
rezaba: DE TAL PALO, TAL ASTILLA: ANATOMÍA DE UN JOVEN Y
PODEROSO TITIRITERO.[1] Fue el primero de dos largos artículos
de Barrett sobre Trump y sobre su forma de hacer negocios.[2]
En él, se divulgaban todos los entresijos de cómo el magnate
se había hecho con los terrenos ferroviarios del West Side.
Para el lector, la exhaustiva reconstrucción que hacía Barrett
de los procesos burocráticos podía ser difícil de seguir, o incluso tediosa de leer. Pero para un fiscal, los reportajes eran
una hoja de ruta genial para una investigación.

El fiscal del distrito este de Nueva York, Edward R. Korman, inició una investigación penal sobre las circunstancias
que habían llevado al tribunal a conceder a Trump la opción
de compra sobre el patio de maniobras del West Side.[3] El
negociado de Korman en Brooklyn estuvo cerca de seis meses
haciendo pesquisas para determinar si Trump se había salido
con la suya y había recabado el apoyo del abogado David Berger a cambio de sumarse a su demanda por fijación de precios
contra las petroleras.

Para Trump, las propiedades de Penn Central le habían
reportado una rentabilidad dispar. El Commodore se estaba
reformando y convirtiendo en un Grand Hyatt y su sobria

fachada de ladrillos estaba siendo sustituida por el elegante cristal.[4] Al empresario le daba igual echar a perder ese legado: «Toma —le dijo a alguien que lo acompañaba en una visita a las obras, entregándole un pomo de puerta de latón—, aquí tienes un recuerdo de este hotelucho inmundo». Por otra parte, no ganó la licitación para construir un colosal palacio de congresos en su solar del Midtown, pero sí le llovió inesperadamente el dinero cuando eligieron su terreno para construirlo.[5] Y en cuanto a los terrenos del Upper West Side, los vecinos se habían opuesto a las propuestas de Trump para edificar nuevos bloques de pisos, lo cual había frenado en seco el proceso y le había hecho perder su opción de construir allí.[6]

Cuando la oficina de Korman empezó su investigación, Roy Cohn se reunió con el fiscal para calibrar el riesgo real. Años más tarde, Barrett señaló que Korman había confirmado al abogado que tanto Trump como David Berger se encontraban «bajo lupa» y que la investigación sería «breve y discreta».[7] Cohn planteó la opción de interrogar a su cliente y Korman mandó a un investigador para verse con Trump en la anodina oficina de Fred en la Avenue Z de Coney Island. El lugar no tenía nada que ver con el Crown Building de la Quinta Avenida, donde su hijo había situado la sede de la Trump Organization.

Durante noventa minutos, y sin abogados presentes, el investigador tuvo que escuchar cómo Trump reiteraba una y otra vez que no había habido ninguna corruptela con Berger.[8] Al final, la causa recayó en un testigo débil y en una inminente prescripción del hipotético fraude. La investigación nunca se filtró a la prensa, algo por lo que Trump y su abogado estaban pletóricos. Aun así, Donald empezó a contarle a la gente el terrible apuro que había vivido, echándole la culpa a Barrett: «El caso era insostenible. Todo acabó y se archivó antes de que yo, ingenuo de mí, entendiera realmente lo que estaba pasando».[9] (La verdad por delante: yo cubrí el tribunal federal de Brooklyn en el año 2000, cuando Korman era su juez principal. Tres años más tarde, ofició mi boda porque yo se lo pedí. No supe qué papel había desempeñado en la investigación de los terrenos hasta que empecé a informar sobre la presidencia de Trump.) «Pero, a toro pasado, estoy contento de haberlo vivido —escribió Trump en su libro de 1990, *Surviving at the Top*—. Eso me enseñó que, en cuanto alcanzas una cierta notoriedad en esta vida, por mísera que sea, la gente intentará labrarse un nombre a tu costa.»[10]

Pero Trump aprendió algo todavía más útil de ese episodio: lo bueno de apelar a fiscales o representantes y de intentar hablar con ellos directamente para ahorrarse problemas y evitar que la cosa se saliera de madre. La simple mácula de una investigación podía ser un problema, como descubrió su padre en los años cincuenta.[11] Donald y Fred ya tenían contactos con la fiscalía de Brooklyn; allí, los cabecillas del Partido Demócrata ayudaban a elegir al fiscal del distrito y colocaban a dedo a los jueces de los tribunales estatales. El todopoderoso jefe del partido Meade Esposito tenía tanto poder que, los fines de semana, líderes políticos de toda la ciudad le llevaban pasteles a casa de su madre. Esposito los recibía en audiencia en el sótano. Un visitante de la oficina de Esposito en Brooklyn Heights dijo que las paredes estaban llenas de citas ilustres. Una de ellas era de Albert Camus, y Esposito la leyó durante una negociación: «No camines detrás de mí, porque igual no te guío. No camines delante de mí, porque igual no te sigo. Simplemente camina a mi lado y sé mi amigo».

A finales de los setenta, un movimiento reformista de Manhattan había revolucionado el partidismo que imperaba en Brooklyn. Una vez trasladado su negocio a Manhattan, Trump se dio cuenta de que tenía que buscarse nuevos contactos. Unos años después, estaba haciendo las veces de copresidente en una recaudación de fondos para la Police Athletic

League de Nueva York, una entidad que, entre otras cosas, buscaba agentes de policía que quisieran entrenar equipos de base. Un gran adepto de esa organización benéfica era Robert Morgenthau, un exfiscal federal elegido fiscal del distrito de Manhattan en 1974.[12] Morgenthau era un pez gordo de la ciudad, y ese era parte de su atractivo. Pero para Trump, la relación también era un contacto con un alto cargo de justicia. En poco tiempo, Trump estrechó lazos con otro fiscal que sucedió a Morgenthau en la cúspide del distrito sur: Rudolph W. Giuliani.[13]

Un día, Roger J. Stone jr., un joven de veintisiete años bien maqueado y con una buena mata de pelo rubio, se subió al ascensor de su bloque en el 25 de Central Park South y se encontró con su vecina Sheila Mosler. Mosler, una divorciada adinerada, invitó a su vecino a una fiesta y él aceptó porque tenía ganas de conocer a un invitado muy particular: el abogado de divorcio de Mosler, Roy Cohn.

Stone todavía no era tan conocido como Cohn, ni por asomo, pero ya se había labrado una aureola de desenfado, sobre todo gracias a sus conocimientos en historia política. A los diecinueve años, y siguiendo las directrices de su jefe, Stone había hecho un donativo a Pete McCloskey en nombre de la Young Socialist Alliance.[14] McCloskey era un republicano moderado que se enfrentaba a Richard Nixon en las primarias de Nuevo Hampshire de 1972. Una vez entregado el dinero, Stone filtró el recibo a un periódico local. Su papel en esa martingala salió a la luz al año siguiente, durante las vistas por el caso Watergate. A diferencia de otros involucrados en el escándalo, Stone nunca se arrepintió de sus actos. De hecho, su contribución relativamente menor al régimen de «tretas» de Nixon se convirtió en un elemento central de su biografía profesional. Stone era un republicano con afinidades libertarias especializado en los asuntos que más división provocaban en las campañas. Mucho tiempo después, tanto los demócratas como los republicanos de la Costa Este iban a lidiar con él y a temerle. Sus primeras experiencias durante la era Nixon le inculcaron un estilo de hacer política que ya no abandonó jamás, y que aplicó cada vez a mayor escala. Su filosofía era agresiva, artera y marrullera, descrita a veces como una vis cómica que mezclaba la venganza, las amenazas y la exageración respecto a su papel en las controversias.

En 1980, Stone abrió una pequeña consultora política en Washington con otros dos prometedores agentes republicanos, Paul Manafort y Charlie Black.[15] Al poco tiempo, su empresa se había transformado en una entidad pionera que ganaba elecciones para sus clientes y, una vez los había colocado en el cargo, ejercía presión en su favor. Stone pasó gran parte de ese 1980 en Nueva York recaudando dinero para Reagan.

En la fiesta, Stone se dio a conocer a Cohn. El abogado tomó nota de la edad de su interlocutor e hizo un comentario sarcástico a otro de los presentes: «Reagan lo tiene muy crudo», pero luego preguntó qué podía hacer para echar una mano en la campaña. Stone enumeró varias de las cosas que necesitaba; por ejemplo, una sede local con un alquiler razonable. Cohn le invitó a su casa del East Side al día siguiente. Según Stone, estuvo unos cuarenta y cinco minutos esperando a que lo dejaran subir a la segunda planta. Ahí, encontró a Cohn presidiendo una larga mesa de comedor. El letrado iba descamisado, con una bata de seda y el pantalón del pijama, y jugaba apáticamente con la comida. Presentó al hombre sentado a su izquierda como «Fat Tony» Salerno.

Cohn habló de un cliente suyo que podía aportar una sede y financiación a la campaña, pero ya avisó al consultor de que seguramente tendría que hablar antes con el padre. Stone puso rumbo a Coney Island, donde Fred Trump le dio la bienvenida mostrándole una antigua carta de Barry Goldwater, un republicano del ala dura que había sido candidato a la presidencia en 1964. En la misiva, el político le agradecía a Trump su donativo. (Stone también recuerda que Fred le enseñó una nota de agradecimiento de Robert Welch, cuya John Birch Society ocupaba las posiciones más ultraderechistas dentro del paranoide espectro conservador de la Guerra Fría. No hay ningún otro indicio de conexión entre ambos.) Fred no dejó lugar a dudas: aunque en Nueva York se veía obligado a bailar con los demócratas por motivos políticos, su ideología tendía mucho más al conservadurismo. Le dijo a Stone que Reagan era de su agrado y que no tendría ningún inconveniente en hablar con su hijo para que echara una mano.

Tras la reunión, Cohn organizó una visita de Stone al despacho de Donald en Manhattan. Fue amor a primera vista. El promotor acribilló a Stone a preguntas sobre los puntos débiles del presidente Jimmy Carter y sobre si Reagan tenía lo que había que tener para derrotarle. Para Stone, Trump era un potencial cliente para su flamante compañía. Y en su interlocutor, Trump veía otro complemento para su colección de personas útiles; alguien que entendía mejor que él la política y que podía abrirle el camino al escenario nacional.

Entre 1978 y 1980, mientras se llevaba a cabo el rediseño del Commodore, Donald Trump empezó a cumplir dos sueños más. Comenzó a edificar en el corazón de la zona más opulenta de Manhattan, en las inmediaciones del Plaza en la Quinta Avenida, y también más al sur, en Atlantic City, en el litoral de Nueva Jersey.

En la Quinta Avenida, su deseo era construir un rascacielos de uso residencial y comercial con pisos, oficinas y tiendas. Trump expresó su voluntad y derecho[16] a comprar los grandes almacenes Bonwit Teller, que las estaban pasando moradas, e intentó maximizar el espacio disponible adquiriendo también el derecho de vuelo —el espacio sin usar que hay encima de una estructura— del edificio aledaño: la legendaria joyería Tiffany. Aunque Trump empezó llamándola Torre Tiffany, pronto el edificio adquirió el nombre de Torre Trump.[17] Fue un primer indicio de que, más allá del interés por el prestigio de la zona, el constructor iba a mostrar poca deferencia por los alrededores.

Mientras Trump se disponía a demoler el Bonwit Teller, gerentes del museo Met le imploraron que salvara las históricas esculturas que salpicaban la fachada. El edificio, de estilo *art déco*, tenía poco más que ofrecer. Trump accedió, siempre que el coste no se le fuera de las manos. Pero cuando le avisaron de la demora y de los posibles honorarios adicionales por extraer los frisos, Trump ordenó a su equipo de construcción proceder con su destrucción.[18] La demolición evocó el día en que Fred había arrasado el histórico pabellón de cristal del Steeplechase Park; sin embargo, el nuevo proyecto de Donald le obligaba a entablar una relación distinta con la flor y nata cultural de la ciudad.[19] Él iba a ofrecer pisos en la Quinta Avenida con grandes vistas a Central Park, así que su mercado era el de la gente pudiente. Además, esa parte de la ciudad se preciaba de su sobriedad estética y de su categoría. Cuando iba a terminar la construcción del edificio, Trump lanzó una aguerrida campaña de publicidad y llegó a difundir el falso rumor de que la Familia Real británica estaba interesada en comprar viviendas allí.[20]

Pero el empresario nunca acabó de entender qué le pedía la aristocracia social neoyorquina. Se pasó el resto de su vida buscando su validación y, al mismo tiempo, viéndose despechado y felicitándose por rechazarla. «Supongamos que hubiera dado esa mierda al Met. Lo habrían guardado en un sótano. —Así recordó Donald el fiasco de los frisos ante la periodista Marie Brenner, casi una década después—. Los poderes fácticos, los que marcan tendencias en Nueva York, nunca me darán su aprobación. Si yo fracasara, ¿crees que esos neoyorquinos estarían tristes? ¡Darían saltos de alegría! Porque ellos nunca se han propuesto nada de la magnitud de lo que yo trato de hacer en esta ciudad. Me la trae al pairo su aprobación.»[21]

El nuevo edificio de cristales negros y chapado en oro se fue erigiendo poco a poco, con Ivana como espectadora habitual. Sus roces con Fred eran el pan de cada día, pues ambos daban órdenes distintas a los equipos de construcción. (El padre no desempeñaba ningún papel real, pero aprovechó la oportunidad para revivir su antigua y emocionante vida como constructor e intentó demostrar que aún llevaba la batuta.) Como Donald quería construir a toda prisa, se hizo con los servicios de un contratista que edificó la torre sobre todo con hormigón, un material más rápido de usar que el acero. Para la demolición, la empresa también contrató a inmigrantes polacos sin papeles, a los que presuntamente pagó una miseria.[22]

La elección del hormigón significaba tener que negociar con uno de los sectores más corruptos de Nueva York. En 1954, Fred Trump había comparecido ante el Senado para declarar por las subvenciones para la construcción y había reconocido que su socio minoritario en el proyecto de Beach Haven era un contratista con lazos conocidos con la familia Genovese.[23] Algunos homólogos de Fred no escondían su afán por expulsar a la mafia del sector, mientras que otros seguían discretamente los consejos de la policía y la justicia sobre qué negocios evitar. Aunque Donald Trump ha dado versiones contradictorias sobre lo consciente que era de que estaba colaborando con personas vinculadas a la mafia, sus actos y declaraciones evidencian que aceptaba su presencia como un elemento inherente al universo inmobiliario local. «Cualquier persona que edificara en Nueva York tenía trato con ellos, o de forma indirecta, o bien sin saber de su existencia —me dijo Trump—. A veces había contratistas que no sabías si formaban parte de la mafia, si estaban controlados por ella o si no. Pero créeme: a veces era muy difícil recibir ofertas. Te hacían una, y era muy decepcionante. Y no había nadie más que pujara.»

En el caso de su torre epónima, Trump tuvo que lidiar con Teamsters Local 282, un poderoso sindicato de albañiles cuyos miembros manejaban el cemento y otros materiales de construcción.[24] El presidente de la asociación, John Cody, era un socio de Cohn. En teoría, cuando propusieron a los miembros sindicados el trabajo de la Torre Trump, Cody estaba en buena sintonía con la familia Gambino y había sobrevivido a varias acusaciones. Era conocido por amenazar con convocar huelgas en las obras si los promotores no cedían a sus exigencias.

En el verano de 1980, el FBI llamó a declarar a Trump durante su investigación de Cody.[25] Al parecer, habían recibido un chivatazo según el cual Trump entregaría un piso en la torre al jefe del sindicato a cambio de que los operarios no bajaran el ritmo de trabajo. Trump negó la existencia de dicho acuerdo y los agentes no pudieron demostrar el *quid pro quo*, porque el edificio aún no había abierto. Eso sí, las obras concluyeron sin que los sindicatos provocaran ningún barullo y, dos años más tarde, una impresionante y misteriosa mujer cercana a Cody, Verina Hixon, ocupó seis pisos en lo más alto de la Torre Trump valorados en 10 millones de dólares.[26] Más tarde, Hixon dijo que Trump le había ayudado a conseguir una hipoteca con la intervención de Cody. No obstante, la mujer tuvo problemas financieros y, poco después de que Cody entrara en prisión por extorsión en 1984, la permisividad de Trump con la economía de su inquilina acabó de golpe.

De todos los lugares donde Trump podía depositar sus ambiciones, Atlantic City no era el más obvio. El magnate ya había hablado con ilusión de probar suerte en Las Vegas, un lugar que él asociaba con el glamur y el lujo de la edad de oro de Hollywood, pero carecía del capital y de los vínculos para penetrar en esa zona del país, porque su padre no había estado allanándole el terreno político durante décadas.[27] Aunque en un principio Trump había apoyado la idea del juego en el estado de Nueva York, e incluso había pensado en instalar máquinas tragaperras en el vestíbulo de su Grand Hyatt, cambió de parecer cuando los políticos le dejaron claro que estaban en contra.[28]

Así que puso los ojos en un sitio más cercano, al que se podía llegar en tres cuartos de hora en helicóptero. Nueva Jersey había legalizado los juegos de azar en 1976 específicamente para Atlantic City, una ciudad turística de capa caída.[29] Trump tenía como objetivo arrendar un espacio cerca del paseo marítimo con vistas al Atlántico. Al igual que en Nueva York, la crisis presupuestaria de Atlantic City obligaba al consistorio a satisfacer las demandas de los promotores a pesar de sus defectos. Los representantes municipales estaban desesperados por recibir inversión externa. Y como sucedía en Nueva York, las instituciones estaban encantadas de conceder prebendas a los promotores acaudalados.

Para empaparse de ese universo político tan ajeno, Trump empezó a establecer vínculos tanto dentro como cerca de Atlantic City.[30] Hubo dos personas que le ayudaron mucho a entender la ciudad: Nick Ribis, un abogado local con muchos contactos, y Patrick McGahn, un influyente poder en la sombra. (Curiosamente, el sobrino de McGahn fue abogado de Trump durante su campaña y también en la Casa Blanca.)[31] Patrick, o Paddy, era otro déspota rudo que inspiró al magnate y le legó muchos de sus hábitos. Ayudó a Trump a sortear muchos escollos en su cruzada por construir un casino. Cuando tuvo que comprar otro solar para un aparcamiento, Trump adquirió la propiedad de dos hermanos relacionados con la mafia en nombre del secretario de McGahn, antes de transferírsela a sí mismo.[32]

Con la esperanza de que el crimen organizado no ensuciara su oasis del juego, como ya había acontecido en el sector de los casinos de Las Vegas, el estado de Nueva Jersey había puesto muchas trabas a los recién llegados. En Atlantic City, tanto el operador de un casino como su dueño necesitaban un permiso de la División de Control del Juego y su Comisión de Control de los Casinos. Por consiguiente, el nivel de escrutinio era muy superior al que Trump había conocido en Nueva York. Trump decidió ocultar a las autoridades la investigación que le había hecho la fiscalía del distrito este unos años atrás, a pesar de que le preguntaron específicamente si algún organismo público le había investigado alguna vez.[33]

Los dueños de los terrenos también necesitaban un permiso, de modo que la suerte de Trump estaba ligada al abigarrado terceto que controlaba el solar con vistas al océano: un par de chatarreros de Filadelfia y un charlatán apagafuegos llamado Daniel Sullivan.[34] Según Wayne Barrett, Sullivan «había sido de todo, desde el enemigo mortal de Jimmy Hoffa hasta su mano derecha; desde un miembro de la mafia a un informador del FBI». Trump ya conocía a Sullivan.[35] De hecho, lo había llevado al Grand Hyatt para que le ayudara a firmar un acuerdo con el sindicato de trabajadores fuera de los canales de negociación habituales, y le había encargado que mediara en las riñas con los inmigrantes polacos sin papeles que habían trabajado en la demolición de su torre.

Durante varios meses, Trump, Sullivan y un par de agentes del FBI jugaron a tirar la piedra y esconder la mano.[36] Sullivan informó a los federales de que estaba trabajando con Trump, y este asegura que pidió a los agentes que respondieran por la integridad de Sullivan como socio comercial. El FBI le aconsejó al promotor que fuera con pies de plomo si abría allí un casino, pues en Atlantic City había crimen orga nizado. Trump se hizo el cándido y se ofreció a cooperar, e incluso tal vez a alojar agentes de paisano dentro del casino. No parece que la idea cuajara.

En marzo de 1982, Trump consiguió los permisos y empezó a construir el casino al cabo de unos meses.[37] Puso a su hermano menor al frente del proyecto. Robert Trump era simpático, divertido y menos apasionado del mundo inmobiliario. En muchos aspectos, no se parecía a su hermano mayor, pero se entregó en cuerpo y alma a su misión. Según Barrett, cuando Donald quiso que le aprobaran unos rótulos extragrandes para el Trump Plaza —el nombre con que se conocería el casino—, Robert se las apañó para que el líder del sindicato de trabajadores de hostelería, con vínculos con la mafia, fuera a votar.[38]

Según uno de los ejecutivos del casino, Jack O'Donnell, hubo un hombre clave para el éxito del Trump Plaza: Robert LiButti. LiButti no se anduvo con rodeos y le dijo a O'Donnell que trabajaba para John Gotti, el líder de la familia Gambino, y que una de sus funciones era apostar en nombre de Gotti. Trump cultivaba su relación con LiButti y permitía que el jugador llegara en su helicóptero. Incluso le presentó personalmente al presidente del Trump Plaza, Steve Hyde. En total, LiButti gastó más de 11 millones de dólares en el casino. Debido a la horripilante actitud del jugador con las mujeres y los empleados negros del casino, se le prohibió volver a entrar en ningún establecimiento de juego del estado, y el Trump Plaza tuvo que pagar una multa de seis cifras por haber accedido a algunas de las peticiones de su cliente estrella.[39] Años después, Trump dijo que no lo reconocía.[40]

Trump había empezado a construir su torre antes de sellar la deducción fiscal que, según él, necesitaba para que los números salieran. Pero cuando pidió una reducción parecida a la que había conseguido para el proyecto del Commodore, se dio cuenta de que no tenía a ningún infiltrado que pudiera dar curso a su solicitud.[41]

En 1977, el congresista reformista y liberal de Manhattan Ed Koch había derrotado en las primarias demócratas a Abe Beame, el aliado de los Trump en Brooklyn. El alcalde Koch tenía un ego y una necesidad de atención que rivalizaban con los de Trump, y se cansó enseguida de las artimañas del promotor con el tema del Commodore. Ciertamente, no le apetecía mucho hacerle ningún favor en su siguiente gran proyecto para Nueva York. Una de las primeras riñas entre ambos estalló a raíz de una servidumbre de paso subterráneo que se suponía que Trump debía conceder.[42] Donald solicitó una deducción fiscal para su torre al Departamento de Preservación y Promoción de la Vivienda de Koch, acogiéndose a un programa de incentivos para la construcción de viviendas en espacios «infrautilizados». El jefe de ese departamento, Anthony Gliedman, creía que el edificio de la Quinta Avenida no reunía los requisitos para la reducción, y Koch también le presionaba para que la rechazara. En marzo de 1981, Gliedman llamó a Trump y le dijo que el consistorio le denegaba la deducción.[43]

Al cabo de una hora y media, el promotor volvió a llamar a Gliedman. «No sé si aún puedes cambiar de decisión —dijo Trump, según la memoria de la conversación redactada por el funcionario—, pero quiero que sepas que soy una persona muy rica y poderosa en esta ciudad, y no lo soy por casualidad. No olvidaré nunca lo que has hecho.» Entonces, Trump llamó a Koch y le dijo que se había producido una «injusticia».[44] El alcalde le animó a ir a los tribunales y Trump no se demoró en ello. También demandó a Gliedman a título personal, reclamándole una cantidad tan desorbitada que, como le dijo el propio demandado a Trump, era difícil tomársela en serio.

El litigio duró tres años. Cuando llevaban más o menos doce meses, la esposa de Gliedman, Ginny, recibió una misteriosa llamada en su hogar de Fiske Terrace, Brooklyn. Era muy pronto por la mañana y el hombre, que se presentó como Vinny, dijo que quería hablar con Tony. No era nada raro, ya que el concejal de vivienda recibía muchas llamadas urgentes a horas intempestivas. A veces le llamaban para hablar sobre alguna normativa o algún edificio que se había derrumbado. Tony cogió el teléfono y Ginny le oyó responder con frases cortas. Colgó enseguida y no dijo nada sobre la conversación. La pareja se fue a trabajar como siempre a Lower Manhattan. Al terminar la jornada, Tony llamó a Ginny y le dijo que no saliera del trabajo sin él. Cuando llegó a la oficina de ella, le acompañaba un hombre en el coche. Apenas abrió la boca hasta que estuvieron a una manzana de casa, pero entonces le contó a su esposa que la llamada que había recibido por la mañana había sido una amenaza de muerte. Al denunciar el caso, el comisario de policía de Nueva York le había aconsejado «tomársela en serio». La familia estuvo varias semanas bajo protección policial las veinticuatro horas del día.

Los expedientes del FBI revelan más de lo que Gliedman sabía por entonces. El día que Vinny llamó, Trump se puso en contacto con los federales y aseguró que él también había recibido una enigmática llamada de teléfono; en su caso, de alguien que había leído algo sobre su «problema con el funcionario Gliedman en lo de la deducción fiscal». Según Trump, esa persona había insistido en que Gliedman había «jodido» al magnate y que él mismo iba a resarcirse. Las actas federales revelan que, poco después, Trump había recibido una presunta segunda llamada de esa misma persona. En ella, el hombre había amenazado con «matarle» si «el señor Trump decidía contar a las autoridades cualquier cosa relativa a su conversación anterior». Según se desprende de los registros federales, Trump declaró que «él se limitaba a transmitir esa información no solo por su propia seguridad, sino porque temía por la integridad» de Gliedman. Si Trump se sintió amenazado de verdad, hay pocos indicios públicos de ello.

Trump y Gliedman prosiguieron su batalla en los tribunales.[45] El departamento del segundo tumbó la deducción dos veces. Trump mantuvo el pulso hasta 1984, cuando el Tribunal de Apelación de Nueva York dictó sentencia firme y declaró que el consistorio se había excedido en sus poderes al denegar la deducción.[46] Trump se jactó de su victoria y acusó a Koch de querer librar una guerra de clases a expensas del promotor: «Como la Torre Trump alojaba a la gente de mayor éxito y riqueza del mundo, la ciudad decidió tomar cartas en el asunto. Lo hizo injustamente y los tribunales han coincidido en ello».

Pero no le bastaba con ganar. Trump tenía otro plan para someter a Gliedman y, por ende, a Koch. Gliedman estaba un poco cansado de su labor como concejal. No le había gustado que lo hubieran usado como flagelo contra Trump durante la pugna fiscal, y esa circunstancia había erosionado su relación con el alcalde. En enero de 1986, Trump le llamó para invitarle a desayunar en el lujoso 21 Club. El establecimiento no estaba al alcance de la cartera de un burócrata, así que al final almorzaron en un modesto restaurante italiano. (Trump adoptó el hábito de Cohn de comer del plato de los otros comensales.) Charlando con un amigo, Gliedman dijo que el empresario le había preguntado qué quería hacer cuando dejara el Ayuntamiento. Él contestó que le gustaría dirigir algo y Trump planteó: «Pues conmigo te podría ir de perlas».

Koch puso ojos como platos cuando Gliedman le contó que se iba a trabajar para Trump, sobre todo después de lo furioso que se había puesto con la amenaza del magnate años atrás. Pero Gliedman tenía dos hijos pequeños y se empezaba a quedar sin tiempo para percibir un buen sueldo. Trump era un mal menor que estaba dispuesto a pagar.

Así y todo, había cuestiones pendientes que resolver antes de que Gliedman pudiera dar el paso. Hacía tres años que el litigio iba dando tumbos por los tribunales. El funcionario dijo que no podría trabajar para Trump hasta que no se resolviera la demanda. Y el magnate también puso una condición para poder contratarlo: el rechoncho Gliedman tendría que adelgazar.

A mediados de los ochenta, los periódicos describían a Donald Trump como un fenómeno sui géneris y quitaban hierro al papel que había desempeñado la familia para catapultarlo hasta el olimpo del sector inmobiliario neoyorquino. «A mi padre le fueron bien las cosas, pero su caso fue distinto —dijo Trump a *The Washington Post* en 1984—. Yo no me crie así. Cuando jugaba al golf, lo hacía en los campos públicos. A los catorce, me iba al parque y tenía que esperar cuatro horas para comenzar un hoyo.»[47]

Lo cierto es que Fred seguía ayudando a Donald en aspectos que la gente ni siquiera veía. Le daba cientos de millones de dólares; algunos, a través de cuestionables estructuras de ingeniería fiscal, según reveló décadas después *The New York Times*.[48] La mayoría de los representantes del Ayuntamiento y del estado que Donald había tenido que seducir para lograr sus objetivos, así como algunas de las entidades financieras que le habían prestado dinero, le habían dado credibilidad gracias a Fred.[49] Su padre había sido clave para conseguir el Commodore, los dos solares de Penn Central y los terrenos para el primer casino. En Atlantic City, Fred había tenido que estampar su firma en los contratos de arrendamiento porque Donald aún no había podido demostrar suficientes acuerdos ante los acreedores.[50]

Aunque eclipsó a su padre en términos de reputación, Donald nunca se libró de la sensación de que necesitaba el permiso de su valedor, incluso cuando este ya llevaba tiempo muerto. En una entrevista concedida durante la campaña de 2016, el periodista de *The New York Times* Jason Horowitz le preguntó al candidato qué habría pensado su padre de que se presentara a la presidencia. Sin un ápice de ironía, el septuagenario replicó: «No me cabe duda de que me habría dado permiso para hacerlo».[31]

4

Ajeno al bello mosaico

El helicóptero Puma aparcado indolentemente junto al río
Hudson era como muchas otras posesiones de Donald
Trump: servía para hacer publicidad de su dueño. Era negro
y tenía una franja de líneas rojas que iban de la cabina a la
cola, donde lucían unas gruesas letras blancas: TRUMP. Cuando *Paris Match* le preguntó por qué había elegido un vehículo
francés y no uno norteamericano, Trump dijo: «Es que es el
helicóptero más bonito del mundo. Me encanta mirarlo».[1]

En pocos años, habría una flota de helicópteros engalana-
dos con el apellido del magnate haciendo siete viajes al día
entre el helipuerto del West Side y otro en el muelle Steeplechase de Atlantic City. La idea era que los civiles pudieran
ahorrarse el tráfico de la autopista Garden State para llegar al
casino. Pero ese día concreto, el futuro director ejecutivo de
las aerolíneas Trump solo esperaba a dos pasajeros.

Uno de ellos era Don King, un excorredor de apuestas de
Cleveland y aspirante a promotor de boxeo. Hacía muchos
años, King había sido condenado por asesinato tras una pelea
por una deuda de juego.[2] Al salir de la cárcel, King organizó
el «Rumble in the Jungle» («Fragor en la selva»), el histórico
combate entre Muhammad Ali y George Foreman, gracias al
cual se convirtió en el promotor de boxeo más famoso de su
época. Los combates organizados por King copaban todas las

portadas, pero su trayectoria estuvo marcada por prácticas que podríamos catalogar como poco éticas. (El gobernador de Ohio le indultó de las causas de asesinato.)

El otro pasajero era el reverendo Al Sharpton, un ministro baptista de Brownsville, un barrio de Brooklyn predominantemente negro y pobre. Sharpton era activista por los derechos civiles y había trabajado para el reverendo Jesse Jackson y la congresista Shirley Chisholm, ambos candidatos a las primarias presidenciales. Dicen que dio su primer sermón a los cuatro años. Fue el encargado de las giras del cantante James Brown durante siete años, antes de regresar a Nueva York para dedicarse a una organización que él mismo había fundado, la National Youth Movement. En 1981, Brown y Muhammad Ali llevaron a Sharpton al programa nocturno de entrevistas de Tom Snyder y lo alabaron como un líder de la lucha moderna por los derechos civiles. Lo presentaron como un modelo para las jóvenes generaciones. Según Brown, «les enseña a levantarse y luchar por sí mismos».[3]

King y Sharpton habían alcanzado la fama por caminos muy diferentes, pero ambos iban a ser iconos negros de su época. Su incidencia en las polémicas suscitaba a menudo la atención de los tabloides.

Nada más subirse al helicóptero, un palacio móvil lleno de superficies de madera lacada y adornos chapados en oro, Sharpton vio que Trump y King se sentaban juntos mirando hacia delante. El activista tomó asiento en un sillón de cuero color cámel. La pareja, sentada frente a él, habló por los codos sin escucharse durante los tres cuartos de hora que duró el vuelo.

Cuando llegaron a Atlantic City, Trump le gritó al piloto que sobrevolara el Boardwalk en círculos y, de repente, fijó su atención en Sharpton: «Quiero mostrarle lo que estoy haciendo», dijo, gesticulando para que el activista se asomara a las grandes y rectangulares ventanas fijas de los costados. Señalando el paisaje urbano, Trump intentó convencer a Sharpton de todos sus logros en la ciudad, a la que había llegado apenas cinco años antes. Ahí estaba el Trump Plaza, dijo, señalando con el dedo. También anunció que tenía pensado comprar otro hotel construido por la empresa Hilton y que lo convertiría en el Trump Castle.

«Tiene usted suerte de que no esté ahí abajo, porque estaría maquinando [en contra de sus intereses]», rebatió Sharpton. King intuyó que Trump se lo tomaría a pecho e intervino para decir que Sharpton no había querido ofenderle: «Aún no te conoce», dijo.

Hasta ese momento, Trump apenas había tenido interacciones con los neoyorquinos racializados. De niño, en las décadas posteriores a la Segunda Guerra Mundial, los barrios segregados de la ciudad habían sido núcleos de xenofobia y resentimiento instalados en la lógica del «nosotros contra ellos». El hogar de infancia de Trump en Jamaica Estates estaba a solo siete minutos en coche de Hollis, Queens, un barrio ocupado principalmente por ciudadanos negros desde el final de la guerra de Corea. Pero era como si ambos sitios hubieran estado a kilómetros y kilómetros de distancia. El distrito iba camino de convertirse en uno de los parajes más diversos del planeta a nivel racial y étnico, pero Trump nunca apreció ese excepcional multiculturalismo de su vecindario.

El círculo de influencia de Fred Trump no era conocido por la profusión de personas negras. Había habido alguna excepción, como cuando trató de contratar a Ed Brooke —el primer hombre negro en ser elegido al Senado de Estados Unidos desde el siglo XIX— para que presionara a un compañero republicano, el secretario negro del Departamento de Vivienda y Promoción Urbanística Samuel Pierce, por algo relativo a sus proyectos. Fred Trump había querido que

Brooke «se saltara la burocracia», aseguraba un excompañero del senador, y se enojó cuando su representante se negó a actuar como él exigía. Fred lo despachó con insultos racistas y el compañero de Brooke le devolvió el cheque en nombre del senador.

Donald sí elogiaba a las personas negras que destacaban en el mundo del entretenimiento o del deporte. Pero también repetía algo que le había dicho Roy Cohn: que rezara siempre por que le tocara un juez negro, dando a entender que sería manipulable. Según socios del magnate, este se comía la cabeza si un juez negro presidía sus causas judiciales. Trump aseguraba a sus colaboradores que uno de sus guardias de seguridad sentía aversión por las personas negras y respondía con agresividad siempre que se acercaban demasiado a su cliente. (Trump negó ambas afirmaciones.) En toda su vida, el empresario no ha dejado de referirse a los otros grupos étnicos con el demostrativo «esos».[4] En una entrevista que le hicieron en la radio en 2011, declaró: «Tengo una relación estupenda con los negros esos». En todos los años que trabajé como periodista en Nueva York, Trump fue el único político aparte de Andrew Cuomo, originario de Queens, a quien oí usar públicamente esa fórmula. No solo plasmaba su desprecio y la degradación de esos colectivos, sino su filosofía mercantil: los grupos étnicos y raciales no eran más que unidades discretas a las que convencer para ganar las elecciones o sus batallas inmobiliarias y urbanísticas.

En público, Trump mostraba escaso interés por el movimiento a favor de los derechos civiles. Y eso que sus años en la universidad habían coincidido con una de las etapas de lucha racial más intensa y geográficamente extendida de la historia de nuestro país. La población negra llevaba décadas migrando desde el sur hacia el norte, el oeste y el Medio Oeste, un hecho que había cambiado la configuración demográfica de grandes urbes como Nueva York y Filadelfia. Los habitan-

tes blancos solían reaccionar con rencor a esa situación, y los
temas más candentes eran los problemas de acceso a la vivienda y de seguridad. En julio de 1964, la ciudad estalló en cinco
días de protestas, bautizadas por un líder negro como «la noche del horror de Birmingham» en Nueva York.[5] El detonan-
te fue el asesinato de un joven negro de quince años a manos
de un policía blanco en el Upper East Side. Al cabo de un
mes, en North Philly se produjeron disturbios provocados
por los casos de violencia policial.

Apenas seis semanas antes de que Trump se licenciara en
Wharton, Martin Luther King fue asesinado. El suceso suscitó una nueva oleada de revueltas en las ciudades norteameri-
canas. Pero esa vez, Filadelfia destacó por una inesperada calma. Muchos ciudadanos blancos atribuyeron esa tranquilidad
al nuevo comisario de policía, Frank Rizzo, y a las agresivas
tácticas que sus agentes usaban contra los manifestantes negros.[6] Trump adoptó una frase pronunciada en ese momento
por el homólogo de Rizzo en Miami: «Cuando llegan los saqueos, llegan las balas», y la hizo suya.[7]

Cuando Donald volvió de Wharton, el panorama político
de Nueva York había cambiado. En una concesión para la comunidad negra, cuyo ascendiente iba a más, el Partido Demócrata había reservado uno o dos escaños para los candidatos de
otras razas. Ese poder estaba concentrado en gran medida en
unos pocos representantes afroamericanos de Harlem, conocidos como la «pandilla de los cuatro»: Percy Sutton, David
Dinkins, Basil Paterson y Charlie Rangel. «Los blancos que
detentaban el poder nos trataban como partes de una transacción —me contó Sharpton—. La ciudad estaba segregada y
vivía con el alma en vilo, esperando a que alguna chispa o
eventualidad provocara el estallido.»

Trump vivió esos altercados raciales desde la distancia.
Cuando Tony Gliedman llegó a la Trump Organization en
1986, insistió en traerse a su ayudante de la agencia munici-

pal, una joven inmigrante jamaicana llamada Jacqueline Williams. En ese momento, Trump tenía por costumbre exteriorizar sin tapujos sus prejuicios sobre la gente negra. Decía, por ejemplo, que eran haraganes. Al principio, la ayudante del promotor Norma Foerderer expresó su incomodidad ante la idea de contratar a Williams. Le dijo a Gliedman que ninguna persona negra había trabajado jamás en la planta para ejecutivos (un comentario que luego se repitió a la propia candidata). Foerderer pidió que le dejaran entrevistar a Williams antes de incorporarla al equipo. «¡Guau! —exclamó cuando se conocieron—, pero si eres preciosa. Encajarás a la perfección.» Durante el primer año en la empresa, Williams colaboró en un proyecto inicial, pero luego le dieron poco que hacer y terminó aburriéndose y yéndose.

Trump empezó a tener más trato con personas negras cuando se aventuró más allá del sector inmobiliario y probó suerte en el mundo del deporte. En 1983, se hizo con un equipo de la recién creada USFL, los New Jersey Generals.[8] Más de la mitad de la plantilla estaba compuesta por jugadores negros. Trump procuró cuidar su relación con los deportistas, sobre todo con Herschel Walker. Walker había ganado el trofeo Heisman y había decidido incorporarse a los Generals directamente desde la Universidad de Georgia. Su decisión dio a la nueva liga una credibilidad instantánea. «Durante las dos primeras semanas de la temporada, Herschel no se comía un rosco —escribió Trump en *The Art of the Deal*—. Deprimido, me llamaba al despacho y decía: "Señor Trump, yo me los podría comer con patatas, a esos tíos, si me dieran el balón". Le di un buen rapapolvo a nuestro entrenador, Walt Michaels, pero hasta que no amenacé literalmente con echarle, no lo pilló.»[9]

Poco después de que Trump se asentara en Atlantic City, uno de sus ejecutivos le animó a organizar combates de boxeo para atraer a más clientes, en un momento en el que la mayoría de las grandes estrellas de ese deporte eran negras.[10] Y también en Atlantic City, el empresario tuvo que lidiar con el poder político negro. Tras adquirir los derechos sobre el palacio de congresos de la ciudad, aledaño a su hotel y casino del Trump Plaza, el magnate tuvo miedo de que la oposición de los concejales pudiera ponerle trabas para seguir construyendo allí. La ciudad eligió a su primer alcalde afroamericano en 1984. Trump sabía que tendría que apaciguar a los representantes locales, y fue por eso por lo que Don King invitó a Sharpton a verse con él.

Según Sharpton, King tenía otro motivo para poner en contacto a ambos hombres. Sabía que Sharpton se llevaba bien con el boxeador joven más en boga del país: Mike Tyson, de dieciocho años y proveniente de Brownsville. Tyson había debutado profesionalmente en marzo de 1985 en Albany, con una pelea en la que había dejado fuera de combate a su rival en la primera ronda.[11] A Trump, le vendría como anillo al dedo que Sharpton instara a Tyson a aceptar un combate en Atlantic City.

La reciente cercanía con los atletas, famosos y políticos negros no afectó mucho a cómo Trump hablaba sobre la raza. El joven vivió bastante ajeno a muchas de las revoluciones sociales y culturales que definieron los años mozos de muchos de sus iguales. Pero las nuevas oportunidades de negocios extrajeron a Donald del entorno ultracaucásico de su adolescencia; además, su ambición social le llevó a abandonar la fachada de una vida doméstica tradicional como la que Fred había construido en Jamaica Estates, acercándolo a un mundo en el que el sexo parecía ser el origen y la finalidad de todo.

En sus años de soltería, Trump se había deleitado proyectando una imagen de hombre de mundo sexualmente insaciable. Hablaba mucho de sexo con sus socios. Cuando tenía una cita con una mujer, procuraba hacerlo a la vista de todos, normalmente en eventos con montones de paparazis, y filtraba sus conquistas a las publicaciones del corazón. A todo eso, cabe decir que algunas mujeres de alto perfil con las que Trump afirmó haber tenido relaciones, como la exmodelo Carla Bruni, lo negaron.[12]

Aun después de casarse, Trump no dejó de hablar compulsivamente sobre las mujeres, muchas veces con un ojo clínico. La Trump Organization destacaba en su sector por el gran número de mujeres que ocupaban puestos directivos, pero eso no disuadía a Donald de seguir ofreciendo morbosos detalles en las conversaciones casuales que entablaba. Transcurridos casi treinta años, tras aflorar más de diez casos de presunto acoso sexual y filtrarse una grabación en la que Trump hablaba con un presentador de televisión de agarrar a las chicas por los genitales, el magnate tildó los hechos de «charlas de vestuario» y dijo que no reflejaban su forma de ser. Pero durante toda su vida adulta, no ha dejado de hablar del aspecto y del comportamiento de la gente con minuciosos detalles sexuales. Quienes le oían hablar quedaban sorprendidos porque Trump parecía tener ganas de causar sensación. A finales de los ochenta, el empresario acudió a una cena benéfica y se sentó junto a la esposa de Tony Gliedman, mientras que Ivana se colocó al otro lado de la mesa, frente a él. Cuando la conversación condujo casualmente a las mujeres brasileñas, Trump dijo de forma abrupta: «Tienen el coño muy peludo». Ginny Gliedman se lo quedó mirando mientras el magnate hablaba de toda la cera que necesitaban, y luego desvió la mirada para ver la reacción de Ivana. Si su esposa lo oyó, no hizo ningún gesto.

Algunos exempleados dicen que solía enseñar fotos de mujeres con poca ropa con las que aseguraba haber intimado. Llevaba las fotos a mano para demostrar su falocéntrica y frágil masculinidad.

Trump también se burlaba de los gais, o de los hombres considerados débiles, tildándolos de «maricas» o «mariposones». Si podía sacar provecho personal o empresarial de algún gay, se mostraba tolerante con él, pero en privado no dejaba de mofarse. A modo de ejemplo, Trump tenía un ejecutivo que no escondía su homosexualidad y con el que se mostraba agradable y comprensivo en todo momento; de hecho, llegó a invitar a ese directivo y su marido a alguna escapada de fin de semana a Florida con su avión privado. También llamó en alguna ocasión al marido para pedirle consejo sobre la ortodoncia de sus hijos. Pero según el exconsultor de la Trump Organization Alan Marcus, Donald denostaba al ejecutivo a sus espaldas y lo tachaba de «marica». Incluso presumía de pagarle menos por ese motivo, una afirmación que resultaba ser falsa.

El VIH acrecentó la homofobia en la que estaba instalado el país desde hacía décadas. *The New York Times* publicó su primera noticia breve sobre la epidemia en julio de 1981, bajo el titular: EXTRAÑO CÁNCER DETECTADO EN 41 HOMOSEXUALES.[13] Todavía no se sabía cómo se transmitía esa misteriosa dolencia, posteriormente denominada sida, pero al final se descubrió que se contagiaba al mantener relaciones sexuales y consumir drogas. Aun así, las encuestas corroboraron durante años que los norteamericanos juzgaban a las personas que se infectaban. Nueva York se convirtió en un epicentro de la enfermedad. Ed Koch, por ejemplo, no se casó nunca, y su sexualidad fue motivo de mucha especulación durante su tiempo en el cargo. Sin ir más lejos, en 1982 se enfrentó a Mario Cuomo en las elecciones para gobernador y aparecieron carteles que decían: VOTAD A CUOMO, NO AL HOMO. La gente creía que Koch había esperado demasiado a promover las campañas de concienciación sobre el virus. La actitud despreocupada de la ciudad respecto al sexo se oscureció enseguida. Terminaron los grandes excesos del universo discotequero donde Trump había gozado dejándose ver.

Estados Unidos era un país al que le costaba reaccionar, pero cuando la enfermedad empezó a afectar a famosos y heterosexuales, se puso las pilas. El presidente Ronald Reagan hizo su primera alusión al sida en público en 1985, años después de que se convirtiera en una epidemia. En ese momento, ya había cundido el pánico. Trump estaba directamente aterrorizado por la enfermedad. Al parecer, su fobia a los gérmenes y los achaques alcanzó niveles cuasi patológicos. A todos sus amigos, les decía que se ponía dos preservativos para protegerse, y anunció a los cuatro vientos que necesitaría posibles fechas para hacerse una prueba del sida. «Es una simple precaución. Hay muchas —le dijo a un entrevistador—. Yo solo digo que es mejor tomar todas esas precauciones y doblarlas, porque las vas a necesitar.»[14]

Entre la heterosexualidad neoyorquina, el miedo al sida también despertó elucubraciones sobre la orientación sexual; la gente se planteaba quién podía ser gay y quién no, incluido Koch. Pero en su origen no solía haber más que homofobia. Trump no era ni de lejos el único prohombre de la ciudad en experimentar ese pánico, pero su ansiedad era considerable. Llamaba a periodistas para saber si fulano o mengano, al que acababa de conocer, era gay, nervioso porque le había estrechado la mano.

La especulación giraba una y otra vez en torno a Roy Cohn, el eterno perro guía de Trump en las altas esferas de Nueva York. Cohn no se había casado nunca y muchas veces iba acompañado de hombres. Era sabido que se había acostado con algunos de ellos, pero también se esforzaba por aparentar que salía con mujeres. Él aseguraba que había propuesto matrimonio a Barbara Walters, y poca gente le hablaba sin rodeos de su sexualidad. Cuando el periodista Ken Auletta le preguntó si era gay, Cohn se hizo el sueco, pero pareció negarlo: «A cualquiera que me conozca o que sepa algo de mí, o que sepa cómo funciona mi mente, le costará muchísimo reconciliarlo con cualquier clase de homosexualidad. Para que me entiendas, todas las facetas de mi personalidad, mi agresividad, mi rudeza, [...] son totalmente incompatibles con nada parecido».[15] En su obra teatral *Angels in America*, ambientada durante la época del sida, Tony Kushner inmortalizó a Cohn en el papel de un hombre gay que no había salido del armario. El personaje de Cohn creía que el manejo del poder determinaba el valor de cada uno. Para la mayoría de la gente, su homofobia era un disfraz para ocultar su propia vida sexual. Hablando con conocidos de ambos, Trump insistía en que no podía creer que su mentor fuera gay.

A principios de los ochenta, Cohn empezó a decir que estaba enfermo y tenía cáncer de hígado. Se negaba en redondo a reconocer que tenía sida y que seguramente lo había contraído teniendo relaciones sexuales con otro hombre.[16] Pero lo que no podía negar era que la enfermedad se estaba propagando a su alrededor. Su amigo Russell Eldridge había cogido el virus y se estaba muriendo. Según la exayudante de Cohn, Susan Bell, Eldridge había estado trabajando en el bufete del abogado en el East Side: «Cohn llamó a Donald, que conocía a Eldridge, y le dijo que necesitaban una habitación para él». Trump hizo gestiones para instalar a Eldridge en una *suite* del hotel del Upper East Side que acababa de adquirir, el Barbizon Plaza, donde lo puso al cuidado de un equipo de enfermería. Pero, como siempre, había la duda de quién tenía que pagar. Norma Foerderer se puso en contacto con Susan Bell para hablarle de las facturas generadas por Eldridge: «Llamó y me dijo que habían enviado a Roy las facturas de Russell y no las había pagado. Yo le contesté: "¿Sabes qué, Norma? No las va a pagar". Y ella lo sabía. Y no las pagó».

Cohn dedicó el último año de su vida a luchar futilmente por conservar su licencia para ejercer, desbordado por las acusaciones de actuación indebida.[17] (Entre otras cosas, lo acusaban de haber coaccionado a un hombre senil y adinerado para que firmara unos documentos en su lecho de muerte y nombrara a Cohn coalbacea de su herencia.) Trump acudió en su defensa en la vista para decidir su futuro como abogado, en honor a su larga relación, pero ya había empezado a distanciarse.[18] Según Barrett, Cohn no salía de su asombro: «No puedo creer que me esté haciendo esto».[19]

Trump creía que ya no necesitaba a Cohn como antes. Había asimilado por completo las enseñanzas del abogado, como la que este mismo reveló en su día al columnista William Safire: «Saco lo peor de mis enemigos y así es como consigo que se autodestruyan».[20] Trump había labrado su propio perfil político y sus lazos con los representantes públicos, sobre todo mediante generosas donaciones a las campañas. Cuando estimó prudente entablar una relación con el fiscal del distrito de Manhattan Robert Morgenthau, que en el pasado había intentado condenar a Cohn, distanciarse del abogado pasó a ser todavía más recomendable.

Cohn murió en agosto de 1986, menos de dos meses después de perder su licencia.[21] En un acto conmemorativo celebrado en el ayuntamiento, en pleno Manhattan, hubo panegíricos para todos los gustos: algunos incisivos y otros muy apenados. Acudieron muchos próceres ligados a Cohn. Estaban Beame, el antiguo líder del Partido Demócrata de Brooklyn Meade Esposito, la reina del maquillaje Estée Lauder y el magnate de la comunicación Rupert Murdoch. Desde el escenario, el empresario Bill Fugazy contempló a las élites de la ciudad y condenó la «campaña de chismes» orquestada contra Cohn y su vida privada.[22]

Trump no habló. Según Barrett, se quedó de pie al fondo de la sala.[23] Susan Bell contó que, «cuando Trump le dio la patada, le dio la patada».

Dos años después de la muerte del abogado, Trump dio el discurso de graduación en la Universidad de Lehigh. Situada

en Bethlehem, Pensilvania, la institución tenía un campus pra-
deño con unas colosales instalaciones deportivas y era la *alma*
mater de su hermano Freddie. Al recoger su título honorífico,
Donald aprovechó para compartir su sabiduría con la promoción de 1988: «Podría subirme aquí y hablar durante veinte
minutos de lo importantes que son [los padres de los licencia-
dos]. Pero eso creo que ya lo sabemos todos. Prefiero hablar
un poco de lo negativo: me refiero a los obstáculos. Tanto los
vuestros como los míos. Los obstáculos. Vais a entrar... vais a
ser uno de los primeros grupos en entrar en una clase... una
clase de este mundo que tendrá que hacer frente a un nuevo
obstáculo. Es un obstáculo que acaba de aparecer y que, cuando termine, probablemente se haya convertido en una de las
grandes tragedias: estoy hablando del sida. —Y aún tenía cosas
en el tintero—: Se escriben muchos artículos sobre mí. "Donald Trump cree en el poder del pensamiento positivo", dicen. La verdad es que me encanta pensar en positivo. Pero no
hará más que traeros problemas, os lo digo. Tenéis que ser
conscientes de lo malo y pensar en los aspectos negativos».

Las dinámicas ochenteras de Nueva York acompañaron a
Trump durante décadas. Muchas veces, el hombre parecía
atrapado en esa época.

En el marco de la política racial neoyorquina, Trump era
un extremista, pero tampoco desentonaba mucho con los demás blancos, ya fuera con la clase trabajadora blanca de su
Queens natal o con las élites adoptivas del Upper East Side,
tal vez menos directas a la hora de expresar sus prejuicios.
Trump no descollaba tanto en una conversación informal. La
relación de Koch con algunos líderes negros era bastante tormentosa, por ejemplo; lo fue desde que cerró un hospital en
Harlem hasta su última campaña a la reelección. El alcalde
hacía declaraciones polémicas y luego se quejaba de la reac-

ción de los líderes y votantes negros. Durante su campaña a la reelección de 1985, Koch declaró: «Tengo la impresión de que un número sustancial de los líderes negros es profundamente antisemita».[24] El comentario levantó una gran polvareda. (En 1985, Joyce Purnick publicó en *The New York Times*: «La agresiva táctica del alcalde consiste en no callarse nada en público. Esa ha sido a la vez su mayor fortaleza y su mayor fuente de vulnerabilidad».)

Con el tiempo, la recalcitrante política racial de Nueva York fue perdiendo su anquilosamiento debido a los cambios demográficos y culturales, pero las opiniones de Trump no evolucionaron mucho. Mientras él construía su imperio inmobiliario, el sobrenombre de la «ciudad del miedo» que los líderes sindicales del sector público habían esgrimido para presionar al Ayuntamiento una década antes había pasado a describir una metrópolis cuya tasa de delincuencia llevaba diez años en máximos históricos. En 1980 y 1981 se cometieron casi dos mil asesinatos y más de 180.000 delitos violentos. A mediados de la década, la epidemia de *crack* estaba causando estragos en Nueva York. Los delitos callejeros se dispararon porque los consumidores robaban a los viandantes para poder pagarse la siguiente dosis. Las tensiones generadas por la delincuencia y la actuación policial provocaban enfrentamientos raciales con un tono marcadamente neoyorquino.

En 1984, un justiciero llamado Bernie Goetz disparó a cuatro adolescentes negros durante un supuesto intento de atraco en el metro.[25] En vez de suscitar el rechazo, la salvajada de Goetz recabó el apoyo de los neoyorquinos y de gente del resto del territorio. La mayoría del país respaldó sus actos[26] y, en la propia ciudad, *New York Post* le aplaudió: «Los redactores y periodistas de este periódico entendemos tu ira y tu frustración —fue el editorial del rotativo el día siguiente al asesinato—. Vivimos con el mismo miedo y la misma ira que te hicieron estallar el sábado».

Cuatro años y medio después de que Goetz disparara a los cuatro adolescentes negros desarmados en un Seventh Avenue Express del centro, Trisha Meili, una mujer blanca de veintiocho años, salió a correr por Central Park tras llegar a casa del trabajo.[27] Esa noche, había unos treinta adolescentes de raza negra y latina deambulando por el parque.[28] Se reían de los sintecho y atacaban a la gente que iba en bicicleta. A Meili, una inversora del banco Salomon Brothers de Wall Street, la encontraron cerca de medianoche en una pequeña zanja cerca de la calle Ciento dos.[29] La habían violado y dado una brutal paliza. La llevaron corriendo a un hospital y le intentaron salvar la vida, pero estaba al borde de la muerte.

La policía de Nueva York arrestó a ocho adolescentes y acusó a seis de ellos del delito.[30] Eran todos chicos negros o latinoamericanos de menos de diecisiete años. De la noche a la mañana, Kevin Richardson, Yusef Salaam, Raymond Santana, Korey Wise y Antron McCray pasaron a formar parte del acervo popular. La prensa los bautizó como «los cinco de Central Park». Inspirándose en las confesiones que la policía aseguraba haber obtenido de los adolescentes, Koch los ultrajó y comparó la escabrosidad del crimen con la película *La naranja mecánica*, en la que una pandilla de merodeadores recorría Inglaterra cometiendo actos depravados nítidamente nihilistas.[31] Los periódicos publicaron editoriales sobre la crueldad de lo sucedido. Meili, conocida tan solo como «la corredora de Central Park», recibió el apoyo de famosos como Frank Sinatra, que le mandó flores. El caso saltó del escrito de acusación a los medios de comunicación nacionales y se erigió en un símbolo de la podredumbre urbana.

En ese clima de rechazo, Trump vio la oportunidad de llamar la atención mediática sobre sí mismo. Doce días después del ataque, compró un anuncio de una página entera en los cuatro grandes periódicos de la ciudad: QUE VUELVA LA PENA DE MUERTE. ¡QUE VUELVA NUESTRA POLICÍA!, decía el título con una tipografía gigante. En el texto, Trump ofrecía un elogio a la cultura del orden de antaño, cuya brutalidad él idealizaba: «De joven, recuerdo estar con mi padre en un restaurante de carretera y ver cómo dos jóvenes acosadores insultaban y amenazaban a una camarera muy asustada. Entraron dos policías, cogieron a los malhechores y los echaron del local, advirtiéndoles de que no volvieran a dar problemas. Echo de menos esa sensación de seguridad que nuestros agentes daban a los ciudadanos de Nueva York».

Para Trump, había que quitar las esposas a la policía: «Liberémoslos de la cantinela constante de la "brutalidad policial", ese discursito que todos los delincuentes de tres al cuarto entonan siempre que un agente acaba de arriesgar su vida para salvar la de otro. Debemos dejar de rendir pleitesía al hampa de esta ciudad». El principal destinatario de la furia de Trump era Koch, que había pedido a los ciudadanos que no vivieran «con odio y rencor» en sus corazones. «Yo quiero odiar a esos atracadores y asesinos —decía el anuncio—. Se los tendría que obligar a sufrir y, cuando matan, se los debería ejecutar por sus crímenes. Tienen que servir de ejemplo para que otros se lo piensen dos veces antes de delinquir o ejercer la violencia. Sí, alcalde Koch, quiero odiar a esos asesinos, y los odiaré siempre. No pretendo psicoanalizarlos ni entenderlos, solo castigarlos.»

Era el principio más claro que Trump parecía tener: el odio debería ser un bien cívico. Reunido con varios periodistas, subrayó su tesis de que el odio podía ser una fuerza de unión para la ciudad: «Tal como suena: odio a las personas que atacaron a esa chica y la violaron sin piedad. Y quiero que la sociedad las odie».[32]

El caso aumentó la reputación de Trump como experto en temas que se alejaban mucho del mundo de los negocios que él conocía. En *Larry King Live* de la CNN, habló de una supuesta fragilidad de las tácticas policiales, un tema que no tenía ninguna relación con los detalles específicos del caso de Central Park. (En directo, Trump se apartó de King y dijo que el aliento del presentador era insoportable.) «El problema es que no hay ninguna protección para el policía —dijo—. El problema de nuestra sociedad es que la víctima no tiene absolutamente ningún derecho y el criminal tiene un montón, un montón, y yo opino que eso tiene que acabar.»[33]

Trump no fue ni de lejos el único que expresó su cólera por el crimen, ni el único en reclamar que se hiciera justicia enseguida. Algunos blancos liberales que vivían en esa ciudad aterrorizada y que llevaban más de una década viendo cifras récords de delincuencia coincidían con él más de lo que se prestaban a admitir en público. Pero ninguno exigía responder con la brutalidad que exigía el magnate. El columnista de *New York Newsday* Thomas Collins tildó el anuncio de «grafiti a precio de oro», y dijo que los medios de comunicación neoyorquinos se lo estaban pagando con su atención.[34] Collins detectó un tic en el estilo argumentativo de Trump que se convertiría en su sello de identidad ante los temas polémicos: Trump enlazaba sus frases hasta llegar a un punto en que parecía que iba a excederse, pero entonces se paraba en seco justo antes de verbalizarlo, tal vez para evitar que nadie lo pudiera usar contra él: «Fiel a su estilo, Trump parecía decir una cosa en el anuncio: que se matara a esos chicos, aunque también dejaba margen para escabullirse si alguien le pedía explicaciones. Eso es lo que hizo en un programa de noticias hace un par de noches. Como algunos de los muchachos que participaron en el ataque tienen catorce y quince años, pedir la pena de muerte directamente, como pasaría en territorios menos civilizados, podría resultar despiadado por su parte. Así que negó con la boca pequeña que su intención fuera esa. Sin embargo, el anuncio trata largo y tendido sobre "bandas ambulantes de criminales sin corazón" que "violan a una mujer indefensa y se ríen del pesar de su familia". O sea que está bastante claro a quién se refería, aunque él negara la mayor».

Años más tarde, las autoridades reconocieron lo que los adolescentes habían denunciado poco después de sus confesiones: que los habían coaccionado durante los interrogatorios. Las condenas fueron anuladas en 2002, cuando una nueva confesión respaldada por las pruebas del ADN apuntó a un culpable totalmente diferente.[35] En ese momento, todos los acusados habían cumplido su condena. Habían perdido su juventud y buena parte de su vida adulta. Pero incluso entonces, Trump se negó a retractarse de los comentarios que había hecho en 1989.

El mismo año del ataque en Central Park, Trump compareció en un especial de NBC News para hablar de las relaciones raciales.[36] También estaban invitados el director Spike Lee, la poeta Maya Angelou, la estrella de los consejos para el hogar Martha Stewart y el tertuliano conservador Pat Buchanan. Cuando se les preguntó a los invitados por lo que pensaban de las políticas de discriminación positiva y su efecto sobre las oportunidades económicas en Estados Unidos, Trump dijo: «En el mercado laboral, un negro con estudios tiene una ventaja tremenda sobre un blanco con estudios. Y me parece que algunos negros creen que no tienen ese privilegio, o ese otro, pero lo cierto es que hoy, pues... es, es una gran ventaja. Lo he dicho en alguna otra ocasión, incluso refiriéndome a mí mismo: si empezara a trabajar hoy, me encantaría ser un negro con estudios porque estoy convencido de que tienen una ventaja real, hoy».[37] Y eso que los contactos y el dinero de su padre habían modelado casi todos los aspectos de su trayectoria.

Lee acababa de rodar la película *Haz lo que debas*, en la que había plasmado las tensiones raciales que se palpaban en cada bloque de su Brooklyn natal.[38] El director estaba atónito: «Pues no estoy para nada de acuerdo con esa gilipollez que ha dicho Donald Trump, de que si volviera a nacer o se reencarnara, le gustaría ser un negro con estudios, porque comenzamos... —dijo, antes de perder el hilo—. No me entra en la cabeza que haya dicho eso. Es absurdo».[39]

Cuatro meses después, una turba de hasta treinta blancos persiguió y asesinó a un adolescente negro llamado Yusef Hawkins cuando este fue a comprar un coche usado en Bensonhurst, un barrio de Brooklyn de mayoría blanca e italiana.[40] Según los testigos, uno de los atacantes proclamó: «Vamos a zurrar al p*** negro». En los días posteriores al asesinato, un grupo de trescientas personas negras hicieron una marcha por Bensonhurst, lideradas, entre otros, por Sharpton.[41] Los residentes blancos les gritaban consignas como: «Largaos de aquí, p**** negros», o: «¡Central Park, Central Park!», en referencia al caso que seguía sacudiendo el ánimo de la ciudad. Algunos vecinos blandían sandías.* «En Misisipi, no encontrarías una estampa peor», dijo Sharpton por aquel entonces.

Tres meses después del asesinato de Hawkins, Nueva York eligió a su primer alcalde negro: David Dinkins.[42] Dinkins derrotó a Giuliani, el candidato al que Trump había apoyado hasta que vio claro que iba a perder. La coalición de Dinkins, el entonces presidente del distrito de Manhattan y un veterano de la «política de clubes sociales» de la ciudad, fue la primera en la historia neoyorquina en lograr unir al electorado negro y latino, junto con los liberales blancos del Upper West Side y los votantes judíos. En su discurso inaugural, Dinkins expresó su alegría por que Nueva York fuera «un bello mosaico de razas y religiones, de países de origen y orientaciones sexuales».[43]

Giuliani, que se las daba de antisistema, no se fue por las buenas. Tras perder por apenas 50.000 votos, se quejó amar-

* El estereotipo de la sandía es un insulto contra los afroamericanos. Durante muchos años, se vendieron postales, ceniceros y otros objetos con caricaturas degradantes de personas negras comiendo sandías. Las figuras reforzaban la imagen de una población negra ignorante y grotesca. (N del T.)

gamente de que «ellos», los indefinidos seguidores del alcalde negro, habían hecho trampas: «Me robaron las elecciones —denunció ante el periodista Jack Newfield en 1992—. Amañaron los comicios en las zonas negras de Brooklyn y en Washington Heights».[44] El consistorio investigó las acusaciones de fraude ese mismo año, pero nunca encontró nada para pensar que fueran fundadas.

Aunque a finales del mandato de Dinkins los índices de delincuencia empezaron a caer, para muchos electores no bajaron lo bastante rápido. En septiembre de 1990, una portada de *New York Post* clamó: DAVE, ¡HAZ ALGO! Tras una serie de deflagraciones locales, cobró fuerza la tesis del periódico de que «la ciudad era un babel de delincuencia». Al año siguiente, el barrio de Crown Heights de Brooklyn fue testigo de tres días de altercados entre miembros de la comunidad negra y judíos ortodoxos, después de que un judío jasídico atropellara a un niño negro de siete años y una multitud de afroamericanos se vengara de su muerte acuchillando y acabando con la vida de un turista ortodoxo de Australia.[45] La relación entre Dinkins y la policía, en su gran mayoría blanca, se quebró en julio de 1992, cuando un agente mató a un hombre al norte de Manhattan. El suceso provocó graves disturbios en Washington Heights.[46]

Cuando el alcalde propuso crear un organismo civil independiente para estudiar las quejas contra la policía, miles de agentes de paisano se congregaron ante el ayuntamiento durante una supuesta concentración. En cuanto asaltaron el puente de Brooklyn, se había convertido en un tumulto en toda regla. Uno de los que habló a la multitud fue Giuliani, que ya llevaba tiempo preparando su revancha contra Dinkins en 1993. El político republicano se quitó la americana y se burló de que el alcalde no entendiera los motivos del desánimo policial: «Me culpa a mí. Os culpa a vosotros —vociferó Giuliani al micrófono—. ¡Y un comino! Solo hay una razón por la que el departamento de policía de la ciudad de Nueva York tiene la moral por los suelos, solo una: ¡se llama David Dinkins!». La turba bramó y algunos llamaron a tomar el edificio, golpeando las ventanas de la sede del gobierno municipal.[47] Un policía gritó «p*** negra» a una concejal que intentaba entrar en el ayuntamiento, Una Clarke. Al año siguiente, la coalición de Giuliani mantuvo su base electoral y logró atraer a nuevos votantes. El caballo de batalla de los políticos neoyorquinos era la problemática racial, y lo siguió siendo durante muchos años.

Ese fue el primer momento en el que Trump valoró seriamente la idea de presentarse a las elecciones. Desde el principio, nadie dudó de que iba a incorporar la paranoia racial a su perfil público y a su ideología. La primera vez que me vi con Trump después de que abandonara la Casa Blanca, en una entrevista para este libro, le pregunté en qué creía que distaba la política racial neoyorquina de la del resto del país. Él me contestó: «Creo que es más extrema». Cuando le pregunté en qué sentido, se limitó a decir: «No sé por qué. Creo que es más extrema. Creo que la lucha allí es más encarnizada. No se me ocurre ningún otro lugar donde el tema de la raza sea más extremo que en Nueva York».

Ese era el prisma a través del cual Trump veía el país, por no decir el mundo entero: el conflicto entre tribus resultaba inevitable. Una vez, en plena década de los noventa, Alan Marcus sacó a colación una noticia que acababa de ver sobre los cambios demográficos en Estados Unidos. La previsión era que, algún día, las personas racializadas serían mayoría en el país. La intención de Marcus era chinchar a Trump sacando un tema que sabía que lo iba a provocar.

Eso no va a pasar, dijo Trump. Dijo que antes habría una revolución: «Estados Unidos no se convertirá en Sudáfrica».

Durante la década de los ochenta, Sharpton, al igual que Trump, devino un elemento fijo de la vida política neoyorquina y un símbolo de la ciudad en todo el país. El abogado era conocido ante todo por haber defendido a Tawana Brawley, una adolescente del interior del estado que en 1987 afirmó haber sido atacada y abandonada en un saco de basura lleno de heces. Sharpton fue uno de los abanderados del movimiento para denunciar al fiscal del condado que estaba llevando el caso, Steven Pagones, al que Sharpton y Brawley acusaban de ser uno de los atacantes. Al final, Pagones ganó una demanda por difamación contra ellos. El caso de Brawley se desmoronó, pero Sharpton estuvo años sin pedir perdón: «¿Por qué tengo que disculparme? Yo la creí», dijo en 2013, añadiendo que sí se arrepentía de los *ad hominem*.[48] Según él, eso había cambiado su manera de entender su oficio.

En algunos aspectos, Sharpton y Trump resultaron ser dos caras de una misma moneda: ambos eran de fuera de Manhattan y habían asaltado la fama por la fuerza. Aunque en períodos diferentes, ambos se habían labrado una vida nueva y más glamurosa. Habían renacido en Manhattan y no querían que nadie los echara de su nuevo trono, por mucha antipatía que despertaran en diferentes sectores de las altas esferas. Sin ser amigos, Sharpton y Trump interactuaron mucho durante décadas hasta la campaña de las presidenciales de 2016, cuando partieron peras del todo.

La relación de Trump con King y Tyson resultó ser más sólida. Pese al conflicto de intereses de representar a alguien que peleaba en sus casinos, Trump se las acabó ingeniando para que Tyson lo contratara como asesor, antes de que el boxeador decidiera confiar en King.[49] Tyson llegó a acusar al magnate de haberse acostado con su esposa, la actriz Robin Givens, algo que Trump contó durante años a diferentes oyentes. («¿Crees que podría con él?», le preguntó Trump a un socio que no cabía en sí de asombro.) Donald apoyó al boxeador cuando lo mandaron a prisión por violación. En una ocasión, hablando con un planificador urbano de Manhattan en la Torre Trump, Trump interrumpió la reunión para llamar a Tyson y preguntarle: «Campeón, ¿la violaste de verdad?», obviamente con la intención de alardear.

Tyson salió de la cárcel en marzo de 1995. Un año después, se mudó a una nueva mansión en Farmington, Connecticut, una urbanización de Hartford para gente adinerada. Para celebrarlo, organizó una fiesta e invitó a Sharpton. El abogado llegó y subió por una escalera de caracol hasta una terraza con vistas a la piscina. Allí encontró a Don King charlando con Trump. El tema de conversación eran los vecinos de Tyson, que habían solicitado expulsar al boxeador de la comunidad. Ambos estaban especulando con la cantidad de dinero que Tyson podría exigirles si claudicaba y se marchaba.

«Cuando salió elegido, eso fue lo que pensé: si Donald Trump hubiera nacido negro, habría sido Don King —afirmó Sharpton—. Ambos lo ven todo como un intercambio.»

5

Vacas gordas

Algunas mañanas, Donald Trump salía por la puerta lateral de su torre, por donde se accedía a la zona de viviendas, y en vez de subirse a su coche, doblaba a la derecha y recorría medio bloque hasta la esquina de la Quinta Avenida. Una vez allí, se colocaba bajo su reluciente torre epónima y veía pasar el torrente de trabajadores, compradores y turistas.

Cuando la gente pasaba, Trump se les acercaba y observaba atentamente su semblante para ver si lo reconocían. A veces no sabían quién era; tal vez solo veían a otro excéntrico de los que pueblan las aceras del Midtown. Pero en ocasiones sí lo reconocían. Para un hombre que renegaba del tabaco y el alcohol, ese constituía el mejor narcótico posible. No se trataba de una llamada a la validación tan explícita como la del alcalde Ed Koch, que tenía por costumbre preguntar «¿Qué tal lo estoy haciendo?» a quien entraba y salía del metro.[1] Eso sí, respondía a un impulso parecido. Trump quería recoger sus opiniones y saber que lo aprobaban. Necesitaba la prueba no solo de que iba directo al estrellato, sino de que ya lo había alcanzado.

En los años ochenta, Trump pasó de ser un empresario destacado de Nueva York a ser una figura reconocida en el país entero por aunar el mundo de las finanzas, el entretenimiento y la política. Saber que la gente no conocía el nombre de Fred Trump —y menos aún veía a su hijo como una extensión de él— no solo era un bálsamo para su orgullo, sino también para su sed de atención. En pocos años, la fama de Trump se tradujo en nuevas oportunidades de negocios y en una serie de ambiciones personales que no habría podido ni imaginar a principios de la década y que terminarían por superarlo.

Aun así, Trump seguía obstinado con el sueño no cumplido de construir en el Upper West Side de Manhattan. Era algo que le carcomía desde que había iniciado los trámites para adquirir los terrenos de Penn Central tras la quiebra de la compañía. Aunque Trump no tenía el don de la planificación a largo plazo, sí se le daba genial obsesionarse. En privado, seguía pensando en las cosas cuando los demás ya habían pasado página desde hacía tiempo. En el caso de la zona norte del patio de maniobras, él seguía albergando la esperanza de recuperar el control sobre el solar, a pesar de que había perdido su opción de comprarlo en 1979.[2]

Tres años más tarde, surgió la oportunidad. Aunque el promotor Abe Hirschfeld se había hecho con la opción, Trump no se había dado ni mucho menos por vencido. Más bien al contrario: Trump era optimista porque los terrenos habían pasado a estar bajo el control de un magnate de los aparcamientos con buena relación con su padre. En 1980, Hirschfeld vendió el control y la mayor parte de los derechos sobre los terrenos a Franco Macri, un promotor argentino que se había encargado de varios proyectos de infraestructura en su país de origen.[3] Pero ni Macri ni Hirschfeld tenían suficiente influencia en Nueva York para hacer realidad su proyecto de construir los bloques de pisos Lincoln West.

Como Macri fue incapaz de sacar adelante el plan, Trump lo sondeó varias veces entre 1982 y 1984. Según confesó Macri *a posteriori*, había tenido la sensación de que el magnate no solo lo machacaba, sino que lo miraba por encima del hombro: «Hablaba como si yo no tuviera experiencia y como si solo hubiera construido puentes y presas, cuando en verdad había edificado muchos más millones de metros cúbicos de vivienda de los que Donald Trump edificará jamás en su vida —le dijo a Barrett—. Me trataba como si fuera un bananero suramericano. Yo no era un paleto, y él era muy joven».[4]

En diciembre de 1984, las partes acordaron un precio de 95 millones de dólares y Trump recuperó su codiciada opción sobre los terrenos.[5] El promotor describió esas hectáreas no edificadas como el «mejor suelo urbano de Estados Unidos». En una rueda de prensa de 1985, celebrada en el reformado Commodore, Trump dijo que pretendía crear algo más que un nuevo edificio: se disponía a construir todo un barrio nuevo.[6] Television City se compondría de una torre triangular de ciento cincuenta plantas que actuaría como centro neurálgico de un gigantesco complejo de tiendas, pisos y estudios de televisión. No era el primer intento de Trump de construir el edificio «más alto del mundo», pero a diferencia de su tentativa previa en la parte baja de Manhattan, ahora contaba con un pedazo inmenso e inmaculado de isla cuyo escaso uso llevaba décadas trayendo de cabeza al Ayuntamiento. «En esta ciudad, el sector de la televisión necesita como agua de mayo un espacio grande y diáfano —dijo a los periodistas mientras las cámaras lo inmortalizaban—. Esta urbanización es el sueño de Nueva York, y nosotros queremos construirla.»

El proyecto de Trump de crear una ciudad intraurbana llegaba en un momento de pánico en los cinco distritos. La tasa de homicidios seguía relativamente elevada y, aunque el país se estaba recuperando de la recesión de principios de los ochenta, Nueva York aún acusaba el estrés económico. La brecha entre ricos y pobres había aumentado durante una década entera, aunque Wall Street era un lugar idealizado y hacerse rico era un afán propugnado por todos.

Trump fue uno de los grandes iconos de esa codicia y ese consumo. Le gustaba jactarse de ser un «hombre de éxito», pese a que tampoco tenía tanto de lo que alardear. Su nuevo proyecto para el patio de maniobras era equiparable a su sed de dramatismo, con un toque novedoso de grandeza. «La urbanización del West Side —señaló un editorial de *The New York Times*— es su camino a la inmortalidad.»[7]

Los proyectos de Trump que sí fructificaban no solían ser tan ambiciosos. Desde la llegada del magnate a la torre, su despacho en la planta veintiséis había tenido unas vistas monstruosas al noroeste. Sus ventanas daban al Wollman Rink, una pista de hielo pública cerrada en 1980. La pista había sido uno de los mayores atractivos de Central Park durante muchos años, pero se había cerrado para hacer obras. En principio, el proyecto iba a costar 9,1 millones de dólares e iba a durar dos años y medio.[8] Pero ambas estimaciones se habían quedado cortas. La renovación encadenó una debacle tras otra; por ejemplo, cuando se instaló un nuevo sistema de refrigeración con goteras.

En 1986, la ciudad pronosticó que necesitaría otros dos años para completar el proyecto y Trump se ofreció para resolver los problemas del consistorio. Prometió realizar un trabajo que los burócratas no sabían hacer. No hacía falta ser un gran experto en diseño ni culminar ningún hito de la ingeniería. La oportunidad de rehacer la pista de hielo también le aportaría un sinfín de publicidad gratis, con el filón añadido de poder eclipsar a Koch.

El guía de Trump para lidiar con el gobierno municipal de Koch fue su antiguo concejal de vivienda, Tony Gliedman. Gliedman asesoró al magnate en la redacción de una serie de borradores de una carta. La misiva, dirigida a su «querido Ed», mostraría el interés de Trump por asumir el proyecto.[9] (Según le contó a un amigo, Gliedman leyó una primera versión disparatada y le dijo a Trump: «Donald, si yo fuera Ed Koch y recibiera esta carta, ¿crees que estaría predispuesto a concederte el proyecto?».) El 28 de mayo, Trump mandó estas palabras: «Construir la pista de hielo Wollman consiste básicamente en verter un bloque de hormigón y no debería requerir más de cuatro meses». A cambio de concluir las obras, Trump pedía el derecho de gesionar la pista, pues aseguraba que podía convertirla en un negocio rentable.[10]

Aunque había gente en el consistorio descolocada por que Trump tuviera interés en algo tan nimio, Koch decidió escuchar la oferta. Ahora bien, puso condiciones: no quería que Trump dirigiera las instalaciones ni que le pusiera su nombre. (En su carta para Trump, el alcalde escribió: «Recuerde lo que dice la Biblia: los que dan limosna anónimamente o, cuando no anónimamente, sí al menos sin pedir el uso de su nombre, son doblemente bienaventurados».)[11] Trump renunció a su exigencia de gestionar la pista y le prometió a Koch que no le cambiaría el nombre. Así, las negociaciones pudieron avanzar.

Trump fue con Gliedman a la zona baja de Manhattan para reunirse con representantes municipales y cerrar los últimos flecos del acuerdo. El magnate quería pagar las obras él mismo, lo cual le habría dado legitimidad para reclamar la propiedad sobre la pista.[12] Koch rechazó esa idea y las partes acordaron que la ciudad se haría cargo de los gastos. Terminadas las reuniones con el Ayuntamiento, Trump regresó a su torre con Gliedman. El empresario se comportaba como un niño que necesitara aprobación, y no dejaba de preguntarle a su socio si creía que les había caído bien.

Hubo otros proyectos para los que Trump utilizó a un antiguo empleado municipal. También contrató como asesora jurídica principal a Susan Heilbron, una exfuncionaria del gobierno municipal de Koch con muchísimos contactos. Después de entrar en la Trump Organization, que parecía tan grande desde el exterior, tanto Heilbron como Gliedman se quedaron de piedra cuando vieron lo chapucero que era su funcionamiento. Trump trazaba planes y luego los cambiaba de inmediato, o ponía a alguien a cargo de un proyecto y, más tarde, esa persona descubría que le había encargado lo mismo a otro. Muchas veces, las peroratas de Trump cortaban la productividad. Se despachaba a gusto con Gliedman, a quien sermoneaba por nuevos proyectos y llamaba «gordo de mierda» delante de los demás. Para Barbara Res, la vicepresidenta ejecutiva responsable de construcción, uno de los mayores problemas era que trabajaba en un ámbito que Trump conocía bien, así que su jefe escudriñaba todos sus pasos y solía dirigir su agresividad hacia ella. A Trump le gustaba meter cizaña entre Res e Ivana en los proyectos de Atlantic City. Entre ellos, los ejecutivos se referían a la compañía como la Trump Disorganization («Desorganización Trump»).

Koch anunció el acuerdo del Wollman Rink en junio de 1986, por el que Trump se comprometió a terminar las obras antes de diciembre.[13] En última instancia, Koch había admitido que Trump sabía operar fuera de los procesos municipales, que eran mucho más engorrosos que los que abordaban los promotores privados. Cuando Koch se negó a concederle directamente el contrato para gestionar la pista y el restaurante que había en las instalaciones, Trump aseguró que iba a pujar para ganar la licitación.

Los motivos por los que Trump estaba tan interesado en el proyecto de la pista de hielo se hicieron patentes tan pronto como empezó a convocar a la prensa para mostrar los progresos. En seis meses, Trump dio más de cinco ruedas de prensa en relación con las obras.[14] Daba igual que hubiera pocas noticias que dar —en una de ellas, se anunció la nueva

pulidora de hielo— o que solo atrajera la atención de un pu-
ñado de cámaras. Las ruedas de prensa servían para revestir el
proyecto de un aura cívica y ponían de relieve que Trump era
capaz de hacer lo que el Ayuntamiento no sabía hacer. Antes
de una rueda de prensa, uno de los publicistas externos de
Trump invitó al jefe del Departamento de Parques Henry J.
Stern, y este contestó: «Gracias por invitarme a mi parque».
Cuando llegó a la pista para uno de los actos con la prensa,
Stern descubrió un letrero que decía: DUEÑO: TRUMP ICE INC.[15]
El comisionado ordenó quitarlo y colocar otro que anunciara
claramente que la pista de hielo pertenecía a la ciudad.

A Trump no podían importarle menos los sentimientos
de los representantes públicos. Su nombre era el foco de todas las noticias positivas sobre un emblema de la ciudad, y se
estaba llevando el mérito de su remodelación. Compensó con
creces la cobertura negativa de la que había sido objeto por un
bloque de pisos al otro lado de Central Park, donde Trump
había trabajado con impresionante creatividad durante años
para expulsar a los residentes a fin de poder demoler la estructura y alzar una nueva en el mismo sitio.[16] Al parecer, obligaba a los inquilinos a usar el ascensor de servicio, cortaba la
calefacción y el agua durante los meses de invierno y compraba anuncios en el periódico para sugerir que los pisos vacíos
podían usarse para alojar a los sintecho.[17] «Hay gente que
cree que estoy acosando a la gente del edificio —declaró a *The
New York Times*—. No es verdad. Solo quiero ayudar con el
problema de los sintecho.»[18]

Los contratistas terminaron las obras de la pista en noviembre, un mes antes del calendario arbitrario que había
marcado Trump.[19] En la ceremonia de reinauguración, el
empresario se hizo acompañar de patinadores olímpicos, del
alcalde y de otros miembros del Ayuntamiento, así como de
representantes de HRH Construction, la empresa con la que
había pugnado por hacerse con el control del patio de manio-

bras en el West Side, pero a la que había terminado contratando para el proyecto Wollman.

Sin embargo, enseguida resultó evidente que Trump pensaba atribuirse todo el mérito de haber concluido las obras de la pista de hielo. En su discurso durante la ceremonia, no hizo mucho caso a Koch, y tampoco mencionó a HRH Construction ni a otros contratistas. Art Nusbaum, el entonces director de HRH, dejó de trabajar con Trump después de su rapto de narcisismo.[20] «No soporta que haya dos personas en el podio. No es capaz de aceptar que alguien gane la plata y el bronce —dijo Nusbaum—. Él tiene que llevarse el oro, la plata y el bronce a la vez.»[21]

Una nueva fuerza política asomaba en el horizonte. Se trataba de una fuerza que podía resultar útil en ese momento, y con la que Trump estableció una conexión que iba a durar décadas y que ha definido los últimos años de ambos.

Rudy Giuliani había nacido dos años antes que el magnate y era hijo de un camarero. Era originario de East Flatbush, Brooklyn, un barrio copado por inmigrantes italianos. Había estudiado en un colegio católico y había sopesado hacerse cura.[22] Pero al final optó por la Facultad de Derecho y, después de abandonar el Partido Demócrata, terminó en las filas del Departamento de Justicia de Ronald Reagan. Fue fiscal general adjunto, el tercer cargo más importante del departamento, y luego maquinó para ser nombrado fiscal federal del distrito sur de Nueva York.[23] El distrito, con sede en Manhattan, es el lugar donde trabaja el fiscal federal más importante del país, cuyos casos más destacados pueden ser un trampolín para dar el salto a la política.

Giuliani se había forjado una marca basada en la rectitud moral, persiguiendo a los ejecutivos de Wall Street que usaban información privilegiada. Pero como se hizo realmente famoso fue combatiendo a la mafia, yendo a por los cabecillas de las cinco familias del crimen organizado de Nueva York.[24] Recurría a menudo a la *perp walk*: paseaba a los acusados ante las cámaras de los medios una vez arrestados, una táctica que incluso algunos de sus partidarios consideraban excesiva.[25]

Antes de que Koch iniciara su tercer mandato en enero de 1986, los investigadores de Giuliani habían husmeado mucho en el Gobierno municipal y en los aliados del alcalde fuera del consistorio. Empezaron por analizar las sospechas de corrupción en la Oficina de Infracciones de Estacionamiento, pero ocho semanas después de la toma de posesión, su investigación había evolucionado y se había transformado en un intrincado escándalo de mordidas y contratos amañados que políticos influyentes habían usado para enriquecerse.[26]

La gran presa de Giuliani fue Stanley Friedman, el antiguo líder del Partido Demócrata del Bronx y socio del bufete de Roy Cohn, que había ayudado a conseguir la aprobación para el proyecto del Commodore.[27] En noviembre de 1986, Friedman y tres personas más fueron declaradas culpables de infringir la *Racketeer Influenced and Corrupt Organizations Act* («Ley contra la Corrupción y el Chantaje en las Organizaciones»). Giuliani dijo que su condena le había parecido «reconfortante»: «Este veredicto es una victoria importantísima para los ciudadanos honrados y decentes de Nueva York que han tenido que trabajar bajo el yugo de gente como Stanley Friedman durante demasiado tiempo». Giuliani exigió a Friedman que dimitiera del cargo de su partido y este lo hizo más o menos al cabo de una semana, aunque ayudó a elegir a su sucesor. «Es obsceno que un hombre condenado por extorsión siga en un cargo político.» Friedman entró en la cárcel para cumplir una pena de doce años. Sus colaboradores siempre pensaron que Trump apoyó económicamente a la familia de Friedman mientras el político estuvo preso. Cuando le pregunté a Trump sobre este hecho, contestó que «Stanley era un hombre bueno y muy valiente».

Poco después, ofrecieron a uno de los investigadores de Giuliani más información sobre Donald Trump. La oferta llegó de un abogado del corrupto mediador hipotecario Frank LaMagra, a quien la fiscalía federal de Brooklyn acusaba de falsificar una declaración de impuestos para un jefe de la familia Bonanno llamado Louie «Ha Ha» Attanasio. Una vez condenado, LaMagra esperaba librarse de la cárcel ofreciendo información a la fiscalía.

Unos años antes, LaMagra había ayudado a un tal Robert Hopkins a comprar un dúplex de la Torre Trump cuando el edificio aún estaba en construcción.[28] Hopkins no tenía ninguna fuente lícita de ingresos, pero se las ingenió para conseguir una hipoteca. En parte, se la concedieron gracias a una carta del bufete de Roy Cohn en la que figuraba el nombre de Trump. (Al parecer, Hopkins llevó un maletín con más de 100.000 dólares en efectivo el día de la escritura.) En 1986, mientras vivía en el piso, arrestaron a Hopkins por organizar apuestas ilegales y por asesinar a un gánster, aunque la acusación de homicidio fue desestimada.

El abogado de LaMagra era un exfiscal llamado Michael Pollack. Pollack comunicó al negociado de Giuliani que la detención de Hopkins era una puerta de entrada a las demás actividades financieras ilícitas de la Torre Trump. Dijo que su cliente poseía información y que estaba dispuesto a compartirla si le rebajaban la pena de prisión.

El asunto sigue sin esclarecerse. El investigador Anthony Lombardi le confirmó a Wayne Barrett que había interrogado a Trump y que este había respondido de manera satisfactoria.[29] Lombardi también aseguró que había comunicado los hechos a Giuliani y a sus adjuntos, pero que LaMagra no le había parecido de fiar. No se llegó a abrir nunca una investigación formal. Según Barrett, poco después de ser interrogado por Lombardi, Trump hizo unas declaraciones en las que se abrió a la posibilidad de conseguir grandes donativos para la primera campaña electoral de Giuliani.

Años más tarde hablé con Pollack, el abogado de LaMagra, y me reveló que Lombardi, ya fallecido, le había dicho sin rodeos que la fiscalía no iba a tirar del hilo. El motivo que adujo el letrado fue que Giuliani pensaba presentarse a la alcaldía al año siguiente y no deseaba enemistarse con Trump, que podía serle de gran ayuda para la recaudación de fondos. Lombardi también sacó provecho de su lance con el empresario: en cuestión de meses, recibió entradas para ver un combate de Mike Tyson en Atlantic City y les confesó a sus colaboradores que Trump había dejado caer la opción de contratarle como jefe de seguridad.[30]

Hay otras razones por las que Giuliani pudo haber descartado la investigación. Tal vez dudó de la palabra de un condenado. Pero la idea de que un fiscal obsesionado con perseguir a la mafia no moviera ni un dedo para seguir una pista sobre un presunto blanqueo de capitales constataba que los neoyorquinos con buenos contactos políticos eran bastante inmunes a las pesquisas. Por la razón que fuere, el chivatazo acabó en nada y Trump respaldó a Giuliani en su campaña fallida de 1989.[31]

Dicho eso, Trump no dejó de agasajar al otro fiscal de Manhattan. Durante años, donó dinero a la causa benéfica favorita de Robert Morgenthau.[32] Un miembro de un club privado de Trump recuerda haber visto por ahí a Morgenthau, y el magnate llegó a ceder su piso en la Torre Trump para celebrar una recaudación de fondos para la campaña del fiscal. Según sus socios, ambos se daban por satisfechos con la esencia puramente mercantil de su relación.

Por lo demás, Trump continuó intentando convencer a Koch de que apoyara su proyecto más ambicioso hasta la fecha: Television City. La clave era conseguir que la NBC se prestara a instalarse íntegramente en el nuevo complejo.[33] La cadena de televisión estaba dispuesta a abandonar su sede en el Rockefeller Center para trasladarse a un espacio nuevo o reformado, pero la propuesta de Trump debía competir con otras como la de Nueva Jersey, donde la compañía pagaría menos impuestos. Si Trump quería que sus sueños para el West Side se hicieran realidad, necesitaba que el Ayuntamiento le echara una mano dando un motivo a la NBC para quedarse en Nueva York.

Durante años, las partes negociaron de manera formal e informal a tres bandas. Los ejecutivos de la NBC pedían garantías de que la cuantía de su arrendamiento no superaría cierto umbral, y para conseguirlo, Trump decía necesitar una deducción fiscal del consistorio. Pero no la quería solo para las tres hectáreas y media que ocuparía la NBC, sino para todo el terreno. Koch se negaba porque, de hacerlo, parecería una concesión enorme a un promotor adinerado. Era justo el tipo de decisión que Koch quería evitar, pues ya estaba al borde del precipicio político. En una carta privada para el alcalde, Trump escribió: «Con la falta de cooperación absoluta que estás mostrando tú y tu entorno más cercano, será imposible que la NBC construya en Nueva York».[34]

La prensa empezó a difundir noticias sobre los proyectos de Trump para la cadena con un halo sospechosamente halagüeño. En el Ayuntamiento pensaron que Trump había ordenado publicar esas noticias para estrechar el cerco sobre Koch y echarle la culpa si la NBC se iba a Nueva Jersey. La alcaldía respondió a los ataques sacando correspondencia privada en la que el promotor acusaba a Koch de rechazar el acuerdo simplemente porque Trump se beneficiaría de ello. El multimillonario replicó llamando «idiota» al alcalde ante la prensa.

Koch contestó con una rueda de prensa en el ayuntamiento. Allí aprovechó para exponer por qué se oponía a la reducción fiscal: simple y llanamente, la solicitud de Trump sería injusta para las empresas que ya se habían comprometido a quedarse en Nueva York. También leyó en voz alta una serie de elogios que Trump había hecho justo antes de tacharlo de «idiota», y pidió al empresario que se quitara la careta y mostrara su verdadero rostro.[35]

Trump acusó a Koch de intentar sacar tajada de la situación para dejarlo seco: «Estuvieron cuatro días de brazos cruzados, rascándose la cabeza y diciendo: "Igual podemos sacar más dinero" —dijo Trump—. Entonces le mandé una carta a Koch y no me anduve con chiquitas: le dije que quería sacarlo adelante. Lo que pasó fue que Koch cogió ese acuerdo y forzó a la NBC a irse a Nueva Jersey para asestarme un ataque preventivo a mí».[36]

Hubo un intercambio de injurias. Koch llamó a Trump «mequetrefe», un término despectivo que él mismo acabó usando para la gente que le criticaba. Trump todavía era relativamente novel en el arte del oprobio. Más allá de llamar idiota a su rival, solo pudo pensar en una ocurrencia. Según dijo, a Koch no le llegaba más que para «hacer chistes cortos como los de Henny Youngman, aunque al humorista se le dan mejor».

La gente no entendía por qué Trump se había agarrado tal berrinche ante todas las cámaras, y asumió que pretendía presentarse a la alcaldía. Si el empresario deseaba realmente llegar a un pacto, atacar a quienes habían de decidir el futuro de su proyecto no tenía mucho sentido. Para Koch, esa teoría no tenía ni pies ni cabeza: «Yo creo que es su forma de ser, o sea que no tiene justificación».[37] Dijo que Trump era «avaro, avaro, avaro», un cerdo que hacía «oinc, oinc, oinc».[38]

Koch llevaba décadas en política y, en algunos aspectos, veía el mundo de una forma bastante distinta de la de Trump. Años más tarde, cuando el magnate entró en política, saltó a la vista hasta qué punto se había impregnado del estilo de su enemigo. Pero, en ese momento, la idea de Trump no era tanto llevar la situación al límite porque sí. Le preocupaba más la creciente presión financiera a la que se veía sometido y el hecho de que no tenía un inquilino gancho para su anhelado complejo.

En enero de 1987, Trump recibió una carta del embajador soviético en Washington. Según el empresario, empezaba así: «Me complace transmitirle una buena noticia de Moscú».[39] La «buena noticia» era que Goscomintourist, la agencia estatal soviética de turismo internacional, estaba interesada en colaborar con Trump para construir y gestionar un hotel en la capital rusa.

Trump empezaba a dar que hablar fuera de Nueva York gracias a su fama de espabilado, no solo en el mundo de la construcción, sino en los negocios en general. En 1982, apareció en los últimos puestos de la primera Forbes 400, la lista de las personas más ricas del país.[40] Su nombre figuraba entre los promotores inmobiliarios, junto al de su padre, que era codueño del negocio familiar. Durante dos años, tanto Roy Cohn como el propio Trump, que a veces se hacía pasar por publicista y mentía sobre el valor de su empresa y su participación en ella, trataron de elevar su puesto en la lista. El año 1985 fue el primero en que Trump apareció solo, sin Fred. Ese mismo año adquirió la gigantesca mansión de Mar-a-Lago, un lugar de interés histórico situado en Palm Beach y construido por Marjorie Merriweather Post, la heredera de una gran empresa de cereales.[41] Unos años más tarde desembolsó 29 millones de dólares para comprar un superyate que había pertenecido al traficante de armas saudí Adnán Khashoggi.[42] Durante ese período, también puso en marcha un proyecto urbanístico en West Palm Beach, en Florida, con inversores como el ejecutivo de la industria del automóvil Lee

Iacocca, el director ejecutivo más famoso del país.[43] Con tal de aumentar su presencia en el sector del juego, Trump pidió una licencia de Nevada y empezó a adquirir participaciones en otros operadores de casino como Bally, Resorts International y Holiday Corp., que también llevaba las riendas de la cadena hotelera Holiday Inn.[44] Esas maniobras ayudaron a asentar su notoriedad en las publicaciones nacionales de negocios, que no solo lo veían como un hábil constructor, sino como un «ojeador de grandes promesas», como lo llamó *The Wall Street Journal* en 1987.[45]

Algunas noticias mencionaban su tendencia a la hipérbole y, en algunos casos, su poca predisposición a cumplir sus compromisos; sin ir más lejos, casi nunca iba a las reuniones de la comisión en recuerdo a los veteranos de Vietnam de la cual formaba parte.[46] Pero esas cuestiones no copaban muchas portadas. Dos años después de sus grandes apuestas por hacerse con acciones de Bally y Holiday, la Comisión Federal de Comercio acusó a Trump de infringir la ley federal por no haber comunicado algunas de las adquisiciones.[47] Él dijo que «abogados de gran prestigio» le habían asegurado que no tenía que notificar esos movimientos entonces, pero al final accedió a pagar una sanción de 750.000 dólares para evitar una demanda por lo civil que le reclamaría el doble de esa cantidad. A cambio, no tuvo que admitir ninguna falta, y la prensa no se hizo mucho eco de la noticia.

En octubre de 1987, el valor de los índices bursátiles internacionales sufrió su mayor caída de la historia en un solo día. Trump anunció rápidamente a la prensa que se había llevado 175 millones de dólares en beneficios vendiendo sus participaciones antes del cataclismo. Todo el mundo le creyó a pies juntillas. Mientras la gente se preguntaba si se avecinaba otra Gran Depresión, Trump se las arregló para ser noticia gracias a su destreza inversora: TRUMP VENDE SUS ACCIONES Y SE EMBOLSA MILLONES (*New York Post*),[48] O TRUMP VENDE ENSE-

GUIDA SUS ACCIONES Y SALE AIROSO (*The Press of Atlantic City*).[49] A un periodista de *The New York Times*, le dijo: «Corazonada, suerte, llámalo como quieras... la Bolsa me daba muy mala espina. Tenía la sensación de que Estados Unidos no iba bien».[50] El día de la hecatombe, *The Wall Street Journal* publicó dos versiones diferentes del magnate. En una noticia, Trump afirmaba haber vendido todas sus «acciones en el último mes»,[51] mientras que en otra recalcaba: «Llevo dos meses sin hacer movimientos en la Bolsa».[52] En verdad, sus declaraciones posteriores al organismo regulador demostraron que, más que vender las acciones de una de las empresas con mayor volumen que tenía en cartera —la cadena neoyorquina Alexander's, unos grandes almacenes en crisis de los que ya poseía casi el 20 por ciento—, Trump estuvo todo el lunes negro adquiriendo más.

En privado, eran varios los periodistas que admitían ser conscientes de que Trump mentía compulsivamente. Aun así, la prensa escrita y la televisión tardaron años en contrastar muchas de sus declaraciones. El instinto reportero de otorgar el beneficio de la duda, sumado a la dificultad de desmentir algunas de sus afirmaciones, dieron pie a una proliferación increíble de noticias que se admiraban de su fortuna y de su supuesta habilidad para los negocios. Los propios empleados de Trump estaban fascinados. Muchos se convirtieron en protagonistas involuntarios de las noticias que lo describían como un hombre resuelto. Res, Heilbron y otra alta ejecutiva de la Trump Organization llamada Blanche Sprague salieron en la portada de la revista *Savvy Woman* junto a Trump. Pocos directores ejecutivos habían nombrado directivas a tantas mujeres a la vez, y años más tarde, en plena campaña, la revista fue un tema de conversación. Muchos directivos de Trump, tanto hombres como mujeres, estaban hasta la coronilla de él y no daban crédito de que mintiera con semejante descaro. Incluso les causaba rechazo, pero se mostraban asombrados por sus ganas de urdir grandes planes y de intentar someter a otros a su voluntad.

Sus amagos, pullas y peripecias eran interminables. Poco después de concluir la renovación del Wollman Rink, Trump se ofreció para reparar el decadente puente de Williamsburg que conectaba Manhattan con Brooklyn. Incluso hizo el paripé de visitarlo con un representante de la cámara estatal, «un acto anunciado a bombo y platillo por su personal de relaciones públicas», señaló *The New York Times*.[53] «Es una arteria importantísima de esta ciudad y hay cosas que me fascinan. Esto me fascina —le dijo Trump a un miembro de la prensa—. El Wollman Rink me fascinaba. Llevaba cerrado siete años, casi siete años, y me hizo volar la imaginación. Esto me hace volar la imaginación.»[54] Su actitud parecía decir «Mandadme a mí, que yo lo arreglo», pero dejaba traslucir que, en verdad, Trump esperaba que no lo escogieran a él. Era perfectamente consciente de que carecía de la experiencia necesaria para acometer un gran proyecto de infraestructura. Pero había encontrado el modo de llamar la atención mediática no solo por las cosas que había hecho, sino por las que decía que podía hacer.

Los medios estadounidenses empezaban a comprender algo que la prensa neoyorquina ya sabía: Trump tenía algo magnético. No era solo que su olfato por el sensacionalismo vendiera más. Era alguien hipnótico. Hablaba deprisa e irradiaba chulería y autoconfianza. Sabía ser divertido y mordaz a la vez, agradable y despectivo, muchas veces en la misma frase. Despertaba el interés de los espectadores: o les caía bien, o les gustaba odiarle. Los medios de comunicación de esa década y de los años posteriores trataron a Trump como si renaciera con cada noticia; sus fechorías, equivocaciones o mentiras previas se olvidaban por completo.

El reportaje que causó más sensación fue, de lejos, el perfil que le hizo *GQ* en 1984, que le sacó en portada con un retrato angelical y el titular: «El éxito: qué dulce es; el hombre que arriesga y gana millones».[55] El número de la revista para hombres se vendió tan bien que S. I. Newhouse, el magnate de los medios que controlaba la empresa matriz de *GQ*, Condé Nast, y la editorial Random House, reparó en ello.[56] El artículo había presentado a Trump como una curiosidad —«Trump ha entrado en el gris mundo del desarrollo inmobiliario de Nueva York y le ha insuflado aire con su espontaneidad y su desmedida gallardía», observó el autor Graydon Carter—, pero Newhouse pensó que los lectores podrían estar interesados en sus verdaderos consejos empresariales. Así pues, le ofreció a Trump publicar un libro suyo.

Aunque Trump pedía ansiosamente a sus ayudantes que le pasaran información de los titulares de periódico, en especial si aparecía su nombre, nunca había mostrado un gran interés por los libros. En su mesilla de noche tenía un libro que, según reveló Ivana, de vez en cuando hojeaba: una antología de los discursos de Adolf Hitler titulada *My New Order*.[57] (Cuando la periodista Marie Brenner le presionó sobre el tema, Trump exclamó: «Fue mi amigo Marty Davis, de la Paramount, quien me dio un ejemplar de *Mi lucha*. Un judío».[58] Davis, por su parte, dijo que no era judío y que le había dado el libro *My New Order* porque pensaba que le podía resultar «interesante».)

Trump aceptó la oferta de Newhouse, pero, por raro que parezca, admitió que escribir un libro era algo que se sentía incapaz de hacer por sí solo. Por eso contrató a un colaborador, un joven escritor llamado Tony Schwartz.[59] La obra describía un día normal en la vida de Trump, revelando sus conversaciones y su forma de entender los negocios. Fue Schwartz quien dio con el título: *The Art of the Deal*. Con él, el país iba a conocer una nueva versión de Trump.

A Trump, la invitación que le expidieron en enero de 1987 para que valorara un proyecto hotelero en Moscú le había picado mucho la curiosidad, y eso que algunos miembros de su empresa pensaban que estaba demostrando una ingenuidad casi cómica al sopesarlo, pues hacer negocios en la Unión Soviética podía ser muy peliagudo. Tony Gliedman se reunió por separado con los rusos, que esperaban poder embarcar a Trump en el proyecto, y le avisó de una cosa: «Donald, si metes dinero en Rusia, es difícil volver a sacarlo». Pero Trump viajó allí en julio con Ivana y la asistente personal de su esposa.

La curiosidad de Trump por las complejidades geopolíticas era limitada, pero esa calma tensa que se respiraba en la Guerra Fría le brindaba una oportunidad para inscribir su nombre en una categoría superior de la historia. En 1984, Roy Cohn le dijo a una periodista de *The Washington Post* que debía hacer un perfil sobre Trump porque el empresario tenía ganas de entrar en política y se creía capaz de representar a Reagan en las negociaciones armamentísticas. La periodista, Lois Romano, no acababa de ver claras las fanfarronadas de Trump, pero sí pensó que podía aspirar a un buen reportaje para la sección de Estilo. Cuando llegó el momento de hablar de lo que realmente pensaba de la negociación de un tratado de altos vuelos, Trump le aseguró a Romano que solo necesitaría «una hora y media para aprender todo lo que se podía aprender sobre los misiles».[60]

Empezó a correr el rumor de que Trump estaba manteniendo reuniones ultrasecretas con representantes de la Administración Reagan para «llegar a un pacto» que resolviera el problema de los dos crecientes arsenales nucleares. El escritor Ron Rosenbaum tenía miedo de que la gente que ostentaba el poder no estuviera prestando suficiente atención a la amenaza nuclear, así que dio cierta credibilidad a las habladurías y pidió una reunión con Trump.

Ambos se vieron en el 21 Club para hablar de la desnuclearización.[61] Trump criticó a los «profesionales de defensa», habló sobre un libro de Strobe Talbott titulado *Deadly Gambits* como si lo hubiera leído con detenimiento y convenció a Rosenbaum de que estaba sopesando los matices de cómo Estados Unidos había llegado a un momento tan peligroso y cómo podía evitarse la guerra.

Rosenbaum trató de hilar fino, pero fue imposible.

—De un modo u otro, la mayoría de esos países [prenucleares] están bajo el dominio de Estados Unidos y la Unión Soviética —le dijo Trump—. Entre esas dos naciones, tienes el poder para dominar cualquiera de esos países. Nosotros deberíamos usar nuestra fuerza para tomar represalias económicas y ellos, usar su fuerza para tomar represalias, y entre los dos, impediremos que aparezca el problema. Habría sido mejor hacer algo cinco años antes. [...] Pero creo que, ahora, incluso un país como Pakistán tendría que hacer algo. Dentro de cinco años, se lo tomarán a risa.

—¿Cree que Pakistán simplemente claudicaría? ¿No tendríamos que ofrecerles algo a cambio? —preguntó Rosenbaum.

—Quizás deberíamos ofrecerles algo —contestó Trump—. Lo que yo propongo es empezar con toda la cortesía posible. Hay que aplicar toda la presión necesaria hasta lograr el objetivo. Al principio les dices: «Vamos a deshacernos del armamento». Si no surte efecto, les cortas el grifo de las ayudas. Y luego más y más. Haces lo que haga falta para que aparezcan disturbios en la calle y para que no tengan agua. Que no tengan tiritas ni comida. Solo lo conseguirás así, con la gente y los disturbios.

—¿Y los franceses? Ellos ya tienen la bomba —quiso saber Rosenbaum.

—Iría con todo contra ellos —dijo Trump, y Rosenbaum le presionó un poco más—. Tienen la bomba, pero la actual no tiene la capacidad que tendrán las de dentro de cinco años —contestó Trump—. Si no renuncian a ella... y no me refiero a reducir la capacidad ni a parar, porque parar no significa nada. Me refiero a desarmarse. Si no lo hacen, aplicaría contra ese país unas sanciones tan duras, tan impresionantes...

Rosenbaum reconoció a sus lectores que el «plan Trump» era «un poco rudimentario en esa faceta». Pero en el artículo también señaló que el empresario había mencionado suficientes nombres de las altas esferas de Washington como para suponer que sabía de lo que hablaba.

Trump estaba removiendo Roma con Santiago para encontrar nombres que mencionar. En una cena oficial de 1987, se había reunido brevemente con Mijaíl Gorbachov, el líder de la Unión Soviética, aprovechando que el político había viajado a Estados Unidos.[62] Trump le dijo a Maureen Dowd, de *The New York Times*, que Gorbachov le generaba dudas, pero que había alabado la Torre Trump y había mostrado interés por que el promotor construyera un hotel en Moscú. Al cabo de un año, el líder soviético iba a visitar Estados Unidos y Trump le mandó enseguida un mensaje para invitarlo a ver su torre.[63] (El principal portavoz de Trump en la oficina de Howard Rubenstein en ese momento, Dan Klores, dijo que en la cena oficial Trump y Gorbachov habían hablado de temas económicos y del posible hotel del magnate.) Al final, el político soviético no incluyó el edificio en su itinerario, pero un día Trump vio a un imitador de Gorbachov en el exterior de su torre y bajó a saludarle. Parece que lo confundió con el de verdad.

Para algunos de sus asistentes, el promotor tenía otro objetivo aparte de darse jabón. Poco a poco, Roger Stone se había erigido como un reputado consultor del Partido Republicano. Incluso entre las filas de los operativos políticos, Stone se había ganado una extraña reputación como maquinador; algunos lo veían como un genio de la política; otros, como un demonio que corroía la vida pública con sus métodos; y otros, como ambas cosas. Su empresa de presión, Black Manafort

Stone & Kelly, representaba los intereses de la Trump Organization en Washington, y Stone cada vez prestaba más asesoramiento estratégico al empresario. A comienzos de 1987, había ayudado a trazar un plan para promocionar a su cliente y sus intereses empresariales, y la publicación de *The Art of the Deal* fue un trampolín para una hipotética campaña presidencial.

Oficialmente, Stone estaba asesorando a la campaña presidencial del congresista del estado de Nueva York Jack Kemp. No esperaba que Trump se presentara en 1988. (De hecho, Trump ya había realizado donaciones a dos demócratas y dos republicanos en la campaña, incluido Kemp.)[64] Pero dos años antes, Stone había empezado a comentar que pensaba que Trump sería presidente algún día. Ligando la idea de la candidatura a la publicación del libro, podía suscitar el interés por ambos sucesos. Cuando se acercaba la fecha de publicación, Stone persuadió a Trump de visitar Nuevo Hampshire, donde empezaban las primarias, para ver cómo era recibido. Para dar la impresión de un interés intrínseco en el estado, Stone trabajó con un activista local llamado Mike Dunbar, que aseguró a la prensa que estaba recogiendo firmas para que Trump pudiera optar a las primarias.[65]

En septiembre, Stone puso un anuncio de una página entera en *The New York Times* y otros periódicos. Lo tituló «Carta de Donald J. Trump [...] al pueblo americano». El texto presentaba las inclinaciones del promotor, pobres en contenido pero ricas en eslóganes, y las vertebraba en torno a una sola idea: los extranjeros están saqueando Estados Unidos y están haciendo del país el hazmerreír del mundo: «Japón y otros países llevan décadas aprovechándose de Estados Unidos. Y la saga continúa ahora que estamos defendiendo el golfo Pérsico, un territorio que ostenta una relevancia marginal para Estados Unidos debido a sus recursos petrolíferos, pero que resulta casi esencial para Japón y compañía. [...] El mundo se mofa de los políticos norteamericanos porque protegemos barcos que no nos pertenecen y que transportan petróleo que no necesitamos a aliados que no nos echarán una mano a nosotros».

Gracias al anuncio, al cabo de un mes y medio Trump fue invitado a dar un discurso en el Rotary Club de Portsmouth, cerca de donde vivía Dunbar.[66] Trump salió de Nueva York en el helicóptero engalanado con su nombre. Lo acompañaba Stone. (Como ya se había comprometido a trabajar con otro candidato a la presidencia, Stone se sentía incómodo, así que se disfrazó de Groucho Marx y se quedó en el helicóptero.) «Ya estoy cansado de los buenistas de Washington —dijo Trump—. Quiero a una persona de armas tomar que sepa negociar. Si no, a nuestro país le espera el desastre.» Para decepción de Dunbar, el empresario también dejó muy claro que no estaba ahí para anunciar su candidatura.

The Art of the Deal se publicó en noviembre de 1987 y Trump hizo todo lo que pudo para que su libro entrara en la lista de los más vendidos. Mandó a sus ayudantes a comprar todos los ejemplares que encontraran; de acuerdo con sus instrucciones, los ejecutivos de sus casinos tenían que hacerse con cuatro mil libros por establecimiento.[67] Si no conseguían venderlos, los regalaban. Incluso sin ayuda, el libro se vendió bien. Llegó al primer puesto de la lista de más vendidos de The New York Times y no se bajó de lo más alto durante casi un año, con lo que afianzó casi de inmediato la fama de Trump de genio de las finanzas, pese a los escasos logros del empresario. En el popular programa de televisión de Phil Donahue, Trump se presentó como un gran filántropo y se jactó de haber superado a su padre, aunque recalcó que no quería presumir.[68] Él no jugaba en sus casinos, dijo, aunque serían los únicos establecimientos donde apostaría porque eran «los mejores». Entonces arqueó ligeramente las cejas y dedicó al público del estudio una sonrisa como la del gato de Cheshire, haciendo un gesto casi imperceptible para indicar a sus seguidores que todo era un juego y que él estaba al tanto de la ironía.

Una de las atentas espectadoras era una antigua primera dama. Trump y Richard Nixon habían cruzado sus caminos por primera vez hacía cinco años, en una velada en el 21 Club, y ambos habían iniciado una correspondencia casual.[69] Trump elogió al expresidente, caído en desgracia, como «uno de los grandes hombres de este país» y recalcó: «Una de mis mayores ambiciones es que los Nixon se muden a la Torre Trump». Nixon, por su parte, se lo agradeció asesorándole con la franquicia de fútbol americano de los New Jersey Generals. A principios de enero de 1989, ambos hombres estuvieron brevemente en el mismo escenario en un acto para rendir homenaje a la esposa del exgobernador de Texas y secretario del Tesoro John Connally. La presencia de Trump resultó tan intrascendente que las crónicas periodísticas del evento no usaron ninguna foto de él.[70] Pero cuando la esposa de Nixon, Pat, vio a Trump en *Donahue*, le pareció plausible que se presentara para un cargo político importante. «Como puedes imaginar —escribió Nixon—, es una experta en política y su predicción es que, cuando decidas presentarte, ¡ganarás!»[71]

Aunque ya era demasiado tarde para que Trump se presentara en 1988, Stone decidió sacar provecho del año electoral. Pero no para encumbrar al empresario delante de todo el país, sino para convencerle a él de su futuro en la política nacional. Stone ordenó a Doug Schoen, un encuestador de Nueva York que asesoraba a políticos demócratas (entre otros, a Koch), que sondeara al pueblo norteamericano acerca de Trump. Más o menos por entonces, Lee Atwater, que había sido colaborador de Stone y estaba trabajando para Bush como jefe de estrategia, charló con Trump sobre la posibilidad de que se uniera a las filas republicanas como nominado a la vicepresidencia.[72] («Si sale, lo valoraría sin dudarlo», le dijo Trump a Atwater.) A muchos, la conversación no les pareció una propuesta seria, sino más bien un intento de atraer a Trump como donante.

Aun así, después de esa charla Trump decidió a última hora que quería asistir a la convención republicana de Nueva Orleans, donde otro socio de Stone, Paul Manafort, hacía las veces de subdirector. Al empresario lo alojaron en un hotelucho e hicieron gestiones para que se sentara en el palco de la primera dama y visitara la zona del público, así como el lugar donde Bush aceptaría formalmente la nominación.

Para distraerse antes del acto principal, Trump hizo llevar en avión a una rubia espectacular de Georgia con quien se había estado viendo de forma cada vez menos discreta. Marla Maples se bajó de un avión privado y una escolta la llevó enseguida a las dependencias de Trump, donde se quedó escondida con el magnate durante horas. Trump no salió de la habitación ni siquiera para contestar a una llamada de Frank Sinatra; dijo que estaba ocupado.

El jueves por la noche, antes del discurso de aceptación de Bush, Stone pidió a Laurence Gay, un socio de su empresa y voluntario en la convención, que acompañara a Trump por el recinto. El césped cubierto del Louisiana Superdome estaba a rebosar de delegados y suplentes organizados por estado y territorio. Todos cantaban y agitaban pancartas. Los altos cuadros del partido presidían el evento, el más importante del calendario, y la prensa se apelotonaba como nunca en una única sala. En lo alto, había redes con cientos de globos preparados para caer nada más terminara el discurso.

Mientras cruzaban por el organizado caos de la convención, Gay le dijo a Trump que no se separara mucho. El empresario estaba patidifuso, fascinado por el espectáculo a su alrededor.[73] Era como un evento deportivo gigantesco, pero en honor a un solo hombre. «Esto es lo que quiero», dijo.

Unos meses después, llegaron los resultados de la encuesta de Schoen. El informe no reflejaba cuestiones básicas como la forma en que se había llevado a cabo la encuesta, el tamaño de las muestras ni los días que había durado. Eso hacía suponer que se había escrito más para el deleite de Trump que como un producto científico. El documento estaba desglosado en categorías, incluida una que hablaba del efecto del libro sobre su perfil: «Aunque ni uno de cada tres votantes estadounidenses conoce *The Art of the Deal*, entre aquellos que sí conocen el libro, casi la mitad afirma que es el retrato de un auténtico líder —sostenía el estudio—. A medida que la obra gane lectores, sobre todo fuera del noreste, donde es menos conocido, no cabe duda de que el grado de aceptación y la imagen de Trump como líder aumentarán».

También había un apartado sobre las finanzas privadas de Trump: «La muestra tomada refleja el sentir de que Donald Trump no paga impuestos, o paga pocos. La mayoría, un 51 por ciento, dijo que este hecho no afectaba en absoluto a su opinión a la hora de elegir al presidente».

Y aún había más: «A los votantes que aseguraban que serían menos propensos a apoyar a Trump como presidente porque no pagaba impuestos, se les decía lo siguiente: "Donald Trump declarará que, como empresario, ha aprovechado leyes tributarias que prevén incentivos y deducciones fiscales para las personas que construyen viviendas y crean trabajo". Eso hacía que el 27 por ciento diera menos importancia al hecho de que Trump no pagara impuestos. El 66 por ciento afirmaba que no influía en su opinión».

El estudio señalaba que Trump tenía buenas referencias del electorado negro y latino: «Cabe destacar que las minorías son extremadamente favorables a Trump, a sus orígenes y a su mensaje sobre las problemáticas. Los resultados de nuestra encuesta indican que, para las personas negras e hispanas, representa el sueño americano y la posibilidad de mejorar y escalar socialmente. Huelga decir que el votante republicano medio también se siente atraído por él y su mensaje, y buena parte de ese electorado también le apoya sin fisuras cuando descubre los ideales y principios que encarna».

Las preguntas de la encuesta presuponían que los votantes atribuirían a Trump un nivel de conocimiento parecido al de George Bush padre y Michael Dukakis, pero la realidad era otra. Trump entendía como nadie las dinámicas de poder de Nueva York, pero en su filosofía política muchas veces se debatía torpemente por encontrar clavos atractivos a los que agarrarse. Ese mismo verano había vivido precisamente esa experiencia cuando, según reveló él mismo, oyó a dos personas a quienes respetaba citar el «sentimiento de supremacía» como si de una doctrina geopolítica se tratara. Donald e Ivana habían ido a cenar con Shirley Lord y su marido Abe Rosenthal, que acababa de dejar su cargo de redactor ejecutivo de *The New York Times* para ser columnista en el periódico. La esposa de Rosenthal tenía buena relación con Ivana, pero el periodista consideraba a Trump un mamarracho. Aun así, le hacía cierta gracia ese advenedizo impetuoso. En la cena también estaba el escritor Gay Talese, que curiosamente había cubierto la inauguración del puente de Verrazano-Narrows para *The New York Times* y había tratado con Trump en el palco de George Steinbrenner en el estadio de los Yankees.

Tal vez la cena en un restaurante italiano del Upper East Side no dejó una impronta tan profunda en Trump como la ceremonia de inauguración del puente, pero al cabo de unos días, el empresario dijo que había aprendido algo durante la velada: «Usaron una expresión que me pareció fantástica. Hablaron del sentimiento de supremacía que este país tenía en los cincuenta. Era un sentimiento de supremacía, de eso no cabe duda. Y yo tenía... no era muy consciente, en ese momento era muy joven y no sabía qué era ese sentimiento de supremacía. He llegado a la conclusión de que, desde la guerra de Vietnam, e incluso desde un poco antes, este país ha perdido su sentimiento de supremacía. Lo que pasa es que Japón y Arabia Saudí y Kuwait y tantísimos países están chupando la sangre de Estados Unidos por delante, por detrás y por arriba, como si nada».

Conocidos de Rosenthal me aseguraron que les resultaba inconcebible que el periodista pudiera usar el término en ese sentido; sonaba mucho más a algo que diría Trump. Y si lo dijo, seguramente fue para significar que Estados Unidos salió de la Segunda Guerra Mundial siendo una superpotencia militar y económicamente invencible. Quizás en esa ocasión Trump atribuyó el mérito de una idea propia a otro. (Varios amigos de Rosenthal me contaron que, si usó alguna palabra, era bastante más probable que usara *primacía*, y no *supremacía*.) En todo caso, Trump la empleó para aludir a algo muy específico, no tan relacionado con el peso geopolítico como con la autoestima nacional. El autor Adam Davidson ha trazado una conexión entre la sed de dominio absoluto de Trump y la economía del mercado inmobiliario de Manhattan, donde uno se hacía rico apoderándose de un pedazo del escaso terreno y extrayendo rédito de los demás a medida que aumentaba su valor.[74] Para Davidson, la «economía del rentista» encerraba una mentalidad que no entendía de términos medios. La persona (o la nación) que sustentaba el poder es la que determinaba las condiciones del intercambio. Trump asumía, o quería asumir, que todo el mundo funcionaba conforme a esa regla.

6

Vacas flacas

De todo lo que Trump compró durante su rapto consumista de los ochenta y que estuvo a punto de arruinarlo, el empresario destacó una adquisición sobre las demás: «Me rompí los cuernos para hacerme con el Plaza —dijo del icónico hotel de la Quinta Avenida después de tomar posesión del mismo a principios de 1988, tras un año entero yendo detrás del establecimiento—. No es solo un edificio. Es una obra de arte magistral. Me tenía embelesado».[1]

El Plaza estaba a apenas dos bloques de la Torre Trump. Si uno simbolizaba la habilidad de su dueño para demoler los obstáculos en su camino y para sacar grandeza de la nada, el otro podía atestiguar su capacidad para velar por un edificio histórico de la ciudad. Trump decidió que quería el Plaza incluso antes de saber cuánto podía costarle o si le compensaría comprarlo. «Cuando compraba en Brooklyn y en Queens —dijo Trump, justificándose—, estudiaba cada tornillo y cada perno antes de lanzarme. Pero eso es una inversión de renta, no de arte. Si tu intención es analizar todas las habitaciones del Plaza, es que no deberías adquirirlo.»

Había más de ciento cincuenta inversores interesados en hacerse con el histórico hotel de la esquina sureste de Central Park. Uno de ellos era el sultán de Brunéi, presuntamente la persona más rica de la Tierra. A Trump le disgustaba tener que pujar contra ellos en una venta organizada: «No me gustan las subastas —dijo—. Yo negocio con mi personalidad, hombre a hombre».[2] Trump trató de ahorrárselo adquiriendo la gigantesca Allegis, una sociedad de cartera que estaba en posesión del Plaza a través de la cadena hotelera Westin, y que compartía la propiedad con United Airlines y la empresa de alquiler de coches Hertz. La intención del magnate era vender todos los demás activos de la empresa y quedarse solo con el Plaza. Al final, el plan nunca se llevó a cabo y, tras un complejo proceso, Trump superó la oferta de dos potenciales compradores y se apoderó del hotel a cambio de 407,5 millones de dólares. La noticia salió en la portada de *The New York Times* al día siguiente, aunque lo hizo acompañada de una mentira: para salvar las apariencias, Trump dijo que el precio de compra había sido de solo 390 millones.[3] Su interlocutor con el antiguo dueño del hotel era un ejecutivo llamado Thomas Barrack, quien lo persuadió de que ofreciera esa fortuna.[4] Pero Trump no puso su propio dinero, sino que avaló personalmente un préstamo de Citibank y un consorcio de acreedores. Pronto se demostró que había metido la pata.

Trump aseguró al periódico que había comprado el Plaza para que Ivana tuviera «un juguete», y nombró a su esposa gerente del hotel a cambio de «un dólar al año, más todos los vestidos que sea capaz de comprarse».[5] No era la primera vez que Trump colocaba a Ivana al frente de una gran propiedad; antes había sido presidenta y directora ejecutiva de Trump Castle, uno de los dos casinos de Atlantic City ya en funcionamiento.[6] La mujer trabajó a destajo y se volvió una experta del sector, a pesar de que antes no sabía nada sobre el tema. Trump gozaba atizando su pugna con el ejecutivo del Trump Plaza Steve Hyde. A Ivana, eso la motivaba para querer demostrar su valía intentando arrebatarle clientes a su otro casino. Pero para los demás directivos, su aventura ejecutiva no había sido tan afortunada y su discernimiento financiero había dejado bastante que desear (antiguos miembros del casino dijeron que los márgenes de beneficio habían sido pobres). También era una jefa desagradable que solía despreciar a las camareras que rondaban las mesas de juego. En una ocasión, se mostró horrorizada por que una camarera hubiera retocado su uniforme porque estaba embarazada. En todo caso, Ivana se metió de lleno en su nuevo trabajo y dijo que se sentía entusiasmada: «Donald me ha dado esta oportunidad. Me encanta trabajar. De no hacerlo, estaría perdida».[7]

Trump aprovechó las oportunidades que le brindaba su nuevo hotel para promocionarse. Cuando el director Chris Columbus estaba rodando la secuela de *Solo en casa* y pidió permiso para usar el vestíbulo del Plaza, Trump entró por la fuerza en el rodaje: «Solo podéis usar el Plaza si me dejáis salir en la película».[8] Columbus pensó en cortar el cameo, pero la aparición de Trump fue muy aplaudida en la proyección de prueba.

Algunos colaboradores pensaron que Trump había pagado un precio excesivo por el Plaza, y sospecharon que debía de haber tenido un motivo más allá del «arte». Trayendo a Ivana a Nueva York para colocarla como gerente del hotel, Trump podía mantenerla alejada de Atlantic City, donde él se veía cada vez con más frecuencia con otra mujer. Los ardides que el magnate había orquestado durante años en su vida empresarial y personal estaban a punto de someterse a prueba.

En 1988, Trump estuvo meses sopesando una oferta que por fin le permitiría deshacerse de los terrenos ferroviarios en el West Side. Aunque él había mantenido por activa y por pasiva su deseo de edificar en esa enorme parcela de tierra que había a un kilómetro y medio del Plaza, en ningún momento había estado cerca de conseguirlo. Sus ambiciosos planes para el solar habían chocado con una intensa y contundente oposición popular.[9] Todos los adjetivos para describir lo que soñaba con construir allí no podían sino alimentar los miedos de quienes ya vivían en la zona. Nació una organización vecinal llamada People for Westpride a fin de canalizar el sentir anti-Trump, y muchos políticos de Manhattan tenían la impresión de que les convenía más apoyar a los activistas que al promotor.[10] (Trump se habituó a menospreciar a la que en poco tiempo iba a ser presidenta del distrito de Manhattan, a la concejal Ruth Messinger, la llamaba «Ruthie», y hablando en privado con sus ayudantes, hacía comentarios misóginos y caricaturizaba el físico de los judíos.)[11] Por culpa de su resistencia, el empresario no consiguió que se decretaran urbanizables los terrenos ni obtuvo los permisos necesarios para iniciar la construcción. Desde que firmó el acuerdo del Commodore, las cosas habían cambiado y a Trump le quedaban pocos de esos impagables amigos que velaban por sus intereses en el consistorio. Beame llevaba tiempo fuera del Ayuntamiento, Fred Trump estaba desmejorado y ya no podía echarle una mano, y Roy Cohn no estaba para engrasarle las cadenas del Gobierno municipal. Además, Trump había dinamitado su relación con el alcalde Ed Koch a través de su interminable disputa.

William Zeckendorf jr. era el vástago de otra dinastía inmobiliaria de Nueva York, y era tan discreto como Donald llamativo. Zeckendorf ofreció a su rival 550 millones de dólares por los terrenos.[12] Según confesó el magnate a *The New York Times* en octubre: «Me encuentro ante un dilema absoluto. Me encanta la idea de construir esta urbanización fascinante, y parece que falta poco para que los terrenos se clasifiquen como urbanizables. Pero también me están ofreciendo unas cantidades de dinero [...] que te dejan sin aliento».[13] Aunque algunos periodistas publicaron que había ofertas superiores, la puja de Zeckendorf ya le brindaba a Trump una rentabilidad extraordinaria sobre una propiedad congelada con unos costes de crédito que le estaban chupando la sangre: iba a sacar cuatro veces más de lo que había pagado apenas cuatro años antes. Zeckendorf incluso accedió a la exigencia del vendedor de ponerle «Donald J. Trump Boulevard a la calle más importante» de la zona.[14] Pero después de recibir el anticipo en su cuenta bancaria, Trump se retiró de las negociaciones. Siempre detestó la idea de desprenderse de sus propiedades y, por mucho dinero que hubiera podido ganar con la venta, no estaba dispuesto a renunciar a sus sueños para el terreno.

En los meses y años posteriores a la caída de la Bolsa de octubre de 1987, Trump siguió derrochando para adquirir nuevos activos y dejó pasar trenes muy suculentos. A juzgar por su conducta, era difícil saber hasta qué punto habían cambiado las condiciones económicas en los sectores que concentraban sus intereses empresariales. El mercado inmobiliario de Nueva York, cuyas ganancias habían ayudado a financiar las adquisiciones del magnate durante una década, se enfrió de golpe. El negocio de los casinos de Atlantic City también se ralentizó, aunque en Las Vegas todo seguía viento en popa. Esas tendencias transformaron el balance general de Trump: el valor de sus activos iba de capa caída, pero él tenía que pagar periódicamente sus deudas a un elevado tipo de interés para conservar esos activos.

Trump no aflojaba el ritmo. Se hizo famoso por tantear a las grandes firmas de la Bolsa y por desdecirse de su oferta cuando subían las acciones y tenía la opción de vender sus participaciones sacando un beneficio, una práctica conocida como chantaje financiero.[15] Cuando vio que otros pretendían realizar una compra apalancada de Northwest y United, Trump lanzó una oferta repentina para adquirir la compañía que controlaba American Airlines por más de 7.000 millones de dólares.[16] Dijo que él aportaría 1.000 millones y que su intención era hacerse con el control de la empresa pagando 120 dólares por acción. La noticia de la puja hizo que el precio de los títulos se disparara. Había quien veía la oferta con ilusión y quien se mostraba escéptico, dependiendo del analista que valorara la capacidad de Trump para cumplir con el acuerdo, aunque la compañía que él quería adquirir no se la tomó en serio. Aun así, Trump consiguió salir en todos los titulares y aumentó el valor de las acciones durante un breve lapso de tiempo, antes de que se desplomara calamitosamente durante un día funesto de Wall Street. Algunos consideraron que las maniobras del empresario habían contribuido a precipitar la caída.

Pero no todas las ofertas de Trump eran amagos ni se hacían de cara a la galería. En los años ochenta adquirió un club deportivo, una aerolínea, un megayate y un montón de participaciones minoritarias y mayoritarias en una serie de empresas, con lo que también atrajo la atención de los medios. Por una parte, Trump era conocido por ser un tacaño; un hábito que aprendió de Cohn era el de negarse a pagar las facturas que se le enviaban.[17] («¿Sabes cuánta publicidad obtiene esa gente por tenerme como cliente?», decía a sus subordinados.) Pero por otra parte, era cada vez más derrochador y destinaba el dinero prestado a pagar precios desorbitados por nuevos activos o a financiar compras a un elevado tipo de interés.[18] Tenía el hábito de avalar las deudas bancarias de su empresa con patrimonio personal.

Trump estaba a punto de abrir su tercer casino en Atlantic City, una presunta réplica del Taj Mahal indio, tras una prolongada y costosa pugna con el magnate del entretenimiento Merv Griffin.[19] Trump se llevó el casino y alardeó de su victoria, a pesar de que Griffin se hizo con el resto de la empresa matriz: Resorts International. Según Trump, todo le iba de maravilla.

Una noche de diciembre, la limusina del promotor se detuvo frente al bar McFadden de la Quinta Avenida. Dentro, Andrew Cuomo, el hijo del gobernador de Nueva York, estaba celebrando su cumpleaños. Andrew y Donald no eran precisamente uña y carne, pero sí se conocían desde hacía años. En sus intentos por edificar en los terrenos del West Side, Trump había confiado las negociaciones al bufete donde trabajaba Andrew Cuomo.[20] Al final de la década, Trump ya era uno de los donantes más generosos de Mario Cuomo.

Cuando llegó al bar, el empresario hizo un gesto al cumpleañero para que echara un vistazo dentro de la limusina aparcada en la entrada. Trump abrió la puerta y desveló a una joven rubia en el asiento trasero. Parecía nerviosa y frágil. Mientras los hombres reunidos en torno al coche se asomaban, Trump le dijo esto a un sorprendido Cuomo: «Mírala. Un diez total».

Era Marla Maples. Algunos decían que se habían conocido a través de Tom Fitzsimmons, un expolicía con quien Marla había salido y que se había convertido en guardaespaldas de Trump.[21] Otra teoría era que se habían conocido en algún lugar de Nueva York. Otra, que los había presentado un amigo en común. Marla era una chica rubia impresionante, una antigua reina de la belleza y aspirante a actriz proveniente de Georgia. Tenía diecisiete años menos que Trump y un marcado acento sureño, y no podía ser más diferente de su primera esposa.

Donald se había acabado aburriendo y frustrando con Ivana. Pensó que se había equivocado de medio a medio dándole un trabajo de verdad en el casino, porque se había convertido en una rival, y no en un ama de casa.[22] Tampoco compartía su interés por socializar con gente una noche sí y otra también. Muchas tardes, Ivana le llamaba para delegar en él la obligación de ir a una cena. En la secuela de *The Art of the Deal* —un libro titulado *Surviving at the Top*, que desprendía una energía mucho más propia de Trump—, el empresario compartió esta reflexión: «De repente me sentía como un empleado raso al que habían impuesto un trabajo absurdo y soporífero».[23] Cedía ante su esposa, pero nada más colgar el teléfono, exclamaba en voz alta para que lo oyeran fuera de su despacho: «Mi vida es una mierda».[24]

Marla le ofreció a Trump una salida. Por lo general, la pareja no salía de una habitación de hotel de Atlantic City. Pero ella parecía una droga incapaz de saciarle, a diferencia de su esposa, que prefería una vida aburrida de cenas en sociedad. En 1988, Marla entraba en Atlantic City de incógnito y se quedaba escondida en una *suite* del Trump Plaza, para que nadie la viera y Trump pudiera visitarla cuando le apeteciera.[25] Los ejecutivos de Trump sabían que su jefe tenía costumbres extrañas. Por las mañanas, bajaba a la zona de juegos de los casinos como si hubiera dormido arriba, con la ropa puesta.[26] Pero de repente, había empezado a esfumarse.

La relación con Marla fue una tortura intolerable para algunos empleados. Aunque Ivana no les gustara especialmente, la desfachatez del dueño les parecía abominable. Trump se aseguraba de compartir detalles de su vida privada con sus asesores y ejecutivos. Algunos lo escuchaban de buen grado, pero otros solo lo hacían porque el jefe los consumía. Les resultaba más fácil ceder. Él tenía por costumbre preguntarle a la gente qué pensaba de Marla: «¿La gente sabe lo inteligente que es?», y no se esforzaba mucho por ocultarla de su familia o su empresa. En octubre de 1989, durante la jugarreta con American Airlines, un helicóptero en el que viajaban tres ejecutivos de sus casinos se estrelló en la mediana de la autopista Garden State.[27] Murieron todos los ocupantes, incluidos el piloto y el copiloto, y Trump —que no solía dar grandes muestras de emoción por nada que no le incumbiera a él— pareció extrañamente conmovido por lo sucedido: «Estoy devastado, devastado. Aún no me lo creo —dijo—. No encuentro las palabras». Ivana lo acompañó a dos de los funerales, pero Marla también.[28] Se quedó de pie en el fondo de la sala.

En vez de intentar evitar que las dos mujeres de su vida se encontraran, Trump tomó decisiones que lo hicieron posible. Cuando planificó unas vacaciones navideñas en Aspen con su esposa y sus hijos, decidió enviar a Marla a una estación de esquí de Colorado al mismo tiempo. Más tarde, en sus memorias, Ivana contó cómo, esperando para comer en un restaurante de la zona, una joven mujer rubia se le había acercado y le había dicho: «Soy Marla y amo a tu marido. ¿Tú también?».[29] Según la versión de Marla, fue Ivana quien la vio comiendo con alguien y fue directa hacia ella, decidida a provocar una discusión. Donald estuvo presente durante todo el lance, observando y procurando que no lo arrastraran a la pelea. Solo intervino para decirle a Marla que era mejor que se fuera del restaurante.[30]

Según su dueño, el casino Trump Taj Mahal era «la octava maravilla del mundo». La semana que el templo del juego abrió sus puertas, en abril de 1990, Trump intentó proyectar ese nivel de grandiosidad y coronó la inauguración paseándose por el vestíbulo con el cantante Michael Jackson. Iban rodeados de observadores y perseguidos por las cámaras de *Lifestyles of the Rich and Famous*.

Pero la aparición de una de las mayores estrellas del pop internacional (y buen amigo de la familia) fue el único brote verde de una primera semana para olvidar. Se especuló con que muchos famosos asistirían a la apertura, pero pocos acudieron.[31] Pese a la esperanza de Trump de plasmar la estética india, las cúpulas en forma de cebolla del Taj Mahal te transportaban a Rusia más que a la India. Los huéspedes se perdían en el mastodóntico edificio y, en recepción, entregaban llaves que no encajaban con la cerradura.[32] Los cajeros no funcionaban.

Peor era el caos del supuesto motor económico de las instalaciones. La plantilla no había seguido los protocolos estatales para llevar la cuenta del dinero que entraba y salía de las máquinas tragaperras, con lo que el presidente no podía saber cuánto dinero había realmente. Cuando un grupo de reporteros le entrevistó, Trump salió airoso echándose un farol: «El único problema ha sido que hemos ganado tanto dinero que no hemos podido contarlo a tiempo».[33] Sin embargo, cruzó el hotel con aire abatido y se metió en las oficinas, donde exigió saber de quién era la culpa.

El equipo vivía con los nervios a flor de piel por culpa de sus estallidos de cólera. Él culpaba al personal contratado por uno de los ejecutivos fallecidos en el accidente de helicóptero, y regañaba a su hermano Robert, al que había colocado en un cargo de responsabilidad años antes: «¡Te hice caso y ahora me has metido en esto! —le dijo Trump, desahogándose—. ¿Te parece que no tienes ninguna culpa?».[34]

Donald tenía la manía de menospreciar a su hermano cuando hablaba con sus empleados. Daba a entender que creía que Robert no se esforzaba y se reía de su matrimonio con una famosa de la alta sociedad llamada Blaine Beard. Para los colaboradores de Donald, parecía que ella era lo que él siempre había soñado con que fuera su esposa: una persona aceptada por ser quien era, y no una presunta arribista. La rabia de Donald por los errores en la inauguración llevó a su hermano a dejar el trabajo.[35]

Si Donald estaba estresado por la debacle del primer fin de semana, era porque había gastado tanto en construir el Taj que necesitaba unos ingresos extraordinarios para sostenerlo. El casino debía ingresar 1,3 millones de dólares al día solo para mantenerse a flote. Unas semanas antes, *The Wall Street Journal* había publicado unas declaraciones de un analista del sector llamado Marvin Roffman. Según ese experto, el Taj no lo tendría fácil para generar esos ingresos, así que Trump llamó a los jefes de Roffman en la inversora Janney Montgomery Scott y los amenazó con demandar a la compañía a menos que el trabajador se disculpara y dijera que el Taj iba a ser un exitazo.[36] Otra opción era despedirlo. Roffman no quiso desdecirse y perdió su trabajo al poco tiempo.[37] A raíz del suceso, el demócrata John Dingell de Míchigan, que presidía la Comisión de Energía y Comercio de la Cámara de Representantes, exigió una investigación a la Comisión de Bolsa y Valores (SEC, por sus siglas en inglés).

Tal vez Trump saboreó su venganza, pero no consiguió eludir el escrutinio de sus finanzas. Un par de periodistas de *Forbes* se hicieron con una copia de una declaración fiscal que Trump debía presentar ante la Comisión de Control de los Casinos de Nueva Jersey. Entre otras cosas, el informe sacaba a relucir lo escasos que eran los ingresos diarios del propietario del Taj: sus negocios ya estaban en números rojos, consumidos por las deudas de la infinidad de adquisiciones. Cuando se enteró de que *Forbes* iba a escribir el reportaje, Trump metió presión.

Según una versión de los acontecimientos, Trump amenazó con demandar a la revista. Según otra versión, revelada por un periodista que trabajaba en la publicación, Trump les dijo claramente a los líderes de *Forbes* que no se le caerían los anillos a la hora de ridiculizar a la familia del recientemente fallecido dueño de la empresa, Malcolm Forbes, un hombre gay que había sudado la gota gorda para mantener en secreto su orientación sexual. El periodista contó que Trump había advertido a la revista de lo siguiente: poco antes de morir, Forbes había tratado de entrar en el bar del Plaza con dos amigos que no tenían edad para consumir alcohol. Trump dijo que les había prohibido pasar, por lo que Forbes le había llamado al día siguiente y le había amenazado. Trump alegaba que el artículo malintencionado sobre su patrimonio neto era parte de su *vendetta*. (En *Surviving at the Top*, Trump contó esa anécdota y se ensañó aún más con la memoria de Forbes: «Para mí, era un poco hipócrita: vivía como un homosexual sin ocultarse, algo a lo que todo el mundo tiene derecho, pero también esperaba que los medios y sus amigos famosos le ayudaran a taparlo».)[38] Había motivos para dudar de las palabras del magnate. Los dos periodistas que estaban trabajando en el artículo dijeron que habían empezado a investigar después de morir Forbes. En cualquier caso, las amenazas de Trump surtieron efecto y la noticia fue modificada antes de la publicación; no sabemos si fue por lo que esgrimió sobre Malcolm Forbes o si fue la mera posibilidad de demandar a la revista.

Pese a cambiar de repente el valor neto de su patrimonio de los números rojos a los 500 millones de dólares, el artículo publicado en mayo de 1990 fue devastador para Trump.[39] Para seguir financiando nuevas adquisiciones —y, de paso, seguramente salvar las apariencias—, *Forbes* llegó a la conclusión de que el empresario atribuía valores «utópicos» a sus propiedades en sus declaraciones financieras. A diferencia de las brillantes portadas que le habían dedicado hasta entonces, propensas a resaltar el carácter juguetón del fotogénico sujeto, *Forbes* eligió una imagen en la que Trump miraba hacia un costado y fruncía los labios como si estuviera maquinando alguna vileza. El titular de la portada era: «¿Cuál es el valor real de Donald ahora mismo?».

No fue para nada la única mala prensa que recibió el empresario. La revista satírica *Spy*, fundada específicamente para burlarse de la alta sociedad neoyorquina de los ochenta, se cebaba sin cesar con Trump y con Ivana porque, como dijo su cofundador Kurt Andersen, «representaban en gran medida la súbita ostentación»[40] de la época. La revista se reía de la «profusión de *curiosités* de Trump»[41] expuestas en la tienda de regalos de la torre, y mandaba cheques a su oficina para ver si los cobraba.[42] Aunque las cantidades eran cada vez más irrisorias, Trump siempre las cobraba, aunque fueran trece centavos... En la revista, le bautizaron con el epíteto «advenedizo agarrado de pies pequeños».*[43] Hay quien cree que cualquier noticia es positiva gracias a la repercusión; la mayoría de esa gente habría podido quitarle hierro al asunto con una sonrisa, pero Trump reaccionaba con rabia y con su amenaza habitual de demandar.

Pero la cobertura mediática a la que pronto se vio expuesto iba más allá del ridículo personal y menoscababa directamente la imagen que él quería proyectar como potentado. La prensa sembró dudas sobre su comprensión real del mundo empresarial fuera del sector de la construcción, y también sobre su capacidad para permitirse sus sociedades tenedoras. En cuanto muchas publicaciones hubieron sacado las obligaciones financieras de Trump sin un mínimo amago de escepticismo, algunos medios empezaron a destinar recursos y personal a responder al mismo interrogante que *Forbes* había planteado en su portada.

Al poco de aparecer el artículo en *Forbes*, un analista financiero llamado Abe Wallach, de la promotora inmobiliaria First Capital Advisors, fue como invitado a *MacNeil/Lehrer NewsHour* de la PBS para hablar del tema.[44] Wallach no conocía a Trump e hizo una observación relativamente inocua. Dijo que Trump tenía mucha autoestima y tal vez se había excedido en el gasto: «Si tienes un ego tan grande como el suyo y compras todo lo que ves, parte de la culpa es tuya».

Trump respondió con una demanda de 250 millones de dólares por difamación.[45] Cuando supo que había conseguido inquietar a Wallach solicitándole una cantidad de dimensiones casi risibles, el magnate envió a un abogado, que curiosa-

---

* La revista *Spy* utilizaba la expresión «short-fingered vulgarian», un juego de palabras muy difícil de traducir. *Short-fingered* significa «que tiene los dedos cortos y rechonchos», y alude a la leyenda de que los hombres con los dedos pequeños también deben tener pequeños los genitales. Por otra parte, *short-fingered* puede entenderse figuradamente como «persona tacaña», ya que alguien con los dedos cortos que se meta las manos en el bolsillo no llegará al fondo para sacar nada. (*N. del T.*)

mente también representaba a la empresa del demandado, para ofrecerle un encuentro. Así comenzó un inesperado cortejo durante el cual Trump intentó que Wallach accediera a trabajar para él, aprovechando que tenía experiencia gestionando propiedades con cargas problemáticas. Al final lo consiguió y, en 1990, Wallach se sumó a la Trump Organization como director de adquisiciones.[46]

No obstante, había periodistas a los que no podía silenciarse con obsequios ni amenazas. Sin pretenderlo, y a lo largo de los años, los medios habían ayudado a crear una idea de que Trump había construido un gran imperio empresarial basado en la riqueza, el saber hacer y el mérito personal. Pero había indicios que alertaban de que no es oro todo lo que reluce. Entre otras cosas, se supo que Trump estaba negociando con entidades crediticias para reestructurar sus 2.000 millones de deuda estimada.[47]

Cuando pensó que se iba a descubrir el pastel, Trump mostró a los empleados una vulnerabilidad emocional que no había exhibido nunca, perdiendo los estribos cada vez más a menudo. Un día después de cumplir cuarenta y cuatro años, Trump se saltó un pago de más de 42 millones de dólares a los titulares de unos bonos.[48] Ese sábado por la noche había preparado su fiesta de cumpleaños y, para animarle, los ejecutivos del Taj organizaron una comitiva para recibirle en Atlantic City. Cientos de trabajadores del hotel y los casinos se amontonaron en el paseo marítimo aledaño al Taj Mahal. Meneándose con la brisa del océano, había un muñeco hinchable de Godzilla con una gorra del Trump Plaza. El gerente de suministros del hotel les dijo: «Vamos a respaldar a Donald, porque es el padre de nuestros pequeños».[49]

Como había niebla baja, Trump no podía llegar en helicóptero, así que estuvo a punto de no ir y de aguar la sorpresa.[50] Pero cuando se enteró de que la gente estaba ahí, fue rápidamente en limusina. En su discurso a los asistentes, fue incapaz de hablar de otra cosa que no fueran las noticias de la prensa: «Estamos rompiendo todos los récords [de ingresos en el Taj] —dijo a la multitud—. Nadie quiere escribir sobre lo positivo. Solo les interesa lo negativo».[51] Una periodista que estuvo presente declaró «que la voz impasible de Donald tembló» cuando hizo alusión al aprieto en el que se encontraba: «Ya os he sorprendido muchas veces y os voy a dar más sorpresas en el futuro».[52]

Esa noche se celebró una fiesta en el salón de baile del Trump Plaza. No faltaron los cómicos y cantantes, y hubo famosos que mandaron vídeos para felicitar al cumpleañero. (En clave de humor, Robin Leach dijo que «cuando Donald tenía ocho años, su padre le regaló sus primeros bloques: los de la calle Treinta y nueve, los de la Cuarenta y ocho, Park Avenue».)[53] Los medios del mundo del entretenimiento pudieron cubrir la fiesta, pero Trump trató de vetar a los periodistas más susceptibles de criticar la velada.

Uno de los que figuraban en la lista negra era el periodista de *The Village Voice* Wayne Barrett, que había sido siempre el gran azote de Trump en los medios. Sin embargo, empezaban a aparecer otros como él en la prensa. Barrett envió a un joven compañero suyo, Tim O'Brien, y tuvo la suerte de que lo dejaran entrar en el salón de baile porque un empleado del casino lo tomó por un invitado. A Barrett no le dejaron pasar, y cuando trató de interrogar a Trump a su llegada, un guardia de seguridad lo apartó por la fuerza. El periodista intentó colarse por la escalera trasera, pero un sargento de policía lo atrapó y lo arrestó. Mientras Joe Piscopo le cantaba el «Cumpleaños feliz» a lo Frank Sinatra, Barrett estaba esposado contra una pared en una cárcel cercana.[54]

El 11 de febrero de 1990, *New York Daily News* publicó un chisme que llevaba tiempo circulando entre las altas esferas de Nueva York, pero que la prensa solo había insinuado: Donald Trump tenía una aventura y le estaba a punto de costar su matrimonio.[55] Cuando el altercado de las vacaciones en Aspen llegó a los noticiarios de Manhattan, pasaron semanas hasta que los Trump o los Maples se dignaron a confirmar los hechos. Pero al cabo de unos meses, Donald se fue a Japón sin Ivana. Aparentemente por primera vez, ella no acompañaba a su marido en un importante viaje de negocios, e Ivana aprovechó la ocasión para dar la exclusiva desde su punto de vista.[56]

La mujer decidió conceder una entrevista a la columnista de *New York Daily News* Liz Smith, que ya había interrogado a Trump sobre su relación con Marla antes y después de lo de Aspen.[57] Él no había querido dar pábulo a los rumores, pero ahora Smith tenía toda la versión de los hechos de Ivana. La columna retrató a una mujer atenta, madre de tres niños pequeños y «socia a tiempo completo de su marido». Según el artículo, la pobre se había quedado de piedra al saber que «Donald la estaba engañando». (Smith no dio detalles sobre la infidelidad ni mencionó a Marla, pero el anonimato duró poco.) «Los amigos todavía sueñan con la reconciliación —escribió Smith—, aunque muchas fuentes han asegurado a esta columnista que los abogados ya han empezado a repartir el botín.»

La portada fue un bombazo y dio inicio a una guerra épica entre los principales tabloides de la ciudad. Cada uno eligió un bando en la disputa familiar. Donald tenía de su parte al periódico *New York Post*. Su columnista del corazón Cindy Adams había estado en la boda con Ivana. (Adams tenía tan buena relación con Trump que, cuando ella y su marido enfermo se mudaron a un nuevo piso, Trump hizo instalar un sistema de seguridad.)[58] Ivana obtuvo el respaldo de *New York Daily News* y de Smith, que dicen que se convirtió en la periodista de la prensa escrita mejor pagada del país, en gran parte gracias a sus exclusivas sobre el magnate.[59] El frágil matrimonio llegó a copar la portada de ese tabloide durante doce días consecutivos.

A lo largo de 1990, las tres partes no dejaron de filtrar y dar entrevistas a los periódicos con el objetivo de aparecer como pobres víctimas y de pintar a los otros como los culpables. Fue un toma y daca interminable.[60] Marla declaró a *New York Daily News*: «Me han dicho que ella quiere volver con él, pero podría estar jugando al gato y al ratón», e Ivana sacó un comunicado de prensa: «No voy a dar crédito a nada de lo que diga Marla Maples. Habla igual que Donald». Los espectadores y lectores estaban tan fascinados como horrorizados. Era como ver un accidente de tráfico en el que las víctimas se dedicaban a herirse todavía más en vez de dejarse ayudar por los paramédicos.

Había pocas noticias de peso, pero al mismo tiempo todo era noticia. Un nuevo director de publicidad de *New York Post* le facilitó al veterano periodista del periódico Bill Hoffmann un nombre y un número de teléfono.[61] Era el contacto de alguien que había estudiado interpretación con Marla Maples. Cuando Hoffmann llamó, le contestó una compañera de clase de Marla.

—Maples solía alardear de tener un «gran idilio» con Trump.

—Oh, un idilio... se refiere a que se acostaban —preguntó Hoffmann.

—Bueno, sí, también —contestó ella.

—El mejor sexo de su vida, me imagino...

—Ajá —dijo la amiga.

Con eso, el periodista redactó una noticia construida en torno a una idea que solo había verbalizado él. Un diseñador escribió la portada del tabloide: MARLA PRESUME DE DONALD ANTE SUS AMIGAS: «EL MEJOR SEXO DE MI VIDA». Los jefes de redacción debatieron sobre las posibles consecuencias de publicar una exclusiva confeccionada de cualquier manera, gestada a partir de la parva fidelidad del tabloide a la verdad y del instinto de un periodista para sonsacar un titular. «¿Qué va a hacer Trump? —dijo alguien—, ¿convocar una rueda de prensa y decir que es mentira, que se le da fatal el sexo?»

Trump, por supuesto, hizo lo contrario. Celebró la portada como una muestra de su virilidad. Le encantaba esa prensa que otros considerarían una invasión lasciva de su privacidad, especialmente cuando le lanzaba elogios. Le gustaban todos esos artículos que hablaban sobre la pugna que dos mujeres estaban librando por él, aunque también clamaba contra la atención mediática que generaba su vida privada.[62] El columnista Sydney Schanberg escribió: «Donald protestó amargamente porque la prensa le había parecido excesiva y "enfermiza". Él, como es obvio, quería ambas cosas: atención absoluta cuando se encontraba en uno de sus raptos egocéntricos, y discreción y moderación cuando se sentía sobrepasado».[63] Ya se había demostrado el interés de Trump por castigar a los medios que le desagradaban. Cuando un promotor inmobiliario llamado Leonard Stern apoyó un proyecto documental que iba a investigarle, Trump puso manos a la obra y mandó cartas a los abogados de Stern para anunciar que la esposa del promotor le había llamado para pedirle una cita, cosa que ella negó. Al final, la película no se llegó a estrenar por culpa del tira y afloja entre ambos titanes.

Las travesuras de Trump le habían empezado a pasar factura entre los pocos amigos que tenía en sociedad; a muchos, de hecho, les caía bien su esposa. Estée Lauder, otra clienta de Roy Cohn, había apadrinado a Trump y le había presentado a miembros de la alta sociedad con los que el joven no había podido conectar hasta entonces. Lauder tenía aprecio por Ivana e instó a Trump a que intentara salvar su matrimonio. Sin embargo, año tras año tuvo que ver cómo él se hacía acompañar en público por una mujer tras otra. Años más tarde, se lo encontró en un acto y le dijo: «Tal vez esto sea lo último que te diga: madura». Trump le contestó que seguramente tuviera razón y le dio un beso. A la madre de Donald también le caía en gracia Ivana, y cuando salió a la luz la disputa de la pareja, se posicionó públicamente asistiendo a una fiesta organizada por ella. Mary Trump no aprobaba la relación tempestuosa con Marla y, luego, tampoco aprobó que tuvieran un bebé sin estar casados.

Ivana pidió oficialmente el divorcio en otoño. Aseguró que la aventura de Donald la había sometido a «un tratamiento cruel e inhumano».[64] Trump accedió a negociar para lograr el mejor acuerdo posible, ya que su propia economía pendía de un hilo.[65] Al final, Ivana no se llevó nada más de lo que constaba en el acuerdo prematrimonial firmado.

Trump siempre había compartimentado los grandes sucesos de su vida para procesarlos uno a uno. Ahora, sin embargo, tenía que gestionar la separación con Ivana mientras se evidenciaba más y más la pésima situación financiera en la que se hallaba, y lo cerca que estaba de la ruina. Tal como publicó *The Wall Street Journal* en agosto de 1990, la documentación de la Comisión de Control de los Casinos revelaba un descubierto de hasta 294 millones de dólares en su patrimonio neto.[66] Su director financiero, un reputado ejecutivo llamado Steve Bollenbach, negoció con los bancos para evitar el hundimiento y acordó que Trump viviría con un sueldo máximo determinado por los acreedores. Él, sin embargo, no quiso reconocer en público que el futuro pintaba bastante mal.

El Taj no terminaba de arrancar, tal como habían predicho los analistas, y los bancos volvieron a estudiar la reestructuración de la deuda. Trump anunció que declararía el Taj en bancarrota a menos que se le condonara la deuda. Pero en diciembre, fue Fred quien acudió en su ayuda y resolvió uno de los monumentales problemas de su hijo. El día 17, Fred mandó a un abogado escoltado por la policía al Trump Castle. El mensajero llevaba más de 3 millones de dólares en efectivo y los cambió por fichas, como cualquiera que hubiera ido a jugar al *blackjack*.[67] Fue un método para poder dar dinero a Donald sin que los bancos se enteraran. Además, Fred podría recuperar el préstamo cuando quisiera volviendo al casino y cobrando las fichas, sin tener que competir con los demás acreedores de su hijo.

Horas más tarde, Trump anunció con gran pompa que había cumplido con sus obligaciones crediticias del Trump Castle y el Trump Plaza: «Hemos hecho el pago a tiempo. De hecho, lo hemos conseguido antes de tiempo, si te fijas en los períodos de gracia».[68] Él subrayó que era una señal de fortaleza.

Al cabo de un mes, el mundo supo la verdad de cómo Trump había escapado en una tabla. Lo cierto es que se había salvado gracias a la red de protección familiar, y no a su visión para los negocios. Los organismos de regulación del juego detectaron la transacción de Fred y quisieron comprobar la validez de lo que parecía ser un préstamo sin intereses y ocultado por el casino, lo cual contravenía la normativa del estado.[69] (La ley exigía que las fichas solo se usaran en los casinos, pero básicamente eran una garantía de que Fred recuperaría su dinero. Cuando el organismo regulador tuvo dudas de la legalidad del préstamo ocultado, ordenó al casino recuperar y guardar las fichas. Cuando desapareció una, surgió la duda de si Donald había tenido algo que ver.) Algunos reguladores montaron en cólera, pero Trump se libró con una multa. La Comisión de Control de los Casinos celebró vistas en 1991 para hablar de su viabilidad financiera. Podrían haberse negado a renovarle los permisos, pero no lo hicieron.[70] Trump creaba puestos de trabajo y sus casinos generaban ingresos que se traducían en impuestos para la ciudad y el estado. Teniendo eso en cuenta, a los organismos reguladores les interesaba que el empresario siguiera operando, e hicieron la vista gorda como habían hecho tantas veces en el pasado. Trump lo negó todo.

Neil Barsky, de *The Wall Street Journal*, fue el primero en denunciar la ayuda que Fred le había ofrecido a Donald. Barsky acabó convirtiéndose en un engorro para Trump, publicando noticias sobre sus negocios y haciendo más que cualquier otro periodista por sacar a la luz sus circunstancias financieras. A lo largo de 1990, Barsky había ganado muchos seguidores documentando con pelos y señales la frágil economía de Trump en un sinfín de noticias. Él había sido quien había citado la pesimista previsión de Marvin Roffman, el analista al que Trump había conseguido que despidieran, y unos meses después publicó sin rodeos que «la falta de liquidez de Trump es crítica».[71] En junio de ese año, Barsky reveló que Trump había avalado personalmente 500 millones de dólares de su deuda bancaria, una carga abrumadora que no podría asumir de ninguna forma.[72]

Según informó Barsky, en mayo de 1991, a dos semanas de un nuevo pago de su deuda, era posible que Trump tuviera que pedir dinero prestado a su padre «otra vez» para asumir el inminente pago de 46 millones de dólares.[73] En el artículo se aludía al hecho de que aceptar ese dinero sería perjudicial para su «riqueza a largo plazo», dado que «todos los fondos que reciba de su padre se extraerán de la herencia futura del señor Trump, como señalan fuentes conocedoras de la situación». Si la portada de *New York Post* sobre la destreza de Donald en la cama pudo ayudar a aliviar sus inseguridades, *The Wall Street Journal* optó por un titular encaminado precisamente a socavarlas: LA POSIBILIDAD DE QUE TRUMP TENGA QUE PEDIR FONDOS PRESTADOS A SU PADRE.

Para Donald, el peligro del artículo era que su padre se sintiera exprimido y que la gente pensara que realmente lo necesitaba, y eso que, la verdad sea dicha, lo había necesitado durante años, aunque no se hubiera sabido. (Apenas unos meses antes, Trump había tratado de convencer a Fred de que firmara un codicilo para su testamento con el fin de reforzar su posición como único albacea de su patrimonio y, así, proteger su herencia de los acreedores.[74] Maryanne, abogada y hermana de Donald, redactó una declaración jurada en la que expuso que su padre le había dicho: «Esto huele mal». Fred buscó nuevos abogados y les ordenó preparar una nueva versión del testamento en el que Donald dejara de figurar como único albacea.)

Donald empezó a maquinar para cargarse a Barsky. Nick Ribis, un ejecutivo que trabajaba en los casinos del magnate en Atlantic City, invitó al periodista a un combate de boxeo a principios de abril. Iba a ser una lucha por el campeonato de los pesos pesados, y el periodista aceptó. Los jefes de Barsky sabían que asistiría al combate por cortesía de Trump, pero desconocían el hecho de que también había aceptado dos entradas más para que pudiera ir con su familia. Trump le dijo a Ribis: «La próxima vez que escriba algo, le reventaré como no le han reventado en su vida».[75]

En cuanto salió el artículo sobre el posible préstamo paterno, un representante de relaciones públicas de Trump llamó a un periodista de Page Six, la columna de cotilleos insignia de *New York Post*, y le ofreció una exclusiva que dejaría en muy mal lugar a un empleado de *The Wall Street Journal*.[76] Trump declaró a *The Washington Post* que el artículo de Barsky era «malévolo, repugnante, falso y engañoso».[77] Aparte de la verdad sobre las tres entradas, Trump vertió increíbles y falsas acusaciones contra Barsky; entre otras cosas, dijo que había intentado en vano que le hicieran otros regalos. Ante el revuelo causado, los directores de *The Wall Street Journal* apartaron a su periodista del caso Trump. Hubo quien señaló que el nuevo redactor ejecutivo, Norman Pearlstine, también había aceptado una entrada y había viajado en el propio helicóptero del magnate.[78] Trump adoraba esa técnica: hacer un regalo muy generoso que pudiera ser una mácula para su receptor, y luego guardarlo en un cajón como posible munición. Trump intentaba presentarse como un «maestro del contragolpe», pero más que eso, parecía ser alguien decidido a silenciar a todo aquel que osara desvelar hechos que contradijeran su relato. (Pese a sus esfuerzos, el ataque contra Barsky tuvo un efecto bastante leve en su trayectoria. El periodista siguió trabajando en *The Wall Street Journal* y se acabó convirtiendo en un gran gestor de fondos de alto riesgo, director de documentales y fundador del Marshall Project, un galardonado portal de noticias sin ánimo de lucro especializado en la justicia penal.)

Las negociaciones con los bancos prosiguieron hasta que se llegó a un pacto y algunas entidades concedieron a Trump un préstamo puente. Las firmas tuvieron que otear el abismo y elegir la opción menos mala: dejar que Trump se hundiera o dejarle sobrevivir. Al final, optaron colectivamente por la segunda alternativa. También había banqueros que habían caído bajo el embrujo de la labia de su cliente. Hablando de los fructíferos intentos del empresario por convencer a los prestamistas de que confiaran en él, un periodista financiero lo llamó «su momento estelar», una actuación virtuosista. Cuando un acreedor contrajo hepatitis, Trump, que tenía fobia a los gérmenes, fue a verle al hospital.[79] El convaleciente se sintió conmovido por el gesto y lo llevó a la habitación de al lado para presentarle a un paciente de sida. Al salir, Trump fue corriendo a lavarse las manos en un lavabo del personal de limpieza.

El biógrafo Tim O'Brien dijo que Trump también acabó pidiendo dinero prestado de la herencia de su padre, para lo cual necesitó la aprobación de sus hermanos.[80] En 1995, Trump declaró 916 millones de dólares en pérdidas, con lo que pudo desgravarse más de 50 millones al año durante las siguientes dos décadas.[81]

Ejecutivos de gran responsabilidad y experiencia se marcharon, entre ellos, Heilbron y Gliedman, que dimitieron en 1990.[82] Trump se puso hecho una fiera cuando supo que Gliedman se iba a Amrep Corporation, una promotora de viviendas. Trump le preguntó por qué no había ido a verle, si era cuestión de dinero. Gliedman contestó que se trataba de una oportunidad para cumplir su sueño de ser un alto ejecutivo en una sociedad anónima, pero sus razones no convencieron al magnate. Durante su última entrevista, Trump le arrojó algo. Un amigo afirmó que había sido un zapato.

O'Donnell también se marchó. Unos días después del fatal accidente de helicóptero, Trump confesó que había estado a punto de subirse.[83] En la empresa lo tildaron de una farsa, pues dijeron que nunca se había previsto que formara parte del aciago viaje en un helicóptero alquilado. (Roger Stone recalcó que Trump no estaba fardando y que sí tenía que haber hecho ese viaje, pero que había cambiado de opinión porque él le había insistido en que fuera a otra reunión.) La insinuación de que se había librado de la muerte resultaba una afrenta para las viudas y la prometida de los tres hombres fallecidos. Tras unos meses, Trump empezó a achacar a uno de ellos los problemas que sufrían sus casinos. O'Donnell se sublevó ante las críticas a su amigo. «Jack —le espetó Trump— está muerto. ¿Qué importa lo que diga ahora de él?»

En 1991, Trump fue testigo de cómo perdía buena parte de lo que había comprado y construido durante la pasada década. A finales de marzo, llegó a un acuerdo final de divorcio con Ivana.[84] Ella se llevó la casa de Connecticut, pero él se quedó con el piso de la Torre Trump y con Mar-a-Lago. En julio, Trump se declaró en bancarrota por primera vez.[85] Al final, todos sus casinos se declararon en bancarrota, y en el marco de la negociación posterior, Trump tuvo que renunciar a la mitad del Plaza como parte del acuerdo para reestructurar su deuda.[86] Se vio obligado a echar el freno a sus grandes planes para el West Side y perdió Trump Shuttle, la aerolínea que había adquirido y rebautizado con su apellido.[87] Igual de dolorosos fueron los titulares un tanto frívolos sobre su caída, como: *strip poker*: TRUMP SE QUEDA SIN FICHAS.[88]

Así y todo, en una época en la que Trump se consideraba un símbolo de riqueza y los banqueros se estaban arruinando, él mantuvo el control de su compañía. Las tribulaciones le enseñaron algo a Trump: su marca personal era más importante que el resultado contable de su empresa; la imagen de fuerza y éxito era más relevante que cualquier hecho real que la sustentara. Era importante que el mundo supiera que se estaba reponiendo.

7

Bonitas y enrevesadas

La noche del 3 de agosto de 1992, Marla Maples se subió al escenario del Palace Theatre de Broadway con un minúsculo conjunto de vaquera que lo dejaba casi todo al aire.[1] Era su primera noche en *The Will Rogers Follies*, un musical coreografiado sobre la vida de un famoso humorista, en el que Marla actuaba en el papel de una novia del productor teatral Florenz Ziegfeld.[2] Para una modelo y *miss* de bajo perfil que apenas había actuado antes de conocer a Trump, se trataba de un debut por todo lo alto. «Se necesitan muchas agallas —dijo Trump—, pero creo que lo hará genial.»

El Palace era el mismo teatro al que el empresario había ido hacía veinte años y pico para preguntarle al productor qué había que hacer para entrar en la industria.[3] Su incursión con *Paris Is Out!* había sido relativamente breve, pero las aspiraciones interpretativas de su futura esposa le brindaban una nueva oportunidad para ser promotor dramático. En declaraciones a ABC News, dijo: «Yo creo estrellas. Me encanta crear estrellas. En cierta medida, lo he hecho con Ivana. Y en cierta medida, lo he hecho con Marla».[4] Trump le encomendó a Richard Fields, un ejecutivo californiano del mundo de la farándula con quien había hecho buenas migas, que promoviera la carrera de Marla sobre los escenarios. Fields ayudó a conseguirle un papel en *The Will Rogers Follies*. El musical se había estrenado en Broadway en la primavera de 1991 y había ganado el Tony a mejor musical, pero la venta de entradas había caído.[5] Trump tiró de contactos para que el debut de Marla fuera todo un acontecimiento, y regaló doscientas entradas a amigos y conocidos famosos como LaToya Jackson, el exauditor municipal Harrison Goldin, Regis Philbin y Kathie Lee Gifford.[6] (No todo el mundo quedó impresionado por el espectáculo. Hablando con un reportero interesado en la actuación de Marla, el presentador de *60 Minutes* Mike Wallace solo consiguió articular: «Pregúntale a un crítico teatral».)[7] Hubo muchas personas a quienes Trump no invitó personalmente, pero que fueron por él. Una espectadora que ya había visto el musical con su elenco original declaró: «Quería ver a la mujer que le ha quitado el marido a Ivana Trump», hablando con uno de los muchos periodistas que habían ido al teatro para escribir una crónica sobre la primera noche de Marla.[8]

La obra no era el único producto cultural en horas bajas que Trump quería resucitar. El prócer de los negocios, sabio de las finanzas y símbolo del sueño americano estaba tratando de mostrarse como una fuerza imparable. Pero su estilo de vida y su imperio habían cambiado bastante. A raíz del divorcio y de las cuatro empresas declaradas en bancarrota, Donald había tenido que decir adiós a muchos de los trofeos que había acumulado durante los ochenta: la mansión de Greenwich fue para Ivana, y el yate Trump Princess pasó a manos de uno de sus acreedores y luego fue vendido a un príncipe saudí.[9] Como no podía vender por pedazos su histórico complejo de Palm Beach, Trump tuvo que convertir Mar-a-Lago en un club privado y buscar miembros para el que era su domicilio a tiempo parcial.[10] Para más inri, los bancos se lo pensaban dos veces antes de prestarle dinero.

También tuvo que abandonar su pregonado proyecto de construir un nuevo barrio alrededor del rascacielos más alto del mundo en el West Side. Desde el consistorio rechazaron sus súplicas para trasladar la autopista elevada a fin de hacer sitio a la urbanización, y luego le presionaron para que aceptara un plan más modesto. A Trump no le quedó más alternativa que acceder a sus demandas, aunque arremetió contra el congresista neoyorquino que había hecho más que nadie para frustrar sus ambiciones, llamándole despectivamente «el gordo de Jerry Nadler».[11] Al final, un grupo de inversión hongkonés le rescató aportando liquidez y dejándole el control operativo del proyecto.[12] Probablemente el acuerdo ayudó al empresario a evitar la quiebra personal y a conservar cierta dignidad. Pero, en todo caso, le costó materializar algo en esos terrenos.

Trump también puso fin a sus atrevidas incursiones en sectores nuevos y extraños, como la aviación y el deporte profesional. Su cartera de propiedades creció más despacio y de forma más modesta: se hizo con un campo de golf en las afueras de Westchester[13] y con un edificio de setenta y dos plantas[14] aledaño a la Bolsa de Nueva York, en el corazón de Manhattan. Esta última compra, la anunció como una adquisición clave en un nuevo mercado. Aun recogiendo velas, Trump seguía siendo un islote en el mundo inmobiliario de Nueva York; ansiaba la aprobación de las élites, pero rechazaba la idea de estar a la par de nadie. Cuando el presidente del Real Estate Board de Nueva York, Steven Spinola, le pidió a Trump que se uniera a la asociación de promotores, él contestó que no era ningún corderito.

La moneda que él más estimaba de forma connatural eran los elogios mediáticos. Pero ese era un tesoro más difícil de conseguir, porque los dramas simultáneos del divorcio y la bancarrota habían dañado su imagen en la prensa. (Trump volvió a demostrar su hábito de achacar a su equipo los problemas que él mismo causaba. Tras la mala racha de titulares sobre su divorcio, despidió a su publicista Howard Rubenstein, aunque este acabaría volviendo a trabajar con él.)[15] Trump todavía presumía de su habilidad para manipular a los periodistas a su voluntad —le gustaba decir que era capaz de «anestesiarlos»—, pero en vez de seducirlos para que no hablaran de aquellas maniobras comerciales que le hacían parecer un depredador (por muy cuestionable que fuera tal afirmación), él fomentaba los artículos que lo retrataban como una víctima de fuerzas externas. Tratando de exponer sus dificultades económicas, Trump declaró a *The Washington Times*: «Me considero un tipo muy honrado en un mundo muy corrupto».[16]

Mientras Donald intentaba resurgir, su padre se marchitaba. En los noventa, Fred había empezado a sucumbir lentamente al alzhéimer. Donald ya dominaba con mano de hierro el negocio familiar y aprovechó las circunstancias para amoldarlo aún más a su estilo y sus preferencias. Desaparecieron figuras que lo habían ayudado a sortear la burocracia y la oligarquía de Nueva York, como Louise Sunshine y Tony Gliedman. En su lugar, llegaron consejeros que ayudaron a Trump a intentar recuperar su solvencia y relevancia.

Su plan pasaba por la Bolsa de Nueva York. Trump había tenido sentimientos encontrados en cuanto a vender acciones de algunas sociedades, pero después de las bancarrotas, entendió que una oferta pública era la mejor opción para recomponer su imperio de los casinos.[17] En 1993 recuperó el Trump Plaza[18] (emitiendo 325 millones de dólares en bonos basura) y el Trump Castle[19] (refinanciando su deuda). Ambas decisiones iban a culminar con una oferta pública de acciones a principios de 1995.[20] Durante un tiempo, la Trump Organization estuvo metida en el arduo proceso de demostrar que cumplía los requisitos federales para cotizar en Bolsa.

En ese aspecto, una pieza clave de la empresa fue Ribis. Según Alan Marcus y otros, Trump había usado mucho a Ribis desde los setenta, aprovechando sus grandes contactos en los círculos empresariales de Nueva Jersey. Le había servido como matón y como cabeza de turco. Entre otras cosas, le había ayudado a evitar el enfrentamiento personal que Trump tanto aborrecía. Cuando quiso echar a Ivana de su cargo en el Trump Castle, Donald delegó en Ribis, aunque luego negó ante su esposa que lo hubiera enviado con ese objetivo. Cuando su hermana Maryanne se quejó de que su marido, John Barry, no estaba recibiendo suficientes encargos jurídicos de la compañía, Trump le dijo que era Ribis quien lo estaba impidiendo.

Ribis se incorporó al revoltijo de asesores oficiales y extraoficiales de la Torre Trump, que seguía siendo el centro de poder. El discreto Allen Weisselberg había sido director financiero de los Trump durante décadas; había empezado como contable para Fred y, según otros directivos, era una especie de supervisor de su hijo. Abe Wallach, el analista de los casinos a quien Trump había demandado por 250 millones y luego había decidido contratar, buscaba financiación y refinanciación para propiedades que ayudaran a reconstruir la cartera de su jefe.[21] Se contrató a Marcus para que se encargara de varias cuestiones, como la gestión de la prensa. Y Dino Bradlee, el hijo del célebre redactor de *The Washington Post* Ben Bradlee, negociaba proyectos inmobiliarios. Uno de ellos fue el de una finca histórica al norte de Nueva York que Trump compró en 1995: Seven Springs, previamente propiedad de la familia del editor del periódico capitalino. El antiguo guardaespaldas de Trump Matt Calamari continuaba haciendo recados de diversos tipos para la compañía.[22] Trump comenzó a confiar en Fields, el ejecutivo del mundo del entretenimiento que metió a Marla en *The Will Rogers Follies* y actuaba como su representante, asesor y confidente. (El anterior representante de Marla, Chuck Jones, había sido condenado por llevarse setenta pares de zapatos de la actriz fruto de un fetiche sexual.)[23] Y Roger Stone, por su parte, tampoco se había alejado nunca de la órbita de Trump.

Donald era incapaz de perdonar a los que, a su juicio, lo habían abandonado cuando habían venido mal dadas. En 1995, *The New York Times Magazine* publicó un número especial dedicado a «los ricos» y entrevistó a Trump. En el artículo, el empresario decidió reflexionar sobre la lealtad: «Es imposible saber quién te será leal sin ponerlo a prueba. Durante los tres años que estuve en crisis, yo habría puesto literalmente la mano en el fuego por la lealtad y devoción de algunos. Pero hubo gente que me decepcionó. En la práctica, o eres leal o eres desleal. No hay término medio. También aprendí que la lealtad no tiene por qué ser recíproca».[24]

El artículo ocupaba dos páginas y se dedicaba principalmente a desglosar las discutibles afrentas de dos exempleados que, pese a no ser nombrados, eran reconocibles para todo aquel que conociera el funcionamiento interno de la Trump Organization. Trump presumía de que, a una de los dos, la había «sacado de un trabajo relativamente mal pagado» y la había «ascendido a un cargo directivo con un sueldo muy superior»: «La contraté porque me parecía inteligente y extraordinariamente competente. Y ante todo, parecía consagrada a mí. Se me antojaba una de esas personas capaces de atravesar una pared de hormigón para ayudar a hacer realidad los objetivos de Donald Trump».

Pero la verdad, decía él, era que había dejado entrar a un topo en su círculo: «Esos son los más peligrosos, porque cuando aflora el defecto de la deslealtad, son los últimos de quienes sospechas. En ese momento, un periódico me estaba poniendo a caer de un burro y yo no sabía quién estaba difundiendo esas informaciones, ni cómo. Dudaba mucho de algunos de los míos, pero esta persona, ingenuo de mí, era totalmente irreprochable —escribió Trump—. Cuando me puse firme y le recriminé que hubiera filtrado desinformación a un periodista, estuvo quince minutos jurando por su vida que nunca sería capaz de hacerle algo parecido a quien había sido "su mayor valedor", [hasta que] se derrumbó y admitió que era cierto».

Trump pasó entonces al segundo empleado anónimo: obviamente, Gliedman. Gliedman, fallecido de un infarto, había dimitido y había aceptado un puesto mejor cuando el empresario lo estaba pasando mal. «Muchos años atrás, este hombre me plantó cara inútil, injusta y quizás incluso inmoralmente, y luego cometí la estupidez de contratarlo. Fue otro que pensaba que sería leal, pero corrieron malos vientos, puso pies en polvorosa y dejó descabezada mi empresa.»

Fue el titular que causó una impresión más duradera: HE VUELTO, de Donald J. Trump. El artículo no revelaba gran cosa sobre cómo el magnate se había rehecho de su notoria hecatombe de hacía unos años. Solo demostraba que Trump no olvidaba.

—¿Qué llevas en la cara? —le preguntaron a Trump.

La pregunta se la hizo Ribis, que a veces trabajaba en un despacho anexo al del jefe en la planta veintiséis de la Torre Trump, lo cual era ideal para llamar la atención de Donald si así lo requería. Ribis estaba en medio de una llamada con Marcus cuando Trump pasó por delante de la puerta de su despacho y se asomó.

—Maquillaje —contestó.

—¿Por qué? —dijo Marcus por el altavoz, colándose en la conversación. Cuando se hizo mayor, Trump empezó a usar una base con tono naranja para ocultar la rosácea que le afectaba a la piel, pero a los cuarenta y nueve años aún era curioso que llevara maquillaje.

—Ah, es maquillaje artístico —explicó—. He hecho un anuncio.

Marcus se asustó. Una de las reglas que la SEC imponía a las empresas que se estaban preparando para salir a Bolsa era «la discreción». Probablemente, aparecer en un anuncio infringiría esa norma.

—¿Que has hecho qué? —exclamó Marcus.

—Uy, no tiene nada que ver con los casinos —dijo Trump.

Con el tiempo que había pasado, el empresario seguía sin entender que una parte de su negocio podía afectar a la otra. Marcus le hizo ver que estaba vendiendo todo un estilo de vida: venid a los casinos y sed como Donald.

—Todo lo que haces se puede vincular con eso, o al menos así lo ven los reguladores federales —trató de explicarle Marcus.

—Era un anuncio de Pizza Hut, muy divertido. Salimos Ivana y yo compartiendo una pizza —dijo Trump—. Yo llevo traje y ella, un vestido, y nos peleamos por el último trozo.[25]

Marcus no lo entendía.

—Quieres decir Marla —dijo, refiriéndose a la mujer con quien Trump estaba casado y tenía una hija de dos años.

—No —contestó él—, Ivana.

—¿Pero cómo demonios se te ocurre hacer algo así?

—Porque me pagan quinientos mil dólares —replicó Trump.

Marcus le preguntó si le había hablado a Marla del anuncio y Trump dijo que no. Su subordinado le aconsejó contárselo.

Trump regresó al despacho de Ribis al cabo de unos minutos, después de sucumbir a la presión de Marcus para llamar a Marla de inmediato.

—La pobre... —dijo Trump—. Se lo he empezado a contar y se ha puesto mala. Ha dicho que tenía que dejarme —comentó, subiendo el tono de voz hasta un falsete nasal— porque iba a «potar hasta la cena de anteayer».

Marcus no se había equivocado al intuir que a Marla no iba a gustarle el tema. El anuncio de Pizza Hut era para la nueva pizza «con masa rellena» y se había grabado en el tríplex de la Torre Trump mientras ella estaba en Mar-a-Lago. El *spot* mostraba con descaro un acercamiento entre Trump e Ivana.

—Esto no está bien, ¿no? —dice Trump, a lo que Ivana sonríe y contesta:

—No, pero sienta de maravilla.

—Entonces, ¿estamos de acuerdo? —pregunta él.

—Sí, comemos mal la pizza —dice Ivana, abriendo la caja de golpe. Donald agarra un trozo y empieza mordiendo el borde.

La sed de dinero y atención podía convencer a Trump de reírse de sí mismo durante un tiempo, pero no soportaba ser el hazmerreír. Un año después del episodio de Pizza Hut, Trump llamó a Marcus a su casa de Nueva Jersey y le preguntó, eufórico:

—¿Sabes qué día es hoy?

—No.

—Hoy es el «día de la liberación» —le dijo Trump. (Para él, esa expresión tenía un significado muy específico: era el primer día cálido de primavera, cuando las mujeres se quitaban el abrigo y «liberaban» su torso.)

Trump y Marcus decidieron ir a almorzar al Plaza y, de camino hacia ahí, el jefe no dejó de mirar a todas las mujeres con las que se cruzaban y que iban sin chaqueta. Marcus le contó que el primer fin de semana que se emitió el anuncio, él y Ribis habían barajado brevemente la idea de mandar cien cajas de Pizza Hut a Mar-a-Lago. Marcus dijo que lo habían descartado porque Ribis había avisado de que Donald no tenía sentido del humor. Trump se detuvo y dijo:

—Ribis tenía razón.

El 7 de junio de 1995, las acciones de Trump Hotels and Casino Resorts salieron a la venta en Wall Street bajo la etiqueta de cotización DJT.[26] Representaban un 60 por ciento del valor total de la compañía. La venta fue modesta, no sensacional, aunque generó suficientes ingresos para resolver los graves problemas de liquidez de Trump. La oferta pública generó unos ingresos que el magnate pretendía usar en nuevos proyectos de Atlantic City y demás, como el barco casino que quería abrir en Indiana.[27]

Según Marcus, el análisis bursátil del barco casino empezó a llamar la atención por culpa de Trump. El empresario pidió a una de las personas a cargo de la presentación para los inversores que dibujara un mapa que diera a entender que Buffington Harbor (Indiana), donde estaba amarrado el casino, se emplazaba al lado de Chicago, cuando en realidad se hallaba a unos cuarenta minutos en coche. Al recordarle que la salida a Bolsa estaba controlada por la SEC, Trump le dijo a un ayudante que se podía usar el mapa fuera de Chicago, porque nadie se daría cuenta de que era engañoso. Estabilizado el negocio de los casinos, los ejecutivos de otras compañías comenzaron a alabar el buen hacer de Ribis. En lugar de enorgullecerse de ello, a Trump le reconcomió la ojeriza por que alguien de la empresa estuviera recibiendo elogios por su destreza empresarial. Trump empezó a hacer una pregunta mal intencionada a los demás ejecutivos: «¿Qué te parece Ribis?», intentando sonsacar una respuesta negativa siempre que podía.

Como filosofía empresarial, Trump había adoptado el hábito de sacar de quicio a su propio equipo. Sus exempleados decían que sus prácticas eran poco habituales. Por poner un ejemplo, aceptaba dinero en efectivo como pago de los arrendamientos y servicios de mantenimiento. Una vez, el arrendatario de un aparcamiento del edificio de General Motors pagó el alquiler con decenas de lingotes de oro; uno de sus colaboradores los llevó y se los entregó a Calamari. Cuando llegó la caja de cartón de Hewlett-Packard, Trump les dijo a sus ayudantes que no sabía qué hacer con el oro. Al final, le ordenó a Calamari que se lo llevara a su ático. (Un abogado de Calamari no quiso hacer comentarios sobre el incidente de los lingotes de oro, y Trump lo tildó de «¡pregunta inverosímil!».) En otro caso, dicen que Trump tomó prestados varios millones de dólares de uno de sus ejecutivos, George H. Ross, un inversor y amigo de toda la vida que entró a trabajar en la Trump Organization a mediados de los noventa. A algunos trabajadores, se les dijo que el préstamo había sido para pagar las nóminas. Ross me confirmó que en un momento puntual había hecho un préstamo «a corto plazo» a su jefe para «remediar una situación que se resolvió enseguida», aunque tanto él como Trump negaron que fuera para costear el pago de las nóminas o cualquier otro gasto del director general.

Trump aislaba a sus ejecutivos de tal modo que incluso los que trabajaban en cosas relacionadas no siempre estaban al tanto de lo que hacían los demás. En ese clima laboral, cualquier suceso intrascendente, como que un empleado se reuniera con Trump durante horas a puerta cerrada, podía disparar la paranoia de toda la oficina. Trump esperaba que cada uno trabajara recluido en su atalaya; sus ejecutivos y asesores siempre afirmaron que le gustaba ser el único en saber exactamente qué estaba sucediendo a su alrededor. También disfrutaba de las pugnas entre empleados y procuraba que la gente no formara alianzas. Cuando Trump le dio a Marcus un chivatazo sobre la empresa de los casinos y este se lo pasó a Ribis, Trump se enfadó. Le preguntó a Marcus por qué había contado al presidente de la sociedad tenedora algo que le habían dicho a él. A Marcus no le gustaba que le sermonearan, y replicó que no quería saber nada sobre los casinos si no podía compartirlo con la persona que los manejaba. Como le dijo a Trump, ese tipo de cosas eran la razón por la que la dirección de su corporación nunca se asemejaría a la de IBM.

A Trump le molestaba especialmente que la gente escribiera actas de las reuniones. Su cuñado y abogado John Barry advirtió a Marcus y a su colaborador Tom O'Neil antes de una reunión: «No toméis notas cuando estéis con él». Una vez, Donald estaba reunido con más de diez personas en una sala ejecutiva de la Torre Trump. De repente, se acercó a un joven socio del bufete que trabajaba para él, se le abalanzó por detrás y rompió en mil pedazos los papeles donde el abogado había estado escribiendo con total profesionalidad.

En octubre de 1996, Trump anunció que había comprado las franquicias de Miss Universo, Miss Estados Unidos y Miss Estados Unidos Adolescente.[28] Era obvio por qué quería esos concursos de belleza: para fastidiar a su empresa rival Miss América, con sede en Atlantic City. Gracias a esos eventos, el nombre de Trump quedaría ligado de forma indeleble a esas mujeres que aspiraban a un cierto canon estético. La cosa venía de lejos. Trump se había obcecado en convertir a su hija mayor Ivanka en una modelo.[29] Incluso mostraba fotos de su joven hija a los inspectores técnicos de edificios que entraban en su despacho, alardeando de sus piernas. Al año siguiente, Ivanka fue copresentadora del concurso de Miss Estados Unidos Adolescente y Marla, del de Miss Universo.[30] Pero tal vez lo más importante fue que, con esa adquisición, se aseguró de que su nombre siguiera apareciendo en los periódicos, dando a entender que Trump estaba de vuelta. Eso sí, cabe decir que altos ejecutivos de la empresa no se enteraron del acuerdo hasta que fue anunciado.

Entretanto, Trump no dejaba de promocionar su club de Mar-a-Lago, del cual se podía ser miembro abonando una cuota de cientos de miles de dólares.[31] Con ese propósito en mente, estuvo casi un año apelando a la autora de *Official Preppy Handbook*, Lisa Birnbach, para que visitara la finca un fin de semana y escribiera un reportaje. Trump contaba con que el artículo apareciera en la portada de la revista *New York*, pero antes de saber si la publicación estaba interesada, el magnate hostigó a la periodista llamándola cada mes. No parecía importarle que Birnbach fuera redactora adjunta de *Spy*, esa fuente inagotable de tormento, ni que fuera una amiga íntima de la columnista E. Jean Carroll, que luego acusó al magnate de haberla violado en otoño de 1995 o principios de 1996.[32]

Trump le ofreció una visita guiada a Birnbach y aprovechó para demostrarle la extraordinaria labia por la que se había hecho famoso.[33] Posó para una foto con Ivanka; su hija, de catorce años, aparecía sentada en su regazo acariciándole la mejilla con la mano. «Mira qué puertas. Mira qué puertas más buenas. No encontrarás otras mejores. [...] Esta habitación está bien. Es la habitación francesa. Ocupa el lugar dieciocho en la clasificación, uno arriba uno abajo.» Birnbach lo interrumpió y preguntó si realmente había un *ranking* de las habitaciones. «Las valoro yo —contestó Trump—. Esta habitación... es que es... La verdad, es muy difícil... Yo valoro las habitaciones según lo que creo que es lo mejor.» Birnbach comentó que Trump había usado bastante la expresión «lo mejor» durante la visita. Trump respondió: «"Lo mejor" es una expresión importantísima para mí». (Al final, el empresario se quejó amargamente al jefe de redacción de Birnbach por cómo le había retratado el reportaje. El artículo era una transcripción casi literal de lo que había dicho.)

Por la noche, Trump invitó a Birnbach al patio del club para cenar con Marla, su madre y Marcus. Trump parecía hastiado de su esposa; en un momento dado, se volvió hacia Marcus y dijo: «Está muy desmejorada. Ha perdido demasiado peso», señalándose el pecho mientras hablaba.

Para Trump, el segundo matrimonio era otra relación finiquitada, aunque mantuvo su vínculo con Marla durante décadas. Trump había pensado que se estaba casando con una persona hogareña, pero hablando con sus socios, se quejaba de que Marla era igual que su primera mujer: quería salir todo el rato. Antes de la boda, dicen que ella viajaba con un traje de novia en la maleta.[34] Así, si él le proponía matrimonio, podrían casarse de inmediato. Pero Trump había remoloneado. Había llegado a romper con ella por FedEx cuando Marla estaba en casa de un ejecutivo del mundo del entretenimiento en California. En otra ocasión, circuló el rumor por la empresa de que Marla se estaba viendo con el cantante Michael Bolton. Hubo un gran alboroto. Después de recuperar a Marla, Trump la llevó a un concierto del artista para establecer su dominio sobre él. Al final, las nupcias se celebraron en diciembre de 1993, dos meses después de que naciera su hija Tiffany.[35] Trump había tenido que permitir que la columnista del corazón Linda Stasi, con la que estaba en buenos términos, entrara a las bravas en la sala de partos para llevarse la exclusiva. Su jefe la estaba presionando y, aunque Trump había empezado diciendo que no, había acabado claudicando cuando la periodista dijo que la despedirían si no conseguía la noticia. La columnista contó que Maples había reaccionado así:

—¿Pero qué hace aquí?

—He venido porque tengo ganas de ver al bebé —dijo Stasi.

—No pasa nada. Si no la dejaba entrar, su jefe la habría echado —le dijo Trump a su esposa.

Como Marla se negó a que le sacaran una foto, Trump se llevó a Stasi al pasillo, agarró un puñado de mantas para bebé y compuso algo con forma de recién nacido. Colocándose el fardo sobre el codo, le dijo al fotógrafo que disparara.

—No se enterará nadie —dijo.

Stasi permitió que se sacara la foto, pero no quiso publicarla.

Según amigos de la pareja, Donald y Marla criaban a Tiffany de forma diferente. Marla se sentaba junto a la piscina en Mar-a-Lago y esperaba a que le llevaran un extractor de leche sobre una bandeja de plata. Directivos de la empresa señalaban que ella no se fiaba de las vacunas ni de las sustancias químicas, mientras que, según Marcus, Trump sí quería vacunar a su hija.

En la primavera de 1996, unos meses después de que apareciera el artículo de Birnbach, un agente de policía estaba patrullando por una playa cerca de Mar-a-Lago justo antes del amanecer y se encontró a Marla.[36] Estaba con un guardaespaldas de Trump bajo una caseta para socorristas. Cuando el tabloide *National Enquirer* se hizo eco del incidente, ambos negaron la aventura. Lo que pasó fue que Marla había tenido ganas de hacer pis y no había sabido encontrar un baño más cerca.

Jeane MacIntosh era redactora adjunta de la columna de cotilleos Page Six de *New York Post*, y llevaba años escribiendo sobre los Trump. En mayo de 1997, la periodista recibió un extraño chivatazo.[37] Le dijeron que Marla se había comprado dos Lexus dorados en un concesionario de Manhattan y Trump la había obligado a devolverlos. La reportera se puso en contacto con Trump Organization para corroborarlo y el propio Donald se puso enseguida al teléfono. Si salía un artículo que decía que había forzado a Marla a devolver unos coches, parecería arruinado.

—Tengo una exclusiva mejor para ti —le dijo a MacIntosh, y le propuso cambiar una noticia por otra—. Me voy a divorciar de Marla.

—¿Por qué? —le preguntó insistentemente la periodista.

—¿Tú habías nacido cuando echaban *Rústicos en Dinerolandia*?

—Sí, claro —dijo MacIntosh.

Trump re rio y habló de los Clampett, los paletos de la serie que llegaban a Beverly Hills y se sentían fuera de lugar.

—Así es exactamente su familia, salvo que vinieron a Nueva York y no a Beverly Hills.

—¿Eso qué quiere decir? —le preguntó MacIntosh.

—Que siempre estaba rodeada de un séquito de sureños mentecatos —dijo Trump, poniendo acento del sur para imitar a la madre de Marla.

Aun así, el magnate quiso que su esposa presentara el siguiente concurso de Miss Universo, porque el año anterior, cuando lo había hecho, el programa había tenido índices de audiencia excelentes.

Dicho eso, para Trump era esencial elegir el momento oportuno. El acuerdo prematrimonial que había negociado estipulaba un plazo de cinco años, después del cual Marla tendría derecho a más dinero en caso de divorcio.[38] Si se separaban antes, ella se quedaría con un porcentaje ínfimo de lo que se embolsaría si pasaba un año más. Insertando comentarios anónimos en las noticias sobre la ruptura, Trump y sus abogados dejaron clara cuál había sido su principal motivación: si el empresario renunció al matrimonio cuando lo hizo, fue solo por un tema de dinero.

Trump dedicaba el mismo tiempo a componer el relato de su vuelta a la grandeza como el que dedicaba a intentar reconducir su negocio. Con la ayuda de la periodista financiera Kate Bohner, escribió *The Art of the Comeback*, que se hizo un lugar en la lista de más vendidos de *The New York Times* nada más publicarse en 1997.[39] El mensaje real del libro no era tanto su recuperación como su venganza contra los que lo habían abandonado en su peor momento. En una entrevista para promocionar su libro, concedida al tabloide británico *Daily Mir-*

ror, se jactó de haber enviado mensajes «mandando a la mierda» a gente que lo había traicionado; gente que luego le había pedido ayuda cuando las cosas le habían vuelto a ir bien.[40]

Tal vez el proyecto más ambicioso en esa campaña para publicitar su recuperación fue un perfil aparecido en *The New Yorker* en 1997.[41] Su autor Mark Singer asumió a regañadientes aquel encargo y se dedicó a seguir a Trump a todas partes durante meses.[42] Incluso fue a Florida con el empresario en su avión privado, que acababa de recomprar. (Otra de las pasajeras en ese vuelo fue Ghislaine Maxwell, la hija del magnate de la prensa Robert Maxwell y, por aquel entonces, confidente del amigo de Trump Jeffrey Epstein.) A Trump le encantaba ver películas para relajarse, pero durante el vuelo con Singer eligió una que lo aburrió enseguida; era una comedia romántica en la que John Travolta interpretaba a un ángel en la Tierra llamado Michael. La cambió para poner *Contacto sangriento* con Jean-Claude Van Damme y le pidió a su hijo Eric, de trece años, que pulsara el botón para avanzar las partes con diálogo y llegar a las escenas de lucha. «[En un momento dado,] un villano fornido iba a aplastar a uno de los tipos buenos de complexión normal, pero se llevaba un porrazo al escroto. Me partí de risa», dijo Singer. Trump reaccionó como un ave de presa y trató de explotar la vulnerabilidad que acababa de exhibir Singer. «Admítelo, ¡te estabas riendo! —gritó Trump—. Quieres escribir que Donald Trump se lo estaba pasando en grande con esta ridícula película de Jean-Claude Van Damme, pero ¿estás dispuesto a reconocer que a ti también te estaba encantando?» (Singer lo reconoció.)

Singer también estuvo en Nueva York cuando Trump recibió a Aleksandr Lébed, un excomandante militar soviético que se iba a presentar a presidente en la nueva Rusia independiente.[43] Lébed se relamía con la oportunidad de demostrar a su electorado que se movía como pez en el agua entre los multimillonarios del mundo; Trump, por su parte, tenía sus propias intenciones. Una vez recuperado su negocio, había reavivado su interés por construir en Rusia. Su idea principal era erigir una Torre Trump en Moscú. Ya había viajado a la capital rusa en 1996 con otro inversor inmobiliario, Howard Lorber, que había invertido en el país y le estaba ayudando a allanar el camino. También los acompañaron un socio de Lorber, Bennett LeBow, y un empresario afincado en Moscú, David Geovanis. «Espero no ofenderte con esto, pero creo que eres un papel de tornasol. Estás en primera fila, en la vanguardia —dijo Lébed sobre las ambiciones de Trump—. Si Trump va a Moscú, tengo la sensación de que Estados Unidos le irá detrás. Por eso, estos proyectos tuyos me parecen cruciales. Me gustaría ayudarte en lo que pueda para hacer realidad tus proyectos.» Tras despedir a Lébed con un ejemplar de *The Art of the Deal*, Trump le confesó a Singer que creía que se había ganado a su visitante. «Cuando íbamos a coger el ascensor no dejaba de agarrarme y de tocarme. Estaba eufórico. Y le gustó lo que hago —dijo Trump altivamente—. ¿Sabes lo que te digo? Creo que hoy he hecho un buen servicio a mi país.»

Ese trabajo permitió a Singer vislumbrar una versión relativamente transparente de Trump. Según el periodista, un día se encontraba en el despacho del empresario cuando lo llamaron de un banco de inversión. Fue una conversación opaca y, cuando Trump colgó, Singer le pidió que desembuchara. El magnate contestó: «Si hay algo que complica más el mundo, lo hago». Cuando el reportero le pidió que se explayara, añadió: «Siempre conviene hacer las cosas bonitas y enrevesadas para que nadie te cale».

8

La América que merecemos

Para un promotor inmobiliario decidido a reponerse, un campo de golf significaba una oportunidad de oro. Era fácil de diseñar, generaba ingresos enseguida gracias a las cuotas de sus miembros y permitía a su dueño codearse con famosos y optar a importantes eventos mediáticos. En 1996, Trump llegó a un acuerdo con el condado de Palm Beach. Tras denunciar el ruido que provocaban los aviones del aeropuerto local, el magnate consiguió el derecho a explotar unos terrenos cercanos.[1] Al año siguiente, arrancaron allí las obras de su primer campo de golf. Trump también puso los ojos en unos terrenos de Nueva York.[2] Su deseo había sido construir un campo de golf en su propiedad de Seven Springs, en las bucólicas zonas residenciales de las afueras del condado de Westchester, pero el plan había descarrilado. Como le pasó en tantos otros lugares, la población local se opuso al proyecto porque podía afectar bastante la zona. Al final, Trump tiró la toalla.[3]

En Briarcliff Manor, la cosa pintaba mejor.[4] A finales de 1996, Trump había adquirido el Briar Hall Country Club y varias hectáreas de los alrededores mediante un proceso de ejecución hipotecaria. Estuvo varios años construyendo un campo magnífico pensando en que pudiera albergar un torneo del PGA Tour. Pero los habitantes no compartían esas ambiciones y temían que el gentío de un torneo pudiera colapsar de tráfico el pueblo. Otros estaban hartos del comportamiento del vasallo de Trump, Al Pirro, casado con la fiscal del condado, Jeanine Pirro. Los Pirro eran amigos de sociedad de Donald. En una ocasión, el magnate usó su casa para dar una fiesta de cumpleaños sorpresa y temática para su consejero Richard Fields. Según los invitados, Jeanine les dio la bienvenida vestida con bustier y medias; llevaba botellas de tequila en unas pistoleras y vasos de chupito en una bandolera. Mientras Trump pedía los permisos a los representantes de Briarcliff, Al Pirro fue acusado de fraude fiscal.[5] El empresario quitó hierro a esas dificultades de planificación y dijo que eran una consecuencia de ser famoso. «Creo que llamarse Trump es una enorme ventaja y un enorme inconveniente —declaró a *The New York Observer*—. Si fuera un promotor de Westchester, seguramente [el plan del club de golf] habría sido un poco menos polémico. Seguramente, mucho menos. Pero no habría tenido la misma calidad.»[6]

Trump rebajó sus planes originales para el campo. Aun así, en su inauguración recibió comentarios muy positivos por el ondulado paisaje y por la impresionante cascada del decimotercer hoyo, el «hoyo estrella».[7] El campo se había inspirado en el Augusta National Golf Club, sede del Masters de Augusta, pero había añadido sellos distintivos de Trump, como el risco de treinta metros por el que se despeñaba el salto de agua.

Cuando el redactor de la revista *Golf* George Peper pidió permiso para jugar en el campo y escribir una reseña, el propio Trump le devolvió la llamada y le dijo que podían echar una partida juntos. Peper preguntó si podía llevar a su hijo adolescente, Scott, un apasionado golfista. Scott llevó la voz cantante durante la partida, superando a su padre y a los demás jugadores de la comitiva. A Trump no le pasó inadvertido.

—Scott, lo estás petando —le dijo al joven.

Cerca del decimotercer hoyo, Trump quiso saber la opinión de Peper sobre lo que había construido, y este no se contuvo:

—Es espectacular.

—Y, ¿qué? ¿Crees que podría albergar un torneo del PGA Tour? —preguntó Trump.

—No —contestó Peper tras una pausa.

Trump suspiró y dijo:

—La verdad es que ser Donald Trump es un arma de doble filo. La gente me ama porque le doy calidad a todo, pero me odian porque me encanta follarme a supermodelos.

El grupo no dijo nada y Peper miró a su hijo. «Ya me dirás qué se puede contestar a eso», pensó.

Peper estaba en lo cierto: Trump no consiguió un torneo del PGA Tour para su campo. Pero el magnate no había preguntado a su acompañante por qué había estado tan seguro de ello. Para Peper, la razón era simple: las quiebras y los escándalos de la última década habían minado tanto la reputación de Trump que un evento tan prestigioso preferiría mantener las distancias.

Trump estaba intentando revivir sus casinos pese a la competencia que le había surgido en Atlantic City a través de Steve Wynn, que había hecho lo que Trump no había logrado hacer: penetrar en Las Vegas y abrir grandes casinos. Wynn había invertido en Atlantic City hacía años, pero se había marchado. No se avino a volver hasta que hubo acordado una serie de incentivos y ayudas con el gobernador.[8] El proyecto generó división entre los dueños de los casinos de la ciudad, pero Trump se opuso de manera frontal. El desacuerdo público se volvió extrañamente personal y Alan Marcus le sugirió a Trump que abandonara su estrategia política negativa y optara por una campaña de *marketing* en positivo. Él respondió con resignación: «No puedo competir con Steve Wynn».

Eso sí, contra rivales más pequeños de Atlantic City, Trump disfrutaba de poder someterlos. Cuando cerca de su casino vio unas casas que le parecieron feísimas, mandó que las pintaran sin pedir permiso a sus propietarios.[9] Luego, una anciana viuda se negó a abandonar el hogar donde había vivido durante más de tres décadas porque Trump quería utilizar ese espacio para construir un aparcamiento para su casino, y el empresario instó al Ayuntamiento a expropiar la vivienda.[10] La viuda, Vera Coking, plantó cara en los juzgados y terminó imponiéndose y doblegando a Trump. Él se burló de ella por buscar la compasión de la prensa. «¿Se puso la ropa vieja para que le sacaras la foto?», le preguntó Trump a un periodista.[11] El magnate se acostumbró a usar el dinero de una propiedad para avanzar con otra y llevarse grandes comisiones.[12]

En vez de ceder a los niveles de supervisión necesarios para los casinos, en 1999 Trump volvió a las andadas y, movido por el deseo de proyectar una imagen positiva en todo momento, atrajo la atención no deseada de las entidades que supervisaban sus intereses.

Al parecer, en octubre Marcus mandó a su jefe un borrador de un comunicado de prensa en el que se detallaban los ingresos de Trump Hotels and Casino Resorts durante el tercer trimestre del año. Marcus dijo que pensaba publicar el documento aportando su propio nombre como contacto, pero Trump le devolvió el borrador con comentarios. El jefe pretendía describir el trimestre con un optimismo totalmente alejado de la realidad, y Marcus contestó que no iba a firmarlo. Al final, se publicó la versión de Trump sin el nombre de su subordinado.

Ese mismo día tuvo lugar una videollamada para hablar de los resultados del trimestre, y la imagen que se quiso dar también fue muy halagüeña. En parte, ese relato optimista se sustentaba en una inyección de capital puntual que se había registrado como parte de los ingresos de explotación. A juzgar por un documento de la SEC, el día que se publicó el comunicado de prensa, el valor de las acciones se quintuplicó. Al cabo de unos días, Deutsche Bank sacó un análisis para denunciar las lagunas en el informe de beneficios y las acciones se desplomaron.

La SEC empezó a indagar en lo sucedido. Trump solía alardear de que él nunca llegaba a pactos con la justicia, pero tres años después, en 2002, hizo justo eso: llegó a un pacto con la SEC para permitir a la empresa de hoteles seguir a flote.[13] Por aquel entonces, Marcus y Ribis ya no estaban en la compañía. Durante la investigación, Marcus alertó al abogado de Trump, Jay Goldberg, de que existía un borrador del comunicado de prensa con apuntes del magnate. No obstante, cuando se firmó el pacto en 2002, Goldberg atribuyó a Ribis la responsabilidad de lo que había acontecido. Para Marcus, el hecho de que Ribis hubiera dejado de trabajar para Trump casi dos años antes del pacto y que nunca hubiera recibido una denuncia de la SEC no disuadieron a Goldberg. El abogado me dijo que no recordaba haber hablado por teléfono con Marcus, pero sí reconoció lo siguiente: «Achaqué esa situación a Ribis y absolví a Trump», y recalcó que el máximo dirigente no participaba mucho en la gestión de la empresa de casinos que llevaba su nombre. Trump negó la versión de Marcus.

A pesar del acuerdo con la SEC, la empresa no admitió haber hecho nada fuera de lugar. Tampoco se produjo ninguna sanción, así que los accionistas que desconocían los hechos siguieron al margen. En esa coyuntura, Trump señaló: «Este tipo de contabilidad es habitual en muchas, muchas empresas».[14]

En cuanto a la videollamada para hablar de los resultados financieros, Marcus dijo que era improbable que se celebrara sin el conocimiento de Trump. Menos él, los demás directivos de la empresa de los casinos «comprendían y respetaban los límites impuestos» por la Bolsa de Nueva York y la SEC. «Donald nunca entendió la diferencia entre la empresa de los casinos, que estaba sujeta a una legislación muy estricta, y su negocio inmobiliario, en el que el margen para la hipérbole era un elemento clave de la estrategia comercial —me confesó Marcus—. Trump era un personaje que intimidaba y desgastaba a la gente. Con sus ejecutivos, era igual de tiránico que con los periodistas. Siempre intentaba imponer un relato fabuloso que exagerara su valía, su destreza como gerente, sus correrías con las mujeres y demás. El relato era más importante que la realidad. Nunca quiso asimilar que la SEC se regía por principios más honrados que Page Six.»

De repente, Trump se veía obligado a lidiar con la política en contextos que iban más allá de la calificación urbanística, como le había sucedido en Nueva York y sus alrededores. Ahora tenía que vérselas con el Gobierno de la nación como no lo había hecho en dos décadas, desde los tiempos en que el Departamento de Justicia acusó a la empresa familiar de discriminar a potenciales arrendatarios.

Su guía espiritual en esa maraña política seguía siendo Roger Stone. Stone había representado sus intereses desde mediados de los ochenta y había seguido aconsejándole cuando otros asesores destacados se habían alejado de él. El principal interés geográfico de su consultor era el noreste. Aparte de asesorarle mediáticamente, su papel primordial era aplacar las posibles amenazas de otros operadores de casinos. Los grandes rivales de Trump eran las tribus nativas americanas. A finales de los ochenta, el Tribunal Supremo de Estados Unidos había ratificado la soberanía de las tribus en sus propios territorios y, por ende, su derecho a abrir en ellos establecimientos destinados al juego. Luego, el Congreso había aprobado una ley para regularlos.

La mayor amenaza para Trump era la tribu mashantucket pequot de Connecticut, cuyo Foxwoods Casino and High Stakes Bingo competía con sus propiedades de Atlantic City para atraer a los jugadores del área de Nueva York.[15] Cuando lo llamaron a testificar en una vista de la Subcomisión de Asuntos de los Nativos Americanos que estaba estudiando los pactos con los casinos amerindios, Trump acudió corriendo a la Cámara de Representantes y aprovechó esa fantástica plataforma para atacar a un rival de su negocio por recibir un trato preferencial del Gobierno. De camino al Capitolio, Trump y Stone hablaron de lo que el magnate debía decir a los congresistas. Trump afirmó que iba a decir que el casino de Connecticut era una «estafa»: «A mí, esos tipos no me parecen indios». Stone le previno de hacer esa observación. Le dijo que no estaba del todo equivocado, pero que sería un comentario demasiado brusco para usarlo en una sesión del Congreso.

Pero Trump se dejó llevar por sus impulsos naturales. En la vista, insistió en que los casinos de la tribu eran un hervidero de mafiosos, aunque un miembro del FBI había declarado en esa misma sesión que ese no era un problema real.[16] «Creo que le están tapando la cabeza a la gente con bolsas de papel y nadie hace nada —dijo Trump, antes de explayarse con todo lujo de detalles en la mordaz frase que había ensayado con Stone ese mismo día—. Hay una cosa que sí le voy a decir. Si observa, si observa algunas de las reservas que ha aprobado, que usted, señoría, ha aprobado con toda su gran sabiduría, le voy a decir una cosa: a mí no me parecen indios. Y no parecen indios —declaró Trump ante la subcomisión—. Podemos ser políticamente correctos o políticamente incorrectos, pero no me parecen indios; y a los indios, tampoco les parecen indios. Y mucha gente se ríe de eso. Y me está diciendo lo difícil que es y lo difícil que es aprobarlo. Pues vaya a Connecticut y eche un vistazo. Por lo que más quiera, a mí no me parecen indios, señoría.» Cuando un periodista le pidió que describiera exactamente cómo era un indio, Trump contestó: «Tú ya lo sabes. Ya lo sabes».[17]

Eso no fue impedimento para que Trump intentara asociarse con tribus nativas americanas en otros lugares.[18] En Florida, por ejemplo, lo hizo con los seminolas y en California, con otra tribu. Le traía sin cuidado la incongruencia de haber estado años luchando contra el juego en Nueva York y Connecticut, asegurando que era un mal uso de los recursos públicos.[19]

El gran impulsor de la iniciativa con los seminolas fue Fields, un amigo de Trump.[20] Ambos empezaron a galantear al líder de la tribu y, para que defendiera sus intereses, contrataron a una persona con vínculos con el gobernador demócrata del estado: Lawton Chiles. Fields y Trump viajaron a Florida para ver cómo el líder de la tribu, el jefe Jim Billie, luchaba con un cocodrilo. Luego invitaron a los jefes seminolas a un concierto en Mar-a-Lago para intentar rubricar un acuerdo.[21]

La propuesta de Trump resultaba muy incómoda para Chiles, pero algunos defensores de la causa pensaban que todavía había un rayo de esperanza. Stone no lo creía, y así se lo hizo saber a Trump. Cuando Chiles murió repentinamente, el republicano que pretendía sucederle en el cargo, Jeb Bush, habló con los asesores de Trump en el funeral. Les dijo que, para que ese casino fuese una realidad —con la licencia concreta que el magnate deseaba para poder preservar sus establecimientos en Atlantic City—, tendrían que «pasar por encima de mi cadáver». (Bush me dijo que no recordaba los detalles del proyecto, ni tampoco haber hecho esa declaración.) Pese a organizar una recaudación de fondos para la campaña de Bush de quinientos dólares por cabeza, Trump no logró que el futuro gobernador se moviera ni un centímetro de su posición.[22] Convencido de que el casino era un quebradero de cabeza y que no habría forma de materializarlo, Trump abandonó el proyecto. Según Mallory Horne, el intercesor que había contratado para que representara sus intereses, Trump le dijo a Fields que podía continuar sin él si así lo deseaba, pero que él ya había dedicado suficientes esfuerzos. El casino terminó abriendo sus puertas casi una década más tarde, tras años y años de trabajo, sin la participación de Trump y con la asociación entre Fields y un promotor de Maryland llamado David Cordish. Tras la inauguración, Trump demandó a Cordish y Fields alegando que habían engañado a los seminolas haciéndolos creer que él seguía formando parte del proyecto.[23] Incluso para Trump, una persona tan dada a querellarse, era una demanda peculiar: fue una de las pocas ocasiones en las que no denunció al Gobierno, a un medio de comunicación ni a un colaborador, sino a quien había sido su amigo.

Trump aprendió que las tácticas agresivas y torpes, que en ciertas ocasiones le habían ayudado a llevarse el gato al agua en sus batallas urbanísticas contra el consistorio de Nueva York, no surtían el mismo efecto en otros lugares. Trump aceptó la inyección de capital de unos inversores para salvar sus planes para los terrenos del West Side poco después de pedir ayuda al Gobierno para llevar a cabo un proyecto más modesto, conocido como Riverside South.[24] El promotor solicitó 350 millones de dólares en préstamos para subvencionar viviendas destinadas a familias de clase baja y clase media.[25] En ese sentido, Trump obtuvo el respaldo de Giuliani, cuya administración municipal envió una carta al Departamento de Vivienda y Promoción Urbanística para secundar la concesión de los créditos. La alcaldía esgrimió el cuestionable argumento de que ese dinero era necesario para salvar un «barrio deteriorado».[26]

Algunos políticos no se inclinaron ante Trump. Jerry Nadler era un representante liberal del estado de Nueva York que había canalizado la oposición vecinal al proyecto de Television City. En 1992 había dado el salto al Congreso y ahora estaba presionando al Departamento de Vivienda para que no concediera esos créditos. Nadler encontró a un aliado en el senador John McCain, un republicano de Arizona: «Yo no tengo absolutamente nada en contra de los pisos de lujo ni de los grandes promotores urbanísticos como el señor Trump —dijo McCain en el Senado en 1996—. Pero sí estoy en contra de pedirle al contribuyente que asuma el riesgo de una obra para proteger a uno de los emprendedores más ricos del país. No quiero ayudar a financiar un proyecto que, en gran medida, beneficiará a los estadounidenses de gran poder adquisitivo».[27]

Cuando el presidente Bill Clinton puso a Andrew Cuomo al frente del Departamento de Vivienda, Trump quiso presentar su plan directamente ante el secretario. Trump recurrió a uno de los muchos bufetes que solía usar para gestionar sus incontables pleitos: Willkie Farr & Gallagher, al que Mario Cuomo se había incorporado como socio al terminar su tercer mandato como gobernador. Hay muchas versiones sobre lo que pasó a continuación; tantas como posibles narradores.

Trump me dijo que llamó en persona a Mario Cuomo y le pidió que organizara un encuentro entre él y su hijo.

—Lo siento, pero no lo puedo hacer —contestó Mario.

—Pero si es tu hijo —replicó Trump.

—Ahora es el secretario del Departamento de Vivienda —dijo Mario—, no sería apropiado.

Trump ha presumido durante años de lo que le espetó a Cuomo:

—Vete a tomar por culo.

El magnate asegura que fue la última vez que habló con Mario. Dijo que lo había traicionado después de todo el apoyo económico que él le había brindado en sus campañas a las elecciones para gobernador.

Pero si nos guiamos por lo que cuenta un aliado de Cuomo, la conversación fue por unos derroteros bastante diferentes. Resulta que Trump evitó el conflicto directo durante todo el proceso. Trató de ponerse en contacto con Andrew directamente para hablarle de su negocio, pero el secretario no le cogía las llamadas. Entonces, Trump habló con Jack Nusbaum, el presidente de Willkie Farr, y le dijo que quería que Mario llamara a su hijo. Trump le dio un ultimátum: si Mario Cuomo se negaba a hacerlo, el bufete tendría que echarle. En caso de no hacerlo, Trump contrataría otro bufete. Cuando Nusbaum se lo hizo saber a Mario Cuomo, este le contestó: «No voy a hablar con mi hijo sobre eso». Nusbaum le informó del ultimátum de Trump y su empleado dijo: «No hace falta que me despidas, ya dimitiré». El jefe dio marcha atrás y, al final, Trump lo dejó estar.

Una vez que Trump había dejado la presidencia, en una de las charlas que mantuvimos, le pregunté si había amenazado alguna vez a los Cuomo. «No. Yo no diría eso —me aseguró—. Después de no haberle pedido nada de nada durante años, cosa que podría haber hecho sin ningún problema, le pedí que organizara una reunión con el jefe del Departamento de Vivienda, que curiosamente era su hijo —dijo de Mario—. A toro pasado, veo que podría haberle llamado y haber pedido yo mismo ese encuentro. Pero me gustaba la idea de que lo organizara su padre. Su padre ya no ocupaba un cargo público, estaba en un bufete, y dijo que no podía hacerlo o que no quería hacerlo... Le mandé a freír espárragos y esa fue la última vez que hablé con él.»

Allí sentado con los brazos cruzados y las manos en las axilas, no daba la impresión de que Trump entendiera para nada lo diferentes que se antojaban sus tácticas dos décadas más tarde.

El divorcio con su segunda esposa se formalizó en 1999.[28] Por entonces, Trump ya estaba metido de lleno en una relación con quien sería su tercera mujer: una modelo nacida en Eslovenia llamada Melania Knauss. Se decía que Trump la había conocido en septiembre de 1998 en una fiesta organizada por Paolo Zampolli, el representante y agente que se había encargado de conseguirle a Melania el visado para trabajar en Estados Unidos.[29] Alta, deslumbrante y con raíces en Europa del Este, Melania evocaba algunos de los rasgos que el empresario había encontrado atractivos en Ivana.

No era la primera relación seria desde su ruptura con Marla. Durante cerca de dos años, el magnate había estado tonteando y saliendo con otra bella modelo casi dos décadas más joven que él.[30] En la empresa, Kara Young era percibida como una persona divertida, interesante y madura. Además, su madre era negra y su padre, blanco. Trump, de hecho, le preguntó a Marcus si Kara le parecía negra.

La modelo ha hablado muy poco de esa relación a lo largo de los años. En una de las escasas entrevistas que concedió sobre el tema, Kara describió a un novio que desconocía la cultura negra y recurría a los estereotipos para procesar lo que no entendía. Una vez, ambos asistieron a un partido de tenis entre las hermanas Venus y Serena Williams y Trump se mostró sorprendido de ver a personas racializadas entre el público. Él pensaba que a la gente negra no le interesaba el tenis. En 2017, la modelo declaró a *The New York Times* que Trump «estaba descolocado por que tantas personas negras hubieran ido al Abierto de Estados Unidos porque jugaban ellas».[31] Dicho eso, Kara también ayudó a Trump a intimar con un nuevo universo de famosos negros, como el rapero Sean Combs y el influyente productor musical Russell Simmons. Pasado el tiempo, Trump empezó a aludir a esos vínculos para demostrar que él no podía ser racista, porque conocía a gente negra y, sobre todo, porque habían lidiado con él sin que eso fuera un problema. (Unas semanas después de conocer a sus padres, Trump le dijo a Kara que había heredado la belleza de su madre y la inteligencia «de su padre, de la parte blanca». Él lo dijo riendo, pero ella le recriminó que eso no era algo sobre lo que hacer bromas.)

La relación con ambas modelos se solapó en el tiempo. (Parece que Melania rompió con él varias veces.) Aunque Trump hablaba despectivamente de Kara con algunos de sus colaboradores, hay quienes dicen que parecía realmente enamorado de ella y capaz de mostrarle bondad en sus interacciones. Cuando la madre de la modelo enfermó, él le encontró un especialista y ayudó a coordinar la atención médica. En su primera cita, ella olvidó que Trump no bebía y pidió una copa de vino para ambos. Trump se acercó la copa a los labios y fingió beber, supuestamente para no decir que era abstemio. Al percatarse de su error, ella cogió su copa y vertió el vino en la suya. En otra ocasión, a Kara le estaba costando encontrar un coche que la llevara al aeropuerto y Trump la quiso sorprender. Se puso una gorra de chófer, se sentó al volante de su limusina y fue a recogerla. También fueron juntos a un concierto de James Brown —curiosamente, Sharpton estaba entre el público— y Trump subió al escenario con el cantante al final del espectáculo. Sin embargo, él entendía que tendría que escoger entre ambas mujeres y pidió opiniones para saber qué decisión tomar. Pero dijeran lo que le dijeran, él ya parecía resuelto. Le gustaba decir que Melania venía de una familia noble; a algunos, les decía que era medio alemana. También confesaba a sus colaboradores que ella no le criticaba ni le pedía que cambiara de conducta, algo que él consideraba una virtud. Presumía de que el canon de belleza de Melania era «perfecto para el puesto».

Fred Trump falleció once días después de que su segundo hijo cumpliera cincuenta años, y fue Melania quien acudió a darle el pésame.[32] En privado, en la burbuja familiar, Donald se derrumbó. Fue una de las pocas veces, si no la única, en las que se le vio tan afectado. Pero en público proyectó una imagen muy diferente y no desaprovechó la ocasión para ser protagonista: «Mi padre me enseñó todo lo que sé. Y él entendería esto que voy a decir —dijo Donald en el velatorio, al que asistieron muchos antiguos aliados políticos de Fred, como Mario Cuomo—. Voy a construir un gran edificio en Riverside Boulevard y lo llamaré Trump Place. Es un proyecto maravilloso».[33]

En el funeral, Donald habló después del alcalde, que rindió homenaje al papel que Fred había desempeñado en la ciudad, y después de sus hermanos, que hablaron de lo que había significado su padre para ellos. Donald empezó relatando cómo su hermano le había informado de la muerte de Fred. Él estaba leyendo un periódico en el que se hablaba del gran año que estaba viviendo el promotor, pero en un abrir y cerrar de ojos todo se había desmoronado. «Este es de lejos el día más difícil de mi vida —dijo desde el estrado de la iglesia de Marble Collegiate, ante un ataúd recubierto de rosas blancas—. Mi padre fue un gran constructor. Lo aprendí todo de él. Fue un constructor de primera, pero también trabajaba a destajo.»[34] En broma, dijo que Fred estaría «muy cabreado» si supiera que sus hijos se estaban tomando un día libre para acudir a un funeral.

También dijo que se había enterado de la muerte de su padre en un momento muy inoportuno para él.[35] Justo acababa de salir un gran reportaje de *The New York Times* que destacaba sus éxitos. Habló de sus problemas económicos a principios de la década y elogió a su padre por haberle respaldado. «Estuviera construyendo la Torre Trump —dijo— o el Wollman Rink, él siempre estaba ahí para apoyarme. Pero lo más importante fue que, durante sesenta y tres años, fue un estupendo marido para mi madre, otra persona increíble.» Cuando hubo encomiado la longevidad del matrimonio de sus padres, volvió a hablar de sí mismo: «Es algo en lo que nunca podré igualarlo, y él lo sabía».[36]

El egocéntrico discurso de Trump provocó estupor entre la concurrencia, que se quedó en silencio. En uno de los bancos, se oyó a Giuliani susurrar: «¿Pero qué coño es esto?».

Tras la muerte de Fred, los hijos que aún vivían se repartieron el botín y defenestraron a los hijos de Freddie: Mary y Fred III. Cuando estos últimos fueron a los tribunales para exigir un pedazo mayor de la herencia, Donald y sus hermanos cortaron el grifo de la atención médica de William, el hijo de Fred III con parálisis cerebral.[37] Luego, Donald y sus hermanos fueron acusados de mentir sobre el valor real de la herencia durante el litigio, con lo que ocasionaron una enconada disputa familiar que, casi dos décadas después, aún atormentaba al magnate.[38]

A finales de los noventa, Trump recibía cada mañana una selección de recortes de periódicos que mencionaban su nombre. Cada día, el montón se hacía más grande.

En los últimos meses de 1998, Stone se inspiró en el gran relato de la recuperación de Trump para volver a barajar la hipótesis de una campaña a la presidencia.[39] Stone era optimista y pensaba que podía convencer a su apático cliente, así que empezó a sentar las bases para una campaña real por si acaso el magnate cambiaba de opinión. Para trazar un dogma trumpista más definido y separado de sus anteriores libros (bastante apolíticos), Stone eligió a un autor llamado Dave Shiflett para que coescribiera el libro de su cliente. Tras hablar apenas una hora y cuarenta y cinco minutos, Shiflett se puso a escribir el volumen. Trump no le había parecido especialmente profundo, pero sí afable y encantador, con el mismo sentido del humor que mostraría un chaval de una fraternidad universitaria. Reunidos en su despacho, Trump recibió una llamada del senador de Nueva Jersey Robert Torricelli, que había salido con Bianca Jagger, la exesposa del vocalista de los Rolling Stones Mick Jagger. Si Trump se había hecho amigo de Torricelli, había sido en parte para acercarse a su célebre novia. Presumiendo ante su público, Trump le preguntó a Torricelli: «¿Se poda el bonsái?». Al terminar, Shiflett tuvo que buscar el eufemismo.

Trump se embarcó en el proyecto con unas pocas ideas sin concretar. Seguía obcecado en las amenazas externas, como Corea del Norte, y también le inquietaba la amenaza de los terroristas en su propio país, capaces de atentar con «bombas del tamaño de una maleta»; esa era la idea que su tío, un científico nuclear, le había metido en la cabeza doce años antes. Trump también intuía qué tipo de propuestas gustaban a las masas: un sistema público de sanidad universal y más impuestos para los ricos. Pero Stone tenía libertad para aportar la mayoría de los detalles a su proyecto político. Stone siempre fue más libertario que Trump, sobre todo en cuestiones de moralidad y conducta.[40] En el libro, titulado *The America We Deserve* [La América que merecemos], Trump afirmó que le preocupaban los derechos de los gais. Aprovechó para denunciar el asesinato de Matthew Shepard, un joven universitario gay de Wyoming al que ataron a una valla y dejaron abandonado tras golpearle con la culata de una pistola. Fue uno de los delitos de odio contra la comunidad LGTBI más famosos de la historia de Estados Unidos.

En diciembre de 1998, analizando y sopesando una posible campaña de Trump, Stone contactó con Tony Fabrizio. Fabrizio era un experto en demoscopia republicano que había trabajado durante años para la empresa del magnate; normalmente, calibrando la opinión pública sobre el juego en territorios donde Trump veía la oportunidad de invertir. (Años atrás, Trump había recibido una factura por la primera encuesta que Fabrizio había realizado para él. Al verla, garabateó algo en un margen y se la devolvió: escribió que el encuestador había perdido el juicio cobrando esa tarifa.) Nada más iniciar su investigación, Fabrizio se dio cuenta de lo conocido que era el empresario en el país: apenas un 17,3 por ciento de los votantes no tenían ninguna opinión sobre él, y solo un 2 por ciento de los encuestados afirmaban no haber oído hablar nunca del personaje.

Los titulares acerca de las dificultades financieras y matrimoniales de Trump habían dañado mucho su imagen. La encuesta de Fabrizio reveló hasta qué punto había empeorado su figura desde la primera vez que Stone había pedido a un encuestador que indagara en los sentimientos que despertaba. Solo el 22 por ciento de la gente tenía una imagen favorable de Trump y pocos votantes relacionaban espontáneamente su nombre con cosas positivas. (Las cuatro principales eran su riqueza, su condición de empresario, sus «aventuras/mujeres/ vida social» y su vinculación con los casinos y el juego.) El 78 por ciento aseguraba que nunca se plantearía votarlo, y solo un 14 por ciento decía que sí se lo pensaría. Dicho eso, Trump aún tenía margen para crecer. Los datos sugerían que tenía buena fama como empresario. La gente lo veía como un «visionario», «un símbolo del sueño americano salido de la nada» y un «tipo lanzado» que no se andaba con tonterías. Y todavía podía posicionarse en muchos temas: casi la mitad de los encuestados no sabían definir su ideología, apenas el 25 por ciento le describían como «liberal» y solo el 16 por ciento lo calificaba de «conservador».

Que Trump careciera de base electoral natural no era considerado un obstáculo insalvable. En 1987, Stone había pensado que Trump tenía que presentarse a las primarias republicanas, porque era un empresario empeñado en hacerse rico a toda costa y con un agresivo discurso en política exterior. Doce años después, su tesis era que el magnate podía romper directamente con el sistema bipartidista. Su opción favorita recaía en el Partido Reformista, un movimiento precursor de la antiglobalización y de la furia populista que iba a redefinir la política norteamericana conforme a los dictados de Trump.[41]

El ideólogo del Partido Reformista había sido Ross Perot, un multimillonario y fundador de una empresa de procesamiento de datos informáticos. En 1992, Perot se había presentado a la presidencia con un discurso basado en la reducción del déficit y el proteccionismo, y había logrado uno de los mejores resultados de la historia moderna para un partido minoritario. Pero cuando Perot hubo conseguido lo más difícil y costoso —erigir un partido alternativo en los cincuenta estados—, otra gente que no compartía necesariamente sus prioridades empezó a pugnar por hacerse con el liderazgo. En 1996, Perot tuvo que enfrentarse a un excéntrico exgobernador demócrata de Colorado, Dick Lamm, que le había retado para ser el candidato.[42] Dos años después, un exluchador profesional llamado Jesse «The Body» Ventura sacudió los cimientos del sistema político al salir elegido gobernador de Minesota por el Partido Reformista.[43]

A Perot lo eclipsó gente de su propio partido. Así fue como empezó una guerra total por conseguir ser el candidato reformista a los comicios del año 2000. Entre los posibles nombres estaba el de Pat Buchanan, el tertuliano aislacionista y antiinmigración que había ganado las primarias de Nuevo Hampshire por el Partido Republicano en 1996, un físico cuántico llamado John Hagelin que se presentaba como defensor de la meditación trascendental, y Lowell Weicker, un exgobernador y senador centrista de Connecticut que había tenido sus más y sus menos con Stone cuando este estaba haciéndose un lugar en la política nacional a mediados de los ochenta, y a quien Stone se moría por desafiar.[44]

Al final, Trump recordó la atención de la prensa que había recibido simplemente por insinuar la posibilidad de su candidatura a la presidencia, y eso le hizo receptivo a volver a intentarlo. El 8 de octubre de 1999 dio un paso que no había llegado a dar en 1987: anunció la formación de un comité exploratorio, una fase previa a la candidatura definitiva.[45] Reveló sus planes en una entrevista con el presentador de la CNN Larry King. Trump dijo que le ilusionaba la idea de presentarse porque las opciones que había —por entonces, el demócrata Al Gore y el republicano George W. Bush— eran demasiado extremas. «No creo que ninguno esté dando con la tecla, al menos no con la que yo quiero oír, ni con la que otros quieren oír», dijo Trump.

Nada más crear el comité exploratorio, Stone ya reconoció que era imposible separar al potencial candidato de su marca registrada. Hablando con el periodista Joel Siegel, de *New York Daily News*, el estratega señaló que Trump no se presentaba solo para promocionarse, aunque seguramente fuera un «impulso para su marca»: «Si su nombre no fuera conocido, esta campaña no estaría donde está hoy. ¿Qué otro promotor inmobiliario de Nueva York es una figura conocida por el 97 por ciento del país? La gente no va por el mundo hablando de Lew Rudin».[46]

Trump decía sin rodeos que iba a ser la primera persona en ganar dinero con su campaña a la presidencia, y empezó a comportarse como un potencial candidato.[47] Invitó a miembros del Partido Reformista a un acto en Mar-a-Lago e hizo de relaciones públicas, debatiendo sobre el futuro de la nación.[48] Accedió a reunirse con un grupo local en Palm Beach y dijo que la sesión de preguntas y respuestas sería una potencial campaña, si bien acabó centrando el discurso en su flamante club de golf. Viajó a Minesota para dar una rueda de prensa con Jesse Ventura, la superestrella del partido. En privado, Trump dejaba claro que no estaba seguro de que fuera a presentarse, pero en público reveló uno de los factores que le hacían dudar: «Yo estoy registrado como republicano. Soy un tipo bastante conservador. Soy más o menos liberal en lo social, sobre todo con el tema de la sanidad y todo eso, pero estaría abandonando otro partido, y he estado muy ligado a ese otro partido».

Cuando le presionaban en las entrevistas, Trump no acertaba a articular su postura con la misma claridad que irradiaban las páginas del libro escrito por un autor en la sombra. «Yo estoy muy a favor del derecho a decidir. Me repugna el concepto de aborto —le dijo a Tim Russert, de la NBC—. Me repugna. Me repugna todo lo que representa. Se me eriza la piel cuando oigo a gente debatir sobre ese tema. Pero es que... yo simplemente creo en el derecho a decidir. Y repito, puede que sea en parte por mi origen neoyorquino, porque en otras partes del país hay una opinión diferente.»[49] Cuando King le preguntó a Trump si pensaba que la sanidad universal era «un derecho de nacimiento», Trump no acabó de entender la pregunta: «Creo que sí —respondió—. Es un derecho a este país. Y es una pena que el mundo no pueda estar en este país, ¿entiendes? Pero lo cierto es que es un derecho a este país, si queremos tener un gran país».[50]

Donde más en su salsa se sintió Trump fue en sus ataques a Buchanan, el principal aspirante confirmado a la candidatura reformista. «No le gustan los negros esos —denunció Trump—. No le gustan los gais.»[51] Trump recordó la observación de Buchanan sobre que Adolf Hitler no había supuesto nunca una amenaza real para Estados Unidos. Hacía una década, algunos sectores de la prensa habían vilipendiado a Trump por guardar un ejemplar de los discursos del dictador en su mesita de noche,[52] y el magnate vio la ocasión de dar la vuelta a la tortilla: «¿Veis como es un admirador de Hitler? No me extrañaría que fuera antisemita».[53]

Pero al cabo de unos meses, Trump decidió de la noche a la mañana que ya no quería continuar con el paripé. No había hecho ni visto nada que le convenciera de la posibilidad de ganar, así que le dijo a Stone que no quería dividir el voto conservador y favorecer a Al Gore.[54] En un comunicado publicado en febrero del año 2000, Trump se despidió de Buchanan y David Duke, el exmiembro del Ku Klux Klan, y anunció que dejaba el Partido Reformista en sus manos. (Tampoco estaba satisfecho con la prolífica cobertura mediática. Cuando un periodista de la revista *Fortune* lo acompañó en su visita a Minesota, hizo unos comentarios burlescos: «Trump es a los negocios lo que la lucha libre profesional es al deporte: forma parte de ello, sin duda, pero no deja de ser una parodia caricaturesca». A Trump no le hizo ni pizca de gracia que el artículo, publicado en portada, hiciera hincapié en su campaña presidencial y no en su compañía.)[55] Pese a no haber anunciado en ningún momento su campaña, Trump ganó dos primarias del partido, en California y en Míchigan. Así acabó su segunda cuasicampaña; tras de sí, solo dejó una estela de posicionamientos que iban a martirizarle durante años.[56]

Antes de concluir la campaña de 2000, Stone regresó a las filas del Partido Republicano. Bush y Gore habían luchado cuerpo a cuerpo y todo se había decidido por unos centenares de votos en el estado de Florida.[57] Dos semanas después de los comicios, un colegio electoral del condado de Miami-Dade estaba en pleno recuento cuando una turba de manifestantes —muchos de ellos, abogados conservadores y miembros de la campaña republicana pulcramente trajeados— asaltaron el edificio y consiguieron detener el recuento.[58] El incidente se bautizó como los disturbios Brooks Brothers, una táctica virulenta que los incondicionales republicanos aplaudieron porque facilitó la posterior victoria de Bush en el Tribunal Supremo. En contra de la versión de otros, Stone presumió durante años de haber ayudado a orquestar esa crucial protesta en Miami.[59]

Cuando dos aviones secuestrados por Al Qaeda atentaron contra las Torres Gemelas en el World Trade Center, Trump estaba en su torre, viéndolo cómodamente por televisión como casi todo el mundo. Pero a diferencia de muchos norteamericanos, Trump no se estaba enterando de quién era Osama bin Laden por las noticias.

Su libro *The America We Deserve*, escrito por Shiflett y con abundantes contribuciones de Stone, había hecho una notable alusión a Bin Laden. Para respaldar su hipótesis sobre la irresponsable política exterior norteamericana, Trump había menospreciado al terrorista saudí:[60] «Un día nos dicen que un espectro sin dirección conocida llamado Osama bin Laden es el enemigo público número uno y los aviones de combate estadounidenses arrasan su campamento en Afganistán —declaró en su libro—. Huye a esconderse bajo unas rocas y, al cabo de varios noticiarios, pasamos a un nuevo enemigo y una nueva crisis. Para lidiar con muchos países a la vez, igual hacen falta muchas estrategias diferentes. Pero no hay ninguna excusa para nuestra descuidada política exterior. No tenemos que reinventar la rueda en cada nuevo conflicto».

Aun así, cuando compareció en una televisión local para comentar las noticias de ese 11 de septiembre, Trump no mostró un especial interés en las consecuencias geopolíticas del ataque.[61] Habló de lo que su «gente» había visto desde el histórico 40 Wall Street, un rascacielos del que él era propietario cerca de la Bolsa de Nueva York. (El edificio se había convertido en una gallina de los huevos de oro para la compañía. Unos años atrás, había salido en las noticias porque Trump había concedido a Jesse Jackson unas oficinas gratis en el bloque, a fin de que el reverendo las usara para su coalición Rainbow/PUSH.) Debido a la mala señal de la entrevista telefónica, la voz de Trump apenas era audible. Sin embargo, sí se le oyó decir esto al entrevistador: «O sea que 40 Wall Street era el segundo edificio más alto del centro de Manhattan, y lo fue antes de que el World Trade Center fuera conocido como el segundo más alto. Ahora es el más alto».[62] Ni siquiera era cierto...[63] 40 Wall Street no era el segundo edificio más alto del barrio. Lo que sí quedó claro fue que, mientras la ciudad acusaba el golpe, Trump estaba pensando en sus propios intereses.

Al cabo de dos días, vieron a Trump por la nueva zona cero chocándola con policías y bomberos antes de que estos se unieran a las operaciones de búsqueda y rescate entre los escombros de las torres. «Tengo a muchos hombres trabajando ahí abajo —le dijo Trump a un periodista—. Quiero saber si están bien.»[64] No dijo quiénes eran esos «hombres», cuántos había ni dónde estaban trabajando. A otro entrevistador, le aseguró que había mandado a «cientos» de hombres a trabajar en las ruinas, y describió con todo lujo de detalles cómo era encontrar a supervivientes entre los escombros. «Lo mejor es cuando encuentran a alguien que sigue vivo, como los cinco bomberos que acaban de encontrar.»[65] En realidad, habían rescatado con vida a seis bomberos[66] hacía dos días, pero no hay constancia de que ningún albañil de Trump participara en el rescate, ni de que hubiera enviado a cientos de personas allí.[67]

En los meses finales de su segundo y último mandato como alcalde, Giuliani se convirtió en un emblema internacional por su firmeza, su liderazgo y su empatía durante los primeros días tras los atentados. Nueve días después del ataque, él y el gobernador de Nueva York George Pataki tuvieron que viajar a Washington para asistir al discurso de Bush ante una sesión conjunta del Congreso, y un ayudante del alcalde llamó a Trump para preguntarle si les podía prestar su avión privado. El avión estaba atrapado en el aeropuerto de LaGuardia por culpa de la suspensión general del tráfico aéreo. Las autoridades federales habían empezado a levantar el veto a las aeronaves registradas en Estados Unidos, pero el

Boeing 727 de Trump tenía un código de cola registrado en las Bermudas.[68] Así que el empresario hizo una oferta: les dejaría el avión si luego la alcaldía le ayudaba a conseguir el permiso para viajar al extranjero. El ayudante de Giuliani aceptó el trato sin saber jamás por qué Trump tenía tanta prisa por sacar el avión del país, ni adónde iba a ir. El fugaz vuelo hasta Washington fue una válvula de escape para Giuliani y Pataki, que llevaban días en un mar de muerte y destrucción. Se quedaron de piedra ante los acabados de oro hortera, las paredes tapizadas de la cabina y el hecho de que hubiera un dormitorio pese al tamaño relativamente pequeño del avión. En la comitiva, alguien dijo que aquello parecía un «burdel marroquí». Hacía días que ninguno se reía. (Al cabo de unos meses, un amigo de Giuliani, Jim Simpson, volvió a preguntar si el alcalde podía usar el avión. En esa ocasión, la idea era hacer una visita oficial a Israel. Trump le mandó un presupuesto desorbitado, pero como no parecía haber ninguna otra opción factible, Simpson volvió y negoció una cifra menor, abonada por otros dos empresarios.)[69]

Bush prometió venganza contra los autores intelectuales de los ataques, aunque pidió respeto para los musulmanes de Estados Unidos. Algunos reductos de la prensa conservadora hicieron caso omiso. En las páginas de *New York Post* afloraron enseguida los prejuicios contra el Islam. Doce días después de que se derrumbara el World Trade Center, Victoria Gotti, hija del mafioso convicto John Gotti y columnista del periódico durante algunos años, habló de la primera vez que había vuelto a volar desde los atentados terroristas. Ella pensó que era la única pasajera, hasta que el personal de a bordo le informó de que había otra persona en el avión. «Levanté la mirada y casi me da un vuelco el corazón. Mi compañero de cabina, como supe después hablando con él, era un árabe de mediana edad bien vestido y bien acicalado que llevaba un maletín —escribió Gotti—. Pensé: esto parece un chiste. Pero a mí no me hizo ninguna gracia.»[70] Había nacido una era de desconfianza en Estados Unidos. Había reptado por la periferia de la política esperando a alguien que le diera un altavoz para no poder ser ignorada.

Como ha pasado tantas veces en la vida de Trump, mientras el mundo se desmoronaba, él encontró un trébol de cuatro hojas. Unos seis meses después del 11S, el empresario recibió una visita[71] en el Wollman Rink, la pista de hielo que seguía gestionando para el Ayuntamiento y que solía describirse en la prensa como «el Wollman Rink de Donald Trump». Su invitado fue Mark Burnett, que acababa de producir un exitazo televisivo: *Survivor*. Emitido en horario de máxima audiencia, *Survivor* enviaba a concursantes a lugares remotos como el desierto australiano o la jungla amazónica y los obligaba a luchar por la victoria durante treinta y nueve días. Los participantes se enfrentaban en una serie de pruebas y juegos de astucia y habilidad psicosocial. Trump me contó que Burnett le hizo una propuesta: «Tengo una idea para un programa. Es como *Survivor*, pero en el asfalto, no en la jungla».

Burnett era un amante de *The Art of the Deal*, el libro que presentaba a Trump como un sabio empresario a la gente de fuera de Nueva York.[72] Donald sería ideal para hacer de sí mismo, pero Burnett había modificado el concepto del programa. El afortunado multimillonario iba a pagar su deuda con la gente, y cada temporada cambiaría el empresario-presentador.[73]

Los programas de telerrealidad con concursantes y sin guion estaban muy de moda, y la NBC iba a remolque de la competencia. El presidente de la división de entretenimiento de la cadena, Jeff Zucker, se desvivía por conseguir los derechos de *The Apprentice*. Para Zucker, parte del atractivo era que Trump no solo sería la estrella del programa, sino su mayor publicista. Cuando Burnett y su socio Conrad Riggs fueron a presentar su idea, Zucker y los suyos no los dejaron salir hasta que accedieron a firmar con NBC. Acordaron una temporada y Trump cobraría unos 50.000 dólares por entrega. *The Apprentice* iba a ser una competición entre dieciséis concursantes por hacerse con un puesto en la Trump Organization. Al principio de cada entrega, Trump daba un discurso sobre las reglas del mundillo, que en teoría había sacado de su propia experiencia. Luego, asignaba a los participantes una «misión» para poner a prueba su habilidad. Muchas veces, esa misión estaba relacionada con el negocio real del magnate: tenían que alquilar un ático de lujo de la Trump World Tower, inscribir a jugadores en el Trump Taj Mahal, o vender botellas de agua mineral natural Trump Ice. Los concursantes se dividían en dos «corporaciones» rivales —en primera instancia, por sexos— y los miembros del equipo ganador pasaban al siguiente programa. Los tres miembros del equipo perdedor que lo hubieran hecho peor tenían que rendir cuentas ante Trump. Este, sentado en un trono de cuero rojo, seleccionaba a uno para eliminarlo en un enfrentamiento en la «sala de juntas».

En cuanto empezaron a grabar, los productores se dieron cuenta de que la parte más interesante del programa eran las escenas finales, que en un principio no se habían ni previsto. Trump se salió del guion e improvisó la frase «¡Estás despedido!» para echar al peor concursante de la semana; parece que fue un tributo no reconocido a George Steinbrenner, el dueño de los Yankees conocido por cargarse a un entrenador detrás de otro (una de las grandes tragicomedias por excelencia de Nueva York).[74] Ambos hombres se habían conocido a principios de los ochenta, en un comité estatal formado para estudiar la posibilidad de construir nuevos complejos deportivos y estadios, incluyendo uno en Queens que Trump soñaba con convertir en la sede de sus New Jersey Generals. Tras la primera sesión del comité en 1984, se dio una rueda de prensa en la que Steinbrenner se quejó de que Trump estaba acaparando los micrófonos.[75] Alzando los brazos para tapar a su rival e impedir que los fotógrafos sacaran una imagen de los dos hombres juntos, exclamó: «Si esto va a ser un monólogo, cojo y me voy». Esa demostración de egolatría y esas ganas de marcar las pautas del debate no fueron impedimento para que ambos se hicieran amigos. Trump, de hecho, era un habitual en el palco de Steinbrenner en el estadio de los Yankees. Cuando todavía no había aprendido a gestionar una empresa, Trump siguió el ejemplo de su amigo —inspirándose en la facilidad y alegría con que despedía al personal— y de otros miembros de su círculo social. Cuando tuvo que hacer de ejecutivo en la tele, Trump adoptó la voz de Steinbrenner y reinventó el espíritu de *The Apprentice* para hacerlo jovialmente punitivo.

The Apprentice debutó en enero de 2004 y revolucionó la televisión de inmediato.[76] La figura de Trump fue tan primordial para explicar ese éxito que se descartó la idea de ir rotando al presentador. El concurso se adaptó para convertirse en una franquicia de Trump. Él contrató a más gente para la sala de juntas y colocó a sus hijos adultos en papeles secundarios, así que estos empezaron a aparecer a su lado ante la oscura mesa de madera. Trump sabía que estaba teniendo mucha audiencia y así se lo hacía saber a los ejecutivos; cada semana, les enviaba los índices de audiencia subrayados con rotulador permanente negro. Fuera de la burbuja televisiva, en 2004 los casinos de Trump se enfrentaron a una cuarta bancarrota, lastrados por su gigantesca deuda.[77] El magnate dijo que eran bancarrotas acordadas con los acreedores y repitió como un mantra que él no había quebrado. Aseguró que no le gustaba «esa palabra».

Al terminar la primera temporada, llegó la hora de negociar un nuevo contrato para *The Apprentice* y Trump quedó para comer con Zucker y otro ejecutivo de la NBC, Marc

Graboff. Fueron al Jean-Georges, el restaurante que había en el Trump International Hotel de Columbus Circle. Trump se presentó con una carpeta de cuero. Acabadas las formalidades y una vez hojeado el menú, abrió la carpeta para sacar unos papeles. «He traído mis cuentas anuales para mostraros mi patrimonio neto», anunció. En verdad, no eran unas cuentas exhaustivas, sino un certificado de su riqueza, valorada en hasta 4.000 millones de dólares. Era curioso llevar un documento como aquel a una negociación para pedir más dinero. Pero su objetivo era demostrar a la NBC que tenían suerte de contar con él.

Pidió multiplicar sus honorarios casi por diez, escudándose en que eso era lo que cobraban las estrellas de la gran serie de comedia de la NBC *Friends*.

—Les pagáis seis millones de dólares por un episodio de media hora —adujo el magnate.

Él solo quería un millón por entrega. Graboff y Zucker tomaron cartas en el asunto.

—Pero tu marca ha mejorado gracias al programa —le dijeron.

—Oh, sin duda —contestó Trump.

—¿Cuánto crees que ha mejorado, un cinco o un diez por ciento? —preguntó Zucker.

—Sin duda.

—Vale —dijo Zucker—, entonces deberías pagarnos tú.

Trump no supo qué responder.

Aunque no consiguió su millón por cada programa, la NBC decidió subirle un poquito el sueldo. Trump rechazó la oferta a través de un ayudante, pero cuando Graboff le dijo que la NBC buscaría a otro presentador, el ayudante dio marcha atrás enseguida. Así, Trump renovó para otra temporada. A sus cincuenta y siete años, ese trabajo le proporcionó el primer sueldo que no cobraba de su padre ni del negocio inmobiliario, y también le aportó otros réditos difíciles de calcular:

más de 400 millones de dólares en forma de derechos por la reemisión de las entregas, honorarios y acuerdos de licencia. A eso, había que sumarle el tremendo impulso a su notoriedad y el hecho de que cada semana aparecería por la tele como si fuera un auténtico pez gordo de las finanzas internacionales. Por aquella época, Trump le dijo a un periodista que «ser una estrella de la televisión tiene algo muy seductor».[78]

Trump se arrepintió casi en el acto del precio que había negociado para seguir al frente del programa. Hablando por teléfono con Graboff, dijo que había echado a su representante de la agencia William Morris porque había «firmado un pésimo acuerdo».

—No lo ha firmado tu representante, sino tú —le recordó Graboff.

—¿No crees que me convendría contratar a un representante judío? —preguntó Trump.

—Yo contrataría a un experto en el sector, más allá de su fe —le aconsejó el ejecutivo.

—Contrataré a un representante judío —recalcó el empresario.

Al final, se hizo con los servicios de Steve Smooke de la Creative Artists Agency, y luego con los de Ari Emanuel.

Trump vetó varias oficinas como localización, y luego comentó que tenía una planta vacía que podía alquilar a los productores.[79] Para el equipo de grabación, la disconformidad entre el mundo proyectado en el programa —el de un empresario imponente que volaba de un palacio a otro— y la realidad de Trump era impactante. Las escenas de la sala de juntas se grababan en un escenario montado *ad hoc* porque los productores no consiguieron adecuar las zonas destartaladas de las plantas ejecutivas de Trump. Lo mismo pasó con la entrega que se grabó en el Taj Mahal, que recibió a los concursantes con un aire viciado y lleno de humo y alfombras desgastadas. Bajo la superficie, las cosas no eran lo que parecían. «Al pasar por un despacho, se veían los muebles astillados —dijo años más tarde Bill Pruitt, un productor de *The Apprentice*—. El imperio se derrumbaba con cada paso que dabas. Nuestra labor era conseguir que pareciera lo contrario.»[80] Una vez, Graboff concedió a Trump una hora y se vio con él en su despacho ejecutivo, donde el magnate solía recibir a sus visitas tras una enorme mesa llena de revistas y periódicos. Trump estuvo toda la hora hablando, principalmente de los índices de audiencia, sin prestar mucha atención al reloj. El teléfono no sonó ni una vez.

Eso sí, el programa ayudó a materializar una nueva realidad para Trump. Ni yo misma me di cuenta de ello hasta que me encontré en Dubuque, Iowa, en un hangar de aeropuerto medio abierto al exterior. Era un frío día de enero y hacía un año y medio que Trump había concluido su decimocuarta temporada como presentador de *The Apprentice*. Era la última semana antes de los caucus republicanos de Iowa. Mientras esperaba a que comenzara el mitin, me acerqué a la multitud para preguntar por qué estaba la gente ahí. Yo imaginaba que era para presenciar un espectáculo que terminaría en un abrir y cerrar de ojos, como siempre que Trump había flirteado con presentarse a las elecciones.

Se lo pregunté a un hombre de mediana edad y me miró extrañado. Me aseguró que iba a votar por Trump en los caucus. Quise saber por qué y, sin inmutarse, me miró y dijo con total seriedad: «Le vi dirigir su empresa».

9

Un superviviente mediático

En el año 2000, la tribu mohawk de la reserva de St. Regis estaba a punto de llegar a un pacto para abrir un casino en las montañas Catskill de Nueva York.[1] Sin embargo, de repente comenzaron a aparecer titulares en contra del proyecto en muchos medios a nivel nacional, desde emisoras de radio locales a las páginas de *The New York Times*. «El gobernador George Pataki debe una explicación —decían los titulares—. ¿Qué busca entregando millones de dólares a una comunidad acusada de tráfico de drogas, blanqueo de capitales, tráfico de inmigrantes ilegales y violencia?» La crítica no era anónima: la firmaba una institución llamada Institute for Law and Society, situada en Rome, una pequeña ciudad a tres horas de la futura ubicación del proyecto de casino.

El presupuesto que se había destinado a publicar estos anuncios ascendía a un millón de dólares, pero no se había informado debidamente de ello a las autoridades estatales.[2] Cuando el responsable de la comisión del grupo de presión, David Grandeau, investigó la fuente de los fondos, descubrió que Roger Stone estaba detrás.[3] A pesar de los aires que se desprendían de su nombre, el Institute for Law and Society tenía una misión muy acotada: oponerse a los nuevos casinos, pues supondrían una amenaza para los intereses de Trump en Atlantic City. «¿Su único cometido era esconder las acciones de Trump? —preguntó Grandeau cuando tuvo la oportunidad de entrevistar a Stone—. ¿Del ojo público?» Stone respondió que sí a ambas preguntas, y esgrimió que la campaña contra el casino iba a tener mayor credibilidad si la lideraba alguien imparcial. También reiteró que no creía que las actividades que habían llevado a cabo pudieran considerarse «ejercer presión» desde el punto de vista legal.

El informe de la comisión sobre la investigación revelaba que esta acción era solamente la punta del iceberg del plan que Stone y Trump habían urdido para movilizar al poder político en contra de la competencia comercial. Ese mismo año, se habían reunido con el senador estatal y líder mayoritario Joe Bruno[4] para negociar una propuesta de ley que forzaría al poder estatal a aprobar la apertura de nuevos casinos, una propuesta que Bruno presentó poco después.[5] Stone también había contratado a un investigador privado con sede en Washington para investigar las transacciones financieras de la mano derecha de Pataki, Charles Gargano, que supervisaba una gran empresa estatal de desarrollo a cargo de regular proyectos en la zona de Nueva York.[6] Pataki afirmó que, al negarse a hacer públicas estas actividades, Trump había violado la ley estatal de presiones. Stone se mostró impenitente. «A mi parecer, era un caso claro de corrupción», afirmó tras su investigación a Gargano, con el que llevaba dos décadas querellándose, desde la campaña de Ronald Reagan. (Gargano negó cualquier conducta ilícita y reiteró que había informado de todos sus conglomerados financieros.) Por su parte, Stone mantenía que la campaña en contra del casino estaba basada en hechos. Sin embargo, Stone, Trump y el mismo instituto tuvieron que disculparse públicamente y a finales de 2000 recibieron una multa de 250.000 dólares, la multa más alta relacionada con grupos de presión jamás impuesta en el estado.[7]

Trump no tenía relación con Grandeau, que no formaba parte de la Administración. Pero sí había fiscales ocupando cargos de poder y, por lo tanto, sujetos a diferentes presiones. Trump pasó décadas cocinando a fuego lento un vínculo personal con la persona a cargo de la zona de su lugar de residencia, y de su zona de influencia. Cuando Robert Morgenthau anunció que se presentaría para un noveno y último mandato como fiscal del distrito de Manhattan en 2005, Trump hizo todo lo posible por demostrarle su apoyo incondicional.[8] En un acto de recaudación de fondos en la Torre Trump, los donantes de Morgenthau se reunieron en el enorme salón de la casa, con muebles blancos y las paredes y los techos ornamentados con oro y espejos. Trump presentó a Morgenthau con su habitual lista de afirmaciones y superlativos, tras lo cual este pronunció su propio discurso de agradecimiento a Trump.

A esas alturas, aquello no se trataba de una mera transacción. Según fuentes cercanas a Morgenthau, el fiscal tenía en estima a Trump, por mucho que bromeara acerca de que la Police Athletic League era la única organización benéfica con la que Trump cumplía sus promesas. El fiscal tenía una confianza prácticamente ciega en él, creía que estaba del lado correcto. Sin embargo, su equipo había recibido quejas de contratistas que afirmaban que Trump —ya entonces conocido por no pagar a sus proveedores— les debía dinero. La excusa del fiscal del distrito fue que su departamento no reclamaba pagos, y alegó que se trataba de un asunto civil, no de un delito. Fiscales de otras jurisdicciones también habían oído rumores sobre los supuestos vínculos de algunas propiedades de Trump con el crimen organizado, pero no había nada significativo que se hubiera materializado y pudiera atribuirse al empresario, dejando de lado la información que Giuliani había recibido años atrás cuando era fiscal federal.[9]

Morgenthau no era el único fiscal que Trump había intentado meterse en el bolsillo. A finales de 2001, el presidente George W. Bush nombró fiscal federal de Nueva Jersey a

Chris Christie, un abogado que había salido elegido una vez como representante del condado y que estaba activo en el panorama republicano nacional.[10] Poco después, Trump pidió a su hermana Maryanne Trump Barry, jueza de un tribunal federal de apelaciones, que se lo presentara.[11] Trump y Christie se reunieron para cenar y el empresario dejó una impronta instantánea en su acompañante al repeler a un fotógrafo diciendo que habría más ocasiones en el futuro.[12]

Fue el comienzo de lo que se convertiría en una de las relaciones más importantes de la vida de Trump. Por su parte, en los años venideros Christie descubriría lo que significaba formar parte del círculo del magnate. Un día del verano de 2004, Christie se encontraba en una reunión con su personal cuando recibió una llamada de Trump.[13] Ese mismo día, el gobernador de Nueva Jersey, Jim McGreevey, un hombre casado que se enfrentaba a las amenazas de un examante, había convocado una rueda de prensa extraordinaria en la que salió del armario refiriéndose a sí mismo como «un americano gay», para después anunciar que abandonaba su cargo. «¿Te lo puedes creer? —bramó Trump a través del teléfono—. Siempre había oído lo de que era gay, pero no pensaba que fuera a dimitir por ello.»

Trump y Christie hablaron sobre qué pasaría durante el relevo de McGreevey. El empresario llamaba para averiguar si Christie se presentaría al cargo, pero no dejaba de hacer comentarios morbosos al respecto: «Bueno, Chris, él no es como nosotros, ¿verdad? Nosotros tenemos muchos problemas, pero ese precisamente no. Tú y yo... solo tías, ¿verdad, machote? Solo tías». Ante la mirada de asombro de su equipo, Christie se limitó a responder: «Sí, exacto, Donald».

El 22 de enero de 2005, Trump contrajo matrimonio con su tercera esposa en la iglesia episcopal de Bethesda-by-the-Sea, en Palm Beach.[14] Melania Knauss lució dos vestidos diferentes, uno para la ceremonia y otro para el convite, e incluso le hicieron una sesión fotográfica para la portada de la revista *Vogue*.[15] Al altar, portó una cruz y un rosario de diamantes. Una exclusiva previa a la ceremonia dejaba caer la posible asistencia de miembros de la familia real, aunque poco después se aclaró que solo habían recibido una invitación.[16] Aun así, no fueron pocas las celebridades y los personajes políticos que caminaron bajo las palmeras que salpicaban el patio de la iglesia, y que otorgaron al evento el glamur de un gran acontecimiento social.

Entre los distinguidos invitados se encontraban Hillary y Bill Clinton. Trump había mostrado a Clinton un gran apoyo durante su presidencia, refiriéndose a él con términos como «un tipo increíble» o «una víctima», aludiendo a las mujeres que lo acusaban de abuso sexual;[17] si bien también le había criticado por no acogerse a la Quinta Enmienda durante su declaración en la investigación.[18] Hillary estaba en su primer mandato como senadora de Nueva York, y ambos disfrutaban de su nueva vida en el condado de Westchester, en una casa a quince minutos del campo de golf de Trump en Briarcliff.[19] Siempre buscando arrimarse al sol que más calienta, Trump invitó a Bill Clinton a la boda. Primero mandó la invitación y luego lo filtró a la prensa antes de que este confirmara su asistencia.

«Es un honor contar con él —dijo Trump en 2003, anunciando la nueva incorporación a su club—. Es un caballero, un buen golfista y un tío estupendo.»[20] Trump comenzó a aparecer más por el club cuando se enteró de que Clinton también era miembro, y solía seguirle por los hoyos acompañado de un equipo que grababa contenido para *The Apprentice*. Alrededor de esas fechas, Trump hizo una pequeña donación a Hillary. Cuando el magnate hizo público su compromiso al año siguiente, la senadora comunicó a su equipo que le parecía una oportunidad que podía aprovechar, un evento lo suficientemente importante para añadirlo a su agenda. Su equipo trató de recordarle que Trump nunca había organizado ninguna gran recaudación de fondos para su campaña, pero no pareció importarle.

La boda supuso el comienzo de una nueva era en la vida pública de Trump. *The Apprentice* había sido un éxito instantáneo. «El Donald Trump del día anterior al estreno del programa era una persona muy diferente a la que acompañé a nueve entrevistas el día después del estreno —declaró públicamente el director de la NBC Jim Dowd a *The Washington Post*—. La acogida de la gente de a pie fue abrumadora. Le asaltaban por la calle. De repente, las burlas se habían quedado atrás, al igual que esa antigua imagen del *New York Post* que siempre lo retrataba de fiesta o con líos de faldas. Trump se había convertido en un héroe, algo nuevo para él.»[21] Hacer autobombo constante de *The Apprentice* le había valido un lugar como invitado habitual en televisiones y radios nacionales, en las que Trump tuvo la oportunidad de hablar de otros temas más allá de los negocios y las finanzas.

Pocas veces se había visto a Trump tan cómodo como se mostraba en el estudio neoyorquino del irreverente locutor de radio Howard Stern, caracterizado por su nula corrección política. Trump llegó a ir con sus hijos Ivanka y Don jr. en alguna ocasión, cuando estos empezaron a aparecer con mayor regularidad en *The Apprentice*. En uno de los programas, Trump se quedó impasible cuando Stern usó las palabras «tremendo culazo» para hablar de las posaderas de Ivanka.[22]

Stern conseguía que Trump hablara de lo mucho que le gustaba el sexo, de las veces que había tenido relaciones con más de una mujer a la vez o de cómo disfrutaba merodeando entre bambalinas durante sus concursos de belleza, mientras las concursantes se cambiaban. «Ves a esos bellezones... y bueno, a nadie parece molestarle mi presencia», comentó.[23]

Cuando se supo que el golfista Tiger Woods se separaba de su esposa debido a sus infidelidades, Trump dijo: «Si algo sabemos de Tiger Woods es que no es gay, ¿a que no?».[24] Stern le dio la razón: «Desde luego, gay no es». Trump y Stern se rieron, tras lo cual el presentador comenzó a hacer guasa de Trump. Insistió en preguntarle si había estado con algún hombre, o si alguna vez había fantaseado con ello. «Jamás se me ha pasado por la cabeza, no he dedicado mucho tiempo a pensar en ello»,[25] dijo entre risas mientras Stern se mofaba sobre «algún hipotético Jimmy o Ronald».

El programa de Stern era el espacio idóneo para dar manga ancha al tipo de comentarios sexistas que Trump utilizaba para estrechar lazos con otros hombres. A través de ese tipo de conversaciones, la audiencia veía una versión idealizada de Trump, un macho alfa que rebosaba testosterona, chulería y que se posicionaba totalmente en contra de la «corrección política», como él lo llamaba. Trump propuso que, en una temporada de su programa, los equipos se formaran según la raza de cada concursante, algo que dejó de piedra a los ejecutivos de la NBC. Sin embargo, él no tuvo inconveniente en volver a comentarlo en el programa de Stern.[26] Quería que nueve concursantes negros, con «tonos de piel variados», se enfrentaran a nueve blancos, todos rubios. «¿A que es buena idea?», le preguntó Trump a Stern. El presentador respondió que sí. Trump se dirigió entonces a la copresentadora Robin Quivers, una mujer negra. «Me parece que te vas a meter en un lío», le dijo ella.

Trump siempre se había creado realidades diferentes, pero ese universo paralelo en horario de máxima audiencia lo hizo saltar a la fama y su personaje comenzó a calar en el tejido de la cultura pop del país. En 2006, uno de sus enfrentamientos mediáticos premeditados con alguien de Hollywood —un toma y daca con la actriz y presentadora Rosie O'Donnell—[27] le valió a Trump una invitación del presidente del

World Wrestling Entertainment Vince McMahon al campeonato de lucha. A finales de los años ochenta, Trump había presentado dos veces el campeonato de Wrestlemania en Atlantic City, pero en esta ocasión se le invitó a participar en el evento de forma guionizada.[28] En la edición de 2006,[29] dos personas disfrazadas de Trump y O'Donnell se subieron al cuadrilátero para luchar, y al año siguiente Trump hizo una segunda aparición en la Batalla de los Milmillonarios contra McMahon.[30] En esta ocasión, dos luchadores se enfrentaron en nombre de Trump y McMahon; el millonario que perdiera debería raparse el pelo. Trump asaltó a McMahon fuera del cuadrilátero con una especie de golpe coreografiado, tras lo cual procedió a rapar a su contrincante. Este estaba maniatado a una silla y montaba un buen espectáculo para entretener a la audiencia, pidiendo ayuda a gritos. Los vítores de la audiencia eran gasolina para Trump.

En otro de sus intentos por construir una narrativa alrededor de su reaparición, Trump colaboró con Tim O'Brien en la redacción de un libro sobre sí mismo, un proyecto por el que mostró un gran interés.[31] O'Brien había trabajado para Wayne Barrett buscando información para su biografía de 1991, y luego había comenzado a trabajar para *The New York Times* como periodista económico. Una década más tarde, el periodista retomaba el tema. A diferencia del libro de Barrett, publicado en el peor momento de Trump, el de O'Brien salió en otoño de 2005, y retrataba una etapa muy distinta de su vida. En la portada de *TrumpNation: The Art of Being The Donald*, el empresario aparecía convertido en un héroe de acción de plástico, lo cual resultaba irónico teniendo en cuenta que, en el interior, O'Brien le daba un repaso a Trump.

Lo que más escoció al magnate fue que O'Brien estimara su valor en no más de 250 millones de dólares, llegando a reducir la cifra hasta 150. (Tan solo un año antes, él mismo había publicado *Piensa como multimillonario*, dando consejos como si tuviera miles de millones de dólares.)[32] En su cruzada contra O'Brien, Trump presentó una querella por calumnia de 5.000 millones de dólares contra el autor y la editorial, Warner Books.[33] Aseguró que el autor le había difamado con información falsa, como su valor neto. Años después, Trump dijo que el objetivo de la demanda —una de las muchas que presentó o amenazó con presentar a lo largo de décadas—[34] era causar daño al autor y la editorial.[35] «Me gasté lo mío en abogados, pero ellos se gastaron mucho más. Lo hice para amargarles la vida, y me alegro de haberlo hecho», comentaba. Cuando la demanda se elevó a los tribunales del estado, los abogados de O'Brien revisaron las declaraciones de impuestos de Trump y el empresario tuvo que acudir a declarar.

En determinados momentos de la declaración jurada, Trump fue de todo menos sincero.[36] Llegó a asegurar que nunca había hecho negocios con personas que hubieran sido identificadas como miembros del crimen organizado, a pesar de haber afirmado estar al corriente de la reputación de esas personas en declaraciones anteriores. El empresario se dejó asesorar por el bufete Kasowitz Benson Torres, la misma firma que llevaba sus juicios por bancarrota, pero sus abogados se dieron cuenta de que Trump se limitaba a decir lo que le venía en gana y que lo decidía sobre la marcha.

El magnate contradijo la premisa principal de su declaración —que su patrimonio neto era una cifra real calculable y que O'Brien había cometido un error a la baja en sus cálculos— improvisando la forma en que lo había contado. «El patrimonio neto va fluctuando, asciende y desciende según los mercados y las actitudes y las impresiones, incluidas las mías», dijo.[37] El abogado de O'Brien se agarró a esa frase. «¿Ha dicho que el patrimonio neto asciende y desciende según sus impresiones?», preguntó el letrado. «Sí, mis impresiones sobre cómo está el mundo, qué le depara, y eso es algo que cambia de un día para otro.» Sometido a presión por la situación, Trump siguió coronándose: «Diría que es según como me pille la pregunta. Como digo, va fluctuando». Cuando le preguntaron si había calculado la proyección de los beneficios de su campo de golf, Trump dijo que sí: «Sí, he hecho estimaciones mentales».

Años después, la fiscalía le investigaría para averiguar si había inflado su valor en un intento de convencer a acreedores y editores de revistas de que era una de las personas más ricas del país, al tiempo que modificaba esos cálculos a la baja cuando había que rendir cuentas al fisco.[38] Irónicamente, su explicación de la naturaleza intangible de su valor neto reflejaba el motivo del éxito de *The Apprentice*, que había contribuido a mejorar su imagen de marca y había transformado su personaje por completo. Trump ya no era un constructor cuyo valor se podía medir en metros cuadrados o hectáreas, y que se multiplicaba con el acero, el cristal y el cemento. Ahora, su negocio era el de venderse a sí mismo.

La mayoría de los bancos habían dejado de prestar dinero a Trump después de que este hubiera hecho sus pinitos en el mundo de la bancarrota. Ese suceso le bajó del pedestal de poder que había alcanzado en los años setenta y los ochenta. Pero había una gran excepción: Deutsche Bank, una entidad menor en Wall Street que estaba dispuesta a asumir transacciones de alto riesgo con el objetivo de hacerse un lugar en el panorama bancario del país.[39] Para poder recibir crédito, Trump se ofreció una vez más como avalista, lo cual le traería problemas años después.[40] En 2006, el empresario desembolsó 10 millones de dólares en efectivo para comprar una finca enorme en el noreste de Escocia, tierra natal de su madre, donde quería construir un campo de golf.[41] Se desconoce el origen de ese dinero.

El Trump SoHo, el condominio hotelero de 391 habitaciones que empezó a levantarse ese mismo año en el sur de Manhattan, era una muestra más fiel de sus nuevos proyectos.[42] En este caso, el promotor no invirtió ni un centavo de su dinero,[43] sino que ofreció ser la cara visible del plan y enviar a sus hijos a hacer de relaciones públicas para captar a la nueva segmentación demográfica que quería atraer, a cambio de una participación del 18 por ciento.[44] El socio mayoritario del proyecto era el Bayrock Group, una empresa inmobiliaria de Nueva York gestionada por Tevfik Arif y Felix Sater, dos inversores soviéticos.[45] El currículum de Sater era cuando menos curioso: antes de convertirse en confidente del Gobierno, había sido condenado por agresiones de primer grado (por haberle reventado una copa de margarita rota a alguien en la cara) y fraude (en una estafa orquestada con la familia Genovese consistente en inflar artificialmente acciones baratas para venderlas enseguida).[46] El empresario poseía un despacho en la Torre Trump y una relación más que cordial con su dueño.[47] El edificio que construirían juntos sería el último de la ciudad en llevar el nombre de Trump.

Durante su carrera, Trump descubrió el valor de su propio apellido y se convirtió en un pionero en el arte de bautizar sus edificios con su marca. El título «Trump» pasó de dar nombre solo a edificios, hoteles y campos de golf para aparecer también en revistas, botellas de agua, vodka, filetes, sillas de oficina, perfumes, videojuegos, colchones, portales de viajes o incluso varios tipos de sales vitamínicas un tanto dudosas.[48] Aun así, a muchos les pilló por sorpresa la vez que el magnate convocó una rueda de prensa en su torre para anunciar la creación de la Trump University, una «escuela» de negocios inmobiliarios. (Roger Schank, a quien Trump designó como «director general de aprendizaje», dijo que la institución trataría de enseñar a los alumnos el concepto del «aprender haciendo».)[49]

Fue durante esa época cuando concluyó la historia interminable del Trump Place: el patio de maniobras del West Side. En 2005, finalizó la construcción de tres edificios de pisos y los socios de Hong Kong decidieron vender sus 31 hectáreas por 1.760 millones de dólares.[50] Trump afirmó que la venta había sido una puñalada trapera e intentó emprender acciones legales para cancelarla y embolsarse 1.000 millones de dólares por daños y perjuicios.[51] Uno de los socios aseguró haber informado a Trump sobre la transacción y afirmó no entender el motivo de la demanda. Entretanto, Trump no dejaba de lanzar acusaciones de fraude, soborno y demás.[52] Su miedo obsesivo a ser timado por extranjeros tenía una nueva cara: dejaría de atacar a Japón para centrar todo su odio en China.[53]

Trump siguió arremetiendo contra sus socios en los tribunales, pero no se salió con la suya. Con todo, la venta final le procuró una participación del 30 por ciento de los beneficios de dos edificios pertenecientes a Vornado, una gran agencia inmobiliaria: uno de ellos en la Sexta Avenida de Manhattan y el otro, un rascacielos en el Distrito Financiero de San Francisco.[54] Tras haberse pasado décadas sin querer vender sus bienes inmuebles, incluso en momentos en los que eso le habría sacado de algún apuro, Trump había decidido luchar con uñas y dientes en contra del acuerdo, pero finalmente tuvo suerte y le salió bien la jugada. Gracias a las propiedades de Vornado, amasó más de 176 millones de dólares en el transcurso de veinte años.[55] Fueron unos fondos muy necesarios que le llegaron en un momento en el que no parecía tener muchas otras fuentes de ingresos.

A raíz del escándalo del casino mohawk, los republicanos de Nueva York estuvieron años sin confiar en Trump y Stone por sus ataques organizados contra Pataki. Con altivez, se vanagloriaban de que el veredicto final de la comisión estatal había puesto a ambos hombres en su sitio. En efecto, Trump y Stone habían tenido que hacer frente a una multa muy cuantiosa, pero la parte del empresario había ido a nombre de sus hoteles y casinos, no a título personal.[56] Por lo tanto, sobre el papel se había tratado de un gasto más de su empresa. Para más inri, ambos se habían visto obligados a disculparse públicamente, pero no habían admitido ninguna conducta ilícita y habían eludido una causa por lo penal.[57] Y aunque no habían conseguido acabar con el proyecto del casino, sí habían podido poner trabas al proceso. Lejos de escarmentar a Stone, todo aquello le envalentonó.

En 2006, al término del tercer mandato de Pataki, los neoyorquinos le reemplazaron por el demócrata Eliot Spitzer, el hijo de un magnate inmobiliario de Manhattan que consiguió fácilmente un puesto como fiscal general, y que era conocido como «el *sheriff* de Wall Street».[58] Spitzer solo llevaba unos días en el cargo de gobernador cuando le escucharon decir a otro líder legislativo: «Soy una puta máquina apisonadora y pasaré por encima de ti y de quien haga falta».[59] Después de esa frase lapidaria, llegaron las amenazas y las demostraciones de poder, que exhibía cada vez que no se salía con la suya; también aparecieron voces que hablaban de su malversación de fondos públicos para lograr fines políticos. Una de las acusaciones decía que había usado a la policía estatal para investigar a Bruno, que, como líder de la mayoría republicana del Senado, era el político más influyente del partido en ese estado, además de ser mecenas de Stone.[60]

Cuando se cumplían ocho meses del mandato de Spitzer, su padre de ochenta y tres años, Bernard, presentó una queja a una comisión de senadores estatales por un mensaje de voz que habían dejado en su contestador de la oficina, lleno de amenazas y obscenidades.[61] Su abogado reconoció la voz de Stone en la grabación y aseguró que se había enviado desde su teléfono.

Stone insistió en que ese no era él y, como coartada, alegó que en el momento en que se había mandado el mensaje él se encontraba en una función de *Frost/Nixon*.[62] Sin embargo, un periodista corroboró que esa noche no había habido función. Stone seguía manteniendo que los Spitzer habían encontrado la manera de acceder a su teléfono, y que le parecía «una muestra de juego sucio en toda regla».[63]

La polémica le costó a Stone su rol con Bruno y los republicanos del Senado, ya que dejó su cargo como consultor del caucus.[64] Trump, que en apariencia frecuentaba los mismos círculos que Bernie Spitzer, no se lo tomó muy bien y se alejó de Stone tanto en público como en privado (si lo hizo, fue al menos en parte por ese lance). «Siempre intenta atribuirse el mérito por cosas que no ha hecho», dijo Trump, para después llamar a su asesor durante veinticinco años «un pringado absoluto».[65]

Trump y Stone mantuvieron las distancias durante unos años, en los que el estratega trabajó con diversos hombres de negocios de la zona y los ayudó a prosperar con el único objetivo de perjudicar a los poderes fácticos. En esa época, Stone descubriría que aquello que llevaba años gestando —una política del resentimiento que acusaba a las élites republicanas y demócratas de ser parte del problema— estaba listo para la acción.

10

Ciento cuarenta caracteres

A finales de la década de 2000, se estaban publicando tantos libros sobre Donald Trump que era complicado distinguirlos entre ellos. Fueron unos trece desde el estreno de *The Apprentice*, y todos contenían información similar sobre cómo triunfar en el mundo de los negocios. Ahora bien, siempre se publicaban con títulos intercambiables que hacían referencia a ser rico, triunfar, hacer fortuna, etcétera. Entre las obras, destacaban *Trump: How to get Rich*, *How to Build a Fortune: Your Plan for success from the World's Most Famous Businessman*, o *Way to the Top: The Best Business Advice I Ever Received*. (El título que más se desmarcó fue *The Best Golf Advice I Ever Received*, en el que se hablaba de triunfar en el golf, y no en el mundo de los negocios.) Poco antes de la publicación de su decimoquinto libro en abril de 2009 —que llevaría por título *Think Like a Champion*, una continuación del de 2004, *Piensa como multimillonario: todo acerca del éxito, los bienes raíces y la vida*—, la editorial Vanguard Press envió a su director de *marketing* digital Peter Costanzo para proponerle a Trump nuevas posibilidades de promoción.

Costanzo acudió a la Torre Trump para reunirse con el empresario y su equipo editorial, incluida Meredith McIver, una bailarina retirada que solía ejercer de escritora en la sombra.[1] En una de sus diversas reuniones, Costanzo nombró una nueva red social que parecía estar abriéndose paso. Dijo que se llamaba Twitter y que la gente podía publicar opiniones en forma de frases cortas que llegaban a un gran número de personas con facilidad. Trump podía usarlo para comunicarse directamente con sus fans y clientes sin coste alguno, lo cual despertó su interés. Cuando Costanzo sacó su portátil para enseñarles cómo funcionaba, descubrió que ya había alguien haciéndose pasar por Trump con el usuario @donaldtrump, así que creó una cuenta nueva: @realDonald-Trump.

Trump se quedó mirando a su equipo, haciéndoles partícipes de su perplejidad por no conocer esa nueva forma de interactuar en las redes. Sin embargo, Costanzo señaló que la cosa tenía truco: para que funcionara, la persona famosa tenía que interactuar personalmente con sus seguidores. Por lo tanto, para triunfar en Twitter, sería necesario que Trump usara la aplicación. A él no le supuso ningún problema. «Venga —dijo dando un golpe en la mesa—, vamos allá.»

Su primer mensaje, el 4 de mayo, fue un tuit soso para darse bombo: «Recuerden sintonizar la tele esta noche para ver a Donald Trump en *Late Night with David Letterman* presentando la lista Top 10». Ahora bien, con el tiempo Trump encontró su propia voz: era directo, divertido, mezquino, irreverente y familiar. La red social era perfecta para él porque permitía interactuar de forma rápida y simple. Sus seguidores tenían la sensación de estar hablando directamente con su ídolo. A diferencia de las entrevistas por televisión, allí Trump podía opinar a sus anchas sobre casi cualquier tema, sin que nadie le llevara la contraria y sin tener que rendir cuentas sobre lo que acababa de soltar. Una vez finalizada la promoción de su libro, Trump quiso continuar en Twitter. Costanzo se enteró del porqué a finales de 2009, cuando su equipo le confesó que estaba considerando de nuevo presentarse a la presidencia y creía que Twitter le podía ser útil para mucho más que promocionar libros y apariciones televisivas.

Los acuerdos de licencia que permitían que el nombre de Trump estuviera en todas partes, tanto en perfumes como en colecciones de ropa para hombre, le estaban reportando unas cantidades de dinero como pocas veces había visto, pero sus negocios más longevos no atravesaban su mejor momento. Unos trece años después de su oferta pública de acciones, que permitió a los inversores comprar una parte de sus casinos, el valor de las acciones de Trump Entertainment Resorts[2] se desplomó a solo 31 centavos por acción en noviembre de 2008.[3] El colapso del mercado hipotecario de alto riesgo de ese año afectó a los reducidos proyectos inmobiliarios de Trump, sobre todo en Chicago, en su torre epónima.[4] Y la crisis financiera mundial que desencadenó tuvo un impacto especialmente negativo en lugares turísticos como Atlantic City.

Al ver que Trump se enfrentaba a la quiebra de su quinto casino[5] y que, a él, todo le iba viento en popa con el casino de Hollywood (Florida), el antiguo semidiscípulo de Trump Richard Fields trató de hacerse con el Trump Marina.[6] Fields ofreció más de 300 millones de dólares por el casino. El establecimiento, previamente denominado Trump Castle, se había rebautizado en un esfuerzo por modernizar la imagen de la marca,[7] aunque Fields y su socio, el cantante Jimmy Buffett, pretendían volver a cambiarle el nombre y llamarlo Margaritaville.[8]

Trump y Fields fueron a juicio por el caso del casino del pueblo seminola, aunque en 2007 los miembros de la tribu aseguraron que Cordish y Fields nunca habían hablado de ningún vínculo con Trump. De repente, Trump y Fields llegaron a un acuerdo según el cual el grupo del segundo podría hacerse con el Marina.[9] (Tras el acuerdo, la venta del casino no salió adelante y Trump acabó vendiéndolo por solo 38 millones de dólares en 2011.)[10] Ahora bien, con nuestro protagonista había pocos efectos colaterales que duraran para siempre. Años después, Trump y Fields conseguirían reconciliarse en una cena de parejitas, en la que el empresario bromearía sobre la demanda que interpuso contra Fields y que le costó millones de dólares a lo largo de varios años. Dijo que no le había quedado otra, porque no le habían dado el suficiente reconocimiento por el éxito de Fields tras dejar la Trump Organization.

Ese caso sirvió para ejemplificar la magnitud del cambio que sufrió la vida de Trump durante la primera década del nuevo siglo. El ejecutivo que había ayudado a Trump a salir de la bancarrota en los años noventa, Nick Ribis, se había marchado, igual que su consultor Alan Marcus.[11] Trump había tenido sus más y sus menos con Fields y se había distanciado de Roger Stone. Pocas de las personas que conocían a Trump desde los setenta seguían en su círculo: Rhona Graff, su asistente durante casi veinte años, el responsable de seguridad Matt Calamari y su director financiero Allen Weisselberg.

Trump cada vez confiaba más en sus hijos mayores, Don jr. e Ivanka. Igual que el joven Eric, estos habían entrado en la Trump Organization como vicepresidentes ejecutivos. Ivanka era con quien Trump tenía la relación más estrecha y, según había comentado él a su entorno, era su hija más brillante. En 2009, Ivanka se casó con Jared Kushner, el hijo de un constructor de Nueva Jersey bien relacionado políticamente, quien también pasó a participar en los negocios inmobiliarios de la familia.[12] La chica se convirtió al judaísmo para poder contraer matrimonio con él, que era bastante devoto.[13] «¿Te puedes creer que tenga una hija judía?», les dijo Trump a sus amigos en aquel momento. Kushner quiso ayudar a su suegro a retomar la relación con los directivos del Citi Private Bank, una de las instituciones que se negaba a prestarle fondos tras su experiencia a principios de los años noventa. El banco accedió a reunirse con Trump e Ivanka, que parecía ser el caballo de Troya de Kushner para obtener ayuda, puesto que comenzaba a cerrar sus propios tratos inmobiliarios. Sin embargo, el banco se echó atrás en cuanto hicieron cálculos sobre un posible préstamo a la organización.

Manteniéndose en su línea, Trump siguió sumando adeptos. Uno de sus últimos hallazgos fue un abogado al que descubrió cuando el hombre salió en su defensa durante una polémica reunión del consejo de una cooperativa en un edificio de Manhattan del que era inquilino.[14] Michael Cohen había sido candidato republicano al consistorio (con escasa fortuna) y era un inversor del sector de los taxis. Con todo, a Trump lo que más le importaba era su faceta de fan acérrimo suyo, de lo cual no se escondía, hasta el punto de adquirir varios pisos en sus edificios. Cohen no tardó en sufrir el tipo de abusos que se habían convertido en prácticamente inevitables cuando uno pasaba a formar parte del círculo cercano de Trump. Se unió a la Trump Organization en 2006 técnicamente como abogado, pero el jefe lo consideraba su mano derecha. No obstante, en pocos años Trump recortó el salario de Cohen y empezó a cuestionar su valía delante de otras personas, simplemente para humillarlo.[15] Cuando le pregunté a Cohen años después si Trump le había tratado mal, él dijo que trataba mal hasta a sus hijos: «Abusa de todo el mundo». Algunos amigos de Trump no soportaban a Cohen, que tenía un marcado acento de Long Island y una personalidad un tanto intensa. Andrew Stein, un antiguo miembro del consejo municipal de Nueva York con quien Trump mantenía una buena relación, le preguntó una vez por el motivo de su estrecha relación con Cohen. «Cumple su función», contestó.

El 27 de septiembre de 2010, Trump inauguró unas oficinas en su torre con el objetivo de recaudar fondos para candidatos republicanos de todo el país. A apenas cinco semanas de las elecciones, se esperaba que el partido arremetiera contra Obama en las primeras votaciones de mitad de mandato. Los líderes de la Asociación de Gobernadores Republicanos, el gobernador de Mississippi Haley Barbour y el joven director ejecutivo del grupo Nick Ayers viajaron por todo el país para recabar apoyos para los candidatos en eventos en más de 37 estados. Por su parte, Trump se había ofrecido a organizar un acto de recaudación de fondos.

Desde que se planteara presentarse como candidato republicano en 1988, Trump se había alejado del partido. Tras su amago con el Partido Reformista, se había registrado como demócrata en 2001 y había comenzado a dejarse ver con Bill y Hillary Clinton, de quien se esperaba que fuera la abanderada del partido en 2008.[16] Sin embargo, Obama salió como candidato y Trump se alejó del panorama demócrata. Finalmente, decidió apoyar al posible candidato republicano, John McCain,[17] a pesar de que el senador de Arizona había sido uno de los más críticos en el Congreso con la concesión de préstamos federales a bajo interés para que Trump construyera el proyecto Riverside South.[18] (Trump había hablado bien de Obama al principio de la campaña. Se había referido a él como «un tipo válido y un gran orador», pero luego el candidato había censurado el uso que Trump hacía de la bancarrota para renegociar las hipotecas de sus propiedades, una estrategia que las personas con menor poder adquisitivo no podían emplear.)[19] Trump llamó a uno de los miembros de sus antiguos grupos de presión, Charlie Black, que estaba entonces con McCain, y le ofreció organizar un gran evento para recaudar fondos para la campaña. Black le dijo que esperaban recaudar medio millón de dólares, tras lo cual Trump se quedó callado unos segundos y preguntó si no podía ser un poco menos. Finalmente, accedió a formar parte de la organización de otro acto que ya estaba planeado. Black recibió una llamada de un asesor que le preguntó cómo reconocerían la labor de recaudación de Trump.

Trump cambió formalmente su censo electoral para reincorporarse a las filas republicanas cuando este partido iniciaba una transformación radical que lo alejaba tanto del absolutismo del libre mercado de la era de Ronald Reagan, que atrajo a Trump cuando era un joven empresario, como del agresivo neoconservadurismo de la era de George W. Bush que había alejado al magnate. Durante los primeros meses del mandato de Obama, hubo activistas que se autoproclamaron discípulos de la revolución colonial que luchó contra la tiranía británica y que comenzaron a organizar protestas. En teoría se quejaban de los rescates a los bancos y los fabricantes de coches, pero también arremetían contra la propuesta de reforma del sistema de sanidad de Obama. Estas protestas nacían, en parte, de una aversión contra el primer presidente negro del país.[20] Las protestas del Tea Party tenían un blanco doble: los demócratas que controlaban Washington y unos altos cuadros republicanos a los que consideraban poco beligerantes.

Quedó rápidamente demostrado que Trump no estaba en sintonía con un partido cada vez más esclavo de su base activista, así que encargó a Rex Elsass —un consultor de Ohio que trabajaba con muchos candidatos nacionales ajenos al Tea Party— llevar a cabo encuestas en Iowa y Nuevo Hampshire.[21] Los resultados de Trump fueron desastrosos. Necesitaría dar un giro radical a su postura respecto de distintas cuestiones sobre las que había adoptado una postura liberal, como el aborto o la sanidad, si quería tener alguna posibilidad de ser el candidato presidencial republicano. (Semanas después, los resultados de la encuesta no privaron a Trump de afirmar que habían sido «muy positivos» en una entrevista telefónica para el programa *Morning Joe* de la MSNBC.)[22]

Trump había conocido a Elsass a través de un miembro del Partido Republicano llamado David Bossie, uno de sus mentores en el cambiante terreno político de su nuevo partido. (Trump había descubierto a Bossie a través de Steve Wynn, un magnate de los casinos y rival convertido en amigo, y estrechó lazos con él durante su separación de Stone.) En los años noventa, Bossie había trabajado como investigador del Congreso mientras la mayoría republicana estudiaba varios cargos contra la Administración Clinton. En 2000, Bossie estaba al frente de Citizens United, un grupo que llevaba a cabo labores de incidencia política y que se popularizó (además de por una decisión histórica del Tribunal Supremo que llevaba su nombre) por promover el conservadurismo en largometrajes documentales, incluido uno sobre Hillary Clinton que se estrenó durante su campaña de 2008. Durante la campaña presidencial de 2008, Stone creó una organización llamada Citizens United Not Timid (CUNT), un guiño al malsonante término en inglés *cunt* ('coño'), por lo que el grupo de Bossie lo demandó.[23] Stone, manteniendo que se trataba de una broma, llegó a un acuerdo en la demanda.

En 2010, Citizens United Productions estrenó un documental sobre la crisis financiera dirigido por Steve Bannon, un antiguo ejecutivo de Goldman Sachs convertido en empresario mediático de derechas.[24] Bossie pensó que a Trump le interesaría conocerle. Aunque el aspecto desaliñado de Bannon le situaba lejos del tipo de persona con la que Trump simpatizaría al instante, sus credenciales en Wall Street hicieron que se lo pensara dos veces. Ambos se reunieron en la Torre Trump y mantuvieron una conversación distendida sobre política. Trump habló largo y tendido sobre China, un país cuya economía, decía él, iba dirigida a convertirse en la mayor del mundo y cuyas prácticas comerciales estaban perjudicando gravemente a Estados Unidos. Por su parte, Bannon elogió el populismo, lo cual interpeló a Trump.

—Eso precisamente soy yo, ¡un popularista! —dijo.

—Se dice populista —le corrigió Bannon.

—Eso, popularista —dijo Trump.

Si Trump buscaba un ejemplo de cómo un candidato novato, externo y con un currículum poco convencional podía canalizar la ira del Tea Party, había alguien perfecto para eso. Carl Paladino, un promotor inmobiliario de Búfalo sin experiencia política, empezó a preparar una ambiciosa candidatura a gobernador que prometió financiar con 10 millones de dólares de su propio bolsillo.[25] Stone asesoró informalmente a Paladino mientras dirigía la campaña de otra candidata, Kristin Davis, que se presentaba por un tercer partido.[26] (Davis era una *madame* retirada que acababa de salir de la cárcel tras cuatro meses por su implicación en la misma red de prostitución que terminaría con la carrera de Eliot Spitzer en marzo de 2008. Davis se presentaba por el Partido Antiprohibicionista, y su plataforma hacía hincapié en legalizar la prostitución y la marihuana.) Paladino se rodeó de otros asesores del círculo de Stone.[27] El director de campaña de Paladino fue Michael Caputo, natural de Búfalo, quien había sido asesor de Stone y había acompañado a Trump al Capitolio en 1993 para que prestara testimonio. Caputo contrató como encuestador a Tony Fabrizio, que conocía a Stone desde finales de los años setenta y que había investigado sobre temas empresariales y políticos para Trump a través de encuestas. «Esta campaña es de chuchos, no de caniches con pedigrí», dijo Caputo a *The New York Times*.[28]

El candidato con más opciones de ser gobernador era Andrew Cuomo, hijo de Mario Cuomo, que había sido fiscal general de Nueva York y había sabido esperar su momento. La hora de Cuomo llegó cuando su colega demócrata Spitzer se vio envuelto en la investigación sobre prostitución que acabó con su carrera[29] y su sucesor, David Paterson, se hundió en los lodos de sus propios escándalos.[30] (Stone se atribuyó un papel en el escándalo Spitzer: el *Miami Herald* informó de que Stone había escrito una carta al FBI cuatro meses antes de que Spitzer dimitiera, en la que había afirmado que el demócrata frecuentaba prostíbulos y llevaba calcetines negros en la cama. Spitzer lo desmintió, pero la imagen ya era imborrable.)[31] Para enfrentarse a Cuomo en unas elecciones generales, Paladino tendría que derrotar a Rick Lazio, un político moderado de Long Island que había dado el salto al Congreso a partir de una candidatura municipal y que contaba con el apoyo de otros políticos del estado.

La campaña de Paladino no empezó con buen pie. El día que anunció formalmente su candidatura, los periódicos se llenaron de artículos sobre un bebé que había tenido fruto de una relación extramatrimonial.[32] Días más tarde, una página de noticias locales hizo públicos unos correos electrónicos con contenido explícito y racista que Paladino había enviado a algunos conocidos, incluidos varios en los que se mencionaba a Barack y Michelle Obama.[33] Uno de los mensajes, titulado «Ensayo de investidura de Obama», contenía un vídeo de una danza de una tribu africana. Aun así, Paladino no se disculpó, sino que se limitó a responder con actitud desafiante a los principales medios de comunicación: «Yo lo veo como una broma, nada más».[34] Esta respuesta en realidad le beneficiaría, ya que los votantes que necesitaba meterse en el bolsillo para las primarias le conocerían a raíz del escándalo, si bien en ese momento no resultó evidente.

Tanto por su personalidad como por una cuestión de estrategia política, Paladino se sentía atraído por la controversia, y en la zona sur de Manhattan estaba surgiendo una a la que no podría resistirse. En diciembre de 2009, se hicieron públicos los primeros informes sobre un plan para construir un centro cultural musulmán a pocas manzanas del World Trade Center.[35] Los medios de comunicación se hicieron eco de la noticia y avivaron la resistencia de la comunidad. En verano de 2010, el proyecto —al que los medios, incluida yo misma, mal llamaron «mezquita de la zona cero»—[36] se había convertido en un melón de las guerras culturales posteriores al 11S. Mientras que Obama lo veía como una muestra de la pluralidad que caracterizaba al país, igual que el alcalde y el gobernador de la ciudad, los políticos conservadores como Lazio especulaban sobre el dudoso origen de la financiación extranjera.[37]

Paladino fue un poco más allá y convirtió el edificio en un tema central de su campaña, haciendo hincapié en la opinión al respecto de los representantes de ambos partidos.[38] En sus cuñas publicitarias, Paladino prometía utilizar su poder para paralizar las obras si fuera necesario. «Los fundamentalistas islámicos son fascistas: limitan los derechos de las mujeres, coartan la libertad de expresión y de opinión, y la población sufre los efectos de la *sharía*, de tendencia barbárica. Me opongo a la construcción de una mezquita en los alrededores de la zona cero, no por una cuestión de raza, sino por la ideología que representan los fundamentalistas islámicos —afirmaba Paladino en un anuncio—. Creo fervientemente que es una falta de respeto hacia los miles de personas que murieron el 11 de septiembre y sus familias, así como hacia los miles de tropas que han sido asesinadas o han resultado heridas en las consiguientes guerras, y un agravio a la población de este país. Debemos detenerlo.»

Cuando el tema empezó a atraer la atención de los medios de comunicación nacionales durante el verano, Trump se metió de lleno en el asunto, recurriendo a una estrategia ya conocida: entrar al trapo en una polémica que no tenía nada que ver con él. Envió una carta a uno de los principales inversores en el proyecto —y rápidamente la filtró a *The Wall Street Journal*— ofreciéndose a comprar las acciones del inversor por 6 millones de dólares.[39] Así podría forzar el traslado del proyecto. «Hago esta oferta como residente de Nueva York y ciudadano de Estados Unidos, no porque piense que la ubicación es espectacular (porque no lo es), sino porque pondrá fin a una situación muy grave, incendiaria y con efectos polarizadores que, en mi opinión, está destinada a agravarse», escribía Trump.

Los altos cuadros republicanos llegaron al día de las primarias convencidos de que Lazio ganaría por goleada. Pero debido, entre otras cosas, al proyecto de la «mezquita en la zona cero» y a la rabia que este despertó en el panorama político del estado de Nueva York, Paladino derrotó a Lazio sacando casi el doble de votos.[40] Unas dos semanas después de su victoria (una de las más inesperadas de ese año), fui a entrevistar a Paladino en el vestíbulo de un hotel del Midtown. En la entrevista, el político se desahogó sobre la cobertura que le habían dado a su aventura extramatrimonial y a la hija de diez años fruto de esta: «No hablo de mi hija», dijo. Unos diez minutos después, preguntó: «¿Acaso alguien ha preguntado a Andrew Cuomo por sus amantes?». Y Caputo, su director de campaña, añadió inmediatamente: «Estando casado». El matrimonio de Cuomo con una hija de los Kennedy había terminado hacía unos años, tras diversos artículos contradictorios en los tabloides sobre una aventura que ella había tenido con un jugador de polo del Westchester. Pero Paladino hablaba de otra cosa.

Yo no había presenciado jamás nada igual: un político arremetía contra su rival acusándolo de cosas tremendamente personales, en vivo y haciendo él mismo las declaraciones, sin ni siquiera ofrecer pruebas de ello (más tarde, Caputo afirmó que había intentado conseguir pruebas en vano). Era una situación tan surrealista que en el momento no me di cuenta de su relevancia, hasta que lo hablé con otras personas. Pero al tratarse del candidato republicano a gobernador, los medios no podían ignorarlo por completo, como probablemente habrían hecho si las acusaciones hubieran concernido a personas cuyos nombres no figuraban en las papeletas. Publiqué un artículo en *Politico*, con el que había empezado a colaborar como reportera desde Nueva York, titulado «Paladino confirma la aventura de Cuomo».

Un portavoz de Cuomo me dijo que «ellos no pensaban caer tan bajo como Paladino, Caputo y Stone», pero Cuomo hizo que su auxiliar Joe Percoco se pusiera en contacto con el candidato republicano a través de Stone cuando sus ataques se pusieron serios, con la esperanza de apaciguar a la bestia.

Ninguno de los dos candidatos de Stone salió elegido: Paladino recibió alrededor de un tercio de los votos y Davis obtuvo menos de la mitad de un punto. Sin embargo, Stone había comenzado su incursión en la red para difundir información e ideas al margen de los medios tradicionales. Allí, descubrió que la combinación de famoseo y controversia podría catapultar mucho mejor una carrera política.

Un mes después del fracaso de Paladino, Stone publicó una columna en su página web, *The Stone Zone*, en la que expresaba sus opiniones sobre política y moda.[41] En el artículo, exponía que era el momento perfecto para que Trump presentara su candidatura a la presidencia de cara a 2012. «El Donald Trump de 2010 no es el Donald Trump de los años noventa. El soltero donjuán rodeado de decenas de modelos ya no existe —escribió—. Ahora, Donald está felizmente casado con una mujer maravillosa y tiene un hijo en edad de ir al colegio. Actualmente, es una persona más estable y sabia y podría ser la única capaz de salvar este país.»

El teléfono de Stone sonó poco después de que publicara el texto. Era Trump. El empresario había leído la columna y se había quedado prendado de las buenas palabras de Stone, cuya lógica le había ablandado el corazón. Trump estaba dispuesto a retomar la relación.

11

La mentira que le propulsó

A finales del verano de 2009, Donald Trump cambió de partido a través del formulario de registro de votantes, pero su bautismo como republicano converso no tendría lugar hasta un año y medio después, en Washington. La edición de 2011 de la Conferencia de Acción Política Conservadora llegó en un momento especialmente propicio para la derecha estadounidense. Los republicanos acababan de recuperar el control de la Cámara de Representantes y habían sumado seis escaños más en el Senado. También se habían hecho con seis cargos de gobernador y con casi setecientos asientos en las instancias estatales de todo el país. Los resultados se recibieron como un rechazo a gran escala de la ambiciosa agenda de Barack Obama y una confirmación de que el movimiento del Tea Party podía ser no solo una oposición molesta, sino también una fuerza electoral.

Pero los republicanos no tenían un candidato nacional claro que pudiera aprovechar esa fuerza. La principal opción era Mitt Romney, que había hecho su labor para meterse en el bolsillo a los grandes donantes y a las élites del partido desde su campaña fallida de 2008.[1] Sin embargo, los republicanos creían que el exgobernador de Massachusetts era demasiado moderado: sus reformas en materia de sanidad habían servido de referencia para las de Obama, y sus vínculos con Wall

Street y su personalidad correcta y recatada no casaba demasiado con la deriva populista del partido. Quienes seguían la tónica rebelde —como la diputada Michele Bachmann o Ron Paul, que había sido candidato a la presidencia por el bando libertario y que ahora había vuelto a dar la oportunidad al Partido Republicano— eran demasiado mediocres para unas elecciones generales. Los candidatos que sí daban el perfil, como los gobernadores Tim Pawlenty de Minesota o Jon Huntsman de Utah, no alcanzaban el nivel de recaudación de fondos de Romney. La Conferencia de Acción Política Conservadora, prevista para febrero de 2011, sería una de las primeras oportunidades para los candidatos de presentarse ante un grupo más amplio de activistas republicanos.

A pocas horas del evento, Roger Stone empezó a buscar la forma de que Trump se colara en el acto.[2] GOProud, una organización insurgente de gais y lesbianas republicanos que copatrocinaban la conferencia, colaboró con el estratega para conseguir que Trump pudiera dar un discurso en algún momento clave del evento. No era tan raro: debido a su gran preocupación por el sida, Trump había hecho donaciones a la Gay Men's Health Crisis hacía veinte años, cuando estaba casado con Ivana. Si bien en privado mostraba su rechazo a la comunidad, sus comentarios en público sobre los homosexuales se habían vuelto mucho más tolerantes, sobre todo si hablaba de alguien conocido o alguien que podía llegar a ser cliente suyo. Cuando el cantante Elton John firmó los papeles con su pareja de toda la vida, David Furnish, Trump escribió en un blog de la Trump University: «En cualquier caso, me alegro mucho por ellos. Si dos personas se quieren, se quieren. Buena suerte, Elton. Buena suerte, David. Os deseo lo mejor».[3]

El 10 de febrero de 2011, Trump viajó a Washington con Michael Cohen. Su aparición no se anunció hasta el último momento, lo cual añadió emoción al asunto.[4] Al llegar al Marriott Wardman Park Hotel, Cohen intentó marcar las distancias entre Trump y los reporteros que lo persiguieron desde el vestíbulo al salón de baile. Cuando subió al escenario, con la sintonía de *The Apprentice* «For the Love of Money» sonando a todo volumen, la sala estaba abarrotada. En el salón se congregaban activistas religiosos, estudiantes universitarios con tintes libertarios y grupos de presión del mundo corporativo; una combinación extraña de ver en cualquier otro contexto.

Stone había asesorado a Trump sobre qué enfoque debía tener su discurso para ganarse la confianza del público. Doce años atrás, Trump había barajado la idea de presentarse a la presidencia y se había referido a sí mismo como «muy partidario del derecho a abortar»,[5] pero ahora dio un volantazo: «Muy brevemente —dijo Trump—: me considero provida, estoy en contra del control de armas de fuego y mi objetivo es poner fin al *Obamacare* y reemplazarlo». Dicho eso, pasó a hablar de los temas que más le importaban; en su línea, acusó a otros países de saquear Estados Unidos y propuso resolverlo con nuevos aranceles a las importaciones desde China.

A continuación, Trump hizo el mayor alegato en su favor que podría haber hecho él o cualquier otro hombre de negocios famoso que no contara con el bagaje de haberse pasado toda la vida en política. «Y por cierto, Ron Paul no puede salir elegido, lo siento», dijo Trump dibujando una sonrisita que luego fue creciendo. Los adeptos de Paul lo abuchearon, pero el resto comenzó a aplaudir. Él sonreía de oreja a oreja: «Me cae bien Ron Paul —dijo—, es un buen tipo, pero la realidad es que tiene cero probabilidades de salir elegido». Obtuvo una gran ovación del público: después de tres años de mandato de Obama, los republicanos querían a alguien que creyera en sí mismo. Trump había dado en el clavo.

Matt Strawn, presidente del Partido Republicano de Iowa, vio el discurso por televisión desde el salón de su casa.

Le fascinó la reacción del público, por lo que se puso en contacto con un miembro del partido y le sugirió que invitara a Trump a dar el discurso de apertura del Lincoln Day Dinner. Al cabo de dos semanas, Strawn y Casey Mills viajaron a Nueva York para reunirse con Trump y Cohen. En un momento dado, se pusieron a hablar de golf y de un campo de Iowa que Trump estaba pensando en comprar. Entonces, este hizo una alarmante declaración sobre Obama: «No tengo claro que haya nacido aquí», dijo, con un papel en la mano. La teoría de que Obama, nacido en Honolulu y de padre keniano, no era estadounidense de nacimiento llevaba tiempo rondando por los medios de derechas, desde antes de que saliera elegido. Los primeros en dar pábulo a la conspiración fueron un grupito de anónimos fanáticos de Hillary Clinton, que se aferraron a cualquier cosa que pudiera perjudicar la candidatura del político.[6] Más tarde, los márgenes del bando republicano adoptaron la polémica e intentaron que el debate público versara sobre ella.

Trump estaba poniendo a prueba a Strawn para ver cuál era su reacción, algo que hacía a menudo con las personas de su círculo. Sin embargo, no obtuvo mayor respuesta y cambió de tema rápidamente. Hablaron entonces de la visita de Trump a Iowa y acordaron que sería a principios de junio. La reunión, que según Strawn y Mills iba a ser más bien corta, se alargó más de cuarenta y cinco minutos. Parecía que el interés de Trump por la candidatura era genuino.

Pocos días después del discurso de Trump en la Conferencia de Acción Política Conservadora, mi jefe de redacción en *Político* me dijo que entrevistara a Stone para preguntarle cómo sería la candidatura de Trump en 2012. Yo conocía a Stone porque había cubierto la escena política de Nueva York, y fuentes del Partido Republicano me habían comentado que el estratega había formado parte del equipo que había redactado el discurso de la conferencia. En la reunión, él reiteró que no trabajaba formalmente para Trump y se definió a sí mismo como un «observador». No obstante, durante el almuerzo expuso una visión muy meditada de la campaña. Trump se mostraría crítico con la guerra de Afganistán, que duraba ya una década, y partidario de endurecer las medidas estadounidenses contra China. A Trump no le gustaba viajar, advirtió Stone, ni tampoco trabajar a destajo, pero podía autofinanciar una campaña y aprovechar el creciente poder de las redes sociales. «Creo que incluso la gente a la que no le gusta siente cierta fascinación por él —me dijo Stone—. Es Donald Trump, despierta el interés público, así que no creo que tenga que ir a hacerse fotos con porcicultores para recabar apoyos.»

Tras la publicación de mi artículo, recibí un correo electrónico del equipo de Trump con unas declaraciones contundentes e inesperadas: «Roger Stone ha aparecido en las noticias hablando bien de mí y de mi candidatura a la presidencia. Me siento halagado, pero Roger no me representa ni forma parte del equipo de asesores de mi campaña», rezaba el mensaje. Yo me disponía a leer el texto completo cuando sonó el teléfono. Era Rhona Graff, la secretaria de Trump. Me dijo que Trump quería hablar conmigo: «Maggie —dijo él—, Roger Stone no habla en mi nombre». Básicamente recitó el texto del correo que yo acababa de recibir.

Yo no entendía nada. Stone nunca me había dicho que hablara en nombre de Trump en nuestras conversaciones y yo tampoco había escrito que así fuera. Trump estaba negando algo que nadie había afirmado. Si bien el asesor nunca se había descrito como la mente pensante de Trump —y siempre había dicho lo contrario en entrevistas y en sus artículos—, el magnate odiaba la idea de ser el títere de nadie, como descubrí posteriormente. Pugnando con Stone por ser la cara visible de la carrera política de Trump, Cohen, que tenía mucha menos experiencia, comenzó a trazar su estrategia para «dar forma» a la campaña de 2012,[7] algo similar a lo que Stone había hecho por primera vez veinticinco años atrás.[8] Trump alentaba esta competitividad y solo le importaba que, cuando hubiera una lista completa, él tuviera la última palabra.

La respuesta de los medios fue valorar seriamente la candidatura de Trump. En marzo, la periodista Ashleigh Banfield de ABC News lo entrevistó en su avión privado y le preguntó sobre las especulaciones alrededor de los orígenes de Obama.[9] Trump dijo que «albergaba una pequeña duda, muy pequeña» sobre el lugar de nacimiento de Obama, porque «había crecido allí, pero nadie lo conocía». De lo que él se quejaba era de que «toda la gente que insinuara que las teorías eran ciertas sería tachada de necia».

Cuando se emitió la entrevista en el programa *Good Morning America*, la contribución de Trump a la teoría del *birtherismo* (del inglés *birth*, 'nacimiento') le valió un minuto de gloria en las noticias. A diferencia de otras provocaciones que había verbalizado en entrevistas pasadas, en esta ocasión no había sido algo improvisado. Desde su discurso en la Conferencia de Acción Política Conservadora, Trump había estado explorando el mundo de las teorías conspiranoicas como subcultura. Quiso tener una conversación con Joseph Farah, el fundador del portal *WorldNetDaily*, conocido por ser un medio de derechas que difundía bulos, y más tarde con Jerome Corsi, que preparaba un libro sobre esa misma teoría que llevaba por título *Where's the Birth Certificate? The Case That Barack Obama Is Not Eligible to Be President*.[10] Stone insistió en que él no le había dado la idea a Trump[11] y reiteró que le había advertido de que le tildarían de racista.[12] Sin embargo, en público afirmó que le parecía una idea «brillante» para contentar a las bases derechistas.[13]

Los republicanos se habían quejado durante casi tres años de que nadie había reprendido a Obama cuando este había dicho que los votantes blancos de zonas rurales se aferraban «a las armas, la religión y la antipatía hacia la gente diferente». Los conservadores pensaban que McCain no había sido lo bastante contundente con el entonces presidente. Dicho eso, la mayoría de los comentaristas conservadores, incluso voces con estilos sagaces como Andrew Breitbart[14] o Ann Coulter,[15] se burlaron de Trump por cuestionar la legitimidad de Obama como presidente. Pero él siguió a lo suyo, encantado con los titulares.[16] «Lo hemos estudiado muy de cerca. Su familia ni siquiera sabe en qué hospital nació. Esto lo sabéis, ¿verdad? ¿Sí o no? A los hechos me remito. Está todo por escrito», dijo Trump para el portal *The Daily Caller*, fundado por el periodista conservador Tucker Carlson hacía apenas un año. Trump iba viniéndose arriba con cada entrevista y hasta llegó a afirmar que había enviado a un grupo de investigadores a Hawái para buscar el certificado de nacimiento y que «no se podían creer lo que habían encontrado».[17]

Aunque se mofaban de la sinvergonzonería de Trump, los medios tradicionales no dejaban de cubrir la historia, pensando que serviría para educar al público sobre la importancia de verificar los hechos ante los bulos. (En realidad, Obama había compartido una copia de su certificado de nacimiento en 2008.)[18] Sin embargo, eso no hizo más que avivar la mentira, que trataba torpemente de ocultar su verdadera intención: demostrar que el primer presidente negro no tenía derecho a ostentar el cargo.

El 23 de marzo, seis días después de que Trump hubiera hecho pública su postura frente a la teoría del nacimiento de Obama, Strawn anunció que Trump sería el cabeza de cartel del Lincoln Day Dinner del Partido Republicano en Iowa.[19] El estado sería el primero en celebrar el caucus, así que el politiqueo se iba a poner interesante. De golpe, a Trump le interesó la idea de ampliar el alcance de su operación política. Trató de persuadir a Fabrizio para que dijera que trabajaría en una hipotética candidatura, pero Fabrizio declinó educadamente la oferta. (De hecho, acabaría ofreciendo sus servicios a otro candidato.) Un viejo amigo de la familia, el experto en estrategia política Dick Morris, le sugirió a Trump que hablara con un encuestador republicano llamado John McLaughlin y con su hermano Jim.[20] Los dos habían trabajado para el alcalde de Filadelfia Frank Rizzo. Rizzo había sido comisario de policía en Filadelfia cuando Trump había estudiado allí y se había erigido en el símbolo de la política de victimización de los blancos, enarbolando el discurso a favor del endurecimiento de las leyes.[21]

John McLaughlin intentó recordarle a Trump que, si apostaba por presentarse, tendría que abandonar el programa *The Celebrity Apprentice*, un subproducto de *The Apprentice* en el que competían famosos de segunda o personas a las que se les había pasado el momento de gloria. Trump mantenía que McLaughlin estaba equivocado, pero era lo único que le calmaba en esas conversaciones, aunque fuera por un momento. Erre que erre, Trump siguió pidiendo a los hermanos que trazaran un plan de campaña al que ceñirse en caso de que decidiera postularse. Algunas personas de su círculo pensaron que se trataba de otra treta, pero el semblante con el que se presentaba ante los McLaughlin parecía el de un candidato serio.

A pesar del trabajo que requerían las labores de preparación de una campaña electoral, pocos o ninguno de sus consultores estaban siendo remunerados por su trabajo. Todos se estaban dejando la piel gratis para preparar su campaña.

Para ello, tuvieron que averiguar su punto de vista sobre diversos temas. Trump opinaba que la economía estaba desinflada y el déficit presupuestario, por las nubes. A diferencia de Obama, él no era partidario de buscar nuevos acuerdos de libre comercio. La inmigración no le preocupaba demasiado y, cuando Jim McLaughlin le preguntó qué pensaba sobre temas sociales como el aborto, Trump comentó que se había vuelto provida después de que unos conocidos de Melania y él hubieran estado a punto de abortar.

Nunca contento con tener a una sola persona dedicada a una tarea, Trump empezó a llamar a la encuestadora republicana Kellyanne Conway para que le asesorara.[22] Trump la había conocido a través de su marido, George, un abogado que solía trabajar en los círculos legales conservadores.[23] Los Conway eran propietarios de un piso en una torre que el promotor había construido cerca de la sede de la ONU, y cuando otros residentes quisieron prescindir del nombre de Trump para referirse al edificio, George había salido en su defensa. El empresario pidió a George que formara parte de la junta directiva del edificio, pero este no quiso asumir la responsabilidad y propuso a su esposa para el puesto. La cartera de clientes de Kellyanne estaba formada sobre todo por candidatos evangélicos y causas socialmente conservadoras, por lo que ella se ofreció a ponerle en contacto con líderes del evangelismo.[24]

Trump se esforzó por tender puentes con otros sectores de la política republicana. A pesar de que sus donaciones benéficas eran bastante pobres[25]—en ese momento, también lo era su capacidad de recaudar fondos—, Trump dio dudosas garantías al flamante presidente del Comité Nacional Republicano, Reince Priebus, de que los ayudaría a solventar sus problemas de liquidez recaudando fondos por valor de seis cifras en su club de golf de Virginia. La garantía disipó el riesgo de que Priebus reprendiera públicamente a Trump por sus contribuciones a la teoría de los orígenes de Obama, a pesar de que Priebus le había pedido en privado que dejara de darle bombo. Al final, Trump nunca llegó a cumplir la promesa de recaudar esos fondos.

Tras un mes de trabajo, los McLaughlin regresaron con un plan para que Trump pudiera comenzar su campaña antes del 25 de mayo. Recomendaron a un antiguo miembro del equipo de Rudy Giuliani, Jason Miller, como director de campaña, y a un operador de Nuevo Hampshire, Corey Lewandowski, como director estatal. La falta de una infraestructura política profesional ya era evidente: la reducida esfera de asesores de Trump no estaba en absoluto preparada para hacer frente al escrutinio rutinario de la prensa, que indagó en su registro histórico de votos y su historial de cambios de partido.

Los medios nacionales se mostraban muy escépticos con su candidatura, más si cabe con el resultado de la misma, pero no dejaban de prestar atención al relato que se estaba gestando. Trump se esmeró en alimentar el interés en su posible candidatura filtrando información sobre sus finanzas. Incluso compartió declaraciones de su equipo imposibles de verificar y difíciles de desgranar, según las cuales su patrimonio ascendía a más de 7.000 millones de dólares (algo sobre lo que la prensa sí quería informar). En una entrevista tras otra, Trump se dedicó a describir todo lo que haría si salía elegido como presidente, con terminología que no guardaba relación alguna con los poderes ejecutivos. Sin embargo, pocos periodistas consiguieron —o intentaron con todas sus fuerzas— que Trump concretara cómo pensaba lograr sus objetivos.

Trump comenzó a escalar en las encuestas en plena polémica sobre la teoría de los orígenes de Obama. En un acto electoral del Tea Party en Boca Ratón a mediados de abril de 2011, en el que también participó Stone, su discurso giró en torno a la obligación del presidente Obama de publicar el documento completo de su certificado de nacimiento, puesto que, según él, contenía información diferente a la copia reducida que se había compartido.[26] Los asistentes le compraron todo el discurso, y al entrar en la limusina tras el mitin, el magnate exclamó: «¡Guau, ha sido increíble!».[27] En pocas semanas, Trump consiguió que la teoría del *birtherismo* llegara a los medios tradicionales, hasta el punto de que Obama decidió pronunciarse al respecto. Tras días respondiendo preguntas sobre su certificado de nacimiento, la Casa Blanca publicó una copia del certificado completo enviada por la Secretaría de Estado de Hawái.[28] El presidente declaró a la prensa que quería zanjar el asunto y evitar que «charlatanes de feria» siguieran difundiéndolo y convirtiéndolo en una distracción.

Ese mismo día, Trump fue a Nuevo Hampshire, donde tendrían lugar las primeras primarias para la nominación. Al descender de su helicóptero en Portsmouth, una multitud de reporteros le esperaban en el hangar, una escena similar a la de su visita en 1987. Pero en esta ocasión, Trump no habló sobre la posición del país a nivel global o sobre cuestiones económicas, sino que se mostró sorprendido y se jactó de haber logrado que Obama hiciera público su certificado de nacimiento. «He conseguido algo que ninguna otra persona había logrado», dijo. Entonces, lanzó una pregunta que enzarzaría a la prensa de nuevo: ¿qué se sabía del expediente académico del presidente? Si Obama se molestó por haber tenido que lidiar con Trump en aquel asunto, no lo compartió con su equipo, sino que lo tildó de distracción frustrante.

Yo seguí a Trump durante su visita por Nuevo Hampshire. Me sorprendió que, a pesar del gran recibimiento del hangar, el candidato no parecía estar muy por la labor del objetivo del viaje. Se escaqueó de una reunión con activistas locales, uno de los motivos principales de su visita de veinticuatro horas, para atender una llamada relacionada con la Trump Organization. En uno de los últimos actos, en una cafetería de Portsmouth, vi cómo dejaba de saludar a sus votantes para plantarse frente a una gran pantalla de televisión que había localizado. La NBC hablaba del certificado de nacimiento de Obama. Se quedó ahí en medio durante el tiempo suficiente como para que dejara de parecer un numerito para la prensa y se notara que la noticia le interesaba de verdad. «Lo tengo claro, lo ha publicado gracias a Trump», dijo de Obama.

Y ahí se terminó su visita: Trump volvió a montarse en la limusina negra que le había paseado todo el día, bajó la ventanilla de atrás y se asomó con esa inconfundible sonrisa del gato de Cheshire, dando a entender que había quedado encantado con su visita.

Unos días después de su viaje a Nuevo Hampshire, Trump fue a Washington para asistir a la cena de corresponsales de la Casa Blanca, un evento de etiqueta, en calidad de invitado de *The Washington Post*.[29] Al llegar, el magnate confesó a la prensa que esperaba algún comentario con sorna por parte de Seth Myers, el comediante estrella del programa *Saturday Night Live*, al que habían contratado para actuar durante la velada.[30]

Sin embargo, el presidente también figuraba en la agenda como una de las intervenciones de la noche, que normalmente solían ser de corte cómico, y Obama optó por dedicar su comparecencia a darle caña a Trump. Lo primero que hizo fue proyectar su certificado de nacimiento en las pantallas gigantes del evento. Mientras la música retumbaba a todo volumen en el salón de baile, Obama dijo entre risas: «Bueno, sé que ha recibido críticas últimamente, pero podéis estar seguros de que nadie está más contento y orgulloso de haber zanjado el asunto del certificado que el propio Donald. Porque ahora puede centrarse en cosas realmente importantes: ¿llegamos de verdad a la luna? ¿Qué paso con el ovni de Roswell? ¿Cuál es el actual paradero de los raperos Biggie Smalls y Tupac?».

Entonces, el sarcasmo de Obama subió de nivel: «Bromas aparte, obviamente, todos conocemos sus credenciales y su largo recorrido —el público seguía riendo—. Como... sí, eso, hace poco en un episodio de *The Celebrity Apprentice*, en el asador, el equipo de los hombres no terminó de impresionar al jurado de Omaha Steaks. Había culpables de sobra, pero usted, señor Trump, supo ver que el verdadero problema era la falta de liderazgo. Así que no culpó a Lil Jon o Meatlof, sino que decidió despedir a Gary Busey. Y decisiones como esa no se toman todos los días; buena gestión, sí señor».

La cara de Trump era un poema: el ceño ligeramente fruncido, como si hubieran esculpido su rostro en una piedra. El público se dio la vuelta para ver su reacción. Él consiguió sonreír entre dientes y saludar tímidamente, pero nada más. Abandonó el lugar poco después de la cena, y no asistió a la celebración posterior.[31] En su momento, Trump y su equipo insistieron en que estuvo muy a gusto, porque fue el centro de atención.[32] Pero años después, y en privado, un asesor tras otro fueron reconociendo que Trump no soportó que tres mil personas se rieran en su cara y tuviera que estar ahí sentado aguantando el chaparrón. Humillado, reiteró a un colaborador que toda la culpa había sido de Obama por no hacer público el certificado antes. «Yo no le he hecho nada —reprochó Trump—, el problema se lo ha buscado él.»

Cuando llegó la Sweeps Week, la segunda semana de mayo, el período en el que se miden las audiencias de la televisión nacional para fijar las tarifas publicitarias, los ejecutivos de la NBC se habían aburrido de la fijación de Trump con el tema de los orígenes de Obama. *The Apprentice* había tenido un éxito inesperado entre la audiencia afroamericana, pero ese éxito corría peligro tras los ataques de su presentador al primer presidente de raza negra. Trump no estaba dispuesto a abandonar la franquicia televisiva que le había devuelto a las portadas, y tampoco estaba preparado para buscar otro bulo después de ver cómo Obama había zanjado el tema del certificado de nacimiento. Así que ordenó a Cohen enviar un comunicado que acabó definitivamente con las especulaciones avivadas durante meses: «Tras reflexionarlo largo y tendido, he decidido no presentarme a la presidencia. Es una decisión difícil, imposible de tomar sin albergar dudas, especialmente cuando las encuestas respaldan mi candidatura situándome a la cabeza de los aspirantes republicanos en todo el país».[33]

La reacción de los políticos de Nueva York y de gran parte de la prensa nacional fue compartida: se veía venir. En general me sentí bastante molesta, puesto que yo me había tomado en serio su candidatura. Había invertido mucho tiempo en lo que, para las personas que mejor le conocían en Nueva York, había sido claramente un globo que se había deshinchado.

Que Trump descartase presentarse ese año no fue impedimento para que Stone volviera a poner sobre la mesa la posibilidad de hacerlo al margen del bipartidismo. En un memorando que hizo llegar a Trump, titulado *El agresivo ascenso de Trump en 2012*, el estratega argumentó que «los terceros partidos habían fracasado por tres razones: bajo rendimiento, carácter regional (Strom Thurmond, George Wallace) o candidaturas ideológicas o de protesta (Teddy Roosevelt, John Anderson, Ralph Nader). Todas esas aventuras se habían producido antes de la era digital y la televisión por cable. La capacidad de Trump para conectar con el votante medio a través de los medios electrónicos no tenía parangón».

En enero de 2012, Trump decidió que no quería empezar a recoger firmas para presentarse. Insistía en que «no era por el dinero», pero que prefería respaldar a un candidato con más posibilidades. A pesar de su victoria en las primarias de Nuevo Hampshire, Romney se quedó estancado alrededor del 25 por ciento de apoyo entre los votantes republicanos de todo el país.[34] El expresidente de la Cámara de Representantes Newt Gingrich, que se había reinventado a sí mismo como una especie de rebelde, se erigió como alternativa. El apoyo de Trump podía beneficiar a Romney, cuyos asesores estratégicos también tenían interés en evitar que un rival en potencia terminara emprendiendo una candidatura independiente.

Durante las negociaciones con los asesores de Romney, Cohen exigió que el acto de respaldo se celebrara en una propiedad de la marca Trump, en Florida. Pero al equipo de Romney le preocupaba perder las primarias en ese estado y no quería llamar mucho la atención sobre el territorio. Sugirieron Nevada, un estado de caucus con un gran electorado mormón que auguraba un buen resultado para Romney, además de ser un estado en el que Trump había obtenido resultados relativamente buenos.[35] Las dos partes se dieron cita en el Trump International Hotel del Strip de Las Vegas, el centro neurálgico de la ciudad, donde se colocó un telón de fondo azul y banderas para cubrir el extravagante diseño del vestíbulo. Romney se quedó sin palabras. «Hay cosas que jamás te imaginas que vivirás, y esta es una de ellas», comentó.[36] De la persona que le tendía la mano, dijo: «Es una de las pocas personas que ha tenido el valor de decir que China no está jugando limpio. Están robándole el trabajo a los americanos, se saltan las reglas».[37]

La aparición tuvo un efecto embriagador en Trump, por lo que quiso implicarse más en la candidatura de Romney. Su equipo rechazó la petición del magnate de participar en actos políticos, y le ofreció a cambio grabar unos mensajes automáticos con contenido dirigido a un puñado de estados.[38] Más tarde, Trump quiso aparecer en la Convención Nacional Republicana, pero los asesores de Romney a cargo de la organización solo aceptaron que apareciera en uno de los vídeos. Para el clip, él decidió que contrataría a un actor negro para representar a Obama y que se grabaría «despidiéndolo», como en *The Apprentice*.[39] Cuando los actos de la primera noche se tuvieron que cancelar por un huracán que se cernía sobre Tampa,[40] los asesores de Romney respiraron aliviados.[41]

Semanas antes de las elecciones, la revista *Mother Jones* publicó un vídeo en el que se veía a Romney dar un discurso en una recaudación de fondos privada. «Un 47 por ciento de la gente votará al presidente a pies juntillas —decía el candidato a los donantes—. Un 47 por ciento están de su lado, dependen del Gobierno, se comportan como víctimas; creen que el Gobierno tiene la responsabilidad de cuidar de ellos, que tienen derecho a recibir asistencia médica, alimentos, una vivienda, ¡todo!»[42]

Observadores de todo el espectro político usaron el vídeo para señalar la debilidad de Romney, un hombre de negocios rico sin contacto con los votantes de clase trabajadora, tan necesarios para lograr una coalición mayoritaria ganadora. «¿Cómo se le ocurre insultar a la mitad del país?», preguntó Trump desde su despacho. A los pocos días de las elecciones de 2012, Trump había registrado un eslogan bastante recurrente en política, que habían utilizado especialmente personas como Ronald Reagan y Bill Clinton: «Make America Great Again» («Que América vuelva a ser grande»). En enero de 2013, Trump recibió la visita en Las Vegas de Aras Agalarov, un oligarca azerbaiyano-ruso, y su hijo Emin, una estrella del pop que trabajaba en la empresa inmobiliaria de la familia.[43] Ese mismo año, el concurso Miss Universo, del que Trump era copropietario junto con la NBC, se celebraría por primera vez en Rusia, y Trump había pedido ayuda a los Agalarov para organizarlo en una de sus propiedades de Moscú.[44] El mayor del clan mantenía lazos con el presidente Vladímir Putin, y Trump esperaba que su aparición en el concurso le ayudara a cumplir un sueño que siempre había tenido: llevar a cabo un proyecto en la capital rusa.[45] «¿Podremos ser mejores amigos?», se preguntaba Trump en Twitter. El hecho de que Putin no le concediese una reunión no mitigó sus ambiciones. «He pasado un fin de semana fantástico con usted y su familia —tuiteaba etiquetando a Aras Agalarov—. TORRE TRUMP EN MOSCÚ... ¡próximamente!»

Años después, el viaje de Trump a la capital rusa iba a ser objeto de un atento escrutinio federal, y sus adversarios políticos compilaron un documento repleto de afirmaciones escabrosas e infundadas.[46] Pero, por el momento, la mayor amenaza provenía de investigaciones locales y estatales sobre fraudes que, *a priori*, Trump había cometido en varios de sus negocios.

En Nueva York, el fiscal de distrito Robert Morgenthau, amigo del magnate durante décadas, se había retirado en 2009. Poco después, su sucesor Cy Vance había abierto una investigación sobre el Trump SoHo, un proyecto hotelero y de viviendas inaugurado en 2010.[47] Los inquilinos habían demandado a la Trump Organization alegando «malas praxis comerciales». El abogado de Trump, Marc Kasowitz, presionó directamente a Vance para que archivara el caso e hizo dos donaciones a su campaña, aunque este acabó devolviendo el dinero.[48]

Vance decidió no llevar el caso ante un gran jurado.[49] En última instancia, el fiscal debió de considerar que se trataba de un caso complicado, dado que, en el pleito relacionado con las viviendas, los Trump y sus socios habían llegado a un acuerdo por el cual los demandantes se comprometían a no cooperar con la fiscalía a menos que se los citara. Además, Vance ya había sufrido una derrota de alto nivel en un caso diferente no hacía mucho. Al final, aquella fue la enésima investigación relacionada con Trump que no llegó a ninguna parte.

En esa misma época, Trump se enfrentó a la amenaza de una investigación independiente de la fiscalía general en algunos estados grandes del país. El objetivo de todas esas pesquisas era la Trump University, una institución académica nacida en 2005 que se vanagloriaba de ofrecer formación sobre el mundo inmobiliario, y que había estafado a los estudiantes entregando titulaciones no oficiales ni homologadas.[50] En

2010, Greg Abbott, fiscal general de Texas, abrió una investigación administrativa sobre «posibles prácticas comerciales engañosas»,[51] pero el repentino cierre de la institución en el estado llevó al fiscal texano a dejarlo estar.[52] Ese año, Trump donó 35.000 dólares a la campaña de Abbott a gobernador.[53]

En Nueva York, en cambio, el fiscal general Eric Schneiderman fue más persistente, a pesar de que la Trump University había dejado de tener presencia allí en 2011.[54] Para intentar hacer desaparecer la posible demanda civil, Trump contrató a Avi Schick, quien había formado parte de la transición de Schneiderman. Su nuevo representante propuso un acuerdo; se hablaba de alrededor de 500.000 dólares, pero Trump prefirió que su abogado pisara el acelerador. Para las negociaciones con el fiscal general, Trump decidió destituir a Schick, un judío ortodoxo con sobrepeso al que el magnate reprobaba por su aspecto físico, y trabajar con Kasowitz.

Pero no se llegó a ningún acuerdo. En agosto de 2013, Schneiderman presentó una demanda contra la Trump University por fraude y estafa. Trump abandonó la estrategia pactista y se dispuso a contratacar. En diciembre, interpuso un par de demandas por deshonestidad contra Schneiderman.[55] En ellas alegó, de forma enrevesada, que el fiscal había utilizado la investigación como mecanismo para coaccionarle a él y a su familia para que contribuyeran a la campaña, y luego los había castigado por no hacerlo. Aquel fue un indicio revelador de la opinión de Trump sobre el funcionariado, incluidos fiscales e investigadores. Su fundación donó 25.000 dólares a uno de los comités de campaña de la fiscal general de Florida, Pam Bondi, que había considerado unirse a la demanda de Schneiderman, pero que finalmente lo había rechazado.[56] (Durante la misma época, también envió donaciones de cuatro cifras a la fiscal general de California, la demócrata Kamala Harris. Su equipo finalmente decidió no tomar medidas contra la institución académica,[57]mientras que sí investigó a otras entidades educativas con ánimo de lucro.)[58] «Como hombre de negocios y donante generoso de personas muy influyentes, tienes que saber que, cuando das, hacen lo que te salga a ti de los cojones —dijo Trump más tarde—. Como hombre de negocios, me viene bien que sea así.»[59]

A diferencia de sus campañas frustradas a la presidencia, tras las cuales se había apartado de la política, en 2012 Trump no desapareció; al contrario, su interés aumentó. El empresario parecía aburrido de un negocio que se había alejado hacía años del mundo inmobiliario para pasar a centrarse en mejorar la marca de su apellido.

Trump empezó a recurrir a asesores para aumentar su presencia en internet. Un protegido de Stone llamado Sam Nunberg se encargó de entablar relación con medios conservadores que no tenían una afinidad orgánica con el potentado, como los portales de noticias *Breitbart* o *The Daily Caller*. Trump, sin embargo, seguía desdeñando todo lo que no fuera el tipo de medio de comunicación que predominaba cuando él era una figura pública, es decir, un periódico de una gran ciudad, una revista de chismes sobre famosos o un canal de televisión. Cuando Nunberg imprimía artículos sobre él que había conseguido publicar, Trump le reprochaba: «¿Tienes algo que sea serio?».

Aunque echaba pestes de los nuevos medios digitales, Trump estaba encantado con las redes sociales, con las que experimentaba a menudo. Justin McConney, el joven hijo del interventor de la empresa de Trump, había visto lo extrovertido que el empresario había estado durante el programa de radio de Howard Stern, en el que la conversación había sido fluida y deslenguada. McConney pensó que podía trasladar esa actitud a la red, aunque ahora siendo dueño y señor de su discurso. Por eso empezó a animar a Trump a grabar vídeos hablando directamente a la cámara, para luego colgarlos en un canal de la empresa en YouTube.[60] Sin embargo, a Trump le atraía más la fácil métrica del éxito y el fracaso de Twitter. Hacía un seguimiento de su número de seguidores y retuits, e iba poniendo a prueba su contenido para averiguar qué le funcionaba. Empezó publicando tuits que propagaban bulos, metiendo cizaña sobre la ruptura entre los jóvenes actores Kristen Stewart y Robert Pattinson, poniéndose del lado de este último, a pesar de que su objetivo era hacer promoción del concurso Miss Universo. Cuando McConney sugirió que Trump retransmitiera en directo por Twitter un debate entre Obama y Romney, Trump aceptó encantado.[61] Con el tiempo, empezó a responder directamente cuando se sentía atacado. (Su primer tuit sobre mí lo publicó justo antes de la jornada electoral de 2012, en respuesta a mi reportaje en *Politico* sobre un ejecutivo de Chrysler que le tildó de «mentiroso» por acusar a Obama de ser un «negociador nefasto». El artículo no daba mucho más de sí, pero Trump publicó que yo era «una gacetillera de poca monta y que @politico era mi lugar, con el resto de los perros falderos de Obama».)

Pocos meses después, Trump, que no solía usar el correo electrónico y tampoco era muy ducho con la tecnología, publicó el primer tuit escrito por él mismo a través de un móvil Android. En ciento cuarenta caracteres, dio las gracias a una actriz que le había dedicado buenas palabras. Tiempo después, McConney comparó ese momento con la escena de la película *Parque Jurásico* en la que los dinosaurios descubren que pueden abrir una puerta por sí solos.[62] En el caso de Trump, no tener que depender de su equipo significaba que ya nada se interponía entre él y sus impulsos más oscuros,[63] como cuando se metió con la actriz de los años cincuenta Kim Novak por sus retoques estéticos y le provocó una profunda depresión. (Trump se disculpó en privado tras un comunicado de Novak en el que le acusaba de abuso.)

Una mañana de diciembre de 2013, Meredith McIver le envió un correo electrónico a Nunberg. «A DJT le gustaría saber por qué ayer ganó seis mil seguidores —escribía—. He visto que los tuits de Pete Rose y Mandela han funcionado bien. Las citas que escribe también funcionan —seguía—. Cuando habla de gente o asuntos de Nueva York (Graydon Carter, el fiscal general, etcétera), no tiene tanta repercusión. Entiendo que es porque tiene muchos seguidores de todo el mundo que no saben quién es esa gente ni tienen interés en saberlo, pero ¿hay otros motivos? (No le corre prisa, solo para que sepas que quiere saberlo.)»

Pese a ese mensaje de McIver, Trump no se cerraba puertas en Nueva York. Ese otoño, Trump había recibido un informe de un asambleísta del norte del estado, Bill Nojay, que, como muchos republicanos, estaba angustiado por la incapacidad de su partido para encontrar un candidato con garra que amenazara la reelección de Andrew Cuomo como gobernador en 2014.[64] Según él, Trump encajaría a la perfección: «Debe pasar de ser una figura del entretenimiento a convencer a los votantes de que puede ayudarlos a conseguir trabajo, pagar sus impuestos, educar a sus hijos y velar por su seguridad», escribió Nojay. Stone insistía en que Trump debía seguir centrado en llegar a la presidencia, pero la realidad era que ese puesto le ayudaría a lograr su objetivo final. «Nadie en la historia de Estados Unidos ha entrado en la Casa Blanca sin haber ocupado antes un alto cargo público (Grant y Eisenhower no habían ocupado otros cargos políticos, pero sí fueron generales en tiempos de guerra; todos los demás habían ocupado cargos estatales o nacionales antes de lograrlo) —argumentó Nojay—. La edad le acompaña, es el momento perfecto: ahora o nunca.»

Trump sopesó incorporarse a la campaña, especialmente cuando *New York Post* hizo público parte del mensaje de Nojay, pero nunca llegó a decidirse del todo. Hizo varios viajes al norte y el oeste del estado para dar un par de discursos sin mucha enjundia. Las conversaciones con el presidente del Partido Republicano del estado de Nueva York, Ed Cox, revelaron que Trump no entendía el proceso de selección de los candidatos; él suponía erróneamente que Cox le podría despejar el campo antes de una convención, que era la única forma en que Trump quería presentarse. Aunque afirmaba que estaba dispuesto a financiar una campaña, el empresario no se comprometía a aportar una cantidad de dinero sustancial. Cuando Cohen se puso en contacto por primera vez con Cox para expresar el interés de su cliente en las elecciones, dijo que el presupuesto era de 30 millones de dólares. Unas semanas más tarde, el abogado le dijo a Cox que Trump estaba dispuesto a ceder el control de su empresa a sus hijos, pero que invertiría tan solo 5 millones en su campaña. Cuando el propio Trump se reunió con los presidentes republicanos de los condados, habló de destinar 15 millones, pero reiteró que lo haría siempre y cuando pudiera recuperarlos si le fueran necesarios.

Pese a seguir barajando la posibilidad de entrar en campaña, el equipo de Trump albergaba dudas de si lograría derrotar a Cuomo, un gran candidato en un estado con abrumadoras tendencias demócratas. Cuando Kellyanne Conway realizó una encuesta para el grupo Citizens United, los resultados fueron un tanto contradictorios. «Al estado de Nueva York le encantan las familias y los políticos famosillos: los Kennedy, los Moynihan, los Buckley, los Clinton, y ahora los Cuomo —comentaba—. Donald Trump encaja en esa categoría, y cuenta con el dinero y las agallas de competir si decide presentarse. Puede que tenga que convencer a algunos escépticos tras ese primer intento de presentarse a la presidencia. De hecho, si tienen que elegir, los neoyorquinos tienen más del doble de posibilidades de instar a Trump a presentarse a gobernador del estado (27 por ciento) que a presidente (12 por ciento). La inmensa mayoría, sin embargo (y a los hechos me remito), prefieren una tercera opción: que no se presente a ninguna de las dos.»[65]

Tras meses de observación, Cox tuvo claro que Trump no estaba lo suficientemente comprometido con la candidatura, y que no tenía la disciplina política necesaria para meterse al estado en el bolsillo. En marzo de 2014, viajó hasta Mar-a-Lago para hacerle partícipe de sus dudas. Trump montó en cólera, y ni siquiera terminaron de cenar. Al día siguiente, Trump anunció que retiraba su candidatura a gobernador.

Sus esfuerzos volvieron a centrarse en la presidencia. Esa primavera, Bill Palatucci, uno de los principales asesores del recién reelegido gobernador de Nueva Jersey, Chris Christie, le avisó de que este utilizaría el club de golf de Trump en Bedminster para recaudar fondos para el gobernador de Iowa, Terry Branstad. Como agente externo en Washington, Christie se había labrado una reputación por enzarzarse con los sindicatos de funcionarios de Nueva Jersey. Era conocido por sus enfrentamientos tensos con la ciudadanía en las asambleas municipales, y su estilo de confrontación fascinó a toda una corriente de republicanos tras la contienda de 2012. Ese año, Christie había renunciado a presentarse a las presidenciales, pero, con la mirada fija en 2016, utilizaba su flamante cargo como presidente de la Asociación de Gobernadores Republicanos para tejer relaciones en todo el país. Esta vez, a diferencia de otras ocasiones, cuando Trump se enteró de que la recaudación de fondos era para el gobernador de Iowa, preguntó si podía asistir. «Por supuesto», dijo Palatucci.

A espaldas de Palatucci, Nunberg había intentado muchas veces dañar la imagen de Christie en los medios conservadores. Era casi seguro que el gobernador se presentaría a las presidenciales de 2016 y, como persona del norte con una postura moderada en algunas cuestiones clave y un espíritu peleón, ocuparía un espacio similar al de Trump en unas primarias. Este, por su parte, era consciente de que Nunberg había enviado a medios como *Breitbart* investigaciones que ponían en duda la buena fe conservadora de Christie, sobre todo en materia de inmigración.

Durante la recaudación de fondos, Christie se sentó a un lado de Branstad, y Trump al otro. Trump escuchó en silencio los comentarios del gobernador de Iowa, así como la sesión de preguntas y respuestas posterior. Cuando terminó, se acercó a Palatucci: «Bill, un gran evento —le dijo—. ¿Te importa si me quedo cinco minutos a solas con Terry?». Palatucci accedió y ambos se ausentaron un momento para charlar. Fue el primero de muchos casos en los que Trump intentó usar a Christie para conseguir sus propios objetivos.

Branstad volvió a salir electo de manera holgada ese otoño. La victoria garantizó que, cuando la población de Iowa diera comienzo al ciclo electoral de 2016, él sería la figura más importante del estado.[66]

Los republicanos disfrutaron de un noviembre triunfal: recuperaron el control del Senado, afianzaron su ventaja para la Casa Blanca y consiguieron nuevas mayorías en diez estados.[67] Además, la forma en que lo hicieron supuso un giro radical respecto al plan de remontada que había urdido el Comité Nacional Republicano apenas un año antes. Tras la derrota de Romney, el presidente del comité, Reince Priebus, había encargado un informe de «autopsia» para aprender de sus errores.[68] La principal recomendación estratégica del Growth and Opportunity Project había sido que los republicanos atrajeran mejor a la creciente población latina del país, sobre todo moderando su discurso en materia de inmigración.

Pero lejos de obedecer al comité, algunos de los candidatos más prominentes del partido en 2014, como el recién elegido senador de Arkansas, Tom Cotton, advirtieron sobre las amenazas extranjeras y la seguridad fronteriza en sus discursos.[69] Los avances de Estado Islámico contra el Gobierno iraquí durante el verano contribuyeron a avivar el miedo a los terroristas de Oriente Medio, y un brote de ébola en África Occidental en los meses previos a las elecciones llevó a los republicanos a exigir a las autoridades fronterizas que expulsaran a los viajeros procedentes de esa parte del mundo.[70] Muchos de los candidatos que se pronunciaron sobre esos temas triunfaron, pues la sensación de amenaza que retrataban era compartida por un gran número de votantes. Los encuestadores me dijeron que no recordaban la última vez en la que tantos candidatos a nivel estatal y local habían ganado unas elecciones con una opinión pública tan desfavorable. El electorado estaba inquieto por las guerras chapuceras y por una crisis financiera en la que se había perseguido a pocos culpables, pese a los rescates masivos de las entidades de crédito. Los votantes no castigaron a los candidatos que atacaron con dureza a sus rivales. Lo veían venir.

Aquel era un entorno ideal para Trump, que en sus anteriores incursiones en la política electoral siempre había mostrado más destreza articulando aquello que le parecía mal en lugar de aquello que apoyaba. A principios de 2015, Trump hizo mucho más de lo que había hecho en las tres ocasiones anteriores en las que se había postulado públicamente para la Casa Blanca. Contrató los servicios de un nuevo director de campaña de Nuevo Hampshire: Lewandowski. Este operador y exasistente del Congreso había trabajado para Americans for Prosperity, la organización financiada por los hermanos Koch. Además, venía recomendado por David Bossie, el presidente de Citizens United. Una de las primeras acciones de Lewandowski fue llamar a John McLaughlin, el encuestador cuya campaña se había visto frustrada cuatro años atrás, para hacerle saber que había que empezar a tantear Iowa.

Poca gente se tomó en serio la candidatura de Trump a la presidencia; al menos, no tan en serio como él se tomaba a sí mismo. Tiempo después, cuando le pregunté a un conocido de Trump de toda la vida por qué había decidido volver a presentarse tras tantos intentos fallidos, me respondió sin dudarlo: «Cada día está más loco».

12

Aporta o aparta

«Trump lo va a anunciar el 16 de junio y queremos que des la exclusiva», me dijo Sam Nunberg en la primavera de 2015. Hacía tres meses que yo había entrado en *The New York Times*. Desconocía si seguiría dedicando los próximos dos años a cubrir a Hillary Clinton, entonces cabeza de las listas demócratas, a la que llevaba cubriendo desde su primera candidatura en el año 2000 y a la que el periódico prestaba especial atención por ser una candidata local, o bien si me centraría en el resurgimiento del bando republicano. Yo mantenía el contacto con el equipo de Donald Trump, incluidos Nunberg y su mentor Roger Stone, que solía enviarme correos electrónicos con artículos de noticias o su opinión sobre otros candidatos.

A pesar de haberme dado una fecha concreta, tenía bastante claro que Nunberg iba de farol. Trump ya había insinuado muchas veces que se presentaría, siempre que podía recibir atención mediática y tontear con la prensa, hasta que tenía que sentarse y enfrentarse a tareas más tediosas de un candidato, como facilitar informes económicos personales. A pesar de mi inherente escepticismo, en 2011 me había tomado bastante en serio su candidatura por el recibimiento que percibí por parte de los votantes en su visita a Nuevo Hampshire. Tenía amistades y contactos en Nueva York que se ha-

263

bían reído de mí por pecar de inocente, así que, después de eso, pensé que lo que Trump pretendía no era presentarse a ningunas elecciones, sino montar un numerito haciéndolo ver. Me reconcomía pensar que yo había contribuido a darle bombo. En el otoño de 2014, mientras un colega de *Politico* y yo analizábamos el panorama republicano de cara a las presidenciales, yo comenté que sería mejor no incluir a Trump por si se trataba de otro farol.

Compartí mi postura con Nunberg: «No pienso escribir nada hasta que lo anuncie». Él me preguntó si estaba dispuesta a reunirme con Trump para que me explicara sus planes para la campaña, y yo accedí. Mi primera visita fue a su despacho, para asistir al rutinario repaso de los objetos que coleccionaba. Me lo contó todo sobre la gigantesca zapatilla de Shaquille O'Neal, o sobre la foto que tenía con el gobernador de Wisconsin Scott Walker, por aquel entonces uno de los principales aspirantes republicanos, que este le había enviado. Entonces salimos de su oficina, deteniéndonos un segundo para pedirle a una subordinada (una de «las chicas» de la Torre Trump) que «sacara los vídeos de rap». Y así lo hizo: en su pantalla del ordenador había un vídeo de YouTube en el que salía un rapero que no reconocía. Mencionaban a Trump en la canción. «¿Lo ves? —me dijo—. "Los negros esos" me adoran.»

Bajamos al Trump Grille, cerca de la gran cascada de mármol naranja a la que yo había ido de excursión con el colegio en alguna ocasión. Los camareros juntaron dos mesitas individuales para que los turistas que pasaban por el atrio pudieran quedarse embobados mirando a Trump. Nos acompañaban su mano derecha, Michael Cohen; Corey Lewandowski, el director de su inminente campaña, y su nueva portavoz, Hope Hicks. Todos parecían esbirros de Trump; reían obedientemente cada vez que él soltaba un chiste y asentían con la cabeza cuando describía sus planes.

Trump pidió una Coca-Cola Light y pasó directamente a intentar convencerme de por qué esta vez iba en serio. Repasando el calendario de candidaturas republicanas, Lewandowski y él hablaron de cantidades de ocho cifras —25 millones de dólares por aquí, 30 millones por allá— que pensaba gastar en estados como Carolina del Sur. Yo miraba a uno y otro lado, como en un partido de tenis. Ni siquiera me molesté en tomar notas de todo lo que se decía; parecía una actuación más, y nada de lo que oía disipaba mi escepticismo sobre el chiringuito que habían montado. Me di cuenta de que Trump estaba cada vez más frustrado porque yo no me creía nada, fruncía el ceño y levantaba las manos, exasperado.

Lo que no entendí entonces fue lo avanzada que estaba ya la candidatura. Fuera de su círculo, lo sabían cuatro gatos. Otros candidatos republicanos habían frecuentado la Torre Trump para adularle con la esperanza de atraerle a su causa o, en su defecto, quitárselo de en medio.[1] Incluso Bill Clinton seguía tratando a Trump como si fuera un amigo. Cuando hablaron en mayo, Clinton —siempre complaciente y buscando ver reflejadas en los demás sus propias capacidades naturales— le dijo a Trump que había sabido aprovechar la gran insatisfacción que se respiraba entre un sector del electorado republicano.[2]

Sus asesores sabían que gran parte del atractivo de Trump provenía de su riqueza, fama y carisma.[3] Stone creía que las opiniones del magnate eran más bien de centroderecha y que encajarían con los votantes de las primarias republicanas. Trump ya había dado un giro radical a su opinión sobre el aborto, que habría sido el principal impedimento.[4] Nunberg se dio cuenta muy pronto de que su cliente tenía poca implicación emocional en la mayoría de los temas, pero que proponer tuits para que él los publicara era una forma de buscar el compromiso del posible candidato. Ambos sugirieron que hablara con locutores de radio conservadores. Nunberg convenció tanto a Trump como al locutor de radio Mark Levin y organizó una entrevista, en la cual el presentador tuvo la sensación de que Trump iba al menos mínimamente en serio.

Una cuestión relevante era que Stone y Nunberg habían intentado que Trump prestara más atención a la inmigración, la cual había sido un punto de fricción entre los activistas de base y los altos cuadros proempresa del partido desde 2005. Ese año, McCain había promovido una propuesta de ley pactada entre ambos partidos que aumentó la vigilancia de las fronteras y, a la vez, estableció una vía para conseguir la ciudadanía que los medios conservadores calificaron de «amnistía».[5] Sin embargo, Trump tenía poco interés en el tema; le interesaba mucho más la idea de que otras naciones «nos estafaban» a través de sus prácticas comerciales e instituciones internacionales.[6] En 2014, Stone y Nunberg consiguieron enfocar la cuestión de otra forma: Trump tenía que proponer levantar una barrera física en la frontera.[7] En un principio, el concepto se había concebido como un recurso mnemotécnico para que a Trump le fuera más fácil acordarse de mencionar el asunto, algo que a menudo olvidaba en discursos y entrevistas. Pero un constructor de toda la vida como él dominaba mucho mejor el concepto de «muro» que el de aplicar un visado. El tema se convirtió en una causa política en sí misma, y cuando en Iowa prometió «construir una valla» que, según él, «iba a ser preciosa», el público se lo compró de inmediato.

Para empezar a promover su candidatura, Trump se recorrió los estados que acudirían primero a las urnas, y yo me di cuenta de que un elemento básico de su (casi) campaña de 2011 había desaparecido de los discursos. Sus asesores le habían comunicado que el bulo sobre los orígenes de Obama acabaría entorpeciendo sus apoyos en las primarias republicanas y tendría consecuencias en las elecciones generales.[8] Eso sí, Trump no pareció convencido hasta que recibió la respuesta negativa de los ejecutivos de la NBC en 2011. Se le había advertido de que su cruzada contra el primer presidente negro y sus orígenes seguía restándole apoyos en la comunidad afroamericana y que, cuando lanzara una campaña, le vendría bien obtener el respaldo de personas negras influyentes dispuestas a responder por él. Trump le dijo a Cohen que quería que grabara un vídeo testimonial con «el negro ese», refiriéndose a Clyde Frazier, un hombre a quien la Trump Foundation había dado 25.000 dólares para una organización benéfica de baloncesto que el jugador dirigía en Harlem, en honor a un hijo que había perdido en el atentado terrorista contra el World Trade Center.[9] Trump presionó a Cohen para conseguir que Frazier dijera públicamente que «ningún otro hombre blanco había hecho tanto» por él como Donald Trump. (Frazier grabó un vídeo, pero no usó esas mismas palabras. Al final no lo publicaron porque, según Cohen, los elogios de Frazier no tenían la fuerza necesaria.)

Dicho eso, el *birtherismo* no fue lo único de su pasado que el equipo de Trump trató de neutralizar antes de la campaña presidencial. A principios de 2015, Trump se reunió con David Pecker, propietario del *National Enquirer*.[10] A diferencia de los medios tradicionales, el *Enquirer* compraba artículos de forma libre, por lo que era una fuente no solo de exclusivas impresas, sino también de influencia para Pecker. El periodista practicaba lo que se conoce como *catch and kill* ('atrapar y liquidar'), es decir, compraba material que pudiera perjudicar a un amigo y luego lo enterraba en su nombre.[11] De hecho, había empleado esta técnica para acallar las historias sobre las acusaciones de aventuras extramatrimoniales de Trump. Pecker llegó a la Torre Trump con un ejemplar del tabloide en el que aparecían el príncipe Andrés, duque de York, y el inversor Jeffrey Epstein, un delincuente sexual convicto y antiguo amigo de Donald, con quien este había dejado de relacionarse por una disputa. Ambos hombres hablaron de la isla privada de Epstein, donde se rumoreaba que el inversor invitaba a hombres con poder para que pudieran tener relaciones sexuales con chicas jóvenes. Trump se refirió al lugar como «una isla de putas» y dijo a sus asistentes que nunca había ido.

Una vez, en el despacho de la Torre Trump, Nunberg le preguntó al candidato qué era lo que más le preocupaba de su campaña. Él respondió sin titubeos: «Las mujeres». Ni los negocios, ni sus comportamientos violentos; las mujeres, recordaba Nunberg. Trump hizo un gesto señalando su casa, en el piso de arriba, y dijo: «Me meteré en un lío arriba».

El pistoletazo de salida oficial de la campaña se escuchó cuando Trump salió del ascensor y llegó al mismo patio interior de la Torre Trump en el que habíamos almorzado hacía unas semanas. El espacio se había vestido para la ocasión, con decoraciones que recordaban a los concursos de belleza, y estaba repleto de figurantes contratados para que formaran una muchedumbre.[12]

En cuanto puso un pie en el escenario, el discurso que sus asesores le habían preparado se esfumó de su mente. En su lugar, Trump se dedicó a vender humo sobre su situación financiera durante casi una hora, advirtiendo de los peligros extranjeros hasta rozar la paranoia. Para atraer a un segmento de votantes, el candidato habló de proteccionismo mercantil con esa ira acumulada durante décadas y, aludiendo a una supuesta injusticia, prometió restaurar el brillo que Estados Unidos había perdido: «Estados Unidos se ha convertido en un vertedero de los problemas ajenos», despotricó. Luego siguió con un poco de demagogia: «Cuando México envía a su gente —dijo—, envía a violadores». Esto acaparó varios titulares, aunque su postura en materia comercial también gustó a los votantes republicanos de base. Trump consiguió eclipsar al exgobernador de Florida Jeb Bush, hermano e hijo de presidentes, que había lanzado un anuncio de campaña el día anterior.[13]

Trump había hecho exactamente lo que se había propuesto: ser el protagonista, al menos durante ese día. Todos sus asesores le esperaban al bajar del escenario, excepto uno: durante treinta años, Stone había luchado por cumplir el sueño de una campaña presidencial, pero se perdió el discurso porque tuvo que someterse a una operación ocular. «Bueno, es lo que siempre habías soñado», le dijo Trump a Stone sobre el acto.

Trump subió a grabar su primera entrevista como candidato con el presentador de Fox News Bill O'Reilly.[14] Insistió en que el telón de fondo de la ventana a sus espaldas fuera el Plaza, a pesar de que ya no era propietario del edificio.[15] O'Reilly le preguntó sobre su opinión acerca de Rusia, cuyo líder Vladímir Putin había enviado tropas a la península ucraniana de Crimea hacía menos de dos años, en unos hechos ampliamente condenados a nivel internacional.[16]

—Estuve en Moscú hace dos años, y te diré que parecen buena gente —dijo Trump—. Se puede hacer tratos con ellos. Bueno, Obama no.

—Entonces, ¿cree que podría llegar a un acuerdo con Putin para detener su expansión? —preguntó O'Reilly, refiriéndose específicamente a Crimea.

Trump parecía no estar al corriente en absoluto de la situación en Crimea.

—Pondría la mano en el fuego: creo que me llevaría bien con Putin. Es una cuestión de liderazgo —dijo el candidato.

—¿En qué se basa para decir eso? —preguntó O'Reilly—. ¿En que ambos son machos alfa?

—No, no, no. Es una sensación que tengo —dijo Trump—. Creo que me llevaría bien con él.

Los líderes republicanos respondieron a la candidatura de Trump disparando las alarmas casi al instante. Poco después del discurso inaugural, un colega se enteró de una reunión privada en el Hay-Adams Hotel en la que varios republicanos conocidos en Washington se compadecieron del aprieto en el que Trump estaba poniendo a su partido.[17] Lo que me sorprendió de esa conversación, y de otras similares, fue lo impotentes que se sintieron algunas de las personas con más poder en la política estadounidense frente a Trump.

El presidente del Comité Nacional Republicano decidió intentarlo. Priebus, un ciudadano de Wisconsin con un marcado acento del Medio Oeste y un carácter dócil, llamó a Trump a principios de julio.[18] Al inicio la llamada fue muy bien, hablaron de la actuación de Trump en la campaña. Pero entonces Priebus pasó sin rodeos a hacerle una advertencia: su discurso sobre los mexicanos suponía un problema para todo el partido. *The Washington Post* no tardó en informar sobre el encuentro, y yo llamé a Trump para tratar de confirmar la noticia. En un primer momento, él negó los hechos que se habían publicado. «Me llamó para felicitarme», insistió. Cuando le pregunté si le habían dado un escarmiento, Trump no lo negó, sino que dijo que Priebus «sabía que no debía darle lecciones». Hizo una pausa y añadió: «No vi que llevara ningún uniforme de general militar». No pude evitar reírme. La conversación con Priebus había sido más dura de lo que quería reconocer, y no había hecho más que envalentonarle. A Trump le encantaba hacer lo contrario de lo que le pedía quien intentaba controlarle, una cualidad que se había acentuado con los años.

Cuando llevaba apenas un mes en su andadura como político, Trump lideraba las encuestas republicanas por encima de senadores y gobernadores; candidatos con decenas de años de experiencia conjunta. El enfoque de la campaña de Trump era similar al que adoptaba para casi todo en la vida: intimidar, amenazar y humillar a todo el que se interpusiera en su camino. Sus intervenciones públicas eran cada vez más mezquinas e inesperadas y casi siempre respondían a alguna crítica que había recibido. Muchos republicanos se oponían a su forma de atacar, pero eso le proporcionaba una mayor atención mediática.

A mediados de julio, John McCain fue víctima de uno de sus alegres ataques.[19] McCain había pasado cinco años en cautiverio durante la guerra de Vietnam, tras la cual se había convertido en el primer abanderado de su partido. Después de decir públicamente que Trump provocaba «una cierta ansiedad» (en una crítica bastante leve),[20] el candidato decidió devolvérsela a McCain diciendo que «él no era ningún héroe de guerra, sino más bien un pringado». Cuando el senador de Carolina del Sur Lindsey Graham, amigo de McCain y candidato presidencial, respondió en una entrevista que Trump «tenía que dejar de comportarse como un capullo»,[21] este dio su número de teléfono en voz alta en un acto electoral y animó al público a llamarlo.[22] Graham decidió tomárselo como una broma en lugar de denunciarlo como la violación de privacidad que había sido, el mismo tipo de violación de la que los asistentes de Trump se habían quejado en privado cuando el portal *Gawker* había filtrado un número de teléfono que había sido suyo.[23]

Recuerdo que casi me da un vahído al ver la maniobra del teléfono móvil en directo. Yo estaba en la redacción de *The New York Times* viendo el discurso por la tele mientras hablaba por teléfono con una de mis fuentes, a la que colgué para poder centrar mi atención en lo que estaba aconteciendo. Pensé que tendría una gran repercusión, pero me equivoqué. «Fue muy divertido», comentaba años después un colega del mundo de la actualidad al recordar la maniobra de Graham. Y así, en tres palabras, se resumía la lectura que la gente hacía de Trump: era como si siempre fuera acompañado de una banda sonora, que a veces parecía la música de una película de terror psicológico y, otras veces, las risas enlatadas de una comedia desternillante.

Una característica de todos los proyectos dirigidos por Trump ha sido el notorio desdén con el que los miembros de su equipo se tratan unos a otros.[24] Ocurrió con sus ejecutivos y asesores empresariales en la década de los noventa, y entre sus asesores políticos en la década de 2000. Trump avivaba los conflictos enfrentando a sus asistentes, prohibiéndole algo a uno y ordenando esa misma cosa a otro, cotilleando con unos sobre otros constantemente, desviando la atención que pudieran poner en sus propios actos. Pero incluso cuando la oficina de Trump se dividía en bandos enfrentados, solía haber un sentimiento de propósito común que se sobreponía. Nada más convertirse en una figura política, ese espíritu se evaporó casi por completo.

Trump se había convertido en un candidato a la presidencia con muchas posibilidades de ganar sin haber formado un equipo de campaña tradicional. La campaña siguió teniendo un tamaño inusualmente reducido debido a la tacañería de Trump a la hora de pagar a consultores, y también por su escepticismo respecto a los profesionales de la política. (El campamento base de la campaña era la Torre Trump, y él cobraba un alquiler por su uso.) Su responsable de estrategia digital era Brad Parscale, un desarrollador web de Texas que había gestionado sitios para la bodega Trump Winery y la Eric Trump Foundation, y que solo había trabajado en una campaña política: para asesor fiscal del condado.[25] Pero los Trump le conocían y, al principio, les salió barato: solo cobró 1.500 dólares por crear la página web de la campaña.

Pero ese reducido círculo cercano desapareció incluso antes de que Trump anunciara su candidatura. Tanto Nunberg como Lewandowski eran personas impacientes y combativas, y se odiaron prácticamente desde el principio.[26] Cuando el portal *Business Insider* rescató unas publicaciones antiguas de la cuenta de Facebook[27] de Nunberg en las que había hecho comentarios racistas sobre la hija del activista por los derechos civiles Al Sharpton, Lewandowski y Cohen presionaron a Trump para que apartara a su rival.[28] Nunberg culpó a sus compañeros de trabajo por sacar a la luz las publicaciones, y aseguró que no recordaba haberlo escrito, a pesar de haber enviado una carta de disculpa a Sharpton. Trump le dijo a Cohen que no quería que Sharpton pensara que era racista, así que accedió a despedirle. Stone se marchó poco después, en medio de una ajetreada semana en la que Trump se había enzarzado con Megyn Kelly, una presentadora de Fox News.[29] Stone había compartido conmigo una copia de su carta de dimisión días antes de entregarla. Cuando dejó el cargo, yo informé de la noticia. Sin embargo, Trump habló con un reportero de *The Washington Post* e insistió en que Stone había sido despedido, llegando incluso a publicar un comunicado de prensa en el que acusaba al consultor de aprovecharse de su campaña para conseguir publicidad.[30]

Quedaba entonces Lewandowski, siempre atento a las necesidades de Trump y dispuesto a trolear al poder. En la campaña, Lewandowski tejía y destejía a su antojo. Según los tres hijos mayores de Trump, se fue haciendo un lugar en la familia con el tiempo, y en ocasiones actuaba como un sexto hijo del político. Pero no siempre le caía en gracia a Trump, así que él tampoco se libraba de sus ocasionales reprimendas. Sin embargo, Lewandowski veía en su jefe a un hombre con una mentalidad similar a la suya que respondía a sus impulsos. Un antiguo asesor de campaña me dijo una vez que creía que, cuando Trump se miraba al espejo, lo que este le devolvía era el reflejo de Lewandowski.

El candidato casi nunca aceptaba un no por respuesta, y necesitaba que al menos alguien de su círculo le bailara el agua en todo momento. Solo aguantaban quienes estaban dispuestos a pasar por el aro. En el otoño de 2015, las personas que seguían en su equipo rara vez le llevaban la contraria, e incluso incitaban sus peores instintos. En una rueda de prensa en Iowa a finales de agosto, hubo un periodista que le hizo una pregunta incómoda.[31] Se trataba de Jorge Ramos, un presentador de la cadena de televisión para hispanohablantes Univision, considerado uno de los mejores periodistas latinos del país. «Perdone, siéntese, nadie le ha dado la palabra», le dijo Trump antes de apartar la mirada y dirigirla a Keith Schiller, un antiguo detective del departamento de policía de Nueva York que había empezado a trabajar como guardaespaldas del candidato y que acabó convirtiéndose en jefe de seguridad tanto de su empresa como de su campaña. Ramos siguió intentando hacer su pregunta, hasta que finalmente Schiller se acercó a él y le invitó a abandonar la sala. Una semana después, grabaron a Schiller mientras le quitaba una pancarta a uno de los activistas que protestaba contra el discurso sobre inmigración que Trump estaba dando frente a su torre. En la denuncia, los manifestantes alegaron que el guardaespaldas había propinado un puñetazo a una persona que le había agarrado por detrás para recuperar la pancarta. («Me encantan los hispanos —insistía Trump cuando le preguntaban por el altercado—. Ahora mismo tengo contratados a miles.»)[32]

Mientras los manifestantes se agolpaban en el exterior del edificio, Priebus estaba dentro intentando mitigar la persistente amenaza que Trump había provocado para el Partido Republicano. Un mes antes, en un debate, él había sido el único candidato que se había negado a ratificar que apoyaría al candidato del partido si no salía elegido él, algo que había contemplado al principio de la campaña, dependiendo de cómo le pareciera que le estaban tratando en el momento.

Por ello, era complicado imaginar a Trump respaldando a muchos de sus rivales, teniendo en cuenta que se había negado a confirmarlo y que había atacado ferozmente a muchos de ellos siempre que había tenido la ocasión. De Bush dijo que «le veía con pocas ganas»;[33] del senador Rand Paul y la empresaria Carly Fiorina, que eran poco agraciados físicamente.[34] («Miradle la cara... ¿en serio alguien quiere votarla?», había dicho de Fiona en una entrevista privada.)[35] Solo había un candidato que podía suponer una amenaza real para la ventaja de Trump en la campaña: el aclamado neurocirujano pediátrico Ben Carson, que también se estrenaba en política. Carson era el único candidato afroamericano con posibilidades, y cuando subió en las encuestas, Trump empezó a mencionar un fragmento de sus memorias en el que Carson hablaba de su «mal carácter patológico» cuando era joven. «Es un problema serio, porque no hay cura para eso —dijo Trump en la CNN—. Es como los pedófilos, que tampoco tienen cura. No se puede curar a un pedófilo, es patológico, eres así y punto.»[36]

Ese día de principios de septiembre, Priebus había llegado con un compromiso por escrito por el que Trump se comprometía a no presentar una candidatura con un tercer partido, lo cual supondría un desastre para quien acabara siendo el nominado republicano. Cuando se reunieron en privado, Trump intentó coaccionar a Priebus para que compareciera junto a él, pero este declinó la oferta. Trump bajó solo, ondeando el papel que Priebus había traído y que ahora él había firmado. «Juro lealtad total al Partido Republicano y a los principios conservadores que representa», dijo, rememorando los versos patrióticos que los niños aprenden en la escuela.[37] Pero, como siempre, Trump dejó una trampilla abierta. «No tengo intención de cambiar de opinión —dijo antes de dar lugar a interpretaciones—. No veo qué podría pasar para que tuviera que incumplir esa promesa.»

Sin embargo, a pesar de que Trump se situaba a la cabeza del bando republicano, no había garantía de que fuera a conservar esa ventaja, especialmente cuando la cosa se puso más seria en otoño. Y él lo sabía, por lo que había hablado con sus asesores de qué harían si la situación cambiaba. Una de las ideas era que Trump abandonara la campaña en cuanto comenzara a perder votantes, culpando al Partido Republicano de una serie de cuestiones, entre ellas el matrimonio igualitario. Y es que, a pesar de haberse declarado en contra del matrimonio homosexual, estaba dispuesto a contradecirse si así obtenía una excusa para abandonar la campaña.

En una conversación con su amigo Christie, que presentó su candidatura dos semanas después de él, Trump fue franco y reconoció que no sabía si pasaría de octubre. A lo largo de su vida, él siempre había intentado no cerrarse puertas, y su primera candidatura política no sería una excepción.

13

La gente dice

Donald Trump inició su campaña presidencial en verano de 2015 haciendo demagogia con los inmigrantes mexicanos. Los sucesos de ese otoño le proporcionaron más motivos para infundir miedo. El 13 de noviembre, un ataque planeado en una sala de conciertos, en restaurantes y en el exterior de un estadio de fútbol de París se cobró la vida de 130 personas y causó más de 600 heridos.[1] El Estado Islámico, que se había convertido en la principal amenaza al otro lado del charco en detrimento de Al Qaeda, se declaró responsable del ataque.[2] La respuesta de Trump fue advertir al país de que los refugiados sirios «podían ser un gran caballo de Troya»[3] (dando cifras tremendamente infladas sobre la cantidad de personas que Obama pretendía acoger) y afirmó que se plantearía cerrar mezquitas si se convertía en presidente.[4] En un Partido Republicano dividido por cuestiones de política exterior e interior, Trump había dado con una corriente de pensamiento que suponía un punto de encuentro entre distintas facciones del conservadurismo: el odio hacia los musulmanes.

Poco después, en una entrevista, Trump recordaba con anhelo los días posteriores a los atentados del 11S, en los que el departamento de policía de Nueva York vigiló mezquitas como medida antiterrorista.[5] El candidato recalcó que había que extremar la seguridad: «Vamos a tener que hacer cosas que habrían sido impensables hace un año», dijo. Pero Trump no acababa de concretar esas medidas, así que el periodista empezó a ofrecer posibilidades como si se tratara de un menú en un restaurante. ¿Registros sin orden judicial? ¿Un censo de musulmanes? «Tendremos que ir con mucho mucho cuidado», dijo, dando a entender que apoyaba una propuesta política que nadie había presentado.

Era una técnica retórica muy común en él: lanzar afirmaciones vagas cargadas de términos ambiguos y una lógica cogida con pinzas para contentar al entrevistador o para dejar entrever que estaba de acuerdo con la idea, con el objetivo de salir del paso sin revelar cuán informado estaba sobre el tema. «La gente dice» o «y otras cosas» eran muletillas que rellenaban su discurso. Trump llevaba décadas haciendo algo similar, pero sus palabras como candidato presidencial tenían mucho más peso, por lo que los periodistas le apretaban para que se notara que no quería o no podía proporcionar datos para respaldar sus declaraciones. «Debería haber muchos sistemas más allá de las bases de datos», dijo Trump a un reportero de la NBC que se acercó a él para preguntarle por unas declaraciones que había hecho.[6] El reportero le preguntó primero si debería haber una base de datos de musulmanes en el país, y luego sacó el tema del muro. Cuando le presionó para que hablara de la base de datos, Trump aseguró: «Por supuesto que lo implementaría, absolutamente». Cuando el reportero preguntó por el objetivo de la base de datos, dijo que «así no podrían entrar inmigrantes ilegales al país». ¿Pero cómo pasarían a formar parte de la base de datos? «Todo es posible con una buena gestión», respondió. ¿Iría a las mezquitas? «A muchos sitios, se registrarían en distintos lugares.»[7] Cuando le presionaron para que dijera cuál era la diferencia entre su propuesta y el registro alemán durante el nazismo, se limitó a decir: «Dímelo tú, a ver, listo. ¿Por qué no me lo dices tú?».

Trump tuvo muchas oportunidades para enderezar la situación con una simple frase en la que dijera que no pretendía crear un censo especial de musulmanes. Sin embargo, él quería que la población siguiera intuyendo esa posibilidad con cada intervención, o quizás se negaba a reconocer que había hablado de más. Al día siguiente, escribiendo un artículo sobre el tema, yo llamé a su director de campaña para aclarar qué quería decir exactamente. Trump se puso al teléfono, pero no dejó nada claro cuáles eran sus intenciones. Tenía que subir a hablar en un acto de Carolina del Sur, me dijo, y seguramente lo abordaría durante su intervención. Me dijo que lo viera por televisión y me colgó.

Y así lo hice. El acto era en el Wofford College de Spartanburg, una ciudad de Carolina del Sur. Trump respondió a las preguntas que habían preseleccionado, incluida la de un estudiante que le preguntó por las declaraciones de Obama sobre los refugiados sirios en las que había dicho que «la idea de que son una amenaza mayor que todos los turistas que entran al país todos los días no se corresponde con la realidad». El presentador le preguntó a Trump: «¿Qué opina?».

«¿De verdad necesita que se lo aclare?», dijo Trump. Su respuesta despertó el aplauso del público, y nadie le preguntó por el censo de musulmanes; tampoco él sacó el tema. Pedí hablar con él pero me dijeron que no.

Como no me habían dejado otra opción que citar sus declaraciones públicas, un compañero y yo nos dispusimos a escribir un artículo sobre Trump y su aparente proyecto para tener registrados a los musulmanes del país.[8] El tema había calado hondo en la campaña; políticos como Jeb Bush lideraban las críticas a la propuesta. El enfoque de nuestro artículo era el estigma que Trump estaba perpetuando, acusando a todos los musulmanes de ser una amenaza solamente por su religión. Pero no escogí bien las palabras para hablar de ello. Escribimos que el candidato había «instado» a crear un censo, en parte por las declaraciones que había hecho en televisión cuando el reportero le había pillado en la cuerda floja. Para ser más exactos, podríamos haber dicho que Trump se había mostrado abierto a la idea, pero nuestro artículo terminó en todas las portadas.

El portal conservador *Breitbart*, dirigido por Steve Bannon, aliado de Trump, se puso manos a la obra. Uno de sus reporteros elaboró una supuesta «hoja de comprobación de los hechos»[9] sobre nuestro artículo, y reiteró la postura de Trump: algún medio de comunicación había planteado lo de un censo de musulmanes sin comprobar si Trump lo aprobaba o lo descartaba. En otro artículo del mismo portal, un columnista me atacaba personalmente, incluyendo una foto muy poco favorecedora de mi cara y afirmando que yo apoyaba a Hillary Clinton.[10] En un tuit, Trump dijo: «Qué gusto cuando los medios se regulan mutuamente. Gracias, @ BreitbartNews». Para Trump, era una técnica de manual de los años noventa: utilizar el contenido de un medio de comunicación para enfrentarse a otro y así sembrar dudas sobre un tema.

De repente, me encontré envuelta en un entuerto de los de Twitter. Colegas de otros medios se esforzaban por dar a Trump el beneficio de la duda y sus partidarios retuiteaban ávidamente al candidato. Por su parte, Trump celebró un acto político en Alabama ese mismo día, y esto le dio un motivo para alimentar otra de sus aseveraciones favoritas: que no estaba recibiendo un trato justo. En su discurso, dejó caer que quería una «base de datos» de los refugiados sirios que entraran en el país y la vigilancia de «ciertas» mezquitas, una propuesta similar a la del desaparecido programa de la policía de Nueva York tras el 11 de septiembre de 2001.

Escribí un breve artículo sobre el mitin y puse el acento en otros dos acontecimientos que me habían parecido de interés periodístico. Durante el discurso de Trump, un hombre que llevaba una camiseta de Black Lives Matter comenzó a abuchearlo. «Que lo echen de aquí, coño», ordenó Trump a sus guardias de seguridad. Cuando el hombre se negó a marcharse, unas cuantas personas del público empezaron a propinarle puñetazos y golpearle sin que el candidato mostrara demasiada oposición. El artículo también contaba que, al defender su deseo de extremar la vigilancia de los musulmanes, Trump había descrito minuciosa y falazmente los atentados del 11 de septiembre. «Yo vi cómo se derrumbaba el World Trade Center —dijo Trump—. Lo vi desde Jersey City, Nueva Jersey, donde miles y miles de personas vitoreaban mientras el edificio se venía abajo.» No quedaba nada claro de qué estaba hablando. Entre otras cosas, ese día él se encontraba a kilómetros de distancia del World Trade Center, y a kilómetros de Nueva Jersey también, claro. Había circulado el rumor por internet de que gente de Paterson, otra ciudad del norte de Nueva Jersey con una amplia población musulmana, había celebrado los atentados desde sus terrazas, pero la policía lo había investigado y no había encontrado nada que lo corroborara.

Trump se negó a admitir que su relato era un invento.[11] («Sé que tal vez no es políticamente correcto hablar de eso —dijo Trump a George Stephanopoulos, de ABC News—. Ya se cubrió la noticia en su momento, George».) Los medios de derechas respaldaron a Trump sacando a la luz una noticia de *The Washington Post* de hacía quince años, posterior a los atentados de 2001, según la cual las fuerzas del orden habían interrogado a «varias» personas en Jersey City poco después de los atentados.[12] Cuando se les preguntó por ese artículo, los dos autores dijeron que no recordaban a «miles» de personas vitoreando y que nunca habían podido verificar los rumores.[13]

En otro acto político en Carolina del Sur de esa misma semana, Trump se burló de los dos periodistas de *The Washing-*

ton Post por retractarse de su reportaje original, algo que en realidad no habían hecho. En un momento dado, recurrió a sus dotes de imitación. Se puso erguido detrás del atril, agitó los brazos con las manos colgando y dijo: «No me acuerdo». El público se rio. Sus movimientos no eran casuales: uno de los autores del artículo, Serge Kovaleski,[14] tenía una discapacidad en la mano derecha, algo que saltaba a la vista cuando se le veía en persona (y Trump había tratado mucho con Serge mientras el periodista cubría sus negocios para el *Daily News* en los años ochenta). Por entonces, Serge ya trabajaba conmigo en *The New York Times*, y yo le tenía cariño. Al ver la imitación de Trump, me inquietó que fuera tan precisa. Cuando más personas se dieron cuenta, Trump afirmó que era un gesto cualquiera. Insistió en que no recordaba a Kovaleski, pero la gente que los había visto juntos —y quienes conocíamos la memoria de elefante de Trump para recordar lo que los medios habían dicho de él en el pasado, especialmente en las publicaciones que seguía más de cerca— no se lo terminó de creer.

Todos los acontecimientos que se habían desencadenado tres el atentado de París resultarían ser un epítome perfecto de su candidatura. Trump comenzó con un lenguaje provocativo, pero haciendo deliberadamente un uso impreciso de la terminología, lo cual atrajo a la gente. También se negaba a asumir sus propias palabras y nunca dejaba del todo claro su punto de vista; por último, aprovechaba cualquier error de los medios, por pequeño que fuera —en este caso, la imprecisa elección de mis palabras—, para presentarse a sí mismo como la víctima del frenesí que había desatado y que él mismo alimentaba. Al igual que cuando se había divorciado, se había declarado en bancarrota o había tenido alguna disputa pública, Trump abría las noticias haciendo declaraciones sobre las palabras que otros habían dicho de él. Así encadenaba una controversia tras otra con la mayor naturalidad, y conseguía que los medios de comunicación ya no supieran en cuál de ellas centrarse.

Unas semanas más tarde, el 2 de diciembre de 2015, otro atentado terrorista hizo que la cuestión fuera aún más inmediata para los republicanos que se preparaban para votar en las contiendas estatales de unos dos meses después.[15] En San Bernardino, California, un matrimonio abrió fuego contra un centro sin ánimo de lucro que prestaba servicios sociales, y mató a catorce personas que estaban celebrando la fiesta de Navidad en la oficina. Los autores tenían ascendencia pakistaní, aunque uno de ellos había nacido en Estados Unidos. Trump comentó inmediatamente que «parecía a todas luces otra hecatombe islámica».[16] Esta vez había preparado una propuesta política, que anunció el Día Nacional de Conmemoración de Pearl Harbor: «La prohibición total y completa de entrada de musulmanes en Estados Unidos».[17] Acompañó la propuesta de un libro blanco que se basaba en gran medida en una encuesta realizada para un grupo dirigido por Frank Gaffney, un conocido islamófobo que en su día había acusado a un gobernador de traición por nombrar juez estatal a un musulmán.[18]

Lo que Trump proponía era prohibir la entrada a todas las personas que profesaran una determinada religión (una propuesta que incluso Mike Pence, candidato a la vicepresidencia y gobernador de Indiana, consideraba abiertamente inconstitucional).[19] Poco antes, había estado días enteros mareando la perdiz con si había «instado» a crear una base de datos de musulmanes o si estaba «dispuesto a considerarlo», y los medios habían conseguido darle más sentido a sus palabras que él mismo. En noviembre de 2015, muchos de los que siguieron de cerca el trasfondo de esas polémicas clasificaron a Trump como un fabulista conspiranoico con un escaso nivel de conocimiento de las cuestiones políticas. Aun así, ese episodio le había beneficiado porque se estaba presentando a unas elecciones en las que competía con otros por una atención limitada y un lugar central en los informativos. Aunque gran parte de sus palabras fueran infundadas, difíciles de seguir o poco claras, los votantes estaban escuchando a Trump hablar de terrorismo justo cuando el tema empezaba a figurar entre sus preocupaciones. Por el contrario, su principal rival en ese momento, el novato Ben Carson, empezó a padecer un duro escrutinio sobre su nivel de conocimiento en torno a cuestiones de política exterior.[20] Para ser justos, Trump —que había patinado al tratar de explicar la tríada nuclear— y Carson estaban más o menos igualados en ese tema, pero los votantes se llevaron la impresión de que Trump estaba mejor preparado.

Cada dos por tres se rumoreaba que Trump iba a retirar la candidatura por alguna barbaridad que había dicho: desde declarar inútiles las muertes en combate en la guerra de Irak («No salimos victoriosos precisamente»), hasta lanzar un ataque misógino a la presentadora Megyn Kelly, que le había hecho unas preguntas que no le habían gustado durante un debate republicano («Le estaría saliendo sangre a saber por dónde»).[21] Aunque Trump había abandonado públicamente la teoría del *birtherismo*, seguía difundiendo teorías conspirativas. Entre otras cosas, afirmaba que las vacunas causaban autismo, una tesis ampliamente refutada, o difundía el bulo de que el juez del Tribunal Supremo Antonin Scalia podría haber sido asesinado en lugar de morir por causas naturales. (Según me dijo entonces el escritor republicano Erick Erickson, Trump bebía de la idea de que «había una mano negra invisible».) Pero luego esperaba con paciencia a que pasara la polémica y se recuperaba. Se trataba de un fenómeno completamente antitético a todo lo visto en la historia de la política moderna, ya fuera porque los votantes no juzgaban a

Trump como político, o porque por algún motivo se sentían identificados con él por su época de empresario famoso. Hiciera lo que hiciera, sus votantes de base salían a su encuentro. «Lo nunca visto: que alguien la cague y sus números suban», me dijo un asesor político de Trump en ese momento.

Lo más sorprendente de ese atractivo era la conexión aparentemente duradera que estaba estableciendo con los evangélicos, muchos de ellos protestantes.[22] Cuando Trump apareció a mediados de enero en la Universidad Liberty, la universidad fundada por Jerry Falwell, un televangelista muy influyente, se hicieron visibles de inmediato las dos caras de su peculiar relación con los conservadores religiosos. En el evento, Trump habló con torpeza de la fe; intentando leer el libro de la Segunda Epístola a los Corintios, dijo: «Dos Corintios, 3:17, poco más que añadir».[23] Pero a las más de 10.000 personas del público no les importaba tanto como el entusiasmo con el que hablaba del conflicto con sus eternos enemigos. La primera frase de su discurso fue: «El cristianismo está bajo asedio».

Ese día lo acompañaba Ashley Byers, una joven exbailarina que había asistido a uno de sus actos de campaña y había interactuado brevemente con él. De repente, Byers fue invitada a Mar-a-Lago para visitar a Trump, y luego viajó con su equipo a Liberty a bordo de su avión. Los asesores de Trump pensaron que ella llevaba una falda demasiado corta para el evento, por lo que uno insistió en prestarle un abrigo. Byers pasó prácticamente desapercibida entre la multitud, pero más tarde asumió un papel oficial en la campaña en Florida. (Conoció a su marido durante la campaña de 2016, y posteriormente sería acusada de matarlo a tiros por una disputa sobre la custodia, aunque ella alegó que fue en defensa propia.)[24]

Para Trump, Byers parecía ser una simple aprovechada que se ajustaba a su ideal de belleza. Pero servía para recordar que el espectáculo itinerante de Trump era diferente del de la mayoría de los candidatos que buscan ganarse a los votantes religiosos. Lejos de sentirse ahuyentadas, muchas personas religiosas parecían dispuestas incluso a compararlo con otros: «Su vida personal es la de un santo comparada con la de Bill Clinton», dijo un votante de Carolina del Norte que se definía como evangélico a un colega de *The New York Times*; otra persona dijo: «Es el único que puede rescatarnos del abismo».[25]

Hasta entonces, Trump había evitado las campañas a pequeña escala y los rituales electorales locales, pero accedió a regañadientes a hacer algunas apariciones de este tipo a medida que se acercaban los caucus y las primarias. En Iowa, asistió a una iglesia[26] con Melania y, a pesar de confundir el plato de la comunión con el de la colecta, se sentó durante el sermón y dibujó un semblante razonablemente comprometido con la causa.[27] Siempre que podía, prefería volar a Nueva York para dormir en su propia cama, pero en un viaje sorprendió a los observadores quedándose a dormir en un Holiday Inn Express.

Durante los seis primeros meses de su candidatura, los hijos adultos de Trump supervisaron gran parte de esta actividad a distancia mientras trabajaban en sus puestos como ejecutivos de la Trump Organization. Sin embargo, cuando se acercaron las primeras primarias, viajaron a Iowa para recabar más apoyos. Ninguno de ellos sabía nada de la dinámica política del estado ni de la mecánica de las elecciones. Cuando su yerno Jared Kushner llegó a Iowa con Ivanka, que entonces estaba embarazada de su tercer hijo, se enteró de los procedimientos de los caucus del estado buscando información en Google. Los hijos explicaron a su equipo que se quedaron atónitos ante el panorama que se encontraron. Mientras participaban en sesiones fotográficas por la zona, Don jr., que con treinta años ya se veía más suelto con la base activista republicana que los demás miembros de su familia, y su hermano Eric, más reservado, intercambiaban mensajes de texto en los que expresaban su preocupación por la mala organización de la campaña. Kushner acudió a un acto en el que había personal de varias campañas y se quedó de piedra al descubrir que no había nadie que representara al equipo de Trump; él mismo tuvo que hacerlo. La falta de eficiencia que vieron en Iowa alimentó en los hijos la desconfianza hacia el director de campaña, Corey Lewandowski.

El paseo de Trump por Iowa fue triunfal. El candidato se vanagloriaba de contar con el respaldo de Sarah Palin, cuyo ataque a los «medios de comunicación de pacotilla» durante su campaña a la vicepresidencia de 2008 dejó claro que la gente tenía ganas de ver esas escenas. A Trump no le importaba la posibilidad de perder los caucus. Durante una comparecencia en un colegio cristiano de Sioux Center, Trump habló del vínculo entre él y sus seguidores, maravillándose de su incapacidad para ofenderles hiciera lo que hiciera.[28] La campaña se había convertido en un espectáculo en el que el candidato comprobaba hasta qué punto podía irse de rositas. «Podría pararme en medio de la Quinta Avenida y dispararle a alguien y no perdería ningún votante. Es así —dijo Trump—. Es que es increíble.»

Trump parecía tan tranquilo con su posición que anunció que no acudiría a un debate organizado por Fox News en Iowa porque Megyn Kelly iba a ser una de las moderadoras.[29] (Fox reveló que Lewandowski había proferido amenazas contra la presentadora en una llamada con un ejecutivo de Fox News.[30] «Lewandowski declaró que Megyn había pasado un "par de días duros después de ese último debate" y que "no le gustaría que volviera a vivir lo mismo"», dijo un portavoz.) El equipo de Trump se apresuró a organizar un acto simultáneo a cinco kilómetros de distancia, en la Universidad Drake. En principio, el acto serviría para recaudar fondos para grupos de ayuda a veteranos de guerra,[31] pero antes de que el dinero llegara a las organizaciones benéficas designadas, su equipo dijo que tenía que pasar por la fundación personal de Trump.

Trump anunció a bombo y platillo que había recaudado 6 millones de dólares en una hora.[32] Obtuvo fondos de fuentes de apoyo fiables: de su socio en el negocio hotelero de Las Vegas Phil Ruffin o de un multimillonario farmacéutico llamado Stewart Rahr (según antiguos asesores del candidato, Rahr había pagado por tener oficinas en la Torre Trump solo para estar cerca del empresario, y había ayudado a financiar la investigación de Michael Cohen para una posible candidatura en 2011). Sobre el evento, Trump dijo que él mismo había donado un millón de dólares a la recaudación de fondos para los veteranos.[33]

Meses más tarde, David Fahrenthold, de *The Washington Post*, descubrió que Trump solo había recaudado cerca de la mitad de la cantidad que había proclamado (unos 3 millones de dólares),[34] y que no entregó el millón que había prometido donar hasta que Fahrenthold empezó a hacer preguntas.[35] Eric Schneiderman, fiscal general de Nueva York, estuvo pendiente de la cobertura mediática del asunto. Schneiderman ya había tenido sus más y sus menos con Trump por el supuesto fraude de la Trump University, y en ese momento estaba investigando si el empresario utilizaba su fundación benéfica para lucrarse.[36]

El 1 de febrero, el nombre de Donald Trump apareció por primera vez en una papeleta electoral. Debería haber sido un momento de júbilo total: el candidato había liderado las encuestas para la nominación casi desde que había entrado en la carrera, y había fijado las reglas del debate a sus rivales en todo momento. Pero en el lenguaje de Trump durante la campaña se palpaba poca alegría; más bien se percibía una sensación de indignación y enfado. «Mucha gente se ha reído de mí a lo largo de los años, pero ahora ya no se ríen tanto»,[37] dijo durante un discurso en Nuevo Hampshire, donde había acudido ese fin de semana para cubrirse las espaldas por si la cosa se torcía en Iowa. Allí, en un acto el día de los caucus, Trump se esmeró en poner al público en contra de sus detractores imaginarios: «Si veis a alguien preparándose para lanzarme un tomate, le dais su merecido, ¿me haréis ese favor? Lo digo en serio, ¿de acuerdo? Le dais una paliza, yo me haré cargo de la factura del abogado. Os lo prometo, contad con ello».[38]

Esa noche visitó la sede de un caucus con Melania. La pareja se sentó en primera fila en la iglesia de San Francisco de Asís, en West Des Moines, para ver el recuento de los resultados locales. Lewandowski se les acercó sigilosamente y se agachó para susurrarle a Trump que los resultados en todo el estado parecían favorables. Kushner intentó centrarse en los datos que iban llegando, pero no sabía cómo interpretarlos. «Tendrías que estar llamando a los presidentes de cada distrito electoral para corroborar que los datos son reales», le dijo Kushner a Michael Glassner, un experimentado colaborador que se había unido al equipo de la campaña de Trump a principios de 2015. Al parecer, Kushner no sabía que el estado tenía 1.681 distritos electorales.

Terminado el recuento, Trump se había hecho con el 24 por ciento de los votos. Quedó a poco más de tres puntos del senador por Texas Ted Cruz y le arrebató la segunda plaza al senador por Florida Marco Rubio. Cuando subió al escenario esa noche en una fiesta electoral en West Des Moines, se le vio algo apagado, pero sorprendentemente afable. «Hemos quedado segundos, y quiero deciros algo: es un honor para mí», dijo Trump antes de partir hacia Nuevo Hampshire. Se negó a hablar con su equipo de Iowa porque consideraba que le habían fallado.

En cuestión de horas, quedó claro que Trump no había aceptado el resultado en absoluto. Su compostura ante la derrota se había esfumado para dejar paso a la furia. «Me lo han arrebatado», dijo a sus asesores. Durante los días siguientes, llamó a diario al presidente republicano de Iowa para exigir repetir la votación. Amenazó con interponer una demanda por lo que él tildaba de «fraude». Trump se obsesionó con algunas infracciones que había cometido el ganador; en particular, una supuesta jugarreta que el equipo de Cruz había empleado, al difundir el rumor de que Carson abandonaba la campaña en diversos caucus. «Qué asco, de lo peor que he visto», dijo Trump en una emisora de radio.[39] Durante la semana previa a las primarias de Nuevo Hampshire, se dedicó a quejarse a los votantes del estado de que «Ted Cruz no había ganado Iowa, sino que se lo había arrebatado».[40]

Al final, Trump ganó en Nuevo Hampshire, un estado en el que Lewandowski había vivido y que entendía mucho mejor, con el doble de votos que el segundo clasificado, el exgobernador de Ohio John Kasich. También ganó holgadamente en las primarias de Carolina del Sur[41] y en los caucus de Nevada.[42] Esas victorias obligaron a muchos de los otrora formidables oponentes de Trump a abandonar la carrera, no sin antes buscarle las cosquillas. Los contendientes restantes y otros líderes del partido se dieron cuenta poco a poco de que, si querían tener alguna posibilidad de impedir que Trump sumara los delegados necesarios para obtener la nominación, tendrían que superar sus diferencias y colaborar.[43]

El gobernador de Nueva Jersey Chris Christie, que abandonó la carrera[44] tras obtener menos del 10 por ciento de los votos en Nuevo Hampshire, hizo las cuentas de otra forma al ver el éxito imparable de Trump, y el 25 de febrero respaldó la candidatura de su amigo. Fue el primer miembro de la flor y nata republicana en hacerlo.[45] «Prestaré mi apoyo a Donald de aquí a noviembre de la forma que sea», dijo Christie a los periodistas, que no sabían nada del tema hasta que el gobernador apareció junto a Trump en un acto político en Fort Worth, Texas.[46]

Christie aprendió rápidamente lo que significaba dejar de ser amigo de Trump para ser su asesor. En la rueda de prensa, un periodista le preguntó a Trump por una nueva crisis que acechaba su campaña: la creciente oleada de apoyos procedente de supremacistas blancos. Los racistas siempre habían operado al margen de la política partidista, pero ahora habían conectado con las medidas antiinmigración de Trump, su condena de los manifestantes de Black Lives Matter y su propuesta de prohibir la entrada de musulmanes en el país. Poco después de las primarias de Carolina del Sur, David Duke, el antiguo responsable del Ku Klux Klan más famoso del país, expresó su entusiasmo por los resultados: «Os animo a ir, os vais a encontrar con gente que piensa muy parecido a nosotros —dijo Duke a los oyentes de su programa de radio sobre la campaña de Trump—. Espero que cumpla con todo lo que esperamos».[47]

Trump no se esforzó mucho por repudiar a esos nuevos simpatizantes, e incluso retuiteó una publicación de WhiteGenocideTM, una cuenta que hacía apología del genocidio.[48] En Fort Worth, le preguntaron por el apoyo de Duke y él se limitó a musitar: «Reniego». Ese mismo fin de semana, el presentador de la CNN Jake Tapper le mencionó el tema y él escurrió el bulto.[49] «No sé nada de David Duke, ¿vale? Ni siquiera sé de qué me están hablando con eso de la supremacía blanca o supremacista blanco. No tengo ni idea. Explíquemelo usted: ¿me quiere apoyar o qué está pasando?», dijo. A los asesores de Trump les preocupaba que no quisiera ser más contundente en su respuesta. Stone era uno de ellos, y a los miembros del equipo con quienes seguía en contacto les comentaba que no iban a conseguir muchos votos si Trump seguía haciendo las cosas de ese modo.

Trump nunca tuvo reparos en emitir un juicio contundente sobre alguien cuando lo creía necesario. Lo hizo específicamente con Duke en el año 2000, cuando mencionó al miembro del Ku Klux Klan como parte de su estrategia para abandonar una posible candidatura del Partido Reformista.[50] Y sin embargo, los ayudantes de Trump se escudaron en que el candidato había dicho la palabra «reniego» —una declaración que no reconocía en modo alguno a Duke— para demostrar que ya había dado una respuesta clara y contundente. El caso fue similar a lo que había sucedido unos meses antes, cuando se había hablado de un posible censo de musulmanes: Trump dio una respuesta poco clara, esperó a que se le atribuyera una postura que parecía estar adoptando (aunque sin hacerlo de forma explícita) y luego alegó, indignado, que los medios estaban sacando sus palabras de contexto.

A raíz de las súplicas de otros republicanos, Christie llamó a Trump para decirle que tenía que ser más contundente y distanciarse de sus partidarios supremacistas blancos. Le pilló en un campo de golf y le imploró que emitiera enseguida una declaración clara al respecto. El modelo que se debía seguir, sugirió Christie, sería el rechazo de Ronald Reagan al apoyo de la John Birch Society durante su primera campaña para gobernador, cuando calificó al grupo anticomunista y conspiranoico de «panda de lunáticos».[51] Se oyó a Trump asegurarle a Christie que lo acabaría haciendo, pero que no corría tanta prisa. «Mucha de esta gente vota», dijo Trump, y puso fin a la llamada.

14

Basta de robo

El 5 de marzo de 2016, Donald Trump y Ted Cruz se encontraban en Wichita, Kansas, donde algunos de los republicanos del estado se daban cita en un caucus. Los asistentes se reunirían en un anfiteatro para escuchar directamente a las campañas y luego votarían. (Un tercer aspirante, Marco Rubio, estaba representado por Mike Pompeo, un congresista local que había dicho que Trump sería «un presidente autoritario que haría caso omiso de la Constitución».)[1] El día anterior, los asesores de Trump habían reiterado en tres ocasiones al presidente del partido, Kelly Arnold, que su candidato tenía que hablar primero. Pero al día siguiente, cambió de opinión: en el programa estaba previsto que Cruz hablara el último, justo antes de que se emitieran los votos, y Trump decidió que quería ocupar ese lugar. Arnold dijo al equipo de Cruz que Trump se negaba a salir a menos que le dieran ese turno de palabra. El equipo de Cruz decidió que no le importaba y aceptó que Trump ocupara su lugar, pero para entonces Arnold ya no quería regresar a la zona del sótano, pues Trump estaba allí subiéndose por las paredes. El equipo de Cruz tuvo que compartir la noticia con Trump. Un grupo de ayudantes de Cruz bajó en ascensor y se encontró a Trump justo delante de las puertas, mirándolos fijamente. Ni siquiera se molestaron en salir. «Puedes salir el último», espetaron, y luego cerraron las puertas rápidamente. Unos minutos después, Trump subía las escaleras. Todo eran buenas caras una vez que hubo obtenido lo que quería, como si nada hubiera pasado... «Estáis haciendo una gran campaña», dijo con simpatía.

Ese día, Trump y Cruz se repartieron cuatro contiendas: Cruz ganó los caucus en Kansas y Maine; Trump, los de Kentucky y las primarias de Luisiana. (Trump terminaría ganando todos los estados del sur profundo.) Su victoria en Luisiana tendría un impacto a más largo plazo. Se impuso a sus tres competidores y se alzó con la victoria, pero las estimaciones de los medios de comunicación no tardaron en concluir que seguramente perdería la mayoría de los delegados debido a las arcanas reglas por las que se concedían.[2]

El resultado lo dejó estupefacto. Al igual que después de los caucus de Iowa,[3] se describió a sí mismo como víctima de un proceso injusto: «Para que vean lo injusta que puede ser la política republicana en las primarias, gané en el estado de Luisiana y obtuve menos delegados que Cruz», escribía en Twitter. Amenazó con presentar una impugnación ante el Comité Nacional Republicano, así como una demanda contra el partido estatal para exigir un cambio retroactivo de las reglas que habían estado en vigor desde mucho antes de que él decidiera presentarse a las presidenciales.[4] Trump nunca interpuso ninguna demanda ni impugnación, ya que su campaña no daba abasto para polémicas. Lo que pasaba era muy simple: el equipo de Cruz dirigía una campaña mucho más sofisticada y había descubierto cómo beneficiarse de un sistema muy complejo; el pequeño círculo de Trump, en cambio, contaba con asesores sin experiencia en elecciones presidenciales y no se había molestado en aprender.

Trump había establecido sus propias reglas para aspirar a la presidencia. Trataba las exigencias de otros candidatos como un menú en el que todo era una opción. Se había saltado un debate de candidatos y, en general, había evitado la campaña de a pie en la que se hacían visitas a pequeñas empresas y algún que otro desfile.[5] (La visita a la cafetería de Nuevo Hampshire de la que fui testigo en 2011 resultó ser una excepción en su carrera política.) Trump tardó en crear funciones de campaña tradicionales[6] —como un departamento de investigación— y durante gran parte del proceso asistió con poca frecuencia a actos de recaudación de fondos. De hecho, eso provocó que, en última instancia, tuviera que depender del Comité Nacional Republicano para ese tipo de infraestructura.[7] Mientras otros candidatos hacían encaje de bolillos con sus agendas para acudir a los estudios de televisión, Trump convencía a los productores para que le entrevistaran por teléfono.[8]

Se lo había montado para lograr todo eso sin costes ni daños evidentes. Pero a medida que la prensa le fue prestando cada vez más la atención reservada a los nominados de los partidos, Trump ya no pudo eludir por completo ese escrutinio típico al que se enfrentaban los candidatos. Una de las mayores polémicas giró en torno a sus declaraciones de la renta. Normalmente, los candidatos presidenciales las habían hecho públicas de forma voluntaria (casi todos los de los principales partidos desde Richard Nixon). Los republicanos que conocían a Trump en Nueva York siempre habían dicho en privado que nunca llegaría a hacerlo, especulando con que le preocupaba más que la gente viera la cantidad real de dinero que ganaba que el escrutinio que se pudiera llegar a hacer de sus fuentes de ingresos.

Antes del supermartes, Trump trató de relajarse a bordo de su avión antes del siguiente acto de campaña, pero sus asesores le conminaron a hacer frente a la creciente crisis.

Sentados alrededor de una de las mesas con ornamentos dorados de la cabina principal, Corey Lewandowski le dijo que su declaración de la renta se estaba convirtiendo en un problema para el que necesitaban un plan; la secretaria de prensa, Hope Hicks, señaló que todos los demás candidatos republicanos y demócratas las habían hecho públicas, y que la presión aumentaría tras los resultados positivos del supermartes. Trump se reclinó en su asiento de cuero y miró a su antiguo rival Chris Christie, al otro lado del pasillo. «Romney cometió un gran error al publicar sus impuestos», observó Trump. Se refería a la decisión del candidato republicano en las anteriores elecciones, pues su declaración de la renta había demostrado que su tipo impositivo era menor al de muchos estadounidenses de clase trabajadora.[9]

Trump pensó durante un segundo en cómo «salir de esta», según dijo. Se inclinó hacia atrás y soltó lo primero que se le pasó por la cabeza: «Bueno, a ver, están haciendo auditorías de mis impuestos, siempre me auditan». Christie se quedó perplejo. «Me refiero a que podría decir que la haré pública cuando se termine la auditoría —dijo Trump—. Porque ese momento nunca va a llegar.» Christie señaló que no había ninguna prohibición legal que impidiera a Trump publicarla, aunque estuviera bajo auditoría. «Bueno, no sé yo qué opinarán mis abogados —dijo Trump—. Estoy seguro de que me lo desaconsejarán.» Al aterrizar, ordenó a su guardaespaldas Keith Schiller que llamara a su asistente, Rhona Graff. Casi de inmediato, empezó a decir que no había manera de hacer pública su declaración porque le estaban haciendo una auditoría.

Una semana y media después del supermartes, Trump programó un mitin el viernes por la noche en el pabellón de la Universidad de Illinois en Chicago. Para él, esa ciudad siempre iba a ser territorio hostil. Era una urbe grande y de tendencias muy demócratas. Además, la mitad de su población era racializada y reivindicaba con orgullo a Barack Obama como hijo de la ciudad. Hubo manifestantes que se acercaron al estadio veinticuatro horas antes de la hora de inicio prevista para el discurso de Trump,[10] lo que provocó peleas con los asistentes al mitin.[11] El candidato llegó a Chicago antes de anunciar abruptamente que cancelaba el acto, una decisión que se tomó tras una evaluación de seguridad.[12] El único espectáculo que quedó grabado fueron las imágenes en la televisión por cable de partidarios de Trump peleándose con sus detractores, altercado tras altercado.

El episodio no sirvió para aplacar el ímpetu de Trump, que ganó en cuatro de las cinco contiendas estatales del martes siguiente,[13] incluyendo Illinois y estados de todo el sur profundo. Los resultados garantizaron casi por completo que llegaría a la convención republicana de julio con más delegados que cualquiera de sus oponentes. Algunos partidarios de Cruz empezaron a urdir un complot para arrebatarle la nominación, persuadiendo a sus delegados para que desertaran.[14] Durante las primarias, Trump se enfrentó a Cruz apodando a su oponente «Ted el mentiroso». Trump aludía a los artículos cada vez más personales sobre su rival publicados por David Pecker, amigo de Trump, en el *National Enquirer*. Había artículos de todo tipo: desde acusaciones de aventuras amorosas[15] hasta insinuaciones de que el padre de Cruz había estado de algún modo involucrado con el asesinato de John F. Kennedy.[16] Su esposa Heidi también fue objeto de sus ataques. Trump llegó a amenazarla con «desvelar todo» sobre ella, y retuiteó una instantánea poco halagadora de ella junto a una glamurosa foto de Melania con la frase «una imagen vale más que mil palabras».

La debacle de Luisiana convenció a Trump de que la dirección de su campaña no estaba preparada para erigir la defensa necesaria para contener a las fuerzas de Cruz. Su amigo Tom Barrack le recomendó recurrir a Paul Manafort, un republicano con más de cuatro décadas de experiencia en el peculiar juego de cazar y contar delegados.[17] Trump y él se habían visto por primera vez en 1988, cuando Roger Stone, socio de Manafort, había orquestado la visita del empresario a la convención republicana que Manafort ayudó a organizar.[18] Tras una reunión en Mar-a-Lago en 2016, Trump decidió contratarlo para supervisar una operación de recuento de delegados de cara a la convención que se celebraría ese mes de julio.[19]

En los últimos años, Manafort había llevado a cabo sus labores de presión política fuera de Estados Unidos, sobre todo en Ucrania, donde asesoró a Víktor Yanukóvich, un político prorruso que fue primer ministro y presidente de su país.[20] Desempeñar ese papel no había sido nada extraordinario para Manafort, que, en parte, había construido su negocio ejerciendo presión política en Washington para algunos de los líderes más brutales y antidemocráticos del mundo; entre ellos, el presidente filipino Ferdinand Marcos o el comandante rebelde angoleño Jonas Savimbi.[21] Esos vínculos constatados con Yanukóvich habían echado para atrás a la campaña presidencial de John McCain en 2008, en la que el entonces socio de Manafort,[22] Rick Davis, y un antiguo socio de Manafort ocupaban altos cargos.[23] Así y todo, algunos miembros del equipo de campaña de Trump desconocían la mochila con la que viajaba el estratega.[24]

Manafort y Trump tenían poca química a nivel personal; tenían edades similares, pero el asesor no era muy consciente de las prioridades de su nuevo cliente. Esto se hizo evidente de inmediato, cuando apareció en la CNN después de entrar en la campaña y se refirió a Trump como «Donald», una forma que sus asesores casi nunca usaban en público en ese momento. Los aires de grandeza de Manafort denotaban que se veía a sí mismo como una especie de par del candidato, y eso significaba que Trump tendría que encontrar la forma de domeñarlo.

Manafort se unió a la campaña justo cuando el campo republicano se reducía a tres candidatos.[25] Como probable candidato, Trump se convirtió automáticamente en el centro de atención y, por primera vez, no tuvo que buscarse la vida para conseguir cobertura mediática. Dicho eso, hizo más bien poco por adaptarse a esa nueva situación.

A pesar de seguir atacando a *The New York Times*, Trump tenía una obsesión con el periódico, especialmente con la legendaria columnista Maureen Dowd. Con Dowd, Trump no tenía la misma relación que con otros periodistas de los tabloides: Dowd y él no eran amigos. Ahora bien, él sabía que la periodista era venerada en el mundillo de la prensa, así que, cuando estaba a punto de conseguir la nominación, aceptó que la reportera lo entrevistara para varias columnas y para un artículo de *The New York Times Magazine*. En una entrevista para una columna,[26] Trump reconoció que había hecho algo imprudente, algo extraño en él: en este caso, publicar el tuit de Heidi Cruz. «Sí, fue un error —dijo—. Si tuviera la oportunidad, no volvería a hacerlo.» Intentó venderle a Dowd que su visión del tuit no era «negativa por fuerza», y ella lo cortó. La entrevista tocó un sinfín de polémicas. Incluso hubo una pregunta sobre si Trump había pagado alguna vez los gastos médicos de un aborto cuando se movía por el mundo de la noche. El candidato no quiso responder.[27]

Él sabía perfectamente que la entrevista con la revista no era extraoficial, pero cuando un asesor le preguntó cómo había ido, dio a entender falsamente que no se había dado cuenta de en qué se estaba metiendo. «Sacó la grabadora y no quise ser maleducado, somos amigos», dijo, poco dispuesto a admitir que se había sentado de forma voluntaria para que le entrevistaran tranquilamente. La persona de su equipo se quedó estupefacta al oír que Trump no había querido ofender a la periodista. «No sois amigos», dijo el asesor.

En unas primarias muy reñidas, al candidato le había venido de perlas su capacidad para atraer cobertura mediática de la nada. Había opinado continuamente de todo, provocando y creando conflictos para luego convertir esa atención mediática en una oportunidad para criticar a los medios, y cada vez que había sido el centro de atención, otro candidato había dejado de serlo. Cualquier oponente que quisiera compartir ese protagonismo tendría que hacerlo siguiéndole el compás, algo que la mayoría de los políticos consideraban poco digno.

Normalmente, cuando los candidatos se van acercando a la nominación, aprovechan ese período para distanciarse de sus declaraciones más polémicas a fin de intentar pescar a los votantes centristas de ambos partidos. Pero Trump abordó la campaña como una oportunidad para saldar viejas cuentas y promocionar productos viejos, puesto que sus votantes eran una formación completamente nueva. En su acto ante la prensa tras ganar las primarias de Míchigan y Misisipi, el candidato acudió al Trump National Golf Club de Florida para sentarse a una mesa repleta de productos Trump, incluidos algunos que llevaban años fuera del mercado, como carne de vacuno cruda aún en su envase original.[28] «Pues está el agua, la carne, la aerolínea que vendí... ¿Qué hay de malo en vender? —preguntó a los periodistas—. Pondremos en marcha la Trump University en cuanto gane la demanda.»

La campaña le dio a Trump una plataforma que pudo utilizar como munición contra el litigio que llevaba atormentándole desde antes de la carrera por la nominación. En mayo, hizo una parada en San Diego, donde un juez de distrito llamado Gonzalo Curiel llevaba un par de demandas colectivas contra la clausurada Trump University.[29] El asunto se cernía sobre Trump, cuyo juicio estaba previsto para poco después de la jornada electoral de noviembre. «Mi juez no soporta a Donald Trump, es un *hater*, así de claro. Se llama Gonzalo

Curiel», dijo entre abucheos que solo avivaban más su rabia.[30] Finalmente, dedicó más de diez minutos de su mitin a hablar del juez, exigiendo que se recusara y que, además, fuera investigado por irregularidades que no llegó a concretar. Pero, para Trump, lo que pasaba estaba muy claro: no se podía confiar en que Curiel, nacido en Indiana[31]—pero al que Trump decidía llamar «mexicano», «hispano» y «español»—,[32] hiciera bien su trabajo, dado que él estaba haciendo campaña a favor de una política fronteriza más dura. «A ver, está orgulloso de sus orígenes, ¿no lo veis? Y yo voy a construir un muro», dijo posteriormente en la CNN.[33] En la CBS, aseguró que «era posible» que los jueces musulmanes también tuvieran una opinión sesgada en su contra.[34] «Es que es de sentido común —explicó—. Este país tiene que dejar de ser tan políticamente correcto.»

Al igual que con la propuesta de prohibición de entrada a los musulmanes, varios republicanos de peso condenaron públicamente el lenguaje de Trump.[35] Algunos asesores como Christie o su propia hija Ivanka le persuadieron en privado[36] para que emitiera un comunicado para negar que, en su opinión, «los orígenes de alguien interfirieran en su criterio», y para manifestar que sus comentarios sobre Curiel «se habían malinterpretado». Él insistió en que no debía verse como un paso atrás. «¿Piensan que voy a cambiar? —preguntó cuando salió el tema durante una rueda de prensa—. No voy a cambiar.»[37]

Durante la primavera, la campaña empezó a prepararse para las elecciones generales. El pequeño séquito de asesores que habían guiado a Trump durante las primarias se amplió. Tras destinar más bien poco presupuesto a estudios de opinión durante esas contiendas, Trump contrató a Tony Fabrizio, un reputado encuestador que había trabajado con él en sus negocios.[38] También incorporó a Rick Reed, un publicista con dilatada experiencia política que había creado los anuncios del grupo político Swift Boat Veterans for Truth,[39] fundado para plantar cara al candidato demócrata, el senador John Kerry, en las presidenciales de 2004. La campaña a la que se unieron Fabrizio y Reed se caracterizaba por los incesantes enfrentamientos y por la desconfianza generalizada en todos los bandos. Algunos asesores temían que Trump hubiera pinchado los teléfonos de la sede del partido, debido a la fama que se había labrado de llevar a cabo escuchas de los teléfonos de su oficina y de escuchar las llamadas en directo desde Mar-a-Lago.[40] Las distracciones eran constantes, sobre todo por parte del propio candidato, que interrumpía las reuniones de planificación con sus principales asesores de campaña para darles una reprimenda a sus hijos por negocios que no habían salido bien. Reed tuvo que lidiar con la manía de Trump de intentar escribir guiones publicitarios y de cancelar anuncios que sus asistentes consideraban eficaces, como uno sobre Hillary Clinton y el ataque al consulado estadounidense en Bengasi cuando era secretaria de Estado.[41] Reed abandonó la campaña en otoño sin hacer mucho ruido.[42]

El personal y los asesores se dividieron en dos facciones principales: la de Manafort y la de Lewandowski. Después de Iowa, los tres hijos mayores de Trump se involucraron más en la campaña, acudiendo a las reuniones con Manafort y su mano derecha, Rick Gates. Jared Kushner era la cara visible del trato con Trump. El equipo se dio cuenta de que los hijos a menudo se dirigían al marido de Ivanka porque su voz suave y su talante neutral parecían calmar al patriarca; además, como familiar no consanguíneo, estaba mejor posicionado para enfrentarse a él directamente. Cuando un día Trump estaba despotricando sobre querer despedir a todo su equipo de campaña, Kushner le dijo: «Donald, a cuatro de nosotros no puedes despedirnos».

El 20 de junio, los hijos lograron finalmente orquestar la destitución de Lewandowski.[43] Mientras el candidato se encontraba en otro lugar de la torre, Don jr. y Michael Cohen se llevaron a Lewandowski y le dijeron que estaba despedido. Trump siguió de cerca su aparición en la CNN[44] poco después del despido para ver si decía algo malo sobre él o su familia, pero este no hizo ni lo uno ni lo otro. Conocía lo suficiente a Trump como para saber que hacerlo sería una de las pocas formas de descartar cualquier posibilidad de reconciliación.

El adiós de Lewandowski elevó a Manafort a una posición indiscutible como principal estratega de la campaña. El asesor intentó que Trump se centrara en llevar a cabo una campaña tradicional a base de discursos políticos leídos desde un teleprónter, pero una de las veces que hizo uso de este recurso para un discurso sobre economía, terminó siendo noticia.[45] Su hija Ivanka aseguró a personas ajenas a la campaña que aquello marcaba una nueva era para la campaña, sugiriendo que su padre estaría más comedido. Sus asesores, tanto dentro como fuera de la familia, le instaron a tomarse el cambio de guardia como un reinicio y aprovecharlo para hacer una campaña más estratégica, algo que pareció interesar a Trump.

En verano habría dos ocasiones para demostrar ese interés. El 18 de julio comenzaría la convención republicana en Cleveland, y la responsabilidad de organizarla recayó en Manafort y Gates. Trump estaba entusiasmado con el festival de globos y guirnaldas en su honor, que duraría una semana, pero no estaba nada centrado en el discurso de aceptación que daría ese jueves por la noche. La redacción del texto corrió a cargo de un grupo de profesionales especializados en el tema a los que contrató y que se inspiraron en aspectos del discurso de Richard Nixon en 1968.[46] Trump hizo hincapié en los elementos más visuales de la convención: el tipo de iluminación que le marcaría el camino hacia el escenario o el orden en el que intervendrían sus parientes.

Antes del comienzo de la convención, tuvo que escoger a un candidato a la vicepresidencia. Y la verdad sea dicha, tenía pocas opciones. La mayoría de los republicanos no querían que se los relacionara con él después de ver cómo había dirigido su campaña. Él compartía ese sentir: el político se había pasado su carrera profesional gestionando una empresa familiar y era propenso a desconfiar de todo el mundo por naturaleza, especialmente de quien venía de fuera. La única dinámica de relación que concebía era la dominación. Aunque su poder sobre el candidato a la vicepresidencia sería indiscutible, estaría nombrando a un funcionario constitucional. Y a diferencia de los miembros del Gabinete o del personal de la Casa Blanca, al vicepresidente no lo podría despedir o apartar con insultos o negligencias. Trump se había negado a enfrentarse a muchas decisiones, pero esta tenía una fecha límite que no podía eludir.

Por lo general, los candidatos a la presidencia suelen quedarse con unos pocos nombres de la larga lista de posibles compañeros. Pero la de Trump solo tenía tres.[47] El primero era Christie, un ejecutivo con una larga trayectoria que había embelesado a Trump mostrándole su apoyo desde el principio, pero que había sido objeto de acusaciones por haber emprendido represalias políticas contra sus asesores, algo que preocupaba a los hijos de Trump y sus ayudantes. En segundo lugar estaba el expresidente de la Cámara de Representantes Newt Gingrich, propuesto por algunas de las figuras más influyentes del partido, como el presentador Sean Hannity o el magnate de los casinos Sheldon Adelson. Aunque a Trump le encantaba el espíritu bélico de Gingrich contra la prensa, a sus asesores les preocupaba que los dos hombres acabaran pugnando entre sí. Y en último lugar estaba el gobernador de Indiana Mike Pence. El excongresista era uno de los políticos evangélicos más prominentes del país, pero le había fallado a Trump mostrando su apoyo a Cruz antes de las primarias de

Indiana en mayo. Por un momento, Trump también había propuesto a Michael Flynn, un general retirado que había sido uno de sus primeros asesores en materia de política exterior, pero desestimó la idea al ver una entrevista en la que Flynn se declaraba a favor del derecho al aborto.[48]

El episodio de Flynn trajo al caso la preocupación sobre el propio historial de Trump en cuestiones sociales y su incapacidad para hablar el idioma de los evangélicos. Más concretamente, los asesores de Trump sabían que seguía habiendo inquietud entre algunos conservadores religiosos sobre esa cuestión, y también sobre su historial matrimonial. El candidato no conocía a Pence tan bien como a los otros dos finalistas, pero era quien más le podía servir para demostrar que había cambiado.

Trump decidió que el proceso de selección sería público. En un evento de recaudación de fondos, invitó a los asistentes a participar.[49] Finalmente, Kushner y Manafort le ayudaron a decantarse por Pence, al que Trump consideraba perfecto para el papel. «Le va que ni pintado, ¿verdad?», dijo Trump del expresentador de radio. Trump estaba encantado porque sabía que su número dos, cauto y reacio al conflicto, nunca le eclipsaría.

Trump pasó la noche del miércoles, 13 de julio, en San Diego para asistir a un evento de recaudación de fondos.[50] El acto cumplía una doble función: que los principales donantes del Partido Republicano, que siempre habían visto con malos ojos la campaña de Trump, mostraran su conformidad con el candidato, y que Trump demostrara su cambio de actitud y predisposición con ellos. Esa noche, Trump llamó a la residencia del gobernador de Indiana. Pence, que ya había sido prevenido de la llamada, le hizo saber al candidato que estaba en su estudio junto a su esposa Karen.

«Solo quiero avisarte con un poco de antelación —dijo Trump—. La noticia que te voy a dar es muy importante,

¿vale? —prosiguió—, nadie más lo sabe.» Trump le dijo a Pence que últimamente había estado hablando mucho con Jeff Sessions, un político de Alabama con una visión muy restrictiva de la inmigración (y el primer senador en apoyar la campaña de Trump), sobre elegirlo a él.[51] «Me ha hablado muy bien de ti, te felicito —dijo Trump—. Mejor... —prosiguió— no se lo digas a nadie, a tu mujer sí, claro.» Trump informó a Pence de que tenía pensado traerle a Nueva York para convocar una rueda de prensa el viernes por la mañana: «El despliegue de medios será increíble, ya verás —prometió, para luego hablar de su futuro en común—. Le daremos la vuelta a todo esto, que buena falta le hace», dijo Trump sobre la campaña.

Estaba más que claro que Trump hablaba de que Pence fuera el candidato a la vicepresidencia, pero nunca articuló esas palabras, sino que habló crípticamente, jugando con el secretismo y las sorpresas. Si bien el tono de la conversación parecía de celebración, Trump no había llegado a ofrecerle el puesto a Pence, ni le dio la oportunidad de decir si aceptaba o no la propuesta.

Unas doce horas más tarde, el jueves por la mañana, Trump habló con Christie. Al gobernador de Nueva Jersey ya se le había encargado que planificara la transición presidencial de Trump, a pesar de las supersticiones del candidato, que llegaban al punto de no querer abordar cómo sería la vida en la Casa Blanca hasta pasados los comicios.[52] Si Trump estaba interesado en la planificación de la transición, era sobre todo porque quería descubrir si se estaban malgastando los fondos que se recaudaban para la campaña, un dinero al que él seguía refiriéndose como «mío». Christie no había dejado de anhelar la nominación a la vicepresidencia, algo que dejó claro ante Trump, y algunos aliados del gobernador seguían presionando al candidato para que lo eligiera.[53]

—¿Estás seguro de querer hacerlo? —le preguntó Trump a Christie, que pensó que solo le estaba preguntando eso para «tener una escapatoria fácil». Pero el gobernador no pensaba concedérsela.

—Sí, quiero hacerlo —respondió Christie—, cuenta conmigo.

—Muy bien —respondió Trump—, tomaré hoy la decisión, pero antes quería saber si los dos estabais preparados para lo que viene —advirtió, avisando a Christie de que él y su esposa estarían en el ojo público.

Mientras tiraba de ambigüedad para salir del paso con Christie, su equipo estaba ultimando planes para trasladar a los Pence a Nueva York sin hacer mucho ruido de cara a la rueda de prensa del día siguiente. Sin embargo, Christie se enteró de que la familia Pence aterrizaba en una terminal privada del estado, así que llamó a Trump.

—Lo mínimo que podías hacer era contarme que ya habías tomado la decisión —le dijo Christie a Trump.

—Yo no he tomado ninguna decisión —respondió el candidato.

—¿Ah, no? ¿No le has ofrecido la vicepresidencia a nadie? —preguntó Christie.

—Para nada —contestó Trump.

—Bueno, entonces cuéntame por qué Mike Pence llega a Teterboro en media hora —preguntó Christie.

—Ni puta idea —respondió Trump, antes de dar una instrucción muy clara—. Enciende la tele y pon Fox News.

Pocos minutos después, Trump apareció en antena: «No he tomado ninguna decisión —decía—. Tengo tres posibles candidatos, los tres fantásticos». Llamó a Christie justo después, insistiendo en que sus declaraciones dejaban constancia de que no se había decantado por Pence.

—¿Me crees ahora? —le dijo Trump a un Christie dudoso.[54]

El candidato tuiteó que había pospuesto la rueda de prensa a causa del ataque terrorista en Niza.[55] Ese retraso significaba que los detractores de Pence (y los partidarios de Christie) aún tenían unas horas más para hacer presión. El viernes por la mañana, a pesar de no celebrar la rueda de prensa, alguien filtró a un medio informativo de Washington que Trump se había decidido por Pence, así que el candidato empezó a quejarse de que le estaban presionando para que escogiera a Christie.[56] Aunque sus dudas fueran ciertas, ya no podía seguir alargando la mecha. Unas horas después llamó a Christie y le dijo: «Chris, voy a colgar un tuit para anunciar que he elegido a Mike Pence como vicepresidente».[57]

En cuestión de días, Trump había conseguido que Pence aceptara un puesto que no le había ofrecido formalmente y, al mismo tiempo, le había rogado que guardara silencio para poder jurarle a uno de sus amigos más longevos, Christie, que no se había decidido. Simultáneamente, había estado urdiendo un plan para hacer unas declaraciones en directo con el propósito de reafirmarse frente a su amigo y así postergar todo lo posible la confrontación directa con él. Tras dejar un margen de maniobra para tomar la decisión, y después de obligar a terceros a invertir energía mental y emocional en el proceso, Trump terminó haciendo exactamente lo que dijo que haría desde un principio. Escogió a alguien que suplía la carencia que él sufría con los votantes evangelistas, y lo más importante: escogió a alguien que no supondría una amenaza por querer acaparar protagonismo.

La reforma de la campaña de Trump para darle un enfoque más tradicional no supuso el fin del cinismo en torno a la política que le había acompañado durante su ascenso. Roger Stone ya se había apartado del equipo de campaña, pero seguía manteniendo vínculos con esta a través de colaboradores que trabajaban allí (Trump también seguía hablando con él periódicamente y le había consultado antes de contratar a

Manafort). Stone estuvo omnipresente durante la convención de Cleveland, como de costumbre, buscando perspectivas que interesaban a cuatro gatos pero que jugaban a favor de Trump. Había formado Stop the Steal («Basta de robo»),[58] un grupo para neutralizar los últimos esfuerzos de los partidarios de Cruz por quitarle delegados a Trump. «Revelaremos los hoteles y los números de habitación de los delegados que estén directamente implicados en el robo», advirtió.[59] Junto al conspiranoico presentador de radio Alex Jones, comercializaron camisetas en las que se acusaba a Bill Clinton de violación.[60] (También hubo otra iniciativa más taimada: en conversaciones privadas, el equipo de Trump dejó claro que tratarían de promover la campaña de la candidata del Partido Verde, Jill Stein, que contaba con el discreto apoyo del cofundador de la cadena Home Depot, Bernie Marcus, con el objetivo de reforzar su perfil y lograr arrebatar votos de la izquierda a Clinton y perjudicar los resultados de la candidata demócrata.)[61] Si bien Stone se había alejado de Trump oficialmente, dejó claro que sus tentáculos todavía tenían poder sobre la campaña.[62] Cuando llegó tarde al mitin unificado del «America First» («Estados Unidos primero») el primer día de la convención, se disculpó señalando: «Tenía algunas reuniones a las que asistir en el Westin con miembros del equipo de Trump».

Dos días después, yo fui a la *suite* de Trump en el Westin de Cleveland con mi colega David Sanger, antiguo corresponsal en el extranjero y principal experto del periódico en política internacional. Trump estaba sentado en un gran salón; a su izquierda había unos ventanales enormes desde los que se veía el centro de Cleveland, y a su derecha, un televisor gigante que retransmitía las noticias por cable. Él iba mirando de reojo la pantalla mientras hablaba con nosotros.

Sanger y yo ya habíamos entrevistado a Trump por teléfono en marzo.[63] Teníamos la esperanza de comprender y plasmar su visión del mundo, pero lo único que obtuvimos fue un saco de declaraciones sobre otros países. Trump pareció interesado en la conversación —llamó al móvil de Sanger unas horas después de que hubiéramos dado por concluida la charla para reanudarla, por razones poco claras—, aunque la entrevista no tuvo mucha coherencia temática. A veces, sus palabras sonaban a las de un aislacionista moderado; otras, a las de un intervencionista agresivo. Declaró que quería que Japón y Corea del Sur pagaran para que Estados Unidos los defendiera, y se mostró dispuesto a que ambos países pudieran disponer de armas nucleares. Estilísticamente, un aspecto relevante de la conversación fue oír a Sanger repetir las palabras «America First», que hacían referencia al desprestigiado movimiento que había abogado por mantener al país al margen de la Segunda Guerra Mundial. Cuando Sanger usó el lema en nuestra primera llamada telefónica, Trump parecía desconocer la expresión, si bien en la segunda llamada afirmó que conocía su significado histórico; luego, ambos fuimos testigos de cómo el candidato se apropiaba de la expresión para categorizar su ideología.

Sanger y yo nos pusimos en contacto con Hicks antes de la convención para pedirle otra entrevista con el candidato ya consagrado. Queríamos presionarle para que hablara sobre una serie de cuestiones en materia de política exterior, incluidos los temas que habíamos abordado en nuestra entrevista de marzo: China, Corea del Norte u Oriente Medio. Pero la entrada de Manafort como principal estratega de Trump hizo que las preguntas se centraran más bien en Rusia y el orden posterior a la Segunda Guerra Mundial.

A lo largo de una entrevista de cuarenta y cinco minutos en la que Manafort no estuvo presente, Trump hizo varias declaraciones que sintonizaban mucho con la visión que Moscú tenía del mundo.[64] Puso explícitamente en duda que, como presidente, fuera a cumplir el compromiso nacional de defender a otros miembros de la alianza de la Organización del Tratado del Atlántico Norte (OTAN), y lo condicionó a que estos alcanzaran sus objetivos de gasto en defensa. Sanger preguntó qué implicaciones tendría esa postura para los países bálticos, que están bajo la amenaza constante de ataques militares y ciberataques de Rusia y tienen poca capacidad para defenderse, pero Trump se encogió de hombros ante su aprieto. Estados Unidos, dijo, no tenía potestad para juzgar la conducta de Rusia. «No sé si somos los más indicados para dar lecciones —dijo—. Basta con ver lo que está ocurriendo en nuestro país. ¿Cómo vamos a dar lecciones cuando aquí se dispara a sangre fría a nuestros policías?»

El viraje del discurso de Trump hacia posturas más cercanas a la política exterior de Rusia llegó de la mano de una serie de acciones de sus asesores políticos. Durante las reuniones del comité de la plataforma republicana, que suele ser un espacio para reafirmar principios poco controvertidos, un miembro propuso una resolución para proveer a Ucrania de armas letales. Antes de que el comité pudiera aprobarla, un asesor en política exterior de Trump se interpuso para suavizar la propuesta.[65]

Esa noche ocurrió algo poco común en una campaña presidencial moderna: un drama real en el escenario. Cruz, quien era una de las grandes grandes atracciones del acto, trató de navegar entre dos aguas y denegar su apoyo a Trump —«La historia no es amable con quien le sostiene la chaqueta a Mussolini», le dijo Cruz a un colega—[66] sin despertar el rechazo del público que lo había nominado. Pero, cuando apeló a «votar con conciencia»,[67] se encontró con algo que el texano pretendía evitar: los abucheos. Trump observó con regocijo cómo todos los delegados que habían querido abandonarle en algún momento se ponían de su lado.

Esa noche, Trump me llamó. No quería hablar del discurso de Cruz ni de la reacción de los delegados, ni tampoco de la buena acogida del discurso de su hijo Eric. Prefería centrarse en un artículo que *The New Yorker* había publicado esa semana sobre Tony Schwartz.[68] El escritor en la sombra de *The Art of the Deal* explicaba que «estaba muy arrepentido de haber contribuido a construir una imagen de Trump que había despertado una mayor atención y había aumentado su atractivo político». La reacción de Trump fue enviar una carta para exigir (sin base legal) que Schwartz devolviera todo el dinero que había ganado con los derechos del libro.[69] Había visto la cobertura que habíamos hecho del suceso desde *The New York Times* y prefería hablar de eso, en vez de comentar su futuro político.

La convención demócrata se celebró la semana siguiente.[70] La cosa se puso al rojo vivo nada más empezar, cuando Wiki-Leaks publicó decenas de miles de correos electrónicos robados del personal del Comité Nacional Demócrata.[71] Los republicanos estaban deseosos de que llegaran las elecciones para poder convertir las prácticas demócratas en materia de seguridad informática en un tema candente. Lo llevaban deseando desde julio de 2015, cuando *The New York Times* informó de que el FBI estaba investigando a Hillary Clinton por usar un servidor de correo electrónico privado y eliminar mensajes desde este, algo que infringía la normativa federal de registro de la información.[72] La investigación se cerró un año después, pero la agencia gubernamental no se ciñó a su práctica habitual de negarse a comentar los casos cerrados.[73] A principios de julio, pocas semanas antes de que comenzaran las convenciones del partido, James Comey, el director del FBI, dio una rueda de prensa extraordinaria para hablar del tema.[74] Comey confirmó que no habían encontrado nada sobre Clinton desde el punto de vista legal, pero reiteró que utilizar un servidor personal para asuntos del Departamento de Estado «había sido un enorme descuido por su parte», un tirón de orejas que resultó ser un regalo para Trump.

Los republicanos quisieron buscarle las cosquillas a Clinton, pero su objetivo no estaba tan relacionado con su ideología o con la normativa de registros, sino más bien con su ética personal. En Cleveland, las menciones a los correos electrónicos provocaron fuertes reacciones entre los delegados, que entonaron el grito «¡A prisión!». La filtración de WikiLeaks días después resultó lo bastante embarazosa como para obligar a la presidenta del Partido Demócrata a dimitir.[75] Las autoridades federales determinaron que Rusia estaba detrás del pirateo;[76] Vladímir Putin había dejado clara su antipatía por Clinton. Lejos de mostrar preocupación, Trump prefirió humillar al partido rival: «Tengo un mensaje para Rusia, si estáis ahí: espero que seáis capaces de encontrar los 30.000 correos electrónicos que faltan —dijo Trump en una rueda de prensa desde su complejo de golf de Florida—. Probablemente la prensa de este país os dé la recompensa que merecéis».[77]

Posteriormente, Trump alegó que se trataba de una broma, pero de entrada su equipo trató de justificarlo, aunque no acababan de saber cómo. Su nuevo asesor de comunicación, Jason Miller, afirmó en un comunicado que Trump solo quería que Rusia entregara los correos al FBI. Por su parte, Pence intentó aportar un poco de cordura y dijo que, si Rusia estaba implicada en el ciberataque, «podía asegurar que ambos partidos y el Gobierno de Estados Unidos se cerciorarían de que hubiera consecuencias graves». Gingrich, todavía en calidad de asesor informal, dijo que Trump no lo decía en serio. Miller, por su parte, suavizó la polémica, diciendo que Trump sabía mejor que nadie con qué intención lo había dicho.[78]

Ese mismo viernes, aprovechando que asistía a un acto en Colorado, Trump grabó una entrevista con George Stephanopoulos que se emitiría el domingo por la mañana en el programa *This Week*.[79] Trump empezó por todo lo alto, presumiendo de que los índices de audiencia televisiva de la convención republicana habían sido mucho mayores que los de la demócrata. En cuanto le preguntaron por las críticas que había recibido de Khizr Khan,[80] cuyo hijo, un soldado estadounidense, había muerto en Irak en 2004, Trump se puso los guantes de boxeo e insinuó que no se había permitido hablar a la madre del joven porque la familia era musulmana. (La realidad era que estaba demasiado abrumada por el dolor.)[81] Todo iba bien hasta que Stephanopoulos le preguntó a Trump: «¿Cuál es exactamente su relación con Vladímir Putin?».

Cuando el candidato dijo que no tenía «ninguna relación con él», Stephanopoulos citó varios ejemplos, incluido el certamen de Miss Universo de 2013, en el que Trump había afirmado lo contrario. «Porque ha hablado bien de mí a lo largo de los años. Por ejemplo, recuerdo que hace muchos años dijo algo muy bonito sobre mí», dijo Trump. Stephanopoulos insistió en la falta de coherencia. «Bueno, no sé lo que significa tener una relación —dijo—. Me refiero a que ha hablado muy bien de mí, pero no tengo una relación con él. No nos conocemos, no he estado nunca con él, no he cenado con él, no he salido a pasear con él. No sé, no le pondría cara si no fuera porque le he visto en fotografías», dijo Trump.

Stephanopoulos le preguntó entonces por sus finanzas. «Dijo que no tenía inversiones en Rusia, pero ¿debe dinero a personas o instituciones rusas?», le planteó. Trump respondió con un no rotundo, e ignorando los cuantiosos préstamos pendientes de algunas de sus propiedades, mantuvo que no debía apenas nada a nadie, de ninguna nacionalidad. La entrevista fue el interrogatorio más extenso e intenso al que se había enfrentado Trump sobre el tema de Rusia, y llegó después de una campaña en la que el candidato había elogiado a

Putin y había invitado a que hubiera más ciberataques durante las elecciones.

En cuanto se apagaron las cámaras, Trump frunció el ceño hasta extremos insospechados. Convocó a un productor de la ABC en una pequeña zona alejada de las cámaras, donde, rodeado de agentes de los Servicios Secretos, le espetó: «¿Qué mierdas ha sido eso?». El productor, John Santucci, le preguntó a qué parte de la entrevista se refería. «A Rusia —respondió Trump—. Me habéis insistido ocho veces, ¿es una puta broma o qué? Es como preguntarme si pego a mi mujer. Me lo preguntas una vez y te digo "Claro que no, joder", y lo dejamos estar. Entonces tú no vas y me preguntas si le pego con un bate de béisbol o con un puto palo de golf. Os habéis pasado de listos y por mis huevos que esto lo editáis.»

Entonces llamó a Stephanopoulos. Cuando sacó el tema de Rusia, Stephanopoulos dijo entre risitas: «Sí, ya, mi equipo dice que no te he preguntado lo suficiente sobre el tema». Trump explotó: «¿Te estás riendo en mi puta cara? Me habéis insistido con dieciocho putas preguntas. ¿Cómo queréis que os diga que no lo conozco?», dijo, antes de marcharse.

El sábado, el portal de *New York Post* publicó una sesión de fotos de Melania Knauss en los noventa, sin ropa, solo con tacones altos.[82] ¡UNA FUTURA PRIMERA DAMA COMO NUNCA LA HABÍAS VISTO!, rezaba la portada de la edición dominical, junto a una foto a página completa de Melania con las manos cubriéndole la entrepierna y la zona del pezón censurada. Cuando le preguntaron a Trump por su opinión sobre las fotos, no deleitó con su habitual fanfarronería. «Una revista europea le hizo esas fotos antes de conocernos. Allí, estas imágenes están muy de moda y son habituales», dijo. En las oficinas del tabloide, se decía que las fotos se habían obtenido directamente del fotógrafo.

Más o menos a la misma hora en que la entrevista con Stephanopoulos se emitía en todo el país, Miller tenía previsto aparecer en directo en *Reliable Sources* de la CNN, un programa de tertulia periodística que el equipo de Trump utilizaba habitualmente como vehículo para atacar a quienes consideraba enemigos en los medios de comunicación.[83] (Cuando el líder republicano del Senado, Mitch McConnell, le preguntó por qué respondía a todo, Trump contestó: «Tengo que defenderme».) Ese día, Trump llamó a Miller a primera hora para preguntarle si había recibido muchas preguntas sobre las fotos. «La verdad es que no», dijo Miller. La mayoría de los periodistas no les habían prestado mucha atención, al considerarlas carne de tabloide. «Bueno, si te preguntan por las fotos, quiero que digas lo siguiente —dijo Trump, y empezó a dictar una declaración—. Di: "Eran otros tiempos, en Europa tienen otra sensibilidad, son más artísticos".» Trump también indicó a Miller que se refiriese al reportaje como algo que se había hecho «con buen gusto», y que recalcara que se hicieron antes de que el candidato conociera a su esposa.

Hasta el final de la entrevista, el presentador de la CNN, Brian Stelter, no preguntó por las fotografías: «El *New York Post*, un periódico de Murdoch típicamente conservador, ha publicado esto esta mañana. Tengo la portada aquí: la esposa de Donald Trump, fotos de desnudos de los años noventa, que supongo que el periódico ha desenterrado recientemente —dijo Stelter—. ¿Crees que es inapropiado que lo pongan en portada?».

Tal vez Stelter esperaba provocar una improbable disputa entre Trump y Murdoch con su pregunta a Miller; si era así, le salió el tiro por la culata. Por una vez, un representante de Trump invitado a intervenir en una polémica mediática defendió la cobertura del candidato en lugar de condenarla: «Mire, son fotos de hace veinte años, antes de que la señora

Trump conociera a su esposo. Son una celebración del cuerpo humano, una expresión artística. No hay nada de qué avergonzarse al respecto, es una mujer preciosa».

Stelter volvió a la carga, preguntando si Trump «se había enfurecido al verlo». Pero en lugar de soltar una diatriba sobre un trato mediático injusto, Miller dijo: «Creo que el señor Trump está más centrado en el rumbo del país y en lo que tenemos que hacer para cambiarlo por completo». No era ningún farol, ni tampoco una mentira. En su llamada telefónica, Trump no había parecido para nada molesto con que el periódico se hubiera hecho con las imágenes, ni furioso por que se hubieran hecho públicas.

15

Una campaña de ciencia ficción

Apenas tres meses después de que Paul Manafort pasara a dirigir la campaña de Donald Trump, este se cansó de él.[1] Entre otras quejas, Trump le reprochaba a Manafort que no era muy trabajador. Steve Bannon, que tomaría el relevo como jefe ejecutivo de la campaña, señaló que Manafort a veces se vestía como Thurston Howell III, el acaudalado navegante de la serie de comedia *La isla de Gilligan.*[2] (Manafort solía pasar los fines de semana en los Hamptons, un lugar frecuentado por las élites de las que Trump se había mofado repetidamente a lo largo de los años, a pesar de haber acudido sin remordimiento alguno a esa parte de Long Island para asistir a eventos o intentar construir en la zona.) Cuando Trump celebró una sesión de trabajo anticipada en su club de golf de Nueva Jersey para preparar los debates de otoño contra Hillary Clinton, decidió no informar a Manafort, que tuvo que acudir en coche al enterarse por otro miembro de su equipo a última hora.[3]

El 13 de agosto, Alex Burns y yo publicamos un artículo sobre el mal funcionamiento de la campaña en los últimos meses.[4] Durante la primavera y el inicio del verano, algunos habían intentado que el candidato se centrara, consiguiendo incluso que leyera discursos preparados en lugar de improvisar reflexiones controvertidas, pero al final habían tirado la toalla. «Los asesores que llegaron a confiar en lograr una transformación similar a la de Pigmalión —en poder convertir a un *showman* político (no siempre eficaz) en alguien capaz de llegar a presidente de Estados Unidos— ahora se dan cuenta de que es probable que el señor Trump no dé más de sí», escribimos.

El artículo enfureció a Trump, que arremetió contra Manafort tras leerlo. «Me tratas como a un crío —le gritó—. ¿Soy un puto crío o qué, Paul?»[5]

El incidente supuso el principio del fin de Manafort. Trump seguía echando de menos a Corey Lewandowski; la noche en que se convirtió oficialmente en el candidato republicano, vio a su antiguo director de campaña en un plató de televisión como comentarista de la CNN y le llamó para preguntarle cómo estaba. En agosto, el vínculo de Manafort con Ucrania empezó a atraer cada vez más escrutinio mediático y más ataques demócratas, si bien el asesor reiteraba que los informes eran inexactos.[6] Dos de los mayores donantes a causas conservadoras del país, los escurridizos Robert y Rebekah Mercer, se acercaron a Trump para sugerirle que cambiara de jefe de campaña, y Trump estaba listo para dar el paso.[7]

Aunque la frase estrella de Trump en *The Apprentice* era «¡Estás despedido!», la realidad era que detestaba despedir directamente a la gente. Por ello, le pasó el marrón a Kushner, que ya se había convertido en una figura clave de la campaña, escribiendo algunos discursos para su suegro y asesorando en la contratación de personal. Poco después, Kushner llamó a Trump mientras este viajaba a un acto en Luisiana y el candidato le preguntó si ya lo había finiquitado. Kushner le dijo que su intención era invitarlo a desayunar y comunicárselo entonces. «No le tienes que invitar a unos huevos rotos —respondió Trump—. Despídelo y punto.» Exigió que finiquitaran el tema antes de que aterrizara. (Manafort siguió ofreciendo su apoyo incluso después de ser destituido. Por ejemplo, envió un informe sobre el Medio Oeste a Fabrizio, y movió los hilos a través de un importante sindicato para reforzar la posición de Trump en esa región.)

A petición de los Mercer,[8] Trump ascendió a Bannon y nombró directora de campaña a la encuestadora Kellyanne Conway. A ella, la había contratado hacía unas semanas como asesora y tuvo que insistirle muchas veces para que aceptara. Trump ya tenía una relación con la abogada. Conway contaba con una dilatada experiencia política y con un don para leer las emociones de las personas con las que trabajaba, así que llegó a comprender a fondo al candidato.

Nuestro protagonista apenas conocía a Bannon, pero no tardó en encariñarse con su actitud autoritaria. (Le costó más aceptar su aspecto desaliñado. Tras aceptar el puesto, Bannon se cortó el pelo y empezó a llevar camisas de vestir al trabajo.) Como Bannon no contaba con experiencia en campañas políticas,[9] ayudó a contratar a Cambridge Analytica, una empresa con sede en Londres en la que los Mercer habían invertido.[10] El director digital de la campaña, Brad Parscale, asumió más responsabilidad a medida que la campaña aumentaba drásticamente su gasto digital en Facebook.[11] Y el presidente de Citizens United, David Bossie, se incorporó como subdirector;[12] en esa época, él solía ser la persona que informaba a Trump de las malas noticias, con lo que acababa siendo el blanco de la ira de Trump. La gestión de la campaña estaba bastante solapada con el Comité Nacional Republicano,[13] una institución que poseía fondos y sistema de captación de votantes del que Trump dependía bastante. Priebus era el principal punto de contacto con el equipo, mientras que la jefa de gabinete del comité del partido, Katie Walsh, y su portavoz, Sean Spicer, se encargaban de los asuntos cotidianos relacionados con ambas entidades.

De repente, Trump estaba más a gusto con su nuevo equipo. Conway guardaba la trinchera desde la Torre Trump, su sede, mientras que otros miembros del equipo viajaban con el candidato. Rudy Giuliani, que pocos meses antes había rechazado unirse al equipo de Trump por su tuit sobre Heidi Cruz, empezó a frecuentar su círculo. Al final, aceptó al nominado con los brazos abiertos y se convirtió en uno de sus mayores defensores públicos.

El equipo de Hillary Clinton había tomado la decisión estratégica[14] de centrarse en los vínculos de Trump con un movimiento que recibía el nombre de derecha alternativa, a cuyos miembros ella había calificado en su día de «patéticos». Por su parte, la campaña de Trump se esforzaba por alejar a los votantes negros de Clinton,[15] preguntándoles una y otra vez: «¿Tenéis algo que perder, joder?». Su intención era recordarles que en 1994 su marido había apoyado una ley para combatir los crímenes violentos y que, veinte años atrás, la propia Hillary había tachado a los jóvenes delincuentes de «superdepredadores».[16] Fue un plan alentado por Stone. Sin embargo, cualquier esfuerzo por ganar votantes entre la población negra se vería probablemente truncado por las continuas preguntas de los medios de comunicación sobre si Trump seguía respaldando el bulo de que Obama había nacido en Kenia, tal como había sugerido en 2011. Así pues, ante el inminente primer debate de los candidatos a finales de septiembre, los asesores de Trump le convencieron de que acabara de una vez por todas con la historia que había catapultado su carrera política.

Trump aceptó dar una rueda de prensa sobre el tema en el recién inaugurado Trump International Hotel, construido en el histórico edificio de correos Old Post Office, arrendado al Gobierno a pocas manzanas de la Casa Blanca.[17] Allí, Trump leyó una declaración que no contenía disculpa alguna: «El presidente Barack Obama nació en Estados Unidos, punto». Lejos de reconocer que había contribuido a la difusión del bulo, Trump decidió culpar a Clinton.[18] «Su campaña de 2008 supuso el inicio de la conspiración, y yo le puse fin —dijo—. Ya me entienden.» Había sido un grupo de ultras de Hillary el que había comenzado a difundir el rumor, no su propio equipo, pero eso a Trump le daba igual.[19] Abandonó el estrado sin aceptar preguntas.

Trump estaba muy acostumbrado a hacer afirmaciones sobre Hillary que claramente no eran ciertas, a menudo cuando estaba entre la espada y la pared o cuando le apetecía desprestigiarla. Algunas declaraciones sobre su campaña pretendían que la suya pareciera buena en comparación; por ejemplo, cuando propuso un plan de baja familiar retribuida e hizo la falsa afirmación de que ella no había propuesto ninguno y que «nunca lo haría».[20] Otras veces su objetivo era simplemente cuestionar su estado físico y su carácter. Una vez Clinton estaba enferma de neumonía y tropezó mientras la grababan;[21] Trump y su equipo dijeron que se la veía muy débil y la acusaron de encubrir una dolencia aún peor. Trump la llamaba «Hillary la pocha» casi siempre que se refería a ella. El apodo se le quedó y alimentó prejuicios muy arraigados entre los votantes sobre la honestidad de los Clinton, unos prejuicios que se remontaban a décadas atrás, antes de su candidatura y antes de que ella utilizara su servidor privado de correo electrónico.

Los medios de comunicación no estaban preparados para cubrir a un candidato político que mentía tan libremente como Trump, tanto en asuntos importantes como en cuestiones nimias. Incluso aquellos que le habíamos seguido durante años teníamos dificultades para hacer malabares con el torrente de falsedades que Trump soltaba en cada una de sus frases. La palabra *mentira* no solía usarse en los principales medios de comunicación, que tendían a escribir solo lo que consideraban que podían intuir sobre las motivaciones de un político. Asimismo, pocos medios importantes habían aceptado realmente lo que estaba claro desde febrero: que Trump sería probablemente el candidato electo. Por consiguiente, mucha gente tuvo que hacer frente a la dura realidad sin esperárselo.

Unas semanas después de que se hicieran públicos los ciberataques a las cuentas de correo electrónico del Comité Nacional Demócrata, Stone, que trabajaba desde fuera de la campaña, empezó a comentar en sus discursos que estaba «en contacto» con WikiLeaks.[22] Dijo que el fundador de la plataforma tenía una «sorpresa preparada para octubre» relacionada con Clinton y con unos documentos que la perjudicarían. A finales de 2015 se había publicado un libro de Stone que versaba sobre las diversas acusaciones de conducta sexual inapropiada vertidas contra Bill Clinton durante su etapa como gobernador de Arkansas y en la Casa Blanca.[23] Stone pasó varias semanas promocionando el libro, titulado *The Clinton's War on Women*, una referencia irónica a una frase que los demócratas usaban para describir las políticas republicanas. Stone y Bannon trabajaban por vías separadas para revelar cuestiones relacionadas con los Clinton y las mujeres. Pronto tendrían la oportunidad de sacarlas a relucir.

Un viernes por la noche de aquel otoño, Trump se preparaba para cenar en su complejo de golf de Miami y no podía dejar de pensar en una encuesta que le habían entregado en la que aparecía más lejos de Clinton que nunca. Estaba furioso; alguien tenía que asumir la culpa. Le dijo a su guardaespaldas que fuera a buscar a Susie Wiles, a la que acababa de nombrar directora estatal en sustitución de alguien que, aunque era leal, no había dado la talla.[24] «Siéntate», le dijo cuando llegó. Wiles se sentó frente a él, que estaba engullendo un filete rodeado de su equipo de asesores itinerantes.

El candidato comenzó a quejarse de que Wiles no era buena en su trabajo, ni tampoco mejor que la mujer a la que había sustituido. Exigió saber cómo podía haber perdido tantos puntos.

—Bueno, señor —comenzó a explicar Wiles—. Le dije que al principio iría así.

Trump la interrumpió y gritó:

—No vengas a darme lecciones sobre cómo funcionan las putas encuestas.

Con la esperanza de no convertirse en víctimas de los hachazos, los demás comensales enmudecieron y bajaron la mirada mientras Trump la reprendía. Ella no se levantó ni le devolvió el golpe, sino que se limitó a escucharlo.

—¿Por qué voy perdiendo? —Trump seguía preguntando—. ¿Por qué crees que es? —Luego se dirigió a los demás—: ¿Creéis que está haciendo un buen trabajo?

Sin esperar respuesta, pasó a una nueva queja; esta vez, un anuncio contra Clinton que hacía referencia a «terroristas y criminales peligrosos». Trump pidió la opinión de Wiles.

—Creo que el anuncio no es bueno, señor, yo no lo habría emitido —respondió ella.

—¿Por qué coño lo estamos emitiendo, entonces?

—Señor, yo no llevo la compra de publicidad —replicó Wiles.

—Bueno, ¿y por qué no? —preguntó Trump.

En pocos minutos, había pasado de llamarla incompetente a exigir saber por qué no estaba totalmente al mando. Trump empezó a pillar por banda a otros asesores y pedir explicaciones de la situación. Kushner no le respondió, puesto que no solía contestar al teléfono en *sabbat*. «A la mierda el *sabbat*», espetó Trump, lanzando al aire la pregunta de si la ausencia de su yerno respondía a la fe religiosa o a las pocas ganas de trabajar.

Trump miró a Wiles y le dijo: «No creo que estés hecha para este trabajo», tras lo cual miró a su equipo y ordenó: «Buscadme a otra persona». Wiles le dijo que si quería a alguien a quien «se le fuera la pinza con la campaña», ella no era la persona adecuada, pero que «si quería a alguien que le consiguiera la victoria en el estado, ella podía lograrlo».

Trump hizo una pausa y le dijo a Wiles que quería «asegurarse de que tenía todo lo que necesitaba», pero siguió igualmente con la reprimenda. Al final, ella se levantó de la mesa y se marchó. Fue una de las pocas personas que resistió la guerrilla emocional de Trump sin venirse abajo. Siguió formando parte de la campaña, cubriendo las tareas organizativas en Florida.[25]

Unas semanas después, sintiéndose más optimista con sus posibilidades en Florida, Trump le dijo a Wiles:

—Siento que tuviéramos que tener esa pequeña charla motivacional.

—Eso fue poco menos que un abuso, no se puede volver a repetir —protestó rápidamente Wiles.

—No habrá necesidad —le aseguró su jefe.

El candidato celebraba actos políticos de forma regular. En cada uno, procuraba mencionar el empleo, y según los encuestadores demócratas eso estaba calando entre los votantes. Por el contrario, la agenda de Clinton no estuvo tan apretada durante los meses de verano; confiados, algunos de sus ayudantes todavía no terminaban de creerse que el país pudiera elegir a Trump. Los asesores del candidato republicano habían empezado a prepararle para los debates con antelación, siendo conscientes de que, aunque le había ido bien en las primarias, su estructura había jugado a favor de lo que podría considerarse su mayor baza: destacar en un grupo numeroso y ser el centro de atención. Los debates de otoño serían un cara a cara de noventa minutos con una oponente sobradamente preparada; su duración pondría a prueba la capacidad de atención de Trump, y el escrutinio sostenido sería un desafío a su temperamento. Kushner se estaba encargando de calmar a la gente preocupada por el mal genio de su suegro, dando a entender que su retórica evolucionaría si llegaba al cargo.

Las sesiones de preparación fueron difíciles para Trump, que aborrecía el formato. El candidato invitó estratégicamente[26] a varias personas a su club de golf de Nueva Jersey; entre ellas, el fundador de Fox News, Roger Ailes, y la presentadora Laura Ingraham, que acudió acompañada de un amigo abogado llamado Pat Cipollone.[27] Trump utilizó la invitación como una distracción, aunque muchos como Cipollone no tenían otra función que la de observar. Cuando faltaba poco tiempo para que se celebraran los debates, Priebus y Christie trasladaron los preparativos a la Torre Trump, donde otros podían unirse al grupo para observar, pero solo a ellos se les permitía hablar.

Clinton llegó bien preparada al primer debate de finales de septiembre. Pasó al ataque y obligó a Trump a defenderse. Los periodistas concluyeron que ella llevaba ventaja. Sin embargo, él consiguió subrayar una realidad a los espectadores: que había sido mejor que Clinton en la campaña electoral, algo que quedó dolorosamente claro para los demócratas después del día de las elecciones. «Yo me he movido, y usted decidió quedarse en casa», dijo en un momento dado. En otro momento del debate, comentó: «No tiene buena pinta, le fallan las fuerzas».

Dos semanas más tarde, tuvo lugar el segundo debate, que tendría un formato asambleario: ciudadanos de a pie previamente seleccionados por los organizadores formularían preguntas a los candidatos. Trump casi no había celebrado actos en pequeño comité ni foros municipales durante la campaña.

Y como iba a interactuar con personas que relatarían sus propias luchas, tendría que hacer un esfuerzo por mostrar más empatía que en sus interacciones con periodistas u otros políticos, en las que se había mostrado más bien beligerante.

En un simulacro en la Torre Trump, durante la primera semana de octubre, Priebus trató de abordar el tema de cómo las escuelas masculinas o femeninas tenían que gestionar los baños para el alumnado transgénero. Para ello, Priebus interpretó a un personaje que se identificaba como mujer: la joven líder de una asociación de estudiantes transexuales. Haciendo ese papel, le preguntó a Trump si creía que alguien como ella podía usar el baño de las chicas. A principios de la campaña, Trump se vio envuelto en un lío[28] por criticar una polémica propuesta de ley de Carolina del Norte que prohibía los baños para personas transgénero, y se retractó un día después tras las críticas de los republicanos.[29] En la sesión, se esperaba que Trump respondiera con empatía, reconociendo la experiencia personal de la estudiante antes de abordar la cuestión política subyacente.

No obstante, Trump dijo: «Tengo una pregunta». La sala, abarrotada, permanecía expectante. Y entonces lo soltó: «¿Castrada o sin castrar?», preguntó.

El resto no daban crédito. *¿Castrada?* Trump empezó a hacer el gesto de cortar de cuajo con la mano. «¿Con polla o sin polla?», dijo. Sus asesores se fueron dando cuenta de que estaba preguntando si la alumna se había sometido a una cirugía de reasignación. «¿Qué diferencia hay?», preguntó alguien.

Trump miró alrededor: «Bueno, creo que hay mucha diferencia». Y no se detuvo ahí: ¿qué pasaría si una chica estaba en el baño y alguien entraba, se levantaba la falda y tenía «una minga» colgando?

Pocos días después, sus declaraciones salieron a la luz. Fue el incidente que más cerca estuvo de costarle la candidatura. Ese viernes, Hicks interrumpió otra sesión de debate con la noticia de que *The Washington Post* estaba a punto de sacar una grabación televisiva de hacía una década en la que Trump hacía unas declaraciones fuertes y subidas de tono sobre las mujeres.[30] Hablando con Billy Bush, presentador del programa de televisión *Access Hollywood*, el candidato se había jactado de que, cuando estaba con mujeres, las «agarraba del coño»: «Cuando eres una estrella, te dejan. Se dejan hacer de todo». *The Washington Post* afirmó tener la grabación original. David Fahrenthold, a cargo de la publicación, empezó enviando solo una transcripción por correo electrónico para intentar generar una respuesta en Trump. Cuando en la campaña la leyeron, Trump dijo que no eran para nada cosas que le pegara decir, una afirmación respaldada por los miembros presentes más antiguos de su equipo. Pero poco después, Fahrenthold envió el vídeo y Hicks lo reprodujo en la sala. «Soy yo», reconoció Trump sin vacilar.[31] Kushner, por su parte, opinó que las consecuencias podrían no ser tan graves, un comentario que dejó atónitos a los demás.[32] «La situación no podría ser peor», dijo Priebus. El equipo de Clinton estuvo de acuerdo: en las horas siguientes, me llamaron dos de sus asesores, incapaces de disimular su felicidad ante la publicación de la grabación.

Después de la noche dura que habían vivido, necesitaban ese chute. Horas después de que se hiciera pública la cinta en *Access Hollywood*, WikiLeaks había empezado a publicar documentos que supuestamente procedían de la cuenta de correo electrónico de John Podesta, el jefe de campaña de Clinton.[33] Como casi todas las bandejas de entrada, la mayoría de los mensajes eran morralla, pero también había mensajes que revelaban que Clinton había dado discursos a grupos privados que nunca se habían hecho públicos.[34] Fue un momento sin precedentes en unas elecciones estadounidenses: la aparición de una gran cantidad de material confidencial aparentemente robado, de procedencia desconocida, parte del cual era difícil de clasificar como veraz o falsa.

Al día siguiente, a mí me enviaron a la Torre Trump, donde el político se había refugiado con sus asesores de mayor confianza mientras trataban de evaluar y gestionar las consecuencias de la grabación de *Access Hollywood*. El viernes por la tarde, en su primera comparecencia, Trump había dicho: «Pido disculpas si alguien se ha sentido ofendido». («Eran bromas de vestuario, una conversación privada que tuvo lugar hace muchos años —afirmó en su declaración escrita—. Bill Clinton me ha dicho cosas mucho peores en el campo de golf, pero de lejos.») Pasada la medianoche del sábado, la campaña estaba siendo asediada por gente que pedía algo más. Visto lo visto, el equipo decidió difundir una declaración grabada en vídeo de Trump, esta vez disculpándose, pero también prometiendo hablar de las acusaciones contra Bill y Hillary Clinton.[35] Priebus recibió llamadas de candidatos y cargos públicos republicanos que llevaban tiempo mostrándose escépticos con Trump; la mayoría aseguraba que el flamante machismo de Trump era un punto de inflexión. Muchas personas publicaron comunicados para mostrar su rechazo, algunas retiraron su apoyo y otras opinaron que era necesario encontrar a otro candidato. (No quedaba claro cómo iban a conseguirlo a un mes de las elecciones, teniendo en cuenta, además, que en algunos estados habían comenzado a votarle anticipadamente.)[36] El instinto natural de Trump de negarse a pedir perdón avivaba la ira colectiva.

Las cadenas de televisión por cable habían empezado a llevar la cuenta de las deserciones, pero Trump todavía encontraba consuelo en algo: decenas de partidarios se habían reunido frente a su torre para mostrar solidaridad con el hombre atrapado en su interior. Por cada senador que desertaba, le había aparecido al menos un sustituto. Y desde la posición de Trump, el bullicio de la gente parecía mayor.

Este fenómeno supondría un adelanto de lo que los republicanos descubrirían más adelante: la gran diferencia entre lo que ellos encontraban fuera de lugar y la opinión de los votantes. Uno de los ejemplos más claros de esta nueva dinámica tuvo lugar ese mismo día en Wisconsin, donde Trump tenía previsto aparecer junto al presidente de la Cámara de Representantes, Paul Ryan, en un acto que se había organizado en su estado natal. El viernes, Ryan había declarado que la cinta le había parecido «enfermiza»,[37] y afirmó que no comparecería junto al candidato. Por ello, la campaña desveló que Pence acudiría al acto en lugar de Trump. Pence, a quien ese tipo de comportamiento le había parecido excesivo, tampoco apareció en el evento. Ryan comenzó abordando el tema principal: su aflicción por el lenguaje que se había utilizado en la grabación de *Access Hollywood*.[38] Ahora bien, el discurso se vio inmediatamente ahogado por los vítores y cánticos a favor de Trump, una escena que se repitió con otros candidatos locales ese fin de semana.

Yo pasé la mayor parte del día en el vestíbulo de la Torre Trump, que permanecía abierta al público, observando los ascensores para ver quién entraba y salía. También hablé con algunos asesores de campaña atrincherados en el edificio; algunos lloraban por no saber qué futuro les depararía. Además de la declaración del día anterior, el equipo de Trump llegó a la conclusión de que había que organizar algún tipo de comparecencia pública ante los votantes. Los asesores le convencieron de que se concediera una entrevista conjunta con David Muir, de ABC News, en la que aparecería con Melania para abordar los comentarios juntos.[39] Sin embargo, cuando el equipo de ABC ya estaba subiendo a uno de los ascensores de la Torre Trump, la pareja desestimó la idea: Melania, reacia a los medios de comunicación y bastante enfadada por la cinta, cambió de opinión, a pesar de estar siempre pendiente de evitar situaciones en las que pudiera verse como víctima de su marido.

Trump no había hecho ningún movimiento desde su fortaleza en las alturas. Entonces, para mi sorpresa, a última hora de la tarde vi cómo salía por la puerta de uno de los ascensores acompañado de Conway y Don jr., atravesó el vestíbulo y salió a la calle. Se dejó engullir por la multitud, que se agolpaba a su alrededor para tocarle los brazos, la espalda, el hombro. Levantó el puño e hizo un gesto de lucha. Se respiraba una energía de amenaza, pero Trump actuaba como si estuviera en una celebración. Volvió a entrar en el edificio, parecía haber vuelto a la vida. Aplaudió, prácticamente animándose a sí mismo. «Cien por cien», respondió a un periodista que le preguntó si seguiría con su candidatura.

Pero todavía no estaba preparado para pasar página. Don jr. estaba furioso y tenía ganas de revancha. «Todos van en nuestra contra —le dijo a un colaborador, refiriéndose a los medios de comunicación—. Habrá que hacer algo al respecto.»

Los acontecimientos de ese fin de semana se quedarían para siempre grabados en la mente del círculo de Trump, y supondrían una experiencia cercana a la muerte para el imaginario colectivo. Mucho tiempo después, Trump rememoraría todo aquello con sus asesores y colaboradores: el aspecto afligido de Priebus, cómo Trump había conseguido desafiar a quienes decían que debía dejarlo o incluso cómo había capeado la situación con su mujer. El momento que vivieron creó una nueva jerarquía de lealtades entre los íntimos de Trump: mientras se fraguaba el contrataque, Christie se esfumó el resto del fin de semana;[40] Giuliani, en cambio, se ofreció voluntario para representar al equipo en los programas de entrevistas de los domingos.[41] (Ni siquiera ese acto eximió al abogado de las humillaciones gratuitas de Trump. Volando en su avión privado en las últimas semanas, Trump se quejaba a voces del hedor que emanaba del baño cuando Giuliani salía, bramando para que el resto del equipo lo oyera: «Rudy, ¡qué puto asco!».)

En lugar de instarle a evitar el tema sobre la misoginia, la polémica por la grabación empujó a Trump a tratarlo. Trump llegó al debate asambleario de St. Louis con cuatro invitadas sorpresa:[42] tres mujeres que durante décadas habían acusado a Bill Clinton de conducta sexual inapropiada, y con una víctima de violación cuyo presunto agresor había sido representado por Hillary Clinton, quien había dirigido un servicio de asistencia jurídica en la Universidad de Arkansas en los años setenta.[43] El equipo de Trump intentó sentar a las mujeres junto a la familia del candidato, para que los Clinton tuvieran que pasar junto a ellas al entrar en la sala. Sin embargo, el personal del evento consiguió neutralizar la maniobra.[44]

En su tercer y último debate, después de que Trump recalcara que el presidente ruso Vladímir Putin no la respetaba, Hillary Clinton dijo: «Bueno, eso es porque prefiere tener a una marioneta como presidente de Estados Unidos». Él la interrumpió. «Yo no soy una marioneta —dijo—, tú eres la marioneta. Eso lo serás tú.»

Con el tiempo, la experiencia de *Access Hollywood* no haría sino reforzar la idea de Trump de que tanto los votantes como los líderes republicanos le recompensarían por enfrentarse a gente a la que odiaban, como los grandes medios de comunicación o las élites políticas censuradoras que se veían a sí mismas como guardianas del orden y la conducta responsable. Trump también se dio cuenta de que, independientemente de la cuestión subyacente, siempre podría rechazar las críticas a su discurso tachándolas de «corrección política». Después de decir repetidamente en sus visitas a Pensilvania que podía perder el estado debido a un plan para arrebatarle la victoria, algunos republicanos prominentes (con Ryan a la cabeza) replicaron que el fraude era poco frecuente y que los votantes debían confiar en los resultados.[45] Trump no tardó en convertir la sensatez anticonspiranoica en el centro de su ira, y como la prueba de que la conspiración existía. En Twitter, escribió: «Por supuesto que hay fraude electoral a gran escala, durante y antes del día de las elecciones. ¿Por qué los líderes republicanos niegan lo que está pasando? ¡Qué ingenuos!».[46]

Los demócratas pasaron prácticamente todo el otoño sin saber por dónde soplaba el viento. Durante los preparativos del tercer debate, el equipo de Clinton recibió un aviso del marido de la senadora Dianne Feinstein, según el cual los rusos podrían intentar envenenar a Clinton a través de un apretón de manos con Trump, con el objetivo de provocar un dramático episodio durante el debate. Clinton no se lo tomó en serio, y Ron Klain, exasesor de Al Gore y Joe Biden que estaba ayudando a preparar el debate, hizo la reflexión de que sería imposible que el republicano envenenara a Clinton sin envenenarse a sí mismo. Su directora de comunicaciones, Jennifer Palmieri, se tomó la posibilidad lo bastante en serio como para comprobarlo, pero el aviso resultó ser una mera especulación de un historiador sin conocimiento de causa.

Clinton y su equipo se sintieron traicionados: por Comey y el FBI, por los ciberataques y por la cobertura mediática, que consideraban en su contra. El equipo y algunos demócratas prominentes se esforzaban incansablemente por conseguir que la población prestara más atención a los posibles vínculos entre Trump y Rusia, que el FBI llevaba meses investigando. Un jurista del equipo de Clinton ayudó a financiar una investigación dirigida por un exespía británico que dio lugar a un documento repleto de acusaciones salaces e infundadas sobre Trump.[47] También se centraron en la investigación de los servidores informáticos corporativos de Trump; alguien cercano al equipo de campaña demócrata entregó información al FBI para indicar que la Trump Organization estaba en contacto con un banco estatal ruso. Uno de los abogados de la campaña propuso a mis colegas de *The New York Times* un artículo sobre la actividad de los servidores y la consecuente investigación del FBI. Pero tras varias conversaciones con los periodistas, las pruebas que los demócratas aportaron no consiguieron demostrar esa afirmación tan incendiaria.

En los días posteriores a la filtración de los correos electrónicos por parte de WikiLeaks, el equipo al completo anduvo perdido en un universo totalmente paralelo. Todo era posible, porque lo que parecía imposible se había tornado realidad.

Los asesores de Trump se esforzaron en vano por que el candidato se comportara durante los meses previos a las elecciones generales; le obligaron a leer discursos del teleprónter, pero él lo tiraba todo por la borda metiéndose con la gente o tuiteando de buena mañana. No obstante, en las postrimerías de la campaña, su nuevo equipo consiguió un gran hito. A finales de octubre, le convencieron de que no usara su móvil para publicar mensajes en Twitter, su método alternativo de comunicación durante la campaña, al menos hasta que esta terminara. Así, consiguieron que los medios se centraran por una vez en su oponente, que intentaba sobrevivir a su segunda crisis en un mes.[48] James Comey, director del FBI, había anunciado la reapertura de la investigación de los correos electrónicos después de haber hallado unos mensajes en el ordenador del marido de Huma Abedin, Anthony Weiner, que se enfrentaba a un litigio por enviar contenido obsceno a una menor. Durante los últimos diez días, los únicos mensajes que se publicaron desde el perfil de Trump fueron redactados por el director de redes sociales Dan Scavino. Aunque por un breve período de tiempo, consiguieron que Trump pareciese un político convencional.

A pocos días de la noche de elecciones, el candidato no las tenía todas consigo. Había disfrutado viendo hasta dónde había llegado en una campaña diseñada para complacerle y en la que a menudo había protagonizado más de un acto multitudinario al día. Durante sus desplazamientos aéreos entre eventos, solía ver las noticias sobre sí mismo. Cuando se hartaba, decía: «¡Sobredosis de Trump!», y procedía a cambiar de canal. Para calmarlo, su equipo reproducía películas, especialmente clásicos de Hollywood en blanco y negro.

La noche de las elecciones, parecía abrumado con la victoria, y se retiró un momento para estar a solas y coger fuerzas. No tenía ningún discurso preparado. El que terminó leyendo a las tres de la madrugada, tras proclamarse vencedor, lo habían escrito con prisas Christie, Ivanka, Pence y Stephen Miller, y el tono no era el que había caracterizado a Trump durante la campaña. «Me dirijo a quienes tomaron la decisión de no apoyarme, que no fueron pocos. Me gustaría pedirles su colaboración para trabajar juntos y conseguir unir a este gran país», dijo. Fue uno de los pocos momentos en los que tendería una mano a sus detractores. No fue por mucho tiempo.

16

El más listo

El 10 de noviembre, dos días después de conseguir la presidencia, Donald Trump visitó el Despacho Oval para conocer al hombre al que reemplazaría.[1] Estaba previsto que Barack Obama y él pasaran una hora juntos, pero la reunión finalmente duró noventa minutos.[2] Durante su encuentro, Trump le dijo a Obama que ambos eran grandes políticos —y, a diferencia de Hillary Clinton, capaces de hacerse con el apoyo de multitudes— y abordó la reunión como una oportunidad para que dos maestros intercambiaran consejos sobre cómo gobernar. Trump quería saber cómo Obama había mantenido un porcentaje tan alto de aprobación, y también aprovechó para darle consejos sobre cómo hacer que los medios le bailaran el agua.

Obama tenía que redirigir constantemente el tema de conversación a lo que les ocupaba. Insistía en advertir que Corea del Norte tenía bastantes posibilidades de erigirse en una gran amenaza en materia de política exterior. Obama también aconsejó a Trump que tomara buenas decisiones en cuanto a su personal, una elección que resultaría crucial a la hora de delegar. Asimismo, presentó una serie de iniciativas de su Administración que aconsejó a Trump que mantuviera, incluido un pacto internacional para neutralizar la fuerza nuclear de Irán, y una política migratoria que hacía una diferenciación entre quienes habían llegado a Estados Unidos de forma ilegal siendo niños y quienes habían elegido hacerlo como adultos. Le dijo a Trump que el sistema de sanidad estaba al fin funcionando como debía y que la población no lo recibiría bien si lo suprimía; en su lugar, Obama le sugirió que añadiera subsidios de Medicaid y lo rebautizara como *Trumpcare*. Hasta la fecha, Trump había contradicho prácticamente todas las propuestas de Obama, pero en ese momento no parecía estar muy en contra; más bien parecía abrumado, y salió de la reunión con un semblante totalmente desencajado.

Si algún miembro del círculo cercano de Trump había pensado seriamente en lo que sucedería una vez que se alzara como vencedor de las elecciones, ese era Chris Christie.[3] El gobernador de Nueva Jersey había dirigido el plan de transición, supervisando a un equipo que había preparado varios archivadores en los que se trazaban las primeras decisiones a las que se enfrentaba un presidente electo: un programa día a día para el período previo a la investidura, y la selección de nombres de posibles designados para puestos de la Administración que buscaba prescindir de candidatos indeseables de manera inmediata. Sus asesores y él presentaron una serie de sugerencias.

Sin embargo, tan pronto como vieron que Trump saldría electo, aquellos que habían ignorado totalmente la estrategia de Christie mostraron un interés repentino por el tema.[4] Ya en la noche de elecciones, miembros del equipo de Pence hablaron de destituir a Christie como responsable del proceso de transición. Esa misma semana, los hijos mayores de Trump asistieron a las reuniones con Christie para imponer su criterio en materia de elección de los miembros del equipo.[5] Un asesor de campaña, Michael Flynn, también acudió a las reuniones. Bannon y Kushner se deshicieron de las carpetas que el equipo de Christie habían preparado y Kushner se mostró muy convencido de su decisión cuando se lo explicó a sus socios.[6] En cuestión de horas, habían tirado a la basura una labor de meses.

Los puestos clave no se cubrieron en función de las cualificaciones o de una investigación previa de los antecedentes, sino en función de la lealtad que cada uno hubiera demostrado o por una mera cuestión de cercanía. Durante mucho tiempo, estuvo previsto que Donald McGahn II, abogado de la campaña, desempeñara la misma función en la Casa Blanca, pero la hija de Trump tenía otras propuestas. «Pam Bondi puede ser la abogada de la Casa Blanca», dijo Ivanka en una reunión de transición, gesticulando como si fuera la decisión más simple del mundo. (Finalmente sería McGhan quien ocuparía el puesto.) En otra ocasión, Ivanka le preguntó a Flynn qué puesto se le antojaba.[7] Trump estaba seguro de querer recompensarle con un puesto, pero Christie solo le había recomendado para un cargo externo en calidad de servicios de inteligencia. Al final se le dio un papel destacado: el de consejero de Seguridad Nacional del presidente, a pesar de las advertencias de Obama acerca del desempeño de Flynn durante su propia Administración.[8]

Kushner llevó a Gary Cohn, un ejecutivo de Goldman Sachs al que habían contratado para elaborar un informe sobre políticas económicas a finales de mes. En pocos minutos, Trump tuvo claro que quería que Cohn pasara a formar parte de su equipo inmediatamente. Eran el tipo de decisiones impulsivas por las que se había guiado durante sus años como empresario. «Vas a trabajar para mí —le dijo a Cohn, que no parecía estar de acuerdo—. No, no, creo que no me estás escuchando —volvió a decir Trump—. Serás el subsecretario de Defensa.» Cohn, que no tenía experiencia militar, dejó claro que el Pentágono no era su lugar, y entonces Trump sacó una lista de puestos en el Gabinete y empezó a enumerarlos para que escogiera. Steve Mnuchin, un viejo amigo de

Trump que había recaudado fondos para la campaña y que deseaba ser el secretario del Tesoro (y a quien McGahn y Bossie advirtieron de que Kushner se estaba reuniendo con otras personas para ofrecerles el puesto), merodeaba por allí durante la reunión. Aunque se hizo de rogar, finalmente Cohn aceptó ser asesor económico y director del Consejo Económico Nacional.[9]

Trump contrataba sin sentido y ofrecía cargos a la gente sin ton ni son o sin reflexionar mucho en el hecho de que sus funciones iban a solaparse y entrar en conflicto. Por lo tanto, su jefe de gabinete iba a tener un trabajo peliagudo. Cuando Mike Bloomberg, el alcalde de Nueva York, llamó para felicitar a Trump poco después del día de las elecciones, aconsejó al presidente que contratara a personas inteligentes. «Mike —dijo Trump—, aquí el más listo soy yo.»[10]

El presidente electo se negó a trasladar por completo el proceso de transición a Washington, como se solía hacer, sino que la dirigió desde las oficinas de la Torre Trump como si fuera uno más de sus negocios.[11] Lo hizo sin tener en cuenta los usos de las relaciones internacionales. Recomendó públicamente al Reino Unido, a través de Twitter, que eligiera a su amigo y político nacionalista Nigel Farage como embajador en Estados Unidos, violando claramente el protocolo diplomático.[12] También mantuvo conversaciones telefónicas con líderes extranjeros. Les iba contestando sin orden alguno, a medida que lograban contactar con él, e incluso desde su propio móvil. En una de esas llamadas, la presidenta de Taiwán consiguió romper con una política estadounidense hacia China de más de cuarenta años de antigüedad.[13] (Al enterarse, Obama, exasperado, dijo a su equipo que Trump «no tenía ni puta idea de nada» y no quería aprender nada que no supiera ya.) Durante esa misma época, Kushner mantuvo reuniones con el banco chino Anbang para asegurar la inversión de esa entidad en el edificio emblemático de la cartera inmobiliaria de su familia.[14]

Otros jefes de Estado tenían interés en establecer un contacto más directo con el presidente. Pocos días después de su elección, Trump recibió una solicitud de reunión de Shinzo Abe, el primer ministro japonés. Ni Trump ni su equipo sabían qué podía preocuparle a Abe o qué asuntos desearía abordar con el presidente electo. Al final, un colaborador envió una lista de posibles temas sobre los que conversar.

La entrada de la Torre Trump se convirtió prácticamente en un circo. Un día, sin motivo aparente, Trump apareció con el rapero Kanye West,[15] y en otra ocasión recibió la visita de Robert F. Kennedy jr., un sobrino del presidente John F. Kennedy que se había convertido en uno de los principales portavoces de la cuestionable teoría que aseguraba que las vacunas infantiles provocaban autismo. Tras la reunión, Kennedy dijo a la prensa que el presidente quería «establecer una comisión en materia de seguridad de las vacunas e integridad científica», algo que el equipo de Trump tuvo que apresurarse a desmentir entre bastidores para evitar que se magnificara el asunto.[16]

Unas dos semanas después del día de las elecciones, diversos ejecutivos y presentadores de televisión se dieron cita en una sala de conferencias de la planta veinticinco.[17] Había representantes de todas las cadenas nacionales y por cable (tampoco faltaba la CNN, a pesar de haber sido un blanco recurrente de los ataques de Trump durante la campaña). El séquito de Fox News parecía el más entusiasmado: quien había sido tertuliano suyo durante años y había beneficiado a su cadena durante la campaña estaba a punto de convertirse en presidente.

Cualquier esperanza de cordialidad durante la reunión se esfumó tan pronto como Trump entró por la puerta. Una a una, el presidente electo fue repasando las coberturas mediáticas de las distintas cadenas, reprendiéndolas delante de sus competidoras.[18] Trump no dejó prácticamente a ninguna en pie, y destacó en especial el tono injusto que la CNN había usado para hablar de él. (Kushner había ejercido de mediador entre Jeff Zucker, el presidente de la cadena, y Trump, poniéndose en contacto directamente con el ejecutivo para demandar «un trato justo».) Entonces, las cadenas arremetieron contra Trump. Le reprocharon la decisión que había tomado hacía solo seis días, al escabullirse del grupo que se dedicaba a monitorizar sus movimientos para ir a cenar al 21 Club, uno de sus lugares de preferencia.[19] Al ahora presidente, las quejas sobre la necesidad de seguir sus movimientos no parecieron importarle lo más mínimo.

Tras la reunión, Trump aceptó una sesión de fotos para un libro de gran formato de la CNN. Allí intentó mostrar todos sus encantos ante Zucker, invitándole a él y a un alto ejecutivo de la Time Warner, Gary Ginsberg, a su despacho en la planta veintiséis. Trump se quedó en un rincón y charló amigablemente con Zucker como si la reunión previa no hubiera ocurrido. En la misma sala, Kushner despotricaba contra Zucker con Ginsberg, con la esperanza de que el directivo de la CNN le escuchara mientras vociferaba que era un psicópata. Si lo oyeron, Trump y Zucker hicieron oídos sordos.

El presidente de la Cámara de Representantes Paul Ryan visitó a Trump a principios de diciembre. Junto a sus asesores, acudió para ayudarle a comprender el funcionamiento del Gobierno. Habían preparado gráficos para detallar los procesos de elaboración de los presupuestos, pensando que, como constructor, los comprendería mejor en ese formato. Sin embargo, Trump no conseguía o no quería asimilar la información, cualquiera que fuera el formato. Prefería hablar de cómo se había metido en las negociaciones entre la Fuerza Aérea y Boeing con el objetivo de construir un nuevo Air Force One.[20] También parecía interesado en hablar de la ira pública que generaban sus tuits, y en un momento dado preguntó por qué no aplicaban impuestos a Amazon. Interrumpió la reunión para atender la llamada de un presentador de noticias. «No te creerás con quién estoy..., ¡con Paul Ryan! ¿Quieres hablar con él?», espetó antes de pasarle el aparato a un Ryan atónito.

En cuanto a su equipo, Trump continuaba tomando decisiones en función de la posible cobertura mediática que podrían recibir. Un ejemplo fue cuando mantuvo a Preet Bharara como fiscal federal del distrito sur de Nueva York, con sede en Manhattan, a pesar de haber sido Obama quien le había nombrado y a pesar de sus antecedentes de inflexibilidad con los trabajadores públicos.[21] Andrew Stein, un viejo político de Nueva York, había sido procesado por Bharara[22] seis años antes por su presunta participación en un esquema Ponzi. Stein le dijo a Trump que el fiscal federal «le acusaría sin reparos si pudiera sacar provecho de ello».[23] Afirmó que mantener a Bharara era «una majadería», a lo que Trump replicó que a la prensa le encantaría. Después de elegir como secretario de Estado a Rex Tillerson, un ejecutivo de ExxonMobil con amplia experiencia internacional, Trump deambuló por el patio de Mar-a-Lago, jactándose ante sus miembros de que el principal diplomático del país tenía «buena pinta».[24] «Lo miras y lo ves», dijo Trump, haciendo el gesto de besarse los dedos y sacudir las manos.

El político nunca superó del todo la campaña. Seguía interesado en apaciguar a figuras marginales que creía que representaban a parte de su base política. (A instancias de Roger Stone, Trump había aceptado una entrevista con Alex Jones a finales de 2015, en la que este dijo en su programa de radio que Trump le hizo una llamada de agradecimiento tras las elecciones para reconocer su papel en la victoria.)[25] Trump también empezó a reescribir la historia del momento más doloroso al que se había enfrentado como candidato. A principios de enero, le dijo a un senador que había dudas sobre si la cinta de *Access Hollywood* —por la que se había disculpado inmediatamente después de hacerse pública— era material auténtico.[26] «Estamos llevando a cabo una investigación —dijo Trump—, pero creemos que no era mi voz.»

En la mañana del 6 de enero, el día previsto para que el Congreso certificara los votos del colegio electoral de los estados, Trump recibió la visita de los principales responsables de inteligencia del país.[27] Estos acababan de informar a los líderes del Congreso sobre la evaluación de la comunidad de inteligencia de la injerencia rusa en las elecciones de 2016, y volaron a Nueva York inmediatamente para compartir las conclusiones con Trump.

Trump llamó a los miembros principales del equipo de Seguridad Nacional que iba a acompañarle en la Casa Blanca. A nivel interno, ya se estaban produciendo divisiones que habían generado tensión, y también había diferentes puntos de vista hacia la delegación que llegaba de Washington. K. T. McFarland, subconsejero de Seguridad Nacional y antiguo candidato al Senado por Nueva York, además de comentarista de Fox News, había advertido de que probablemente los datos que inteligencia presentaría serían un tanto exagerados. Tom Bossert, un veterano de la Administración Bush que Trump había escogido como asesor de Seguridad Nacional, recomendó al presidente electo que fuera cauteloso durante la reunión. «Para que te hagas una idea de la confianza que puedes depositar en las fuerzas de inteligencia, debes tener en cuenta que podrían convertirse en testigos de cargo en tu contra si no manejas bien la situación ni la información sensible que ellos comparten contigo», dijo Bossert. El asesor se refería a una acusación política, no penal; era una advertencia sobre lo que podría usarse contra Trump en un determinado momento.

Los jefes del FBI, la CIA y la Agencia de Seguridad Nacional, así como el director de inteligencia nacional, intervinieron una vez que todos se hubieron sentado. Su presentación fue un resumen sobre la evaluación de los servicios de inteligencia, que concluía que los rusos habían interferido en las elecciones en favor de Trump.[28] Trump no hizo muchas preguntas y, las pocas que formuló, las hizo partiendo de la base de que los ciberataques eran un intento de desmerecer su victoria acusándole de haberla obtenido de forma perversa.[29] («Igual fueron los chinos», especuló Trump en un momento dado.) Hacia el final de la sesión, el presidente electo planteó preguntas sobre los distintos tipos de información en los que se basaba la evaluación de la CIA, que procedía tanto de comunicaciones interceptadas como de información confidencial, y expresó su escepticismo sobre lo que pudiera proceder de fuentes humanas, a las que llamó «depravadas». Como recordaría más tarde el entonces director de la CIA, John Brennan, Trump básicamente estaba afirmando que la inteligencia humana no era de fiar.[30] «La gente es capaz de decir cualquier cosa si le pagas lo suficiente, eso lo sabemos todos», dijo.

Al término de la reunión, el director del FBI, James Comey, dijo que tenía que hablar con Trump en privado.[31] (James Clapper recordó que, incluso antes de que se despejara la sala, los asesores de Trump ya empezaron a barajar un posible comunicado de prensa para desmentir el papel de Rusia en las elecciones.)[32] Una vez a solas, Comey informó a Trump de la existencia de un dosier elaborado por un exespía británico sobre sus vínculos con Rusia, que llevaba meses circulando entre los medios de comunicación.[33] Destacó la parte más obscena del documento, que proporcionaba información sobre su viaje a Moscú en 2013, así como una acusación que incluía grabaciones de él y prostitutas en la *suite* presidencial del hotel Ritz-Carlton. (También se decía que Trump había pagado a las prostitutas para que orinaran sobre una cama, y que había querido profanar la habitación porque los Obama se habían alojado en ella durante un viaje presidencial.) Trump dijo que lo de las prostitutas era mentira y que siempre daba por sentado que sus habitaciones de hotel estaban vigiladas. Comey aseguró al presidente electo que no estaba siendo investigado.

Cuando terminaron, Trump se dirigió a los ascensores y Comey se fue a montar en otro. Bossert alcanzó al presidente electo y le agarró del brazo. «Lo has hecho bien», le dijo a Trump, que mantenía cara de póker. «Es algo en lo que tú tienes experiencia», respondió él, reconociendo por una vez que tenía algo que aprender de alguien de su equipo. Los responsables de inteligencia abandonaron el edificio y Trump regresó a su despacho con sus asesores para ultimar el comunicado de prensa que publicarían sobre la reunión. Tomó asiento sosegadamente, sin ninguna emoción visible en su rostro, y sin mencionar lo que había ocurrido con Comey.

Ese mismo día, Trump también habló de la sesión con inteligencia con Hope Hicks, su portavoz, después de que se hubiera hecho público el encuentro. Estaba furioso por todo en general: la reunión, la insinuación de que había sido una victoria amañada... Posteriormente, Bannon le dijo a Trump que no podía confiar en inteligencia. Desde entonces, el presidente la puso en el mismo saco que el FBI, que forma parte del Departamento de Justicia.

Pocos días después, esas conversaciones privadas salieron a la luz de la mano de la CNN, que informó de la reunión con Comey y de la existencia del dosier, aunque sin especificar su contenido.[34] Trump volvió a arremeter contra la cadena de Zucker: recalcó que se trataba de una gran conspiración entre los servicios de inteligencia y los medios de comunicación. En Twitter, lo comparó con el manejo de información durante la

Alemania nazi. Cuando Clapper llamó a Trump, este le pidió que emitiera un comunicado de prensa para declarar que el dosier contenía información falsa, pero Clapper dijo que no podían hacer eso.[35]

La información del documento no tardó en ver la luz, ya que *BuzzFeed* lo publicó casi en su totalidad el 10 de enero.[36] Apareció en internet la noche antes de que Trump se dispusiera a anunciar sus planes para la gestión de sus activos empresariales durante la legislatura. Un sinfín de archivadores llenos de folios en blanco se apilaron en una mesa del vestíbulo de la Torre Trump.[37] Según sus asesores, el objetivo era ilustrar la complejidad del entramado comercial de la Trump Organization que su director ejecutivo iba a delegar en sus hijos mayores. «No van a hablarlo conmigo», dijo sobre el tema de los negocios. Pero la atención de los periodistas en la rueda de prensa estaba centrada en el dosier y, en general, en la influencia de Rusia en la política estadounidense. «Son noticias falsas, bulos, nada de eso ha ocurrido —dijo Trump—. Ha sido nuestra oposición, y lo sabéis, porque vosotros y muchos otros ya informasteis sobre esto. Se han compinchado un grupo de depravados y se han inventado toda esa bazofia.» Dio por terminada la sesión con su respuesta al reportero de la CNN Jim Acosta. Atacando a la cadena por difundir la información, dijo: «Solo publicáis *fake news*», apropiándose de un término emergente que se utilizaba para referirse a campañas de desinformación en la red, y que él emplearía como epíteto multiuso. Su equipo criticó ese supuesto tinglado para dañar su imagen.

Algunos de sus asesores aún no habían leído el dosier, pero ya especulaban sobre qué podía contener. También estaba la cuestión de la evaluación de inteligencia y los detalles que aportaba. Los asesores de Trump acordaron que el director entrante de la CIA, Mike Pompeo, sería el encargado de leer la evaluación completa en una sala segura instalada en la

Torre Trump. Luego, les informaría de su contenido. Posteriormente, Trump se dirigió a Pence: «¿Te lo puedes creer, Mike?», le preguntó, aludiendo al caso de la «lluvia dorada», en el que le acusaban de haber contratado a prostitutas para que orinasen sobre la cama de un hotel de Moscú. Obcecado en ese detalle, Trump sacaba el tema reiteradamente, incluso en medio de reuniones en las que no venía al caso.

Era la primera interacción del presidente electo con Comey, y ninguno de los dos conocía al otro lo suficiente como para anticipar cuál sería su respuesta. Comey no era consciente del nivel de la paranoia de Trump, ni tampoco de sus jueguecitos con el personal de la Administración. Trump había visto cómo el director del FBI había dirigido la investigación del correo electrónico de Clinton, y hasta qué punto sus declaraciones públicas habían afectado a su campaña. No pudo evitar llegar a la conclusión de que Comey le había amenazado, haciéndole saber que había algo que podría ser utilizado en su contra si fuera necesario.

Esa breve interacción serviría como referente para establecer los términos en los que Trump se relacionaría con los responsables de inteligencia y los cuerpos de seguridad. A dos semanas de jurar el cargo, su mandato había comenzado.

17

Digno de un presidente

Tres días después de la investidura, Donald Trump organizó un acto en el Comedor de Estado de la Casa Blanca con los líderes de ambos partidos.[1] Había llegado a Washington sin conocer a casi nadie que no fuera neoyorquino, por lo que, rodeado de las principales figuras del Capitolio, Trump se sintió atraído hacia el líder de la minoría en el Senado, el demócrata de Brooklyn Chuck Schumer. El abuelo de Schumer había trabajado en la construcción junto a Fred Trump, y Donald había hecho donaciones a sus campañas políticas, un gesto que había tenido con casi todo el que ostentaba poder en su ciudad natal.[2]

Al saludar a Schumer, Trump comentó que era el mayor donante del senador, procurando que otros le oyeran, lo cual no era cierto.[3] (Había hecho una donación al Comité de Campaña Demócrata para el Congreso en las elecciones de 2006, cuando el partido tenía posibilidades de recuperar la Cámara de Representantes. Cuando lo hubieron conseguido, Trump envió a la nueva presidenta de la cámara, Nancy Pelosi, la portada de *The New York Times* del día en que juró su cargo, con su firma junto a la dedicatoria «Nancy, ¡eres la mejor!».) Los líderes republicanos querían aprovechar al máximo los siguientes dos años en los que tendrían el control total del Gobierno, así que se inquietaron al ver que el presidente tenía tan buena relación con la oposición. De hecho, Schumer y Jared Kushner ya habían asistido a un evento poselectoral organizado por Partnership for New York City.[4] En el acto, en el que ocuparon paneles adyacentes, ambos habían reconocido que la postura de Trump en materia de un posible plan de infraestructuras era más cercana a la de los demócratas que a la de sus compañeros de partido.

El líder de la mayoría republicana en el Senado, Mitch McConnell, dijo a sus compañeros que no necesitaban que el nuevo presidente fuera un Abraham Lincoln moderno, sino simplemente un presidente normal, de centroderecha, que pudiera ayudarles a cumplir sus objetivos. Fue tajante al afirmar que no veía en Trump ninguna de las cualidades que esperaba de un presidente —convicción, temperamento, curiosidad intelectual, honestidad—, y tras reunirse con el presidente electo, observó que sus ideales no estaban para nada definidos.

A pesar de la falta de preparación con la que afrontó esta primera etapa política, Trump se acostumbró rápidamente a hacer de anfitrión en la casa más famosa del país, dotando a la presidencia de un sentido de la hospitalidad digna de un hotelero. En el acto, Trump recomendó a Schumer un aperitivo que la cocina había preparado y que era de su gusto: «Pruebe las albóndigas, son *kosher*». Después, se dirigió a un grupo de caras desconocidas racialmente diversas que había de pie en un lateral de la sala. «¿Podéis sacar la comida?», les dijo. Reince Priebus, pálido y avergonzado, le comentó al presidente que se trataba de altos cargos que trabajaban para los líderes demócratas, y fue a buscar a los camareros personalmente.

Mientras los camareros de verdad ofrecían albóndigas y salchichitas envueltas en beicon a los invitados —unos aperitivos que pronto se convertirían en un básico de la Casa Blanca a petición de Trump—, el presidente abordó un tema del que había estado hablando desde el inicio de su mandato: dijo que, si había recibido tres millones menos de apoyos en el voto popular, eso solo podía atribuirse a los «ilegales».[5] El silencio que se hizo fue interrumpido por la líder de la minoría en la Cámara de Representantes, Nancy Pelosi, que dijo: «No lo creo, señor presidente».

Trump insistió en que tenía pruebas de primera mano gracias a Bernhard Langer, un golfista profesional que consideraba su amigo.[6] Según Trump, cuando este fue a votar a Florida, había personas en la cola cerca de él que no tenían la nacionalidad, pero a las que se entregaron papeletas provisionales. Más tarde, la hija de Langer trataría de corregir al presidente señalando que su padre y él no eran amigos;[7] además, algunos trabajadores de la Casa Blanca admitieron que Langer, un ciudadano alemán sin derecho a voto en las elecciones estadounidenses, había compartido una anécdota que le había contado otra persona.

La historia encapsulaba la esencia de Trump a la perfección: comenzar dando un dato aislado de algo que había ocurrido, para luego adornarlo con información básica sacada de la manga y totalmente adulterada a su antojo para respaldar una opinión general. (Durante esa misma época, el presidente también se hizo eco de un bulo similar que aseguraba que algunos votantes de Massachusetts se habían desplazado en autobús hasta Nuevo Hampshire, un estado en el que Clinton había ganado por poco, para votar.)[8] Pero como máximo dirigente, esas fabulaciones acarreaban consecuencias. En cuestión de meses, Trump puso en marcha la Comisión Asesora Presidencial sobre Integridad Electoral, creada para investigar los supuestos casos de fraude electoral, en la que participarían políticos a nivel estatal y que estaría presidida por el vicepresidente.[9] Pence, que con el tiempo también acabó prefiriendo dar noticias buenas a Trump cuando tenía que transmitirle información «negativa», aceptó el encargo sin rechistar, mientras otros compañeros resoplaban aliviados por no haber sido los elegidos.

Trump era el único presidente de la era moderna que todavía no había conocido a la mayoría de sus asesores principales y miembros del Gabinete antes de obtener la presidencia; sus tres principales asesores en la Casa Blanca —Priebus, Bannon y Kushner— tampoco habían ocupado nunca un cargo gubernamental. El presidente se enfrentó al nuevo orden burocrático de forma muy similar a como lo había hecho con la empresa familiar: obligando a sus empleados a firmar acuerdos para prohibir que hablaran públicamente de su experiencia.[10] El abogado de la Casa Blanca dejó claro a algunos empleados que los contratos no tenían validez legal.[11]

El grupo de ayudantes de Trump no tardó en darse cuenta de que se le daba fenomenal proponer una idea sin revelar las razones por las que quería ejecutarla. Igual de bien se le daba dejar caer que alguien debía encargarse de una tarea sin haberle dado las indicaciones pertinentes. El primer día de Trump en el cargo, su nuevo secretario de prensa, Sean Spicer, acudió a la sala de prensa y compartió información falsa sobre el número de personas que habían acudido al acto inaugural. Spicer dijo que no habían sido órdenes de Trump, aunque sus compañeros reconocieron que sentirse validado era sin duda el mayor deseo del presidente.

La tarea aparentemente imposible de dirigir la atención y la energía de Trump en la dirección correcta recaía en su jefe de gabinete, principal administrador de la Casa Blanca y responsable de gestionar el flujo de trabajo y el personal. Había pocas opciones obvias para el puesto. Trump sabía que ese cargo no podría regalárselo a Kushner ni a ningún otro familiar. Siempre en busca de personas que pudieran hablar por él en público, Trump dijo en repetidas ocasiones que quería que su directora de campaña, Kellyanne Conway, actuara como su representante en televisión. Los dos líderes del partido en el Congreso ayudaron a persuadir al presidente de que eligiera a Priebus, en quien Trump había llegado a confiar para seleccionar personal y tomar decisiones financieras, aun cuando su equipo de campaña y el partido habían albergado sospechas mutuas.[12]

Bannon aseguró no estar interesado en el puesto de jefe de gabinete para el que había sido descartado, y fue nombrado responsable de estrategia de la Casa Blanca.[13] Aprovechó la oportunidad que le brindaba el poder sin precedentes al que había accedido en la Casa Blanca. Reafirmó su papel de custodio de la agenda política que atraía a la base de partidarios del presidente. Era algo que quedaba patente viendo los cuatro pizarrones colgados en los muros de su despacho,[14] bajo los cuales se podía leer el lema «Make America Great Again».[15] Las pizarras estaban llenas de objetivos, desde «contratar a cinco mil agentes más para aumentar el control de fronteras» hasta «derogar y reemplazar el *Obamacare*», con una equis que marcaba cada objetivo logrado.[16] A la larga, no serían muchas las equis que podrían escribir. En su primera semana como presidente, Trump firmó una orden ejecutiva que otorgaba a Bannon un puesto permanente en el Comité de Directores del Consejo de Seguridad Nacional,[17] elevándolo por encima del responsable del Estado Mayor Conjunto y del director de Inteligencia Nacional, un ascenso sin precedentes en un puesto político. «Su función principal es controlar y guiar la conciencia del presidente en función de sus promesas electorales», declaró entonces a mi colega Leon Panetta, exjefe de gabinete de la Casa Blanca y director de la CIA. «Ese no es el cometido del Consejo de Seguridad Nacional.» La orden ejecutiva también rebajó la categoría del puesto de la CIA, y el revuelo y los titulares al respecto enfurecieron a Trump, que insistió en que no se había dado cuenta de las posibles consecuencias de los detalles de lo que estaba firmando.

Más allá de designaciones oficiales, Kushner trató de erigirse como el gran guardián de la presidencia. Confiaba muchísimo en su capacidad para resolver problemas transformando su naturaleza, como le gustaba decir a él mismo durante la campaña. Tras las elecciones, concedió a *Forbes* una entrevista en exclusiva sobre su papel en los comicios, y sus alardes entre líneas dieron lugar a la portada: EL RESPONSABLE DE LA VICTORIA DE TRUMP, un titular que molestó a su suegro.[18] Kushner entró en la Casa Blanca con un currículo de menos de una página, pero en una reunión durante los meses de transición, dijo a los ejecutivos corporativos que «todo» tenía que pasar por él.[19]

A menudo, se le describía como un jefe de gabinete en la sombra que celebraba sus propias reuniones con posibles miembros del Ejecutivo.[20] Sin embargo, llamarle presidente en la sombra habría sido más exacto. Trump delegó en Kushner las relaciones en torno al conflicto palestino-israelí, lo cual dejó perplejos a los expertos en política exterior. Kushner —que había tenido un breve contacto con el primer ministro de Israel, Benjamín Netanyahu, a través de su familia—[21] empezó a ampliar sus miras más allá de Oriente Medio, estableciendo sus propios vínculos en materia de política exterior, para frustración de los cargos del Departamento de Estado. Formó parte de la iniciativa de Trump para actualizar el vetusto Tratado de Libre Comercio de América del Norte con Canadá y México. En una ocasión, el secretario de Estado Rex Tillerson se encontró por sorpresa con el ministro de Asuntos Exteriores de México en un restaurante, y descubrió que había acudido a Washington para reunirse con el yerno del presidente.

Kushner era un cóctel que combinaba una confianza pasmosa en sí mismo con una flagrante falta de preparación en ciertos aspectos. En uno de sus alardes, dijo a los asesores del presidente de la Cámara de Representantes que el sistema de comités que definía la tramitación de las propuestas de ley en el Congreso era «ineficiente», y que tal vez habría que replantearlo. Del mismo modo, pareció pillarle por sorpresa el hecho de que algunos funcionarios de la Casa Blanca le advirtieran de que el plan de su familia de comprar el equipo de béisbol Miami Marlins suponía un conflicto de intereses, debido a que el propietario del equipo era uno de los candidatos a un puesto de embajador.

Aunque su intención al llegar a Washington fue en todo momento ser aliados, Kushner y Bannon no tardaron en tener rifirrafes.[22] Bannon llegó a referirse al yerno de Trump con el apelativo «aire»,[23] debido a su participación inocua en las reuniones, y sostenía que esparcía bulos sobre él en la prensa. En parte, esos conflictos eran fruto de una lucha interna en la que creaban grupos de poder rivales y competían por conseguir más personal, más visibilidad y más aliados en sus equipos con el objetivo de incrementar su influencia sobre las decisiones políticas. El ámbito que generaba más tensión era el de la inmigración.

Durante los meses finales de campaña y a lo largo de toda la transición, Kushner había manifestado a multitud de defensores de la reforma en favor de la inmigración, ejecutivos del mundo tecnológico y expertos en estrategia del partido con mucha experiencia que el vituperio de Trump contra los latinos no determinaría las políticas al respecto durante su mandato.[24] También trataron de adoptar compromisos con otros activistas progresistas junto con Ivanka, dando a entender que era necesario llegar a acuerdos sobre diversas políticas.[25] La cuestión más urgente era tomar una decisión sobre el programa de Obama que había detenido todas las deportaciones de inmigrantes indocumentados que hubieran llegado a Estados Unidos durante la infancia.[26] Al igual que gran parte de los altos cuadros proempresa de su partido, el presidente de la Cámara de Representantes, Paul Ryan, tenía interés en encontrar una solución legislativa permanente, y Kushner dio a entender que la Casa Blanca estaba dispuesta a hablar del tema.[27] En un almuerzo con presentadores de televisión en la Casa Blanca el día de su primer discurso ante el Congreso (una tradición de sus predecesores con la que decidió continuar), Trump reiteró que estaba abierto a adoptar un acuerdo más amplio en materia de inmigración: «Ha llegado el momento de elaborar una propuesta de ley de inmigración, siempre que implique compromisos por ambas partes», afirmó. Sin embargo, cuando compareció ante las cámaras esa noche, su discurso mezcló diferentes posturas. Aludió al famoso muro, pero minutos después afirmó que «lograrían una reforma real y favorable». El presidente no entendía que, en el Congreso, esos conceptos eran incompatibles.[28]

Kushner siguió relacionándose con liberales que esperaban ver una versión de Trump que finalmente nunca llegó. Uno de ellos fue David Plouffe, ex alto asesor de Obama que ahora trabajaba con grupos financiados por Mark Zuckerberg. Al llegar al Ala Oeste para reunirse con Kushner, Plouffe echó un vistazo a lo que antes había sido su propio despacho y le dijo a Kushner: «Me encanta cómo te has decorado la oficina». El yerno de Trump miró inexpresivamente a Plouffe y soltó: «Ah, ¿ya has estado aquí antes?». Plouffe dirigió la mirada a los pequeños televisores empotrados en la pared y preguntó por qué los habían colocado. Kushner contestó que su suegro veía la televisión todo el día, y él necesitaba saber qué imágenes veía.

En cuanto a la política de inmigración, las personas que acabaron dejando una mayor impronta en su redacción fueron Bannon, con una posición extremista, y el asesor político Stephen Miller, que había sido miembro del personal de Jeff Sessions.[29] Miller había representado una fuerza importante en la presidencia antes de que empezara. Durante el período de transición, había barajado la teoría de que Trump tenía la potestad de declarar «combatientes ilegales» a los miembros de los cárteles de la droga y de enviar tropas a la frontera. «¿Podemos hacerlo?», preguntó Trump a sus asesores, los cuales le repitieron mil veces que no.

Miller, considerado en su momento un aliado de Bannon, tuvo más éxito con su agenda antinmigración. Su primer logro fue una política de restricción de visitantes, refugiados y personas con visados de inmigrante que procedieran de siete países cuya población era mayormente musulmana, una versión más específica del veto general a los musulmanes que Trump había propuesto como candidato.[30] Miller abordó la propuesta con contactos que tenía en la agencia de Control de Aduanas y Fronteras, pero el secretario John Kelly, cuyo Departamento de Seguridad Nacional se encargaría de hacerla cumplir, apenas pudo hacer sugerencias antes de que Trump le diera el visto bueno.[31] La política era demasiado amplia y el documento final no contemplaba, entre otras casuísticas, a las personas que ya se encontraban en un avión en el momento en que se firmaba la orden, lo cual garantizaba un embrollo a su llegada a los controles fronterizos estadounidenses. Quienes defendían el documento insistían en que no era incompetencia, sino que se trataba de un caos provocado. Por su parte, Miller dijo a los funcionarios de control fronterizo que estaban haciendo un buen trabajo.

«¿No le parece fantástico este lugar?», dijo Trump a su primera visita importante del otro lado del charco, la primera ministra británica Theresa May. Y añadió rápidamente: «He estado en el palacio de Buckingham y es aún mejor».

Trump había visitado el Reino Unido durante su campaña —con motivo de la inauguración de su complejo de golf Turnberry, en la costa escocesa—[32] y habló con afecto de la «relación especial» entre el país y Estados Unidos. May llegó a la Casa Blanca con la intención de arrojar un poco de luz sobre cuestiones en las que los dos aliados se habían visto históricamente las caras, pero las declaraciones del político durante la campaña no se lo estaban poniendo fácil. Sus principales preocupaciones giraban en torno al comercio internacional, la postura de Trump hacia la Rusia de Vladímir Putin o la OTAN y sus compromisos de defensa mutua. Sin embargo, May no conseguía que el presidente de Estados Unidos se centrara en ninguno de esos asuntos.

Con May, él prefirió hablar de todas las personas que habían acudido a su investidura. (De hecho, se había pasado su primer día íntegro como presidente observando la cobertura mediática del acto, llegando al punto de echar chispas al respecto frente a un muro de la CIA en honor a los agentes que habían perdido la vida.) También sacó constantemente el tema de la multitudinaria marcha de las mujeres, que habían conseguido que millones de estadounidenses salieran a la calle a protestar. «El aborto es un tema muy complejo», dijo Trump de la nada, siguiendo las extensas notas de la reunión. «Hay personas provida, y hay otras personas a favor del aborto. Imagínese que unos animales tatuados violan a su hija y ella se queda embarazada.» Entonces señaló a Pence, también en la sala. «Él sí que es radical con el tema del aborto», dijo Trump, antes de preguntar a May si era provida. A partir de ahí, sacó a colación que su madre procedía de Escocia, para luego preguntar si la gestión del predecesor de May había sido mala. «¿Por qué Boris Johnson no es primer ministro? ¿No quería el puesto?», preguntó Trump sobre el exalcalde de Londres que entonces ejercía como ministro de Exteriores de May. «Parece que tiene usted rivales en su equipo —le dijo Trump—. Yo no podría, John Kasich quería trabajar en mi equipo después de las elecciones, pero no pude aceptarlo.»

Trump no pareció muy interesado en Irlanda del Norte cuando salió el tema, y cambió de tercio para hablar sobre un proyecto eólico marino que quería detener porque estaba cerca de un campo de golf de su propiedad en Escocia. También preguntó si la inmigración había jugado un papel decisivo en la votación del año anterior para decidir si el Reino Unido debía dejar de formar parte de la Unión Europea. May respondió que sí, pero en un marco más amplio en el que entraban temas como las fronteras o la soberanía. «Vamos a ser duros con la inmigración —sentenció Trump—. Los europeos han dejado entrar a malas personas.» También afirmó que el ataque terrorista de París no hubiera ocurrido en Estados Unidos. Luego comenzó a criticar a Angela Merkel, la canciller alemana. «La delincuencia ha aumentado mucho en Alemania, violan a muchas mujeres», dijo Trump, prediciendo que Merkel perdería las elecciones ese otoño. May le contradijo, asegurando que Merkel era, de hecho, la mejor política de Europa.

Ella sacó entonces uno de los temas que más le interesaba abordar: las sanciones contra Rusia, y mostró curiosidad sobre si Trump tenía previsto hablar de ello con Putin. El político se dirigió a su consejero de Seguridad Nacional y le preguntó si se había programado una llamada con Putin. «Mañana», respondió Michael Flynn. Trump se puso nervioso y volvió a sacar el tema unas cuantas veces, claramente descontento. Dijo que no sabía que Putin hubiera llamado previamente. «¡Vladímir Putin intenta ponerse en contacto conmigo y me entero ahora!» May advirtió a Trump de que, aunque tenía que entablar un diálogo con el presidente ruso, este solo respetaba la fuerza, por lo que tenía que mostrarse duro con él. «Tengo que hablar con el tipo —respondió Trump, añadiendo que Putin tenía mil misiles nucleares que podía utilizar—. A ver si se cree que esto es El Congo.»

Al salir del Despacho Oval, Trump y May descendieron los escalones hacia la famosa columnata de la Casa Blanca. Al bajar, Trump agarró la mano derecha de May con la izquierda, en lo que parecía un intento para no caerse. Cuando llegaron al final de la corta escalinata, dio unos golpecitos con la otra mano en sus manos entrelazadas. La preferencia de Trump por los zapatos de vestir con suela de cuero podría haberle dificultado bajar la cuesta, pero May tuvo la sensación de que tenía algún tipo de fobia a los escalones.[33] El incidente hizo que May llamara a su marido para explicarle por qué iba de la mano con otro hombre; prefería que se enterara por ella.[34] Al personal, le transmitió desconcierto. «Me agarró la mano de repente —dijo May a sus ayudantes—. ¿Qué iba a hacer?»

En las primeras semanas de su presidencia, la atención de Trump se centró en el proyecto de derogar las reformas sanitarias de Obama y en sus continuas reuniones con líderes extranjeros.[35] Mientras el primer ministro Shinzo Abe se encontraba en Mar-a-Lago, bautizada por Trump como la Casa Blanca de invierno, Japón se vio amenazado por el lanzamiento de un misil norcoreano.[36] Trump y Abe examinaron documentos sensibles mientras los invitados a la cena —muchos de los cuales pagaban una cuota del club que había ascendido a 200.000 dólares por orden de Trump tras convertirse en presidente—[37] los observaban, publicando instantáneas de la sala de guerra al aire libre en las redes sociales.[38]

También se esforzó por cubrir una vacante en el Tribunal Supremo que había permanecido abierta durante gran parte del año electoral anterior.[39] Estaba tan interesado en la plateada cabellera y la complexión alta y estilizada de Neil Gorsuch —«Le iba que ni pintado», le gustaba decir—[40] como en la deontología o el enfoque jurídico del juez. La búsqueda y el posterior anuncio, supervisados por el abogado Don McGahn, se llevaron a cabo en una perfecta coreografía: la presentación se produjo en horario de máxima audiencia, sin haberse filtrado antes ninguna información al respecto. Más tarde, Trump se quejó de que el candidato no se había mostrado suficientemente agradecido debido a la leve crítica que planeaba sobre los ataques personales de Trump a los juristas. Al final, un miembro de su equipo tuvo que mandar una nota de agradecimiento de parte de Gorsuch para tranquilizarlo.[41]

Bannon se esforzaba por avanzar en los temas de su pizarra, y los asesores de Trump intentaban sacar adelante los asuntos más complejos en los que el presidente aseguraba estar interesado, como una reforma fiscal o un nuevo plan de atención sanitaria. No obstante, se las veían y deseaban para que el presidente ignorara desprecios como el de Gorsuch. El nuevo presidente tenía un conocimiento muy general y abstracto acerca de lo que hacían las distintas agencias —él sabía que el Departamento de Estado, por ejemplo, se ocupaba de la diplomacia internacional—, pero conocía poco más sobre cómo funcionaban o trabajaban conjuntamente. Su falta de nociones básicas sobre economía se puso de manifiesto cuando propuso que el Tesoro imprimiera más dinero, así de fácil, proponiendo en un momento dado que el Gobierno podría emitir deuda y recomprarla fácilmente con todo ese efectivo. Durante su mandato, siempre le interesaron proyectos relacionados con la construcción, como el nuevo Air Force One, la sede del FBI[42] o el muro a lo largo de la frontera sur del país, una de sus promesas de campaña.[43]

La falta de disciplina de Trump resultaba frustrante para su nuevo equipo, incluido Gary Cohn. («Este tío, Gary, pagaba 175 millones de dólares en impuestos, y ahora solo gana 175.000 dólares al año», se maravillaba Trump al presentar a los miembros de su personal a un dignatario que estaba de visita.) En otra ocasión, mientras celebraba una reunión en el Despacho Oval para abordar el proyecto de reforma fiscal, Trump le interrumpió para quejarse de algo que no tenía nada que ver. «¿Ves la mierda con la que tengo que lidiar?», le dijo Cohn a su adjunto, Jeremy Katz, haciendo un gesto con el pulgar señalando al presidente. Trump, reclinado en su butacón, hizo oídos sordos y siguió hablando.

Cuando todo el tema de la investigación sobre Rusia se encontraba ya en un estado avanzado, Trump por fin fichó a su director de Inteligencia Nacional:[44] Dan Coats, un político de carrera y exembajador[45] con una visión radical del asunto ruso, que había instado a Obama a tomar medidas punitivas tras la incursión del país en Crimea en 2014.[46] Fueron muchos los altos cargos de inteligencia que se tomaron a pecho la diatriba política de Trump en su primer día como presidente, cuando fue a la sede de la agencia en Langley a visitar un muro que rendía homenaje a miembros de la CIA. Coats descubriría que Trump era un alma libre. En una de sus primeras reuniones, le advirtió que «llegarían momentos en los que de su boca tendría que escuchar cosas que no quería oír», tras lo cual Trump se quedó callado, mirándolo. Tanto Coats como el resto de los miembros de esas sesiones tenían dificultades para transmitir información a Trump, para lo cual se veían obligados a simplificarla lo máximo posible. Además, en ocasiones Trump boicoteaba las reuniones porque le venía en gana hablar de otras cosas y, cuando seguían la agenda, a menudo los interrumpía para decirles que «todo eso ya lo sabía, que no tenían que explicárselo», por miedo a que el resto de los integrantes pensaran que era un ignorante.

John Kelly, el secretario del Departamento de Seguridad Nacional, llevaba meses observando desde la distancia la situación en el Ala Oeste, recibiendo llamadas periódicas de Trump. «Me llama continuamente y me hace todo tipo de preguntas sobre cosas de las que no sé nada», dijo Kelly a un colaborador en primavera. Él creía firmemente que el problema era que el personal de Trump no estaba a la altura de las circunstancias.

La mayoría de los nuevos asesores creían que su comportamiento no era normal, pero algunos racionalizaron que no era tan grave como la prensa quería hacer ver, o que su comportamiento se debía a que se sentía asediado. Quienes se enfrentaban a titulares negativos a título personal, sobre todo Priebus y Spicer, convirtieron la lucha constante con la prensa en un motivo por el que acercarse a Trump; al fin y al cabo, le habían elegido para el cargo y compartían enemigos. Cuando no le daban luz verde a algo que quería hacer —desde asistir a actos poco relevantes hasta publicar un tuit— porque su equipo consideraba que no era digno de un presidente, Trump tenía la respuesta preparadísima: «¿Sabes por qué sí es digno de un presidente? —decía—. Porque lo hago yo, que soy el presidente».

18

Flynn llega y no besa el santo

A Trump ya le habían advertido sobre Michael Flynn. Los documentos para planificar la transición elaborados por Chris Christie y sus asesores recomendaban darle el cargo de director de Inteligencia Nacional, pero nada más.[1] Barack Obama también le dio un consejo a Trump cuando este fue a visitarle tras las elecciones: no contratarlo.[2]

Pero Flynn supo sacar beneficio del caos del período de transición. El teniente general retirado se había sumado a la campaña de Trump[3] en un momento en el que no había muchas otras personas con experiencia en política exterior o seguridad nacional por la labor, y se había metido en el bolsillo a los hijos del republicano defendiéndolo a capa y espada en televisión. En 2012, Obama colocó a Flynn en el cargo de director de la Agencia de Inteligencia de Defensa; entonces, el militar aseguraba haber sido el primer director de esa agencia[4] al que se había permitido entrar en la sede de una agencia de inteligencia rusa durante un viaje aprobado por la Administración Obama (en realidad, no fue el primero). En la expedición, llegó a conocer al embajador ruso en Estados Unidos. Otra de las preocupaciones de Flynn era la amenaza de Irán.[5] Finalmente, fue destituido del cargo en 2014 debido a lo que otros funcionarios llamaron «comportamiento errático». Flynn también se pronunció sobre los musulmanes y el terrorismo, y animó a la gente a seguir abucheando a Hillary Clinton al grito de «¡A prisión!» durante la Convención Nacional Republicana.[6] El día de las elecciones, había escrito un artículo de opinión para *The Hill* en nombre del Gobierno de Turquía,[7] que, según se supo más tarde, le pagaba como consultor; ese hecho suscitó dudas en el Departamento de Justicia, que estudió si el militar había infringido la normativa de registro de grupos de presión extranjeros.[8]

Flynn empezó a crispar a Trump a las pocas semanas de comenzar a ejercer de consejero de Seguridad Nacional. Flynn contrató a su hijo como asesor durante el período de transición, y tenía la intención de incorporarlo al Consejo de Seguridad Nacional para que trabajara mano a mano con él. Para más inri, el joven acaparó titulares al apoyar públicamente una conspiración según la cual Clinton y un miembro de alto rango de su equipo estaban implicados en operaciones de tráfico infantil a través de una pizzería de Washington (todo se elaboró a partir de fragmentos de los correos electrónicos de la campaña de Clinton publicados tras el ciberataque).[9] Trump quiso cargarse al hijo, y así lo hizo, pero el presidente sufrió las consecuencias de la polémica. (Los asesores de mayor rango dijeron que elevaron el puesto de asesor de Seguridad Nacional para que tuviera las mismas responsabilidades y poder que Flynn, en un esfuerzo por proporcionar una estructura a su alrededor.) Ese mes, durante un viaje para asistir al clásico partido de fútbol americano de los Army Black Knights contra los Navy Midshipmen, Trump invitó al presentador de Fox News, Chris Wallace, para que le hiciera una entrevista. Durante el trayecto en su avión, Trump hizo comentarios despectivos contra el hijo de Flynn por haber alentado esa conspiración, denominada Pizzagate.[10]

Pocos días después de la toma de posesión de Trump, agentes del FBI fueron a la Casa Blanca a interrogar a Flynn sobre las conversaciones que había mantenido a finales de diciembre con el embajador de Rusia.[11] Se dice que una de esas llamadas se produjo a petición de Kushner, que estaba ocupado tratando de reunir a los miembros del Consejo de Seguridad de la ONU para que se opusieran a una resolución que condenaba a Israel.[12] Pero una de las llamadas de Flynn con el embajador, Serguéi Kislyak, se produjo justo cuando la saliente Administración Obama estaba imponiendo sanciones a Rusia y expulsando a sus diplomáticos en represalia por su injerencia en las elecciones de 2016.[13] Tras esa llamada, los cargos rusos no protestaron mucho en público por las nuevas sanciones, y Trump acudió a Twitter para elogiar la reacción de Putin.[14] Sin embargo, el FBI estaba llevando a cabo escuchas telefónicas de Kislyak en el marco de la vigilancia rutinaria realizada a algunos funcionarios extranjeros, y no le dijeron a Flynn que tenían una transcripción de esa llamada.[15] Por indicación de Comey, los agentes del FBI fueron a hablar con Flynn, pero no informaron de ello a la oficina jurídica de la Casa Blanca. Más tarde, el propio Comey reconoció que, con otra Administración, habría alertado a presidencia de la visita: «[Fue] algo que yo, o nosotros, probablemente no habríamos hecho o de lo que nos habríamos librado [...] si hubiera habido una Administración más organizada». Al principio, Flynn indicó que el propósito de la llamada con el embajador había sido felicitarse las Navidades, y negó que hubieran hablado de las sanciones de la Administración Obama. También dijo que no habían comentado nada relevante con Kislyak.[16] El FBI usó algunas citas textuales de la conversación para refrescarle la memoria a Flynn, pero no surtió efecto.

The Washington Post filtró que se había producido esa llamada durante el período de transición, y Flynn le dijo al equipo de Trump lo mismo que luego declararía ante el FBI.[17] En las entrevistas de televisión, cuando se les preguntaba a Pence y Priebus por la llamada a Kislyak,[18] estos repetían las palabras de Flynn.[19]

Sally Yates, la fiscal general en funciones, se reunió con McGahn el 26 de enero.[20] Sus palabras no fueron muy concretas, dejando a la imaginación si el FBI sabía que Flynn les había estado mintiendo. Algunos funcionarios de la Casa Blanca, en particular McGahn, protestaron por la conveniencia de que el Departamento de Justicia se mostrara tan preocupado por esas mentiras a nivel interno.[21] Sin embargo, el Departamento de Justicia creía que la llamada (y la omisión de información al respecto por parte de Flynn) lo convertían en un riesgo de contrainteligencia,[22] puesto que otro Gobierno conocía la verdad y podía utilizarla para influir sobre él. Posteriormente, McGahn informó a Trump sobre lo que había dicho Yates.[23] Ella solo estaba ocupando el puesto hasta que se confirmara un nuevo fiscal general, y no tardaría en tener que abandonar su despacho. Cuatro días después, Trump la despidió por negarse a defender jurídicamente la prohibición de entrada a Estados Unidos a gente procedente de siete países de mayoría musulmana. (Yates puso en duda que esa medida política fuera «inteligente o justa».)[24]

El fin de semana siguiente, en Mar-a-Lago, Trump se acercó a un televisor en una zona de bar donde algunos de sus asesores estaban viendo *Meet the Press*. El presidente se apoyó en la barra, levantó la vista y vio una imagen de Flynn. «Muchos problemas con el tipo este —dijo, haciendo una pausa—. ¿Creéis que lo conseguirá?»

Trump se comportaba como un observador ante la polémica alrededor de Flynn, como si no tuviera ningún tipo de responsabilidad al respecto. Pero esa postura no duraría mucho. Su equipo recibió la noticia de que *The Washington Post* estaba preparando otro artículo sobre la llamada a Kislyak, y

Flynn volvió a insistir en que no habían hablado de las sanciones. El artículo apareció el 9 de febrero[25] y afirmó que Flynn y Kislyak sí habían abordado el tema. Priebus, McGahn y uno de sus adjuntos, Uttam Dhillon, entre otros, tuvieron un enfrentamiento directo con Flynn. «¡Dijiste que no habíais hablado de las sanciones!», le reprochó Priebus. Flynn respondió que no recordaba haberlo hecho, y más tarde dijo que se trataba de un despiste. Alguien dijo que había una transcripción de la llamada y, cuando la revisaron, pudieron ver hasta el último detalle.

El equipo de Pence estaba furioso. Consideraban que Flynn había engañado al vicepresidente. A Trump le interesaba menos esa batalla, pero deseaba sustituir a su consejero de Seguridad Nacional por otros motivos, como la forma rebuscada en que Flynn dirigía sus sesiones informativas, o los continuos disgustos que le daba la mala prensa de su hijo. Algunos asesores de alto nivel de la Casa Blanca ya tenían dudas acerca de la aptitud de Flynn para el puesto, y la investigación del FBI no hizo más que agravar ese miedo. El lunes siguiente, Trump accedió a despedirlo, una tarea que Priebus se ofreció a llevar a cabo. A las pocas horas, Flynn presentó su dimisión.[26] Al anunciar que se iba, la Casa Blanca no quiso hurgar más en la herida: Flynn se había marchado por su cuenta.

Al día siguiente, Trump y sus asesores estaban en el Despacho Oval discutiendo qué debía decir Spicer a la prensa sobre el despido. Priebus le dijo a Trump que Paul Ryan, que acababa de hablar con los periodistas en el Capitolio sobre la situación de Flynn, había señalado que estaba muy contento de que el presidente hubiera pedido su dimisión. Trump miró a Spicer.

—Eso suena mejor —dijo Trump—, vamos a decir eso.

—Bueno, ¿cuál de todas? —preguntó Spicer. *¿Por qué versión se iban a decantar?*

—Di que pedí su dimisión —dijo Trump.

Spicer se fue a informar a los periodistas mientras el presidente almorzaba con Kushner y Christie. Trump, muy feliz de haberse librado de Flynn aunque enfadado con el FBI, le dijo a Christie que la investigación quedaría por fin zanjada.[27]

—Esto de Rusia ya se ha acabado, ahora que he despedido a Flynn —aseguró.

—Señor, nada más lejos de la realidad —respondió Christie.

—¿Cómo que no? Flynn fue el que se reunió con los rusos, ese era el problema. Ahora que lo he despedido, problema resuelto —dijo Trump, algo con lo que Kushner estuvo de acuerdo.

No supieron prever cómo aquello afectaría a la investigación, en parte porque Trump no quería dejar pasar la reunión del 6 de enero en la que Comey le había hablado del dosier. Para Trump, eso había sido un intento de chantaje.[28] Apenas unos días después de asumir el cargo, el presidente estaba recibiendo su primer informe diario —un resumen de los secretos de Estado de que dispone el jefe del Ejecutivo— cuando de repente preguntó a un grupo reducido de asesores si creían que debía despedir a Comey. Al poco tiempo, Trump invitó al director de la agencia a una cena privada en la Casa Blanca,[29] en la que sacó a colación la posibilidad de que el FBI investigara las salaces acusaciones del dosier, para así corroborar que eran falsedades. Comey le advirtió de que no lo hiciera, porque el FBI no estaba investigando a Trump. Eso sí: si lo hacía, tendría que poner a la población al corriente. Sin embargo, el presidente tenía algo más que pedir: «Necesito lealtad», dijo. En una reunión posterior, en el Despacho Oval, Trump preguntó a Comey si podría encontrar la manera de «dejarlo estar», refiriéndose a la investigación sobre Flynn.

Algunos asesores le habían comentado a Trump que necesitaba a alguien leal para supervisar el Departamento de

Justicia, y él insistía en que los anteriores fiscales generales habían cumplido la función de guardianes. Sin muchas opciones para el cargo —pues se había descartado a Christie y Giuliani no pensaba aceptar ningún cargo que no fuera el de secretario de Estado—, finalmente Trump se había decantado por Jeff Sessions.[30] Sin embargo, a principios de marzo, *The Washington Post* informó de que, el año anterior, Sessions había mantenido conversaciones con Kislyak que no reveló al Senado cuando fue nombrado fiscal general.[31] El fiscal general no tuvo más remedio que recusarse de la investigación de su departamento sobre Rusia, pero ese giro de los acontecimientos había despertado la furia de Trump, que no daba crédito a la noticia.[32] «¿Qué cojones?», le espetó a Spicer en el Air Force One, alzando las manos. Los miembros de la Casa Blanca que se encontraban fuera de la oficina jurídica se apresuraron a ponerse en contacto con los asesores de Sessions, con la esperanza de conseguir que su superior deshiciera el entuerto. El fiscal general voló hasta Mar-a-Lago para hablar de las restricciones de movimiento, ya que el presidente se negaba a atender sus llamadas;[33] una vez allí, Trump le presionó para que revocara su recusación, pero Sessions se negó.

Como solía ocurrir con Trump, la furia dio paso a la búsqueda de la mano negra que controlaba la situación. En virtud de la *Foreign Intelligence Surveillance Act* («Ley de Supervisión a la Inteligencia Extranjera»), ratificada en 1978, el Gobierno tiene más libertad para vigilar a las potencias extranjeras que a los ciudadanos estadounidenses o residentes permanentes.[34] Si los servicios de inteligencia pincharon el teléfono del embajador ruso, la identidad de los ciudadanos estadounidenses con los que había hablado no debería aparecer en los registros gubernamentales de sus llamadas. Los medios de comunicación conservadores aliados de Trump empezaron a poner el énfasis en cómo se habían filtrado los detalles de la conversación entre Kislyak y Flynn a *The Washington Post*, y había gente que defendía la teoría de que el asesor de Trump podría haber sido el blanco al que habían pretendido pillar, en lugar del diplomático extranjero.[35] En un momento dado, a Trump le llegó una copia de un artículo de *Breitbart* acerca de esas teorías.[36]

A la mañana siguiente, desde Mar-a-Lago, el presidente publicó un hilo de cuatro tuits. «¡Terrible! Acabo de descubrir que Obama me pegó "un pinchazo" en la Torre Trump justo antes de mi victoria. No han encontrado nada. ¡Esto es macartismo!», escribía en el primer tuit. «Qué bajo ha caído el presidente Obama pinchándome los teléfonos durante las elecciones, algo sagrado. Otro Nixon/Watergate. Hay que ser malo (o estar fatal)», escribió en el último. Ese mismo día, Spicer emitió un comunicado en el que imploraba al Congreso que investigara «si en 2016 se había cometido un abuso del poder ejecutivo en materia de investigación»;[37] desde la Casa Blanca dijeron que McGahn pretendía obtener la orden de vigilancia contra algunos socios de Trump; hizo las consultas pertinentes para determinar qué era lícito legalmente, pero no sacó nada en firme. Tras publicar los tuits, Trump llamó a asesores externos para pedirles su opinión sobre lo que había dicho, dejando entrever que, antes de lanzar esas declaraciones, se había informado más bien poco sobre cómo funcionaban realmente los procedimientos de escucha telefónica.

En el Capitolio, los miembros del partido de Trump reaccionaron de manera dispar: algunos se alarmaron de que pudiera tener razón; otros se preocuparon por que pudiera estar equivocado. El congresista californiano Devin Nunes era el principal republicano de la Comisión de Inteligencia de la Cámara de Representantes, liderada por el Partido Republicano, que en enero de 2017 había lanzado su propia investigación sobre las interacciones de la campaña de Trump con Rusia. Las pesquisas de los legisladores carecían del mismo peso que las de la fiscalía, pero los demócratas de la comisión presionaban para que funcionarios y exfuncionarios del Gobierno revelaran información. Casi tres semanas después de los tuits del «pinchazo» y la frenética búsqueda de su significado, Nunes organizó una rueda de prensa en el Capitolio para anunciar que tenía que ir a la Casa Blanca para compartir con Trump la información que había obtenido: tras haber sido ocultado en los documentos de inteligencia, el nombre de Flynn había sido «revelado».[38]

La apasionada defensa que Nunes hizo de él dejó impresionado a Trump durante años. Pero Nunes fue como una exhalación a ver al presidente para transmitirle una información que este podría haber pedido a su propio equipo. Trump empezó a llamar a Ryan una y otra vez, instándole a pedir documentación sobre el tema de Rusia al Departamento de Justicia. Ryan, patidifuso, se lo tuvo que aclarar: «Señor presidente, el departamento trabaja para usted: si quiere que hagan públicos los documentos, solo tiene que pedirlo». Trump no lo hizo, pero su petición a Ryan marcó un precedente. A partir de entonces, el presidente se acostumbró a externalizar funciones para que pareciera que la fuente o el testaferro era otro, algo que a menudo desdibujaba la separación de poderes entre la conferencia republicana de la Cámara de Representantes y la Casa Blanca.

A principios de mayo, durante su estancia en Bedminster, Trump comenzó a urdir un plan para librarse de Comey. A fin de justificar la destitución del director del FBI antes de que este culminara su mandato de diez años, pidió a su redactor jefe de discursos, Stephen Miller, que le ayudara a escribir una carta en la que dejara claras sus razones.[39] La carta no aportaba pruebas de ello, pero aseguraba que Comey había perdido el apoyo de los agentes rasos del FBI. Gran parte del texto hablaba de su gestión de la investigación de los correos electrónicos de Clinton, que Comey había defendido en su comparecencia ante el Congreso ese mismo mes, a pesar de que había reconocido que le daba «pavor» pensar que sus acciones habían afectado al resultado de las elecciones. «Su conducta se ha vuelto impredecible e incluso errática, ha protagonizado intervenciones públicas divagantes y autocomplacientes que han desconcertado a expertos, ciudadanos y profesionales de las fuerzas del orden por igual, lo cual le incapacita para dirigir eficazmente la agencia», rezaba la carta.[40] El testimonio ante el Congreso había sido «otro circo mediático lleno de conjeturas poco profesionales, teorías jurídicas cogidas con pinzas y especulaciones poco meditadas», decía la misiva. Uno de sus asesores describiría posteriormente la carta como un «grito primario» de Trump ante la inminente investigación que se cernía sobre su presidencia.

Cuando la carta llegó a la oficina jurídica, McGahn pensó que no debía «salir a la luz». Trump siguió adelante con el despido de Comey el 9 de mayo, pero aportó razones diferentes que aparecían en cartas de Sessions y de uno de sus adjuntos, Rod Rosenstein. A última hora de esa tarde, Trump llamó a Spicer al Despacho Oval, donde había estado hablando con Priebus. «¡Hay que publicarla!», ordenó Trump a su secretario de prensa. Spicer respondió que tenían que avisar a los líderes del Congreso antes de sacar un comunicado. «Me importa una mierda —dijo Trump, y luego propuso al vicepresidente—. Que llame Mike.» Priebus y otros en la sala manifestaron no estar de acuerdo con la forma en que Trump estaba llevando a cabo el despido. «Lo podemos hacer bien o lo podemos hacer mal», dijo Priebus. Y así, afirmó, lo estaban haciendo mal.

Los demócratas habían criticado a Comey a lo largo de 2016 por permitir que la investigación federal sobre Clinton estuviera en el foco mediático. Por lo tanto, Trump y Kushner estaban convencidos de que aplaudirían la medida. Kushner dijo a varias personas que iba a ser un movimiento efectivo:

«Los demócratas no han dicho más que cosas horribles sobre Comey. Le odian —explicó Kushner a Christie tras el despido—. Así que se verán obligados a no criticar al presidente por despedirle. Sería incoherente si lo hicieran».[41] A Trump le sorprendió la respuesta inflexible que escuchó del líder demócrata en el Senado. «Es una idea horrible», le dijo Chuck Schumer cuando finalmente lo llamó. Despedir al jefe de una agencia que investigaba su campaña era, para los veteranos de Washington, la decisión más alarmante que podía tomar un presidente. El hecho evocaba «la masacre del sábado noche», que aceleró la destitución de Richard Nixon durante el Watergate.[42]

Trump siguió poniendo a caldo a Comey —«¡Estaba como una cabra!», dijo a sus asesores al día siguiente, sentado con los brazos cruzados—, pero se fue olvidando. Para uno de sus invitados, hizo ademán de mantener apagado el televisor de su despacho, como parte de su persistente sensibilidad ante mi comentario a Charlie Rose sobre sus hábitos televisivos. También dedicó un rato a observar con orgullo un mapa en tamaño póster con las zonas del país en las que había ganado. Al asesor que se lo había traído, le dijo que enmarcaría diez ejemplares y los colgaría en el Ala Oeste.

En cuanto a Comey, dio varias razones sobre su destitución a lo largo de la semana. Inicialmente, la Casa Blanca trató de presentar el despido como una recomendación de Rosenstein.[43] En una reunión privada con el ministro de Exteriores y el embajador de Rusia, Trump dijo que había destituido al «chiflado» de Comey, y que ello suponía un «alivio enorme».[44] Entonces Trump concedió una entrevista a Lester Holt, presentador de NBC News, en la que dio a entender que el despido estaba relacionado con la investigación sobre Rusia.[45] «De hecho, cuando decidí hacerlo sin más, me dije a mí mismo: "Mira, esto de Rusia es una patraña, es un cuento chino de los demócratas por haber perdido unas elecciones que deberían haber ganado"», dijo. Pero la respuesta de Trump fue tan torpe y por momentos incoherente que no quedó del todo claro si había pretendido decir que lo había despedido por culpa de la investigación.

Lo de Comey fue el inicio de una serie de acontecimientos que afectarían a la presidencia durante los dos años siguientes. Una semana después, mi colega Michael Schmidt reveló que Comey había redactado diversas circulares secretas sobre sus encuentros con el presidente, incluida la reunión en la que el presidente le había ordenado que pusiera fin a la investigación sobre Flynn.[46] Esto supuso un cambio radical en cuanto a la percepción de las intenciones de Trump entre los demócratas, los medios de comunicación y algunos funcionarios del Departamento de Justicia. Con esa presión soplándole la nuca, en lugar del recusado Sessions, Rosenstein —que no era muy devoto de Trump— designó un fiscal especial para investigar no solo la posible conspiración entre los rusos y la campaña de Trump, sino si el presidente había tratado de obstaculizar la investigación despidiendo a Comey.[47]

Robert S. Mueller III, exdirector del FBI y abogado privado, fue el fiscal especial designado. Hacía poco que Mueller había visitado el Ala Oeste para charlar con Trump sobre qué cualidades debía poseer el nuevo director del FBI.[48] Algunos asesores de la Casa Blanca habían considerado a Mueller para el puesto, pero este había retirado su candidatura. Trump finalmente seleccionó a Christopher Wray, un exfiscal federal y funcionario del Departamento de Justicia que también había trabajado como abogado personal de Chris Christie.[49] La búsqueda no había sido la más tradicional: asistentes júniores de la Casa Blanca habían indagado en Google para encontrar nombres de posibles candidatos, y Trump le había pedido a John Kelly que asumiera el cargo él y le ofreciera «lealtad». (Kelly declinó la oferta.) En cuestión de meses, Trump empezó a quejarse de que Wray no se estaba esforzando lo suficiente para expulsar del FBI a todas las personas a quienes el presidente consideraba sus detractores.

Los asistentes del presidente adujeron que la reunión con Mueller, así como el hecho de que el investigador había sido miembro de uno de los campos de golf de Trump, creaba un conflicto de interés para el fiscal especial.[50] Pero esa tesis no tenía mucho sentido. Cuando fracasó ese intento de inhabilitar a Mueller, Trump quiso hacerse con el control de la investigación ordenando a McGahn que se destituyera a Mueller. McGahn se negó y comenzó a preparar su dimisión.[51] Trump, que todavía tenía dudas sobre el funcionamiento de la Casa Blanca, no insistió. El presidente ya había escarmentado, pero parecía no estar seguro de cómo proceder. Al ver el caos que imperaba, Bannon predijo en privado que estaban ante el principio del fin de la presidencia de Trump. Trump reprendía tan duramente a Sessions por la recusación que parecía estar intentando deshacerse de él.[52] (El presidente delegaría en otros la labor de presionar a Sessions, incluidos asesores subalternos y personas ajenas al Gobierno. Al menos en dos ocasiones, pidió a su antiguo director de campaña, Corey Lewandowski, que lo hiciera.) Tras una reunión en el Despacho Oval en el momento del nombramiento de Mueller, en la que Sessions dijo que dimitiría, Priebus se enteró de lo ocurrido y persiguió al fiscal general por el aparcamiento para evitar lo que creía que sería un desastre para el presidente.[53] Sessions llegó a escribir y presentar una carta de dimisión, pero Trump no la aceptó, si bien tampoco se la devolvió inmediatamente.[54]

«Jeff Sessions aceptó el puesto, se metió de lleno, y ahora se recusa, francamente creo que es muy injusto para el presidente —nos dijo Trump cuando Peter Baker, Michael Schmidt y yo le visitamos en el Despacho Oval ese mes—.

¿Cómo aceptas un trabajo y luego te recusas? Si lo hubiera sabido, le habría dicho que muchas gracias, pero que no. Es extremadamente injusto, por decirlo de forma suave, para el presidente.»[55]

A pesar de su enfado, Trump fue un anfitrión atento. Con nosotros, estuvo tranquilo en todo momento, algo que no terminaba de casar con su personalidad en Twitter, ni con lo que mis fuentes me contaban a diario sobre sus interacciones con el personal y el Gabinete. Al día siguiente, le pregunté a un alto asesor de la Casa Blanca por el motivo de sus ataques a Sessions.

La respuesta que me dio se me quedó grabada: «Porque puede».

Durante su primer año como presidente, casi todas las conversaciones que mantuvo Trump tocaron en algún momento el tema de Rusia y de las numerosas investigaciones que estaban llevando a cabo fiscales especiales y comités gubernamentales. Eso hacía difícil separar el escándalo del resto de sus deberes como presidente. Entre otras ideas, él estaba convencido de que el ciberataque de los correos electrónicos de Rusia había sido un intento de arrebatarle la victoria. Sin embargo, la furia incesante que demostraba al hablar de las investigaciones —sumada a la simpatía que le mostraba públicamente a Vladímir Putin— hacía que algunos miembros de su equipo se plantearan qué otra cosa, si es que la había, podría estar induciéndole a comportarse de esa forma.

Ese verano, las investigaciones llegaron prácticamente hasta la puerta de casa de Trump. En julio, *The New York Times* publicó que, el verano anterior, el hijo mayor del presidente se había reunido con un abogado vinculado con el Kremlin que había prometido sacar «trapos sucios» sobre

Clinton.[56] (El encargado de organizar la reunión había sido Rob Goldstone, en nombre del hijo del oligarca que había coorganizado Miss Universo 2013 en Moscú. Don jr. reconocería más tarde que fue un «gancho», y que en realidad los rusos buscaban represalias contra una medida estadounidense en materia de derechos humanos.) La mayoría de los asesores de Trump creían que Don jr. no se había parado a pensar en el berenjenal en que se podía estar metiendo, y que sencillamente se había precipitado. Así y todo, la intención de Don jr. de responder a la información de la prensa a su manera, con franqueza, fue neutralizada por su padre, que dejó a sus propios abogados fuera del proceso y dio órdenes sobre cómo responder mientras se encontraba en el Air Force One, volviendo a casa tras un viaje al extranjero.[57]

Ese mismo mes, la nueva oficina de Mueller ejecutó una orden de registro en el domicilio de Paul Manafort, el destituido director de campaña de Trump.[58] Kushner, por su parte, accedió a hablar con los investigadores del Congreso en una sesión a puerta cerrada.[59] Durante semanas, el yerno de Trump había sido objeto de noticias que lo involucraban más en la trama de Rusia. Primero, salió un informe sobre una reunión privada a la que había asistido durante los meses de transición con un funcionario de un banco estatal ruso.[60] Más tarde, se publicó un segundo informe sobre una propuesta al embajador ruso,[61] formalizada a través de Flynn, para que el equipo de Trump utilizara el equipo de comunicaciones seguras de la embajada para transmitir mensajes al Kremlin. Probablemente, dicho sea de paso, ese equipo habría conseguido proteger cualquier intercambio de los servicios de inteligencia estadounidenses. (Sin embargo, parece que el canal no se utilizó nunca, y Kushner dijo que lo propuso únicamente como un mecanismo para estrechar la cooperación entre los ejércitos de Estados Unidos y Rusia en su esfuerzo común de poner fin a la guerra civil de Siria.)[62] Kushner e Ivanka también estuvieron bajo el foco cuando se supo que habían utilizado un servidor de correo electrónico privado para llevar a cabo tareas de gobierno, algo que los abogados de la Casa Blanca les habían desaconsejado. A decir verdad, toda la campaña de Trump contra Hillary Clinton se había basado en que ella había hecho lo mismo. Cuando se enteró, Trump le preguntó a Kushner cómo podía haber sido tan «idiota».

En medio de la avalancha mediática, Kushner y su esposa convocaron a dos de los abogados personales del presidente, Marc Kasowitz y Michael Bowe, en el campo de golf propiedad de Trump en Nueva Jersey, donde se alojaban en una casa de campo de la finca.[63] Hacía unas semanas que Ivanka había pasado a formar parte del equipo de Gobierno como asistente especial del presidente, y los abogados llegaron pensando que hablarían sobre la investigación. Sin embargo, Kushner y ella estaban más interesados en charlar sobre las intrigas palaciegas de la Casa Blanca; más concretamente, sobre la idea de que el rival de Kushner, Bannon, estaba utilizando todo lo de Rusia para perjudicarlos. Las dinámicas legales parecían menos importantes que las relaciones públicas. Los cuatro regresaron a Washington de inmediato para que los abogados pudieran validar ante el presidente que uno de los suyos iba a por su hija y su yerno. Trump se mostró frustrado y también comprensivo con su hija, aunque la puso en evidencia delante de otros asesores: «¿Por qué quieres hacer esto? No entiendo qué sacas estando aquí».

Tras el testimonio ante el Congreso a finales de julio, Kushner compareció ante la prensa en el exterior de la Casa Blanca.[64] Para muchos ciudadanos estadounidenses, era la primera vez que le escuchaban hablar. Él dijo que no había «confabulado con Rusia» y que no había tenido ningún tipo de contacto ilícito con el país. Si había acudido a alguna reunión problemática durante los meses de transición, había sido solo por su falta de experiencia política, que le había llevado a no saber responder al abrumador éxito de su partido. Trump vio la retransmisión desde el Despacho Oval, en un televisor pequeño. Mientras escuchaba la suave voz de pito de su yerno, puso cara de asco y dijo: «Pero si habla como un crío».

19

Tiempo ejecutivo

«En esta zona está prohibido entrar, pero yo voy a enseñáros-
la», decía Trump a los visitantes que había acompañado hasta
el segundo piso de la Casa Blanca, después de mostrarles las
salas de actos del Piso de Estado y justo antes de conducirlos
hasta el Dormitorio Lincoln. Aquello era una versión del *tour*
que había hecho durante años en la Torre Trump, en el que
iba señalando valiosos recuerdos deportivos e imágenes suyas
enmarcadas de cuando había aparecido en portadas de revista,
solo que en esta ocasión adornaba el recorrido con anécdotas
sobre la historia de Estados Unidos que le había contado el
personal fijo del edificio.

Yo siempre había pronosticado que Trump empezaría a
retraerse a sus lugares habituales una vez investido. Tras la
investidura, Melania decidió quedarse en la Torre Trump
para que el hijo que tienen en común pudiera terminar el curso en su colegio privado de Manhattan, por lo que el nuevo
presidente se instaló en la Casa Blanca solo.[1] En las raras ocasiones en las que Trump regresaba a la ciudad para asistir a
algún acto, no se quedaba allí mucho tiempo, pues le preocupaban las protestas por su presencia, que provocarían atascos
en la ciudad. No obstante, aunque Nueva York le había rechazado, a Trump le entusiasmaba volver a casa de vez en
cuando. Circulando por la autopista del West Side, con el

tráfico despejado y las luces y sirenas de su convoy avanzando a toda prisa, Trump le dijo a uno de sus asistentes: «Increíble, ¿verdad?».

Trump aplicaba ese mismo sentido de la exuberancia a los beneficios de la presidencia. Dicen algunos amigos que le encantaban el Air Force One, el helicóptero Marine One y el botón que el personal había instalado en su escritorio para que pudiera pedir una Coca-Cola Zero a su asistente. Yo pensaba que encontraría formas de volver a Nueva York y a su resonancia emocional más a menudo. Pero no fue así: la mayoría de los fines de semana, los pasaba en uno de sus clubes privados de Florida o Nueva Jersey, dependiendo de la temporada, donde podía facturar al Gobierno el coste de protegerlo, incluyendo el alojamiento y las dietas de las agentes de los Servicios Secretos.[2]

Trump también remodeló la Casa Blanca para adaptarla a sus gustos. Colocó otro televisor en su dormitorio, de modo que había uno encima de un mueble a los pies de la cama y otro en una esquina. Hizo alfombrar el cuarto de baño para que se pareciera al retrete de su *jet* privado; allí también hizo instalar un televisor. En los años posteriores, los baños de la residencia contaron con artículos de aseo personal con la marca de Trump; el personal lo detuvo en muchas ocasiones mientras intentaba dar un billete a alguno de los asistentes militares que le había prestado un servicio. En el Despacho Oval, en el piso inferior, incorporó pequeños toques de su casa, como por ejemplo una foto de Fred Trump que colocó encima del aparador que había detrás de su escritorio (tras muchas semanas, cuando la gente se fijó en que no había suficientes fotos familiares, puso algunas más). En la pequeña sala contigua al Despacho Oval, Trump hizo instalar un gran televisor; la sala, de color crema, quedó salpicada de adornos vinculados con el presidente, todos mezclados sin una disposición muy pensada, salvo un cinturón de lucha, regalo del promotor Vince Mc-

Mahon, que terminó exhibido como si fuera una pieza de museo. Trump bautizó el espacio adyacente como «la habitación de Monica», porque se decía que ese era el lugar donde Bill Clinton había mantenido sus encuentros sexuales con la becaria Monica Lewinsky que condujeron a su proceso de destitución.

Cuando Trump enseñaba su lugar de trabajo a los visitantes, invitaba a algunos a echar un vistazo a lo que él de vez en cuando llamaba su «cuarto de baño secreto».[3] En ocasiones, presentaba el servicio afirmando que lo había renovado de arriba abajo, incluso el inodoro. «Ya entiendes a lo que me refiero», le dijo Trump a un visitante. Era una afirmación extraña e imprecisa y daba pie a interpretar por qué hacía hincapié en los cambios, pero el visitante dedujo que Trump hacía alusión a que no quería utilizar el mismo baño que su predecesor negro. (La frase de Trump según la cual había remodelado el aseo resultó no ser cierta, dijeron unos funcionarios en ese momento: solo se sustituyó el asiento del retrete, una costumbre habitual con cada cambio de presidente. Seguramente, lo más significativo que añadió fue la colección de lacas en la que algunos visitantes repararon.)

Para Trump, a diferencia de muchos de sus predecesores en la Casa Blanca, no era ninguna novedad dormir encima de su despacho. Con un sueño irregular, el presidente a menudo estaba despierto y llamaba a amigos y aliados políticos aunque fueran las cinco de la madrugada. Se pasaba la mañana con la tele encendida —veía a las estrellas televisivas como si fueran compañeros suyos— y se guardaba los noticiarios durante el día con un sistema de grabación que bautizó como «SuperTivo».[4] Daba su opinión sobre lo que veía a través de Twitter, como si aún estuviera controlando las noticias desde la Torre Trump en lugar de la sede del Gobierno, ya fueran observaciones superficiales sobre los presentadores o comentarios sobre asuntos internacionales que podían llegar a desatar crisis mundiales.

Para Priebus, los períodos en los que Trump vivía a medio camino entre el trabajo y el ocio eran una fuente de nerviosismo. Su equipo empezó a intentar programar reuniones para alrededor de las nueve de la mañana en el Despacho Oval. A lo largo del año, la primera reunión del día fue retrasándose cada vez más, hasta que la jornada de Trump empezaba más bien sobre las diez y media, como había sido el caso en la Torre Trump. Alrededor de las seis y media de la tarde, solía volver al piso de arriba.[5] Allí cenaba, a veces con invitados, y finalmente se retiraba a su habitación para ponerse al día con los programas de tele que había grabado y para hacer llamadas. Durante esas largas mañanas y tardes del principio, cuando Trump no iba con el traje formal que llevaba casi en todas partes salvo en el campo de golf, el presidente a veces se ponía un albornoz. No era ni mucho menos el primer presidente que optaba por ponerse cómodo en situaciones privadas, pero a su equipo le enfureció una noticia que dimos otro periodista y yo: describiendo el caos nocturno de la Casa Blanca, mencionamos que el presidente llevaba albornoz.[6] Enviaron al secretario de prensa de la Casa Blanca para que declarara a los periodistas del Air Force One que la noticia era falsa y que Trump ni siquiera tenía albornoz.[7] Poco después, aparecieron por internet fotos de años atrás en las que Trump llevaba puesto un albornoz, aunque el secretario de prensa hubiese negado el detalle, y el personal empezó a especular con quién las habría filtrado.[8]

A sus nuevos asistentes les sorprendió que Trump no entendiera que los periodistas asignados a la Casa Blanca iban a informar sobre él con mayor escepticismo que la prensa rosa o las publicaciones de entretenimiento. Cuando la cobertura no se hacía de la forma en que él quería, Trump calificaba a la prensa como «el enemigo del pueblo americano». (Su tendencia superaba de largo el hábito de Bannon de llamar a los periodistas «el partido de la oposición».) Era una cantinela empleada a menudo por los déspotas del mundo, y Trump la repetiría montones de veces a lo largo de los años. Si Trump seguía dispuesto a hablar con la prensa debido a su interés en ser el centro de atención, su equipo también se prestó a hacerlo para velar por su propia supervivencia, para influir en resultados políticos o para perjudicar a compañeros. Eso creó un ciclo de interminables «cazas de filtraciones» y una cultura de la paranoia que algunos funcionarios aprendieron a utilizar como un arma contra rivales internos.

Por su parte, tras el incidente del albornoz, Trump pareció retraerse aún más en sus perpetuas sospechas sobre la lealtad de las personas que le rodeaban. Mandaba a sus asistentes que llevasen montones de hojas de papel en cajas de cartón y le siguieran mientras se desplazaba entre el Despacho Oval y la residencia, o cuando se iba de viaje. Se habituó a romper documentos en pedazos y echarlos a la papelera o esparcirlos por el suelo; de resultas, los encargados de llevar un registro de la documentación tenían que esforzarse para volver a pegar las partes y conservar los papeles de acuerdo con la *Presidential Records Act* («Ley de Preservación de los Documentos Presidenciales»).[9] De vez en cuando, Trump echaba papeles por el retrete, lo que atascaba las tuberías y obligaba a los operarios a limpiarlo; a veces el personal encontraba grumos de papel con la letra del presidente, incluso en algunos viajes al extranjero. El personal de la Casa Blanca se planteó buscar formas para que dejase de hacerlo; no estaban seguros de por qué lo hacía, si era por su inherente paranoia o si sencillamente se trataba de uno de sus tics, pero especularon con que los documentos contenían cierto material que Trump no quería que saliera a la luz. (El presidente calificó esas informaciones de «falsas» y dijo que yo no tenía forma de saber si eso ocurría o no.)

Otros hábitos de Trump se escapaban tan claramente de su control que incluso los asistentes a quienes no les gustaba su comportamiento en público, como que insultase a sus críticos, o aspectos de sus posiciones políticas, no podían evitar sentir cierta compasión por él. La omnipresencia de gel hidroalcohólico evidenciaba su famosa fobia a los gérmenes, aunque el miedo parecía situacional. En Mar-a-Lago, las toallitas desinfectantes estaban colocadas en recipientes destapados. El médico de la Casa Blanca o un asistente eran quienes las llevaban encima cuando Trump estaba fuera de sus residencias, a pesar de que el envase decía que solo debían usarse en superficies no porosas y no sobre la piel. A menudo el presidente tenía las manos enrojecidas, en carne viva por el efecto de los productos químicos.

El hecho de que Melania no estuviera en Washington tuvo un efecto notable sobre Trump. Con su miedo crónico a estar solo, cuando estaba con sus amigos Trump parecía preocupado por las reacciones de Melania ante los acontecimientos, y los asistentes de la Casa Blanca le notaban especialmente nervioso cuando ella no estaba. (Tras las desagradables elecciones, la modelo renegoció su acuerdo prematrimonial.)[10] Cuando Melania y Barron volvieron a instalarse en Washington, más de cuatro meses después de iniciarse la legislatura, siguieron siendo una unidad bunkerizada en la residencia.[11] Mientras que el presidente terminó entablando una relación personal con algunos de los asistentes militares que estaban a su servicio, la primera dama mantuvo más distancia.

Al presidente se le habían pegado muchas personas, pero tenía pocos amigos de verdad. Uno de ellos, el propietario de los New England Patriots, Robert Kraft, intentó transmitir que Trump tenía un lado más amable y dio una entrevista en la que recordó lo atentos que habían sido Donald y Melania tras la muerte de su esposa, pues estuvieron un año entero llamándole una vez por semana.[12] Tom Barrack intentó convertirse en el equivalente de un *coach* vital para algunos de los miembros del Ejecutivo que se reunían con Trump por primera vez e intentaban entenderle.

Trump trató de externalizar funciones gubernamentales a amigos; a veces, lo hacía porque veía los problemas de políticas públicas como proyectos inmobiliarios que podía gestionar por su cuenta evitando la burocracia, como una versión de alto nivel de la pista de hielo Wollman Rink. En sus primeras semanas en el cargo, Trump preguntó al promotor Richard LeFrak, las proezas de cuya familia en el mundo inmobiliario de Nueva York siempre habían eclipsado las de los Trump, por la construcción del muro a lo largo de la frontera sur. Los cálculos del Departamento de Seguridad Nacional eran que costaría decenas de miles de millones de dólares: demasiado, a juicio de Trump.[13] «¿Tú lo harías?», le propuso el presidente a LeFrak, quien le dejó claro que él no era contratista del Gobierno.

En otras ocasiones, conocidos suyos de alto poder adquisitivo le hacían propuestas directamente. En Mar-a-Lago, Trump habló con Ike Perlmutter, miembro del club y presidente de Marvel Entertainment, quien le dijo que quería ayudar a dirigir el Departamento de Asuntos de los Veteranos. Trump aceptó la oferta, como contó Kushner a alguien de fuera del Gobierno, y dio la potestad a Perlmutter y a dos socios más —ninguno de los cuales tenía experiencia en cargos públicos ni militares— para que empezasen a trabajar con los dirigentes nombrados del departamento —y a influenciarlos— en cuestiones de personal y políticas.[14] (Los demócratas de la Cámara de Representantes acusarían al «grupo de Mar-a-Lago», como los funcionarios del departamento se referían a ellos, de infringir la legislación federal de transparencia en sus cargos oficiosos.)

No obstante, por cada Kraft, LeFrak o Perlmutter, había decenas de empresarios y financieros de Nueva York que nunca habían prestado mucha atención a Trump —o que habían trabajado para derrotarle como candidato— que ahora por fin le cogían las llamadas. Al presidente le maravillaba la cantidad de personas que ahora tenían ganas de hablar con él.[15] «Puedo invitar a cenar a cualquiera», alardeaba, y esa persona se presentaba.

El gestor de fondos de inversión libre Paul Singer, un filántropo que durante la década anterior se había erigido como uno de los mayores donantes del país a candidatos y causas conservadoras, se había opuesto a Trump en las elecciones de 2016, pero algunos de los asesores del presidente pensaron que valdría la pena que se reunieran.[16] Un mediodía, Singer llegó al Despacho Oval mientras el equipo de Trump estaba preparando al presidente para una rueda de prensa que se daría esa tarde. Trump invitó a Singer a sentarse a su escritorio junto con Pence y media docena de asistentes del presidente mientras discutían sobre potenciales preguntas y respuestas. Cuando el personal se fue al Salón del Este para dar la rueda de prensa, Trump mantuvo una conversación informal con Singer y le preguntó: «¿Cómo de conservador eres?». Singer respondió que era bastante conservador en materia económica pero más moderado en otras cuestiones, como los derechos de los homosexuales, y que había participado en iniciativas para legalizar el matrimonio entre personas del mismo sexo. (Trump llegó al cargo oponiéndose al matrimonio igualitario, pero luego dio esperanza a algunos activistas por los derechos de los homosexuales cuando dijo que aceptaba la sentencia dictada en 2015 por el Tribunal Supremo que ordenaba a los estados que permitiesen casarse a gais y lesbianas. «Es irrelevante porque eso ya se resolvió —le dijo a Lesley Stahl, de la CBS—. Ahora ya es ley».) Sin que Trump lo supiera, Singer era uno de los patrocinadores de GOProud,[17] el grupo de republicanos homosexuales que había contribuido a llevar a Trump a la Conferencia de Acción Política Conservadora seis años antes.[18]

«¿Eres gay?», le preguntó Trump a Singer. «No —contestó el gestor de fondos—, pero mi hijo sí.» Pence hizo ademán de marcharse. Trump hizo un gesto al vicepresidente y dijo: «¿Tú no eres como esos tíos, esa clase de conservador?». Luego añadió: «A los gais les encanto», y señaló que el fragmento más aplaudido de su discurso en la convención fue su promesa de «proteger a nuestros ciudadanos LGTBI de la violencia y de la opresión de una ideología forastera que los odia».

Trump pidió a Singer que participase en la rueda de prensa junto a él. Singer le contó que él mantenía un perfil bajo y que iba a volver a Nueva York. Pero eso no disuadió a Trump de usar el nombre de Singer y, antes de atender preguntas, habló de su invitado a los periodistas. «Acaba de irse Paul Singer —dijo—. Como sabéis, Paul estuvo muy involucrado en el movimiento anti-Trump o, como dicen, "Nunca Trump". Se ha ido hace nada, pero nos ha trasladado su apoyo total y absoluto.»

Durante algún tiempo, Trump llamó a Paul Ryan todas las mañanas, a menudo antes de salir el sol, cuando este ni siquiera se había despertado. (Ryan tardó varias semanas en convencer a Trump de que no le llamase antes de que él hubiera terminado su sesión de ejercicio matinal.) Ryan había criticado a Trump sin tapujos durante las elecciones de 2016, pero de repente los dos hombres se vieron forzados a colaborar.[19] Trump solía actuar como si el presidente de la Cámara de Representantes fuera una fuente de información más u otro subordinado.

La prioridad de Ryan para los primeros meses de la presidencia de Trump era hacer realidad la histórica promesa de los republicanos de desmantelar la ley de seguro médico conocida como *Obamacare*. A pesar de que su partido tenía mayoría en ambas cámaras del Congreso, a Trump le costó unir a su partido alrededor de una sola opción, pues el ala derecha prefería una revocación total e inmediata de las reformas de Obama, mientras que a los moderados los preocupaba que esa estrategia pudiera causar demasiadas alteraciones.[20] Ante una votación inminente de una ley de derogación parcial, a finales de marzo Trump se fue al Capitolio para forzar a los que no estaban convencidos a seguir la línea del partido.[21] Dijo a los representantes que esa era su gran oportunidad para hacer realidad su promesa de derogar el *Obamacare* y que iban a generar un gran problema si no actuaban en consecuencia.

Trump dirigió una especial atención a los reductos de la derecha que creían que el gasto federal que se destinaba a los subsidios médicos debía reducirse más aún.[22] Muchos formaban parte del Caucus de la Libertad, una escisión de conservadores radicales que llevaba años hostigando a los dirigentes del partido. Trabajaban en sintonía con algunas de las voces más conservadoras del Senado. Trump miró al presidente del caucus, un señor de Carolina del Norte con voz suave y un marcado acento sureño que de entrada no apoyó a Trump en 2016.[23] «Mark Meadows, voy a por ti», dijo Trump. Los ojos de Meadows se abrieron de par en par. Si fue verdad aquello en lo que después insistió Meadows —que no se había tomado las palabras de Trump como una amenaza—, fue porque pocas personas, o ninguna, de las que estaban en la sala habían visto nunca a un presidente dirigiéndose de esa forma a un congresista, y menos aún de su propio partido.

Varios miembros del Caucus de la Libertad todavía estaban aprendiendo a gestionar la relación con el nuevo presidente y la seriedad con que tomarse sus palabras, y no dieron el brazo a torcer. Desde que el senador Ted Cruz se había posicionado en contra de Trump en la convención republicana del verano anterior, había trabajado para rehacer la relación entre ambos, y llamó al presidente después de haberse reunido con el Caucus de la Libertad: «No tiene usted los votos. No lo someta a votación». Eso no concordaba con lo que le decía Ryan, que tenía la intención de llevar el proyecto de ley a la Cámara sin demora. Trump decidió confiar en el presidente de la Cámara antes que en el senador.

Justo antes de la votación, Ryan retiró el proyecto de forma repentina; Cruz tenía razón.[24] Trump estaba furioso y avergonzado. Había invertido capital, recabando votos en persona, y se había quedado corto. Echó la culpa a Ryan y se arrepintió de haber cedido ante la opinión de la presidencia del Congreso sobre cómo organizar su agenda compartida. «Debería haber recortado los impuestos primero», dijo esa noche.

Trump empezó a escuchar más a la pandilla de congresistas conservadores cuya resistencia había condenado su primera gran iniciativa legislativa. Él siempre prestaba más atención a las personas que estaban a punto de darle la espalda, de ahí que todo el mundo viera su temor constante a perder sus apoyos. Meadows y otro dirigente del Caucus de la Libertad, el representante por Ohio Jim Jordan, se convirtieron en asesores clave para que Trump entendiera lo que prefería su base política común y lo que no iba a tolerar. Meadows contribuyó a arrastrar a Trump hacia una nueva cuestión: acabar con las operaciones de reasignación de género del personal militar financiadas con dinero público. Pero el general retirado James Mattis, secretario de Defensa, se oponía a ello, al igual que varios dirigentes empresariales.[25] Con la Casa Blanca y el Pentágono enfrentados por esta cuestión, Meadows y sus aliados aumentaron la presión y amenazaron con bloquear toda la financiación militar hasta que se salieran con la suya.[26] Dentro de la Casa Blanca, asesores como Bannon espolearon a Trump.

Poco después de las nueve de la mañana de un miércoles de finales de julio, mientras los ayudantes se preparaban para discutir opciones con Trump sobre cómo proceder tras meses de debates, el presidente publicó un tuit: «Tras consultarlo con mis generales y expertos militares, les informo de que el Gobierno de Estados Unidos no aceptará ni permitirá que los individuos transgénero ejerzan ninguna función en el Ejército de nuestro país». Eso iba mucho más allá[27] de lo que habían pedido Meadows y sus aliados, un cambio de política radical que cogió totalmente por sorpresa a algunos de los dirigentes del Pentágono que iban a encargarse de aplicarlo.[28]

El hecho de que Trump a menudo se dejase influir por la última persona con la que había hablado y tratase los comentarios de personas externas a la Administración como si fueran mejores y más valiosos que lo que le decía su equipo, cambió la forma en que pasaba sus largas noches y mañanas en la residencia. Por lo común, el flujo de información entre un presidente y el resto del mundo lo controla el jefe de gabinete. No obstante, Trump no siempre canalizaba sus llamadas a través de un operador de la Casa Blanca —una práctica que las hubiera registrado de tal forma que la oficina del jefe de gabinete hubiera podido rastrearlas—, sino que usaba su propio teléfono móvil o a veces el de algún asistente.

Los asistentes se dieron cuenta de que Keith Schiller, que había sido guardaespaldas del presidente y ahora era el jefe de Operaciones del Despacho Oval, era el propietario de uno de los móviles que Trump solía utilizar. Cuando los funcionarios intentaron explicarle que era probable que algún Gobierno extranjero espiase los teléfonos desprotegidos, Trump se rio y dijo que eso era imposible. En más de una ocasión en que Trump aceptó renunciar a su móvil personal, acabó haciéndose con otro aparato; los asesores creen que mandaba a una persona de su equipo que había trabajado para él antes de la presidencia a comprar un móvil a una tienda sin ninguna medida de seguridad. Una vez, Trump dejó el móvil en un carro de golf de su club de Nueva Jersey. En las notas de un importante abogado de la Casa Blanca en las que se documenta la frenética búsqueda del «móvil extraviado durante seis horas», se menciona que «no era nuestro móvil», por lo que no debía de ser un aparato aprobado por el Gobierno.

Trump aceptaba leer documentos de varias personas sin importarle que su personal o sus expertos les hubieran dado el visto bueno y mantenía el contacto con personas a las que había despedido. (Cuando posteriormente se examinó el teléfono perdido para comprobar si lo habían manipulado, un abogado de la Casa Blanca reparó en que, curiosamente, «se encontró un mensaje de Flynn. Quizás no se habría abierto nunca».) Los funcionarios que buscaban la atención del presidente intentaban entrar sin avisar en la residencia desafiando al jefe de los ujieres o a los agentes de los Servicios Secretos encargados de controlar el acceso. Las cosas que Trump oía o leía a menudo se convertían en carne de tuit, lo que a su vez podía dar pie a una futura modificación de una política o de un miembro del personal.

Las personas que querían influir en las ideas del presidente aprendieron a aprovechar esa situación, lo que hizo aumentar la presión sobre la oficina del jefe de gabinete a la hora de gestionar sus interacciones o, por lo menos, reconstruirlas para entender la forma de pensar de Trump. Como siempre, el presidente encontraba maneras de evitar a quienes intentaban controlarle. Con el tiempo, empezó a celebrar reuniones con mayor frecuencia en la residencia, incluso las relacionadas con la política electoral, y no tenía ningún reparo ético en llevar a cabo negociaciones de partido en la Casa Blanca. En una ocasión, hizo caso a un grupo de asesores y aceptó que un comité empezara a sopesar y aprobar sus publicaciones de Twitter. El proceso no prosperó. Con el paso del tiempo, el director de redes sociales Dan Scavino, quien seguía internet de cerca en nombre del presidente, imprimió una lista de tuits entre los que Trump podía elegir. Dijo de broma que algún día crearía una cuenta de Twitter con todos los tuits no publicados. Trump dedicaba una energía descomunal a mantener su presencia en esa red social: mantenía activo el perfil @realDonaldTrump, mientras que el perfil oficial de la presidencia se volvió residual. En primavera, publicó un tuit poco después de medianoche que descarrilaba a media frase: «A pesar del covfefe negativo de la prensa». Scavino les dijo a sus colaboradores que Trump sencillamente se había quedado dormido a medio tuit.

La gente utilizaba la paranoia del presidente para enfrentarlo con un jefe de gabinete que siempre estaba preocupado por su propio prestigio y con quienes trabajaban para él. Descubrieron lo fácil que era manipular la incertidumbre de Trump sobre quién podía estar perjudicándole y utilizaban a los periodistas, también a mí, como armas. Una página web de extrema derecha publicó una noticia falsa en la que se afirmaba que una subordinada de Priebus, Katie Walsh, había estado facilitándome información. Tiempo después me contaron que le dieron una copia impresa del artículo a alguien cercano a Trump, que fue quien se lo hizo llegar. Aquello tuvo el efecto que pretendían los que estaban detrás de la noticia: la combinación de la palabra *filtración* y mi nombre le sacó de quicio. El incidente inventado complicó el tiempo que le quedaba a Walsh en la Casa Blanca y también fue aprovechado por otros asesores para perjudicar a Priebus. Eso intensificó las sospechas de Trump acerca del grupo de exmiembros del Comité Nacional Republicano que habían sido incluidos con torpeza entre los fieles al presidente en la Casa Blanca.

Ese episodio fue un golpe relativamente leve para la reputación de Priebus, ya bastante baqueteada por la rivalidad interna entre Kushner y Bannon.[29] El pulso de ambos por la influencia a menudo se producía a costa del propio Priebus. Al jefe de gabinete le debilitaba el hecho de que Kushner contara en privado en repetidas ocasiones que a Priebus le abrumaba el cargo, así como el hecho de que, en la Casa Blanca de Trump, los títulos y la jerarquía tradicionales no significaban mucho; en el mejor de los casos, el jefe de gabinete no era sino otro asesor más. Trump hacía que gestionar el personal y los sistemas de la Casa Blanca fuera casi imposible. Su tendencia a complacer a los demás le llevaba a aceptar que se agendasen muchos actos, pero luego pegaba gritos a sus asistentes por haberle llenado demasiado el horario. Su aversión a las malas noticias hacía que las personas de su entorno fueran con pies de plomo o intentasen evitar contarle ciertas cosas. Los esfuerzos por que las reuniones fueran productivas solían exigir que se limitase la asistencia a un grupo reducido. Si en la sala había demasiadas personas, eso inspiraba a Trump a actuar de cara a la galería; con un grupo más reducido, aún era posible hacer el trabajo.

Cabe señalar que Priebus pagó el pato de la gestión que hizo Ryan del *Obamacare*; el jefe de gabinete debía su cargo en parte a la recomendación de Ryan, también oriundo de Wisconsin, y Trump sabía que eran amigos. Una vez Ryan retiró la votación del proyecto de ley de derogación, los republicanos de la Cámara de Representantes tardaron seis semanas en llegar a un acuerdo satisfactorio para ambas alas del partido.[30] Cuando el Senado votó a finales de julio, los dirigentes republicanos fueron incapaces de mantener la unión del partido, con la decisiva resistencia de John McCain, rival de Trump desde hacía años. McCain volvió a Washington poco después de que le quitasen un coágulo y de que le diagnosticasen un cáncer cerebral, e hizo naufragar el proyecto de ley a altas horas de la noche, haciendo un dramático gesto con el pulgar hacia abajo.[31] Priebus no duraría mucho más.[32]

Hacía meses que Trump sondeaba el terreno para encontrar a un nuevo jefe de gabinete. Antes del verano, alertó a Lewandowski y Bossie de que estaba haciendo modificaciones para justificar por qué no quería que fueran a trabajar allí.[33] Trump les dijo que estaba a punto de hacerlo estallar todo, con lo que les daba a entender que debían permanecer fuera de la Casa Blanca, como si él no pudiera protegerlos mientras trabajaban para él. Justo antes de despedir a Priebus, incluso preguntó a su jefe de gabinete si debía sustituirle el secretario de Seguridad Nacional, John Kelly, el único de los generales retirados o en activo a los que había nombrado para un cargo civil con quien aún no se había enemistado. (Trump también se había planteado nombrar para ese cargo a dos exejecutivos de Goldman Sachs que ejercían en su Casa Blanca, el asesor económico Gary Cohn y la viceconsejera de Seguridad Nacional Dina Powell.) A pesar de todo, a Trump le gustaba especular sobre esas decisiones acerca del cargo en lugar de supervisar un proceso de búsqueda o contratación coherente. Una vez, Rupert Murdoch llevó a John F. W. Rogers —un veterano de la Casa Blanca con Ford y con Reagan que más adelante fue jefe de personal de varios ejecutivos de Goldman Sachs— a reunirse con Trump porque le veía como un posible sucesor de Priebus. Trump apenas hizo preguntas a Rogers; se pasó los primeros treinta minutos intimidando a Murdoch a cuenta de la supuesta deriva hacia la izquierda de Fox News. «Se va a volver demasiado liberal cuando James asuma el mando», dijo Trump en referencia al hijo de Murdoch, que presumiblemente sucedería a su padre como presidente de la compañía matriz. «No —le interrumpió Murdoch—. Va a ser Lachlan.» Fue una de las primeras veces en que se hizo público el plan sucesorio de News Corp, una cuestión que suscitaba grandes especulaciones en los entornos mediáticos y políticos de todo el planeta. No obstante, Trump solo consiguió sonsacar esa información porque no le interesaba gestionar los asuntos vinculados a su personal.

El caos interno, causado en gran medida por el afán de los bandos de Kushner y de Bannon en destruirse mutuamente, se filtraba de forma constante ante la opinión pública. Eso enfurecía a Trump, que quería que todo pareciera estar bajo control. Tras semanas de informaciones sobre las luchas internas y la indecisión del presidente, Trump no sabía cómo contener el enfrentamiento. En tono de reproche, preguntó a su personal: «¿De dónde sale esa mierda?».

20

En el Tanque

El Centro Nacional de Comando Militar, una sala cavernosa parecida a un auditorio y conocida como el Tanque, es uno de los espacios más venerados del Pentágono, un lugar que transmite un gran sentido del deber y una razón de ser a quienes llevan el uniforme por todas partes.[1] Cuando Trump entró en esa sala el 20 de julio de 2017, sus asistentes tenían la esperanza de que el nuevo entorno le infundiría humildad y le forzaría a centrarse, algo que no solía ocurrir en las sesiones informativas que le daban en espacios cotidianos de la Casa Blanca. Todo lo que sucedía en el Despacho Oval, un entorno bullicioso en el que la gente entraba y salía libremente durante el día, corría el riesgo de convertirse en una distracción. Incluso sin el flujo de personas, Trump mostraba escaso interés en lo que él percibía como un sermón de su personal. Había cuestiones de las que llevaba décadas hablando —como el comercio y, a grandes rasgos, el hecho de que otros países estaban estafando a Estados Unidos—, o bien sobre las que había hecho campaña y le habían granjeado apoyos. Trump creía que había demostrado saber más que los demás solo por haber ganado unas elecciones que le habían dicho que iba a perder, aunque él tampoco había esperado ganarlas.

Poco antes, el presidente se había reunido en la Sala de Crisis con los generales con los que había llenado su Administración. Habían hablado sobre Afganistán y Trump había acabado frustrado, un sentimiento que arrastraba desde hacía meses. Le daba la sensación de que los generales le trataban con condescendencia, y él se burlaba de ellos por no entender «lo del dinero». Además, Trump creía que le instaban a hacer políticas que ya se habían probado y con las que él no estaba de acuerdo. «¿Por qué estoy perdiendo el tiempo?», preguntó a sus ayudantes después de la reunión.

Dos de los altos funcionarios de su Administración pensaron que había llegado la hora de emplear otra estrategia. James Mattis y Gary Cohn procedían de entornos de lo más alejados. Uno era un general de cuatro estrellas[2] del Cuerpo de Marines al que a veces se denominaba «monje guerrero»[3] por su intelectualismo discreto y decidido; el otro era un exejecutivo de Goldman Sachs que se sentía como pez en el agua en la cultura elitista de Wall Street.[4] Cuando comieron juntos para conocerse en febrero, ambos intentaron dar pistas de su nueva situación compartida, aunque con cautela. Los dos estaban al servicio de un presidente que no sabía gran cosa sobre políticas ni sobre el mundo en general, pero a quien le gustaba hablar sobre multitud de temas y publicar tuits sin reflexión previa. Desde que se conocieron en las primeras semanas del nuevo Gobierno, ya se observaban con claridad las consecuencias del estilo de gestión de Trump: el veto a la entrada de viajeros de siete países de mayoría musulmana había resultado ser un fiasco, había generado un caos en los aeropuertos y había dado lugar a manifestaciones a gran escala en todo el país, a críticas de los republicanos del Congreso y a varios procesos judiciales.

De vez en cuando, la Casa Blanca de Trump funcionaba como lo haría un Gobierno normal. En abril, cuando el presidente sirio Bashar al-Asad empleó un agente químico contra sus propios ciudadanos, las horripilantes imágenes de niños muriendo lentamente, inmóviles, llevaron a Trump a ordenar un ataque con misiles contra una de las bases aéreas del dictador sirio.[5] «Llevamos años intentando en vano cambiar la actitud de Al-Asad, fracasando estrepitosamente», dijo Trump al anunciar la operación, delante de una cortina azul y rodeado de banderas.[6] Sus asistentes se esforzaron para que todo se llevase a cabo según los protocolos estándares, entre otras cosas informando a la prensa. Esa fue una de las pocas veces desde que había accedido al cargo en las que Trump recibió una cobertura mediática ampliamente positiva.[7] Esa semana, un asesor me contó que el episodio fue lo que Trump siempre había creído que conllevaría el cargo: decisión, acción, elogio.

No obstante, esos momentos eran infrecuentes. Trump siguió desatendiendo todos los consejos. Se obsesionó con Corea del Norte y su capacidad nuclear y ordenó a su Consejo de Seguridad Nacional que elaborase un menú de opciones —desde el equivalente de la aniquilación a la conciliación total— y una serie de posibilidades intermedias. Una de las propuestas de alto nivel consistía en ponerse en contacto directamente con el aislado líder del país, Kim Jong-un, pero pasaron meses hasta que no se estudió esa opción. Mientras tanto, el deseo de Trump de acabar con la guerra en Afganistán se topó con una falta de consenso interno dentro de su gabinete sobre qué estrategia adoptar en esa área y generó críticas de los generales y los funcionarios de Seguridad Nacional que Trump había nombrado.[8] Para Trump, era importante cumplir una promesa de campaña, pero a los ayudantes les sorprendió que le inquietara el número de muertos en Afganistán; con el tiempo, terminó molestándose con cada carta que tenía que firmar cuando fallecía un soldado. No quería agregar su nombre a una guerra que le desagradaba, ni a las innecesarias muertes que ese conflicto provocaba.

Inseguro sobre cómo funcionaba su nuevo entorno, a veces Trump parecía dispuesto a tomar un rumbo que iba en contra de sus instintos. Aun así, durante la primera mitad de 2017 hubo muchas más muestras de que Trump no estaba interesado en modular sus opiniones al ser presidente. Cuando llamaba a homólogos internacionales, intentaba manipularlos recordándole a un mandatario alguna crítica que le había hecho otro dirigente; trataba de enfrentarlos de la misma forma en que lo hacía con su propio equipo. En su primer viaje al extranjero,[9] a Oriente Medio y Europa, Trump visitó Riad, la capital saudí, donde fue objeto de una pomposa recepción. El presidente se dirigió a Bannon y le dijo: «Lawrence de Arabia», el marco de referencia más accesible incluso después de haber preparado el viaje. Parecía que lo que más le importaba era participar en una comida con los dirigentes de la zona y algunos de los principales financieros de Estados Unidos en la que él era la principal atracción, así como una cena de Estado que se celebró allí. Fue durante ese viaje a Oriente Medio cuando los funcionarios se dieron cuenta de lo susceptible que era Trump a los halagos. Durante una visita a la sede de la OTAN en Bruselas, no siguió su discurso escrito que abogaba por un compromiso con el principio de la autodefensa mutua. Trump disfrutó de un viaje posterior a Francia, pero más que nada porque el punto central era un desfile de la fiesta nacional francesa, un acontecimiento suntuoso con varias exhibiciones aéreas y tanques circulando por los bulevares parisinos. A todas luces, esa visita no logró que Trump entendiera mejor la relación de Estados Unidos con su aliado más antiguo, como sí esperaba el presidente francés, Emmanuel Macron, que prodigó a Trump una bienvenida al nivel de la realeza. Más bien, Trump quedó impresionado por las figuras que formaron los aviones en el cielo, y regresó a Washington con ganas de ver un desfile militar por las calles de la capital,[10] aunque comentó a sus asistentes que no le gustaba que en esos actos hubiera veteranos heridos.[11]

Cohn creía que los problemas de Trump con la política exterior se debían a que no entendía la interconexión entre los sucesos del mundo y la importancia del orden internacional surgido tras la Segunda Guerra Mundial. En el Tanque, un gran mapa mostraba dónde Estados Unidos tenía bases militares activas. Era una ayuda visual de gran tamaño que los generales y su Gabinete podían utilizar para guiar a Trump por el mundo y enseñarle en qué lugares la presencia militar estadounidense y las preocupaciones por la seguridad nacional se solapaban con los intereses económicos, así como para hacer hincapié en la importancia de las alianzas en todos esos sitios.

Sentado y con los brazos cruzados, Trump escuchaba. El *tour* por el mundo empezó en Europa, donde durante meses había planeado la cuestión de si Trump intentaría imponer aranceles. El presidente se quejó de que Estados Unidos destinaba demasiados recursos a la OTAN. Luego llegó el turno de Oriente Medio. Trump no acababa de entender la utilidad de la base de las Fuerzas Aéreas en Arabia Saudí ni por qué había una base naval en Baréin. A los dirigentes militares, les dijo que eran demasiado precavidos al hacerse con tanto equipamiento de alto valor, aunque también exigía reiteradamente que adquiriesen más. Los generales eran «bobos» y «unos perdedores y unos críos», les dijo, y añadió que no iría a la guerra con ninguno de ellos. (En otros ambientes, Trump recalcaba que quería que fueran «más como generales alemanes», un deseo que dejaría perplejo a cualquier conocedor de la historia contemporánea de Europa.)

No obstante, lo que sacó de quicio a Trump fue el debate sobre las bases estadounidenses en Corea del Sur. «Presidente —le dijo un oficial—, las bases surcoreanas son importantes para proteger a Corea del Sur, pero también desempeñan una función estratégica de un alcance mucho mayor.» Para ilustrar ese argumento, un asesor señaló que podía recabarse

inteligencia sobre los movimientos militares en China con rapidez, en menos de seis segundos; si los estadounidenses tuvieran que controlarlo desde unas instalaciones en Alaska, la
ubicación más cercana después de Corea del Sur, tardarían
dos minutos. «Pues muy bien», intervino Trump con sarcasmo. «Me importa un bledo», dijo en respuesta a otro dato.
También insistió en que Estados Unidos había actuado en el
mundo más de lo que debía. Y zanjó diciendo: «No pasará
nada si prescindimos de esas bases».

Trump estaba de lo más furioso con casi todo el mundo.
No quería asumir costes de defensa en el extranjero. Estaba
dispuesto a imponer aranceles a varios países. Todos los esfuerzos que el grupo había destinado a intentar hacerle entender la vinculación entre seguridad nacional, seguridad militar y seguridad económica —que no eran tres pilares
independientes, sino uno solo— fueron infructuosos.

Cohn lo intentó de nuevo, esta vez planteándoselo al presidente a partir de la idea de coste-beneficio. ¿Qué estaría
dispuesto a hacer con tal de lograr la suficiente estabilidad en
el Pacífico para poder dormir bien por la noche? «Yo por la
noche duermo como un puto tronco —respondió Trump—.
¡No necesito nada en esa parte del mundo!»

Tras una reunión de noventa minutos, los asesores de
Trump le buscaron un sentido a la situación. («Es un puto
imbécil», concluyó Tillerson.) Algunos pensaban que Trump
intentaba dar una charla motivacional a los generales. Pero el
presidente demostró una vez más que sencillamente no creía
que el orden posterior a la Segunda Guerra Mundial beneficiase a Estados Unidos. Trataba a los países extranjeros como
entidades independientes con las que relacionarse principalmente mediante déficits comerciales bilaterales, un dato que
a menudo buscaba antes de reunirse con sus dirigentes. Esa
era su forma de decir cuál era «positivo» y cuál «negativo».
Quienes no conocían bien a Trump y participaron en aquella

reunión en el Tanque no tuvieron en cuenta algo que las personas que habían tenido trato con él durante años habían experimentado: cuando Trump sabía que le estaban contando algo que no entendía del todo, no lo admitía, sino que mandaba callar a quienes se lo estaban explicando.

Con Trump, incluso las labores cotidianas de la gobernanza —la asistencia para las zonas afectadas por catástrofes naturales o los aspectos del presupuesto oficial del presidente— estaban sujetas a los caprichos y los cambios de humor del mandatario, a sus ideas sobre amigos y enemigos. Tiempo después, cuando unos incendios forestales afectaron a California, Trump amenazó con retener las ayudas federales y no cedió hasta que intervino el nuevo líder de la minoría republicana en la Cámara de Representantes, el californiano Kevin McCarthy.[12] Después de que el huracán María devastase Puerto Rico, Trump fue reticente a la hora de enviar ayuda (según reveló en conversaciones con ayudantes, parte de la razón era que rechazaba aceptar la isla como parte de Estados Unidos).[13] Ese territorio le parecía una propiedad venida a menos y, cuando un asistente describió su potencial, se refirió a él como un lugar «sin ninguna esperanza». En el equipo de Trump aprendieron que, para lograr que actuase, a menudo tenían que explicarle una cuestión o un acontecimiento desde una perspectiva que pudiera percibir a nivel personal. El nuevo equipo del presidente se apuntó pequeñas victorias, alejándole de sus impulsos por ignorar procesos consolidados o por recompensar a personas que le apoyaban de formas que serían difíciles de explicar a la ciudadanía.

Cuando al Consejo Económico Nacional le llegó la información de que Trump tenía programada una reunión con un ejecutivo minero de Ohio llamado Bob Murray, un importante donante a grupos políticos trumpistas, los miembros de su equipo hicieron sonar las alarmas.[14] Los responsables de FirstEnergy Solutions, un proveedor de energía procedente del carbón, sostuvieron que la empresa se encontraba en una situación desfavorable, ya que estaban cerrando centrales de carbón debido a la dinámica del mercado. Insistiendo en que era la única forma de seguir suministrando energía a sus clientes de forma fiable, el director ejecutivo de FirstEnergy, Chuck Jones, presionó a la Administración para que invocase una disposición legal en virtud de la cual el Departamento de Energía podía forzar las centrales a permanecer abiertas. Jones alertó a los asesores de la Casa Blanca de que, en caso preciso, los ejecutivos energéticos prescindirían de ellos y se dirigirían directamente al presidente. De Murray, cuya compañía suministraba carbón a FirstEnergy, se decía que había tenido relación con el ex director de campaña de Trump Corey Lewandowski. (La relación exacta de Lewandowski con las dos empresas no estaba clara —le dijo a un periodista que no trabajaba ni para la compañía de Murray ni para FirstEnergy—, pero los asesores de la Casa Blanca creían que ayudaba a organizar reuniones entre ambas partes.)[15]

Por lo común, las atribuciones que FirstEnergy reclamaba que Trump ejerciese estaban reservadas para emergencias, y asesores independientes de la red energética de la zona aseguraron que la situación no era tan terrible como alegaba la compañía.[16] En esas circunstancias, ejercer su autoridad ejecutiva para mantener abiertas las plantas supondría un caso de rescate federal de una sola empresa. El subdirector del Consejo Económico Nacional, Jeremy Katz, alertó a sus compañeros de que la Casa Blanca no podía dar la impresión de defender esa estrategia y tenía que ser categórica respecto a los motivos de su decisión. Murray se disponía a encabezar un grupo de ejecutivos energéticos que irían a presentar sus argumentos a Trump, pero Katz y el principal asesor en materia energética, Mike Catanzaro, se adelantaron y fueron a informar al presidente.

En un pequeño comedor adyacente al Despacho Oval, le alertaron de que los ejecutivos vendrían a pedirle un rescate que en última instancia podría beneficiar a Murray, y que había tres motivos para no aceptarlo. Para empezar, le dijeron, lo que los ejecutivos del sector del carbón querían excedía la potestad legal del presidente.

«¡Hala! —los interrumpió Trump—. ¿Hace falta que oigamos el segundo o el tercer motivo —les preguntó— si ya hay uno ilegal?» Ellos le explicaron el resto de los argumentos y le dijeron que no iba a infringir el código penal, sino que iba a exceder los límites de su autoridad. Trump admitió su equivocación. «Vale, ya lo entiendo, no vamos a hacerlo», afirmó. Les dijo que le siguiesen la corriente en la reunión.

En el Despacho Oval, Trump adoptó su posición detrás del escritorio y Katz y Catanzaro se sentaron en uno de los sofás, junto con abogados y otros expertos en la política energética. Instantes después, Murray y dos personas más entraron en la sala. Murray llevaba una bombona de oxígeno conectada a un aparato que desprendía un fuerte jadeo cada pocos segundos.

—¿Qué es esa máquina? —preguntó Trump—. ¿Para qué sirve?

—Me ayuda a respirar —respondió Murray.

—¿Tienes el pulmón jodido por la mina? —preguntó Trump.

—No, señor presidente —dijo Murray, que explicó que sufría fibrosis pulmonar idiopática—. Esto me mantiene con vida.

—¿Qué pasaría si te desconectasen la máquina? —dijo Trump.

—La necesito para respirar —contestó Murray—. Probablemente no sobreviviría sin ella.

Trump levantó el puño e hizo un gesto de ánimo.

—A seguir luchando, Bob —dijo.

Luego, la conversación viró hacia los negocios. Trump siempre procuraba evitar conflictos interpersonales directos e intentó echar la culpa a otras personas. «Bob, te entiendo —dijo Trump señalando a Katz y Catanzaro—. Pero estos tipos me dicen que no puedo hacerlo. Y tengo que mirármelo mejor, porque de verdad pienso que tengo que ayudaros.»

Cuando Murray se fue, el presidente preguntó de nuevo a sus asesores por qué no podían ayudar. Ellos se negaron a cambiar de opinión. «Si lo hace, presidente —le dijeron—, le van a destrozar en una desagradable batalla judicial.» Lo que no le contaron fue que también podía ser políticamente desastroso excederse en su potestad legal para hacer un favor a un gran contribuyente de su supercomité de acción política. Trump cedió y se evitó la crisis. Más adelante, Murray afirmó que Trump había dicho que estaba de su parte y que deberían haber conseguido lo que necesitaban.[17]

Fue más o menos en esa época cuando, tras aumentar la frustración por la cobertura mediática —que el presidente nunca atribuyó a su propio comportamiento—, Trump por fin pasó a la acción y anunció que había contratado a un nuevo director de comunicaciones. Trump ya había tenido a tres titulares en el cargo. El primero, su antiguo ayudante de campaña Jason Miller, tuvo que dimitir antes incluso de la investidura, después de saberse que había mantenido una relación extramatrimonial con una trabajadora de la campaña de transición.[18] (Al inicio de la legislatura, Miller visitó la Casa Blanca y se reunió con el presidente, Pence y otros asistentes. Trump se volvió hacia el vicepresidente y le dijo que al ayudante de campaña «le gustaban las mujeres»: «¿Sabes cuando a veces te dicen que alguien es gay y ya lo sabías? Pues este tío no tiene ni un 1 por ciento de gay».)

La inesperada elección de Trump, el financiero Anthony Scaramucci, que durante mucho tiempo había sido donante y recaudador de fondos republicano, no tenía formación académica en comunicación política. Le habían ascendido al cargo Kushner e Ivanka, cuyos aliados decían que el nombramiento pretendía contribuir a expulsar a dos rivales internos —Priebus y Spicer—, que probablemente se sentirían amenazados por la llegada de Scaramucci.[19] Cuando Scaramucci se dirigía a la prensa y su intervención se veía positiva, Kushner alardeaba ante los compañeros preguntándoles de quién había sido idea. El gambito tuvo el efecto deseado, ya que Priebus leyó el comunicado de prensa en que se anunciaba la nueva contratación —sobre la que no se le había consultado— y se quejó a Trump de que Scaramucci fuera a ser un subordinado directo del presidente. «Te preocupas demasiado por cosas como esta», le respondió Trump. Pero Priebus había entendido el mensaje, y la semana siguiente le dijo a Trump que estaba dispuesto a dejar el cargo; Spicer también anunció su intención de dimitir.[20]

Al día siguiente, un viernes, Trump le preguntó a John Kelly si quería ser jefe de gabinete. Kelly le pidió tiempo para pensárselo; Trump se lo concedió y le dijo que fuera a verle la próxima semana. Priebus estaba ultimando su salida y ese día iba a hacer su último trayecto en el Air Force One. El destino de Priebus era Long Island, donde asistiría a un acto para hacer publicidad de las detenciones de miembros de la brutal pandilla MS-13, constituida décadas atrás por inmigrantes salvadoreños.[21] Sin embargo, el acto formaba parte de la demagogia habitual de Trump para presentar a los inmigrantes como un peligro. En el auditorio de un *community college* rodeado de policías, Trump dijo que había que «liberar» las ciudades de los «matones» de las pandillas criminales que las tenían secuestradas. («Chicos, ¿sabéis cuando metéis a alguien en el coche y le protegéis la cabeza con la mano?», dijo Trump a los policías mientras imitaba la forma en que se suele proteger la cabeza de un sospechoso cuando se le mete en un coche de policía. «Pues esa mano la podéis quitar, ¿vale?», añadió, y provocó carcajadas entre los agentes.) Cuando el Air Force One aterrizó de nuevo en Washington, Trump tuiteó que Kelly sería su nuevo jefe de gabinete justo cuando Priebus acababa de bajarse del avión.

Scaramucci no sobrevivió a la era Kelly; le echaron diez días después de contratarle para el cargo de director de comunicaciones.[22] La gota que colmó el vaso fue una entrevista en la que hablaba con menosprecio de sus nuevos compañeros de trabajo.[23] En una diatriba llena de improperios, amenazaba con echar a todo el equipo de comunicación. Trump solía hacer comentarios privados groseros, pero se quejó de que su ayudante había hecho eso mismo a un periodista que lo citó. Aun así, Scaramucci ya había cumplido su función: una vez que hubo contribuido a deshacerse de Priebus y Spicer, a la familia Trump y sus aliados ya no les merecía la pena luchar por él.

En el Ala Oeste estaban a punto de iniciarse unas necesarias obras de mantenimiento, que iba a forzar a los asistentes a desperdigarse porque no podrían trabajar en el edificio.[24] Mientras se llevaban a cabo las obras, Trump se trasladó a su campo de golf de Bedminster, en Nueva Jersey, donde tenía la intención de pasar la mayor parte del mes de agosto con una versión reducida del equipo de asesores de la Casa Blanca.[25] Cuando llevaba una semana allí, la atención del país se dirigió a Charlottesville, en Virginia, donde un organizador de extrema derecha que se describía como «problanco» había juntado diferentes facciones de movimientos nacionalistas y supremacistas blancos envalentonados por la llegada de Trump a la presidencia.[26] Su propósito era participar en una gran manifestación llamada Unite the Right. El viernes por la noche, los asistentes se congregaron en una marcha previa a la manifestación para defender un monumento en honor al general confederado Robert E. Lee y oponerse a la retirada de la estatua.[27] Al día siguiente, hubo enfrentamientos con manifestantes contrarios y un chico atropelló y mató a la joven activista progresista Heather Heyer.[28]

Estaba previsto que Trump hablase con la prensa poco después, con motivo de la firma de un proyecto de ley sobre el Departamento de Asuntos de los Veteranos, y sus ayudantes redactaron una declaración en la que se reconocían los acontecimientos que habían copado las portadas. «Estamos siguiendo de cerca los terribles sucesos que están produciéndose en Charlottesville, Virginia. Condenamos con la mayor rotundidad posible esa atroz muestra de odio, intolerancia y violencia desde muchos bandos, desde muchos bandos —dijo el presidente—. Llevamos un largo tiempo viendo estas cosas en nuestro país. No es algo de la época de Donald Trump ni de Barack Obama, esto se remonta a hace muchísimo tiempo. Y no tiene cabida en Estados Unidos.»

La declaración se consideró insuficiente. Esa era la opinión, por ejemplo, de varios miembros del propio ejecutivo de Trump, algunos de los cuales eran judíos. Nada más aterrizar en la Casa Blanca ese lunes, Trump fue al Salón Diplomático y leyó una nueva declaración que le había escrito su equipo. «El racismo es algo atroz, y quienes ejercen la violencia en su nombre son criminales y matones; y eso incluye al KKK, a los neonazis, a los supremacistas blancos y a otros grupos de odio que son repugnantes para todo lo que valoramos como estadounidenses», declaró. Esta vez no hubo referencia a «ambos bandos». Al terminar, sus asesores económicos entraron en el salón para celebrar una reunión ya prevista sobre la aplicación de posibles aranceles al acero. «¿Qué os ha parecido esta declaración?», les preguntó Trump. «Señor presidente, ha sido fantástica», le respondió Cohn, que es judío.

Pero Trump quería saber lo que pensaban aquellos que él creía que representaban su «base». Peter Navarro, un exacadémico que había entrado en la órbita de Trump por su posición crítica con China y que, en esa sala, era el defensor más acérrimo de los seguidores radicales del presidente, dijo que no estaba seguro de por qué lo había hecho. El secretario de Comercio, Wilbur Ross, secundó a Navarro. Trump, que ya pensaba en una segunda alocución, se quejó más adelante de que los manifestantes contrarios de Charlottesville habían intentado destruir la «historia» derribando monumentos confederados. «Eso está mal —sentenció—. Robert E. Lee fue el mejor general.» El secretario de personal, Rob Porter, sugirió que Trump hablase más sobre historia en público y que explicase que había formas de progresar sin borrar el pasado. Cuando Porter usó la palabra *legado*, a Trump se le abrieron los ojos de entusiasmo. Le gustó esa palabra. Quería intentar usarla.

Al día siguiente, los asistentes del presidente planificaron el anuncio de una orden ejecutiva que simplificaría el proceso de aprobación de los proyectos de obras públicas, el primer paso de un giro planteado desde hacía tiempo hacia la política de infraestructuras.[29] El plan era que Trump hiciera una declaración de tres minutos para hablar de la orden ejecutiva y que luego cediera la palabra a Cohn y a dos miembros del Gabinete que le habían acompañado al vestíbulo de la Torre Trump. A Trump le habían advertido de que, si aceptaba preguntas, cualquier cosa que dijera eclipsaría las noticias sobre las infraestructuras. Al ascensorista, se le dio la instrucción de mantener las puertas abiertas para que Trump pudiera volver a entrar justo después de leer la declaración. Pero, una vez leída la hoja de papel que se sacó del bolsillo, Trump miró a las cámaras y a quienes nos habíamos congregado detrás de una cuerda de terciopelo. «¿Os parece bien que hagamos un par de preguntas sobre infraestructuras?», sugirió el presidente.

Los periodistas estábamos más interesados en los hechos de Charlottesville y en las críticas a la respuesta inicial de Trump. Yo también quería preguntarle otra cosa. «Dos preguntas —dije cuando llegó mi turno—. ¿Eso fue terrorismo? Y ¿podría decirnos qué opinión le merece su jefe de estrategia, Steve Bannon?»

Durante muchas semanas, me había llegado de varias fuentes que el cargo de Bannon pendía de un hilo, sobre todo con un nuevo jefe de gabinete. A Trump le sulfuraba que le caracterizasen como un mero títere de Bannon. EL GRAN MANIPULADOR, rezó la portada de la revista *Time* de febrero de 2017, que contenía un perfil titulado ¿ES STEVE BANNON EL SEGUNDO HOMBRE MÁS PODEROSO DEL MUNDO?[30] Yo había visto esa misma sensibilidad en directo seis años antes, cuando Trump me llamó, claramente molesto por que se tuviera la percepción de que era una marioneta de Roger Stone. Yo sabía que tanto los hijos de Trump como intereses externos estaban presionando al presidente para que echara a su jefe de estrategia, cuyos rivales internos eran multitud. Entre ellos estaban Kushner e Ivanka y el asesor de política nacional Stephen Miller, que había tenido la astucia de sumarse a las críticas. Todos compartían la opinión de que Bannon «filtraba información». Otro detractor era H. R. McMaster, el general del Ejército en activo a quien Trump había nombrado para sustituir a Mike Flynn como consejero de Seguridad Nacional y a quien los aliados de Bannon habían estado socavando presuntamente durante meses. Bannon había entendido su rol como una especie de emisario entre Trump y su base de derecha radical, pero los críticos del presidente estaban centrándose en la relación después de la respuesta inicial de Trump a los acontecimientos de Charlottesville.[31] Trump defendió a Bannon, antes de hablar de la concentración del fin de semana y la protesta contraria. Al comentar las iniciativas para derribar estatuas confederadas, preguntó si George Washington o Thomas Jefferson iban a ser los siguientes. «He seguido esos eventos con mucha atención, con mucha más atención que la mayoría de vosotros —dijo—. Y en un bando había un grupo que era malo y en el otro había otro grupo que también era muy violento. Y esto nadie quiere decirlo. Pero yo voy a decirlo ahora mismo.»

El presidente dijo que «no estaba hablando de los neonazis ni de los nacionalistas blancos; porque a esos hay que condenarlos sin lugar a dudas. Pero había muchas personas en ese grupo que no eran ni neonazis ni nacionalistas blancos. [Había] algunas personas muy malas en ese grupo, pero también había personas que eran muy buenas, en ambos bandos». A medida que hablaba, iba poniéndose nervioso, interrumpía a los periodistas y agitaba las manos.

Terminada la rueda de prensa, Trump se acercó a los que estábamos detrás de la cuerda. Ya se había recuperado y de pronto volvía a estar alegre. Se había desahogado al gritarnos unos minutos antes. Charló con nosotros sobre la bodega que tenía en Charlottesville.[32] Pero al regresar al ático de Trump, al resto del equipo del presidente se le vio derrotado. Casi todos los asistentes guardaron silencio, salvo su ayudante personal John McEntee, quien levantó el puño al aire. «¡Ha estado de puta madre! —dijo—. ¡Ha sido una maravilla!»

Pero Cohn estaba hasta el moño. Se fue a jugar al golf y durante los siguientes días decidió que tenía que dimitir. Fue a Bedminster ese fin de semana con una carta de dimisión en la mano, aunque no se la entregó a Trump. Encontró al presidente en el edificio del club llenándose un plato hasta arriba de comida y le preguntó si había visto el vídeo de la marcha de Charlottesville. «Debe usted entender que en ese bando no había buena gente», dijo Cohn, en alusión al fragmento de la declaración de Trump que más le había ofendido. «No, no, no; eso no es lo que ocurrió», contestó Trump, insistiendo en que habían sacado de contexto sus palabras. Trump le dijo a Cohn que reflexionase sobre ello y que hablarían a principios de semana. Ivanka se puso en contacto con Cohn en privado para decirle que su padre no era racista y repitió lo que afirmaba él: que habían sacado sus palabras de contexto.

El lunes, Trump volvió a trabajar a la Casa Blanca y Cohn fue al Despacho Oval con su carta de dimisión. Ante la mirada de Pence y Kelly, y junto a su hija, Trump pidió a Cohn que no dejase el cargo por esa cuestión. «Tengo una importante agenda legislativa —dijo Trump, recostado en el brazo de un sofá—. Sin ti, no voy a poder aprobar la reforma fiscal.» Y luego, el martillazo: «Irte sería una traición».

Trump, que claramente no quería perder a su principal asesor económico, le dijo a Cohn que podía expresar con total libertad su desacuerdo en público y le animó a subirse al podio de la sala de prensa y a decir lo que quisiera. «Vas a hacer lo correcto», dijo Pence, poniendo un brazo en la nuca de Cohn. Cohn dijo que llevaría hasta el final la iniciativa para aprobar el proyecto de ley fiscal, que había sido su pasión durante ese año, pero que no se quedaría mucho más. «Pero debéis tener presente que luego lo dejo», dijo Cohn. Aún tenía la carta de dimisión en la mano, ni la había entregado ni se la habían aceptado. Al salir del Despacho Oval, Kelly le susurró al oído: «De estar en tu situación, yo le habría metido este puto papel por el culo».

Poco después, Trump recibió la visita de Ronald Lauder, un gran filántropo de causas judías con quien Trump había entablado amistad en sus años en Nueva York. (Los dos hombres se habían conocido por mediación de la madre de Lauder, Estée, que durante años había sido la interlocutora social de Trump.) Lauder instó a Trump a adoptar un tono distinto al comentar los hechos de Charlottesville. Di que te expresaste mal, le aconsejó. «No vayas por ahí», respondió Trump, enfadado.

John Kelly bien podría ser un producto de laboratorio, fabricado para ser el polo opuesto a Trump: un personaje austero con un marcado acento de Boston, un mechón de pelo cano y una carrera de servicio público.[33] En noviembre de 2010, un hijo de Kelly, un teniente segundo de veintinueve años, murió en combate en Afganistán, una pérdida terrible que reconcomió a su padre durante la siguiente década.[34] Años antes, Trump me había concedido una entrevista en la que había descartado a Priebus por no ser un «general condecorado del Ejército»; de Kelly, en cambio, estaba enamorado, y al principio cedió ante los esfuerzos de este de poner orden en la Casa Blanca.[35] Kelly impuso nuevas restricciones sobre quién podía entrar en el Despacho Oval y dar información al presidente, lo que, según me dijo Trump después, hizo que la Casa Blanca pasase «de ser la estación Grand Central a un piso vacío. Y a mí me gusta la Grand Central».

Donde más límites impuso Kelly fue en el libre acceso y la influencia de los que Ivanka —que había llegado en primavera y estaba desarrollando su cartera de proyectos— y su marido habían disfrutado como miembros de primer orden del personal. De entrada, los jóvenes apoyaron la elección de Kelly, sobre todo porque querían ver fuera a Priebus y creían que Kelly aceleraría la salida de Bannon. Pero, cuando se toparon con las restricciones de Kelly, cambiaron de opinión. Se convencieron a sí mismos y a sus aliados de que Kelly los estaba atacando por rencor, y es indudable que con el tiempo fue aumentando la antipatía entre ellos. Aun así, los aliados de Kelly creían que sencillamente no les gustaba que les dieran un no por respuesta, algo que el jefe de gabinete hacía una y otra vez. A menudo Trump decía a Kelly y a otros asistentes que le apetecería ver a Jared e Ivanka fuera de la Casa Blanca, aunque era difícil determinar si esa era su opinión real o si calibraba su mensaje dependiendo del público. De hecho, veía a su jefe de gabinete como una herramienta para hacer lo que él no quería hacer directamente. En reuniones con Kelly y McGahn, Trump dio instrucciones para echar a la pareja. Kelly y McGahn se opusieron y expresaron el temor de que Trump no los apoyase cuando su hija y su yerno contratacasen. En una ocasión, Trump estuvo a punto de escribir en Twitter que su hija y su yerno iban a abandonar la Casa Blanca, pero Kelly le detuvo y le dijo que antes de hacerlo tenía que hablar con ellos en persona. Trump estuvo de acuerdo, pero nunca llegó a mantener una conversación con ellos sobre ese tema.

Aunque Trump evitaba la confrontación directa, creaba un mundo en el que quienes trabajaban para él se sentían obligados a competir por la supremacía. Y sus parientes no estaban exentos de esas luchas. Tanto a su hija como a su yerno, se los había contratado a pesar de que existían claras leyes antinepotismo, y pese a la recomendación de algunos asesores de que no era sensato incorporar a miembros de la familia al Gobierno. Kushner nunca llegó a alejarse de su empresa, lo que hace cuestionar aspectos concretos de las políticas en las que estuvo involucrado.[36]

El resto de los funcionarios de Washington —tanto los congresistas como algunos miembros del Ejecutivo— veían a la pareja como una guía útil para entender la presidencia de Trump. Pero en el Ala Oeste, y en lo alto del Departamento de Estado, la opinión era más desfavorable. Kushner participó en algunos de los éxitos políticos más notables de Trump, aunque estos no interesasen especialmente al presidente (el proyecto de ley para reformar aspectos del sistema penal, lo siguió casi como si no fuera con él).[37] Pero, como ambos habían pasado su vida profesional mimados en los negocios

familiares, ni Kushner ni Ivanka tenían mucha experiencia
con situaciones y personas que no podían controlar. En consecuencia, dentro de la Casa Blanca solían mostrar una actitud de intromisión y prepotencia. Se hizo evidente que ellos
tampoco tenían una gran capacidad para persuadir a Trump
en cuestiones políticas cuando el presidente quería agradar a
su base electoral, y a menudo se centraban en intentar influir
en asuntos de personal y en cómo Trump veía a su propio
equipo; a los asistentes de mayor rango, les sorprendía que a
Kushner no le gustase que la gente desarrollase una relación
personal con el presidente. Intentaban enfrentar a Trump
con ciertos miembros del equipo llamándolos «filtradores
de información», lo cual no siempre era cierto. Algunos
comparaban a la pareja con Tom y Daisy Buchanan, la pareja de ficción de *El gran Gatsby*,[38] descritos como «personas
despreocupadas» que «destrozaban cosas y criaturas [...] y
hacían que otros subsanasen los desperfectos causados». Kelly y otros los llamaban «la pareja real» ante los compañeros
del equipo, mientras que en el Ala Este se los conocía como
«los becarios».[39]

Y, aun así, eso no importaba. Trump no confiaba en casi
nadie que no llevase el apellido Trump o estuviera casado con
alguien de la familia. A principios de 2017, cuando Ronald
Lauder, que tenía buenos lazos con el presidente palestino
Mahmud Abás, intentó proponer a Trump un plan concreto
para la creación de dos Estados a fin de resolver el conflicto
entre palestinos e israelíes, Trump pareció entusiasmado.
Trump y Lauder quedaron en debatir la idea unos meses después, pero Kushner canceló la reunión programada. «No
puede usted decirle al presidente cosas como las que le dijo
sin comunicármelo primero a mí, sobre todo cuando concier-
na a israelíes y palestinos», le comentó Kushner a Lauder.
Kushner era el responsable de esa carpeta, le contó a Lauder,
y este no podía acceder al presidente sin informarle antes a él.

Con el tiempo, Kushner e Ivanka lograron cambiar el relato sobre ellos: ya no se hablaba de si debían estar en la Casa Blanca, sino de si se los trataba «de forma justa» y si se les reconocían los esfuerzos que ellos recalcaban que merecían por su trabajo político. De hecho, era algo parecido a lo que hacía Trump para repeler las críticas considerables de las que era objeto. Ambos también terminaron inscribiéndose en el registro electoral como republicanos. Cuando se echó a Bannon de su cargo a mediados de agosto tras la cáustica guerra con Kushner e Ivanka, el yerno de Trump creyó que había recuperado su posición de poder y se recreó en la salida de su rival. «¿Quién de nosotros está más contento por que Steve Bannon ya no esté por aquí?», le dijo a Steven Law, un aliado político de Mitch McConnell, durante una reunión en el Ala Oeste. Y a otra persona que visitaba la Casa Blanca, le comentó con una sonrisa burlona: «¿Has visto que le corté las pelotas a Bannon?».

21

El gran *showman*

Desde la investidura, Trump intentó deshacer todo rastro de la presidencia de Obama. A lo largo de su primer año, ningún aspecto heredado de la legislatura de su predecesor dividió tanto a la Casa Blanca de Donald Trump —ni pareció ser un obstáculo para el propio Trump— como la gestión del programa de Obama para interrumpir las deportaciones de inmigrantes sin papeles que habían llegado a Estados Unidos en la infancia.[1] A pesar de su retórica de campaña, a Trump no se le había visto convencido de su posición al llegar al cargo, y la batalla por influenciarle había sido un factor en algunas de las luchas más tóxicas entre sus subordinados en la Administración. A la derecha de Trump, una facción encabezada por Stephen Miller le empujaba a acabar con el programa con el fin de adoptar una postura más dura contra lo que ellos llamaban políticas de «fronteras abiertas». A la izquierda del presidente, Kushner, un promotor inmobiliario que apoyaba los programas de visados de trabajo, contaba con la ayuda de una mezcla de activistas, políticos demócratas y dirigentes empresariales. Kushner subrayaba que, a las personas cuyo estatus estaba en cuestión, las habían traído al país sus padres y se habían convertido en una parte valiosa de la sociedad estadounidense.

Trump se alineó con personas de cada bando en distintas ocasiones, sin que le interesasen los detalles de una política concreta. El presidente apoyó a los dos extremos del debate dependiendo de quién estuviera hablando con él en cada momento. (Para presionar a Trump sobre esta cuestión, Pelosi contrató al director ejecutivo de Apple Tim Cook, porque sabía cómo reaccionaba el presidente ante los grandes titanes empresariales y porque hacía falta mandar a muchos refuerzos. Cuando Cook llamó a Trump para presionarle, este le aseguró que estaban de acuerdo en que el país necesitaba más inmigrantes con buena formación, pero luego no tomó ninguna medida para aumentar esa cifra.) Así pues, el *statu quo* se mantuvo vigente hasta que una coalición de fiscales generales de estados republicanos, encabezados por Texas, amenazaron con interponer una demanda si la Administración Trump no acababa con el programa de llegadas en la infancia en una fecha concreta.[2] Los que defendían que se mantuviese la política creían que Miller había sido decisivo para conseguir que los fiscales generales presentasen la demanda; un abogado del Departamento de Justicia alineado con Miller afirmó en una declaración que había estado en contacto con el equipo del fiscal general de Texas para hablar de ese asunto.[3] El fiscal general Jeff Sessions, quien compartía las opiniones de línea dura de Miller, antiguo asistente suyo, quería poner fin al programa.[4] Trump fue arrastrando su indecisión sobre este tema mientras se acercaba el plazo de la demanda con que le amenazaban. El presidente preguntó a un asistente: «¿Cómo puedo salir de este embrollo?».

En última instancia, Trump ordenó a Sessions que diera la noticia de que el programa se eliminaría de forma progresiva, insistiendo en que la Administración creía que no sobreviviría a un proceso en los tribunales.[5] En sus declaraciones públicas, Trump mostraba la incertidumbre que sentía acerca de la cuestión. En la Casa Blanca, dijo a los periodistas que tenía «una gran estima por las personas de las que estamos hablando, siento un gran amor por ellas»,[6] y luego escribió en Twitter: «¿De verdad alguien quiere expulsar a personas jóvenes buenas, formadas y competentes que tienen un trabajo, a veces incluso en el Ejército? ¡Por favor!». Tras producirse protestas a escala nacional, los dirigentes demócratas denunciaron la decisión; cuando Trump llamó a Pelosi, ella le pidió que afirmase con claridad que esas personas no debían temer ninguna deportación inmediata.[7] «Esto es lo que le he pedido al presidente y, bum, bum, bum, el tuit ha aparecido», dijo Pelosi después. En lugar de eso, Trump fijó un plazo de seis meses para la desaparición de las protecciones del programa; tiempo en que dijo que quería que el Congreso encontrase una solución legislativa permanente. Pelosi y Schumer trataron de acorralar a Trump en una cena con comida china que tuvo lugar en la Casa Blanca a mediados de septiembre, después del anuncio inicial del presidente sobre la DACA (siglas en inglés para la política de Acción Diferida para los Llegados en la Infancia), y enseguida salieron a decir a los periodistas que se había alcanzado un acuerdo que excluía la financiación de un muro fronterizo.[8] Los asistentes de Trump que se oponían a esa decisión le instaron a descartar el plan en público.

Eso planteó otra gran cuestión en el Capitolio, donde los republicanos querían conseguir una victoria legislativa de la que jactarse de cara a las elecciones de mitad de mandato de noviembre de 2018. Tras no conseguir derogar el *Obamacare*, los republicanos nunca lograron cumplir la promesa de presentar un plan propio; en cuanto a Trump, su equipo creía que claramente no entendía el funcionamiento del sistema sanitario y escuchaba opiniones enfrentadas al igual que con la inmigración. Trump aceptó respaldar una demanda que destriparía la legislación vigente en nombre del libre mercado, pero al mismo tiempo elogiaba los sistemas de salud nacionalizados. «¿Por qué no hacemos eso aquí?», preguntó al recordar una experiencia que había tenido en Escocia, donde poseía campos de golf; ante algunos asistentes, también adujo el aspecto físico de los conductores de ambulancia que había visto allí para justificar su apoyo al sistema de esa nación.

Los dirigentes del partido priorizaban una reforma fiscal, que comenzó como una iniciativa para simplificar la ley tributaria federal y terminó sirviendo más bien para reducir los tipos individuales y societarios.[9] Trump apenas participó en las cuestiones concretas —«Veinte es un número bonito»,[10] sugirió durante una negociación sobre el nuevo impuesto de sociedades—, pero estaba muy pendiente de cómo publicitarlo y recalcaba con tino que quería que su bando se refiriese a ello como una «rebaja» fiscal y no como una «reforma». Él lo describió como la mayor rebaja fiscal de la historia y presionó para que el impuesto de sociedades fuera bajo; en las negociaciones se terminó acordando un 21 por ciento para el tipo societario.[11] Trump me contó que el lío por el proyecto de ley sanitaria fue clave para la aprobación de la legislación tributaria, ya que los republicanos «estaban desesperados por lograrlo porque no podían sufrir dos grandes fracasos». (Incluso después de cuatro años en el cargo, Trump no entendía las reglas básicas del recuento de votos en el Senado, pues me recalcaba que la minoría podía bloquear cualquier ley no asistiendo a una votación. «Si los republicanos no se presentan y no votan, ya sabes cómo funciona, ¿verdad? El voto del vicepresidente no cuenta. No cuenta. Comprueba esa norma.»)

Los esfuerzos de Trump por ganarse a la parte contraria estaban encallando y no eran muy efectivos. En junio de 2017, el presidente organizó una cena para un grupo de demócratas moderados de la Cámara de Representantes que le propusieron vincular su proyecto de reforma fiscal a un paquete de inversión en infraestructuras con la promesa de que los aprobarían juntos con el acuerdo de ambos partidos. Trump saludó a sus invitados presumiendo de sus éxitos, no siempre ajustándose a la realidad; a la congresista por Florida Stephanie

Murphy, le dijo que él era popular en el distrito de la zona de Orlando de donde era ella, lugar en el que de hecho había perdido ante Hillary Clinton. La conversación apenas versó sobre legislación, ya que Trump estaba más interesado en resucitar apodos para algunos de los demócratas que podían comprometer su reelección. La «corrupta Hillary» no volvería a presentarse, dijo Trump. Preguntó por «Pocahontas», en alusión a la senadora Elizabeth Warren, cuya ascendencia nativa americana se había vuelto motivo recurrente de burla en los medios conservadores. «¿Ese se va a presentar en silla de ruedas?», dijo Trump en referencia a Bernie Sanders, el senador por Vermont que apenas tiene cinco años más que él, e hizo unos gestos con las manos como si se moviera en silla de ruedas. Trump se mostró especialmente interesado en ganarse al congresista de Nueva Jersey Josh Gottheimer, que estaba sentado a su lado. Durante la cena, se oyó a Trump burlarse de Gottheimer señalando que, si el congresista salía derrotado en las urnas, él perdería su título, mientras que «yo lo voy a conservar de por vida». En los postres, Trump se aseguró de que a él le pusieran una cucharada más de helado que al resto de sus invitados.

El acercamiento a su propio partido fue más tradicional. Varios legisladores republicanos habían forjado una relación propia con Trump, pero los asesores de los dirigentes del partido en el Congreso y los del presidente estaban intentando tejer unos intereses comunes. Varios meses después de la cena con los demócratas, Trump invitó a los líderes republicanos en el Congreso a visitarle durante el fin de semana en Camp David; Trump nunca le cogió cariño a esa residencia de vacaciones en las colinas de Maryland —su naturaleza rústica le gustaba menos que sus propiedades—, pero sus asistentes lo vieron como una oportunidad para reunirse con algunos republicanos en un escenario menos formal e intentar fijar la agenda legislativa.[12] Tras una jornada de reuniones, Trump propuso que se proyectara una película. De los cinco filmes disponibles, el presidente eligió *El gran showman*, sobre P. T. Barnum, el empresario circense que constantemente deseaba acaparar más atención y respetabilidad. Al terminar la película, un Trump eufórico se levantó y dijo a sus invitados: «Magnífica, ¿verdad?».

En la Casa Blanca, Trump seguía consumiendo medios de comunicación casi de la misma forma en que lo había hecho como ciudadano de a pie: horas y más horas de televisión, sobre todo de noticias por cable;[13] varios periódicos, entre ellos el *New York Post* —el tabloide en el que había sido un personaje habitual durante años—,[14] y un flujo constante de vídeos. Y seguía respondiendo a parte de la cobertura del mismo modo en que solía hacerlo, expresando su aprobación o desaprobación en las redes sociales y en notas garabateadas con rotulador, algunas de las cuales terminaban llegando al periodista.[15]

Sin embargo, ahora también disponía de otro canal directo para hacer comentarios sobre el medio de comunicación fundamental para la política republicana contemporánea. Años atrás, cuando había interactuado con Trump en Nueva York, Rupert Murdoch había pensado que el promotor era un bobo. Pero el magnate de los medios también soñaba desde hacía tiempo con estar cerca de un presidente de Estados Unidos; ahora, él y Trump hablaban tres o cuatro veces por semana.[16] Murdoch estaba contento de contar con la atención del presidente y Trump creía que eso le daba derecho a tener la atención de Murdoch en cualquier circunstancia. En una ocasión, Trump se quejó a Murdoch de que Fox News no le estaba ayudando lo suficiente. «Necesitamos todo vuestro apoyo», dijo Trump. Murdoch respondió: «No trabajamos para ti». A pesar de todo, Fox News acogía a una gran cantidad de presentadores pro-Trump, entre ellos, asesores informales como Sean Hannity y viejos amigos como Jeanine Pirro.[17] El *show* constante de Trump era atractivo para sus espectadores, y la Fox lo cubría de esa forma.

A medida que avanzaba la presidencia, Trump tenía cada vez más ganas de ser aclamado por los fans. Al cruzar desde la tierra firme de Florida hasta la estrecha franja de tierra donde está situado Mar-a-Lago, a Trump le emocionaba ver personas en fila sobre el puente vitoreando a su comitiva, y ordenaba a sus perplejos asistentes que invitasen a algunas de esas personas a entrar en su club.[18] Los trabajadores de la Casa Blanca no lo interpretaban como una manera de divertir a los fans, sino como una forma de aprovecharse de ellos a fin de montar un espectáculo para los miembros del club.

Las personas que visitaban la Casa Blanca se quedaban asombradas por el hecho de que Trump recordase mejor a quién y qué había visto en televisión que aspectos concretos de sus políticas, y que le interesase mucho más chismorrear, a veces con personas a las que apenas conocía. Seguía interesándole en especial quién le representaba y qué aspecto tenía esa gente. Se quejó a sus asistentes de que no le gustaba el aspecto que tenía en televisión su embajadora en la ONU,[19] la exgobernadora de Carolina del Sur Nikki Haley, a quien nombró para el cargo a fin de que un aliado político pudiera ocupar su lugar.[20] «¿No podemos cuidar la iluminación o maquillarla mejor?», preguntó Trump. La mujer que sustituyó temporalmente a Kelly en el Departamento de Seguridad Nacional, Elaine Duke, parecía «un ama de casa»: «¿Alguien puede decirle que tiene que vestir mejor?». El director de los Servicios Secretos se parecía a Dumbo porque tenía las orejas demasiado grandes.

Trump hacía comentarios sobre la apariencia de todo el mundo, pero pocas personas eran tan perfectas como su hija mayor. Aun así, el personal de la Casa Blanca terminó encontrando un parecido entre Ivanka y Donald Trump en lo que atañía a su estrategia con los medios de comunicación. Ambos eran muy sensibles ante cualquier percepción de desdén y trataban de controlar lo que se decía sobre ellos. Al principio, Ivanka se mostró reticente a trabajar en cuestiones gubernamentales y se sintió abrumada por la lluvia de titulares negativos que recibió en los primeros meses. No obstante, el personal vio que competía por la cobertura mediática con la primera dama; cuando Melania anunció un viaje a África, los asistentes de Ivanka comunicaron a los de Melania que ella también pensaba ir de viaje a ese continente (una decisión aprobada por el Ala Oeste), aunque todavía no lo había anunciado.[21] A veces competía incluso con su marido, ya que le elogiaba y, al mismo tiempo, intentaba generar titulares cuando él acaparaba los focos.

Tanto Ivanka como Kushner iban interviniendo en distintos ámbitos políticos. En el caso de ella, insistían sus aliados, simplemente respondía a las peticiones de ayuda. Mientras su marido trabajaba en un proyecto de ley de reforma de la justicia penal y en la modificación del acuerdo comercial NAFTA, ella se involucró en la propuesta fiscal.[22] Ivanka colaboró con legisladores republicanos que abogaban por incluir en el paquete una bonificación fiscal para los tributantes con descendencia[23] —a algunos políticos, los deslumbró su presencia— y viajó por el país para promover el proyecto. A finales de 2017, Trump indicó a los funcionarios de la Casa Blanca que creía que Kushner seguía una agenda propia. Dentro del Ala Oeste, algunas personas dejaron de tratar por inercia a la pareja conocida como «Javanka» —una denominación promovida por Bannon— como una unidad de iguales. Sus compañeros de trabajo creían que el poder de Kushner emanaba claramente de su esposa.

La *Tax Cuts and Jobs Act* («Ley de Trabajo y Rebaja Fiscal») terminó aprobándose en ambas cámaras.[24] En esa votación, los republicanos mostraron una unidad que nunca habían logrado en los proyectos de ley sanitaria. (La oposición republicana procedió sobre todo de los representantes de California, Nueva Jersey y Nueva York, molestos por que se eliminara una deducción para los impuestos estatales y municipales.)[25] Trump firmó la ley el 22 de diciembre, en una apresurada ceremonia que tuvo lugar justo antes de que se marchase a pasar la Navidad en Mar-a-Lago. El presidente declaró que su próximo gran avance legislativo podría incluir a los dos partidos: «Las infraestructuras son lo más sencillo de todo —afirmó—. La gente lo quiere, tanto republicanos como demócratas».

La cuestión más urgente en el Capitolio tenía que ver con la inmigración, sobre todo después de que los favorables a la inmigración presentasen una demanda para alegar que la Administración había reducido el programa de llegadas en la infancia de una forma «arbitraria y caprichosa».[26] Como Trump había fijado un plazo de seis meses antes de tomar medidas, los legisladores republicanos y demócratas estaban obligados a negociar con el presidente alguna especie de acuerdo migratorio más general, posiblemente un pacto en el que Trump consiguiese la financiación para el muro que quería construir a lo largo de la frontera sur.[27] Más adelante, el equipo de Paul Ryan intentó explicar a Kushner lo intratables que habían sido esas negociaciones en anteriores ocasiones. «Vuestra historia no supone un obstáculo», respondió Kushner, resumiendo una opinión persistente sobre todo lo que precedía a la presidencia de Trump. El personal de la Casa Blanca se quedó perplejo y sin saber qué decir.

A algunos de los negociadores, les costaba llevar un registro de los cambios de opinión de Trump: por un lado, sentía simpatía por los jóvenes llegados al país cuando eran unos críos inocentes y, por el otro, lanzaba duras críticas a algunos de los lugares de donde estos provenían. «¿Por qué nos llegan aquí todas esas personas de países de mierda?», espetó —según algunos presentes— en una reunión con congresistas en la Casa Blanca; en concreto, señalaba a los inmigrantes haitianos, salvadoreños y africanos entre aquellos que no quería que entrasen en el país.[28] Dos senadores republicanos que asistieron, Tom Cotton, de Arkansas, y David Perdue, de Georgia, que se habían convertido en aliados cercanos al presidente, dijeron que Trump había empleado la palabra «cagadero» para referirse a países con sistemas de evacuación deficientes.[29] Cotton insistió en que Trump quería aplicar sí o sí la legislación sobre inmigración, y le traía sin cuidado de qué país procedieran los inmigrantes. Fuesen cuales fuesen las palabras empleadas, para muchos el incidente corroboró la opinión que tenía Trump de los países en vías de desarrollo.

Ese bloqueo en la cuestión migratoria hizo que el Congreso no pudiera acordar un proyecto de ley de financiación. Durante tres días, el Gobierno no estuvo operativo, lo que provocó despidos de funcionarios y personal militar.[30] Fue una crisis innecesaria provocada por el propio Trump, que había propuesto un plazo para acabar con el programa de llegadas en la infancia porque no había querido tomar la decisión él mismo de inmediato.

Cuando Trump completó su primer año en el cargo, la opinión pública se dio cuenta de lo que muchos ya habían sospechado en su entorno: Bannon estaba narrando la historia de su presidencia de una forma más visible y fructífera que casi todos los demás. Hacía tiempo que los funcionarios de su Administración creían —fundada o infundadamente— que Bannon estaba detrás de las noticias desfavorables sobre sus rivales internos, en especial cuando esas noticias aparecían en medios de comunicación conservadores.[31] Pero mucho después de que hubiera abandonado la Casa Blanca, se hizo patente que Bannon había menoscabado al propio Trump. Un productor del programa de CBS News *60 Minutes*, Ira Rosen, desveló que, estando en la Casa Blanca, Bannon le había dicho que le preocupaba que el presidente sufriera algún tipo de demencia, y en privado había sugerido la idea de invocar el mecanismo de la Vigesimoquinta Enmienda para apartarlo porque era «incapaz de dar cumplimiento a las atribuciones y obligaciones de su cargo».[32] (Otros funcionarios de la Administración también sopesaron alguna vez invocar la Vigesimoquinta Enmienda; entre ellos, el vicefiscal general Rod Rosenstein y un miembro del Estado Mayor Conjunto. No obstante, normalmente fue más una herramienta para sobrellevar el comportamiento de Trump que una propuesta constitucional seria.) Al dejar la Casa Blanca, Bannon estaba que se subía por las paredes. Según les contó a algunas personas, se negaba a responder las llamadas de Trump: «Estoy harto de ser la niñera de un señor de setenta y un años».[33]

En enero de 2018, el escritor Michael Wolff publicó *Fuego y furia*, el primer relato en forma de libro de las entrañas de la presidencia de Trump.[34] La obra describía una atmósfera caótica en la que todo el mundo estaba en perpetuo conflicto y la gente se preguntaba por la estabilidad del presidente. Intentando ganarse el favor de los funcionarios de Trump, Wolff había criticado públicamente la cobertura mediática que hacían del mandatario los periodistas que seguían la Casa Blanca. Durante una sesión con Kellyanne Conway, incluso me había señalado a mí por presentar a un «presidente aberrante»: «Conozco la opinión del presidente sobre Maggie Haberman; pero ¿por qué sigue hablando con ella?», preguntó Wolff.[35] Conway le reprendió: «En eso discrepo. Eso no es cierto», dijo con respecto al comentario del periodista sobre las opiniones de Trump. En definitiva, el libro de Wolff confirmó buena parte de lo que yo había escrito sobre la Casa Blanca y, en una entrevista poco después de publicarse el libro, su autor declaró: «Este es un presidente aberrante, su presidencia es aberrante».[36]

Durante el mandato de Trump, aparecieron otros libros que prometían sacar a la luz la verdad sobre el presidente y que le impulsaron a tomar represalias. Otro llegó de la mano de Omarosa Manigault Newman, que había sido miembro del elenco del programa *The Apprentice* y que terminó trabajando en la oficina de relaciones públicas. Cuando Trump la tildó de deshonesta, Newman publicó unos audios secretos que había grabado en la Casa Blanca. Mary Trump, la hija de Freddie, el hermano ya fallecido del presidente, puso al descubierto la disfunción interna de la familia Trump publicando unas grabaciones hechas en secreto en las que Maryanne Trump hablaba con menosprecio de su hermano. La campaña de Trump demandó a Newman (y perdió, por lo que tuvo que pagar 1,3 millones de dólares en costas judiciales) y a la sobrina de Trump por sus libros. Pero grabar a Trump a hurtadillas —y que otras personas se grabasen unas a otras— para tener pruebas de que se habían producido determinadas conversaciones se volvió una práctica recurrente entre las personas de la extensa órbita del presidente.

Sin embargo, el libro de Wolff fue el primero en llegar. El relato daba una visión exhaustiva a través de los ojos de Bannon, que aparecía citado en múltiples ocasiones para describir los líos en los que se había metido Trump y lo ajenos que eran a su base política los miembros de su familia convertidos en personal de la Casa Blanca. Pero lo más significativo era que el antiguo jefe de estrategia de Trump parecía validar la idea de que la investigación del fiscal especial que estaba llevándose a cabo como trasfondo de la presidencia no era una «caza de brujas» infundada, exagerada por unos medios injustos, como Trump solía denunciar.[37] En verdad, la reunión que el hijo y el yerno de Trump habían mantenido durante la campaña con un abogado ruso[38] que les prometía «trapos sucios» sobre Clinton era «traicionera» y «antipatriota», decía Bannon en el libro de Wolff.[39] El exestratega pronosticaba que los miembros del Congreso iban a «cascar a Don jr. como un huevo en la televisión nacional». (Esas declaraciones públicas nunca tuvieron lugar. Don jr. se pasó horas delante de las comisiones tanto de la Cámara de Representantes como del Senado y ninguna emprendió acciones legales.) Bannon se hacía eco de una opinión compartida por algunos de los asesores más destacados del presidente, quienes pensaban que el hijo mayor de Trump había sido imprudente al mantener esa reunión, pero aparte de Bannon —ya alejado del entorno de Trump— nadie lo dijo en público. Él contó a Wolff que sabía hacia dónde se encaminaba la investigación del fiscal especial: «Esto está todo vinculado con el blanqueo de capitales».[40]

22

Dar la vida

Donald Trump dedicó la tarde del martes 30 de enero a prepararse para el discurso del Estado de la Unión de esa noche, el primero de su mandato. Tras un año en el cargo, Trump podía presumir de varios logros notables; algunas empresas habían respondido a la rebaja fiscal que había entrado en vigor a principios de año ampliando las bonificaciones en efectivo y la cesión de acciones a los trabajadores.[1] Trump tenía varias ideas de las que hablar de cara al año que empezaba: una vez más, estaba centrado en un paquete de inversión en infraestructuras, posiblemente acordado con los demócratas, y en la ansiada construcción de su muro en la frontera sur. También quería seguir nombrando a jueces conservadores a un ritmo de récord para los tribunales de apelación federales.[2] El proceso de designación corría a cargo de McGahn y McConnell, pero consolidaba el prestigio de Trump ante los conservadores.

Esa noche reunía casi todo lo que le atraía a Trump de la presidencia: una aparición televisiva en horario de máxima audiencia ante un número de espectadores que, una vez superada la investidura, seguramente no se volvería a dar hasta la reelección. Todo estaría revestido de gran pompa y boato y él sería el centro de atención. Pero antes del discurso, cuando se retiró al piso de arriba, a su residencia, la cabeza la tenía en otra parte.

Trump seguía obsesionado con la idea de destituir a su fiscal general, Jeff Sessions, porque meses antes había decidido excluirse de la investigación sobre Rusia por conflictos de interés. Aun así, Sessions, que había renunciado a un escaño seguro en el Senado para asumir ese cargo, se negó a ceder, a pesar de los insultos de Trump en público y en privado.[3] (Cuando los funcionarios querían esquivar una diatriba de las que les dirigía Trump, solían mencionar al Departamento de Justicia; Trump vociferaba que debería reconocérsele el mérito de haber nombrado «al primer fiscal general con retraso mental» de la historia.) Trump estaba barajando a dos miembros de su Gabinete como sustitutos: el secretario de Trabajo Alex Acosta y el administrador de la Agencia de Protección Medioambiental Scott Pruitt. En las horas previas a su discurso en el Congreso, Trump se escondió y habló con Pruitt. Los funcionarios de la Administración creían que Pruitt llevaba semanas haciendo campaña en privado para conseguir el puesto.

Mientras se preparaba para salir hacia el Capitolio, Trump vio a su secretario de personal, Rob Porter, en medio de un grupo de funcionarios que esperaban a los pies de las escaleras para iniciar el corto trayecto en comitiva hasta el Capitolio. «¿Por qué cojones no has hablado con Scott? —le preguntó Trump—. Creía que habías dicho que ibas a hacerlo. Acabo de hablar con él por teléfono y me ha dicho que no habéis hablado.»

Poco más de ocho meses después del inicio de la investigación del fiscal especial, mientras los abogados del presidente expresaban su escepticismo en público y en privado de que la investigación afectase a Trump, él dejaba que aquello marcase su presidencia. Cuando se designó a Robert Mueller para que investigase la injerencia de Rusia en las elecciones de 2016 y la posible conspiración con la campaña, el presidente creyó que podría tratar a Mueller como había tratado a los fiscales que se había encontrado a lo largo de varias décadas en el sector privado. Poco después del nombramiento, había dicho a su equipo jurídico que quería ir a hablar con él en persona lo antes posible, una idea que su equipo quiso evitar al instante.[4] El equipo de Trump creía que la designación de Mueller suponía un aumento innecesario de la presión por parte del Departamento de Justicia, pero reconocían que tenían que elaborar una estrategia para abordar la investigación. Y optaron por colaborar.[5] Trump indicó a McGahn, al que el equipo de Mueller quería como testigo, que debía hablar con ellos. No obstante, los otros abogados contratados por la Casa Blanca como representantes oficiales para interactuar con Mueller no pusieron ninguna restricción a las preguntas que se le podían hacer a McGahn. Durante treinta horas de declaración voluntaria, McGahn desveló los esfuerzos constantes del presidente por controlar la investigación: entre otras cosas, que le había exigido que dijera a los funcionarios del Departamento de Justicia que echasen a Mueller, o que había hecho determinados comentarios sobre Comey durante su despido.[6] Algunas partes de la investigación de Mueller estuvieron marcadas por la precaución, pero lo que fue extraordinario fue su decisión de convertir al abogado de la Casa Blanca en un testigo central que prestó declaración en tiempo real. Cuando mi compañero Michael Schmidt y yo informamos de las horas que Mueller se había pasado hablando con McGahn, Trump se quedó asombrado.[7] También se inquietó. McGahn había tomado muchas notas, una práctica que Trump le reprochaba, como había hecho con otros asistentes suyos a lo largo de los años, aunque a veces lo había hecho a petición del presidente. Cuando Trump le preguntaba por qué anotaba cosas, McGahn respondía que lo hacía porque era un «abogado de verdad».

El resto del equipo también había ido cansándose de las investigaciones. Alteraban mucho el normal funcionamiento de la presidencia, pues había que dedicar horas no solo a los investigadores de Mueller, sino también a las comisiones del Congreso. Todo ello los distraía de sus cargos, hacía perder cientos de miles de dólares en costas judiciales y generaba una incesante retahíla de noticias que eclipsaban el trabajo que ellos intentaban hacer.

A pesar de los momentos oscuros de la investigación —como cuando Flynn se declaró culpable de la acusación de mentir al FBI y se retiró de un acuerdo de defensa conjunta con el equipo de Trump—, hubo otros momentos que alentaron a los asesores del presidente.[8] Por ejemplo, los republicanos aprovecharon la revelación de otoño de 2017 de que tanto el bufete del principal abogado de la campaña de Clinton como el Comité Nacional Demócrata habían ayudado a financiar la investigación que dio lugar al dosier sobre Trump y Rusia.[9] El partido conservador dijo que eso probaba que toda la investigación era una trama urdida por los demócratas. La campaña demócrata, decían a menudo los funcionarios de Trump, había sido inepta y desorganizada hasta el punto de conspirar con un Gobierno extranjero.

Trump quería frenar la investigación, pero toda esperanza que tenía de hacerlo requería la ayuda de los máximos responsables del Departamento de Justicia. Sessions se negaba a claudicar.[10] Trump ya había invocado el fantasma de ordenar a algunos ayudantes que se involucrasen en otros asuntos del Departamento de Justicia, y en el Despacho Oval se había desahogado con sus asesores quejándose por la fusión de Time Warner y AT&T.[11] La principal preocupación de Trump parecía ser que la fusión beneficiase a la CNN. Sentado en el pequeño comedor adyacente al Despacho Oval, Trump le cantó las cuarenta a Gary Cohn, que como presidente del Consejo Económico Nacional no tenía autoridad alguna para litigar en nombre del Gobierno. «¡Hace tiempo que le digo a Cohn que presente esa demanda y no ha hecho nada! Se lo he mencionado cincuenta veces. Y no ha pasado nada», dijo Trump a su jefe de gabinete, John Kelly. «Quiero asegurarme de que se presenta. ¡Quiero bloquear esa fusión!» Cuando Trump intentó alcanzarle a Kelly una hoja de papel, Cohn le dijo que no lo tocase y que no hiciera la llamada que Trump quería.[12]

Ahora Trump había despedido a dos altos funcionarios del departamento: el director del FBI[13] y, a principios de marzo de 2017, el fiscal federal de Manhattan Preet Bharara, una decisión de la que el abogado personal del presidente, Marc Kasowitz, se atribuía el mérito de haber propiciado sugiriendo que Trump echase a decenas de fiscales.[14] Al ver los meses que duraron las repercusiones negativas tras la destitución de Comey, Trump prefería posponer el despido de Sessions. Sin embargo, intentó mandar a otras personas para que animasen al fiscal a dejar el cargo. La jugada fue infructuosa.

Había en marcha diversas investigaciones paralelas sobre las relaciones de campaña de Trump: la del fiscal especial, la de la Cámara de Representantes y la del Senado; y el presidente empezó a darse cuenta de los límites de sus poderes y sintió que le estaban poniendo palos en las ruedas.[15]

Cuando se amplió la investigación de Mueller, que ya no solo analizaría la injerencia rusa en las elecciones sino una potencial obstrucción posterior de la justicia, Trump se esforzó por encontrar abogados especializados en casos de guante blanco dispuestos a aceptar a un cliente con la mala reputación de no dejarse aconsejar y de negarse a pagar las facturas.[16] Marc Kasowitz siguió representándole, pero pocos más quisieron hacerlo.[17] Los abogados de Trump querían establecer un modelo parecido al que utilizó la Casa Blanca de Bill Clinton en 1998, separando la respuesta al proceso de destitución de las labores oficiales de la presidencia; pero Trump no tenía interés en proceder de esa forma. Los fieles a Trump atacaron enseguida al portavoz contratado para la respuesta judicial.

En junio de 2017, Trump contrató a un veterano abogado de Washington, John Dowd.[18] En su reunión inicial, contaron unos asesores, Down le dijo al presidente que podía resolverse muy deprisa la investigación de Mueller. Los otros abogados sabían que eso no era posible; se dice que uno de ellos, Michael Bowe, que había dado la bienvenida a Dowd a la Casa Blanca, se enfadó de lo lindo al oír aquella afirmación, pues sabía que no era realista. Dowd negó haber dicho tal cosa, pero otras personas aseguraron que no había tenido ningún reparo en dar noticias que su potencial cliente claramente quería escuchar.

A medida que aumentaba su frustración por sus limitaciones, Trump sí descubrió un poder que no requería la autorización de nadie más y que era inmune a las resistencias judiciales o legislativas. Concedió su primer indulto presidencial a Joseph Arpaio, el *exsheriff* nativista del condado de Maricopa, en Arizona, cuyas redadas en busca de inmigrantes indocumentados lo hicieron famoso a escala nacional por su enérgica aplicación de las leyes de inmigración.[19] Tras infringir una orden judicial que le conminaba a dejar de detener latinos de forma arbitraria, Arpaio fue acusado de desacato a un tribunal, un delito menor. Ya en sus primeros días en el cargo, Trump empezó a plantearse el indulto de Arpaio. Un día hizo pasar a Porter al comedor, donde también acudieron Pence y abogados del Departamento de Justicia y de la oficina jurídica de la Casa Blanca. «Quiero indultar al *sheriff* Arpaio. ¿Cómo lo veis?», preguntó Trump. Porter le dijo que le preocupaba que quisiera utilizar esa potestad para algo que se vería como una decisión política, pero es que, además, existía un problema más gordo: el momento no era el oportuno. El tribunal que había declarado culpable a Arpaio aún no había confirmado la sentencia, señaló Porter. «Ah, vale. Pues nada», dijo Trump.

Los asesores de Trump ya conocían esa expresión y sabían que era una forma de aplazar una decisión. Parecía que Trump estaba de acuerdo en que no se tomase una medida polémica, pero el «Ah, vale» solía indicar que solo lo estaba aparcando de momento. Con Arpaio, eso es justo lo que sucedió. Con una firmita, el 25 de agosto de 2017 indultó a Arpaio antes de que se confirmase su sentencia por el delito que fuera.

La suya no sería la última medida de gracia concedida ese año. La condena del padre de Kushner había suscitado en Trump un interés personal por reformar las cárceles federales y las normas sobre las sentencias.[20] Su iniciativa chocaba bastante con la opinión poco empática que Trump tenía de quienes estaban en el lado equivocado de «la ley y el orden» que él valoraba. (A veces elogiaba[21] al presidente filipino, Rodrigo Duterte, por sus medidas violentas contra los traficantes de drogas y los adictos, que habían provocado miles de muertos.)[22] Pero, cuando llegó el turno de Sholom Rubashkin, el ex director ejecutivo de una importante planta de procesado de carne *kosher* que estaba cumpliendo sentencia por un caso de fraude después de que una redada en su fábrica condujera a la detención de cientos de inmigrantes sin papeles —y cuya desfavorable situación se había vuelto una causa para toda la comunidad judía ortodoxa a la que pertenecían Rubashkin y Kushner—, Kushner acudió directamente a su suegro para ejercer presión a favor de la liberación de ese hombre.[23] El asesor no consultó al abogado del Departamento de Justicia experto en indultos, cuyas recomendaciones han servido de orientación a la Casa Blanca para tomar decisiones en este ámbito. Kushner pensó que Porter era uno de los que estaban ralentizando el proceso. A finales de diciembre, Trump le complació.

Trump nunca aceptó del todo que el Congreso fuera un poder público independiente y equivalente al Ejecutivo. Él vivió como una revelación la capacidad de impartir «justicia» caso por caso. A finales de año, sus abogados ya debatían la posibilidad de conceder indultos a personas implicadas en la investigación sobre Rusia.[24]

En enero de 2018, *The Wall Street Journal* informó de que en octubre de 2016, semanas antes de la jornada electoral, Michael Cohen, el intermediario con residencia en Nueva York que había dejado la Trump Organization pero había mantenido sus vinculaciones financieras con ella, había hecho un pago a una actriz porno llamada Stephanie Clifford.[25] La organización por la integridad política Common Cause había presentado una reclamación a la Comisión Electoral Federal sobre esa cuestión alegando que debía considerarse una contribución ilegal a la campaña de Trump.

Como se acercaba el plazo para responder a la reclamación de la comisión, en febrero Cohen hizo unas declaraciones en las que me dijo que él había hecho personalmente el pago a Clifford. Me dijo que ni la Trump Organization ni la campaña tuvieron nada que ver, pero no respondió a la cuestión de si el propio Trump había estado implicado. En abril, el FBI registró el despacho de Cohen, su piso en el edificio Trump Park Avenue y la habitación de hotel en la que se hospedaba de forma temporal en busca de pruebas.[26] Trump llamó a Cohen después del registro.[27] «Sé fuerte», le dijo el presidente.

La investigación sobre Cohen la llevó a cabo la oficina del fiscal federal del distrito sur de Nueva York, donde trabajaba como fiscal Geoffrey Berman, un jurista y antiguo voluntario de la campaña de Trump. La investigación había nacido como una ramificación de las indagaciones de Mueller y se mantuvo en secreto hasta el registro. En última instancia, el grueso de la investigación de Nueva York concernió a las finanzas personales de Cohen, que en un determinado momento se emplearon para amenazar con la imputación de su esposa y al final se utilizaron para imputar a Cohen. No obstante, había una pequeña parte de las supuestas irregularidades que podían estar vinculadas con Trump: el pago de 130.000 dólares a Clifford, de nombre artístico Stormy Daniels, sacado a la luz por *The Wall Street Journal*.[28] Clifford había declarado que había mantenido una relación sexual con Trump a comienzos de 2006, poco después de que naciera su hijo menor.

El abogado Michael Bowe era una de las personas conscientes de que la investigación de Nueva York podía representar una verdadera amenaza para Trump —por el contrario, el equipo del presidente no creía que las indagaciones del fiscal especial fueran a llegar a ninguna parte— porque todos los negocios de la Trump Organization estaban dentro de su jurisdicción de la ciudad.[29] Los fiscales federales, alertó Bowe, podían coger cualquier gran entidad radicada en Nueva York y «abrir su cremallera» para buscar algo incriminatorio.

Poco más de una semana después del registro, otros periodistas y yo elaboramos una noticia sobre algo que se había vuelto de lo más evidente para el entorno de Trump.[30] A pesar de afirmar en una ocasión que «daría la vida» por su jefe, Cohen podría tener motivos para colaborar con la fiscalía si se veía forzado a elegir entre defender a Trump y protegerse a sí mismo para evitar la cárcel. «Donald le trata como una mierda y no se corta ni un pelo», me contó el asesor de mayor antigüedad de Trump, Roger Stone, que había trabajado con ambos.

La mañana posterior a su publicación, lo primero que leí al despertarme fue un mensaje de mi compañero de *The New York Times* Michael Schmidt. No te preocupes por los tuits, me decía. Yo fui directamente al perfil de Trump y encontré tres publicaciones sobre la noticia. Había puesto tres nombres en los tuits, pero yo era la única persona a la que atacaba.

Como de costumbre, me acusaba de defender a Hillary Clinton y lanzaba una extraña advertencia sobre su contacto conmigo. «La periodista de tres al cuarto Maggie Haberman, que trabaja para *The New York Times*, conocida lacaya de la corrupta H, con quien no hablo y con quien no tengo nada que ver», así me identificaba. Cohen, añadía Trump en otra publicación, nunca le delataría. Los investigadores de Mueller tomaron nota de esos tuits. Los mensajes podían interpretarse como una forma de presionar a un potencial testigo contra él y como obstrucción a la justicia.

Aun así, Trump decidió que había llegado la hora de seguir sus instintos. Hasta entonces, casi siempre había hecho caso a los abogados y asistentes que le habían instado a no atacar a Mueller en Twitter. Pero Cohen había sido uno de sus abogados personales, y las acciones del FBI alarmaban a los asesores jurídicos de Trump. El presidente había echado a John Dowd,[31] el letrado que meses antes le había asegurado que la investigación de Mueller se cerraría pronto y que había dejado a Kasowitz en un segundo plano.[32] Así pues, solo le quedaba uno de sus representantes para reconstruir el equipo: Jay Sekulow.

Trump anunció que añadiría al equipo a Rudy Giuliani, además de otros dos exfiscales federales.[33] Trump quería optar por una estrategia más agresiva, a lo que Giuliani accedió gustosamente. Giuliani apareció en Fox News justo después de entrar en el equipo y contó a un sorprendido Sean Hannity que Trump había devuelto el pago de 130.000 dólares a Cohen.[34] La mayoría de los asesores políticos del presidente se enfurecieron al oír esa revelación, pero en privado Giuliani dejó claro que lo había hecho adrede para impedir que acusasen a Trump de infringir las normas de financiación de campaña. A diferencia de algunos de los otros abogados que Trump había contratado para gestionar sus interacciones con el fiscal especial, Giuliani estaba dispuesto a llevar a cabo —y a menudo parecía disfrutar haciéndolo— ataques despiadados contra los investigadores y las personas que terminaban testificando contra Trump.[35] Sea como fuere, los asesores de Trump eran conscientes de que el presidente estaba protegido casi por completo de ser imputado gracias a la política vigente del Departamento de Justicia y gracias a que Mueller no la pondría a prueba. Los abogados de Trump sostenían que, al criticar la investigación, él solo expresaba el derecho que le confería la Primera Enmienda, con lo cual se separaba de la presidencia aunque ostentase el cargo.[36] No obstante, pronto los abogados pudieron acceder a las pruebas recabadas por el FBI gracias a un acuerdo de defensa conjunta con Cohen; entre las pruebas había una grabación[37] que había hecho Cohen en secreto en la que hablaba con Trump sobre un pago realizado por el *National Enquirer* a otra mujer que afirmaba haber tenido una aventura con el presidente, Karen McDougal.[38] Tan solo dos meses después del inicio de la investigación, la familia de Trump decidió dejar de pagar las costas judiciales de Cohen.[39] A continuación, se produjo una ruptura irrevocable.

Clifford ya había empezado a hablar después de la noticia inicial de *The Wall Street Journal* y había contado con todo lujo de detalles cómo alguien vinculado a Trump la había amenazado para que no contase su versión de los hechos.[40] (Trump calificó las declaraciones de Clifford de «estafa».) Trump se obsesionó con atacarla, e incluso interrumpía reuniones para hablar sobre ella; por ejemplo, preguntaba a sus asistentes si debía llamarla «cara de caballo». Aunque negaba la aventura, sacaba el tema mientras conversaba sobre otros asuntos.[41] Lo que le preocupaba era que alguien pensase que la mujer, entonces una madre de treinta y nueve años, tuviera el mismo aspecto doce años antes, cuando afirmaba que se había acostado con él.

Al final, inevitablemente, fue Mueller quien pidió reunirse con Trump para interrogarle. En un momento dado, el jefe de gabinete se planteó posibles ubicaciones para celebrar la reunión, pero la preferida fue Camp David. No obstante, cuando los abogados de Trump recibieron la lista de preguntas[42] que Mueller quería formular —desde su relación con Sessions hasta las interacciones con quien había sido brevemente su asesor de Seguridad Nacional, Michael Flynn—, se opusieron al encuentro. Les preocupaban los temas, pero también que Trump mintiera bajo juramento.[43]

Otras personas del equipo de campaña y de otros círculos estaban en riesgo. Mueller ya había presentado cargos contra dos de los principales responsables de la campaña de Trump en 2016, el director Paul Manafort y su segundo, Rick Gates.[44] Primero los acusó de conspiración para blanquear capitales y, más adelante, de fraude bancario y fiscal.[45] Gates se declaró culpable en 2018 y empezó a colaborar con la fiscalía,[46] mientras que durante la primavera Mueller amplió la acusación contra Manafort y Konstantín Kilimnik, un consultor político ruso-ucraniano que un informe de inteligencia bipartito del Senado acabó identificando como un agente de inteligencia ruso.[47] Las sospechas guardaban relación con trabajos que los dos habían hecho en Ucrania. Un asesor de la campaña en asuntos de política exterior, George Papadopoulos, se había declarado culpable de haber mentido al FBI[48] (unos agentes contaron más adelante que la investigación inicial de contrainteligencia había empezado a mediados de 2016 con Papadopoulos, dos meses después de una conversación regada por el alcohol que había mantenido con el diplomático australiano de mayor rango en el Reino Unido).[49] Kushner siguió apareciendo en titulares negativos. Pero hasta entonces, si bien se habían producido una serie de acusaciones, los asesores de Trump a menudo habían asegurado que ninguna estaba vinculada específicamente con una conspiración que afectase a las elecciones.

La insistencia de Trump para que Kelly y McGahn encontrasen una forma de echar a su hija y a su marido de la Casa Blanca había intensificado el sentimiento permanente de tensión entre Kushner e Ivanka, por una parte, y el jefe de gabinete, por la otra. En marzo de 2018, cuando mi compañero Mark Landler y yo informamos de que Trump había estado presionando a Kelly para forzar la salida de su hija y su yerno, el presidente llamó a Ivanka y le insinuó que ella había sacado la información porque era ella quien quería dejar el cargo.[50] Casi seguro que Trump sabía que era falso, pero sus acciones quedaron empañadas por un velo de confusión.

Kushner se había enganchado a la influencia que tenía. Estaba tratando de intervenir en las políticas desde varios frentes y se estaba ocupando de sus relaciones en Oriente Medio. Tras ese primer año, quería estar presente en las conversaciones de su suegro con Ronald Lauder y, a sus colaboradores, les decía que Lauder estaba dando garantías de que iba a proporcionar una cooperación a los palestinos que él no podía conseguir. Y el hecho de que en algunos ambientes Kushner se viera como una suerte de príncipe estadounidense[51] le ayudó a establecer una relación cercana con el príncipe heredero saudí, Mohamed bin Salmán.[52] Algunos importantes miembros de la Casa Blanca sospechaban que el motivo era el deseo de Kushner de desarrollar vínculos empresariales a nivel personal. Tenía acceso a muchos de los secretos gubernamentales a los que acceden los presidentes (según algunos trabajadores del Ala Oeste, también se había enganchado a eso). Al entrar en la Casa Blanca, Kushner no había logrado obtener una acreditación de seguridad TS/SCI para acceder a los materiales de máximo secreto, algo que no solo requería una evaluación interna de la Casa Blanca, sino también la autorización de la CIA.[53] Kushner recalcó a varias personas que no tenía ni idea de cuál era el problema y que nadie se lo dijo nunca. Entre los asesores de Trump, se creía que el obstáculo para que le concedieran la acreditación era su implicación empresarial en el extranjero y sus contactos en otros países.[54] De algunos de esos contactos, Kushner no había logrado dar cuenta con exactitud ni integridad durante el proceso de comprobación de antecedentes, que había requerido reiteradas revisiones.[55]

El número de personas del Gobierno que contaban con acreditaciones temporales de seguridad salió a la luz a principios de 2018, cuando las dos exmujeres del secretario de personal, que también disponía de una acreditación temporal, le acusaron de abusos (él negó las acusaciones). Aquello llevó a Kelly a aumentar las restricciones de acceso para todos los trabajadores de la Casa Blanca. A continuación, el asistente presidencial y favorito de Trump John McEntee fue expulsado del Ala Oeste después de revocársele la acreditación de seguridad por deudas vinculadas con el juego, lo cual presumiblemente le hacía susceptible a los chantajes.[56] Aun así, los fieles a Trump en la Casa Blanca vieron la decisión de apartarle a la fuerza como un ultraje excesivo al presidente. A Kushner, le rebajaron la acreditación del nivel más alto («máximo secreto») a la categoría «secreto», menos restringida.[57]

El presidente tenía la potestad de conceder acreditaciones de seguridad, pero Trump intentó demorar al máximo su firma para satisfacer la petición de Kushner. Con la intención de convencer a su jefe de gabinete de que lo facilitase, Trump le dijo a Kelly que la rebaja de la categoría había causado un bochorno social a Kushner y su esposa. Kelly dejó claro que, si no se le concedía una acreditación, era por un problema más grande, pero se negó a propagar habladurías sobre los motivos. Al final, viendo la resistencia de su jefe de gabinete, Trump decidió conceder a Kushner una acreditación permanente de máximo secreto[58] después de que las agencias oficiales se hubieran opuesto a ello.[59] Una parte de la acreditación, que Kushner no había recibido, solía concederse mediante un proceso independiente de la CIA. Trump podría haber intercedido, pero los funcionarios de la Casa Blanca creen que no lo hizo porque sabía que esas instrucciones a la agencia habrían supuesto cruzar un límite y podrían haber dado pie a filtraciones. Sin embargo, las circunstancias que rodearon la concesión de la acreditación fueron tan poco habituales que Kelly consideró normal o apropiado que él y McGahn lo documentasen por escrito. El abogado de Kushner hizo algo insólito: contó enseguida a la prensa que la acreditación se había concedido mediante un procedimiento normal.[60]

Kushner también se había integrado por completo en la gestión de las actividades políticas de Trump. Como director de la campaña de 2020, la más precoz de la historia, Kushner colocó a Brad Parscale, un experto en *marketing* digital que había encabezado la campaña de Trump por internet en 2016 y que era amigo íntimo de Eric, uno de los hijos del presidente.[61] Trump avisó de que había llegado al umbral para empezar a recaudar dinero como candidato el día de su investidura.[62] Parscale armó una descomunal campaña de recaudación de fondos virtual, y la febril recaudación benefició no solo las perspectivas políticas de Trump, sino también sus negocios privados. Las organizaciones republicanas empezaron a celebrar actos en propiedades de Trump y contribuyeron a convertir el Trump International Hotel, en Pennsylvania Avenue, en un lugar habitual para parásitos y aliados políticos.[63] (Los funcionarios extranjeros también elegían el hotel en sus viajes a Washington, creyendo que sus estancias podían predisponer al presidente a ver con buenos ojos sus peticiones políticas.)[64] El supercomité de acción política que apoyaba a Trump también se convirtió en un lugar para aquellas personas a quienes varios miembros de la familia Trump o de su extensa órbita querían tener a sueldo.[65] Con la designación de Parscale, Kushner creía que podía impedir que Corey Lewandowski, que siempre había sido uno de los favoritos de Trump, volviera a dirigir la campaña. Además, con esa decisión se aseguraba de que las iniciativas políticas del presidente, incluyendo la montaña de fondos recaudados para la campaña[66] —a los que Trump se refería como «mi dinero»—, estuvieran supervisadas por alguien de confianza para la familia.

23

Acción extrema

El 14 de mayo de 2018, Estados Unidos trasladó oficialmente su embajada en Israel de Tel Aviv a Jerusalén.[1] Durante décadas, varios presidentes estadounidenses se habían
presentado a las elecciones diciendo que reconocían Jerusalén como capital de Israel, pero al llegar al cargo no habían
actuado en consecuencia.[2] Los responsables de diplomacia
y seguridad nacional podían citar una larga lista de horro-
res geopolíticos que tendrían lugar si se reconocía formalmente el estatus de Jerusalén como capital: protestas diplomáticas que aducirían que esa cuestión debía dejarse para
un proceso de paz, manifestaciones antiisraelíes en las capitales árabes, violencia contra Israel desde los territorios
ocupados, y todo ello sumado al riesgo de desencadenar un
conflicto en la región.

Donald Trump escuchó todas esas advertencias. Pero
también escuchó otras voces —algunas de dentro de su Gobierno y otras, de fuera— que le decían que merecía la pena
correr ese riesgo. Una de esas voces fue la del multimillonario Sheldon Adelson, magnate de los casinos en Las Vegas y
benefactor de la Coalición Judía Republicana que se había
convertido en uno de los mayores donantes del partido. El
único interés de Adelson era Israel, y vio en Trump una
oportunidad para llevar a la práctica un cambio en la política

estadounidense respecto a ese país. Por eso donó 20 millones de dólares a un supercomité de acción política que trabajaba para su reelección. Como candidato, Trump prometió que abriría una embajada en Jerusalén «con bastante celeridad» y, tras su victoria, Adelson le presionó para que cumpliera lo prometido.[3] En varias reuniones celebradas durante el período de transición y el primer año del nuevo Gobierno, Adelson garantizó a Trump que los escenarios catastróficos de los que le alertaban en algunos informes eran exagerados.

Trump ya se había saltado el protocolo habitual para nombrar a su embajador en Israel. Durante medio siglo, todos sus predecesores habían elegido para ese cargo sensible a un diplomático de alto rango o a alguien con experiencia en política exterior. En cambio, Trump escogió a su exabogado especializado en quiebras, David Friedman; Trump mandó al portavoz Sean Spicer a informar a su secretario de Estado de la designación.[4] No era más que otro ejemplo de la forma en que Trump ponía a prueba los límites de la tradición del bipartidismo llenando el cuerpo diplomático de donantes y amigos. Por sugerencia de Trump, su embajador en el Reino Unido —el propietario de los New York Jets, Woody Johnson, amigo suyo y multimillonario como él— intentó trasladar el Abierto Británico al campo de golf escocés de Turnberry, propiedad de Trump.[5] Johnson le preguntó a un compañero de la embajada cómo abordar esa cuestión e incluso se la planteó a un funcionario escocés.

Friedman, con un apoyo de su jefe y un acceso a él extraordinarios, contribuyó a modificar la postura de Estados Unidos en la región. Él y Kushner se olvidaron de buscar la paz tratando a los palestinos como si estuvieran en igualdad de condiciones con Israel. En vez de eso, impulsaron una serie de medidas; por ejemplo, reducir las ayudas económicas a los palestinos, forzar a la Organización por la Liberación de Palestina a abandonar sus oficinas en Washington y reubicar la embajada. Trump no asistió a la ceremonia de inauguración, organizada para que coincidiese con el septuagésimo aniversario de la creación de Israel, pero sí grabó un mensaje en vídeo. En representación de la Casa Blanca fueron su hija y su yerno. Friedman, con una adulación que se había vuelto una constante entre los subordinados de Trump, declaró: «El histórico acontecimiento de hoy se debe a la visión, el coraje y la clarividencia moral de una persona con la que tenemos una deuda enorme y eterna de gratitud, el presidente Donald Trump».[6] Un confidente del primer ministro de Israel atribuyó la decisión a «la inteligencia de David Friedman, el dinero de Sheldon Adelson y las pelotas de Trump».

El mundo se preparó para posibles repercusiones violentas. Al menos cincuenta y ocho palestinos murieron en las protestas y dos mil setecientas personas resultaron heridas el día que se inauguró la embajada.[7] Pero no se produjo un gran atentado terrorista ni una gran rebelión.[8] Aquello fue un punto de inflexión para Trump, que sacó una lección fundamental para la acción de Gobierno: los expertos y los agentes de inteligencia no tenían necesariamente mejores conocimientos que él, y sus asesores debían tener presente esa idea.

En su primer año en el cargo, Trump no supo del todo dónde estaban los resortes del poder ni qué cosas desconocía. Muchas veces, se vio obligado a por lo menos escuchar los consejos de aquellos que tenían la experiencia o los conocimientos de los que él carecía. Anteriormente había execrado la presencia de fuerzas estadounidenses en Afganistán,[9] pero durante seis meses, culminados con una reunión en Camp David con su equipo de Seguridad Nacional, Trump sucumbió a los argumentos de sus asesores sobre cómo imponerse en el conflicto.[10] El presidente anunció su nueva estrategia en un discurso televisado desde una base militar de Virginia; en ella, combinaba el incremento de las tropas con medidas para entrenar a las fuerzas locales y ejercer presión diplomática sobre Pakistán para que colaborase más en la lucha antiterrorista.[11] El proyecto no se alejaba de los planes propuestos durante la legislatura de su predecesor, que Trump había criticado como candidato. «Mi instinto inicial era retirar a las tropas e, históricamente, me ha gustado seguir mis instintos —dijo Trump en el anuncio—. Pero toda mi vida he oído decir que las decisiones son muy distintas cuando estás sentado al escritorio del Despacho Oval.»

Sin embargo, las cosas empezaron a cambiar. Durante la campaña, Trump había prometido que impondría aranceles a todas las importaciones mexicanas y chinas, alegando que no podía permitirse que China «violase» Estados Unidos.[12] Pero en el Congreso, controlado por los republicanos, no había interés en llevar esa idea a la práctica. Trump siguió los consejos de McGahn y del representante de comercio de su Gobierno y, de todos modos, intentó aprovechar una oscura disposición comercial de medio siglo de antigüedad que le permitía imponer aranceles para dar respuesta a una amenaza a la seguridad nacional. Mientras Trump se preparaba para invocar esa disposición con tal de poder imponer aranceles a las importaciones de acero y aluminio fuera cual fuese su origen, algunas figuras destacadas de su Administración —entre ellas, el secretario de Defensa James Mattis y el director del Consejo Económico Nacional Gary Cohn— quisieron disuadirle. Tras un primer año en que prestó atención a las voces discordantes, Trump adquirió la seguridad suficiente para escuchar solo a aquellas personas que le decían lo que él quería oír: el secretario de Comercio, Wilbur Ross, el representante de Comercio, Robert Lighthizer, y Peter Navarro, que le asesoraba en toda clase de asuntos. Después de anunciar los aranceles en marzo de 2018, expresó la controvertida opinión de que «las guerras comerciales son positivas y fáciles de ganar».[13] Tom Barrack y otros le dijeron que estaba desmontando los progresos que había hecho con el proyecto de ley fiscal. Ahora bien, aunque el mercado de valores trastabilló, terminó estabilizándose. Una vez más, Trump creyó que había demostrado que sus impulsos superaban la experiencia de sus asesores, y sus decisiones comerciales cuajaron.

No obstante, quienes querían manipular a Trump aprendieron a explotar su frecuente desinterés por sopesar los motivos de sus informadores. A finales de marzo, *The Washington Post* había informado de que, antes de una llamada telefónica con Vladímir Putin, a Trump le habían alertado de que no felicitase al autócrata por su reelección.[14] «NO LE FELICITE», se le había aconsejado, pero Trump no había hecho caso y había felicitado a Putin de todos modos. Pareció ser una filtración salida de dentro de la Casa Blanca, diseñada para humillar a Trump. La supuesta tendencia incorregiblemente trumpista del equipo del Consejo de Seguridad Nacional (el NSC, por sus siglas en inglés) se había vuelto una constante fuente de tensión. Los fieles al presidente señalaban a personas para que se las expulsara, a menudo por motivos espurios, y los institucionalistas que pretendían frenar un poco el aura creciente de suspicacia dentro del NSC se resistían a hacerlo. Trump se mostró receptivo cuando el presentador de Fox News Sean Hannity, que le asesoraba informalmente, le llamó para compartir un rumor que se estaba difundiendo por internet. De entrada, el rumor lo había promovido el personaje mediático de extrema derecha Mike Cernovich poco después de publicarse la noticia de *The Washington Post*. Hannity le contó a Trump que la anécdota sobre Putin la había filtrado Fernando Cutz, un funcionario de Seguridad Nacional de la Administración Obama que ahora era asesor de alto rango del consejero de Seguridad Nacional H. R. McMaster. La afirmación —que los aliados de Cutz creían que habían hecho circular adversarios suyos dentro de la Administración— era fácil de desmentir. Cutz no había estado presente durante la conversación entre Trump y Putin. Además, los funcionarios podían consultar un registro de las personas que tenían acceso a la transcripción: Cutz no era una de ellas.

McMaster fue a ver a Trump al Despacho Oval. «Tienes tres horas para encontrar al que lo ha filtrado», le dijo el presidente. McMaster le contestó que haría todo lo que estuviera en su mano. «Tienes tres horas», repitió Trump. McMaster volvió más tarde a ver a Trump para decirle que no podría identificar al responsable dentro del plazo. «El que lo ha filtrado es Fernando Cutz —le respondió Trump—. Me lo ha dicho una fuente muy fiable.»

Todo ese episodio parecía estar orquestado, al menos en parte, por personas que llevaban meses intentando echar a McMaster por discrepancias políticas —por ejemplo, respecto a Afganistán— y que estaban molestas por algunas decisiones del consejero de Seguridad Nacional sobre el personal. A raíz de esa maquinación, simplemente se había calumniado a otra persona por algo que no había hecho. McMaster y Cutz dejaron el cargo en abril. Si Trump se enfadó por esa falsa acusación, durante las últimas semanas de esos dos hombres en la Casa Blanca no lo demostró.[15] En un viaje a Mar-a-Lago que tuvo lugar en ese período, el presidente estuvo amable y atento con Cutz. Como despedida, le regaló una botella de vino de sus viñedos y le firmó una foto en la que Cutz salía en el Despacho Oval. «¡Buen trabajo, Fernando!», le escribió.

A veces, Trump dejaba claro a sus asistentes que sabía cuándo alguien le estaba manipulando, pero que no oponía resistencia si sus objetivos coincidían o si le preocupaba que esa persona se volviera en su contra. En otras ocasiones, lo que le importaba no era tanto la credibilidad de la persona que intentaba persuadirle, sino solo quién había sido el último en fastidiarle. En enero, Trump terminó rechazando una oferta que le hizo Schumer —25.000 millones de dólares de financiación para el muro fronterizo que él proponía a cambio de un plan para gestionar a los beneficiarios de la DACA, lo que pretendía evitar el cierre del Gobierno— después de que los republicanos expresasen su disconformidad.[16] En marzo, los negociadores de la Casa Blanca llegaron a un acuerdo[17] sobre un proyecto de ley de gasto ómnibus con dirigentes congresistas, en el que Mattis y el senador McCain trabajaron para incrementar el gasto militar hasta el valor más alto de los últimos quince años.[18] El presidente de la Cámara de Representantes, Paul Ryan, salió en el programa matinal *Fox & Friends*, de Fox News, para promover el pacto. Allí, y sabiendo que era casi seguro que Trump estuviera viendo la tele, subrayó aspectos del acuerdo que iban a gustarle al presidente. Lo bautizó como el «presupuesto Trump-Jim Mattis para el Ejército». Como sabía que a Trump le había enfurecido que parte de la financiación se destinara a un túnel para conectar Nueva York y Nueva Jersey —Trump se había mostrado contrario porque le molestó la falta de apoyo de Schumer a sus nombramientos y su agenda—, Ryan resaltó que no contaba con ninguna partida específica para Nueva York vinculada con el llamado proyecto Gateway.

Trump rubricó el acuerdo y presumió en Twitter de que representaba un incremento en gasto militar: «El más alto de la historia». Pero al día siguiente, en *Fox & Friends*, el seguidor de Trump Pete Hegseth calificó el proyecto de ley como un «presupuesto pantanoso», una traición a la base de Trump porque no contenía financiación para el muro de la frontera sur.[19] Así que Trump también comenzó a criticarlo, amenazando —de nuevo en Twitter— con vetar su propio acuerdo presupuestario. Al final, Trump lo aceptó y firmó la ley ómnibus, aunque no dejó de atacarla.[20]

Durante la campaña, «el muro» no había sido mucho más que una idea, una imagen hipotética que Trump había identificado como una herramienta poderosa para espolear a sus seguidores.[21] Pero, una vez en la Casa Blanca, se convirtió en el elemento central de la promesa de que iba a tomar medidas contra la inmigración y en materia de política fronteriza.[22] Las complejidades no le interesaban. Él veía el muro como un proyecto inmobiliario y sabía que sus seguidores podrían visualizar si era un éxito o un fracaso. El proyecto se convirtió en el núcleo del miedo perpetuo de Trump a perder a su base política.

Como el Congreso se negó a satisfacer sus peticiones de financiación,[23] Trump instó a los miembros de su Ejecutivo a centrarse en los pasos fronterizos y dio instrucciones bastante imprecisas: por ejemplo, propuso remitirse a la *Insurrection Act* («Ley de Insurrección») para desplegar tropas en la frontera. La presión por llevar a la práctica las exigencias disparatadas de Trump recayó sobre todo en Kirstjen Nielsen, ex segunda de a bordo de Kelly, a quien este recomendó para su antiguo cargo al frente del Departamento de Seguridad Nacional.[24] Trump la criticaba a sus espaldas y delante de otros miembros del Gobierno por la elevada cantidad de pasos fronterizos. El presidente no se daba cuenta de que el departamento de Nielsen gestionaba otras muchas cuestiones aparte de la inmigración, como la ciberseguridad o la ayuda en casos de catástrofes. Además, la construcción del muro ni siquiera entraba dentro de las atribuciones directas de Nielsen.

Aun así, Kushner alentó la rabia de Trump contra Nielsen, a quien el presidente solía presionar para que se plantease medidas nuevas y violentas para reducir la inmigración. El asesor de política nacional Stephen Miller —que veía a Trump como un vehículo para aplicar unas políticas migratorias restrictivas que él había apoyado durante años— contó a varias personas que Nielsen le caía bien a nivel personal, pero que también creía que debía dar un paso más. Con el tiempo, a Trump se le ocurrió la idea de pintar el muro de negro para que los inmigrantes que intentaran atravesarlo se quemasen al tocarlo.[25] También pensó en instalar pinchos en la parte superior y cavar un foso a lo largo de la barrera. Preguntó si los agentes fronterizos podían disparar contra los migrantes que tratasen de cruzar.[26] Algunos agentes respondieron a la demanda de Trump de «emprender medidas extremas» y sugirieron utilizar una máquina capaz de emitir calor o fuertes ruidos para dañar los oídos de los migrantes.[27] Nielsen se opuso a todas esas propuestas, algunas de las cuales contravenían la ley.[28]

Sin embargo, a mitad de legislatura, algunos funcionarios de Trump encontraron otra forma de avanzar. En 2017, el Departamento de Seguridad Nacional había implementado discretamente un programa piloto para llevar ante los tribunales a los adultos migrantes, de forma que los niños que viajaban con esas personas quedaban bajo la custodia del Departamento de Salud y Servicios Humanos.[29] En teoría, era una práctica disuasoria contra futuros cruces de fronteras. Ese primer año se le dedicó relativamente poca atención. En la primavera de 2018, Trump exigió que se tomasen medidas judiciales contra las personas detenidas en la frontera, así que Sessions y el Departamento de Justicia, alentados por Miller desde la Casa Blanca, impulsaron una política de «tolerancia cero» en los pasos fronterizos. «Debemos arrebatar críos»,[30] comunicó Sessions a los fiscales encargados de los futuros casos, aunque los funcionarios del Departamento de Justicia eran conscientes de que, fuera cual fuese el destino de los niños —que serían tratados como si hubieran entrado en Estados Unidos como menores no acompañados—, era responsabilidad de otro departamento. A la agencia de Nielsen, se le exigió que instase al enjuiciamiento de los migrantes adultos. Ella se negó a aplicar la medida en reiteradas ocasiones,[31] pero otros funcionarios del Gobierno dieron el visto bueno a que se avanzase en esa dirección.[32] A pesar de los avisos, las agencias que gestionarían los casos judiciales y que serían responsables de los niños insistían en que podía hacerse legalmente y que había recursos suficientes para reunificar a las familias. Al fin, Nielsen firmó una orden para que todos los adultos detenidos por cruzar la frontera sin autorización fueran sometidos a un proceso penal.[33] Cuando saltó la noticia de las separaciones a escala nacional, los responsables gubernamentales, incluido Sessions, se lavaron las manos y Nielsen fue quien se llevó la mayor parte de las críticas.[34]

Pronto fueron apareciendo noticias y más noticias que informaban de las repercusiones a nivel humano. Salió el caso de un hombre hondureño que se suicidó cuando le separaron de su esposa y su hijo.[35] En otra ocasión, un bebé que aún tomaba el pecho fue arrebatado de los brazos de su madre mientras esta se encontraba detenida.[36] Para describir las condiciones en que se custodiaba a los niños separados de sus tutores, terminaron empleándose expresiones como «niños enjaulados».[37] Durante semanas, los medios publicaron noticias sobre niños que lloraban en sus celdas.[38] La ex primera dama Laura Bush criticó públicamente la práctica y la calificó de «cruel».[39]

La voz de un miembro de la familia Bush no consiguió hacer cambiar de opinión a Trump, pero sí lo hizo que su esposa e hija se unieran a esas voces.[40] En una reunión con legisladores republicanos contó que Ivanka (quien en esa época, tras las críticas aparecidas en los medios en 2017, in-

tentaba minimizar la atención que se le prestaba públicamente por participar en decisiones políticas junto a su padre) pidió el cambio; y su esposa también lo había hecho.
Trump firmó una orden ejecutiva para acabar con la práctica,[41] y eso que antes había recalcado que no podía hacerlo
mediante una orden ejecutiva.[42] Muchos funcionarios recu-
rrían a las alabanzas en público para reforzar una decisión
que hubiera tomado Trump, tanto si las verbalizaban ellos
mismos como si lo hacían a través de otros; su hija, que era
una de ellos, aplaudió al presidente en Twitter por poner fin
a algo que a Trump no le había supuesto ningún problema
hasta que la cobertura televisiva se volvió demasiado abrumadora para ignorarla.

Mayo y junio suele ser uno de los períodos con mayor
afluencia de personas que cruzan la frontera. Al final, durante
ese lapso de un mes se separó a miles de niños de los adultos
con quienes viajaban.[43] Cientos de ellos seguirían separados
de sus padres durante años,[44] con los daños psicológicos incalculables que eso conlleva.[45]

En julio, Trump fue a Helsinki para reunirse con Putin.[46] No
era su primer encuentro; en una reunión celebrada durante
una cumbre del G20 en el verano de 2017, había estado presente un intérprete ruso pero ningún funcionario estadounidense, lo cual rompía con la práctica habitual de las reuniones
entre jefes de Estado.[47] Posteriormente, Trump tuiteó que
Putin y él habían debatido sobre la creación de una unidad
compartida de ciberseguridad, que daría acceso a los rusos a
las investigaciones estadounidenses sobre pirateo. Enfurecido, Bossert fue a ver a Trump: «A ver si lo adivino: estás enfadado por mi tuit», dijo el presidente riéndose. Horas después, Trump tuiteó una rectificación: «El hecho de que el
presidente Putin y yo hablásemos sobre una unidad de ciber-

seguridad no significa que yo piense que eso se va a producir». La reunión de 2018 fue distinta. Se trataba de una cumbre oficial entre mandatarios rusos y estadounidenses menos de dos años después de que Estados Unidos hubiera impuesto sanciones por la injerencia rusa en los comicios de 2016.[48]

Trump siguió generando tensión al relacionarse con sus homólogos extranjeros, sobre todo con Angela Merkel, la canciller alemana, con quien no tenía química a nivel personal; varios miembros de su Gobierno creían que tenía problemas con las mujeres dirigentes. Pero a él le encantaban los momentos en los que hacía realidad sus impulsos a pesar de las objeciones de los expertos de su Gabinete y del personal de la Casa Blanca. En 2018, al fin había materializado sus amenazas de retirar a Estados Unidos del acuerdo internacional para limitar el programa nuclear de Irán,[49] un logro de Obama que algunos asesores de Trump creían que no debía modificarse.[50] También había mantenido una reunión con el dirigente norcoreano Kim Jong-un, un gesto sin precedentes entre dos países sin relaciones diplomáticas.[51] El encuentro alarmó a los expertos en política exterior de Washington, pero hubo menos críticas por parte de los miembros de su equipo; a algunos de ellos, les había preocupado el aumento de las tensiones con Corea del Norte a finales de 2017 y el amor de Trump por las chanzas tuiteras que podían agravar la situación. Ante el nerviosismo por las intenciones del dictador norcoreano, Trump presionó reiteradamente a sus ayudantes para que evacuasen a las familias del personal estadounidense estacionado en Corea del Sur. Mattis hizo caso omiso de sus deseos y el presidente, que nunca supo distinguir a sus «generales», echó la culpa al consejero de Seguridad Nacional H. R. McMaster. Aun así, a los asesores que estaban a favor del encuentro con Kim Jong-un, les daba la sensación de que se habían explorado todas las demás opciones y que no habían funcionado. Uno de ellos era Kelly, que era consciente de que un acto de gran relevancia como ese concordaba con el ego de Trump. «Yo me desenvuelvo mejor con los tipos duros. No sé a qué se debe», solía decir Trump.

Tras casi dos horas a puerta cerrada en Helsinki, Trump y Putin ofrecieron una rueda de prensa en la que Trump manifestó que la investigación del fiscal especial era «un desastre para nuestro país» porque había interferido en las relaciones entre Estados Unidos y Rusia. Jonathan Lemire, de Associated Press, preguntó a Trump por el análisis de la inteligencia estadounidense, según el cual Rusia había pirateado cuentas de correo electrónico. También le planteó lo siguiente: «Ahora que el mundo entero está mirando, ¿le pediría al presidente Putin que denunciase lo sucedido en 2016 y le avisaría de que no volviera a hacerlo nunca?». Trump dio una respuesta rebuscada en la que dijo que quería ver el servidor del Comité Nacional Demócrata y los correos eliminados de Clinton. Y añadió: «El presidente Putin acaba de decirme que no fue Rusia. Eso es lo que le voy a decir. No veo motivos para pensar que ellos fueran los responsables». Putin intervino para decir que ese asunto debía dirimirse en los tribunales, no mediante una investigación. Algunos asistentes especularon con que Trump estaba haciendo gala de su terquedad o que intentaba complacer a la persona que tenía al lado. Más allá de sus motivaciones, al tomarse la negación de Putin de forma literal, Trump estaba alineándose en público con el máximo dirigente de un país rival antes que con sus agentes de inteligencia. La mayoría de los asesores y miembros del Gobierno de Trump no sabían muy bien cómo procesar lo que acababa de suceder. Algunos destacados asistentes del presidente dijeron que les dolió en el alma presenciar aquel espectáculo.

En diciembre de ese año, Trump anunció que el Ejército había derrotado a Estado Islámico —algo que sus propios asesores militares le habían dicho en repetidas ocasiones que no era cierto todavía— y que había llegado la hora de retirar las tropas de Siria.[52] Mattis se pasó una hora en el Despacho Oval intentando convencer a Trump de que cambiase de opinión, pero no lo logró, y decidió que tenía que dimitir.[53] Publicó una carta de renuncia que en buena medida podía leerse como una lista de aspectos en los que Mattis pensaba que las opiniones de Trump en política exterior eran erróneas. «Creo firmemente que debemos tratar a los aliados con respeto y que hemos de ser astutos ante los actores malvados y los rivales estratégicos, y este punto de vista se fundamenta en los más de cuarenta años que llevo trabajando en esas cuestiones», escribió el exgeneral.

Cuando ni siquiera se había leído la carta, Trump quiso adelantarse al anuncio de Mattis y tuiteó que su secretario de Defensa iba a abandonar el Pentágono. El plan inicial era que Mattis siguiera dos meses más en el cargo, período en que tendría lugar una cumbre de la OTAN en la que el secretario esperaba consolidar compromisos contra la agresión rusa.[54] Pero, tras días de cobertura mediática elogiando a Mattis por su respeto a los principios, Trump anunció en un tuit el nombre de un nuevo secretario de Defensa.[55] Una a una, Trump iba enfrentándose a todas las personas que encabezaban instituciones que existían desde mucho antes de que a él le interesase la política. Podía someterlas a su voluntad de dos maneras: obteniendo de ellas concesiones, o bien ahuyentándolas negándose a ceder.

Un mes antes, también se había destituido al fiscal general Jeff Sessions. Trump consideraba a Sessions el culpable principal de la investigación de un fiscal especial que había desembocado en varias imputaciones e investigaciones secundarias. Pero aunque el fiscal general ya no estaba, el presidente seguía pensando más que nunca que su propio Gobierno le estaba menoscabando. Trump estaba cada vez más convencido de que, entre quienes remaban en su contra, había personas que habían tenido responsabilidades en la Administración de su predecesor republicano, George W. Bush, hermano de su rival en las primarias de 2016. «Los pro-Bush van a por mí —le dijo Trump a un colaborador—. No sé quiénes son.»

El sustituto de Sessions, el fiscal general en funciones Matt Whitaker, tampoco le dio a Trump exactamente lo que quería durante su fugaz paso por el cargo.[56] Con Whitaker al mando, abogado y apagafuegos de Trump, Michael Cohen, tuvo miedo de que imputaran a su esposa por delitos fiscales y se declaró culpable de haber pagado a algunas mujeres para comprar su silencio (según declaró ante un tribunal federal, lo hizo «siguiendo las indicaciones» de Trump).[57] Whitaker reveló a compañeros del Departamento de Justicia que los fiscales estaban desatados al perseguir a Cohen. Los funcionarios del Departamento de Justicia llevaban mucho tiempo quejándose de que el distrito sur de Nueva York era una oficina deshonesta. No obstante, en ese caso el fiscal Geoffrey Berman se había apartado[58] de la investigación de Cohen porque, al igual que Sessions, había participado en la campaña de Trump que estaba siendo objeto de análisis.[59] Trump sugirió que Whitaker intentase persuadir a Berman de reconsiderar su decisión, pero eso no ocurrió.[60]

Pero daba igual. Trump creía que estaba a punto de conseguir al defensor que llevaba buscando en vano durante toda su presidencia.[61] William P. Barr había sido fiscal general con el presidente George Bush padre y había demostrado que interpretaba de forma generosa las atribuciones que la Constitución daba a los presidentes. En sus labores privadas como asesor jurídico en el bufete Kirkland & Ellis, Barr se había expresado con vehemencia sobre el problema jurídico que más importaba a Trump: la investigación del fiscal especial Robert Mueller. Barr discrepaba de la investigación tanto desde un punto de vista político (muchos de los investigadores de Mueller habían hecho donaciones a candidatos demócratas a título individual)[62] como constitucional (un presidente no puede obstruir la justicia durante el ejercicio de su cargo). Incluso había mandado un memorando no solicitado[63] al Departamento de Justicia y al equipo jurídico de Trump en 2018 sobre la idoneidad de la investigación.[64] Algunos asesores de Trump creían que Barr podía ser un «adulto», a diferencia de Sessions. Cuando Trump invitó a Barr a volver al Departamento de Justicia, el presidente tenía la esperanza de haber encontrado por fin a su nuevo Roy Cohn.[65]

24

Un hombre de partido

Las banderas ya habían ondeado a media asta lo suficiente.

Ese fue el mensaje que un adjunto al jefe de gabinete de la Casa Blanca, Zach Fuentes, trasladó a un alto funcionario del Departamento de Seguridad Nacional, Miles Taylor, mientras este viajaba por Australia con el secretario con motivo de un encuentro de la alianza Cinco Ojos, formada por las agencias de Seguridad Nacional de Australia, Canadá, Nueva Zelanda, Estados Unidos y el Reino Unido. En agosto de 2018, se habían bajado las banderas a media asta en todos los edificios federales con motivo del fallecimiento de John McCain por un cáncer cerebral.[1] El presidente, dijo Fuentes, quería que «volvieran a izar las banderas».

El senador por Arizona había irritado a Trump en varias ocasiones a lo largo de su ascenso como figura política nacional. En los años noventa, los dos hombres discutieron[2] a cuenta de los nativos americanos y se enfrentaron por las exenciones fiscales federales para los masivos proyectos urbanísticos de Trump en el West Side.[3] Cuando McCain fue el candidato republicano a la presidencia en 2008, Trump recaudó dinero para él en la fase final de la carrera electoral, pero nunca tejieron una relación personal. Cuando el candidato fue Trump, McCain dijo que su rival «alentaba a chiflados»;[4] Trump usó ese comentario como un pretexto para atacar continuamente al senador. Entre otras cosas, se burlaba de él diciendo que «no era un héroe de guerra», afirmación que daba muestras de cuál iba a ser el tono de la candidatura de Trump, marcada por el insulto descarado.[5] Luego, McCain tuvo un papel menor pero fundamental a la hora de posibilitar el fatídico encuentro inicial entre Trump y Comey; el senador informó al FBI de la existencia del dosier sobre Rusia, que posteriormente sería rebatido en buena medida.[6] Tras la elección de Trump, McCain se erigió en el abanderado de un Partido Republicano que Trump había enviado al exilio: un partido enérgicamente internacionalista, favorable a la inmigración y al comercio exterior y comprometido al menos con la retórica de la colaboración con los demócratas. El voto de McCain para tumbar el proyecto de ley sanitaria había provocado un teatral descarrilamiento de la agenda legislativa del primer año de legislatura.[7] Durante todo ese tiempo, además, McCain gozó de una cobertura mediática respetuosa que se concede a pocos políticos. Y Trump detestaba eso.

Por orden del presidente, solo volvieron a izarse las banderas de la Casa Blanca, pero en el resto de los edificios se mantuvieron a media asta. Trump recibió duras críticas. Al final, accedió a las recomendaciones del personal de la Casa Blanca y reconsideró su decisión. Poco después, las banderas ondeaban de nuevo a media asta. A la mañana siguiente, el jefe de personal del Departamento de Seguridad Nacional que había divulgado el aviso de Fuentes empezó a trabajar en un artículo inspirado por el contraste entre el hombre al que iban a enterrar próximamente y el hombre que se negaba a elogiarle: «El senador McCain ya no está entre nosotros —escribió Miles Taylor en un borrador que no llevaba su nombre—. Pero, aunque el señor Trump tema a esos hombres honorables, nosotros debemos venerarlos».[8]

The New York Times publicó el artículo de Taylor bajo el anonimato con el título YO FORMO PARTE DE LA RESISTENCIA EN

EL SENO DE LA ADMINISTRACIÓN TRUMP. El texto hacía algunas observaciones oportunas pero imprecisas del proceder de Trump. Presentaba al comandante en jefe como una persona tan insensata, despistada e indecisa que «muchos de los altos funcionarios de su propia Administración trabajan con diligencia desde dentro para frustrar partes de su agenda y sus peores inclinaciones». Taylor, que había trabajado en el Gobierno de Bush, llamó a esa resistencia interna el «Estado estacionario»,[9] una denominación que podría haber salido de las propias valoraciones de Trump sobre las fuerzas de su Gobierno que trataban de perjudicarle.

Trump se indignó con la publicación de ese artículo. Durante meses, algunos de sus asistentes y aliados se embarcaron en una cruzada para encontrar al autor del texto.[10] Esta se intensificó más de un año después, cuando alguien que se hacía llamar «Anonymous» publicó un libro que ampliaba las observaciones del artículo. El libro era un relato sobre la presidencia de Trump escrito desde dentro. Fue la primera de muchas obras escritas por gente que había trabajado para el presidente, la mayoría de las cuales lo ponían bastante a caldo. A Taylor, no se le identificaría como el autor del artículo de *The New York Times* hasta pasados dos años, momento en el que colaboraba con un pequeño grupo de republicanos para intentar impedir la reelección de Trump.[11] En definitiva, los críticos de Trump terminaron tildando las duras advertencias de Taylor de señales de emergencia, mientras que los fieles al presidente las desestimaron por oportunistas.

Todo el ciclo de acontecimientos había empezado con la necesidad visceral de Trump de participar en lo que él llamaba «contragolpes», en este caso contra McCain. Al parecer, el presidente se tomaba como un insulto que la muerte del senador hubiera suscitado tantas muestras de empatía. Antes de fallecer, McCain se había asegurado de que Trump no recibiera una invitación para su funeral;[12] más adelante, este se quejó de que no se le había reconocido su papel al facilitar ciertos aspectos de las exequias.[13] Kushner e Ivanka acudieron a la ceremonia en la catedral nacional de Washington, lo que enfureció a Meghan, la hija de McCain, quien dijo que «no tenían por qué» asistir.[14]

Eso se produjo poco más de dos meses antes de las elecciones de mitad de mandato, cuando se iba a poner a prueba el dominio republicano del Congreso. A Trump le encantaban las batallas políticas y, como máximo representante del partido, disfrutaba con esa competición pseudodeportiva. Le gustaba poder elegir favoritos y comparecer delante de grandes multitudes en los estados de los candidatos. Se obsesionó con su historial de éxitos en sus apoyos de las primarias y trabajó con los líderes de su partido para decidir a quién apoyar en ámbitos que no siempre eran competitivos; en las disputas relativas a las elecciones generales, su historial era claramente variado. Aun así, les dijo a sus asistentes políticos que, en general, los republicanos le parecían «débiles», y preguntó varias veces: «¿Tan grave sería que perdiéramos la Cámara de Representantes?». Tras buscar durante años un hogar en distintos partidos, Trump mantenía una actitud ambivalente con respecto a la coalición que había heredado y que se esperaba que liderase. A menudo le interesaban más los conflictos con otros republicanos que con los demócratas, porque las divisiones eran por dinámicas interpersonales como la lealtad y el respeto y no por diferencias políticas o ideológicas.

Como candidato, el éxito inicial de Trump se había producido a expensas de las fuerzas tradicionales del partido; ahora, al menos en algunos aspectos, él representaba a esas fuerzas. Incorporó a los dirigentes del Comité Nacional Republicano a la Casa Blanca —el presidente, Reince Priebus, y dos de sus principales subordinados, Katie Walsh y Sean Spicer—, pero antes de terminar el primer año ya no quedaba ninguno. En el comité, Trump había sustituido a Priebus por Ronna McDaniel, quien, a diferencia de algunos de sus compañeros, se había animado con su candidatura y había tomado el control de la organización.[15] La organización se convirtió en una fuente de capacidades técnicas de las que su operación política carecía, y también en una enorme oportunidad para consultores a quienes los asesores de Trump y los miembros de su familia querían conceder contratos.[16]

En las primeras conversaciones con la nueva presidenta del partido, Ronna Romney McDaniel, Trump habló con admiración de su abuelo, el exgobernador de Míchigan y miembro del Gobierno George Romney, que representaba el patriarca político en el que él esperaba convertirse. Pero la antipatía que sentía por su tío, Mitt Romney, complicaba la opinión de Trump sobre el legado de su familia.[17] Fiel al estilo habitual de sus comentarios —una afirmación sincera que podía confundirse con una bromita—, sugirió a la presidenta que se quitase el apellido Romney y usase McDaniel.[18] «Es muy bonito», dijo Trump del apellido de casada de Ronna. (Ella acabó señalando que había hecho el cambio de apellido por iniciativa propia.)

Con el tiempo, Trump utilizó a McDaniel para toda clase de propósitos, tanto en calidad de altavoz político como de intermediaria, incluso para transmitir mensajes a sus hijos. (Una vez la llamó para pedirle que telefoneara a su hijo mayor para quejarse de uno de sus tuits.) El interés de Trump por McDaniel la hizo entrar en el radar de John Kelly, ya que el presidente se comunicaba con ella sin pasar por los canales que Kelly intentaba establecer. Algunos asistentes recordaban una reunión entre Kelly y McDaniel en la que Kelly estaba enfadado por que ella y Trump mantuvieran un contacto directo. Le dijo que, si las cosas seguían igual, iba a poner las reuniones en los fines de semana; así, a ella no le iría bien porque tenía dos hijos. (Más adelante firmaron la paz, y Kelly le fue útil a McDaniel cuando ella quiso influenciar a Trump para que frenase algunos de sus impulsos más problemáticos, como el apoyo a algunos candidatos sin opciones.)

Kelly intentó detener algunos de los impulsos más erráticos de Trump. Él no creía que formase parte de su trabajo transigir ante los caprichos del presidente. Durante un tiempo, Kelly logró imponer un funcionamiento ordenado en el Despacho Oval, que antes de su llegada se había descrito como la casa de tócame Roque. Pero esos cambios le granjearon una lista de enemigos que preferían que las cosas siguieran como antes, incluido el hombre que le había contratado. Trump había pedido a Kelly que pusiera orden, pero luego le molestaba lo que este hacía e intentaba desbaratar sus iniciativas. Kelly tenía una brusquedad militar y podía ser severo cuando veía algo como una afrenta. Pero en la Casa Blanca mucha gente pensaba que Kelly, de casi la misma edad que Trump, lo había hecho lo mejor posible en las circunstancias en las que estaba trabajando. Sus compañeros de trabajo creían que lo había pasado mal cuando habían nombrado a su eficiente subordinada, Kirstjen Nielsen, jefa del Departamento de Seguridad Nacional. A Nielsen la sustituyó el polémico Zach Fuentes, menos experimentado, que llegó a conocerse con el apodo de ZOTUS («Zach of the United States»).[19] Kelly dejó claro a sus subordinados en varias ocasiones lo mucho que detestaba su trabajo: cuando quiso dejarlo en distintos momentos, más de un miembro del Gobierno, entre ellos Nielsen, se esforzaron para convencerlo de que no lo hiciera.

Sus detractores eran, sobre todo, Jared Kushner e Ivanka Trump. Ellos abogaban por que se relevase al jefe de gabinete antes de las elecciones de mitad de mandato, y uno de los pretextos que utilizaban era la falta de experiencia política de

Kelly. A Trump ya le interesaba Nick Ayers, un joven estratega político que había colaborado con varios republicanos y que en ese momento era jefe de gabinete del vicepresidente Mike Pence. (Trump conoció a Ayers cuando acogió a la Asociación de Gobernadores Republicanos en la Torre Trump casi una década antes.)[20] Ayers a menudo estaba alineado con Kushner en el Ala Oeste, pero a Trump le caía bien y le gustaba cómo funcionaba la oficina de Pence; Trump no entendía que eso se debía, en parte, a que el carácter del vicepresidente facilitaba la gestión. Al principio, Trump intentó mantener en secreto su cortejo con Ayers durante el verano de 2018 y organizó una entrevista de trabajo en la residencia para que no apareciera en el calendario oficial. «¿Quieres hacerlo?», le preguntó al jefe de gabinete de Pence. Ayers le respondió que sí, pero también quería que el presidente aceptara un plan con cambios de personal y de procedimientos; Trump no se comprometió a ello. Posteriormente hubo más conversaciones; algunas de ellas, sobre cómo tratar con el hombre que ocupaba entonces el cargo. Trump le dijo a Ayers que él debería contarle a Kelly que iba a sustituirle. Los rumores sobre la oferta de Trump a Ayers circularon por la Casa Blanca. Pero Ayers le dijo a Trump que no iba a hacer lo que el presidente quería —despedir a Kelly en su lugar— y, como nadie estaba dispuesto a hacerlo, Trump no hizo ninguna modificación antes de las elecciones de mitad de mandato.

El nombre de Trump no aparecía en las papeletas, pero los republicanos vieron que el presidente podía ejercer una influencia notable en las primarias, sobre todo si era crítico con un candidato. En unas elecciones especiales celebradas en Alabama[21] para cubrir el escaño en el Senado que había dejado vacío Jeff Sessions al ser nombrado fiscal general, Trump hizo caso de la recomendación del líder de la mayoría republicana, Mitch McConnell, y respaldó al favorito de las fuerzas tradicionales del partido, Luther Strange.[22] El presidente lo eligió en detrimento de su rival, Roy Moore, el preferido por la base activista trumpista, que llegó a ser candidato y fue acusado de conducta sexual inapropiada con chicas adolescentes. «Quizás cometí un error. Voy a ser sincero: quizás cometí un error», admitió Trump cuando fue a Alabama a hacer campaña por Strange. Strange perdió, lo cual empeoró todavía más la relación con McConnell.[23] Pero esas participaciones en la campaña le fueron útiles a Trump, que esa noche añadió una coletilla[24] a su discurso para criticar a los jugadores de fútbol americano, encabezados por el mestizo Colin Kaepernick, que se arrodillaban durante el himno nacional para protestar contra la brutalidad policial. (En Alabama, Trump se preguntó: «¿No os encantaría que, cuando alguien le falta al respeto a nuestra bandera, uno de los propietarios de la NFL dijera: "Sacad a ese hijo de puta del campo ahora mismo, está despedido"?».) «Bueno, intenté utilizar lo de los monumentos, pero no funcionó —reconoció Trump ante un grupo de conservadores en la Casa Blanca la noche siguiente—. Pero lo de la bandera, lo de arrodillarse con la bandera, eso lo vamos a probar y creo que va a funcionar.»

Cuando brindaba un apoyo como el que le había brindado a Strange, Trump esperaba que, a cambio, al menos obtendría la lealtad ilimitada del beneficiario. Antes de unas primarias gubernamentales en Florida, celebradas en 2018, Trump hizo lo contrario de lo que había hecho en Alabama. En detrimento del que parecía el favorito de las fuerzas tradicionales, apoyó al congresista Ron DeSantis, un combativo conservador que, como miembro del Caucus de la Libertad, había sido uno de los defensores más acérrimos de Trump en el Congreso. El presidente ofreció su apoyo a DeSantis y la directora de su exitosa campaña en Florida, la veterana estratega Susie Wiles, se unió a la de DeSantis.[25] Después de su inesperada victoria en las primarias, DeSantis se propuso ganar unas elecciones generales en el estado con más personas oriundas de Puerto Rico. Sin embargo, el candidato quedó atrapado en medio del continuo intento de Trump por minimizar los daños causados por el huracán María en la isla. Cuando Trump tuiteó, erróneamente, que los demócratas habían falsificado las cifras de muertes para hacerle «parecer lo más malo posible», una portavoz del gobernador respondió que «Ron DeSantis está comprometido con la comunidad puertorriqueña, sobre todo después de las trágicas pérdidas recientes. No cree que se hayan inflado las cifras de fallecidos».[26] Trump se quejó porque, después del apoyo que le había brindado, DeSantis no debería haberle llevado la contraria en público.[27]

Al igual que Trump era proclive a someter a miembros de su partido a su voluntad, el miedo a perder su base política solía llevarle a ceder ante los centros de poder que más asociaba con esa base, como los protestantes evangélicos o los propietarios de armas. Aunque había tenido licencia para llevar un arma oculta, Trump estaba muy poco familiarizado con el lenguaje del debate nacional sobre el derecho a llevar armas.[28] Tanto es así que, durante la campaña, dijo que «los de la Segunda Enmienda» se encargasen de impedir nombramientos indeseados para el Tribunal Supremo.[29] Sin embargo, la Asociación Nacional del Rifle (NRA, por sus siglas en inglés) había batido sus récords de donaciones[30] en nombre de Trump, con lo cual se convirtió en la organización externa más generosa durante el ciclo electoral de 2016, y uno de sus representantes más destacados había trabado amistad con Don júnior.[31]

A principios de 2018, un atacante de diecinueve años mató a diecisiete personas en un instituto de Florida.[32] Saltaba a la vista que el momento requería la implicación de Trump y, durante un tiempo, el presidente estuvo a la altura de las circunstancias. Aceptó organizar un foro para estudiantes y padres del colegio, así como con otras personas afectadas por la violencia armada, que compartieron opiniones divergentes sobre el derecho a llevar armas y el control de las mismas.[33] Entre las ideas opuestas que se plantearon hubo la de endurecer la investigación de los antecedentes penales y abolir las zonas sin armas alrededor de los centros educativos. Trump, que se pasó la mayor parte del tiempo escuchando y haciendo más o menos de maestro de ceremonias, prometió que se tomarían medidas: «Esto no se va a quedar en agua de borrajas como en ocasiones pasadas. Hace demasiado tiempo que dura, ha habido demasiados casos, y vamos a actuar». A los veteranos de Washington, aquello les pareció una respuesta inusualmente tradicional a una crisis política; aquella muestra de empatía básica ya era una victoria, y el equipo de Trump respiró aliviado.

Trump admitía que cualquier nueva medida sobre el control de armas le enfrentaría con sus patrocinadores, un hecho que de entrada no parecía preocuparle. A los legisladores republicanos, les dijo que tenían «miedo»[34] a la NRA y en otra ocasión comentó que «debemos enfrentarnos a ellos de vez en cuando»,[35] un comentario que, por un instante, dio esperanza a las personas que buscaban una versión más moderada de Trump y una modificación de las leyes de tenencia de armas. Pero, después de entrevistarse con representantes de la ANR, Trump se retractó de sus afirmaciones.[36] Un año después, tras dos terribles masacres en Texas y Ohio,[37] la hija de Trump fue una de las personas que le animó a apoyar una ley que exigiese investigaciones de antecedentes para cualquier persona que quisiera comprar un arma.[38] La joven tenía la esperanza de que a Trump le atrajera la idea de firmar solemnemente la ley en el Jardín de los Rosales, con la presencia de ambos partidos. Pero, una vez más, Trump no hizo nada.[39] (Después de otra masacre en la sinagoga Tree of Life de Pittsburgh,[40] Trump no se centró en las armas, pero sí condenó las motivaciones del perpetrador con toda la rotundidad, diciendo que «el antisemitismo y la persecución generalizada de los judíos representan una de las peores y más oscuras lacras de la historia humana». Durante meses, sus simpatizantes judíos se escudaron en esas declaraciones para justificar por qué lo apoyaban a pesar de los comentarios que había hecho cayendo en estereotipos antisemitas.)

Trump había alcanzado pocos logros legislativos de los que pudiera presumir ante los votantes, pero sus adversarios le proporcionaron un asunto de aquellos con los que le gustaba hacer campaña. Ese verano, Trump tuvo la posibilidad de nombrar por segunda vez a un miembro del Tribunal Supremo debido a la jubilación del magistrado Anthony Kennedy.[41] Trump escogió a uno de los antiguos auxiliares de Kennedy, un joven juez de un tribunal de apelación federal, Brett Kavanaugh.[42] Antes de que su designación llegase al Capitolio, una mujer que iba al instituto en la misma época que él acusó a Kavanaugh de agresión sexual.[43] Ese hecho llevó a los senadores a reabrir sus negociaciones de confirmación para escuchar el testimonio de la denunciante.[44] Las acusaciones, y la negación furibunda de Kavanaugh al testificar, no cambiaron la opinión de Trump sobre su elección.[45] Por lo general, Trump se sentía identificado con los hombres acusados de conductas sexuales inapropiadas y no se tomó en serio las acusaciones, que calificó de «bobadas» de hacía casi cuarenta años. Igualmente, había mantenido su apoyo a Roy Moore, pese a que la mayoría de los grandes potentados republicanos le instaban a dejar el cargo. Trump también estaba convencido de los riesgos políticos que correrían él y otros republicanos si daba marcha atrás en un nombramiento. En lugar de reconsiderar su decisión —como había hecho con otros candidatos salpicados por escándalos—,[46] persistió en su apoyo a Kavanaugh. Trump desestimó las acusaciones mientras la noticia dominaba la agenda mediática y se burló del testimonio de la mujer que acusaba a Kavanaugh, Christine Blasey Ford, dando a entender que era un testigo poco fiable.[47]

Como McConnell mantenía a los senadores republicanos unidos en defensa de Kavanaugh y le decía a Trump que todos remaban en la misma dirección, su confirmación estaba garantizada.[48] Trump hacía alusión a las acusaciones contra Kavanaugh para agradar a sus simpatizantes. También aparecieron acusaciones contra Blasey Ford, y las denunciantes tuvieron que hacer frente a las mismas preguntas incesantes sobre la veracidad de los hechos.[49] «Pensad en vuestros maridos —alertaba Trump en sus mítines—. Pensad en vuestros hijos.»[50] Trump comparó la delicada situación de Kavanaugh con la del Gobierno saudí, cuestionado por su papel en el secuestro y descuartizamiento del periodista disidente Jamal Khashoggi dentro de un consulado saudí en Turquía en octubre de 2018. «He aquí otro caso de "eres culpable mientras no se demuestre lo contrario"», afirmó Trump contestando a un reportero que le preguntó por el caso.[51] (El asesinato llevaba meses hostigando a la Administración. Poco después de producirse, Trump le quitó importancia, pese a que la CIA había determinado que había sido ordenado por el príncipe heredero Mohamed bin Salmán.[52] Trump dijo a sus colaboradores que «parecía que» la situación en el consulado «se había salido de madre»; más adelante se jactó ante Bob Woodward, compañero de Khashoggi en *The Washington Post*, de que había «salvado el culo» al príncipe en Estados Unidos durante las protestas.)[53]

En sus esfuerzos por motivar a los votantes republicanos de cara a las elecciones de mitad de mandato, Trump volvió a las cuestiones migratorias que tanto había utilizado. Llamó la atención sobre una caravana que se desplazaba hacia el norte.[54] La marcha había empezado con ciento sesenta hondureños y había ido creciendo hasta juntar a varios miles. El grupo avanzaba hacia el norte y había entrado en México. Trump alertó del peligro que se avecinaba si intentaban entrar en Estados Unidos. Tras casi dos años exigiendo más dureza en la frontera, por fin Trump tenía un pretexto para enviar a cinco mil soldados en activo justo antes de los comicios.[55] No obstante, pasada la jornada electoral, los republicanos perdieron la mayoría en la Cámara de Representantes y la intensa preocupación de Trump por la caravana se desvaneció.[56]

El 6 de noviembre, con motivo de la noche electoral, Trump reunió a los miembros de su equipo, a amigos y a aliados políticos para celebrar una fiesta en la Casa Blanca. Mientras iban llegando los resultados, algunos de sus mayores patrocinadores se paseaban por el Salón del Este.[57] Entre ellos estaban el ejecutivo de Wall Street Steve Schwartzman y el magnate de los casinos Sheldon Adelson, de cuya salud y —por ende— de cuya capacidad para seguir siendo un donante Trump estaba bastante pendiente.

Como se esperaba desde hacía tiempo, los resultados fueron dispares para los republicanos: si bien el partido aumentó sus escaños en el Senado, Trump se había vuelto una figura tóxica para los votantes moderados y con formación universitaria, sobre todo para las mujeres.[58] Por consiguiente, el partido sufrió pérdidas en los barrios residenciales de todo el país. Los demócratas se hicieron con los Gobiernos de Míchigan y Wisconsin, dos estados cruciales para las posibilidades de victoria de Trump. En la Cámara de Representantes, cambiaron de color distritos del país entero, con lo que Nancy Pelosi regresaría a la presidencia del órgano.

Aunque los republicanos perdieron poder en Washington, el partido avanzó en la dirección que marcaba Trump. El presidente de la cámara, Paul Ryan, había decidido no presentarse a la reelección. Su sustituto sería Kevin McCarthy, un maleable californiano que se esforzaba de lo lindo para conseguir el favor del presidente a fin de consolidar su propio poder. Dos senadores con quienes Trump se había enfrentado habían renunciado a sus escaños en lugar de luchar por conservarlos.

Todo ello dio motivos a Trump para mostrarse alegre a pesar de los resultados generales del partido. En una rueda de prensa que dio a la mañana siguiente, negó que los resultados debieran interpretarse como un referéndum sobre su presidencia[59] y se burló de los republicanos que se habían distanciado de él y habían salido derrotados. «Mia Love ["amor", en inglés] no me dio su amor. Y perdió»,[60] dijo en alusión a una congresista de Utah. «Qué lástima», añadió con sarcasmo, visiblemente satisfecho.

En la fiesta de la noche electoral, Trump no perdió de vista a Ayers, el jefe de gabinete de Pence al que esperaba incorporar a su equipo. La victoria de los demócratas en la Cámara de Representantes redujo la influencia de los republicanos, y los demócratas iban a empezar en breve el proceso de selección de su candidato para que se enfrentase a Trump en 2020. La relación Trump-Kelly se había deteriorado y, una vez más, era evidente que había que encontrar a un jefe de gabinete con mayores conocimientos políticos antes de que empezase de verdad la campaña para la reelección. Trump, con Melania a su lado, invitó a Ayers a sentarse con ellos. Lo llamó ante las miradas del resto de la sala, consciente de que esa situación generaría rumores y especulaciones. Más tarde, cuando el jefe de gabinete de Pence se marchó de la fiesta, Trump le acompañó y dijo en voz alta a la esposa de Ayers: «Va a hacerlo fenomenal». Claramente, su intención era que los demás oyeran la indirecta.

Unos días después de las elecciones, Trump viajó a Francia, donde conmemoraría el centenario del armisticio que puso fin a la Primera Guerra Mundial.[61] El principal acto emotivo del viaje sería una ceremonia celebrada en un cementerio militar estadounidense en Belleau. El presidente acudiría junto con Kelly y el oficial militar de mayor rango del país, Joseph Dunford, ambos generales de cuatro estrellas del Cuerpo de Marines. Pero Trump nunca llegó a Belleau.[62]

El presidente estaba de mal humor desde que se había subido al Air Force One en la base Andrews de las Fuerzas Aéreas. Al cruzar el Atlántico, había perdido los estribos hablando por teléfono con la primera ministra británica, Theresa May.[63] Después de que esta última intentase complacer su vanidad felicitándole por los éxitos de su partido en las elecciones de mitad de mandato, Trump dio rienda suelta a una letanía de supuestos agravios. Tras llegar a Europa, Trump elogió a Adolf Hitler diciendo que había hecho algunas cosas buenas.[64] Algunas personas que se enteraron del comentario en tiempo real sospecharon —y quizás esperaron— que la intención no fuera más que provocar a Kelly. Aunque Trump no tuviera la intención de importunar a Kelly, sí logró ofenderle. En una ocasión, el presidente cuestionó en presencia de su jefe de gabinete[65] por qué había personas que decidían dedicar su vida al Ejército (lo había dicho cuando Kelly y Trump estaban juntos en el Cementerio Nacional de Arlington, donde estaba enterrado el hijo del general retirado).

Kelly y Dunford terminaron yendo solos a Belleau, mientras que Trump se quedó en la habitación de su hotel en París. Se dieron varias explicaciones de esa cancelación de última hora.[66] Hacía mal tiempo, y desplazándose en coche, en lugar de hacerlo en helicóptero, tardarían demasiado u obligarían a cerrar demasiadas calles de París. Sin embargo, el segundo de Kelly, Zach Fuentes, alertó a otros funcionarios de la decisión de no acudir a Belleau unos quince minutos antes de que los Servicios Secretos tomasen la decisión acerca de la seguridad de volar en helicóptero. Trump había viajado hasta Francia, pero al final no había asistido a la ceremonia en la que se honraba a los estadounidenses caídos; a raíz de ese hecho, y como era de esperar, en la prensa hubo críticas. También aparecieron varias informaciones anónimas que decían que Fuentes había sido el responsable de la decisión.[67] Cuando Trump vio la recepción mediática de su viaje, echó la bronca a su equipo y se quejó de que hubieran tomado por él la decisión de no asistir. Trump dijo que, después de todo, podría haber asistido. Mucho más adelante, el periodista de *The Atlantic* Jeffrey Goldberg, basándose en varias fuentes, informó de que el presidente se había mofado de los caídos en la guerra y le había dicho a Kelly que no quería que se le mojase el pelo bajo la lluvia.[68]

Trump hablaba de forma habitual con Ayers, el hombre al que quería como sustituto de Kelly. (Una vez, apareció una foto de Ayers en el portal *Drudge Report*, que a lo largo de los años no solo había captado la atención de los medios conservadores, sino de la prensa en general, en el marco de las especulaciones sobre el cargo de jefe de gabinete.) En ese momento, la predisposición de Ayers a asumir el cargo había menguado; Trump no se comprometía a hacer los cambios que su protegido quería. Cuando Trump le dijo a Ayers que la prensa le estaba tratando muy bien, este replicó que no sabía por qué. Trump, al que su equipo llamaba «filtrador en jefe»,[69] respondió: «Lo estoy haciendo yo».

Ayers empezaba a cansarse de la presión pública. Un fin de semana a finales de año, le pidió a Kushner si el intenso culebrón alrededor de su nombre podía detenerse veinticuatro horas para que pudiera celebrar el cumpleaños de sus trillizos. Pero Trump tenía otros planes. Mientras se dirigía al Marine One, Trump se paró para hablar con los periodistas y dijo de pronto que Kelly iba a abandonar la Casa Blanca a fin de año.[70] Ayers ya había visto demasiados casos de gente a quien Trump arrollaba en la prensa, y decidió que él no iba a dejar que le sucediera lo mismo.

El jefe de gabinete de Pence fue a reunirse con Trump después del anuncio sobre Kelly y le hicieron pasar a la residencia. El presidente y la primera dama salieron a saludarle: «Hoy no me transmites sensaciones positivas», dijo Trump a su visitante, que le respondió que no le iba a gustar lo que tenía que decirle. Ayers había intentado en reiteradas ocasiones conseguir que Trump se comprometiera a hacer lo que él necesitaba, pero no habían acercado posiciones. A Trump se le veía avergonzado. «Por eso siempre cortaba yo primero —dijo riéndose entre dientes—. Cuando salía con una chica y sabía que iba a dejarme, el día antes yo cortaba con ella y lo filtraba a la prensa. Debería haber cortado yo primero.» La conversación entre Ayers y Trump fue cordial, pero a Kushner, que estaba en la Casa Blanca y por lo visto creía que Ayers terminaría cediendo, pareció afectarle.

Entonces se habló de la posibilidad de que Kelly siguiera durante un tiempo más, pero esa opción nunca fue probable. Kelly sugirió a varias personas para el cargo y avisó a Trump de que evitase a una persona sumisa si no quería que lo sometieran a un proceso de destitución. El presidente respondió: «Yo quiero a alguien servil», aunque ninguno de los serviles quiso el cargo. (Trump también intentó convencer a Chris Christie, que ya no era gobernador de Nueva Jersey, filtrando que los dos se habían reunido para charlar sobre el puesto de jefe de gabinete.[71] «Era positiva para mí y positiva para ti. Era positiva»,[72] dijo Trump sobre la cobertura informativa posterior. Christie era consciente del hábito de Trump de tuitear sobre la realidad tal como él quería que fuera, y retiró su nombre de las quinielas poco después.) Al final, Trump eligió a Mick Mulvaney, un excongresista conservador que dirigía dos agencias, entre ellas la Oficina de Administración y Presupuesto.[73] Kelly compartió con Mulvaney la opinión de que Trump era la persona con más defectos que había conocido nunca.[74] Durante los dos años anteriores, Mulvaney había visto a algunos demócratas hablar sobre la apertura de un proceso de destitución y, en su opinión, los enemigos de Trump iban a intentarlo con independencia de lo que hiciera el presidente.

Kelly había empezado su andadura en el cargo creyendo que el principal problema de la Casa Blanca de Trump era el personal. Pero, cuando se marchó, ya se había hecho una imagen más completa de Trump. Marine hasta la médula, Kelly abandonó la Casa Blanca, pero estuvo años negándose a criticar sin tapujos al comandante en jefe, salvo por algunos comentarios esporádicos en circunstancias extremas. No obstante, varias personas que hablaron con él decían que calificaba a Trump de «fascista». Kelly opinaba que al presidente no le interesaba la historia ni la geografía y que no era apto en absoluto para liderar una democracia constitucional.

A principios de 2019, en vísperas del segundo discurso de Trump sobre el Estado de la Unión, a los responsables del Departamento de Seguridad Nacional les llegó la información de que otra caravana de inmigrantes procedentes de Centroamérica y México iba en camino de Estados Unidos. «No podemos dejarlos entrar —le dijo Trump a Nielsen. Y sugiriendo algo que claramente excedía los límites de la ley, manifestó—: Te doy permiso para cerrar la frontera, tienes que mandarlos a todos de vuelta.» Trump quería incluir esa opinión de alguna forma en su discurso sobre el Estado de la Unión, pero al final no lo hizo. Durante buena parte de su legislatura, el presidente había estado obsesionado con el número de pasos fronterizos e insistía en que Nielsen no había hecho lo suficiente porque solo había aplicado las leyes vigentes. Trump había presionado a menudo a Nielsen para que «restableciera la separación de familias»,[75] pero ella se había negado. La jefa del Departamento de Seguridad Nacional también se había opuesto a un intento final de Trump para acosar a las familias migrantes residentes en Estados Unidos.

Nielsen llevaba muchos meses colaborando con Gobiernos de Centroamérica para ralentizar el flujo de migrantes, por ejemplo, minimizando la violencia a la que se enfrentaban durante el camino y debatiendo sobre el incremento de la capacidad de asilo de México y otras zonas de la región. Tras meses de negociaciones entre Nielsen y responsables mexicanos, en enero de 2019 la Administración empezó a implementar, a través del Departamento de Seguridad Nacional, los Protocolos de Protección de Migrantes (conocidos informalmente como «PPM» o «Permanecer en México»).[76] Los PPM estaban diseñados para frenar a los solicitantes de asilo en la frontera sur, en México, mientras sus casos seguían su recorrido en los tribunales. Era un cambio polémico y muy relevante respecto a la manera como había funcionado hasta entonces el sistema de asilo, y conllevó desafíos jurídicos.

Sin embargo, Trump aún no estaba satisfecho. Meses después, mientras Nielsen estaba visitando un puesto de control fronterizo en Yuma[77] con su asistente Miles Taylor, el autor anónimo del artículo de *The New York Times*, Trump exigió hablar con la secretaria.[78] Taylor se unió a la conversación a mitad de la llamada y oyó cómo Trump volvía a ordenar a Nielsen que cerrase la frontera, incluso al comercio:

—Estamos llenos, y nadie debería poder solicitar asilo —dijo, proponiendo otra imposibilidad jurídica—. ¡Haces que parezca el malo de la película! ¿Por qué no impides que entren y punto?

Nielsen respondió que estaba haciendo su trabajo. Al colaborar con Gobiernos centroamericanos para limitar el flujo de migrantes, estaba haciendo todo lo que estaba en su mano para dar respuesta a la situación. Trump quería que el Congreso destituyese a los jueces que adjudicaban solicitudes de asilo.

—Pon en marcha el proyecto de ley. Lo único que necesito es que hagas tu puto trabajo —dijo Trump.

—Presidente, como ya hemos comentado, ese no es mi trabajo y excede mis competencias —dijo Nielsen—. ¿Quizás la oficina jurídica de la Casa Blanca o el Departamento de Justicia pueden redactar un proyecto de ley sobre los jueces?

—Quiero que te pongas en contacto con el Departamento de Defensa —dijo Trump—. El Cuerpo de Ingenieros del Ejército es el responsable de construir el muro fronterizo. —Según él, se avanzaría con la cuestión.

—Yo no puedo decirle al Departamento de Defensa lo que tiene que hacer —contestó Nielsen, señalando que ella no era secretaria de Defensa y que el comandante en jefe era Trump.

—Entonces, ¿ahora la culpa es mía? —replicó Trump—. Yo tengo ciento treinta putas cosas pendientes.

Trump terminó la llamada colgando en plena conversación. Nielsen tiró el móvil por la frustración.

Poco después Trump sustituyó a Nielsen y, como secretario en funciones, nombró al jefe de Control de Aduanas y Fronteras, un funcionario de la época de Obama llamado Kevin McAleenan con quien Stephen Miller a menudo se ponía en contacto y que caía bien a Kushner. Los dos hombres aprobaron la sustitución. Cuando Nielsen estaba a punto de dimitir y traspasar sus competencias a McAleenan, ambos viajaron con Trump a la frontera de California para visitar el centro fronterizo de Calexico. Delante de las cámaras de televisión, Trump dijo: «Estamos llenos, nuestros sistemas están llenos, nuestro país está lleno. ¡No pueden entrar! Nuestro país está lleno. ¿Qué podemos hacer? Ya no podemos gestionar la situación, nuestro país está lleno. No pueden entrar, lo siento. Es muy sencillo». En privado, dijo que quería que los agentes fronterizos denegasen la entrada a los migrantes, lo cual contravenía la ley, y le dijo a McAleenan que le indultaría si alguna vez lo procesaban por ese incumplimiento.[79] Los que se encontraron con McAleenan en esa época le vieron perplejo. Más adelante, este reveló a varias personas que creía que Trump estaba de broma. Otros no estaban tan seguros. Pero no importaba mucho.

25

Más duro que el resto

Rudy Giuliani entró en el equipo jurídico encargado de abordar la investigación del fiscal especial en la primavera de 2018, y tardó nada y menos en encontrar formas de impresionar a Donald Trump.[1] El exalcalde llevaba tres décadas dedicándose más a la política que al derecho, y adoptó una estrategia agresiva. Atacaba la investigación siempre que podía, discutía con los investigadores e intentaba quitar importancia y perjudicar a los testigos, en parte para alterar la opinión pública acerca del caso.

No obstante, para muchas de las personas que trabajaban en la Administración Trump, Giuliani era una fuente de incomodidad en el mejor de los casos; y de alarma en el peor. En 2017, el jurista había defendido un intercambio de prisioneros en el que iba a mandarse a un comerciante de oro acusado de blanquear capitales e infringir sanciones a su país natal, Turquía, a cambio de un pastor encarcelado allí.[2] El hombre acusado en Estados Unidos, Reza Zarrab, era cliente de Giuliani, y su estatus era motivo de interés para los funcionarios turcos.[3] Trump tenía vínculos comerciales con Turquía, donde un par de torres de Estambul contaban con una licencia para exhibir el nombre de Trump. Además, al presidente le fascinaba la imagen del país en el cine. Trump era fan de *El expreso de medianoche*, el horripilante filme de 1978 sobre un estadounidense que es maltratado durante años en una cárcel turca. («A mi padre le encanta esta película. Nos la hizo ver muchas veces de niños», recordó Ivanka durante una reunión de altos miembros del equipo de la Casa Blanca cuando se propuso *El expreso de medianoche* como opción para ver en una «noche de cine».) Trump le dijo al secretario de Estado, Rex Tillerson, que colaborase con Giuliani en el caso de Zarrab, pero Tillerson le contestó que no podía hacerlo por dos motivos: por la investigación en marcha del Departamento de Justicia y porque podía sentar un precedente negativo.

Otros esfuerzos por limitar las colaboraciones de Giuliani con Trump no fueron tan exitosos. A principios de 2019, Giuliani empezó a hablarle al presidente de algo que según él eran unos casos de corrupción que implicaban al vicepresidente Joe Biden, a su hijo Hunter, a una compañía energética y a un fiscal corrupto de Ucrania. Biden era la figura más conocida de una de las primarias presidenciales más concurridas de la historia del Partido Demócrata. Cuando dos candidatos del ala progresista del partido, el senador por Vermont Bernie Sanders y la senadora por Massachusetts Elizabeth Warren, subieron en las encuestas proponiendo que la universidad fuera gratuita y que se implantara una cobertura sanitaria universal, Trump refunfuñó y les dijo a sus asesores que tenía que encontrar «cosas gratis» para hacer frente al atractivo de esos dos candidatos. Incluso pidió a sus colaboradores que pensasen algunas ideas al respecto. Pero, en ciertos momentos del inicio del ciclo de campaña, Trump ya detectó que Biden conectaba con los votantes blancos de clase obrera y con la base demócrata negra, así que podía ser el rival más difícil de batir en unos comicios.

Así pues, cuando Giuliani le fue presentando a su cliente una noticia tras otra sobre una compañía de gas ucraniana que había pagado al hijo menor de Biden, Hunter, unos honorarios de hasta 50.000 dólares al mes (a pesar de que el joven contaba con escasa o nula experiencia relevante), Trump le escuchó.[4] Mientras Hunter Biden estaba haciendo su trabajo, la Administración Obama presionaba al fiscal general de Ucrania, Víktor Shokin, para que fuera más agresivo contra la corrupción, lo cual condujo a su destitución. Cuando Joe Biden anunció su candidatura a la presidencia, Shokin empezó a decir que le habían apartado de la investigación sobre la empresa vinculada con Hunter Biden y que el embajador estadounidense había dado a su sucesor una lista de las personas a las que no había que procesar. Giuliani comenzó a defender esa idea. El Departamento de Estado declaró que aquello no era más que un invento, pero gracias a Giuliani, los esbirros más agresivos de Trump fuera de la Casa Blanca tenían un nuevo enemigo: Marie Yovanovitch, una diplomática de carrera aún destacada en Kiev. Donald Trump jr. la insultó por Twitter y su padre le siguió los pasos.

Durante la primera mitad de 2019, Giuliani se hizo acompañar por dos ucranianos y dos abogados que formaron parte brevemente del equipo jurídico de Trump y se reunió con representantes políticos en Varsovia, París y Madrid. Compartieron información sobre su investigación con un articulista de *The Hill* llamado John Solomon, que escribía reportajes basándose en las indagaciones de Giuliani que luego Trump y sus aliados mediáticos se dedicaban a amplificar.

Ese año se hizo patente que la oficina del presupuesto, previamente dirigida por Mulvaney, había dejado en suspenso cientos de millones de dólares de ayuda militar aprobados por el Congreso y autorizados por Trump en 2018 para ayudar a Ucrania.[5] Los funcionarios de la Administración dieron explicaciones diferentes sobre el porqué de la suspensión, pero una razón fundamental fueron las preocupaciones de Trump respecto a la ayuda exterior, incluida la asistencia militar. Su embajador en Alemania, el republicano de California Richard Grenell, que tiempo atrás había calificado de «peligrosas» las opiniones de Trump en política exterior,[6] canalizó el parecer del presidente en Europa; Trump expresó su interés por retirar a las tropas estadounidenses de un país donde habían estado destacadas desde el fin de la Segunda Guerra Mundial.[7] Durante años, los funcionarios de la Administración dijeron que Trump desconfiaba de la canciller alemana, Angela Merkel, y que no le caía bien (de hecho, en una reunión durante la legislatura se refirió a ella como «esa zorra»).[8] El secretario de Defensa, Mark Esper, creía que Trump actuaba puramente por despecho personal con respecto a Merkel, y recordó al presidente que él ya revisaba las posiciones de fuerza estadounidenses y que iba a hacer modificaciones de conformidad con las prioridades a escala internacional. Robert O'Brien, que sería el último consejero de Seguridad Nacional, aseguró a varias personas que él abogaba por desplazar algunos de los efectivos a Polonia para proteger esa frontera ante Rusia. Que las tropas que había en Europa fueran esenciales para la estrategia de la OTAN frente a Rusia no significaba mucho para Trump. Con frecuencia, el presidente decía a los miembros de su Gobierno que «deberíamos salir» de la Alianza Atlántica. Algunos funcionarios del Gabinete lidiaban con esas afirmaciones diciéndole que eso debería ser una prioridad de un segundo mandato, y Trump estaba de acuerdo. Los representantes de mayor rango de su Administración estaban divididos entre los que compartían los objetivos de política exterior del presidente y los republicanos más atlantistas. A Trump le habían dejado muy frustrado las personas que a su juicio estaban poniendo palos en las ruedas a su agenda.

Aun así, la campaña de presión de Giuliani no se limitó solo a promover las conocidas opiniones de Trump sobre política exterior y alarmó a varias figuras de la Casa Blanca y el Departamento de Estado a medida que se fueron enterando de la iniciativa. John Bolton, un veterano de línea dura de la Administración de George W. Bush que había sustituido a H.

R. McMaster en el cargo de consejero de Seguridad Nacional, describió al abogado del presidente como una «granada de mano» que haría saltar por los aires a todo el mundo.[9]

El 22 de marzo de 2019, Mueller entregó su «Informe sobre la investigación de la injerencia rusa en las elecciones presidenciales de 2016» al Departamento de Justicia. Los activistas liberales que se llamaban a sí mismos «resistencia» anti-Trump habían depositado en la investigación muchas de sus esperanzas de acabar con la presidencia. Habían desarrollado un culto a las expectativas en torno al fiscal especial y tenían la esperanza de que este encontrase pruebas que vinculasen a Trump con la injerencia rusa. Muchos periodistas informábamos sobre las evoluciones más incendiarias en tiempo real, aunque los demócratas de la Cámara de Representantes promovían la idea, nunca corroborada, de que había información peor aún por publicar. El fervor no se basaba en pruebas reales, sino en un deseo de que esos dos años de investigaciones terminasen con el procesamiento de Trump. En abril de 2018, Adam Davidson publicó una noticia en *The New Yorker* con un titular que presagiaba LA FASE FINAL DE LA PRESIDENCIA DE TRUMP. Mueller era el héroe de ese cuento con moraleja. Se hicieron cirios con su cara y su apellido dio nombre al pódcast *Mueller, She Wrote*.[10] En una tira cómica, le representaron volando por el cielo con una capa roja.

El informe de Mueller llegó al fiscal general, William P. Barr, que había sido confirmado en el cargo semanas antes.[11] Como ciudadano privado, Barr había redactado voluntariamente un memorando a los funcionarios del Departamento de Justicia en el que sostenía que no era legítimo acusar al presidente de obstrucción a la justicia.[12] En sus comparecencias de confirmación en el Senado, validó el uso que Trump hacía de la expresión «caza de brujas» para describir la investigación que había imperado durante su período en el cargo, aunque dijo que no pensaba que Mueller estuviera involucrado. Teniendo en cuenta todo eso, Trump creyó que podía estar tranquilo con el nuevo fiscal general: veía en él a un defensor leal que velaría por sus intereses personales desde el seno del Gobierno. En dos partes, el informe de Mueller, de 448 páginas, llegaba a la conclusión definitiva de que el Gobierno ruso había interferido en las elecciones de 2016 con el objetivo de contribuir a la victoria de Trump. También citaba a varios asesores o asistentes de Trump dispuestos a aceptar esa ayuda, y lo corroboraba con una serie de reuniones que el presidente había subrayado que no se habían celebrado nunca.

Tras la presentación del informe, Barr hizo pública una carta de cuatro páginas en la que resumía los hallazgos. Afirmaba que el Gobierno ruso había podido interferir en las elecciones de 2016 de dos maneras fundamentales: mediante la operación de pirateo y filtración de correos electrónicos de los demócratas, por una parte, y mediante una iniciativa para divulgar información por internet a través de troles en las redes sociales, por la otra. No obstante, escribía Barr, la investigación «no encontró indicios de que la campaña de Trump, ni nadie asociado con ella, conspirase o se coordinase con el Gobierno ruso en esas iniciativas, a pesar de las múltiples ofertas recibidas por parte de individuos vinculados con Rusia para prestar ayuda a la campaña de Trump». Más adelante, Barr dio una rueda de prensa en la que dijo que no se había dado ningún caso de «confabulación», un término carente de significado jurídico que el equipo de Trump tendía a emplear ante los medios para describir la esencia de la investigación.

Barr dijo que el Departamento de Justicia haría público el informe próximamente, pero que antes era necesario revisarlo. El proceso se alargó varias semanas. Mientras tanto, la descripción de Barr empezó a calar en la conciencia pública a pesar de las protestas de Mueller en privado. Al fiscal especial le denegaron la petición de que Barr ofreciera un texto más concreto. El informe de Mueller era más complejo y específico que el resumen. En varios puntos se decía que Trump había intentado controlar la investigación de Mueller, utilizar el Gobierno para minimizar su relevancia o mentir a la ciudadanía. Los investigadores de Mueller descubrieron que unos piratas informáticos rusos habían intentado entrar en los servidores del despacho personal de Clinton el mismo día de 2016 en que Trump había dicho en público: «Tengo un mensaje para Rusia, si estáis ahí: espero que seáis capaces de encontrar los 30.000 correos electrónicos que faltan». También hallaron que los rusos habían pagado para escenificar manifestaciones trumpistas en Estados Unidos.

De los varios casos potenciales de obstrucción a la justicia que el equipo de Mueller tomó en consideración, había uno que era de lo más inculpatorio para Trump. En su declaración, Don McGahn reveló que Trump le había dicho que negase una información que habíamos publicado en 2018 Michael Schmidt y yo: a saber, que Trump le había dicho a McGahn que echase a Mueller.[13] El abogado replicó que él no pensaba hacerlo porque la información era cierta. «¿Dije la palabra *despedir*?», preguntó Trump. McGahn contestó aludiendo al fiscal general adjunto: «Lo que usted dijo fue: "Llama a Rod y dile que Mueller tiene otros compromisos y no puede ser fiscal especial"». Trump dijo que él nunca había usado la palabra *despedir* y solo quería que McGahn se lo plantease a Rosenstein, que podía tomar la decisión. McGahn dejó claro a los investigadores que él lo entendía como una orden. El texto también ponía de manifiesto las informaciones contradictorias que Trump daba a (y sobre) sus asistentes. Trump comunicó a su asesora Hope Hicks que Kelly había dicho que McGahn negaba la noticia de *The New York Times* y que publicaría un comunicado para señalarlo. Pero el propio Kelly dijo que él no había hablado de la noticia con

McGahn. Trump también intentó que Porter, el secretario de personal, convenciera a McGahn de que redactase una carta «para nuestros archivos» cuestionando la noticia que habíamos sacado; McGahn se negó a hacerlo, pues decía que la información era veraz. (Agotado por las salidas de tono de Trump, McGahn salió de la Casa Blanca hacia finales de 2018.)

Sin embargo, el informe sirvió para validar las sospechas previas de todo el mundo. No confirmaba que hubiera habido una conspiración jurídica entre la campaña de Trump y los rusos. Y, si bien el informe no exoneraba al presidente, la conclusión —basada en interrogatorios de los investigadores y notas de los testigos, entre ellos McGahn— nunca esclareció cuál era la intención que había detrás de las actividades entre los colaboradores de Trump y los rusos. Al principio de la investigación, Mueller tuvo que apartar a un alto funcionario del FBI que trabajaba en el caso porque tenía un romance con una abogada del FBI involucrada en la investigación.[14] Los dos se habían mandado mensajes de texto que parecían mostrar una disposición contraria a que Trump ganase las elecciones de 2016 (Trump se aficionó a llamarlos los «amantes» y, cuando se desclasificaron los mensajes, hizo lecturas dramatizadas de los textos delante de amigos). El llamado dosier Steele fue financiado por un aliado de Clinton y fue la base de las peticiones judiciales para que se iniciase la vigilancia de un asesor de campaña de Trump que había viajado a Rusia.[15] Eso sí, las acusaciones más salaces del dosier terminaron por desestimarse.

Las principales ramificaciones de las pesquisas de Mueller eran imputaciones que no afirmaban específicamente que hubiera una conspiración entre la campaña y Rusia. Mueller se pasó meses indagando si Roger Stone era una vía de contacto con WikiLeaks y su fundador, Julian Assange.[16] En verdad, la Comisión Permanente de Inteligencia de la Cámara de Re-

presentantes también le interrogó sobre ello. En enero de
2019, Stone fue finalmente imputado y detenido antes del
amanecer por un grupo de agentes del FBI.[17] Se le acusaba de
siete delitos: cinco casos de falso testimonio (entre ellos, haber mentido al Congreso), además de la acusación de haber
obstruido un procedimiento oficial y de haber coaccionado a
un testigo. El testigo en cuestión era el humorista e imitador
Randy Credico, que era una conocida mosca cojonera en
Nueva York. Durante años, Stone había declarado muerto a
Credico en sus tuits, en lo que constituía un chiste recurrente.[18] Una vez incluso hizo imprimir una esquela del supuesto
fallecido. Los fiscales dijeron que Stone estaba intentando
amenazar a Credico para que no colaborase con los investigadores, aunque Stone y su abogado quitaron hierro a esa acusación.

Los investigadores de Mueller estaban igual de interesados en el exsocio de Stone, Paul Manafort.[19] El que fuera segundo de Manafort, Rick Gates, se declaró culpable de conspiración y de haber mentido al FBI y empezó a colaborar con
Mueller en detrimento de Manafort y Stone.[20] Entre la información que apareció sobre Manafort estaba el hecho de que
supuestamente había pasado datos demoscópicos de campaña
a un socio empresarial (más adelante, un informe de inteligencia del Senado elaborado por republicanos y demócratas
identificó a ese socio como un agente de inteligencia ruso).[21]
Stone mantuvo su inocencia y negó las acusaciones concretas, pero fue condenado por todos los cargos después de que
Bannon y Gates testificaran que había sido un hombre clave
en las filtraciones de correos electrónicos a WikiLeaks.[22] (En
las transcripciones se vio que una parte de la declaración de
Bannon ante la Cámara de Representantes sobre Stone y Assange contradijo su declaración en el juicio, pero el abogado
de Stone no planteó la cuestión en ese momento.) Unos documentos pusieron de manifiesto que Mueller creía que no

podía demostrar «fuera de toda duda razonable que Stone supiera o creyera que las intrusiones informáticas estaban en marcha en el momento en que él presuntamente alentó o coordinó la publicación» de los correos electrónicos. Al terminarse el proceso, la mayor parte de los aliados de Trump restaron importancia a los cargos tachándolos de «delitos de obstrucción».[23]

Michael Cohen, el antiguo apagafuegos de Trump, también colaboró con las investigaciones de los tribunales y del Congreso sobre su antiguo jefe. Ante la Comisión de Supervisión de la Cámara de Representantes, Cohen contó que en el seno de la Trump Organization se había barajado el proyecto de construir una Torre Trump en Moscú, unas conversaciones que según él se habían alargado hasta bien entrado el año 2016. También expuso hasta qué punto Trump había tratado de inflar su patrimonio neto (la fiscal general de Nueva York, Letitia James, dijo que la declaración de Cohen fue uno de los elementos que la animaron a investigar la cuestión). Desde que había accedido a la presidencia, dijo Cohen, Trump se había «convertido en la peor versión de sí mismo». Aunque más adelante estuvo en arresto domiciliario porque se había declarado culpable, Cohen volvió a entrar en la cárcel. Según él, lo encarcelaron en un intento de silenciarlo e impedir que ampliase esas observaciones en unas memorias en que lo ventilaría todo, cuya publicación estaba prevista para dos meses antes de los comicios de 2020. (Un juez ordenó la liberación de Cohen y dictaminó que la Agencia de Prisiones no había actuado de forma adecuada; el libro, titulado *Disloyal*, se publicó en la fecha prevista.)

Aunque muchos de los demócratas aspirantes a la presidencia sostenían que el informe de Mueller daba motivos suficientes para abrir un proceso de destitución contra Trump,[24] a los dirigentes del partido en el Congreso que tendrían que apoyar ese proceso no les interesó. «Un proceso de destitución divide tanto al país que, salvo que sea algo muy evidente y abrumador y compartido por los dos grandes partidos, no creo que debamos hacerlo, porque divide al país —justificó la presidenta de la Cámara de Representantes, Nancy Pelosi—. Y Trump no lo vale.»[25]

Unas semanas después de la publicación del informe, en medio de la indignación de los republicanos del Congreso y de los medios conservadores, Barr solicitó al fiscal John Durham que rastrease los orígenes de la investigación sobre Rusia hecha en 2016.[26] Cualquier satisfacción que eso pudiera reportarle a Trump se disipó cuando el inspector general del Departamento de Justicia, Michael Horowitz, se presentó con los resultados de una investigación independiente sobre los intentos de James Comey de forzar el nombramiento de un fiscal especial. Horowitz llegó a la conclusión de que Comey había incumplido las políticas del departamento sobre la gestión de la información al compartir memorandos sobre sus conversaciones con Trump.[27] Pero el inspector general dictaminó que Comey no había publicado ninguna información clasificada, y desde el departamento se negaron a presentar cargos penales. «¡Le has pillado con las manos en la masa! —le gritó Trump a Barr—. ¿Cómo has podido hacer eso? ¡Yo leí ese informe!» Barr explicó que Horowitz no había ordenado que se abriera una causa penal y que, como inspector general, no era tarea suya hacerlo. Trump exhibía a menudo el deseo de que fiscales y abogados actuasen contra sus rivales políticos y sus críticos, peticiones que la mayoría de sus colaboradores desatendían; no obstante, el presidente estaba empezando a entender que, aunque Barr y él tenían la misma opinión sobre la investigación del fiscal especial, eso no significaba que Barr fuera a hacer siempre lo que él quisiera.

En julio, mucho tiempo después de que terminase su investigación, Mueller fue citado a testificar sobre sus hallazgos en dos sesiones consecutivas de la Comisión Judicial y la Comisión de Inteligencia de la Cámara de Representantes. Sería un momento clave en el que los estadounidenses podrían escuchar las explicaciones detalladas del fiscal especial. Mueller se ciñó estrictamente a los hechos del informe y los republicanos le atacaron sin cuartel. Ese hecho llamó la atención, ya que Mueller —al que se le vio frágil y titubeante en ocasiones— no se desvió del material de la investigación. Trump y sus asistentes disfrutaron de lo lindo con esas comparecencias: la amenaza de Mueller ya había pasado y el presidente podía dedicarse a otros asuntos.

Al día siguiente, Trump llamó al presidente ucraniano, Volodímir Zelenski, quien había accedido al cargo esa primavera. La llamada la había organizado el Consejo de Seguridad Nacional. Para Zelenski, era urgente establecer una relación con el presidente de Estados Unidos, pero Trump tenía otras cosas en mente. Le pidió a su homólogo si podía «hacernos un favor» investigando el pirateo de los servidores de correo del Comité Nacional Demócrata (que según Mueller, había sido perpetrado por Rusia), y también abriendo una investigación sobre los Biden. La vinculación entre esas cuestiones y las ayudas bloqueadas sería el epicentro de una nueva polémica que estaba a punto de embarrar la presidencia.

Tres días después, Dan Coats estaba en un campo de golf propiedad de Trump en Virginia cuando se enteró por Twitter de que el presidente le destituía como director nacional de inteligencia.[28] La forma en que las personas dejaban sus cargos o se las despedía era un motivo de enfrentamiento constante entre Trump y sus asistentes. Mientras ejercían su cargo, los asesores cruzaban los dedos por que Trump no los atacase, pero al final varios terminaron escribiendo a toda prisa una carta de renuncia para evitar que su jefe se les adelantase vía Twitter. En su caso, Coats intentó presentar su renuncia varios meses antes, en parte por la frustración que se alargaba desde la cumbre de Helsinki, donde Trump había dado mayor credibilidad al relato del presidente Putin sobre las elecciones de 2016 que al de sus propios servicios de inteligencia. Esa cumbre, y el comportamiento de Trump, habían llevado a varios funcionarios —entre ellos, a Coats— a preguntarse si había algo detrás de la actitud amable que el presidente prodigaba a Putin en público. Coats le dijo al presidente que él no podía hacer su trabajo sin su apoyo; Trump le pidió a su subordinado que no dejase el cargo, preocupado por la imagen que daría si su director nacional de inteligencia se marchaba en medio de la investigación del fiscal especial. Aunque Trump no estaba del todo convencido de prescindir de Coats, algunos aliados externos le presionaron para que lo hiciera y le propusieron el nombre de otro candidato. Coats propuso a Pence que su sustituto fuera Joseph Maguire, un neoyorquino que había servido en el Ejército durante treinta y seis años y que era el jefe del centro de lucha antiterrorista del Gobierno. Según él, nadie entendería mejor que Maguire lo que estaba en juego. (Maguire no pretendía hacerse con el cargo; su esperanza era que lo asumiera la número dos del director de inteligencia, Sue Gordon, pero a Trump no le caía bien.)

Trump recelaba y desconfiaba del aparato de Seguridad Nacional de su Gobierno: tanto de los dirigentes militares como de los diplomáticos y los agentes de inteligencia que implementaban sus políticas. En algunos casos, el sentimiento era mutuo, debido en parte a la inquietud que despertaba su despreocupación respecto a los secretos del país. Un día, Trump tuiteó una foto sensible de los daños causados a unas instalaciones espaciales iraníes sin esperar a que los funcionarios borrasen unos detalles clasificados, porque le gustaba esa imagen. «Si quitas lo clasificado, le quitas lo bueno», protestó cuando los funcionarios intentaron hacer modificaciones.

Al concluir las reuniones, John Kelly procuraba que la información de inteligencia no terminase en el piso de arriba de la Casa Blanca ni se quedase en manos de Trump. El comportamiento del presidente ilustra lo que preocupaba a Kelly: a quienes visitaban el Despacho Oval —como los periodistas—, Trump les enseñaba objetos como sus cartas con Kim Jong-un, que por lo visto creía que el líder norcoreano había escrito de su puño y letra. Algunos veían propósitos perversos en esa conducta. Otros creían que el presidente tenía la edad emocional de un niño de doce años y utilizaba los datos de inteligencia para llamar la atención de los demás.

No obstante, sus frecuentes ataques al «Estado profundo» no le impedían conversar animadamente con algunas de las personas que le informaban cada semana sobre asuntos concretos de inteligencia. Su aversión al conflicto interpersonal directo le podía llevar a ser gracioso y atento con sus interlocutores: charlaba de todo y de nada con ellos y se mostraba simpático en sus interrupciones y reflexiones. En las sesiones informativas con expertos, a menudo firmaba cosas con su rotulador permanente: desde un montón de fotos que le traían sus asistentes hasta nombramientos presidenciales.

El primer informador principal que tuvo, Ted Gistaro, un veterano de la CIA, nunca terminó de acostumbrarse al estilo de Trump. Pero con su sucesora, Beth Sanner, también veterana de la CIA, la situación mejoró. Sanner entabló una buena relación con Trump y encontró una forma de que el presidente la comprendiera. Durante un tiempo, el presidente no consiguió recordar su nombre, y ella se lo comentó a otro funcionario. Entonces alguien se lo dijo a Trump, que a partir de entonces empezó a saludarla diciendo «¡Beth!». (A Trump también le costaba recordar el nombre de su consejero de Seguridad Nacional, John Bolton, y habitualmente le llamaba «Mike». Al parecer, lo confundía con el cantante Michael Bolton.)

Sanner conversaba con Trump sin tenerle miedo, un rasgo del que carecían muchas de las personas que trabajaban en su Gobierno. Gracias a ello podían mantener una conversación sin que Trump tuviera la sensación de que le estaban regañando. Aun así, el presidente la trataba de forma despectiva en sus reuniones, en una actitud que reflejaba sobre todo su desinterés por los expertos. «Hablas demasiado», decía a veces. Si era posible, los temas que podían hacer descarrilar una sesión informativa llevando a Trump por la tangente —como las cuestiones relacionadas con Rusia— se reservaban para el final. A veces esas reuniones caían rápidamente en el pesimismo. Durante una de esas sesiones celebrada en la segunda mitad de su presidencia, Trump no se tomó en serio lo que le habían dicho sobre la actividad en Europa y declaró: «Todo lo que hacen es para perjudicarnos».

A lo largo de su mandato, Trump alternó entre el lenguaje belicoso —atacar a Irán y bombardear a Corea del Norte— y la preocupación por ser considerado el responsable de las bajas.[29] En junio de 2019, cuando Irán abatió un dron de vigilancia estadounidense no tripulado, Trump autorizó un ataque en represalia contra una serie de objetivos iraníes.[30] Varios altos funcionarios estaban a favor de esa respuesta, y no parecía que a Trump le supusiera un conflicto. Sin embargo, hubo interferencias de última hora. Una vez que los aviones ya estaban volando hacia el objetivo, el abogado del Consejo de Seguridad Nacional John Eisenberg entró corriendo en el Despacho Oval sin informar a sus superiores para decirle a Trump que el ataque podía matar a ciento cincuenta personas. Trump llamó a Bolton, que estaba de camino a la Casa Blanca, y le informó de que no quería ver bolsas de cadáveres en televisión por culpa de sus decisiones. «No crees que soy duro, pero sí lo soy —le dijo Trump a Bolton cuando este llegó al Despacho Oval—. Soy más duro de lo que crees, más duro que tú. Quizás algún día te darás cuenta.»

La decisión de Trump de hacer retroceder unos aviones de combate que estaban a punto de llevar a cabo un ataque[31] fue de lo más inusual, un caso en que Trump lidió en tiempo real con sus impulsos opuestos y en que se impuso su deseo de esquivar la culpa. En Twitter, el presidente dio su versión de lo que había sucedido: «Anoche estábamos listos para lanzar un ataque en represalia contra tres objetivos distintos, pero antes pregunté cuántas personas iban a morir».

A lo largo del verano de 2019, la política exterior de Trump estuvo dominada por gestos grandilocuentes, casi cinematográficos. En junio, tras meses enseñando las cartas de Kim Jong-un para impresionar a los visitantes del Despacho Oval, Trump se convirtió en el primer presidente en activo de Estados Unidos en visitar Corea del Norte.[32] Ese año, Bolton había promovido una idea que iba ganando adeptos en varios círculos de fuera de la Casa Blanca y que era defendida por el amigo de Trump Ron Lauder: adquirir Groenlandia, que tenía importancia estratégica y recursos naturales.[33] La Casa Blanca debatió el plan hasta que se descubrió el pastel, lo que hizo que se desestimara al instante ante la oleada de críticas. Con todo, Trump tenía otras ideas ambiciosas para 2019. Una de ellas era un final atrevido para uno de los retos de seguridad nacional más complejos del país.

Para facilitar una retirada permanente de las tropas estadounidenses de Afganistán, el secretario de Estado Mike Pompeo tenía la idea de firmar un acuerdo de paz con la insurgencia talibana del país. Bolton se oponía firmemente a ese pacto, porque temía que pudiera dar lugar al resurgimiento de la actividad terrorista por la ausencia de Estados Unidos y de sus aliados de la OTAN. Entonces, a Trump empezó a intrigarle la idea de trasladar la ceremonia de firma del acuerdo de Washington a un lugar con todavía más relevancia histórica: Camp David.[34] Al presidente no parecía importarle que sus hipotéticos invitados talibanes hubieran dado cobijo al autor intelectual de un ataque terrorista perpetrado en territorio estadounidense que mató a más de tres mil personas y que incluyó un ataque al Pentágono. También le daba igual que la fecha propuesta —en septiembre— cayera cerca del aniversario de los atentados. Beth Sanner cuestionó que se celebrase esa cumbre y, con sarcasmo, preguntó: «¿Ivanka va a llevar burka?». A muchos funcionarios les horrorizó que Trump se lo tomase tan en serio.

Cuando la prensa informó de que Bolton se oponía a la ceremonia, la noticia hizo aflorar meses de tensiones políticas entre él y su superior. En un tira y afloja habitual entre el presidente y un asesor suyo, Trump escribió en Twitter que despedía a su consejero de Seguridad Nacional; Bolton afirmó que él ya había renunciado al cargo.[35] Al final, un militar estadounidense murió en Afganistán durante las negociaciones y los talibanes nunca fueron a Camp David.[36] El año siguiente se firmaría un acuerdo que pondría los cimientos para que las tropas estadounidenses se retirasen definitivamente de Afganistán.[37]

Algunas semanas después de que Trump hablase con Zelenski, llegó una denuncia «urgente» al inspector general de la comunidad de inteligencia.[38] Resulta que un empleado de la CIA, que quería mantener el anonimato, estaba alarmado por lo que había oído durante la llamada entre los dos mandatarios y por una «serie de acontecimientos» que la precedieron. El inspector general consideró creíble la denuncia, la primera que presentaba un informante contra un presidente de Estados Unidos. Llegó justo antes del primer día de Joseph Maguire como director nacional de inteligencia en funciones. Maguire se dio cuenta de que esas acusaciones eran explosivas. Antes de que la denuncia pudiera enviarse a la Cámara de Representantes, había que tomar en consideración varias cuestiones de privilegio ejecutivo. En la Casa Blanca creían que Maguire habría podido hacer algo para detener la denuncia, pero sus aliados aseguraron que no era posible. Así pues, la denuncia se entregó a los demócratas de la Cámara de Representantes, que utilizaron su reciente mayoría para abrir una investigación sobre el asunto.

La ayuda militar para Ucrania se desbloqueó por fin en septiembre,[39] pero habría un interés constante por lo que Trump le había dicho a Zelenski (funcionarios de la Administración sostenían que la ayuda se retrasó debido al menosprecio de Trump por la ayuda exterior y sus preocupaciones por la «corrupción» en Ucrania). Cuando los dos dirigentes se reunieron en persona por primera vez, en una conversación informal en el marco de una reunión de la Asamblea General de la ONU, la Casa Blanca desclasificó una transcripción, anotada por funcionarios estadounidenses que escucharon la llamada de forma simultánea.[40] Barr y el asesor jurídico de la Casa Blanca Pat Cipollone —que envió cartas a los investigadores de la Cámara de Representantes para denunciar que estaban actuando con una motivación política— pensaban que la publicación de la transcripción zanjaría el asunto. (Mick Mulvaney, el jefe de gabinete que había sustituido a Kelly, no estuvo de acuerdo con la decisión, pero la tomaron mientras él estaba viajando con Trump.)

La transcripción mostraba una versión del presidente que se conocía desde hacía décadas: Trump era proclive a presionar para que pasase lo que él quería, y encauzaba las conversaciones hacia sus intereses personales. «Estados Unidos se ha portado muy pero que muy bien con Ucrania —apuntaba al principio—. Se habla mucho del hijo de Biden, de que Biden impidió que le procesaran, y mucha gente quiere saber lo que ocurrió», añadía insinuando sus ideas. La embajadora de Estados Unidos en Ucrania, Marie Yovanovitch, iba a «encontrarse con algunos inconvenientes». Cuando salió a la luz la conversación, Trump sostuvo que la llamada había sido «perfecta».[41]

Ya eran tres las ocasiones en las que un congresista demócrata de Texas había actuado sin el apoyo de los dirigentes de su partido y había presentado una instancia de destitución contra Trump por «sembrar la discordia», según el primer texto entregado en 2017.[42] En su solicitud, mencionaba la respuesta de Trump a la violencia de Charlottesville, sus comentarios sobre «países de mierda» y toda su retórica incendiaria. A principios de 2019, horas después de jurar el cargo, la demócrata por Míchigan Rashida Tlaib prometió impedir que «los matones» ganasen e hizo un llamamiento a «destituir a ese hijo de puta».[43] Tal como ocurrió con las propuestas de destitución basadas en las conclusiones de Mueller, ninguna prosperó.

No obstante, el escándalo de Ucrania era distinto de cualquier otro suceso ocurrido durante la presidencia de Trump. Para los demócratas, la acusación del informante evidenciaba que el presidente había cruzado una línea. Y a diferencia del complejo informe de Mueller, esta era sencilla y autosuficiente: acusaba a un presidente en ejercicio de haber bloqueado ayuda militar para un aliado en apuros a cambio de que Ucrania hiciera algo que podía perjudicar a un adversario político.[44]

Las iniciativas para conseguir que Trump colaborase con los demócratas del Congreso daban cada vez menos resultados.

En 2019, Trump empezó mostrándose receptivo ante una propuesta de su director de asuntos legislativos, Eric Ueland, un distinguido veterano de la política republicana en el Senado. Ueland sugería tejer una relación más productiva con Pelosi y Schumer. (Trump había contratado a Ueland después de tres reuniones; en una de ellas, el presidente dijo que la grafología era uno de sus pasatiempos y que había estudiado una nota de agradecimiento que el futuro director de asuntos legislativos había escrito tras su primera reunión.) No obstante, tan pronto como los demócratas empezaron a hablar más en serio de iniciar un proceso de destitución contra él, Trump se negó a interactuar con la propia Pelosi y empezó a referirse a ella en conversaciones privadas como «esa mujer». «Esto no va a salir bien, Eric —le dijo Trump a Ueland—. ¿Qué vamos a sacar de ahí?»

Esa negativa a cooperar con el Congreso incluyó cualquier interés pasajero que Trump tuviera de aplicar nuevas restricciones a la posesión de armas después de dos mortíferos tiroteos en Ohio y Texas. Tras las masacres, Trump se había desplazado para reunirse con víctimas hospitalizadas y había exhibido un comportamiento discordante. El presidente nunca tuvo ningún interés en entender el contexto de las cosas que quería hacer, así que posó con una sonrisa y el pulgar hacia arriba y habló sobre su público. Expresó la voluntad de volver a prohibir las armas de asalto, pero enseguida temió perder el apoyo de los conservadores y, como hacía casi siempre, viró hacia el lugar que pensaba que satisfaría a su base política.

Trump decidió de pronto que no viajaría a Polonia, donde estaba previsto que volviera a reunirse con Zelenski en un acto conmemorativo de la Segunda Guerra Mundial.[45] El presidente atribuyó la cancelación a los preparativos ante un huracán inminente. En representación suya, envió al vicepresidente, con lo cual también le arrastró al escándalo de Ucrania. Pero no sería esa la única situación incómoda en la que Trump metería a Mike Pence durante ese viaje.

26

Un *strike* y estás eliminado

Una vez por semana, Donald Trump compartía una comida rápida con su vicepresidente. En esas ocasiones, Mike Pence y él se sentaban justo al lado del Despacho Oval y conversaban sobre política, medidas y asuntos varios. Esas reuniones las había iniciado Pence durante la transición por recomendación de uno de sus predecesores. En un momento dado, sus jefes de gabinete empezaron a asistir también a las comidas. El vicepresidente y el jefe de gabinete de Trump, Mick Mulvaney, solían comer pollo asado o una ensalada de pavo y aguacate; Trump y el jefe de gabinete de Pence, Marc Short, comían hamburguesas con queso y patatas fritas. Pence aprovechaba esas comidas para asesorar y escuchar atentamente y para ayudar al presidente con sus problemas en la Cámara de Representantes, de la que él había formado parte. Cuando se reunieron en verano de 2019, Pence estaba a punto de irse de viaje a Europa en representación de Trump e informó al presidente sobre su itinerario y sus planes.[1] Pence iría a Varsovia a reunirse con los dirigentes polacos y con el presidente ucraniano, Volodímir Zelenski, un encuentro que al final tomaría una nueva relevancia después de que los investigadores del Congreso empezasen a analizar las circunstancias relacionadas con la llamada entre Trump y Zelenski de un mes antes. Luego visitaría Irlanda e Islandia, donde mantendría encuentros de menor peso y se detendría una noche en Londres antes de volver a Estados Unidos.

Irlanda era el país de origen de la familia de Pence, así que el vicepresidente incluyó una visita al pueblo de Doonbeg, en la costa occidental, de donde era oriunda su familia y donde aún tenía algunos primos.² Cuando Trump oyó Doonbeg, le ofreció a Pence alojarse en el hotel que tenía en esa población. Pence se opuso, alegando que sería problemático de cara a la opinión pública; su equipo ya había planificado que pasara la noche a una hora de allí precisamente para que no hubiera ningún malentendido. «Más problemático sería si no lo hicieras», le dijo Trump, que dio instrucciones a Short para que organizase la estancia con su hijo Eric.

Poner a prueba la lealtad de Pence se había convertido en una suerte de juego constante para Trump. Rupert Murdoch había sugerido a algunos aliados que Nikki Haley, exembajadora de Trump en la ONU y exgobernadora de Carolina del Sur, podría ser una excelente vicepresidenta. En junio de 2019, el principal periódico de Murdoch en Estados Unidos, *The Wall Street Journal*, publicó un artículo de opinión con un titular meridiano: TRUMP-HALEY EN 2020.³ «Es demasiado tarde para que Trump reconduzca su personalidad política —escribía el expolítico de la ciudad de Nueva York y amigo de Trump Andrew Stein—. Pero, con las elecciones de 2016 en el recuerdo, la presencia de Nikki Haley en el binomio presidencial podría mitigar la antipatía por Trump que parece afectar a tantas mujeres moderadas y de tendencia republicana.» En el Ala Oeste, algunos asistentes creyeron que Kushner estaba alimentando el interés por sustituir a Pence (algo que él negaba a sus aliados) y que tal vez Stein estaba actuando en su nombre. Kushner felicitó a Stein por el artículo tras su publicación.

Trump nunca se planteó como una opción seria cambiar a Pence por Haley, pero le encantaba poner en un brete a otras personas preguntándoles por su posible reemplazo. Trump interrumpió una reunión en la Casa Blanca con algunos de sus principales donantes y con la junta directiva del Club for Growth, un grupo de interés conservador, para preguntarle a su presidente:

—David, ¿qué te parece Mike Pence?

—Me cae bien Mike, es un gran tipo —respondió David McIntosh, un excongresista de Indiana que tenía una relación cercana con Pence.

—No, no —dijo Trump, mientras negaba con la cabeza. Y lo intentó de nuevo—: ¿Que qué te parece Mike Pence?

McIntosh se percató de que, sin formularle la pregunta directamente, en realidad Trump le estaba preguntando si tenía que seguir haciendo pareja presidencial con Pence.

—Hay muchos conservadores que te apoyan porque le elegiste a él —dijo McIntosh—. Y te ha defendido de maravilla.

Trump le dio la razón enseguida.

—Sí, creo que probablemente sería una deslealtad por mi parte no presentarme con él como vicepresidente —dijo Trump, que luego buscó a Kushner y se lo quedó mirando.

Cuando McIntosh vio a Pence ese mismo día en la Casa Blanca, le relató la conversación. «Ah, sí, ya lo sé —dijo Pence—. Se lo hace a mucha gente.» (Meses después, Kushner colaboró con McIntosh por otra cuestión y explicó que a menudo Trump hace «preguntas placebo» cuando está poniendo a prueba una idea o un mensaje.)

Los periodistas que iban a viajar a Europa con Pence hicieron preguntas al ver el Trump International Golf Links & Hotel en su itinerario; Short dijo que Trump había «sugerido» a Pence que se alojase allí y que el Departamento de Estado había aprobado todos los detalles de la estancia. Mientras Pence pasaba dos noches en el complejo turístico irlandés, la atención de los medios estadounidenses estaba centrada en el Dorian, una tormenta que crecía a toda velocidad en el océano Atlántico. El huracán ya había tocado tierra en las Bahamas y se dirigía hacia la costa de Estados Unidos.

A bordo del Marine One, a principios de septiembre, un funcionario del Consejo de Seguridad Nacional informó a Trump de la situación. En un mapa, el hombre le indicó la trayectoria de la tormenta, que se desplazaba en dirección noroeste hacia Estados Unidos y se adentraría en el país por los estados del sur. Repitiendo lo que le habían contado, Trump escribió en Twitter poco después: «Es muy probable que Carolina del Sur, Carolina del Norte, Georgia y Alabama se vean afectadas con (mucha) más dureza de lo previsto». Sin embargo, cuando lo hizo, el huracán ya estaba cambiando de dirección y no iba a afectar a Alabama. En una sesión informativa, Trump montó en cólera por las críticas que había recibido por compartir información errónea e imprecisa ante una situación de emergencia. «Eso son bulos. Los bulos me están persiguiendo», murmuró Trump para sí, mientras agarraba uno de los rotuladores negros de la marca Sharpie que había encima del escritorio. En un mapa oficial de la tormenta que tenía delante, dibujó un cono alargado, una burbuja que sobrepasaba Georgia e incluía parte de Alabama.[4] «No enseñéis esto a la prensa», dijo Mulvaney antes de que se dejara entrar a los periodistas al Despacho Oval para informarles de los preparativos ante la tormenta. Con las cámaras ya presentes, Trump hizo una señal a su secretario de Seguridad Nacional para que le alcanzara el mapa; no hubo más remedio que dárselo.

El comportamiento de Trump tenía al menos cierto fundamento; a los presentes, les dijo que su equipo no había podido localizar el mapa que le habían presentado en que la trayectoria prevista de la tormenta llegaba a Alabama. Dicho eso, cuando cambió la realidad meteorológica, Trump se mantuvo en sus trece y trató de dibujar su propia versión. El resto del Gobierno se vio obligado a responder. El secretario de Comercio Wilbur Ross amenazó con el despido a altos funcionarios de la Administración Nacional Oceánica y Atmosférica;[5] décadas antes, Ross había representado a titulares de bonos en un caso de quiebra de un casino de Trump.[6]

A pesar de todo, en medio del revuelo que terminó conociéndose como Sharpiegate, Trump también dedicó un rato a reescribir la verdad sobre el itinerario de Pence. «Yo no tuve nada que ver con la decisión de que nuestro gran @VP Mike Pence se alojara en uno de los hoteles propiedad de Trump en Doonbeg, Irlanda —escribió en Twitter—. ¡La familia de Mike lleva muchos años viviendo en Doonbeg, y él pensó que durante su intenso recorrido por Europa podría pasar a saludar a su familia!»

El verano había empezado con un ambiente más prometedor para Trump. Durante las semanas previas al 18 de junio, Trump y sus asistentes habían dado bombo al mitin que celebraría en Orlando, en Florida, y que marcaría el inicio de su campaña para la reelección. Desde una perspectiva legal, Trump estaba en campaña desde que había jurado el cargo, y quienes le rodeaban llevaban prácticamente todo ese tiempo maquinando para ver cuál sería su cargo en la organización de la campaña.

Trump confió la dirección de la campaña a Kushner. Su yerno supervisó esa operación mientras siguió formando parte del Gobierno. Su papel era parecido al que habían desempeñado otros estrategas políticos de la Casa Blanca, como Karl Rove (con George W. Bush) y David Plouffe (con Barack Obama). Trump hablaba maravillas de Kushner en público. Le presentaba como un hombre digno de su hija, una escenificación que el padre de Trump había hecho con él. También consideraba que Kushner era un negociador eficaz, pero en privado Trump menospreciaba a menudo a su yerno y se mofaba de él calificándole de amanerado. Incluso le gustaba provocarle delante de otras personas. Ese verano, en un acto de recaudación de fondos en Nueva Jersey al que asistieron tanto Kushner como Chris Christie, el exgobernador y fiscal que había contribuido a mandar a la cárcel al padre de Kushner, Trump comentó delante de algunos invitados: «Tenemos que volver a incorporar a Christie al Gobierno». Luego se dirigió a su yerno y le preguntó: «¿A ti qué te parece, Jared?».

En febrero de 2018, Kushner había ayudado a colocar a Brad Parscale, hombre fiel a la familia Trump con quien había colaborado de forma estrecha en las operaciones digitales de Trump en 2016, como director de la campaña para la reelección.[7] Pero, en diciembre de 2018, tras no conseguir situar a Nick Ayers en el cargo de jefe de gabinete, Kushner aprovechó una reunión telefónica con unos asesores políticos para plantear que Ayers podía asumir el rol de director de campaña. Parscale, sugirió Kushner, podía reubicarse en el grupo externo de apoyo a Trump. Esa forma de tratar a los asistentes como piezas de ajedrez asombraba a los que descubrían su existencia.

Trump puso de manifiesto que su gratitud con las personas que le habían ayudado a llegar a la presidencia no iba más allá que eso. La colaboradora de Florida Susie Wiles, a quien Trump debía el hecho de haber vuelto a imponerse en ese estado, participaba informalmente en sus operaciones durante la presidencia. Pero Ron DeSantis, que había jurado el cargo de gobernador de Florida en 2019 después de que Wiles le ayudase a ganar unas elecciones generales y que se creía que tenía ambiciones nacionales, se volvió contra ella y exigió a Trump que la expulsara de su círculo. (Wiles tenía una relación cercana con el senador Rick Scott, otro político de Florida al que DeSantis veía como un potencial adversario.) Muchas personas, entre ellas el subdirector de campaña de Trump, Bill Stepien, pensaron que era un error y se enfadaron porque Parscale no se esforzó más por protegerla. Parscale alegó ante sus propios aliados que había hecho todo lo que había podido. Un amigo de Trump y miembro del club de Mar-a-Lago, Ike Perlmutter, también había trasladado a Trump ideas negativas sobre Wiles; el presidente era plenamente consciente de lo que estaba sucediendo, pero desapareció mientras tenía lugar el drama. Una vez más, dejó que sus asistentes especularan con que quizás no se daba cuenta de lo que estaba ocurriendo. Cuando se hizo evidente que sí lo sabía, los asesores se quedaron pasmados al ver cómo Trump había sucumbido a la voluntad de DeSantis.

Para iniciar formalmente la campaña, Kushner propuso que el candidato descendiera otra vez por el ascensor de la Torre Trump, pero la idea se desestimó enseguida porque mandaría un mensaje equivocado: que Trump miraba hacia el pasado y no hacia el futuro. Cuando por fin tuvo lugar el acto de arranque de la campaña, Trump intentó espolear a sus seguidores.[8] Muchos esperaron durante horas fuera del Amway Center y aguantaron los esporádicos chaparrones y la humedad de Florida para tener la oportunidad de verle. Trump subió al escenario al son de «God Bless the USA», de Lee Greenwood, y dio el pistoletazo de salida diciendo que los demócratas «quieren destruiros y quieren destruir nuestro país tal como lo conocemos, y esto no es aceptable. Eso no va a ocurrir». Atacó a los medios de comunicación y a los poderes políticos tradicionales de los que no admitía formar parte.

El mitin de Orlando y otros en los que participaría por todo el país se concibieron como momentos en los que Trump reviviría algunas de las cosas que más le habían gustado de la campaña de 2016: aparecer constantemente ante multitudes, volar en un avión rodeado de personas con las que charlar, llenar portadas en casi cada aparición... Esos actos también fueron un bálsamo emocional para todos los que le sufrían en Washington: nadie le decía que no, no tenía que hacer frente a un montón de investigaciones y podía hablar con un enorme público que le decía que todo lo que hacía estaba bien.

Trump se había apuntado éxitos durante su mandato y los sacaba a relucir ante las muchedumbres. Dicho eso, Orlando puso de manifiesto que en esencia Donald Trump no tenía nada nuevo que vender. En vez de ofrecer un mensaje de campaña o un plan de futuro para una segunda legislatura, dedicaba la mayor parte del tiempo a perorar sobre las supuestas injusticias de las anteriores elecciones.

La feroz política interna dentro de la Casa Blanca, la impaciencia cortoplacista de Trump con los empleados y su deseo constante de encontrar a alguien nuevo que lo sedujera, además de una retahíla de escándalos éticos o polémicas en el poder ejecutivo, provocaron una renovación del personal sin precedentes dentro de la Administración. A mediados de 2019, habían dejado el Gobierno más miembros que en cualquiera de las últimas cinco legislaturas.[9] Trump ya iba por su tercer responsable de prensa, su tercer jefe de gabinete y su sexto director de comunicaciones.

Trump había fijado los ritmos de su Casa Blanca, pero sentía poco interés por ciertos aspectos. A buena parte del Gobierno no le daba mucha importancia, no prestaba mucha atención a la mayoría de los miembros de su Gabinete a menos que su departamento le interesase personalmente y, por lo común, encargaba las tareas a quien tuviera delante en ese momento, aunque fuera el ayudante que le estaba sirviendo algo o un agente de los Servicios Secretos. De ahí que muchas veces se abordaran las tareas por duplicado. A principios de 2019, durante una reunión en el Despacho Oval con dos de sus asistentes —el adjunto al presidente Johnny DeStefano y el jefe del personal presidencial, Sean Doocey—, la conversación derivó hacia otra persona cuya confirmación estaba atascada en el Senado.

«Johnny, eres un buen tipo, pero los asuntos legislativos se te dan de pena —dijo Trump—. Se los voy a encargar a Sean. De los asuntos legislativos, ahora se va a encargar Sean.» DeStefano no tenía nada que ver con la Oficina de Asuntos Legislativos; en ese momento la dirigía Shahira Knight, que había sido subdirectora del Consejo Económico Nacional con Gary Cohn. Aun así, ambos aceptaron la propuesta del presidente, hasta que salieron de la sala y siguieron con sus tareas como si no les hubieran dicho nada.

Buena parte del Gobierno reorientó su actividad para disuadir a Trump de sus ideas «de chiflado», como las denominó un exfuncionario del Gabinete. También empezaron a vigilarle durante el día mientras soltaba comentarios sin pensar sobre temas varios e indagaba en fragmentos de conversaciones con asesores externos o cosas que había oído en televisión. En 2019, el presidente viajó con el Air Force One para asistir al partido de fútbol americano del Ejército contra la Marina. En pleno vuelo, Trump se enfureció al enterarse de que ya había firmado una orden ejecutiva sobre los requisitos para participar en deportes profesionales, dado que él pensaba que iba a firmarla en el campo, flanqueado por banderas y secretarios militares. Sus asistentes tuvieron que redactar a toda prisa un comunicado en el que básicamente se reafirmaba una política ya firmada. Aun así, Trump se quejó de que aquel apaño de última hora no era suficiente. No obstante, después del partido se le olvidó el asunto.

En otras ocasiones, las ideas que le rondaban por la cabeza no lo abandonaban durante meses. Trump se reunió con funcionarios de salud pública y agentes antidroga en el Despacho Oval para debatir cómo frenar la oleada de fentanilo que cruzaba la frontera sur. Allí existía la frustración compartida de que el Gobierno mexicano no estuviera haciendo más para reducir el número de laboratorios de droga. Uno de los funcionarios, el secretario adjunto de Salud Brett Giroir, también era almirante del Cuerpo Comisionado del Servicio de Salud Pública de Estados Unidos, que forma parte de los servicios uniformados pero no de las Fuerzas Armadas; Giroir llevaba su uniforme de gala en las reuniones en el Despacho Oval, lo que según algunos exfuncionarios confundía a Trump, que pensaba que Giroir era miembro del Ejército. Cuando en esa reunión Giroir dijo que deberían bombardearse los laboratorios de droga —poner «plomo en el objetivo», sugirió—, a Trump le encantó la idea. La planteó varias veces, y terminó preguntando a un perplejo Mark Esper, el secretario de Defensa, si Estados Unidos podía en efecto bombardear los laboratorios; Trump describía todos los misiles como «patrióticos», sin darse cuenta de que los misiles Patriot («patrióticos») son un arma concreta. La respuesta de los asesores de la Casa Blanca no fue intentar que Trump cambiase de opinión, sino plantearse pedirle a Giroir que dejase de ponerse el uniforme cuando fuera al Despacho Oval.

Una de las pocas personas que trabajaban codo con codo con Trump desde la investidura era Madeleine Westerhout. Del grupo de escépticos con Trump que le acompañaron del Comité Nacional Republicano a la Casa Blanca —a Westerhout se la vio llorando en la noche electoral de 2016—, ella había sobrevivido al resto.[10] Como secretaria personal del presidente y más adelante directora de Operaciones del Despacho Oval, Westerhout estaba justo al lado del despacho del presidente. Usaba esa posición inmejorable para alertar a otros trabajadores del Ala Oeste cuando Trump mantenía una llamada que podía ser peligrosa o tenía a un visitante que le proponía ideas problemáticas. Así, otros asesores podían tratar de intervenir. Sus compañeros pensaban que terminó gustándole demasiado esa cercanía con la sede del poder, y a raíz de ello se ganó enemigos en el Ala Oeste.

A finales del verano de 2019, mientras acompañaban a Trump en un desplazamiento a su club de golf de Nueva Jersey, un destacado asistente de prensa invitó a Westerhout a participar en una cena extraoficial con un grupo de periodistas.[11] Durante la velada, el asistente salió para aparecer en televisión. Westerhout, que había bebido bastante, empezó a contar la opinión que le merecían a Trump varios miembros de su familia y compartió una descripción peyorativa de su hija menor, Tiffany. El rumor de esa conversación se difundió por el Ala Oeste. No obstante, en vez de reconocer los errores cometidos por su compañera o por Trump, los funcionarios intentaron echar la culpa a la prensa. Los enemigos internos de Westerhout estuvieron encantados de avisar a Trump del desliz de su compañera. Trump confiaba en ella y era reacio a echarla, pero su familia le presionó. Tras dudar de si prescindir de Westerhout, ordenó a su jefe de gabinete que la despidiera.[12]

El día del despido, Trump se enteró de que el departamento de Barr no iba a acusar a Comey, y aquello le sacó de quicio.[13] Se puso de mal humor. Ese día se reunió con McDaniel en el comedor adyacente al Despacho Oval para celebrar una reunión ya agendada. Durante ese encuentro, llamó a una persona tras otra para exigir saber si estaban de acuerdo con él en que debería haberse acusado a Comey. Mulvaney entró en la sala para comunicar a Trump que Westerhout ya se había marchado y le dijo: «Ya me he ocupado del asunto». Otros miembros del personal entraban y salían del Despacho Oval. Trump se detuvo unos segundos. Luego agarró un mando a distancia que había encima de la mesa y lo arrojó contra el mueble que estaba arrimado a la pared. Más tarde, junto con Trump y otras personas a bordo del Marine One, Mulvaney lamentó que había sido una lástima tener que prescindir de

Westerhout. Trump estuvo de acuerdo, pero parecía indiferente. «A veces te conceden tres *strikes* —dijo—. En otros casos, solo uno.»

Ninguno de los jefes de gabinete de Trump había sido capaz de hacerle ver el valor de contar con un portero tradicional, pero durante dos años y medio Westerhout había logrado erigirse en una especie de alarma que avisaba a los jefes y asesores políticos de Trump cuando ciertas personas o cierta información llegaban al presidente o a sus proximidades. Con su salida de la Casa Blanca, también se acabaron las alertas más perspicaces sobre quién estaba intentando influenciar a Trump.

En su tercer año en el cargo, Trump ya se había habituado a destinar recursos a sus propiedades comerciales. Al principio solo pasaba los fines de semana y los días festivos en sus clubes de Nueva Jersey y Florida —donde, según los registros, a veces los Servicios Secretos pagaban precios elevados por el alojamiento y la comida o incluso por utilizar los carritos de golf—, pero luego el uso de sus instalaciones se amplió más todavía.[14] Las propiedades de Trump, incluido su hotel de Washington, se convirtieron en el lugar por defecto de todos sus actos de campaña, de los del Comité Nacional Republicano y de muchos otros del ecosistema conservador.[15] Los republicanos decían que, en una época de polarización en la que las empresas eran reacias a asociarse con el nombre de Trump o que se negaban a dar servicio a sus asistentes, organizar actos en las propiedades del presidente era una opción más sencilla. En 2020, Estados Unidos se preparaba para acoger la reunión anual del G7, formado por las economías más desarrolladas del mundo, y Trump le dijo a Mulvaney que quería que la cumbre tuviera lugar en su complejo golfístico de Doral, en las afueras de Miami.[16] (En distintos momentos, Trump sugirió que debería permitirse a Rusia volver a participar en esas reuniones, de las que fue expulsada por la anexión de Crimea en 2014[17] y, justo antes de la edición de 2019, se burló de Obama porque Putin le había «ganado la partida».)[18]

Mulvaney ordenó a uno de sus subordinados, Dan Walsh, que le justificase por qué el acto, que solía atraer a cientos de funcionarios gubernamentales y periodistas, no podía celebrarse en el complejo de Doral y que elaborase una lista de instalaciones alternativas. Doral, concluyó Walsh, era la mejor opción. Los asistentes de mayor rango del presidente sabían que a nivel mediático les iba a salir caro organizar el acto en una propiedad de Trump. Sin duda, Trump había decidido utilizar a Mulvaney como una especie de conejillo de Indias para evaluar lo negativa que sería la reacción.

Cuando a mediados de octubre Mulvaney salió a atender a la prensa, los periodistas no estaban tan interesados en el G7 como en la denuncia de un informante sobre la negociación de Trump con Ucrania. Durante semanas, la Casa Blanca había negado rotundamente que hubiera ninguna vinculación entre la ayuda militar suspendida para Ucrania y el deseo de Trump de que se abriera una investigación sobre los Biden, así como la refutada teoría de que Ucrania había pirateado los servidores del Comité Nacional Demócrata. «Sin duda, el recuerdo de lo que pasó en 2016 era una de las cosas que le preocupaba sobre la corrupción en ese país, y eso es totalmente comprensible», explicó Mulvaney. Cuando un periodista señaló que Mulvaney acababa de describir un *quid pro quo*,[19] él respondió: «Esto lo hacemos continuamente en política exterior. En esa misma época teníamos bloqueada una partida de ayuda económica para, ¿qué era?, los países del Triángulo Norte. Teníamos bloqueada esa ayuda para los países del Triángulo Norte para que..., para que cambiasen su política migratoria». Era habitual que Mulvaney pareciera estar pensando en una pregunta anterior al responder a una posterior. Y añadió: «Miren, les voy a dar una noticia: supérenlo. Van a seguir existiendo las influencias políticas en política exterior».

Al principio, Trump elogió las palabras de Mulvaney. Pero cambió de opinión cuando tanto sus abogados personales como los de la oficina jurídica de la Casa Blanca, que solían estar en desacuerdo con Mulvaney, le dijeron que su jefe de gabinete había minado sus argumentos en la investigación del proceso de destitución que acababa de abrirse.

En octubre, Trump llamó al presidente de Turquía, Recep Tayyip Erdoğan, para evitar una potencial crisis en la frontera de su país con Siria, donde las tropas turcas se habían congregado para atacar a los rebeldes liderados por los kurdos.[20] El presidente del Estado Mayor Conjunto y altos funcionarios del Pentágono llevaban varias semanas hablando con sus homólogos turcos sobre la inminente crisis. El general Mark Milley, un paternal veterano de guerra que en su confirmación en el Senado había declarado que nadie iba a «intimidarle para que tomase decisiones estúpidas», asumió el cargo a finales de septiembre; Milley no veía otra opción que una llamada entre Trump y Erdoğan.[21] Sin embargo, pocos confiaban en esa llamada para alcanzar una solución. A finales del año anterior, Trump había declarado que las fuerzas estadounidenses habían derrotado a Estado Islámico y no le gustaba la idea de dejar efectivos en Siria.[22]

El grado de contundencia que exhibió Trump en la llamada con Erdoğan depende del relato. Una versión atribuye a Trump un tono desafiante; otra, por el contrario, lo pinta como alguien dócil, que más que hablar, se dedicó a escuchar mientras Erdoğan le intentaba vender la idea de que las fuerzas turcas lucharían contra los combatientes restantes de Estado Islámico. Asumiremos esa responsabilidad, ese fue el mensaje de Erdoğan, que prometió «devolver» a los terroristas a sus países de procedencia, además de comprometerse a preservar las estructuras democráticas que se habían instaurado. A partir de ahí, Milley, Robert O'Brien —recién nombrado consejero de Seguridad Nacional—, Esper y Pompeo debatieron sobre lo que había que hacer con los soldados estadounidenses que permanecían en Siria. Juntos diseñaron un plan en el que un pequeño grupo protegería zonas clave, y Trump terminó dándole el visto bueno. Esa noche, el secretario de prensa publicó un comunicado para decir que Estados Unidos «no apoyaría» la operación de Turquía «ni estaría involucrado en ella».[23]

Los aliados republicanos de Trump en el Senado estaban muy alarmados y en privado decían que el presidente no había sido lo bastante contundente con Erdoğan. Algunos funcionarios de la Administración atribuyeron al senador Lindsey Graham la gran idea de que Trump podía afirmar que Estados Unidos había «protegido el petróleo», en alusión a los yacimientos de petróleo situados en la frontera sureste que se custodiaron. (Estados Unidos no tenía nada que ver con ese petróleo, pero desde un punto de vista estratégico era necesario impedir que las fuerzas enemigas se hicieran con él.)

Desde la residencia de la Casa Blanca, Trump escribió una carta a Erdoğan. La redactó con O'Brien a su lado. «No quiere usted ser responsable de la muerte de miles de personas y yo no quiero ser responsable de la destrucción de la economía turca; y voy a serlo —le decía Trump a Erdoğan—. La historia va a juzgarle favorablemente si actúa de una forma correcta y humana. Pero le va a ver para siempre como el demonio si no ocurren cosas positivas.»

«No se haga el duro. ¡No haga estupideces!», decía Trump. Y como si aún fuera un empresario privado, terminaba la misiva con un «Le llamaré más tarde». Todo ese episodio frustró innecesariamente a algunos de los aliados republicanos de Trump en el Senado en un momento en el que dependía de sus votos para el inminente proceso de destitución. Aun así, en cierta medida la carta funcionó, y a los senadores que se reunían con él les regalaba copias del texto a modo de recuerdo.

Para muchos de sus asesores, el episodio subrayó la extraña relación de Trump con los hombres fuertes y su preferencia por tratar con personajes así. En un momento dado de su mandato, durante una conversación sobre Rusia, Trump asustó a sus asistentes al declarar: «¡Yo sé más sobre Vladímir Putin de lo que jamás sabréis vosotros!». Su actitud era la misma con Erdoğan o con otros dirigentes: insistía siempre en que él sabía más que los funcionarios que le informaban.

Una vez iniciado el proceso de destitución, Trump reaccionó varias veces con un comentario habitual: «Pues voy a demandar al Congreso —les decía a sus principales asesores en el Despacho Oval—. No pueden hacerme esto». Según Trump, si Pelosi no mandaba los artículos de destitución al Senado después de que le sometieran al proceso —Pelosi los retuvo durante días sin un motivo claro—, él podría «ir directo al Tribunal Supremo». «Van a desestimar el caso», dijo Trump. Los asistentes de la Casa Blanca le explicaron que aquello no era un juicio de verdad y que escapaba a su control. Había que esperar.

Antes de la votación, Trump animó a los legisladores republicanos a «ser más duros y combatir». Ellos hicieron justo eso, y unos cuarenta entraron por la fuerza en una sala protegida donde los demócratas estaban interrogando a un testigo. Trump les correspondió con una generosa atención; una vez, por ejemplo, tiró chocolatinas de marca a unos legisladores que le visitaron, que se apresuraron a recogerlas. Mientras tanto, los asesores del presidente buscaban formas de convencer a los demócratas para que votasen en contra de los artículos de la destitución. Kellyanne Conway y Bill Stepien, subdirector de campaña de Trump y originario de Nueva Jersey, trabajaron para atraer al bando republicano al congresista demócrata Jeff Van Drew.[24] Pero Trump seguía indignado porque los demócratas de Nueva York no le apoyaban. No concebía que Carolyn Maloney, del Upper East Side de Manhattan, no le brindase su apoyo teniendo en cuenta que él le había hecho donaciones años atrás. También creía que Debbie Dingell, una demócrata de Míchigan que ocupaba el escaño que había pertenecido a su difunto marido, John, debía votar en contra. Décadas antes, John Dingell había pedido que la SEC investigase los intentos de Trump para que se echase al analista bursátil Marvin Roffman porque este había expresado sus dudas acerca de las finanzas del casino Taj Mahal.[25] No obstante, Trump creía que se le tenía que reconocer que había sido cortés tras la muerte de Dingell en febrero de 2019.

La segunda semana de diciembre de 2019, Dingell criticó en Fox News la actitud de la Casa Blanca ante la investigación de destitución.[26] Trump respondió con un tuit y un ataque, tildando a Dingell de «¡muy patética!». Tres días después, Dingell escribió un artículo de opinión en el que afirmaba que las acciones de Trump con Zelenski suponían «una amenaza para nuestra democracia».[27]

Trump echaba fuego por los ojos. Al día siguiente, casualmente se desplazó a Battle Creek, en Míchigan, para participar en un mitin que describió como un acto para «felicitar la Navidad».[28] En el evento, enseguida apuntó contra Dingell. Dijo que lo que había hecho para el funeral de su marido había sido «de matrícula». Recordó que la esposa del fallecido le había llamado para darle las gracias, y cambió la voz para imitarla. «"Es lo más bonito que me ha pasado nunca. Muchísimas gracias. John estaría muy emocionado. Nos está mirando desde arriba. Estaría muy emocionado. Te lo agradezco muchísimo". Yo le dije: "No hay de qué, no te preocupes"», dijo Trump, actuando para su público. Y luego, el remate. «¿Quizás nos esté mirando desde abajo? No lo sé», dijo Trump, a lo que el público mostró su desaprobación. En Twitter, Dingell señaló que Trump la estaba atacando durante sus «primeras vacaciones sin el hombre» al que amaba.

Al día siguiente, Dingell apareció en la CNN y, horas después, recibió la llamada de un número desconocido. Al descolgar, un hombre que se identificó como un periodista de *The Washington Post* le dijo que conocía a su marido por sus investigaciones en el Congreso. Dingell no reconoció el nombre que le dio ese reportero. El hombre le preguntó si esperaba que Trump se disculpase. No, respondió ella, solo quiero que las personas sean civilizadas. Mientras el hombre hablaba, Dingell no podía quitarse de la cabeza la idea de que la voz del hombre se parecía a la del cuadragésimo quinto presidente de Estados Unidos. Dingell nunca averiguó quién la había llamado, pero nunca vio ningún artículo en *The Washington Post* en el que se mencionaran las declaraciones que había hecho en esa llamada.

27

Absuelto

Donald Trump cruzó el comedor de Mar-a-Lago, que estaba en pleno bullicio posvacacional. Sobre todo, la agitación se debía a la presencia de otro famoso neoyorquino de los años ochenta que estaba viviendo una segunda juventud: el primera base retirado de los Mets Keith Hernandez se encontraba en un reservado cerca de la barra. Trump había cenado en una mesa del comedor interior, pero salió para saludar a los comensales que estaban en la terraza. Al recordarles su último éxito en el extranjero, desató los aplausos de la gente y examinó sus caras para ver su reacción.

Tres días antes, Trump había dado la orden de matar a Qasem Soleimani, un general iraní que capitaneaba la temible Fuerza Quds. Habían transcurrido unos dos meses desde la muerte de Abu Bakr al-Bagdadi, líder de Estado Islámico, durante una operación de las fuerzas estadounidenses.[1] A lo largo de los tres años anteriores, Trump había tenido en todo momento una actitud mordaz respecto a Irán, aunque no había seguido una estrategia sistemática. El ataque contra Soleimani ya había estado antes en la lista de opciones que se le habían presentado a Trump, y el equipo de Bolton había puesto en marcha el proceso para su aprobación meses antes; esta vez, Trump dio el visto bueno. Se produjo tras una semana de provocaciones cruzadas en Twitter con el líder supremo del país por una serie de ataques dirigidos por Irán contra intereses estadounidenses en Irak.[2] «¡Van a pagar un precio MUY ALTO!», había escrito Trump. «No podéis hacer lo que os venga en gana», respondió el ayatolá Alí Jamenei. Otros presidentes se habían planteado atacar a Soleimani, responsable de frustrar objetivos estadounidenses en Oriente Medio, pero habían optado por no correr ese riesgo.[3] A algunos de los principales asesores de Trump, les inquietaban las potenciales reacciones iraníes a un ataque como ese. Pero los servicios de inteligencia tenían indicios claros sobre los planes inminentes de Soleimani de atacar a ciudadanos estadounidenses en la región, y Trump no se lo pensó dos veces. Un misil disparado desde un dron acabó con la vida de Soleimani cuando su convoy salía del aeropuerto de Bagdad.[4]

Como respuesta al asesinato, Irán disparó contra bases de Estados Unidos en Irak[5] y causó alrededor de cien heridos entre las tropas.[6] (Un asistente de la Casa Blanca dijo que Trump había ordenado a los asistentes que minimizasen la gravedad de los daños y que hicieran pasar las conmociones cerebrales por dolores de cabeza.) Muchos expertos en seguridad nacional esperaban una reacción todavía peor de Irán y temían un aumento de la tensión con Estados Unidos, pero eso nunca sucedió. Para la Casa Blanca, el ataque contra Soleimani ofreció un marco que los asesores creían que podía utilizarse para el año de la reelección de Trump: fuerza, dominio, acción.

Los últimos días de 2019 habían sido funestos; Trump fue el tercer presidente en someterse a un proceso de destitución en la Cámara de Representantes, acusado de bloquear ayuda militar a Ucrania a cambio de favores políticos.[7] Aun así, él estaba convencido de que sobreviviría al juicio político en el Senado, donde Mitch McConnell seguía siendo el líder de la mayoría republicana y era socio de Trump, aunque a regañadientes. Era improbable que los demócratas alcanzaran la supermayoría necesaria para apartar a un presidente del cargo. La semana en que empezó el proceso en el Senado, Trump tenía previsto celebrar otra victoria en política exterior: tendría lugar la ceremonia de firma de la «fase uno» de un acuerdo con China para poner fin a los dieciocho meses de guerra comercial que Trump había iniciado imponiendo aranceles.[8] Sus asesores políticos creían que esos logros, con el telón de fondo de una economía fuerte, iban a tener más peso que las preocupaciones que las diversas investigaciones podían haber metido en el cerebro de los votantes sobre el comportamiento del presidente. Y, tras años llegando a acuerdos para acoger en el Gobierno a miembros del partido, oficiales militares condecorados y veteranos de Administraciones anteriores cuya experiencia, se le decía a Trump, le ayudaría a gobernar, el presidente iba a tener por fin el equipo que siempre había deseado.

Nada más empezar el nuevo año, el congresista por Texas Louie Gohmert fue a Mar-a-Lago y esperó a que Trump lo recibiera. Gohmert trajo consigo a algunos asistentes y aliados, incluido Rich Higgins, que había formado parte del Consejo de Seguridad Nacional y había sido despedido en 2017 tras escribir una circular conspiratoria en la que había acusado a una amplia red de personas de dentro y fuera del Gobierno de trabajar para debilitar al presidente.[9] Más adelante, Gohmert contó que Trump escuchó con atención cómo Higgins describía la retahíla de personas que le perjudicaban. Al salir de la reunión con Gohmert y Higgins, Trump relató la injusticia del despido («Supongo que McMaster le echó o algo así», dijo Trump) y comentó a un asistente que ahora quería contratar a Higgins como subjefe de gabinete. «Contratamos a muchos antitrumpistas», lamentó Trump. Había llegado la hora de cambiar eso.

Desde que el exatleta universitario Johnny McEntee había sido expulsado de la Casa Blanca por sus deudas vinculadas con el juego y las dudas que generaba su acreditación de seguridad, se había formado alrededor de su persona la mitología de que era un asistente perfecto que sabía por intuición lo que quería Trump.[10] A principios de 2020, Trump decidió que podía explotar la lealtad única de McEntee para acertar con los nombramientos del personal presidencial. La sugerencia no fue bien recibida por el equipo. Al personal le caía bien la persona que ocupaba el cargo, el que fuera asistente de la Casa Blanca con Bush Sean Doocey. «¿Por qué no quieres trabajar con él? —preguntó Trump a la subjefa de gabinete Emma Doyle cuando ella expresó sus reticencias a trabajar con McEntee—. Pero si es muy guapo.» (Los comentarios habituales sobre la apariencia física se dirigían tanto a hombres como a mujeres. Por ejemplo, en ocasiones Trump pedía a una mujer del equipo que se diera la vuelta, o le decía a un hombre abiertamente gay que ese día iba a echar una partida de golf con un rival «muy en forma» y que «te arrastraría por la habitación y te haría olvidar a tu marido».) Al final, McEntee se hizo con el cargo.

Cuando tomó las riendas de la oficina del personal presidencial,[11] a McEntee no se le encargó solo que coordinara las nuevas contrataciones en agencias clave como los departamentos de Defensa o Justicia, sino que revisara los empleados en plantilla —tanto los cargos colocados a dedo como los funcionarios— para analizar la fidelidad a Trump y sus objetivos.[12] McEntee preparó cuestionarios de lealtad en los que se pedía a los trabajadores que indicasen cuántas veces habían hecho comentarios sobre Trump en los medios.[13] También se les hacían preguntas como: «¿Qué analista, pensador o político representa mejor tus opiniones?».

Esa misma semana, Trump anunció que iba a nombrar director nacional de inteligencia en funciones a Richard Grenell, que compatibilizaría el cargo con el de embajador en Alemania.[14] (Los asistentes de Trump solían utilizar como reclamo el hecho de haber nombrado al primer miembro del Gobierno abiertamente gay de la historia, a pesar de que Grenell accedió al cargo con carácter temporal. A veces, Trump describía a Grenell como un «orgulloso estadounidense gay».) En varias conversaciones, Grenell dio a entender a los miembros de la dirección de inteligencia que Trump quería expulsar de la agencia al informante anónimo cuya denuncia había puesto en marcha su proceso de destitución en la Cámara de Representantes. El informante contaba con protecciones jurídicas concretas, lo cual despertaba la preocupación de los funcionarios sobre cómo abordar la cuestión. También hubo otras peticiones específicas por parte de Grenell. Ante la queja frecuente de algunos republicanos de que los servicios de inteligencia estaban sesgados por el análisis, Grenell subrayó que cualquier material de inteligencia relacionado con Rusia tenía que estar «corroborado»; quería que los informes iniciales hablasen por sí solos, sin requerir apenas interpretación. Algunos funcionarios de inteligencia compartían la opinión de que los analistas no siempre empleaban unos estándares comunes para evaluar las acciones de los poderes extranjeros y que la ideología individual podía afectar a los dictámenes sobre Rusia o China. Pero algunos sospechaban que Grenell no deseaba tanto elaborar unos estándares compartidos como eliminar elementos de análisis que pudieran ser contrarios a la perspectiva de Trump.

Trump creía que los servicios de inteligencia se habían vuelto contra él cuando había llegado al cargo, y también pensaba hacer ajustes en ese ámbito. Unos días antes de que le apartasen en beneficio de Grenell, Joseph Maguire fue a ver al presidente con un pequeño grupo de agentes del FBI y de los servicios de inteligencia. También se llevó a su número dos, Beth Sanner, que había sido la principal informadora de

Trump durante muchos meses. La idea era presentar al presidente, al vicepresidente y a un grupo de altos funcionarios, entre los que estaban los asesores de seguridad nacional de Trump y Pence, las medidas para garantizar la seguridad electoral. Trump se quedó impresionado por todo lo que se hacía para velar por la seguridad de los comicios, e incluso quiso organizar una rueda de prensa para dar publicidad a lo que acababa de descubrir.

No obstante, hacia el final de la sesión, Trump los interrumpió. Los agentes de inteligencia habían informado poco antes a los miembros de la Comisión de Inteligencia de la Cámara de Representantes de que los rusos estaban interfiriendo en las elecciones de 2020 (entre otras cosas, en las primarias demócratas). El presidente de la comisión, el representante Adam Schiff, fue uno de los que encabezó el proceso de destitución y la investigación de la Cámara de Representantes sobre los vínculos de la campaña de Trump con Rusia. «A ver, Joe, me ha llegado que has ido a ver a Schiff para decirle que Rusia estaba interfiriendo en las elecciones para beneficiarme...», dijo Trump a Maguire. «Eso no es cierto —apuntó un miembro de bajo rango del FBI, que añadió—: Yo estuve allí.» Trump, desatado, siguió gritando. Maguire protestó y dijo que los agentes acudieron tanto a la comisión de la Cámara de Representantes como a la del Senado, esta última presidida por los republicanos, y que nadie tuvo ningún reparo. Además, dijo Maguire, ya habían trasladado al presidente esa misma información.

Entonces se hizo el silencio en la sala. Pence y los asesores de seguridad nacional de la Casa Blanca apartaron la mirada mientras Trump volvía a rugir contra Maguire: «¿Por qué mi director nacional de inteligencia informa a Adam Schiff sobre la injerencia rusa?». Maguire pidió a los miembros de menor rango que se marcharan y entendió que ese día ya no lograrían hacer nada más. Al salir del despacho, Sanner se acercó al escritorio del presidente para defender tanto a Maguire como a los servicios de inteligencia. «Presidente, no estamos en contra de usted», dijo.

Por lo general, Trump rehuía la confrontación cara a cara con una persona concreta sin el apoyo de una multitud, y contestó en voz baja: «Ya lo sé».

«Eso no debería haber ocurrido nunca, joder —gruñó el presidente temblando de frustración—. No debería haber ocurrido en la puta vida.»

El 5 de febrero de 2020, Trump estaba sentado a la cabecera de la mesa del comedor adyacente al Despacho Oval. Estaba mirando el televisor con atención, viendo como cien senadores votaban sobre los dos artículos del proceso de destitución que determinarían el destino de su presidencia. El resultado final estaba predeterminado casi por completo por la política de partidos. Durante el proceso, Trump había convencido, engatusado, amenazado y halagado a los republicanos de la Cámara de Representantes y del Senado. Estos habían actuado con obediencia —y a veces por temor a las represalias— y habían reiterado las palabras de Trump: que le estaban persiguiendo nada más que por cumplir las obligaciones de su cargo.

Sin embargo, en los últimos días del juicio en el Senado había reinado una enorme tensión. Los republicanos controlaban los trámites, así que no estaba claro si iban a permitir que los demócratas citasen a algunos testigos que podrían contar de primera mano cuál había sido la conducta de Trump.[15] Junto con mi compañero de *The New York Times* Michael Schmidt, informé sobre un libro que se publicaría al cabo de algunas semanas, escrito por el exconsejero de Seguridad Nacional John Bolton.[16] La información que aparecía en el libro validaba algunas de las acusaciones más inculpatorias contra Trump: Bolton decía que Trump había vinculado directamente su ansiada investigación sobre los Biden con el bloqueo de la ayuda a Ucrania. Nosotros publicamos la noticia justo antes de que se iniciaran las votaciones, lo cual hizo que durante varios días planeara la duda de si habría testigos.

McConnell siempre fue una persona escéptica con Trump y de temperamento opuesto al suyo, pero, en un matrimonio de conveniencia, se había vuelto uno de los mayores protectores del presidente en el Capitolio. Al final, el senador impidió que los demócratas llamasen a ningún testigo. (Esa decisión significó que Bolton, que había dicho que solo colaboraría con una citación del Senado, pero no de la Cámara de Representantes, nunca compareció.) Sin ningún otro testigo durante el juicio, McConnell logró unir a todos los republicanos salvo uno en contra de la destitución de Trump. La excepción fue un senador que en muchos sentidos se había convertido en la encarnación de la incomodidad republicana durante la era Trump: Mitt Romney.[17] El ahora senador había aceptado el apoyo de Trump en 2012 por insistencia del magnate, pero en 2016, antes de sonar para secretario de Estado, Trump le había llamado «estafador»;[18] luego, Romney había aceptado su apoyo al presentarse como candidato al Senado por Utah[19] y le había criticado tras ganar los comicios.[20] Romney se convirtió en el primer senador de la historia de Estados Unidos en votar a favor de condenar a un presidente de su propio partido.

A pesar de todo, los demócratas aún estaban lejos de la mayoría, y más todavía de la mayoría cualificada de dos tercios necesaria para destituir al presidente.[21] «El Senado decreta que el acusado, Donald John Trump, presidente de Estados Unidos, no es culpable de este cargo», repitió para cada acusación John Roberts, presidente del Tribunal Supremo de Estados Unidos.

En ese momento, a Trump le allanaron el camino más de lo que podría haber esperado para obtener una segunda legislatura. La saga de la destitución tocó a su fin cuando no había pasado ni un año desde el final de la primera amenaza existencial a su presidencia: la investigación del fiscal especial sobre la posible conspiración con Rusia durante la campaña de 2016. Trump se zafó de ambas amenazas empleando las mismas herramientas: intimidando a miembros de su partido y a otros aliados para que le fueran leales, negándose a aceptar el punto de vista o la versión de la realidad de nadie que no fuera él y, por último, aprovechando cualquier desliz de sus adversarios para socavar todo su argumentario. Con esa votación, el Senado de Estados Unidos le había proporcionado una exoneración meridiana que casi nunca ofrecía a los políticos que se enfrentaban a un escándalo, un resultado que era fácil de comunicar a los votantes. Ahora, Trump podría retomar su agenda y dedicar el último año de legislatura a exponer los argumentos para su reelección y a hablar de la buena marcha de la economía.[22]

Por todo ello, era un momento de satisfacción. Los asesores que se habían apretujado en esa salita gritaron de alegría. Algunos se levantaron para chocar los cinco y una ola de alivio recorrió la habitación. Todo el mundo estaba exultante, salvo una persona.

El impulso de Trump no era de celebración, sino de venganza. Y empezó a tramarla a la mañana siguiente, cuando estaba previsto que diera un discurso en el Desayuno Nacional de Oración, que se celebraba todos los años y donde casualmente el lema era «Ama a tu enemigo».[23] En otras ocasiones, Trump había utilizado esa tribuna para leer comentarios formales sobre el papel de la religión en Estados Unidos. Esta vez enseñó la portada de *USA Today* al público para exhibir el titular: ABSUELTO.

«Como todo el mundo sabe, mi familia, nuestro gran país y vuestro presidente han tenido que vivir un terrible calvario por culpa de algunas personas muy deshonestas y corruptas», dijo Trump a un público lleno de sacerdotes y políticos. El presidente no tenía ningún interés en pasar página y centró su atención en la próxima fase: el castigo. Al día siguiente, Trump destituyó a dos testigos clave en el proceso de destitución —el embajador en la Unión Europea, Gordon Sondland, y el teniente coronel Alexander Vindman— y también puso en su mira al hermano de Vindman, Yevgeni, teniente coronel y asesor ético del Consejo de Seguridad Nacional, en represalia por comunicar sus preocupaciones sobre la llamada con Zelenski.

Poco después de su absolución, un grupo de asistentes se reunió con Trump para planificar su primer viaje presidencial a la India, previsto para febrero. En medio del proceso de destitución, Trump se convirtió en el primer presidente en activo en dar un discurso presencial en la antiabortista «Marcha por la vida».[24] Esa decisión consolidó su prestigio ante un grupo de votantes conservadores que antes le habían mirado con recelo, pero que aplaudieron la evolución de su postura. Si en la fase inicial de las primarias de 2016 se le había visto incómodo al proponer maneras de criminalizar el aborto[25] y había delegado en Pence para que articulase la posición de la Administración, ahora decía sin tapujos que nombraría a jueces del Tribunal Supremo que revocasen el caso Roe contra Wade.[26] También prometía que iba a apoyar los cambios en el sistema de financiación federal para las organizaciones que ofrecían servicios de aborto.[27]

No obstante, enero y febrero fueron meses ajetreados más allá del proceso de destitución en el Senado. Un nuevo coronavirus había empezado a propagarse desde China. Antes del viaje, Melania Trump estaba preocupada por los casos que había visto aparecer en el sur de Asia, pues compartía con su marido el miedo a los gérmenes y no quería enfermar. El máximo experto en enfermedades infecciosas del Gobierno, el doctor Anthony Fauci, dijo que en la India solo había algunos casos de covid-19, como se había bautizado a ese nuevo coronavirus. El viaje no tenía por qué cancelarse.

El 20 de febrero, Roger Stone fue condenado a más de tres años de cárcel por cargos derivados de la investigación de Mueller.[28] Barr había sugerido una condena menor que los nueve años que pedía la fiscalía, y el juez estuvo de acuerdo con esa decisión. Cuando se imputó a Paul Manafort, Trump intentó minimizar la participación en la campaña de la persona que la había dirigido. Pero, a pesar de los altibajos que había tenido su relación, Trump no podía hacer eso con Stone. A veces, el presidente intentaba evitar una separación demasiado abrupta con las personas, y sus asistentes tuvieron la impresión de que temía aislar por completo a Stone y convertirle en un enemigo.

Cuando Stone fue condenado, Kushner recibió una visita de Tucker Carlson, presentador de un popular programa de Fox News y aparente terror de Trump, para hablar sobre el caso del estratega. Carlson y Stone se conocían desde hacía muchos años; en el documental *Get Me Roger Stone*, el presentador había elogiado la inclinación del asesor por dar excesiva importancia a su papel en los acontecimientos.[29] «¿Qué es más brillante y asombroso: influir en lo que sucede en el mundo, o estar en la periferia de lo que sucede en el mundo y aun así pasar a la historia como si hubieras influido en ello? —se preguntaba—. Quizás lo segundo.»

Solo dos días antes de la condena de Stone, Trump había conmutado la sentencia del exgobernador de Illinois Rod Blagojevich,[30] un demócrata al que habían condenado por corrupción casi diez años antes; entre otras cosas, por intentar vender el escaño de Obama en el Senado cuando quedó disponible y por extorsionar a la máxima responsable de un hospital infantil. Blagojevich había participado en el programa de Trump *The Celebrity Apprentice*, pero el vínculo más estrecho entre ambos se debía a una némesis común, o por lo menos a lo que parecía una némesis; el fiscal federal responsable de la condena de Blagojevich era amigo íntimo de Comey. «Son los mismos tipos que me persiguen a mí», dijo Trump a sus asistentes. En otras ocasiones, dijo que a Blagojevich se le encausaba por hacer lo que otros muchos políticos habían hecho. (Mulvaney había intentado decirle a Trump que dejara el indulto de Blagojevich para un segundo mandato y había pedido a los republicanos de la Cámara de Representantes que explicasen al presidente lo graves que eran los delitos del exgobernador de Illinois. A Trump, le había entrado por un oído y le había salido por el otro.)

Carlson fue a ver a Kushner con la idea de pedirle el indulto para Stone de tal forma que este no tuviera que entrar en prisión. Blagojevich y diez personas más —como el exjefe de policía de Nueva York Bernard Kerik y el vendedor de bonos basura Michael Milken— estaban a punto de beneficiarse de un indulto. Si Trump no se lo concedía a Stone, Carlson dejó claro que comentaría el asunto en público. Kushner, sin embargo, no se comprometió, y, unos días después, Carlson comenzó lo que se convirtió en una campaña en nombre de su amigo. La cruzada se alargó varios meses. «Los demócratas se volverán locos si Trump indulta a Roger Stone, pero están locos de todos modos —dijo—. Lo que le ha pasado a Roger Stone no debería ocurrirle a nadie en este país, sea del partido que sea.» Trump compartió esa opinión de Carlson en Twitter, donde ya había lamentado la condena de Stone calificándola como un «error de la justicia».[31] Cuando ocurrió todo eso, Barr declaró ante una periodista de ABC News que las publicaciones de Trump en las redes sociales estaban «imposibilitando su trabajo».[32] Aunque personalmente parecía indignado, Trump conmutó la sentencia de Stone muchos meses después, justo antes de que tuviera que entregarse a las autoridades.

Esa muestra pública de solidaridad con un aliado ya procesado fue un recordatorio a sus seguidores de los poderes que aún ostentaba. También dejó claro que Trump estaba sopesando conceder indultos a varias personas vinculadas con la investigación de Mueller. A Manafort, que al principio había colaborado con la investigación, los fiscales le habían acusado de mentirles; sus abogados, que afirmaron en reiteradas ocasiones que él no les podía dar información sobre Trump, lo negaron. Cuando salieron a la luz nuevas informaciones sobre cómo el FBI había tratado a Michael Flynn, el exconsejero de Seguridad Nacional retiró una declaración de culpabilidad que había hecho en 2017 y que había confirmado en su sentencia de diciembre de 2018. Con ese cambio, Flynn, que Mueller había dicho que proporcionaba información útil, acusó al Gobierno de actuar con mala fe en su investigación. La acusación de Flynn era parte de una estrategia diseñada por la abogada sureña Sidney Powell. Unos meses después, el Departamento de Justicia retiró todas las acusaciones, una decisión de la que ninguno de los fiscales de carrera involucrados en el caso quiso responsabilizarse.[33] Trump había empezado a hablar por teléfono con Powell tras quedar impresionado por sus apariciones en el programa de Fox Business *Lou Dobbs Tonight*, y la abogada se convirtió en una heroína para los seguidores del presidente. Flynn se había liberado del sistema de justicia y volvía a estar comprometido con el movimiento político de Trump.

El 23 de febrero, el Air Force One salió de Washington en dirección a Ahmedabad. Trump estuvo las trece horas que duró el vuelo viendo noticias por cable. Todos los medios hablaban del coronavirus, que ya se había propagado de China a Europa. Al principio, el presidente había abordado la cuestión deseando que no existiera; en muchos momentos difíciles que

había vivido, esa táctica le había salido bien. La primera dama
le acompañó en el viaje a pesar de haber dicho al personal que
no le gustaba coger aviones, y alertó a su marido de que tenía
que tomarse el tema más en serio, pues se trataba de una situación potencialmente peligrosa. Según las encuestas, el coronavirus empezaba a ser una preocupación para los votantes, pero
el asesoramiento estratégico de Kushner parecía no tenerlo en
cuenta: él proponía hacer una gira llamada «Get Healthy
America» («Recuperad la salud, Estados Unidos»), que pondría de manifiesto que Trump se tomaba en serio el objetivo
de diseñar un nuevo plan de atención sanitaria.

Aparte de los momentos en los que se elogió su presidencia, durante el viaje Trump estuvo centrado en la comida que
le sirvieron. Él decía que conocía a una persona que se había
puesto muy enferma por lo que había comido en un viaje por
la India. Después de cada comida —incluso en una cena oficial con el primer ministro, Narendra Modi, que lo recibió
en el palacio presidencial de Deli—, Trump decía que había
ido removiendo de un lado a otro los alimentos para no tener
que comérselos. Según él, solo había bebido de vasos y copas
especiales que Melania había hecho empaquetar a los trabajadores de la Casa Blanca, sobre todo por el miedo a contraer el
coronavirus.

A Trump, el viaje le había parecido atractivo más que
nada porque le habían prometido un gran acto público en su
honor, y Modi puso a 110.000 personas en un estadio de Gu-
yarat para celebrar un mitin de «Namaste Trump».[34] A pesar
de los pocos avances que fructificaron del viaje, Trump se
marchó de la India relativamente contento.[35] En el vuelo de
regreso, la mayor parte del personal de mayor rango se apre-
tujó en la sala de reuniones del Air Force One para intentar
descansar como fuera tras haber estado despiertos durante
más de veinticuatro horas. Algunos se tumbaron en el suelo,
otros se acurrucaron en sillas. Todos estaban relativamente

satisfechos de haber visitado tres ciudades en dos días y de que no hubiera habido incidentes. En la Casa Blanca de Trump, la sensación de éxito podía ser escurridiza, así que disfrutaron del momento echándose una cabezadita.

A Trump le costaba dormir en los vuelos internacionales, y solía entretenerse llamando a un miembro de su equipo tras otro a sus dependencias y forzándolos a mantener una conversación para evitar la soledad que siempre parecía perseguirle. Pero, en ese vuelo, todo el mundo estaba durmiendo, así que se puso a ver la televisión. Las noticias eran desalentadoras: estaban hablando del aviso público que había hecho una alta funcionaria de los Centros para el Control de Enfermedades (CDC, por sus siglas en inglés), Nancy Messonnier, quien había afirmado que la transmisión comunitaria del coronavirus en Estados Unidos era inevitable. Las palabras de Messonnier despertaron la cólera del presidente, que buscó a algún miembro de su equipo para pedirle explicaciones.

Abrió de un golpe la puerta de la sala de reuniones y se puso a gritar a los miembros de su equipo. Viendo su enorme silueta recortada en el umbral, muchos no levantaron la cabeza, fingiendo que seguían durmiendo. «¿¡Quién es esa mujer!? —preguntó—. ¿¡Quién es!? ¡Va a asustar a la gente!»

Cuando el Air Force One tocó tierra en Estados Unidos, Trump ya había decidido que iba a conceder relevancia presidencial a un nuevo grupo de trabajo sobre el coronavirus liderado por Pence.[36] En realidad, esa brigada fue reubicada dentro de la Casa Blanca. El equipo del presidente se había inquietado con los comentarios inesperados de Messonnier, y desde la Casa Blanca tendrían un mayor control sobre la información que publicaba la Administración.[37]

Incluso en su afán por vengarse de los demócratas por la odisea del proceso de destitución, Trump había hecho especial hincapié en dos cosas. Quería evitar ofender a China, el país donde se había descubierto el virus, dado que había fraguado con su dirigente un acuerdo comercial que le parecía un logro de gran relevancia. También le preocupaba que, si admitía la existencia de una nueva crisis, estaría perjudicando sus planes de hacer campaña alardeando de la creación de empleo. Trump siempre había creído que las cosas solo existían si se comentaban abiertamente. De ahí que se propusiera minimizar el virus en público, en contra de los avisos que le daban en privado su equipo del Consejo de Seguridad Nacional —que le decía que el peligro era significativo— y asistentes como Kellyanne Conway y Brad Parscale, que querían que se lo tomase en serio.

No obstante, a principios de marzo, Trump percibió que la crisis sanitaria era un peligro político para él, aunque no supiera cómo abordarla más allá de expresar sus frustraciones. A primeros de ese mes, en una reunión con asesores políticos en el Despacho Oval, a Trump le entregaron un fajo de datos demoscópicos según los cuales los votantes concedían una alta aprobación a su gestión en materia económica.

Trump se había pasado cuatro años tratando las fluctuaciones diarias del mercado bursátil como si fueran sondeos sobre él mismo, pero en esa ocasión arrojó los papeles encima del escritorio. Ya no tenían ninguna importancia. En el despacho todo el mundo sabía que esas cifras eran fenomenales, pero con lo que se avecinaba, dijo Trump, no tendrían ningún valor. Los resultados económicos que se habían logrado con su presidencia estaban condenados a quedar en agua de borrajas. Consultó con sus asistentes qué debía hacer respecto a posibles medidas de confinamiento en todo el país y a su potencial impacto en la economía.

Trump y sus ayudantes sabían que el paisaje para su reelección había cambiado. Pero no formaba parte del carácter de Donald Trump adaptarse durante mucho tiempo a unas normas que no fueran las suyas. A veces, no se adaptaba a ellas ni un solo segundo.

28

La salud de Estados Unidos

Antes de que llegara el primer aviso de la OMS sobre el coronavirus, el último problema de salud pública del que se había ocupado la Administración Trump había sido el vapeo. El secretario de Salud y Servicios Humanos, Alex Azar, respaldado por Kellyanne Conway y la primera dama, había mostrado su preocupación por el fácil acceso de los adolescentes a los cigarrillos electrónicos y había abogado por regular de forma más enérgica ese sector al alza. A primeros de enero, algunos asesores informaron a Trump de que esa cuestión podía ayudarle con las madres de barrios residenciales, así que el presidente avaló que se impusieran fuertes restricciones a los productos de vapeo con sabores, destinados sobre todo a los jóvenes.[1] Pero enseguida tuvo remordimientos de conciencia. Su director de campaña, Brad Parscale, sostenía que esa nueva regulación le distanciaría de su base política. Y sus asistentes le presentaron datos de su experto demoscópico, John McLaughlin, recabados para el sector del vapeo, que corroboraban su punto de vista. «¡Nunca debí meterme en eso del puto vapeo!», le dijo Trump a Azar, buscando a alguien a quien culpar de su decisión.

La semana siguiente, se detectó en la Costa Oeste el primer caso de covid-19 en un hombre de la zona que acababa de regresar de un viaje a China.[2] La propagación de un conti-

nente a otro dio pie a que el virus se comparara con el que
salió de China en 2003, que provocaba el síndrome respirato-
rio agudo grave (SARS, por sus siglas en inglés) y que mató a
774 personas en todo el mundo. Desde el Foro Económico
Mundial de Davos —el tipo de acto elitista del que Trump se
burlaba pero al que le encantaba asistir—, el presidente le dijo
a un periodista estadounidense que Estados Unidos tenía el
virus controlado y que él confiaba en que el presidente chino,
Xi Jinping, sería franco con respecto al alcance de la amenaza:
«Tengo una relación excelente con el presidente Xi».[3]

El 23 de enero, Trump asistió a la primera sesión informativa de inteligencia sobre el virus. Muchos de los que defendían una línea dura con China y de los funcionarios de
Seguridad Nacional de la órbita de Trump creían que tenía
que reconocer el peligro. El consejero adjunto de Seguridad
Nacional Matt Pottinger había trabajado como periodista
para un periódico con sede en Hong Kong, y la experiencia
de informar sobre el contagio del SARS le había marcado
mucho; por eso fue muy insistente en sus avisos. Y el consejero de Seguridad Nacional, Robert O'Brien, también alertó a
Trump de que se trataba de la mayor amenaza para la seguridad nacional de su presidencia.

El asesor en asuntos comerciales Peter Navarro redactó
dos informes incisivos en los que describió una pandemia inminente y potencialmente devastadora que requeriría recursos significativos y equipos de protección médica como mascarillas.[4] Una amenaza invisible procedente del extranjero le
venía como anillo al dedo a la paranoia natural de Navarro.
Para satisfacer el deseo de Trump de identificar al autor anónimo del libro *A Warning*, Navarro había acusado falsamente
a una asesora del Consejo de Seguridad Nacional, Victoria
Coates, con rumores que circulaban dentro y fuera de la Casa
Blanca. Las sospechas fueron *in crescendo* hasta que Coates se
ofreció voluntaria para someterse a un test poligráfico para

demostrar su inocencia. Trump aceptó la oferta, pero los funcionarios no lograron decidir quién supervisaría la prueba y al final no se hizo. Más adelante, Navarro se convenció de que una mujer con apellido del este de Europa que había visitado su casa como potencial compradora podría ser una espía rusa y exigió a los Servicios Secretos que la investigasen. Con el coronavirus, Navarro fue clarividente, pero también fue una molestia para Trump. Al presidente no le gustó que hubiera puesto sus predicciones negro sobre blanco y las hubiese divulgado entre los asesores de la Casa Blanca. Era fácil que sus compañeros no se tomasen en serio las advertencias de Navarro porque no consideraban que el mensajero fuera creíble.

De entrada, Trump no hizo caso a quienes querían que adoptase una actitud de mayor confrontación. Cuando Azar dijo que quería salir en televisión a criticar a China por el virus, Trump pensó que el funcionario intentaba aprovechar la situación para promocionarse. «No te pongas histérico —le dijo—. Ya tienen bastantes cosas de las que preocuparse.» Cuando el senador por Arkansas Tom Cotton pidió limitar la entrada de los viajeros procedentes de China, Trump respondió que le incomodaba tomar una decisión de tal envergadura. «¡Pero si han estado aquí hace nada!», dijo Trump a los asesores de la Casa Blanca haciendo alusión a la delegación china que había asistido a la ceremonia de firma. Al principio, sus asesores de salud pública cuestionaron la probable eficacia de esa prohibición.

Sin embargo, el 31 de enero, después de que los expertos en salud pública reconsiderasen sus dudas iniciales y recomendasen la medida, Trump decretó una prohibición parcial a la entrada de viajeros procedentes de China. (Los ciudadanos estadounidenses quedaban exentos, así como otras personas cuyos trayectos pasaban por puntos externos a la China continental, como Hong Kong.)[5] Esa misma semana, Trump creó el Grupo de Trabajo sobre el Coronavirus de la Casa

Blanca, del que formaban parte Azar y el doctor Anthony Fauci. Trump no pensaba que hicieran falta muchos más preparativos. En una entrevista que concedió a Bob Woodward algunas semanas después con motivo del segundo libro de este legendario periodista sobre la Casa Blanca de Trump, el presidente afirmó que el coronavirus era «más letal incluso que una gripe fuerte», pero que lo minimizaba a propósito para evitar que cundiera el «pánico».[6]

Por lo general, Trump quería tratar el virus como un inconveniente a corto plazo y pretendía que la gente que le rodeaba hiciera lo mismo. «Va a desaparecer. Un día —como por arte de magia— va a desaparecer», insistía. En otra ocasión en febrero, Trump dijo públicamente: «Esto es una gripe. Es como una gripe». Nueve días después, Trump programó, luego canceló y luego volvió a programar[7] una visita a los Centros para el Control y la Prevención de Enfermedades en Atlanta, donde llevó una gorra roja de campaña y mintió acerca de la disponibilidad de test de coronavirus.[8] «No hables de eso en televisión», le dijo a McDaniel, que quería culpar a China del brote.

Trump había dicho a sus asistentes que siguieran programando mítines. Pero, en la segunda semana de marzo, esas instrucciones ya no podían cumplirse. La OMS había declarado oficialmente que el coronavirus era una pandemia, y afectaba a casi todos los rincones de la vida estadounidense.[9] Como estaban apareciendo casos por todo el país, los centros de enseñanza empezaron a impartir las clases a distancia, las ligas nacionales de baloncesto y *hockey* suspendieron la temporada[10] y se cancelaron los torneos universitarios.[11] Robert O'Brien propuso prohibir los viajes desde Europa, pero el secretario del Tesoro Steve Mnuchin, que desde 2017 había maniobrado para convertirse en un asesor económico importante, se opuso con firmeza.[12] Trump se dio cuenta de que era casi seguro que esas medidas paralizarían la actividad económica, pero terminó haciendo caso de las recomendaciones. Sus asesores le invitaron a explicar las decisiones tomadas en un discurso desde el Despacho Oval, en el que Trump también instó a los ciudadanos a tomar precauciones en las relaciones interpersonales.

El discurso que dio Trump la noche del 11 de marzo dejó claro por qué había dado pocos discursos de esa clase durante su mandato. Se le vio titubeante —justo antes de que empezara el programa, le pillaron con el micro encendido diciendo exasperado «¡Mierda!» por una mancha que se le veía en la camisa blanca— y, más importante aún, soltó una serie de errores fácticos básicos sobre lo que conllevaba la prohibición. Entre otras cosas, se equivocó con los países europeos afectados y si se aplicaba a mercancías o solo a personas.[13] «Pues muy bieeen», dijo Trump al terminar el discurso mientras se desabrochaba la americana. Lo dijo con inseguridad, y sin dirigirse a nadie en concreto.

La cobertura mediática desfavorable que recibió Trump por el discurso y la confusión que creó marcaron su disposición a hablar en público sobre el virus. Le molestaba la omnipresencia de Fauci en los medios; no quería que pareciera la voz principal del Gobierno sobre la pandemia. Delante de sus asistentes, decía que a Fauci le gustaba llamar la atención. A medida que el coronavirus fue dominando la atención mediática, el vicepresidente también tuvo la oportunidad de presentarse como un líder, al presidir el grupo de trabajo creado para responder a la pandemia. Pence llevaba tiempo albergando ambiciones presidenciales y, desde el estado de Washington, donde se detectó el primer caso en Estados Unidos, ofreció la imagen de tranquilidad que suelen dar los presidentes en períodos de crisis. Pence participaba junto con Fauci y otros médicos del Gobierno en las ruedas de prensa diarias del Grupo de Trabajo sobre el Coronavirus. Estas se celebraban en la sala de prensa de la Casa Blanca, y aunque el vice-

presidente daba poca información detallada en esas comparecencias, sí exhibía seriedad, solemnidad y empatía, con lo que
se ganó la opinión favorable de los medios.

Los políticos y responsables locales, sobre todo los de los
estados costeros donde la enfermedad se estaba expandiendo
con mayor rapidez, también habían empezado a dominar el
escenario nacional. Cuando la Marina puso a disposición del
Gobierno dos barcos medicalizados para brindar apoyo a los
esfuerzos sanitarios locales, Trump pudo decidir dónde iban
a atracar. Aun siendo demócrata, el gobernador de California
Gavin Newsom tenía una relación profesional con el presidente. Con él, Trump atenuaba sus críticas instintivas a los
demócratas, en parte porque la exmujer de Newsom, Kimberly Guilfoyle, tenía ahora una relación sentimental con el
hijo mayor de Trump. Cuando Newsom aprobó una medida
que requería a los candidatos presidenciales que aparecían en
las papeletas electorales del estado a publicar su declaración
de la renta, Trump le llamó enfadado para contarle que el año
anterior él había ganado más de 400 millones de dólares.
(Trump nunca hizo públicas sus declaraciones fiscales como
presidente.)

Newsom «nos ha ayudado mucho más y se porta mucho
mejor con nosotros que el gobernador de Washington —observó Trump ante unos asesores durante una reunión en el
Despacho Oval con varios asistentes, incluido Pence—. Dé-
mosle el barco a Newsom». (En otras situaciones, Trump había desaconsejado tener una actitud amable con el gobernador de Washington, Jay Inslee, porque había criticado la
respuesta a la pandemia de su Administración. «Le dije a
Mike que no halagase al gobernador porque ese gobernador
es una víbora», dijo Trump durante su visita a la sede central
de los CDC.) «Newsom ha dicho cosas positivas sobre mí;
Inslee ha dicho cosas negativas», dijo Trump desde detrás de
su escritorio. Pence respondió que la decisión no se podía

543

tomar de esa manera y que tenía que basarse en datos que indicasen las necesidades de cada sitio. Trump decidió llamar de todos modos a Newsom y puso el altavoz sin avisarle de que había otras personas oyendo la conversación, como hacía a menudo. «Tengo que tomar una decisión sobre ese barco —le dijo Trump al gobernador—. Tú te has portado tan bien conmigo que quiero dártelo a ti. Pero aún está por concretar.» Newsom contestó con prudencia que le encantaría disponer de ese barco en California, pero que Trump debía mandarlo al lugar donde fuera más necesario. Trump puso cara de estupefacción ante los demás presentes. No podía creer que Newsom no aceptara sin más aquello que se le ofrecía. (Uno de los barcos terminó en Los Ángeles.)

Trump estaba celoso por la atención mediática que se prodigaba a Pence. Y como se habían suspendido los mítines y los actos de recaudación de fondos, tampoco le quedaba más alternativa, así que cuando un colaborador suyo se lo sugirió, asistió a una de las sesiones informativas del grupo de trabajo, que se retransmitían en directo sin interrupciones por los canales de noticias por cable. De entrada, Trump dijo que se quedaría sentado a un lado, pero acabó diciendo algunas palabras desde el podio, y luego se enganchó. En esas sesiones intervenían primero Pence y luego Trump, rodeado de médicos que daban actualizaciones de salud pública. Trump las inundaba con sus mensajes y respondía a las preguntas de los periodistas que tenía sentados enfrente.

Al principio, en esos actos diarios se vieron atisbos de un cierto liderazgo tradicional. Cuando se constató que la campaña «Quince días para frenar la propagación» —que animaba a los estadounidenses a quedarse en casa si estaban enfermos o siempre que les fuera posible— había sido insuficiente para poner fin a la pandemia, Trump sucumbió a la presión de los expertos en salud pública e introdujo medidas de confinamiento. Lo hizo a pesar de que había miembros de su partido que se oponían. «Quiero que todos y cada uno de los estadounidenses estén preparados para los días complicados que tenemos por delante —dijo Trump el 31 de marzo con una seriedad inusual—. Vamos a pasar dos semanas muy difíciles. [...] Van a ser dos semanas muy pero que muy duras.»

El último día de marzo fue el primero de Mark Meadows como jefe de gabinete —el cuarto— de Trump.[14] Con él, Trump igualó al presidente que más jefes de gabinete había tenido en una sola legislatura. Meadows era líder del conservador Caucus de la Libertad y había sido uno de los defensores más fervientes de Trump en el Capitolio. Como jefe de gabinete, tenía la clara intención de complacer a Trump más que cualquiera de sus predecesores. Su esperanza era consolidarse no solo como el director interno de la Casa Blanca, sino también como el asesor más importante del mandatario. Meadows se convirtió en el último jefe que intentaría demostrar a Trump que podía erradicar las filtraciones de prensa justo como el presidente quería, y se esmeró con un brío innegable. Tiempo después, supe que Trump se había enfadado por las noticias que yo había publicado y se había despachado a gusto con los funcionarios de la Administración, exigiéndoles que encontrasen mi historial de llamadas e identificasen a mis fuentes. Al parecer, nadie cumplió nunca esa orden.

Meadows confesó a colaboradores suyos que estaba facilitando informaciones negativas a algunos ayudantes para ver si salían a la luz.[15] También regañaba a aquellos que ponían en cuestión sus métodos. Le gustaba buscar el favor de Trump, pero al mismo tiempo, en conversaciones con sus colaboradores externos a la Casa Blanca, se quejaba de que la institución era más disfuncional de lo que había pensado antes de entrar en ella. Lo más significativo fue su bloqueo de Pence; lo logró diciendo «Yo me ocupo» cada vez que Trump mencionaba algo que se tenía que hacer. Encargándose de esas tareas, como la de llamar a los representantes del Capitolio que previamente el presidente había asignado al vicepresidente, Meadows consiguió sembrar la discordia entre Pence y Trump justo cuando estos se disponían a hacer campaña juntos para la reelección.

En pocos días, empezó a llegarme por varias fuentes —también de las que querían el éxito de Meadows— otro aspecto de su liderazgo. El estado de ánimo de Meadows era muy cambiante. Parecía incapaz de controlar sus emociones; en un momento dado estaba chillando y poco después rompía a llorar. Un ejemplo de esa actitud fue un episodio que circuló rápidamente entre los miembros del personal. Su protagonista fue Alexa Henning, que como directora de medios audiovisuales era la encargada de concertar entrevistas para las figuras de la Casa Blanca y que durante años había sido objeto de indignación entre los funcionarios de la Administración que no obtenían el tiempo de pantalla que querían (por lo común, porque las cadenas decidían no sacarlos). Meadows convocó a Henning a su despacho, donde ella se defendió a sí misma y defendió su trabajo. A lo largo del tiempo, muchas personas habían intentado quitársela de encima, explicó Henning, pero ella solo era fiel a una persona del edificio: el presidente. Los ojos de Meadows se llenaron de lágrimas ante aquellas palabras. «Le tengo un gran aprecio a este hombre», dijo. Henning salió de la reunión con su trabajo intacto, pero se la veía conmovida por lo que había sucedido. Se lo contó a otros dos miembros del personal, que se quedaron desconcertados, y a partir de ahí la anécdota terminó llegándome a mí. Finalmente, yo la aproveché para un artículo que estaba escribiendo sobre los primeros días de Meadows en el cargo.

A principios de abril, *The New York Times* publicó una noticia larga en la que yo había trabajado con cinco compañeros. HABRÍA PODIDO VER LO QUE SE AVECINABA: DETRÁS DEL FRA-

CASO DE TRUMP CON EL VIRUS fue el titular de la versión en línea. El artículo responsabilizaba a Trump de la gestión de la pandemia,[16] y ni él ni sus asesores quedaron muy contentos. Pero en lugar de desmentirlo y presentar sus méritos, el presidente emprendió represalias como nunca había hecho. Al día siguiente, en la sesión informativa del Grupo de Trabajo sobre el Coronavirus, Trump puso un vídeo montado por el equipo del director de redes sociales, Dan Scavino, en el que aparecían expertos que minimizaban la amenaza del virus y otros que elogiaban la respuesta de la Administración ante la situación. En un momento dado, se oía mi voz sacada de un fragmento del pódcast *The Daily*, vinculado a *The New York Times*, en el que yo hablaba sobre la decisión de limitar la entrada de viajeros procedentes de China. En el extracto, decía que la restricción parcial del movimiento podía ser eficaz. Pero alguien había cortado mi observación de que Trump había interpretado el momento como «misión cumplida» y había optado por no hacer mucho más. Cuando puso el vídeo en la sala de prensa, Trump estaba orgulloso de sí mismo y, mientras se reproducía el clip, reapareció su sonrisa del gato de Cheshire.

Cinco días después, se publicó mi artículo sobre Meadows. Contenía la anécdota del llanto; un jefe de gabinete rompiendo a llorar delante de sus asistentes era un hecho objetivamente digno de ser publicado. Meadows atormentó a Henning por ello y la culpó de una noticia en cuya publicación ella no había tenido nada que ver. A partir de entonces, le impidieron participar en las reuniones del equipo de comunicación y acceder a otros cargos dentro del Ala Oeste.

Mientras tanto, Trump estaba avergonzado por lo que consideraba la puesta al descubierto de una muestra de vulnerabilidad, un caso que podía dar una imagen negativa de sus propias decisiones. A lo largo de la siguiente semana, Trump se quejó regularmente de mí en las reuniones en el Despacho

Oval. Días después, en la sala de prensa, el presidente dedicó dos minutos a atacarme sin que viniera a cuento y en medio de unos comentarios que trataban sobre el coronavirus. Empezó quejándose de que no se le reconocía el mérito de haber acelerado la llegada de material médico, y terminó insultándome y diciendo que era una «periodista terrible y deshonesta».

«Como descubrimos e hicimos público que es una mala periodista, ella salió a decir que Mark Meadows se había puesto a llorar —dijo Trump—. E hicieron que pareciera... He dicho "Mark". Y no pasa nada si Mark lo hizo. Yo no lo haría; a ver, miren. Pero creo que probablemente estaba llorando..., sin duda, no por el motivo que dijeron. Pero no es un llorón. Y si lo fue... Conozco a llorones. Podría decirles nombres de personas que ustedes conocen que son muy famosas. Y lloran, y tampoco pasa nada.»

Por aquel entonces, Trump había convertido las sesiones informativas en versiones reducidas de sus mítines. A veces las comparecencias duraban más de dos horas, durante las cuales atacaba a diestro y siniestro y despotricaba con diatribas que a menudo tenían poco que ver con el virus. Los ayudantes que le habían sugerido que participase en esas sesiones ahora le animaban a que no fuera, o por lo menos a que en la parte inicial cediera la palabra a los médicos. Eso funcionó durante un tiempo. «¡Así ha sido mucho más fácil! —dijo Trump después de una sesión en la que solo habló algunos minutos—. Cuesta estar ahí noventa minutos. Salir en escena noventa minutos: ¡pero si esto es como actuar en Broadway!»

Trump había perdido la esperanza en los expertos médicos y científicos con los que compartía ese escenario diario. Aunque al principio elogió la «elegancia» de la doctora Deborah Birx —estaba cautivado por su colección de pañuelos de cuello de seda y algunas personas repararon en que, desde ciertos ángulos, la mujer se parecía a la madre de Trump en sus últimos años de vida—, el presidente dejó de escuchar sus consejos. Trump nunca se había fiado del todo de Fauci, pero después de que este cambiase sus directrices sobre el uso de las mascarillas, Trump también se quejó del médico. Una vez que los conservadores convirtieron a ese especialista en enfermedades infecciosas en el símbolo de lo que consideraban una respuesta pública exagerada, Trump siguió a su base política e incluso compartió una publicación en redes sociales con la etiqueta «echar a Fauci», como si él fuera un mero observador de todo aquello.[17] (Como director del Instituto Nacional de Enfermedades Alérgicas e Infecciosas, Fauci era un funcionario público al que en teoría no se podía destituir por razones políticas.)[18]

Los asistentes de Trump intentaron protegerle de las críticas por haber quitado hierro al virus y echaron la culpa a las personas que le habían informado sobre el asunto. Cuando los periodistas empezaron a indagar en el momento exacto en que se había informado a Trump sobre el coronavirus,[19] los funcionarios subrayaron que había sido conocedor de aquella amenaza varias semanas antes de su discurso ante el país, y que había dicho que era «como la gripe». También dieron a entender a la prensa que habían sido otros quienes habían dado a Trump avisos poco alarmantes. Lo que insinuaron fue que Sanner, la persona que le transmitía la información de inteligencia, había restado importancia al virus. Sanner había dicho a Trump que el virus era mortal para las personas mayores y las inmunodeprimidas, y se encaró con el presidente recordándole que ella le había dicho que podía ser grave en algunas circunstancias. «Me habría acordado si hubieras mencionado a los ancianos», respondió Trump secamente. Sanner le recordó que ella tomaba notas de lo que le decía y que esas anotaciones contenían lo que le había dicho.

Entre bastidores, Kushner comentó a sus amigos que ahora él era el encargado de la mayoría de los aspectos de la respuesta a la pandemia, y creó una especie de grupo de trabajo en la sombra. Formado en su mayor parte por empleados del sector privado[20] que operaban fuera de los canales públicos tradicionales, el equipo de Kushner empezó a enviar correos a responsables políticos de varias agencias y a darles instrucciones para que buscasen formas de «desatascar» la cadena de suministro de ciertas terapias alternativas promovidas por Trump. Algunas voces de otros departamentos atribuían a Kushner el mérito de ayudar a acelerar la llegada de respiradores artificiales. Pero en su mayor parte, su grupo de personas externas no tenía experiencia con la normativa de adquisiciones del Gobierno federal y confiaba tanto en las relaciones personales que generaba un enredo innecesario en el funcionamiento de los departamentos.

Delante de las cámaras, Trump no podía resistirse a intentar rivalizar con sus especialistas y minar su credibilidad. Después de que un asesor científico de primer nivel del Departamento de Seguridad Nacional presentase unas investigaciones según las cuales el virus era vulnerable a altas temperaturas, Trump hizo una reflexión sobre las posibles aplicaciones de ese descubrimiento: «Entonces, suponiendo que el cuerpo recibe el impacto de una luz de gran potencia (ya sea ultravioleta o solo muy potente...) y creo que has dicho que esto no se ha comprobado porque no se pueden hacer ensayos —dijo Trump, que a continuación miró hacia el lado de la sala donde solían sentarse sus médicos, como si esperase que confirmasen sus palabras—. Y luego, como iba diciendo, suponiendo que hiciéramos penetrar esa luz dentro del cuerpo, lo cual puede hacerse bien a través de la piel o bien de alguna otra forma, y creo que has dicho que esto también lo vais a comprobar...». Y añadió: «Veo que el desinfectante lo elimina en un minuto, un solo minuto. No sé si hay alguna forma de hacer algo así inyectándolo en el cuerpo o casi como si fuera una limpieza... Porque, ya lo ven, se mete en los pulmones y allí la afectación es tremenda, así que sería interesante comprobar esto».

Trump quería encontrar una cura rápida para el virus y le daba igual de dónde sacaba las propuestas. Cuando el emprendedor tecnológico y multimillonario Larry Ellison y la presentadora de Fox News Laura Ingraham le convencieron de la supuesta eficacia de la hidroxicloroquina, un fármaco contra la malaria, como una terapia alternativa para prevenir el virus, Trump empezó a apoyar su consumo.[21] «Miren, puede funcionar o no —dijo Trump a los periodistas siguiendo la filosofía de Norman Vincent Peale sobre el poder del pensamiento positivo para combatir ese nuevo virus—. Y estoy de acuerdo con el doctor, con lo que ha dicho: puede funcionar o no. Yo tengo buenas sensaciones. Eso es todo. Un presentimiento. Ya lo saben, soy un tipo inteligente. Y tengo buenas sensaciones con eso.»

Los republicanos observaban esas comparecencias diarias con recelo. Según las encuestas del comité nacional, el coronavirus era la preocupación principal de los votantes, pero estos no creían que Trump estuviera llevando la iniciativa en el asunto. Los republicanos creían que el presidente no solo estaba perjudicándose a sí mismo, sino que su actitud también podía terminar perjudicando a los demás candidatos y responsables políticos de la formación. Aun así, Trump veía el virus como otro tipo de amenaza. A las personas que le llamaban o que visitaban el Despacho Oval y la residencia de la Casa Blanca, siempre les hacía la misma pregunta retórica: «¿Os podéis creer que me esté pasando esto a mí?».

A diferencia de otras tragedias humanas que observó desde la distancia, para Trump las primeras fases de la pandemia fueron algo muy palpable porque afectaron al sitio que él mejor conocía. Desde finales de marzo y durante la mayor parte de la primavera, Nueva York fue el epicentro del brote en Estados Unidos —las calles estaban llenas de ambulancias y los hospitales colapsaban por la falta de camas y respiradores— y anticipó lo que terminaría ocurriendo en casi todos los rincones del país. Las imágenes que aparecían en la televisión y los periódicos sobre la ciudad en la que nació Trump transmitían un dolor con el que él se podía identificar: cuerpos amontonados en un camión refrigerado a las puertas del Elmhurst Hospital Center, a quince minutos en coche de donde él había pasado la infancia en Queens.[22] Uno de los compañeros de Trump en el sector inmobiliario de la zona, el inversor Stanley Chera, cayó enfermo por el virus y fue hospitalizado en Nueva York; Trump se puso en contacto con su familia en varias ocasiones.

La atención sobre Nueva York puso bajo los focos al gobernador del estado, Andrew Cuomo, con quien Trump se había cruzado décadas antes por ser ambos hijos de dinastías emergentes de Queens que aprendieron a ser útiles para las ambiciones del otro. Ahora que se enfrentaban a la misma crisis en calidad de responsables políticos y que Cuomo ocupaba un cargo en una de las capitales mediáticas del país, el liderazgo de ambos hombres se comparaba a menudo. Cuomo también daba ruedas de prensa diarias que se retransmitían por la televisión nacional. Pero las suyas recibían elogios, en parte, por su contraste con las de Trump; eran empáticas, con datos abundantes, serias y alertaban de los miles de muertes que iban a producirse. «No le des tanta importancia [a la pandemia] —dijo Trump en una conversación que mantuvo con Cuomo en marzo—. Lo vas a convertir en un problema.» Cuomo respondió que Trump no lo entendía, que no lo estaba convirtiendo en un problema. Dijo que sonaban sirenas toda la noche. El presidente le contestó: «Pero eso te pasa solo a ti. Solo pasa en Nueva York, no en el resto del país».

A pesar de todo, los dos hombres empezaron a hablar con

cierta regularidad. Parecía que a Trump le atraía la figura de Cuomo, que era una presencia conocida de su pasado y una persona que salía en las noticias. En algunas ocasiones, Trump podía mostrarse atento, como cuando llamó a Cuomo para felicitarle por los índices de aprobación que recibían sus ruedas de prensa. «Las sigue todo el mundo. ¡Las sigue incluso Melania! —dijo Trump, que luego se dirigió a su esposa—: Es tu novio, ven a saludarle, está al teléfono.» Trump concebía esas ruedas de prensa como una versión en formato duelo de *The Apprentice*: Cuomo salía por la mañana y él, por la noche.

Pero a medida que Cuomo fue acaparando más los focos y recibiendo los elogios de la prensa, Trump empezó a ver al gobernador como una potencial amenaza. Algunos amigos, como el presentador de Fox News Sean Hannity, le susurraban al oído que un personaje famoso como Michelle Obama sería la candidata demócrata a la presidencia; algunos republicanos estaban convencidos de que el presunto candidato, Joe Biden, ya no estaba en condiciones de sobrevivir a ese año y que los demócratas se darían cuenta de que tenían que sustituirle. (Biden y Trump mantuvieron una breve conversación a comienzos de abril, por iniciativa de Biden, para hablar sobre la pandemia. Aunque Trump llevaba meses burlándose de la agilidad mental de Biden, el presidente dijo a sus asesores que no había detectado nada raro durante la llamada.) Trump y Hannity, quien seguía la política del Partido Demócrata solo a través de la prensa y no entendía muy bien su dinámica interna, dieron por hecho el reemplazo de Biden. Trump estaba tan convencido de que se apartaría a Biden de la candidatura que indicó a sus asistentes que pospusieran la inversión en publicidad para atacarle.

Trump preguntó a Cuomo sobre esos rumores y le dijo que Hannity había mencionado su nombre como posible sustituto de Biden. Cuomo tenía relación desde hacía años con el supuesto candidato y le dijo a Trump que Biden no estaba «débil», como había afirmado el presidente. En cualquier caso, confirmó que él no tenía pensado presentarse a la presidencia. Cuando el *New York Post* publicó una encuesta realizada por los aliados de Trump de Club for Growth, según la cual los votantes demócratas preferían a Cuomo antes que a Biden, Trump llamó al gobernador.[23] «Ya te dije que iban a apartar a Biden y a ponerte a ti, y tú lo negaste», dijo Trump. Cuomo le respondió que lo había negado porque no era verdad. «Bobadas —dijo Trump—. Luego vas a decir: "Los demócratas me han obligado a hacerlo"—. Y añadió—: Hannity dice que lo sabe a ciencia cierta.»

Trump llevaba más de tres años en Washington. Pero nunca se había ido realmente de Nueva York.

El interés de Trump por hacer actuaciones espectaculares y de gran relevancia para afrontar la pandemia parecía estar vinculado únicamente con el reto de conseguir la reelección. El pronóstico, no obstante, era cada vez más desfavorable.

En este cometido, su nuevo jefe de gabinete tuvo una idea. Meadows había sido un escéptico del coronavirus, tanto desde un punto de vista médico como político; se negaba a ponerse la mascarilla dentro de la Casa Blanca y creía que el desinfectante de manos Purell era la única protección necesaria. Celebraba reuniones sobre el virus en las que no participaba Pence y se mofaba de los expertos en salud pública diciendo que no tenían ni idea. En ese contexto, a Meadows se le ocurrió una idea que fue cuajando en el Ala Oeste, según la cual el virus estaba propagándose sobre todo en grandes ciudades de estados de tendencia demócrata. Lo que quería dar a entender era que, para los gobernadores republicanos y el Gobierno, era un asunto menos urgente. Así y todo, el grupo de trabajo en la sombra de Kushner asumió cada vez más responsabilidades.

Kushner también estaba haciendo progresos en un ambicioso plan para normalizar las relaciones entre Israel y los Emiratos Árabes Unidos y Baréin, lo que se conocería como los acuerdos de Abraham.[24] Como las iniciativas para avanzar en un acuerdo de paz de mayor envergadura no habían dado fruto, Kushner estaba trabajando en otros frentes. Sus defensores terminaron viendo los acuerdos como un logro significativo, pues traían cambios a Oriente Medio y reestructuraban las alianzas contra la amenaza de Irán. (Kushner contó con la ayuda de algunos de los miembros del equipo del Consejo de Seguridad Nacional de O'Brien. El yerno de Trump se pasaría el último año de la legislatura instando a varios ayudantes, incluido Meadows, a presionar a responsables de la CIA para averiguar por qué no le habían concedido una acreditación de seguridad y pidiendo a algunos compañeros que escribieran cartas al director de la CIA en su nombre.)

Como Kushner demostró su poder y cosechó éxitos, Meadows se vio inmerso en una competición para demostrar que él también era capaz de alcanzar acuerdos para complacer al presidente. Cuando la Casa Blanca y los fabricantes de medicamentos estaban cerca de un acuerdo para rebajar el precio de los fármacos, Meadows presionó para que se incluyeran en el pacto millones de tarjetas con dinero para que los hogares estadounidenses pudieran costear los medicamentos con receta.[25] Su petición contribuyó a hundir el acuerdo sobre el precio de los medicamentos; a los ejecutivos farmacéuticos a los que se presentó la propuesta, les pareció un mecanismo para enviar tarjetas con el sello de Trump a casa de los votantes antes de los comicios.

En mayo, Trump anunció su atrevido plan, llamado operación Warp Speed («velocidad por curvatura»), con el que la Administración invertiría una gran cantidad de dinero a fin de apoyar iniciativas privadas para desarrollar una vacuna contra el coronavirus. Durante mucho tiempo, Trump había sentido desprecio por el sector farmacéutico, que los votantes más mayores de su base política percibían como algo negativo. (Las farmacéuticas «se salían con la suya», dijo en 2017.)²⁶ Y buena parte de su respuesta ante la pandemia se había basado en descargar la responsabilidad en otros, sobre todo en los Gobiernos estatales y locales.²⁷ Pero la operación Warp Speed ponía el dinero directamente en las manos de las compañías farmacéuticas, y la Casa Blanca se jugaba de forma clara su capacidad de contribuir a desarrollar una vacuna. «Esperamos conseguirla antes de fin de año si es posible, quizás antes», dijo Trump en mayo, cuando se presentó el proyecto en público. Más adelante, los funcionarios de la Administración fueron francos y admitieron que la cronología estaba vinculada al calendario de campaña de Trump. Kushner ayudó a despejar los obstáculos logísticos en la Casa Blanca —declarando con grandilocuencia que él era el encargado de desarrollar la vacuna—, pero sus esfuerzos tuvieron un impacto mayor en la distribución que en el desarrollo. Con todo, pese a las críticas porque la cronología no era realista, esa resultó ser una de las decisiones más importantes de la presidencia de Trump.

29

Divide y vencerás

Bill Barr fue a ver a Donald Trump para decirle que se estaba boicoteando. Y Barr no era el único miembro de alto rango del Gobierno de Trump que lo pensaba. En la primavera de 2020, muchos de sus principales asesores tenían claro que el impulso de Trump de socavar los sistemas existentes y amoldar las instituciones a sus propósitos iba acompañado de un comportamiento errático y de unos niveles de ira que requerían que otras personas intentasen impedir que desbarrase casi en todo momento.

A diferencia de muchos otros miembros de la Administración, el fiscal general de Trump estaba dispuesto a enfrentarse al presidente e incluso a discutir con él. Durante la legislatura, se había producido un dolor humano y económico inimaginable, pero, en lugar de aceptar la crisis como una oportunidad para exhibir autoridad y control —un cálculo frío que innumerables políticos habían hecho a lo largo de los años—, Trump no había querido modular su conducta. Barr alertó a Trump de que ahora iba en camino de perder las elecciones. «Mira, en 2016 el electorado era más fluido —le explicó Barr—. Había personas que iban a decantarse por ti en el último momento. Pero eso no va a ocurrir esta vez. —Barr avisó a Trump de que aún podía incidir en los resultados, pero que no podía esperar—. Porque, si cambias durante las tres últimas semanas, la gente te escuchará, pero ahora todo el mundo sabe quién eres —le dijo al presidente—. Y te va a costar más tiempo convencer a la gente de que no eres un imbécil.»

A diferencia de otras veces, en las que se negaba a escuchar lo que alguien le decía y no dejaba de hablar durante la reunión, en este caso Trump escuchó sentado y en silencio. Al responder, destacó la importancia que tenían para él sus seguidores más acérrimos. «Quieren a un luchador», dijo Trump. Barr recalcó la ironía: al hacer caso de los actores de Washington que le decían que entendían lo que quería su base, Trump se había vuelto cautivo del pensamiento del poder tradicional que él execraba. A su base no le importaban las injusticias que se le hubieran hecho a él, le dijo Barr. El fiscal le contó que a menudo se encontraba con seguidores ardientes del presidente y que siempre le pedían si podía conseguir contener un poco su conducta. En lugar de «contragolpear» constantemente, Trump debía irradiar el mayor encanto del que fuera capaz. «La gente está cansada del puto drama», sentenció el fiscal.

La última semana de mayo, un empleado de un pequeño supermercado de Mineápolis llamó a la policía para denunciar que un hombre negro de cuarenta y seis años, George Floyd, había comprado unos cigarrillos con un billete de veinte dólares falso. Minutos después, los agentes redujeron a Floyd y uno de ellos le hincó la rodilla encima del cuello mientras estaba tendido en el suelo.[1] Una joven que se hallaba cerca grabó el episodio con el móvil. Esas imágenes, que captaron la muerte de Floyd, contradecían la versión atenuada que daba el acta policial oficial sobre el incidente.

Cuando las cadenas de noticias difundieron el vídeo, Trump dijo a sus asistentes que lo que había ocurrido era horrible. Su indignación parecía auténtica, y le dijo a Barr que hiciera todo lo posible para que se hiciera justicia. Trump solía compadecerse de individuos a quienes categorizaba a partir de estereotipos normalmente desfavorables, como era el caso de Floyd. Pero eso no tendría ninguna incidencia en cómo veía a los manifestantes vagamente vinculados con el movimiento Black Lives Matter que se concentraron primero en Mineápolis y finalmente en ciudades de todo el país.

Durante unos días, las protestas en las calles se volvieron violentas y empezaron a arder las llamas, que llegaron hasta la comisaría de policía donde trabajaban los agentes responsables de la muerte de Floyd. A primera hora de la mañana del 29 de mayo, Trump estaba viendo la tele en la residencia y su impulso inmediato fue responder en Twitter. «Esos MATONES están deshonrando la memoria de George Floyd, y yo no voy a permitirlo —escribió—. Acabo de hablar con el gobernador Tim Walz y le he dicho que el Ejército va a estar a su lado hasta las últimas consecuencias. Si surge cualquier dificultad, asumiremos el control, pero, cuando llegan los saqueos, llegan las balas. ¡Gracias!»

La llamativa expresión sobre los saqueos y las balas estaba ligada al racismo.[2] La pronunció por primera vez el jefe de la policía de Miami Walter Headley en una rueda de prensa que dio en 1967, tras una ola de crímenes. (Headley dijo que a su departamento no le «importaba» que lo acusasen de brutalidad.)[3] El gobernador segregacionista de Alabama George Wallace, que fue candidato a la presidencia al año siguiente, declaró en una entrevista que aplicaría lo que Headley había dicho sobre «las balas». La expresión tenía unas raíces racistas tan patentes y era una incitación tan directa a la crueldad despiadada que a los miembros de la Casa Blanca les costó darle la vuelta. Meadows fue el primero en hablarlo con Trump esa mañana, al empezar la jornada laboral. Trató de explicarle por qué la publicación era tan incendiaria y, por lo tanto, no ayudaba en un momento que ya era explosivo de por sí. Trump protestó diciendo que no había nada malo en esa expresión que, según dijo a los asistentes, había oído decir por primera vez a Frank Rizzo.[4]

El tuit puso a prueba a los ejecutivos de Twitter, que llevaban años indecisos sobre qué hacer con una cuenta presidencial que infringía a menudo las normas sobre el discurso extremo aplicadas a otros usuarios. Al final, decidieron adjuntar una etiqueta de alerta al tuit para indicar que enaltecía la violencia.[5] De entrada Trump quiso pelear para que quitasen esa etiqueta, pero sus asesores le convencieron de que seguramente ese conflicto atraería una atención poco conveniente a la polémica. Sus asistentes le sugirieron que, por el contrario, llamase a la familia de Floyd. Con varios asistentes y asesores en la sala, Trump le dijo a Philonise Floyd que lo que le había pasado a su hermano no debería haber ocurrido nunca. «Señor presidente, las vidas de los negros son importantes», le respondió Floyd. Sin lugar a dudas, contestó Trump, la vida de su hermano era importante. En una entrevista que dio ese fin de semana, Philonise comparó esa conversación con otra que había mantenido con el adversario de Trump, el antiguo vicepresidente Joe Biden, que le había parecido mucho mejor.[6] «Me encantó charlar con el vicepresidente. La llamada duró unos diez o quince minutos. Estuvimos hablando por los codos. Una conversación fantástica. Pero con Trump duró unos dos minutos —dijo Floyd a la CNN—. Fue muy breve. La conversación con él fue correcta. Yo fui respetuoso y escuché lo que él quería decirme.»

Horas después, los manifestantes de Black Lives Matter rompieron una barrera policial instalada en el exterior del Departamento del Tesoro, justo al lado de la Casa Blanca, en Pennsylvania Avenue. Las pantallas del Ala Oeste se pusieron en rojo y el código de seguridad WHINRED indicó que había que llevar al presidente a un lugar seguro. Unos agentes de los Servicios Secretos escoltaron a Trump a toda prisa al Centro Presidencial de Operaciones de Emergencia, en el sótano del Ala Este, donde se reunió con la primera dama y el hijo de ambos, Barron.[7] Por la noche la amenaza pasó, y la familia del presidente volvió al piso de arriba. Pero ese hecho fue un presagio de los tormentosos días que se avecinaban.

Al día siguiente, Trump viajó a Florida para asistir al lanzamiento de una nave espacial de propiedad privada en cabo Cañaveral.[8] La pomposidad de los viajes espaciales cautivaba la imaginación de Trump, y el desarrollo de las Fuerzas Espaciales como sexta rama del Ejército estadounidense era uno de los logros de los que más orgulloso estaba. Pero el presidente seguía disgustado por las protestas en Washington y no estaba de humor para el viaje. Sus asistentes, preocupados todavía por las repercusiones de la publicación sobre «las balas», le animaron a leer un comunicado para anunciar que había hablado con la familia de Floyd y le había expresado su «horror, indignación y pena». Trump se negó a leer ningún comunicado que según él elogiase la figura de George Floyd, pues algunas informaciones periodísticas habían desvelado que tenía un historial delictivo. «No quiero alabarlo y decir que era un buen tipo —dijo Trump—. Ese tío era un delincuente.»

Acordó con sus asistentes que leería un comunicado que describiría la muerte de Floyd como una «grave tragedia», pero también condenaría las protestas que habían derivado en violencia. Trump se enfadó cuando el comunicado que leyó en el Centro Espacial Kennedy recibió poca atención mediática. «Todo el mundo sigue diciendo que no he dicho nada —lamentó después—. Pero ya he hablado, y no volveré a decir nada al respecto.» La muerte de Floyd había dado pie a un gran debate nacional sobre la discriminación racial, y el personal de la Casa Blanca se planteaba otras opciones para demostrar que Trump también estaba involucrado. Jared Kushner propuso invitar a Kanye West a oficiar un servicio religioso sanador en el Jardín del Sur; Meadows le replicó que a los seguidores de Trump no les gustaba ese rapero. Así que no se hizo nada. Trump retomó su postura inicial con respecto a aquellos que protestaban contra la brutalidad policial. Como había hecho tras los acontecimientos de Charlottesville casi tres años antes, no cedió.

Ese domingo hubo manifestaciones en ciudades de todo el país. En muchos casos fueron las primeras aglomeraciones masivas desde el inicio de la pandemia. En Washington, los manifestantes fueron acumulándose en zonas de los alrededores de Lafayette Square, delante de la Casa Blanca, donde las protestas pacíficas que se hacían durante el día se volvían amenazadoras por la noche. A última hora de la tarde del domingo, los manifestantes prendieron fuego a un sótano de la iglesia episcopal de San Juan, la histórica parroquia donde tradicionalmente los presidentes entrantes rezaban la mañana de su investidura.[9] Nadie resultó herido por el incendio y los daños materiales fueron mínimos, pero Trump estaba furioso por las imágenes que vio en televisión de Lafayette Square y las zonas aledañas. Las protestas violentas habían dejado a decenas de agentes heridos, pero «no lo dirías al poner las noticias», le dijo Trump a Barr, quejándose de la falta de cobertura informativa. La Policía de Parques de Estados Unidos empezó a trabajar en un plan de ampliación del perímetro de seguridad de la Casa Blanca para mantener más alejados a los manifestantes.

Trump comenzó la siguiente jornada, la del 1 de junio, con una llamada con Vladímir Putin. Luego se reunió en el Despacho Oval con Pence, Barr, Esper y otras personas que se sentaron en los sofás del centro de la sala. Durante años, Trump se había planteado enviar soldados en activo a la frontera sur. Pero esta vez quería desplegar soldados en activo por las calles de su propio país valiéndose de la *Insurrection Act*. Mientras hablaba, la ira del presidente iba en aumento. El país, dijo Trump, parecía «débil». «¿Cómo creéis que esto nos hace quedar ante los otros países?»

Esa no era la única fuente de indignación que tenía en la cabeza. La tarde anterior, mi compañero Peter Baker y yo informamos del incidente en el que habían acompañado a Trump al búnker subterráneo de seguridad de la Casa Blanca. Trump se sintió humillado porque habíamos publicado una información con la que, según él, parecía que las protestas en las calles le habían paralizado. (En otras reuniones con asistentes, Trump exigió saber: «¿Quién ha filtrado ese episodio?». Propuso que se «ejecutase»[10] al responsable, una afirmación que encajaba con sus llamamientos reiterados a que se investigase a los críticos y a los medios, o con sus declaraciones de que estos eran culpables de «traición». En los días posteriores a la publicación de la noticia, Trump intentó convencer a sus interlocutores de que lo del búnker había sido «en realidad una visita guiada», y no una huida motivada por el miedo. Aun así, estaba tan enfadado por nuestro artículo que, semanas más tarde, cuando los agentes de los Servicios Secretos se lo llevaron a toda prisa del estrado de la sala de prensa por la presencia de un francotirador en las inmediaciones de la Casa Blanca, él dijo a sus ayudantes: «No voy a volver a ese puto búnker ni aunque me pongáis una pistola en la cabeza».)

Trump canalizó esa rabia contra las protestas y pidió que se desplegasen 10.000 soldados en las calles. Mientras los miembros del Gobierno iban interviniendo para disuadir a un presidente cada vez más irracional, Pence apenas abrió la boca. Trump quería una exhibición de fuerza y se negaba a renunciar a su decisión. Barr le sugirió que podía gestionar la situación solo con la intervención de agentes de policía; el secretario de Defensa, Mark Esper, le habló de las capacidades de la Guardia Nacional del Distrito de Columbia, de la que había sido miembro. Pero Trump estaba cada vez más enfadado, e iba levantándose de la silla y sentándose de nuevo. «¡Sois todos unos putos incompetentes!», gritó, que incluyó a Pence en su diatriba y miró al vicepresidente en un momento dado durante la bronca. Tiempo después, Esper mencionó que los ataques de ira de Trump eran habituales, pero esa vez su furia y su irracionalidad superaron lo que habían visto la mayoría de los que estaban en la sala. Trump preguntó acerca de los manifestantes: «¿No les podemos pegar un tiro y punto? ¿Solo pegarles un tiro en las piernas o algo así?».

Trump se dirigió a Mark Milley, el presidente del Estado Mayor Conjunto. «Quiero que usted se encargue de eso, general», le dijo Trump. Milley, atónito, respondió: «Yo no comando soldados». Esper propuso una alternativa para que pareciera que hacía una concesión a Trump sin sucumbir a sus exigencias: desplegar a agentes de la policía militar en activo. Barr se mostró menos preocupado que los demás por que Trump estuviera a punto de ordenar el despliegue de soldados en activo en las calles, y aseguró que él podía reunir a otros cinco mil agentes del orden de varios cuerpos del Gobierno federal, incluidos los Marshals y la Policía de Parques. Al oírlo, Trump le dijo a Barr que le ponía al mando de ese asunto.

Entonces el presidente se llevó a Esper, Milley y Barr a la Sala de Crisis para participar en la llamada semanal con los gobernadores para comentar la respuesta al coronavirus, en la que Pence solía representar a la Administración. Trump declaró erróneamente que acababa de poner a Milley al mando de las iniciativas para contener a los manifestantes. Y sobre las protestas en sus respectivos estados, dijo a los gobernadores: «Tenéis que imponeros. Si no os imponéis, estáis perdiendo el tiempo. Van a pasaros por encima. Vais a parecer una panda de idiotas. Tenéis que imponeros».[11] Esper describió el país como un «campo de batalla» que debía controlarse, una expresión habitual en el Pentágono. Poco después, Esper se dio cuenta de que había sido un error emplearla en ese momento, pero él y Milley habían estado muy alarmados por el comportamiento de Trump. Aquello marcó buena parte de los sucesos posteriores.

El gobernador de Illinois, el demócrata J. B. Pritzker, le dijo a Trump que tenía que cambiar la forma en que hablaba de las protestas: «Sus comentarios han sido incendiarios, y no está bien que ese agente asfixiara a George Floyd hasta matarle, pero debemos hacer llamamientos a la calma. Debemos exigir reformas policiales. Nosotros hemos pedido la intervención de nuestra Guardia Nacional y de la Policía Estatal, pero la retórica que sale de la Casa Blanca está empeorando la situación». Trump contratacó: «Bien, pues muchas gracias, J. B., a mí tampoco me gusta mucho tu retórica porque he visto tu respuesta al coronavirus, y tampoco me gusta tu retórica. Sinceramente, creo que podrías haberlo hecho mucho mejor».

De vuelta al Despacho Oval, Trump escuchó las ideas que le propusieron asesores formales e informales. También debatió opciones con Jenna Ellis, una abogada a quien Trump había contratado tras ver sus intervenciones televisivas.[12] Una de esas alternativas era la federalización de la Guardia Nacional, que otros abogados con los que habló consideraban desacertada. Aun así, unos asistentes del asesor jurídico de la Casa Blanca y el secretario del personal se pusieron a trabajar en el borrador de una orden para aplicar la *Insurrection Act* solo en Washington, en caso de que el alcalde de la ciudad no tomara más medidas.

Ivanka también hizo su propuesta: que Trump visitase la iglesia cuyo sótano había sido incendiado el día anterior. Entonces empezó a fraguarse un plan para que Trump diera un discurso en el Jardín de los Rosales sobre lo ocurrido, y que luego se desplazase hasta la iglesia de San Juan atravesando Lafayette Park. Más tarde, llegó a la Casa Blanca la asesora de Trump Hope Hicks. El presidente pidió que la pusieran al corriente de la idea de Ivanka sobre ir a la iglesia. Hicks sugirió que Trump llevase una biblia y que leyera algunos pasajes delante del templo; le imprimieron unos fragmentos de las Escrituras para que eligiera uno. Alguien recomendó buscar una «Biblia bonita» para la ocasión, e Ivanka escogió una de una pila que llevaron al Despacho Oval.

«No podemos dejar que el clamor legítimo y las voces de los manifestantes pacíficos queden soterrados por una turba enfurecida —dijo Trump en el Jardín de los Rosales, desde donde se oía cómo se disolvían las protestas—. Yo, vuestro presidente, defiendo el orden y la ley y soy un aliado de todos los manifestantes pacíficos.» Pero lo que estaba sucediendo, aseguró: «No son protestas pacíficas. Esas acciones son terrorismo interno».

De pronto, los miembros del Gobierno y el personal de la Casa Blanca se dispusieron a salir por la entrada norte de la Casa Blanca. Les habían dicho que Trump quería que le acompañasen a observar los daños que había en el exterior. El grupo era variopinto; abarcaba desde el oficial militar de mayor rango del país en uniforme hasta el joven asistente que ayudaba a Trump a elegir las canciones en sus mítines de campaña. Lo reseñable era quién no estaba: Pence no acompañó al presidente. Sus asistentes llegaron a la conclusión de que el acto en la iglesia probablemente no sería buena idea. Milley y Esper salieron de la Casa Blanca junto a Trump, pero Esper enseguida se dio cuenta de que le habían «embaucado». Milley saltó del barco a medio camino y le dijo a un asistente que aquello era «una mierda». Cuando Trump llegó a la iglesia amarilla con las puertas tapiadas, Ivanka sacó una biblia del bolso y se la alcanzó. En lugar de abrirla y leer un fragmento, como había imaginado Hicks, Trump agarró el libro con la mano derecha y lo levantó con una expresión amenazante.

Mientras encabezaba su comitiva de vuelta a la Casa Blanca, Trump sembró un caos aún mayor. Los pocos efectivos de la Policía de Parques no habían intentado ampliar el perímetro horas antes, como se había comentado el domingo por la noche, y los agentes de la autoridad habían empezado a actuar de forma tardía y agresiva para hacer retroceder a los manifestantes antes de que llegara el presidente.[13] Los periodistas quedaron atrapados en la aglomeración. Los acólitos más fervientes de Trump habían visto con buenos ojos que se buscase esa foto en la iglesia —algunos la calificaron de «icónica»—, pero no fueron conscientes de lo que se vio en televisión: manifestantes desarmados empujados por agentes con equipamiento antidisturbios. Por la mañana se hizo evidente que la foto de Trump había salido mal.

Esper y Milley estaban indignados. Se los había utilizado para algo que era claramente un retrato político de un Trump enfrentado con los manifestantes. Ambos redactaron notas al día siguiente, el 2 de junio, pensadas para cuando se hicieran públicas. Los dos hombres subrayaron su lealtad a la Constitución, el carácter apolítico del Ejército y el derecho a la libertad de expresión. Esper programó una rueda de prensa para el 3 de junio. Su intención era mitigar los miedos de que la Casa Blanca estuviera politizando al Ejército e intentar apagar un incendio que, según temía, Trump estaba avivando en todo el país; Esper dijo que no creía que debieran usarse soldados contra ciudadanos estadounidenses. Trump se enojó mucho con los comentarios de su subordinado y le pidió que fuera al Despacho Oval poco después de la rueda de prensa para reprenderle. Él y Milley encontraron una sala llena de personas que evitaban el contacto visual con ellos. «Me has traicionado —le gritó Trump a Esper—. ¡El presidente soy yo, no tú!» Le dijo a Esper que le había arrebatado «la autoridad», con lo que daba a entender que era culpa suya que no pudiera invocar la *Insurrection Act*. Acusó a Esper de hacer declaraciones que el secretario nunca había hecho. Esper respondió dejando caer su comunicado sobre el escritorio, delante del presidente.

Esper no había criticado directamente al comandante en jefe, pero su predecesor, Jim Mattis, por fin soltó la reprimenda que se había guardado durante años. «Donald Trump es el primer presidente que he visto a lo largo de mi vida que no intenta unir a los estadounidenses; ni siquiera finge intentarlo. Él intenta dividirnos», dijo Mattis en declaraciones al periodista de *The Atlantic* Jeffrey Goldberg, antes de evocar «el eslogan nazi para destruirnos: [...] "Divide y vencerás"».[14]

«Estamos siendo testigos de las consecuencias de tres años de este esfuerzo deliberado —siguió diciendo Mattis—. Estamos siendo testigos de las consecuencias de tres años sin un liderazgo maduro. Si aprovechamos las fortalezas inherentes de nuestra sociedad civil, podemos unirnos sin él.»

Durante el verano, las protestas de Black Lives Matter persistieron en grandes ciudades como Nueva York o Chicago. En ocasiones, derivaban en una violencia que recordaba la imagen de la «matanza estadounidense» de la que Trump había hablado en su discurso de investidura. En algunos casos, hubo incendios y se rompieron escaparates; los disturbios más continuados se produjeron en Portland, Oregón. Allí, un grupo concreto de agitadores se dedicaban a atacar el palacio de justicia federal día tras día. De día, la protesta empezaba en forma de activismo contra la brutalidad policial, pero de noche terminaba con la destrucción de escaparates y el lanzamiento de objetos.[15] Trump echaba fuego por los ojos, sobre todo con lo de Portland, y se pasó el verano instando a su Gobierno a dar una respuesta militar. «¿Para hacer qué?», le preguntaba Barr a Trump, imaginando un panorama similar al de las peores protestas de la época de la guerra de Vietnam, cuando la policía militar había tenido que aguantar que les arrojaran objetos. (La frustración de Trump con el Departamento de Justicia se agravó cuando se hizo evidente que la revisión del fiscal John Durham acerca de los orígenes de la investigación sobre Rusia no llegaría hasta después de las elecciones.)

El asistente Stephen Miller siguió incitando a Trump a utilizar la fuerza militar: «Señor presidente, están incendiando el país». De ahí que ese verano Barr fuera convocado a la Casa Blanca casi una docena de veces, en ocasiones junto con Esper y Milley, para debatir sobre la presencia militar que exigía Trump. Para los miembros del Gobierno, Miller era un agitador que estaba empeorando una situación que ya era tensa de por sí. «No tienes ni puta idea de lo que estás hablando», replicó Barr a Miller durante una de esas conversaciones. Milley y Esper compartían la frustración que les generaba Miller; tras una reunión, Milley le dijo a Esper que se arrepentía de no plantarle cara con mayor determinación: «Debería haberle dicho que se callara la puta boca», afirmó, según recordaría tiempo después una persona cercana a Esper.

Trump había censurado las protestas de Black Lives Matter desde su primera campaña presidencial, pero ahora se enfrentaba a un señor mayor blanco que durante toda su carrera había sido un centrista en el Senado. Dada la preferencia de Trump por la polarización política, Biden era un adversario más complicado, y resultaba más difícil caracterizarle como una marioneta de la extrema izquierda. Visto lo visto, Trump detectó un nuevo valor en los manifestantes y pensó que serían una herramienta durante el año electoral. A lo largo de tres meses, el presidente hizo montones de publicaciones en las redes sociales sobre los disturbios de Portland y otras ciudades. «Los demócratas de la izquierda radical, que controlan a Biden por completo, van a destruir nuestro país tal como lo conocemos —escribió en una ocasión—. Le ocurrirían cosas inimaginables a Estados Unidos. Fijaos en Portland, donde las encuestas siguen como si nada después de cincuenta días de anarquía. Enviamos ayuda a la ciudad. Fijaos en Nueva York, Chicago o Filadelfia. ¡NO!»

Los efectos colaterales de la muerte de Floyd fueron uno de los motivos que inspiraron a Trump a volver a poner el foco en la política racial que había aprendido en los años setenta y ochenta en Nueva York. Trump expresaba constantemente su preocupación a sus asistentes por que su proyecto de ley de reforma de la justicia penal le perjudicaría ante su electorado blanco y de clase obrera, y empezó a defender con vehemencia a las personas que creían en la bandera confederada. A finales de julio, los asistentes de Trump se convencieron de que sería útil hacer un esfuerzo agresivo para desmantelar una norma implantada por su predecesor según la cual las comunidades tenían que demostrar que ofrecían un acceso equitativo a la vivienda como condición para recibir ciertos fondos federales. Los conservadores habían criticado la medida porque les parecía un trámite innecesario. Sin embargo, pocos —o ninguno— lo consideraban una amenaza urgente como creía Trump.

El Departamento de Vivienda y Promoción Urbanística de Ben Carson, el exrival de campaña de Trump, ya había suspendido la norma.[16] Carson era el único negro del Gobierno de Trump y, desde el inicio de la legislatura, se había visto inmerso en polémicas por los caros muebles que había encargado para su despacho. «No puedo echarle —explicó Trump a un aliado conservador en ese momento—. Ya sabes por qué.» (Cuando le presentaron a un favorito de Mitch McConnell, Daniel Cameron, que era candidato a ser el primer fiscal general negro de Kentucky, una de las primeras preguntas de Trump fue sobre un rapero que la Casa Blanca acababa de ayudar a liberar de una cárcel sueca: «Daniel, ya habrás oído lo que hemos hecho con A\$AP Rocky».)[17] Durante la campaña para la reelección, Trump acabó definitivamente con la norma del Departamento de Vivienda.[18]

Pintar los barrios residenciales como si estuvieran bajo asedio se volvió un caballo de batalla habitual de los discursos de campaña de Trump. Algunos asesores de la Casa Blanca decían abiertamente que estaban buscando un asunto polémico para rescatar la posición de Trump en esos barrios y que creían que aquel podía funcionar. «Ya conocéis los barrios residenciales: la gente se esfuerza toda la vida para tener una casa allí —dijo Trump en la ciudad texana de Midland—. No vamos a forzar que haya más vivienda social en esos barrios.» En Twitter, Trump había alertado a las «amas de casa de los barrios residenciales de Estados Unidos» de que Biden iba a «destruir» su barrio y el «sueño americano».

La norma en cuestión se basaba en la *Fair Housing Act*, la histórica legislación pro derechos civiles con que el Departamento de Justicia había demandado a Trump y su padre en 1973. Por aquel entonces, Trump dijo a los periodistas que llegar a acuerdo extrajudicial le obligaría a aceptar a beneficiarios de prestaciones sociales en sus edificios.[19] Ahora los detalles concretos eran distintos, pero, casi medio siglo después, muchas de las opiniones de Trump seguían inalterables.

30

Tulsa

«Los asistentes asumen todos los riesgos voluntariamente.»

Esa era la advertencia que se daba a quienes adquirían una entrada gratuita para ver a Donald Trump en un mitin de Tulsa, Oklahoma,[1] un aviso que no había sido necesario cuando el presidente había celebrado un mitin parecido casi un año antes en Orlando para dar el pistoletazo de salida a su campaña para la reelección.[2] Aunque Trump no tuviera a ningún rival serio en las primarias, pues su subdirector de campaña Bill Stepien se había esforzado durante meses para impedirlo, el presidente empezó a mantener una programación regular de mítines, hasta tres en una sola semana a finales de febrero.[3] Pero el inicio de la pandemia al mes siguiente acabó con los actos masivos, que para Trump habían sido la parte favorita de ser candidato.

Los demócratas habían tomado una decisión todavía más estricta y habían cancelado no solo los grandes eventos públicos, sino casi todos los actos presenciales de campaña.[4] Al principio, Kellyanne Conway aseguró a Trump que esas condiciones le ayudarían, porque su adversario, Joe Biden —que no salió a hacer campaña en ningún sitio aparte de su casa de Delaware durante dos meses y medio— tendría muy poca visibilidad, mientras que el presidente podría dominar las noticias desde la Casa Blanca.[5] Pero, con el tiempo, Conway cambió de opinión. Le dijo a Trump que, de hecho, esa dinámica le estaba perjudicando. Sin tener que aparecer en público todo el tiempo, Biden era capaz de controlar su mensaje y poner el acento en las caóticas sesiones informativas de Trump sobre el coronavirus.

A medida que avanzó la pandemia, Biden fue adelantando a Trump en las encuestas. El presidente solo superó brevemente el promedio de un 45 por ciento en los sondeos durante las primeras semanas de la pandemia, antes de empezar a participar en las sesiones informativas diarias del Grupo de Trabajo sobre el Coronavirus. (Durante su mandato, en ningún momento los estadounidenses aprobaron de forma mayoritaria su desempeño en el cargo, aunque, según datos de Gallup, el período en que estuvo más cerca fue en marzo de 2020, cuando la pandemia estaba en su fase inicial.) En cuanto los sondeos internos de campaña indicaron que iba por detrás del aspirante demócrata, Trump estalló contra el director de campaña Brad Parscale. «¡Y una mierda voy a perder contra Joe Biden!», gritó, y amenazó con demandar a Parscale, aunque no estaba claro exactamente por qué.

Trump era un consumidor voraz de encuestas públicas y privadas, aunque no se creía los resultados. Él prefería buscar los datos que le convenían para confirmar sus opiniones preexistentes. En vez de tener un mensaje o una estrategia sistemáticos, Trump y algunos de sus asesores externos buscaban continuamente aspectos concretos como los que el presidente creía que le habían ayudado a ganar en 2016. Él andaba siempre en busca de alguien que le dijera lo que quería oír y poniendo en duda lo que le decía su equipo. Compartía discretamente datos demoscópicos con Dick Morris, un veterano consultor político tanto de demócratas como de republicanos que era un conocido de su familia desde hacía muchos años; Morris empezó a recomendar que se hicieran determinadas preguntas para encontrar el escurridizo tema que Trump quería utilizar en la campaña. Los demás miembros del equipo no identificaron de inmediato quién estaba recomendando preguntas ni de dónde salían. Sean Hannity, que no solo le dijo al presidente que a Biden podía sustituirle como candidato demócrata Andrew Cuomo, sino también la ex primera dama Michelle Obama, confesó a los asistentes de Trump que no se fiaba de las encuestas que veía y que encargaría otras por su cuenta. Supervisando la estrategia de reelección desde el cargo de asesor principal de la Casa Blanca, Kushner aconsejó a otro responsable demoscópico de la campaña, Tony Fabrizio, que inflase la posición de Trump en las encuestas que se le enseñasen añadiéndole algunos puntos porcentuales. El motivo era que, según él, las encuestas científicas siempre se olvidaban de algunos votantes de Trump, pero los responsables de campaña sospechaban que el motivo real era que no quería contrariar al presidente. (Cuando yo informé sobre unos sondeos internos de campaña que mostraban que Trump no estaba en su mejor momento y que Parscale había hablado sobre esos datos con varias personas en 2019, Trump se puso furioso. La reacción de Parscale fue reducir el círculo de personas que accedían a esos datos, con lo cual varios asesores importantes de la campaña dejaron de tener esa información.)

En verano, Trump no creía que la mala situación de su campaña fuera culpa de su comportamiento, sino del hombre que la dirigía. Parscale había diseñado una campaña que, en la fase inicial del calendario electoral, había recaudado unas sumas de dinero incalculables tanto de grandes como de pequeños donantes, pero había gastado casi con la misma rapidez. Buena parte de esas donaciones pasaban por una sociedad de responsabilidad limitada que habían creado Parscale y miembros de la familia Trump, entre otros. No obstante, esa sociedad era un mecanismo opaco que no permitía saber en qué se gastaba parte del dinero de la publicidad.[6] (Lara

Trump no era la única de las parejas de sus hijos que recibía pagos. A la novia de Don jr., Kim Guilfoyle, la habían contratado para trabajar en la recaudación de fondos. A algunos donantes les caía bien, pero a otros les desagradaba que aprovechara los actos para cotorrear sobre su vida privada con Don. En un acto para recaudar fondos, se ofreció a hacerle un baile sensual privado a quien donara más dinero[7] y, en el retiro anual de donantes del congresista Kevin McCarthy en Wyoming, su novio causó sensación cuando dijo en broma que los donantes podían pagar para meterse en un *jacuzzi* con ella.)[8] Así pues, era imposible determinar cuánto ganaba Parscale a partir de los datos públicos, pero un tabloide británico documentó su estilo de vida, que incluía un Ferrari y una casa en la costa de Florida.[9] Uno de los muchos detractores de Parscale hizo llegar esa noticia a Trump. El director de campaña insistió en que le estaban calumniando al sugerir que estaba aprovechándose de su cargo. Él aseguró que su dinero provenía de otros negocios y que los miembros de la familia Trump aprobaban todos los gastos. Pero, a medida que avanzaba la pandemia y que Trump echaba la culpa de sus problemas a todo el mundo, Parscale empezó a viajar con mucha menos frecuencia al norte de Virginia, donde estaba la sede de la campaña. Ese hecho indignó a los asistentes que seguían trabajando desde la sede central e incrementó la sensación de que las cosas no funcionaban. Trump no dejó de quejarse de Parscale personalmente; el artículo del tabloide le ofendió porque se decía que alguien estaba ganando dinero en su nombre sin su permiso, como pretendían los detractores de Parscale que hicieron llegar la noticia al presidente.

En julio de 2018, el Comité Nacional Republicano decidió organizar su próxima convención en Carolina del Norte, un estado en el que Trump se impuso con comodidad después de que Barack Obama hubiera conseguido pugnar por él por primera vez en una generación.[10] «La próspera economía de Charlotte es un magnífico ejemplo de cómo la agenda del presidente Trump está mejorando la vida de la gente», dijo Parscale en una intervención en la que aplaudía la decisión. Pero, en verano de 2020, Charlotte se había convertido en un ejemplo de algo que el equipo de Trump no estaba interesado en celebrar. Los Gobiernos de la ciudad y del condado habían sido de los primeros en declarar el estado de emergencia debido al coronavirus, y el gobernador de Carolina del Norte, Roy Cooper, había decretado restricciones en todo el estado que limitaban el aforo y obligaban a ponerse mascarilla en los espacios públicos. Trump recalcaba que quería ser designado candidato de nuevo ante un auditorio lleno y sin mascarillas y, a finales de la primavera, llamó a Cooper para instarle a que relajase las normas para la convención.[11] Cuando charló con el gobernador para intentar conseguir su objetivo, Trump dejó caer que su Administración había mandado equipamiento al estado para combatir la pandemia. «No podemos cumplir el distanciamiento social», dijo Trump. Cuando Cooper, demócrata, le preguntó a Trump si no le preocupaba que sus seguidores se contagiaran,[12] Trump contestó fríamente: «No, no lo estoy porque hemos descubierto muchas cosas» sobre el virus. Poco después, Trump anunció que la convención no se celebraría en Carolina del Norte y escribió en Twitter que «ahora nos vemos forzados» a buscar otro sitio.

Eso ocurrió solo un día después del desastre de Lafayette Square, y Trump estaba enfadado por lo que consideraba un doble rasero: los manifestantes de Black Lives Matter se congregaban de forma habitual en enormes multitudes con poca distancia interpersonal y apenas se los criticaba, mientras que a los republicanos se les prohibía hacer lo mismo.[13] Trump veía las alteraciones de la vida cotidiana como una amenaza a su reelección, así que no tardó en decretar que se reabrieran los colegios cerrados durante la pandemia, pues quería volver a celebrar mítines. En un momento dado, Parscale le dijo que podía celebrar un mitin y llamarlo «protesta». Buscaron estados con medidas de salud pública relajadas y con dirigentes políticamente próximos. Cuando el gobernador de Florida, Ron DeSantis, cerró las puertas a los funcionarios republicanos[14] porque el número de casos de coronavirus iba en aumento en el estado, la campaña decidió celebrar el mitin en Tulsa, Oklahoma, una ubicación central desde un punto de vista geográfico que podía atraer a una gran cantidad de seguidores de los estados republicanos adyacentes. La fecha elegida fue el 19 de junio.

Pero combinar ese lugar con esa fecha no era oportuno. En Tulsa, en 1921 había tenido lugar una masacre de ciudadanos negros. El acontecimiento solo se enseñaba de forma esporádica en los colegios, pero había representado uno de los actos más sangrientos de violencia racista.[15] Por otra parte, el 19 de junio es la festividad anual del Día de la Emancipación, que conmemora el aniversario del día de 1865 en que los esclavos de Texas supieron que eran libres tras el fin de la Guerra Civil.[16] El día, por consiguiente, tiene una relevancia especial para los afroamericanos de ese estado colindante con Oklahoma. «Creo que es muy mala idea», alertó Ronna McDaniel en referencia a esa decisión, y envió artículos sobre la masacre de Tulsa a los responsables de la campaña. «No vamos a dejar que ellos controlen el relato», dijo un funcionario de la Casa Blanca, uno de los muchos que aseguraron que no se dejarían intimidar por la «corrección política». Trump empezó a preguntar a personas que encontraba si habían oído hablar del Día de la Emancipación, entre ellos a un agente negro de los Servicios Secretos que le dijo que para él era ofensivo que se celebrase el acto ese día.[17] Hasta que la polémica no hubo llenado portadas, Trump no cambió de decisión y aceptó posponerlo un día.[18]

Parscale estaba decidido a hacer que el regreso de Trump a los actos de campaña fuera algo más que el típico mitin en un polideportivo. Espoleado por el presidente, Parscale ideó un acto parecido a un segundo inicio de campaña y dijo a los responsables del Comité Nacional Republicano que eso les quitaría presión de cara a una convención en toda regla. Parscale organizó la construcción de un segundo escenario en el exterior para acomodar a los asistentes que no cupieran dentro y dijo a sus compañeros que estaba tratando de conseguir una cámara que pudiera capturar una imagen de una multitud gigantesca desde el espacio. En las redes sociales, Parscale presumía del número de asistentes que se habían apuntado; todos ellos haciendo clic en el aviso «Los asistentes asumen todos los riesgos voluntariamente». El número de gente apuntada iba creciendo hasta cifras astronómicas; serían cientos de miles. La multitud iba a ser tan enorme que a los expertos en salud pública les preocupaba que el acto se convirtiera en un caso de «superpropagación», ya que atraería a participantes de muchos lugares que luego se llevarían el virus a sus comunidades.[19] En privado, algunos asistentes expresaron su preocupación a Trump de que sus expectativas respecto a la multitud que iba a asistir a su triunfante regreso eran excesivas.

No obstante, cuando Trump se marchó a Tulsa, sus acciones habían atraído la atención mediática en el resto del país.[20] El día antes, unos funcionarios del Departamento de Justicia habían intentado forzar la dimisión de Geoffrey Berman, el fiscal federal de Manhattan que supuestamente estaba investigando asuntos que podían afectar a Trump; por ejemplo, a los dos ucranianos en quienes Rudy Giuliani había confiado para encontrar «rumores» sobre Hunter Biden.[21] Cuando Berman no sucumbió a la presión y no dimitió, Bill Barr le envió una carta para informarle de que Trump le había despedido. («Nos lo vamos a quitar de encima —dijo

Trump a un asesor, sin especificar a qué se debía esa prisa—. Hay que hacerlo ya».) Berman se negó a dejar el cargo hasta que hubo designado a un sustituto provisional aprobado por él. Al salir de la Casa Blanca, los periodistas preguntaron a Trump por el segundo fiscal federal al que echaba en poco más de tres años.[22] Él respondió que «no había intervenido» en la destitución de Berman, y los funcionarios reiteraron que Trump se había centrado en nombrar al presidente de la SEC, Jay Clayton, solo porque Clayton quería volver a Nueva York.[23]

En cualquier caso, Trump embarcó en el Air Force One con grandes ambiciones. Había tantos asistentes de campaña y sustitutos que querían estar en Tulsa que la campaña tuvo que fletar otro avión para transportarlos a todos. (Después de ver en las noticias que algunos miembros del personal habían dado positivo por coronavirus, Trump dijo a sus asistentes que la campaña debería dejar de hacer test para que no salieran más casos.)

Ni siquiera los entusiastas pronósticos sobre la afluencia de público aliviaban el nerviosismo de Trump. «¿Por qué cojones sale uno a decir un millón? —se había quejado Trump, a pesar de animar a su director de campaña a echar leña al fuego en público—. Estáis generando demasiadas expectativas.»

En el avión, Trump vio cómo en televisión se sorprendían de la poca afluencia que había en Tulsa. Parscale dijo a los demás que el público estaba llegando con retraso porque unos manifestantes de izquierdas —que también se habían congregado en Tulsa para mostrar su oposición a Trump— bloqueaban los controles para entrar en el perímetro de seguridad. Parscale le dijo al presidente por teléfono que la situación recordaba a «Beirut». Pero, a medida que la comitiva presidencial avanzaba por las calles vacías desde el aeropuerto, se hacía evidente que esa no podía ser la única explicación. Tras echar un vistazo a las instalaciones, el equipo de Trump le informó: estaba vacío casi del todo. Miles de personas se habían apuntado de broma por internet para engañar a la campaña.[24] Y la jugada había funcionado. «¿A qué coño te refieres con que está vacío?», preguntó Trump maldiciendo a Parscale, quien estaba diciendo a sus compañeros que no podía acercarse al presidente porque había sido contacto cercano de alguien que había dado positivo por coronavirus. Durante su discurso, Trump se quejó de los test y anunció que había ordenado a su equipo que «redujera el ritmo» de las pruebas para que hubiera menos casos, un comentario que su equipo ignoró pensando que era un chiste, pero que Trump sostenía que iba en serio.

De vuelta a Washington, Trump intentó manejar la situación con valor, manteniendo la calma y bromeando con su equipo. Pero, para los que le conocían, se le veía triste y derrotado, como si hubiera alcanzado su límite. Esa noche, se bajó del Marine One y entró solo en la Casa Blanca con una gorra roja de la campaña arrugada en la mano.

Trump tenía programado otro mitin de campaña en Phoenix al cabo de unos días, pero aparte de ese acto, dejó de organizar mítines hasta justo antes de la convención republicana de finales de agosto. En lugar de mítines, Trump insistió en presidir un gran espectáculo de fuegos artificiales el 4 de Julio en el monte Rushmore, donde en los diez años anteriores no se habían celebrado esa clase de actos por el miedo a que pudieran provocar incendios forestales en la zona aledaña de las Colinas Negras.[25] Al igual que Oklahoma, el Gobierno de Dakota del Sur era presidido por una republicana próxima a Trump, Kristi Noem. Noem no aplicó restricciones por la pandemia a los miles de asistentes, alegando que podían actuar con «responsabilidad personal».

Todos los hijos adultos de Trump decidieron asistir. El equipo del presidente tenía la sensación de que el clan Trump estaba inquieto porque sus oportunidades de formar parte de esos pomposos espectáculos —como la visita de Estado al Reino Unido en la que todos quisieron participar en 2019—[26] podían terminarse al cabo de unos meses. Guilfoyle se encontró mal al llegar a Dakota del Sur. Cuando dio positivo, ella y Don jr. dijeron a los demás que iban a volver a la Costa Este (y luego fletaron un avión).[27] Pero ellos no fueron los únicos Trump cuyos planes veraniegos se fueron al traste por la pandemia. «Ivanka quiere alquilar una de esas grandes autocaravanas —mencionó Trump en una reunión sobre la estrategia de campaña—. Ese flacucho de ahí también quiere —dijo señalando a Kushner—. ¿Os imagináis al flacucho de Jared acampando? Sería como una escena de *Defensa*.» Y Trump se puso a hacer ruiditos que imitaban la canción de banyo que sale en esa película de 1972 sobre cuatro hombres que, estando de vacaciones en una zona rural de Georgia, son víctimas de ataques y persecuciones y uno de ellos es brutalmente violado por un residente local.

Trump dio su discurso del 4 de Julio desde una tarima junto a su esposa y sus asesores. Nadie llevaba mascarilla. El presidente apenas mencionó la pandemia y decidió centrarse en la «cultura de la cancelación», un término que englobaba varias expresiones de desaprobación moral: desde las críticas vehementes hasta los boicots, pasando por la revocación de ofertas de trabajo, contra varios seguidores de Trump o personas críticas con algunos aspectos de la izquierda política. Trump citó la expresión como un ejemplo de un «nuevo fascismo de extrema izquierda» que según él estaba arrasando el país. (Pasó por alto que en muchas ocasiones él había exigido el despido o encarcelamiento de algunas personas o el boicot de determinadas empresas.) Trump ofreció una solución. Como era de esperar, sugirió un nuevo proyecto de infraestructuras que redoblaba los esfuerzos anteriores: un Jardín Nacional de Héroes Americanos con las estatuas de 244 personajes históricos que encarnaban la grandeza del país. «No nos van a oprimir, ni nos van a menospreciar ni nos van a intimidar unos villanos», dijo Trump bajo los rostros de cuatro de sus predecesores, incluido uno cuyo discurso de despedida había estado lleno de advertencias ante los peligros del partidismo.

Noem le hizo obsequio de una escultura de bronce que representaba la cara de Trump como si fuera el quinto rostro esculpido en la montaña, pero el presidente se fue decepcionado tanto con los fuegos artificiales como con su aspecto en las fotos del evento.[28] Amenazó con despedir a su fotógrafo principal, algo que ya había hecho en ocasiones anteriores. A menudo le criticaba porque la primera dama le decía que quedaba mejor en las fotos que le sacaba el fotógrafo oficial de ella. (También se produjo una extralimitación parecida de las prioridades estéticas del Ala Este cuando un cirujano plástico trató a algunos de los miembros del personal de la Casa Blanca en la enfermería del edificio; los funcionarios dijeron que tenía relación con la familia del presidente desde hacía años.)

A Trump, sin embargo, no le costó pasar página y centrarse en otras preocupaciones. El 5 de julio, *New York Post* publicó un artículo titulado GHISLAINE VA A «DAR NOMBRES».[29] Días antes, la heredera de la alta sociedad Ghislaine Maxwell había sido detenida por su implicación en el escándalo de tráfico sexual que ya había mandado a Jeffrey Epstein, su compañero durante años, a una cárcel federal, donde había muerto casi un año después mientras esperaba al juicio.[30] La noticia fue publicada por la jefa de redacción de Page Six Emily Smith, y citaba a un socio de Epstein llamado Steve Hoffenberg: «Ghislaine pensaba que era intocable, que la protegerían las comunidades de inteligencia a las que ella y Jeffrey habían ayudado con información: los servicios de inteligencia israelíes y Les Wexner, que ha dado millones a Israel; el príncipe Andrés, el presidente Clinton e incluso el presidente Trump, de quien se sabía que tenía una relación cercana con ella y Epstein».

Poco después, Trump estaba en el Despacho Oval con sus asesores de campaña cuando preguntó: «¿Sabéis ese artículo que sale hoy en el *New York Post* que me menciona? —Siguió hablando, pero luego hizo una pausa—. ¿Esa mujer dice algo sobre mí?».

En una reunión celebrada a principios de julio con el equipo de campaña, Trump volvió a oír el consejo que había desatendido desde el inicio de la pandemia: que cambiara su comportamiento en público, o al menos que utilizara la crisis de tal forma que pareciera que le preocupaba su impacto humano. Pero él se mantuvo inflexible: «Prefiero perder a mi manera que ganar a la vuestra», dijo a sus asistentes.

Trump se veía a sí mismo como una víctima de un cambio político provocado por la pandemia. Muchos estados habían modificado su proceso electoral para dar facilidades a los ciudadanos reticentes a votar en persona mientras el virus siguiera propagándose. En ese sentido, habían adoptado políticas que ampliarían considerablemente el uso del voto por correo; en 2019 ya habían entrado en vigor algunos cambios, pero con la pandemia las modificaciones fueron más notables.[31] Destacados republicanos suplicaron a Trump que matizara un poco sus declaraciones, pues en ciertos distritos y estados dependían mucho del voto por correo. Pero Trump no modificó su tono. Cuando una veterana abogada conservadora, Cleta Mitchell, le llamó a petición de Meadows para transmitirle que su equipo tenía que prepararse mejor para la jornada electoral, Trump le dijo:

«Si dicen que he perdido, será porque han hecho trampas». En varias ocasiones Trump propuso retrasar las elecciones, pero los comicios se celebran en una fecha fijada por ley que no se puede cambiar sin una disposición del Congreso.[32] «¿Cómo? No puede hacer esto», le replicó su asesor informal Chris Christie. «Bueno, quizás tendremos que hacerlo —dijo Trump—. Me robaron los dos primeros años de la legislatura, tal vez tendremos que retrasar la fecha. No es justo lo que están haciendo.»

Al terminar el verano, Trump había retomado el contacto con Steve Bannon, el exjefe de estrategia que había dejado la Casa Blanca en 2017. A principios del verano, Bernie Marcus, el cofundador de Home Depot y aliado de Trump y de Bannon, instó al presidente a apartar a Kushner y recuperar a Bannon.[33] Trump rechazó la idea, pero aquello le brindó la oportunidad de quitar protagonismo a Parscale. Dicho y hecho, retomó la relación con Bannon incluso cuando este fue acusado de estafar a los seguidores de Trump con el proyecto de construcción del muro fronterizo.[34] Bannon, que negaba las acusaciones, no se involucró en la campaña, y Kushner mantuvo sus atribuciones.

Quien fue apartado a mediados de julio fue Parscale, al que sustituyó Bill Stepien, el subdirector de campaña que había trabajado en la carrera electoral de 2016 y que había sido director político de la Casa Blanca. (Primero Trump había ofrecido el cargo a Jason Miller, pero este había declinado la oferta.) A petición de Stepien, Trump incorporó en sus actividades políticas a la estratega de Florida Susie Wiles, de quien se había prescindido por deseo de DeSantis.[35] Trump llamó a DeSantis para informarle de su decisión y no mostró un gran reparo por que aquello enfureciera al gobernador. Trump hizo cambios en su equipo cuando empezó a oír quejas de sus exdirector y subdirector de campaña, Corey Lewandowski y David Bossie. Según estos, Trump 2020 era igual que la campaña de Hillary Clinton en 2016 por su dispersión y su dificultad a la hora de hacer cambios estratégicos. Trump dijo a Stepien que reevaluase el gasto de la campaña y planteó dos preocupaciones concretas: no le gustaba que su nuera y la novia de su hijo recibieran pagos de la campaña. Stepien heredaba un sistema construido a lo largo de varios años, en el que Parscale y Ronna McDaniel trabajaban en estrecha colaboración. Stepien, a quien Trump intentaba dominar, y McDaniel no se caían bien ni confiaban el uno en el otro, y su relación era tóxica. Stepien quitó poder al experto demoscópico Tony Fabrizio e incorporó a otro nuevo, además de reducir el gasto publicitario de la campaña en otoño basándose en cómo avanzaba la recaudación de fondos por internet.[36] McDaniel creía que los recortes eran excesivos y planteó el caso a Trump directamente. Kushner incorporó a Katie Walsh, la ex número dos de Priebus, para que ayudase a manejar el gasto publicitario. Dentro de la campaña, quienes se habían beneficiado de la dirección de Parscale desconfiaban de Stepien; esos asistentes decían que Stepien tendía a ser brusco y repetía constantemente que tendría que «hacer aterrizar el avión», un comentario que les asombraba por su prematuro derrotismo.[37]

Bajo la dirección de Parscale, no escasearon las polémicas, pero al final fue el mitin de Tulsa —un acto que Trump había exigido que se celebrase— lo que acabó con él. «Fue la peor mierda que he visto en mi vida —le dijo Trump a Parscale en medio de una reunión previa a su despido—. No puedo creer que me hicieras algo así. Debería caérsete la cara de vergüenza.»

En última instancia, Trump decidió celebrar la convención cerca. Descartada la posibilidad de Carolina del Norte, los responsables del partido habían echado el ojo a Florida, otro estado disputado del Cinturón del Sol en el que Trump se había impuesto en 2016. El territorio estaba en manos de los republicanos y tenía unas restricciones de salud pública relativamente laxas. Trump declaró que estaba interesado en Jacksonville, pero se topó con la resistencia de DeSantis (los asesores del presidente terminaron concluyendo que esa reticencia se debía al temor a la propagación del virus). Al final, Trump aceptó que era imposible encontrar una ciudad dispuesta a acoger durante una semana un acto semejante a una convención tradicional.[38] En lugar de eso, acordaron celebrarla en Washington.[39] La mayor parte de la programación sería en el neoclásico Auditorio Mellon, a pocas manzanas de la Casa Blanca; y los discursos, en el Jardín del Sur. Nueve meses después de someterse a un proceso de destitución por utilizar las atribuciones de la presidencia para facilitar su reelección, Trump dejó de fingir que intentaba separar ambos elementos. (Pompeo organizó la grabación de un discurso de campaña desde Jerusalén,[40] donde estaba de viaje por asuntos gubernamentales, lo cual rompía con el protocolo diplomático tradicional y con las normas éticas.)[41]

Los demócratas celebraron su convención la semana antes, pero Trump estaba distraído por asuntos familiares. El hermano que le quedaba vivo, Robert, con el que se había reconciliado después de su enfrentamiento por la desastrosa apertura del Taj Mahal antes de que Trump fuera presidente, murió en un hospital de Nueva York debido a las complicaciones provocadas por una caída; el presidente le visitó en sus últimos días y le llamó a la habitación cuando se acercaba el final. Pero, a pesar de todo, Trump y sus asistentes vieron lo suficiente de la convención demócrata —que el partido decidió no celebrar en Milwaukee y sustituirla por una retransmisión con distanciamiento social y poca interacción en persona—[42] para llegar a una conclusión: ellos habrían organizado un evento más sofisticado, más agradable visualmente y de mayor voltaje. Esos comentarios evocaban lo que durante la pandemia se había convertido en el mensaje central de campaña: que Biden estaba escondiéndose del virus y que Trump tenía la resistencia necesaria para seguir siendo presidente.

A lo largo de la semana, Trump presidió una ceremonia de naturalización sorpresa de cinco inmigrantes en el Gran Salón de la Casa Blanca. Por otra parte, desde el Despacho Oval anunció que concedería el indulto a Alice Johnson,[43] una mujer de sesenta y cinco años a quien ya había conmutado las acusaciones a escala federal por un caso de drogas.[44] Había accedido a ese gesto a petición de la estrella de la telerrealidad Kim Kardashian, convertida ahora en activista por la justicia penal. La notoriedad de Kardashian deleitaba a Trump. Ella accedió al presidente sin seguir los canales normales para pedir el indulto; lo hizo por mediación de Kushner, aprovechando que este estaba intentando tomar las riendas de una parte de ese proceso.

La noche en que Trump aceptó la designación como candidato republicano para optar a un segundo mandato, se colocaron cientos de sillas plegables en los jardines de la Casa Blanca. Los invitados se pasearon por allí sin mascarilla, celebrando con alegría y comportándose como si todo fuera normal, de una forma que no parecía corresponderse con uno de los años más traumáticos de la historia de Estados Unidos. Eso sí, su conducta reflejaba el sentir de una Casa Blanca que creía que sus seguidores querían dejar atrás las restricciones de la pandemia. Quienes siguieron el acto vieron vídeos de homenaje de funcionarios que casi nunca hablaban en público, como el director de redes sociales Dan Scavino.

El objetivo era humanizar a un político que se resistía a que lo humanizaran, a fin de proyectar un sentimiento de empatía en un hombre tristemente famoso por carecer de ello. Trump se había presentado a la presidencia por primera vez para «limpiar el barrizal». Ahora estaba agarrándose con fuerza a las figuras más visibles de Washington en un intento cada vez más desesperado por lograr un segundo mandato.

31

No ser uno de los que mueren

El 22 de septiembre de 2020, una semana antes de que Donald Trump y Joe Biden se enfrentasen en su primer debate presidencial, Estados Unidos superó los 200.000 fallecidos por coronavirus.[1] En todo el país se conmemoró el suceso con homenajes cargados de tristeza, pero la Casa Blanca no organizó ningún acto.[2]

Trump había retomado su programación regular de mítines (desde mediados de septiembre, incluso en espacios cerrados).[3] Trump, a quien le horrorizaba ver mascarillas, espetó a un asistente en medio de una reunión: «Quítate esa mierda». Su equipo casi nunca llevaba mascarilla, a pesar de que lo recomendaban los expertos médicos de la Casa Blanca y que el Distrito de Columbia lo exigía en otros lugares de trabajo cercanos. Cuando el encuestador Tony Fabrizio informó a Trump de que la opinión pública apoyaba esas medidas de forma muy mayoritaria, él le prestó atención. Pero, en cuanto el jefe de gabinete, Mark Meadows, se sumó a la conversación en el Despacho Oval y dijo que la «base» se rebelaría ante la obligación de llevar mascarilla, Trump dijo que no lo apoyaría. Solo accedió a ponérsela en público en contadas ocasiones, y cada episodio era una pesadilla para sus asistentes, que más adelante recordaban sus victorias frente al desinterés del presidente.

Trump exigía a un miembro de su equipo que llevase desinfectante de manos en todo momento. En él, el terrible miedo a los gérmenes convivía con una irrefrenable tendencia autodestructiva que le llevaba a rechazar las mascarillas y a desalentar un distanciamiento social más generalizado. En mayo, cuando enfermó de coronavirus el asistente que le servía la comida, Trump se quedó perplejo al pensar que una persona enferma hubiera estado tan cerca de los alimentos que él comía.[4] Pero eso no le forzó a replantearse su actitud ante el virus, ni en lo que concernía a las políticas ni a su conducta personal.

Ni siquiera dar positivo le hizo cambiar.[5] Según Mark Meadows, en algún momento del último fin de semana de septiembre, Trump dio positivo en uno de los test rápidos de antígenos que utilizaba la Casa Blanca para el personal. (Aunque al principio esos test eran una rutina diaria, Trump se cansó de esa frecuencia y dejó de hacérselos habitualmente.) Pese al positivo, el presidente asistió a un mitin de campaña en Pensilvania. Meadows afirma que, cuando Trump llegó, había dado negativo en un test de otra marca, si bien la forma en que Meadows describió el proceso incumplía las recomendaciones del propio Gobierno sobre cómo hacer los test.[6] Trump, al parecer, se tomó el resultado negativo como un «permiso total y absoluto para seguir adelante como si nada hubiera pasado». Él creía que podían afectarle los gérmenes procedentes de otra persona, pero no se daba cuenta de que él también se los podía pasar a alguien.

Con todo, la mortalidad no dejó de rondarle por la cabeza ni siquiera en los períodos de mayor despreocupación respecto a la enfermedad que arrasaba el país. Ese sábado, justo antes de su presunto primer test positivo, Trump había llenado el Jardín de los Rosales de senadores y otros aliados políticos. Una vez terminado el acto, esa aglomeración de personas exultantes, la mayoría de ellas sin mascarilla, se pasearon por el Ala Oeste sin tomar ninguna precaución sanitaria. El motivo de la celebración era el tercer nombramiento de Trump para el Tribunal Supremo: Amy Coney Barrett.[7] La joven jueza federal del Tribunal de Apelación sustituía a la liberal Ruth Bader Ginsburg, una mujer de ochenta y siete años que durante buena parte de la legislatura de Trump había estado entrando y saliendo del hospital y que finalmente había muerto de cáncer.[8] A lo largo de varias semanas, cuando en una reunión salía el tema de los jueces del Tribunal Supremo, Trump juntaba las manos y, mirando al cielo, decía: «Por favor, Señor, cuida de ella. Toda vida es valiosa. —Luego, casi guiñando el ojo, echaba una miradita a sus asistentes y les decía—: ¿Qué tal, cómo está?». Y, en presencia de otro visitante al Despacho Oval, el presidente dijo: «¿Va a salir de esta? ¿Cuánto tiempo crees que le queda?».

Ese martes, una vez localizados sus asientos en el salón donde se celebraría el debate, todos los miembros de la familia Trump se quitaron la mascarilla, lo que contravenía las normas sanitarias que habían fijado los médicos de la Cleveland Clinic y la Universidad Case Western Reserve —entidades organizadoras del acto—, y que previamente habían aceptado ambas partes.[9] Encima del escenario, detrás de un atril y enfrente de Biden, con una separación entre ambos de casi cuatro metros para impedir el contagio, a Trump se le vio sudoroso y nervioso desde el principio. Cuando Biden criticó la respuesta del Gobierno a la pandemia, Trump respondió: «¿Ha utilizado la palabra *inteligente*? A ver, usted ha dicho que estudió en la Universidad Estatal de Delaware, pero no se acuerda de en qué facultad. Usted no fue a esa universidad. Se graduó el último o casi el último de su promoción. No utilice nunca la palabra *inteligente* conmigo. No la utilice nunca. [...] Porque le voy a decir algo, señor Biden: de inteligente, usted no tiene nada».

Trump pensaba que su actuación en los debates electorales de 2016 le había llevado a la victoria, así que se había estado preparando para ese encuentro durante casi tres meses. O al menos eso había dicho... Tras borrar su nombre de las quinielas para ser jefe de gabinete, Chris Christie había vuelto a encargarse de supervisar los simulacros. Era imposible conseguir que Trump se concentrase. Al igual que muchos presidentes en ejercicio, Trump creía que no le hacía falta practicar, que con el día a día ya tenía suficiente. Christie intentó quitarle de la cabeza esa idea. Fingiendo que era Biden, como había hecho con Hillary Clinton cuatro años antes, intentó preparar a Trump para todo tipo de preguntas agresivas, desde el coronavirus a sus hijos. Durante el mayor tiempo posible, Meadows se esforzó para impedir que Rudy Giuliani asistiera a esas sesiones, pero no pudo impedírselo siempre. En cuanto tuvo ocasión, Giuliani empezó a dirigir la atención de Trump hacia los negocios de la familia Biden en el extranjero. A pesar de que su exceso de celo en este asunto había sido uno de los factores que habían dado pie al proceso de destitución del presidente, la obsesión de Giuliani con el tema no había remitido. Al llegar el día del primer debate, el jurista estaba trabajando con Bannon para encontrar un medio de comunicación dispuesto a publicar el contenido de un portátil de Hunter Biden que, según afirmaría posteriormente Giuliani, el hijo de Biden había abandonado en una tienda de informática de Delaware.[10] Cuando al fin empezó a participar en las sesiones para preparar los debates, Giuliani fue mencionando nombres de personas y negocios en los que afirmaba que Hunter estaba involucrado, además de hacer alusiones a su consumo de drogas.

La influencia de Giuliani en la antipatía inherente de Trump por los Biden se hizo patente encima del escenario.

Cuando el candidato demócrata recordó la andadura militar de su difunto hijo Beau en Irak, Trump le interrumpió: «¿Está usted hablando de Hunter? ¿Está hablando de Hunter? —atosigó a Biden—. Yo a Beau no le conozco. Yo sé quién es Hunter. Y a Hunter le echaron del Ejército». Con este comentario hurgaba en la herida de la adicción de Hunter y asestaba un golpe más fuerte que los propinados por cualquiera de sus negocios supuestamente corruptos. Si la decisión de Trump de centrarse en la adicción a los opiáceos a comienzos de la legislatura fue inteligente en términos políticos, atacar a alguien por su consumo de drogas no lo fue.

Trump se pasó noventa minutos interrumpiendo e insultando a Biden. La mayoría de los analistas consideraron que ese debate había sido un desastre para Trump, sobre todo por el momento en que Biden le atacó por aceptar el respaldo de supremacistas blancos. El presidente exigió a su rival que mencionase una organización y Biden hizo referencia a los Proud Boys, un grupo violento de derecha que no ocultaba su apoyo a Trump. «Proud Boys, un paso atrás y en guardia —respondió Trump—. Pero le voy a decir algo: alguien tiene que tomar medidas contra Antifa y la izquierda, porque eso no es un problema de la derecha. Eso es un problema de la izquierda, un problema de la izquierda.» Cuando Biden señaló que el mismísimo director del FBI había dicho que la imprecisa estructura de los agitadores antifascistas que se identificaban con la etiqueta «Antifa» no era una sola organización, Trump dijo que el director del FBI estaba «equivocado.»

En el vuelo de regreso, Trump insistió en que lo había hecho bien en el debate. Costaba encontrar otras personas en el Air Force One que estuvieran de acuerdo con su evaluación.

La noche siguiente, al volver a casa de un mitin en Minesota, los miembros de su equipo fueron testigos de algo infrecuente que los dejó perplejos. Trump no se pasó el vuelo ni viendo la tele ni charlando con sus asistentes. A través de la puerta entornada de la cabina, su equipo vio al presidente dormido en el asiento. Al llegar a Washington, tuvieron que despertarle.

Al día siguiente, Trump viajó a su club de golf de Nueva Jersey para asistir a un acto de recaudación de fondos, donde estrechó la mano a varios seguidores que le esperaban detrás de las vallas, y participó por teléfono en un denominado «telemitin» para un candidato al Congreso. Su voz revelaba una clara congestión. Esa noche, Bloomberg News informó de que la directora de comunicaciones Hope Hicks, una persona hermética que solía estar físicamente cerca de Trump, había dado positivo por coronavirus.[11] (Los síntomas le habían aparecido en el vuelo de regreso de Minesota y se había aislado de los demás viajeros.) En unas declaraciones que hizo en directo en el programa de Sean Hannity en Fox News, el presidente insinuó que Hicks se había contagiado al abrazar a veteranos del Ejército en un acto celebrado en la Casa Blanca el fin de semana anterior. Trump también mencionó de paso que él estaba esperando los resultados de su test, y dio la impresión de que creía que, si salía positivo, sería porque se lo había pasado Hicks y no al revés. Horas después, antes del amanecer del 2 de octubre, Trump anunció en Twitter que él y la primera dama habían dado positivo.

El presidente de Estados Unidos, ya entrado en años, se había contagiado de una enfermedad potencialmente mortal. Pocas personas sabían mucho más que eso. Su equipo de comunicaciones, que no solía escatimar en declaraciones, se quedó en silencio. A quienes expresaban su temor, Kushner les decía: «Necesitamos vuestras oraciones». Pero, incluso a algunos miembros de la extensa familia de Trump, no se les informó de la gravedad de la enfermedad del presidente.

Mientras Trump recibía atención médica, yo terminé enterándome de que le estaban suministrando oxígeno e informé de ello, ya que los funcionarios se negaban a dar casi ninguna información. Tuvieron que pasar meses hasta que se desentrañó lo que estaba sucediendo allí. Ante la preocupación del médico de la Casa Blanca, Meadows pidió autorización al director de la FDA (siglas en inglés de la Administración de Alimentos y Medicamentos) para administrar a los Trump tratamientos no aprobados con anticuerpos monoclonales. (La primera dama, atendida por un problema renal en el hospital militar Walter Reed dos años antes, no quiso someterse al procedimiento experimental.)[12] Trump tenía una fobia enorme a los hospitales y a todo lo relacionado con las enfermedades —para él, todas esas cosas eran «flaquezas»—, y su propia enfermedad no fue una excepción. Según Meadows, estando aún en la residencia del segundo piso, a Trump le administraron anticuerpos. Cuando le disminuyeron los niveles de oxígeno en sangre, Meadows confirmó que al presidente le estaban suministrando oxígeno suplementario. Su estado iba agravándose y cada vez respiraba con mayores dificultades. Pero Trump se negaba a que lo trasladasen al Walter Reed porque, según le contó a un colaborador en una llamada: «Ir al Walter Reed va a dar mala imagen».

Sean Conley, el facultativo de la Marina que ejercía de médico personal de Trump, le dejó claro que en el excelente centro médico del Ejército le podría proporcionar una mejor atención.[13] El jefe adjunto del personal de operaciones, Tony Ornato, advirtió al presidente de que, si sus condiciones empeoraban, debería ponerse en marcha el protocolo para garantizar la continuidad del Gobierno. Su equipo le explicó que lo mejor sería que se bajase del Marine One por su propio pie. Trump acabó cediendo a las presiones y se levantó de la cama. Según Meadows, tenía el pelo alborotado y los ojos enrojecidos. El presidente se puso un traje y, alrededor de las seis y cuarto de la tarde, bajó de la residencia.[14] Llevaba un maletín, pero lo dejó al lado de la puerta porque, según le dijo a su jefe de gabinete, no podía cargar con él. Entonces salió de la Casa Blanca para recorrer el corto trayecto en helicóptero hasta el hospital Walter Reed.

Al llegar allí, Trump consiguió entrar a pie en el complejo para que lo tratasen. En una serie de test, le detectaron infiltrados de la llamada «neumonía por covid», así que lo instalaron en la *suite* presidencial del centro. Durante el fin de semana, Trump comió un menú del McDonald's —lo que indicó a su familia y asesores cercanos que se encontraba mejor— y habló por teléfono con amigos y aliados políticos, como le habría gustado hacer en cualquier otra parte. No obstante, iba procesando la realidad de sus circunstancias. «Dicen que yo podría ser uno de los que mueren», le confesó a un colaborador sobre lo que le habían dicho los médicos.[15] (A lo largo de los años, Trump había contado a la gente que le gustaban los restaurantes de comida rápida porque los cocineros no sabían que él iba a comer allí, una idea que atribuían a su miedo a ser envenenado.)[16] Meadows se negó a alejarse de Trump y pasó la noche en otra habitación.

Tanto en la Casa Blanca como en la sede central de campaña, los asesores se dieron cuenta de que el sábado alguien tendría que informar a los ciudadanos de que el presidente no solo estaba enfermo de gravedad, sino que le habían administrado un potente esteroide que le provocaba cambios de humor. Pero también sabían que, de las personas que habían hablado en su nombre sobre otros asuntos, ninguna tenía una gran credibilidad ante la ciudadanía. En una conversación telefónica, Hicks y Miller instaron a Conley a no aceptar preguntas. Frente al complejo Walter Reed, acompañado de los otros nueve médicos que constituían el equipo que trataba a Trump, Conley atendió a un selecto grupo de medios escritos y televisiones. A Conley se le veía un poco nervioso. Trump, como siempre, estaba observando. A pesar de la advertencia, Conley respondió a preguntas de los periodistas (los asistentes de Trump creyeron que, contradiciendo a sus compañeros, Meadows había dicho a Conley que aceptase preguntas). «Esta mañana el presidente se encuentra muy bien —dijo Conley con una leve sonrisa. Y, minutos después, añadió—: Su jefe de gabinete le ha traído mucho trabajo, y el presidente lo está haciendo.»

Cuando los médicos entraron de nuevo en el hospital, Meadows se acercó a los periodistas y les pidió hacer unas declaraciones anónimas, sin ser consciente de que una cámara estaba captando la conversación.[17] Su objetivo era matizar el exceso de optimismo que Conley había transmitido sobre la salud del presidente, pero no quería que su nombre apareciera vinculado a esa aclaración. Poco después, se publicó una nota que resumía los comentarios de Meadows, identificado solo como un «alto funcionario de la Administración». La nota decía que Trump todavía no estaba fuera de peligro y que las siguientes veinticuatro o cuarenta y ocho horas serían determinantes. Por fin alguien contaba lo grave que estaba el presidente. «¿Quién cojones ha dicho esto?», preguntó Trump al leer la noticia. Para contrarrestar el pronóstico negativo que había dado Meadows, Trump decidió que tenía que aparecer en público y, aunque todavía podía ser contagioso, dispuso que los Servicios Secretos le pasearan en un coche por delante de los seguidores que se habían congregado en el exterior del complejo hospitalario.

Gracias al tratamiento con anticuerpos, y ayudado por los esteroides, Trump se recuperó deprisa y empezó a pensar en el alta. Ideó un plan que dijo que se había inspirado en James Brown —a Trump, le encanta ver cómo el cantante arrojaba su capa desde el escenario—, pero que también encajaba con su pasión por la lucha libre. Su plan era que lo condujeran al exterior del Walter Reed en una silla de ruedas. Una vez fuera, él se levantaría con gesto teatral y se desabrocharía la camisa para enseñar un logo de Superman que llevaría debajo. (Trump lo decía tan en serio que llamó a la sede de campaña para ordenar al asistente Max Miller que consiguiera las camisetas de Superman; a Miller le enviaron a un centro comercial de Virginia.) Sus asesores le convencieron de que abandonase esa idea, pero al volver a la Casa Blanca insistió en subir las escaleras hasta el pórtico de la segunda planta. «Tienen que ver que estoy recuperado del todo, que lo he superado», dijo Trump a los ayudantes que querían disuadirle. Cuando llegó a lo alto de la larga y curva escalinata, se arrancó la mascarilla y contempló cómo las cámaras capturaban el instante. Estaba jadeando.

Una vez recuperado, los asesores de campaña le propusieron que grabara un vídeo para hablar del coronavirus desde una perspectiva personal. Trump rechazó el texto: era demasiado íntimo, sobre todo para un hombre que tenía fobia a los hospitales y las enfermedades. Aun así, el fin de semana posterior al alta, Trump recibió al equipo médico de la Casa Blanca para agradecerle su labor. Los médicos sabían exactamente lo enfermo que había estado Trump; sin el tratamiento con anticuerpos monoclonales, los trabajadores sanitarios del Gobierno creían que tal vez Trump no habría sobrevivido.

La siguiente semana, iba a celebrarse el segundo debate. Los organizadores sabían que el presidente había dado positivo y no tenían claro que ya no fuera contagioso, así que anunciaron que el acto se celebraría a distancia. Trump se negó a participar. Cuando llegó el día del último debate, el 22 de octubre, la campaña de Trump había focalizado casi toda la atención en el hijo de Biden. «¿Dónde está Hunter?», preguntaba el presidente en los mítines. Trump nunca había presentado un programa para su segundo mandato y le costaba centrarse en lo que había alcanzado en el primero. Aún tenía la esperanza de que se desarrollase una vacuna antes de las elecciones, pero estaba agotándose el tiempo.

A pesar del caos que proyectaba la Casa Blanca, Trump actuaba como si su reelección estuviera fuera de toda duda. Durante el año, había difundido publicaciones de perfiles vinculados con una teoría de la conspiración conocida como QAnon,[18] popular entre sus simpatizantes, y en los últimos días de la campaña escribió algo que se podía interpretar como un elogio a los simpatizantes acusados de hostigar un autobús de campaña de Biden en una carretera en Texas.[19] Trump quería imprimir su sello personal en la jornada electoral, y semanas antes dijo a sus asistentes que esa noche se subiría al estrado y diría que había ganado aunque no hubiera terminado el escrutinio. A bordo del Air Force One, a Trump se le veía relajado, como si se lo estuviera pasando bien por primera vez en muchos meses. En un vuelo, se dirigió al reducido grupo que le hacía compañía: Kushner, Stephen Miller y Jason Miller. «Quién hubiera pensado que mis primeros espadas serían judíos...», dijo Trump. Eso, tras meses de decirle a Jason Miller que tenía una «esposa judía dulce y comprensiva». El único problema era que la mujer de Jason Miller no era judía, y él tampoco. El asistente le dijo a Trump que de hecho él no era judío. «Anda —respondió Trump con cara de sorpresa—. Entonces, solo lo es tu esposa.»

Trump siguió quejándose de que el material que Giuliani daba al *New York Post* (y algunos medios más) era ignorado o vetado en las redes sociales. El presidente consideraba que las redes sociales, de hecho, eran otra fuerza que conspiraba contra él. Priebus alertó al equipo del presidente de que, en su opinión, no tenían suficientes papeletas de voto por ausencia y voto anticipado y que podían quedarse cortos el día de los comicios. Trump se había pasado meses insistiendo públicamente en que iban a robarle las elecciones y negándose a afirmar que aceptaría los resultados en caso de perder.[20] Esos comentarios eran algo tan extraordinario para un cargo electo en ejercicio —y sembraban tanta incertidumbre sobre lo que podía pasar tras el recuento de votos— que, durante el fin de semana previo, Milley y otros responsables de seguridad nacional, incluido el director del Cibercomando de Estados Unidos, estuvieron en contacto telefónico con presentadores de televisión. Antes de salir en antena en la jornada electoral, los responsables querían que esos periodistas estuvieran informados de la seguridad de los comicios, y el general Milley quería trasladarles personalmente que el Ejército no tenía nada que decir sobre lo que pudiera acontecer una vez cerrados los colegios.

Supersticioso por naturaleza, Trump se aseguró de que su último destino antes de las elecciones de 2020 fuera Grand Rapids, en Míchigan, el mismo lugar donde había terminado la campaña de 2016. En 2016, Trump no pensó que fuera a ganar, y pocas personas se sorprendieron tanto como él por el resultado. Pero, cuatro años después, Trump no tenía ninguna duda de que iba a salir vencedor. La carrera estaba ajustada, pero Kushner había insistido en que los datos internos de campaña indicaban que iban a imponerse. En el vuelo de regreso desde Míchigan, Eric Trump animó al equipo a apostar sobre la ventaja en votos que iban a conseguir. «El único objetivo es intentar alcanzar los doscientos setenta», dijo con prudencia el asesor David Bossie.

Al día siguiente, Trump organizó una fiesta en el Salón del Este con motivo de la noche electoral, mientras seguía el escrutinio con un grupito en la residencia. Al comienzo de la velada, mientras los invitados se saludaban, parecía que las elecciones de 2020 iban a seguir el mismo recorrido exacto que las de 2016. Trump se impuso en Florida, al igual que cuatro años antes, y su equipo empezó a mandar mensajes a sus aliados hablándoles de lo que parecía ser el inicio de un efecto dominó. «¡Enhorabuena! Has ganado en Texas», le dijo a Trump una hora más tarde el gobernador del estado, Greg Abbott, mientras los resultados seguían ajustados en varios estados disputados. Aunque persistían las dudas sobre los resultados en otros estados, Abbott dijo bromeando: «¡Deberías salir y declarar la victoria antes de que sea demasiado tarde!».

Cuando Giuliani intentó hacerle la misma recomendación algunas horas después, no se lo decía de broma. La noche estaba a punto de decantarse definitivamente. Alrededor de las once y veinte de la noche, Fox News fue la primera cadena en anunciar que Biden había ganado en Arizona, el primer demócrata que lo hacía en casi una generación.[21] Trump ordenó a sus asistentes que cambiasen esa información, y ellos se pusieron en contacto con responsables de Fox News y la familia Murdoch, propietaria del canal, para convencerlos. A los hijos mayores de Trump, se los vio afectados por la noticia: Eric se puso muy a la defensiva y empezó a protestar a voz en grito mientras observaba el modelo estadístico de la campaña junto al analista de datos Matt Oczkowski.

Sobre las dos de la madrugada, Trump se encaminó hacia el escenario del Salón del Este que se había montado para que el presidente diera un discurso de victoria o de aceptación de la derrota. Trump se detuvo ante un muro de televisiones que se había instalado. Se las miró todas. La información era la misma en todas las cadenas. Los asistentes le dijeron que era la hora de salir. «Voy a salir al escenario cuando esté listo —rugió Trump—. Van a esperarme.»

32

Juicio por combate

Justo después del 3 de noviembre, Donald Trump fue cambiando de opinión sobre si había ganado o perdido las elecciones. En el exaltado discurso que dio cuando aún se estaban contando votos, en el que no aceptó la derrota, insistió: «Con toda franqueza, sí que hemos ganado las elecciones». No obstante, en los días posteriores consoló a un asesor con estas palabras: «Lo hicimos lo mejor que pudimos». «Yo pensaba que lo habíamos conseguido», les dijo a unos asistentes de prensa, casi avergonzado por los resultados. Ante otro miembro del equipo, se desahogó diciéndole que había ido ganando hasta que había empezado a perder. Durante los dos días posteriores a las elecciones, el gurú demoscópico de la campaña le había dicho que ganaría, pero eso cambió en una reunión celebrada días después, cuando de pronto le dijo que no tenían suficientes votos. Trump pidió a otros asistentes que le contasen qué había salido mal.

En los días posteriores, la extensa red que Trump había creado a lo largo de su vida adulta fue proponiendo distintas respuestas. En la noche electoral, Rudy Giuliani estaba deseoso de entrar en la refriega y dijo a otros asesores que el presidente tenía que declarar que había ganado. La noche siguiente, el jurista dijo a sus propios asesores que Trump le había encargado que trabajase para alterar los resultados con impugnaciones judiciales, si bien los asistentes de Trump recalcaron que el presidente no había dicho nada al respecto. Trump siguió confiando en su asesor jurídico de campaña, Justin Clark. Empezaron a recaudar fondos con envíos de correos electrónicos y mensajes de texto alegando «fraude electoral»,[1] pero los responsables de la campaña se dieron cuenta de que había muy pocas opciones de que la vía judicial prosperara. En una reunión con varios asistentes presidenciales en la sede central de campaña en Virginia, Stepien y Clark afirmaron que la probabilidad era extremadamente baja. La opinión de Hicks era que Trump debía aceptar la derrota. Jared Kushner animó a un grupo de asesores a ir a la Casa Blanca a informar al presidente. Cuando le preguntaron por qué no iba él en persona, Kushner comparó la situación con la escena de un lecho de muerte. «El sacerdote va más tarde», dijo. Así pues, como si fueran unos criados, aquellos asistentes fueron a ver a Trump para darle la mala nueva. Por toda la ciudad se toparon con celebraciones que bloqueaban el tráfico, ya que las cadenas acababan de dar vencedor a Biden. Cuando Stepien y Clark llegaron a la Casa Blanca, acompañados por Dave Bossie, Jason Miller y un asesor de la Casa Blanca llamado Eric Herschmann, encontraron a Trump vestido con ropa informal; los asistentes de la Casa Blanca sacaron pequeñas albóndigas y salchichitas envueltas en beicon a modo de refrigerio para los invitados. Clark y Stepien le contaron al presidente que los pronósticos eran desalentadores: tenían entre un 5 y un 10 por ciento de probabilidad de éxito si seguían adelante. Trump ni gritó ni rugió. Tras escucharlos, respondió: «Vale».

La mayoría de las personas que hubieran oído esas previsiones se las habrían tomado como una señal para rebajar las expectativas. Pero Trump se las tomó como una ventana de oportunidad. «Yo creo que es más bien entre un 40 y un 50 por ciento», dijo acerca de sus probabilidades de éxito. Antes de que terminara la siguiente semana, se habían enviado asesores a estados donde Trump necesitaría dar la vuelta a los resultados para obtener la mayoría en el colegio electoral. En algunos territorios, los márgenes eran lo bastante ajustados para que fuera plausible conseguirlo con un nuevo recuento de los votos y otras impugnaciones. El mismo día que Trump se reunió con sus asesores en la Casa Blanca, Giuliani y Lewandowski dieron una rueda de prensa en Filadelfia para mostrar su oposición a los resultados en ese estado. (Cuando anunció la rueda de prensa en Twitter, Trump dio la impresión errónea de que tendría lugar en un céntrico hotel de lujo, y no a pie de calle, frente a una empresa de jardinería situada en un rincón remoto del noreste de Filadelfia con la que compartía parte del nombre: Four Seasons Total Landscaping.)[2] Kushner intentó ponerse en contacto con Giuliani para convencerle de que no siguiera adelante, pero no lo logró. Aun así, las tesis del jurista se derrumbaban tras un mero análisis; un tribunal desestimó la acusación de que a los observadores electorales de Trump en Pensilvania no se les había permitido acercarse lo suficiente al proceso de recuento de papeletas.[3] Hicks fue una de las pocas personas que le dijo a Trump que ella no había visto pruebas de fraude generalizado. «Te equivocas», respondió Trump secamente, con la esperanza de intimidar a quienes compartieran la opinión de Hicks.

Los seguidores de Trump empezaron a explorar la posibilidad de que los parlamentos de los estados controlados por los republicanos ignoraran la decisión de los votantes y asignaran los electores correspondientes al presidente actual. «Me encanta», respondió Meadows a un mensaje que le mandó un congresista poco después de los comicios, supuestamente proponiendo la idea de que los parlamentos de los estados enviasen listas alternativas de electores.[4] (Tan solo días antes, Meadows había desaconsejado a Trump que dijera que había ganado antes de terminar el escrutinio.) Al final, la idea de dejar las elecciones en manos del Congreso fue recogida por Bannon, que para entonces hablaba con Trump regularmente. El principal espacio político del estratega era *The War Room*, un programa de televisión por internet y pódcast en el que se difundían conspiraciones. Bannon lo había creado al comienzo del proceso de destitución,[5] lo había reorientado para combatir a las autoridades de salud pública durante la pandemia y luego lo había redefinido para cuestionar los resultados de unas elecciones que, según las especulaciones que llevaba mucho tiempo pregonando, iban a ser «un robo». Tras varios años alejados, Bannon volvía a serle útil a Trump.

Roger Stone, que en abril de 2016 había empezado a promover la iniciativa «Stop the Steal»[6] cuando en la Convención Nacional Republicana se intentó privar a Trump de los delegados necesarios para aferrarse a la designación como candidato, también comenzó a protestar con vehemencia contra los resultados en las redes sociales y en entrevistas. Los activistas de extrema derecha comenzaron a utilizar la etiqueta «Stop the Steal» en las redes sociales y empleaban esa expresión para promover actos de protesta contra el resultado de las elecciones.[7]

El exconsejero de Seguridad Nacional Michael Flynn también regresó a la órbita de Trump. Su abogada, Sidney Powell, pronto se puso en contacto con Giuliani para tratar de dar la vuelta a los resultados en algunos estados. En una conversación con un miembro del Pentágono tras las elecciones, Flynn dibujó un escenario que le parecía factible: que se requisaran las máquinas de votación y las papeletas. Al cabo de unas semanas, Flynn presentó una versión de ese escenario directamente a Trump, en el Despacho Oval.[8]

Trump estaba dispuesto a hablar con casi cualquier persona que él pensase que podía ofrecerle una solución al peor calvario que podía imaginar: que todo un país lo convirtiera en un fracasado. (Como ese fin de semana posterior a los comicios había muchas personas que querían ver a Trump, Kushner pidió a Bossie que controlase algunas de esas reuniones; este empezó a hacerlo, pero poco después tuvo que apartarse al dar positivo por coronavirus.)[9] Los aliados de Trump iban entrando en acción para beneficiarle, pero su desafío se ponía cada vez más cuesta arriba. En los medios ya se hablaba de Biden como presidente electo. («Deberíamos romper con ese tipo», dijo Rupert Murdoch en alusión a Trump, harto de que este se negase a aceptar la derrota y de su discurso casi maníaco en la noche electoral.) A medida que se contaban más votos en los estados que aún estaban en disputa, como era el caso de Georgia, y a medida que avanzaba lentamente el escrutinio en Nueva York y California, el margen del voto popular a favor de Biden iba aumentando.[10] La situación exasperaba a Trump y reforzaba su idea de que estaba pasando algo perverso. El voto popular favorable a Trump fue once millones superior a la cantidad que había cosechado en 2016, pero él nunca cuestionó esa cifra, solo la de los demócratas. Como había hecho casi treinta años atrás, cuando intentaba reponerse después de una mala situación financiera, Trump mantenía abiertas cuantas más opciones mejor durante el mayor tiempo posible. Pero no lograba decidir qué camino seguir y le preguntaba a casi todo el mundo cuál le llevaría al éxito. Se lo preguntaba incluso al asistente que le traía una Coca-Cola Zero siempre que el presidente apretaba un botón rojo que tenía en su escritorio.

A los ocho días de las elecciones, la alegría de Trump se había desvanecido. El presidente informó a sus asistentes de que no tenía intención de dejar la Casa Blanca para que se instalase Joe Biden. «No me voy a ir, y punto», le dijo a uno. «No vamos a marcharnos nunca —le dijo a otro—. ¿Cómo va uno a irse si ha ganado las elecciones?» En una conversación con el presidente del Comité Nacional Republicano, preguntó: «¿Por qué debería marcharme si las elecciones han sido un robo?». Nunca en la historia de Estados Unidos un presidente se había negado a abandonar la Casa Blanca; el paralelismo más cercano podría encontrarse en Mary Todd Lincoln, que tras el asesinato de su marido permaneció en la mansión durante casi un mes. La fría declaración de Trump generó incertidumbre entre los asesores, que no sabían calibrar lo que el presidente podía hacer a continuación. Ellos ignoraban sus comentarios con la esperanza de que pasara página, pero la actitud desafiante de Trump enseguida tomó otras formas.

Trump no quería que nadie le dijera que había que aceptar la victoria de Biden. El 12 de noviembre, tenía previsto reunirse con responsables de la campaña para decidir qué hacer con las enormes cantidades recaudadas desde las elecciones con el pretexto de combatir el fraude electoral (más de 200 millones de dólares en tres semanas).[11] Sin embargo, la conversación se tuvo que postergar porque los dirigentes de la campaña tuvieron que debatir durante varias horas sobre cómo impugnar los resultados electorales en los seis estados donde los aliados de Trump intentaban cambiarlos. Cuando Clark, el principal abogado de la campaña, presentó una actualización de la situación en Georgia y se detuvo en toda clase de detalles sobre los estatutos del estado para explicar el recuento a mano que se estaba llevando a cabo, le interrumpió una voz por teléfono:

—No, todo eso es incorrecto —dijo Giuliani. (En privado, Trump había estado hablando con Giuliani y criticando a Clark.)

—Hay que dejar que el recuento manual termine antes de buscar otras vías legales que beneficien al presidente —dijo el asesor jurídico de la Casa Blanca Pat Cipollone, que se convertiría en el mejor aliado de Clark en las semanas posteriores.

—No. Deberíamos detener el recuento de inmediato —protestó Giuliani.

Clark respondió que ese proceso era competencia del secretario de Estado.

—Así están las cosas... —declaró Clark con resignación.

—Estás mintiendo al presidente —gritó Giuliani, que afirmó que Clark estaba minimizando las probabilidades de éxito de Trump.

El otro le respondió con vehemencia:

—Eres un cabrón de mierda.

Trump colgó y se dirigió a Clark:

—¿Podrías llamarle para hacer las paces?

Clark dijo que sí y, una vez terminada la reunión, se disculpó con Pence por decir palabrotas delante de él.

—No hay de qué disculparse cuando uno dice la verdad —contestó Pence.

Sin embargo, al día siguiente, después de desestimarse un caso en Arizona, Trump decidió dar a Giuliani toda la responsabilidad de sus iniciativas judiciales.[12] «Pues nada, Rudy, tú te encargas. Barra libre: haz todo lo que quieras. Me da igual —le dijo Trump por teléfono—. Mis abogados son terribles.» A continuación, Trump se dirigió a Kushner, que había estado en silencio durante la llamada, y le dijo: «Ya sé que no te cae bien. Pero no digas nada». Giuliani incorporó a Kerik, el excomisario de policía de Nueva York, para que le ayudara; Trump se burló de su propia oficina jurídica de la Casa Blanca delante de Giuliani y Kerik. Señalando a Kerik, le dijo a Giuliani: «Tú le tienes a él». Y luego, apuntando a Pat Cipollone, que estaba al lado, dijo: «Eso es lo que tengo yo». Por insistencia de Trump, a Giuliani nunca le pagaron por su labor, exceptuando algunos gastos.[13] Según el presidente, no se le debía pagar «ni un centavo» a menos que lograra éxitos. La colaboradora del exalcalde y copresentadora de radio Maria Ryan intentó sin éxito que se fijasen unos elevados honorarios diarios para Giuliani, y de paso intentó conseguir unos honorarios de consultoría para ella. Luego instó a Trump a que concediera la Medalla Presidencial de la Libertad a Giuliani y, por si fuera poco, le pidió un «indulto general» para el exalcalde de Nueva York.

El 16 de noviembre, casi dos semanas después de las elecciones, Tom Barrack fue de visita al Ala Oeste. Barrack era uno de los pocos amigos auténticos de Trump y estaba en Washington por otros asuntos, pero pensó que podría hacer entrar en razón al presidente. Kushner le dijo que Trump no escuchaba a nadie. (Kushner le dio su motivo por no ser capaz de presionar más a Trump para que aceptara la derrota: «Es el abuelo de mis hijos».) «No te molestes en intentarlo, no voy a aceptar la derrota», le dijo Trump a su visitante en cuanto este entró en el Despacho Oval.

Barrack le dijo que seguir por esa senda le traería problemas una vez que hubiera dejado la presidencia; iba a ser objeto de investigaciones, pero no contaría con la protección del cargo. Barrack le pidió que pensara en sus negocios, en todo lo que había construido a lo largo de varias décadas y en el apoyo que aún necesitaba. Trump mencionó el número total de personas que le habían votado. «Ellos van a apoyarme», le dijo a su amigo, insistiendo en que realmente había ganado las elecciones. Estás arruinando tu prestigio, siguió diciéndole Barrack. Su amigo le instó a recibir a Biden y darle la bienvenida a la Casa Blanca, pues ese sería un gesto más «elegante» que irse sin más. «Tú eres elegante, y yo soy el presidente de Estados Unidos, así que fuera de mi despacho», zanjó Trump.

Trump no solo estaba alejándose de todas las normas y convenciones, sino de cualquier cálculo racional pensando en su propio interés. Prefería perder a su manera que perder a la manera de cualquier otra persona.

Después de las elecciones, Meadows empezó a hablar regularmente con Ron Klain, que había sonado como jefe de gabinete de Biden. Los dos hombres estaban en contacto para planificar el traspaso de poderes en la Casa Blanca, previsto para el 20 de enero. Era un proceso rutinario pero complicado de la gobernanza democrática que Trump, a juzgar por los comentarios que hacía en público, no creía que fuera a ocurrir. «Soy consciente de que el presidente está diciendo esas cosas —le dijo Meadows a Klain—. Y vamos a resolverlo.» Mientras Meadows tranquilizaba a Klain y aseguraba a los dirigentes republicanos en el Senado que la transición sería pacífica, se enviaba mensajes de texto con Ginni Thomas, esposa del juez del Tribunal Supremo Clarence Thomas, que le instaba a dar más poder a Sidney Powell y a seguir disputando las elecciones.[14] «Es una lucha del bien contra el mal», le escribió Meadows a Thomas.

Kushner e Ivanka empezaron a trabajar en dos vías: por un lado, planificaban una vida pospresidencial en Florida y, por el otro, asistían a reuniones en la Casa Blanca y dejaban que los miembros del personal (las «mulas de carga», como se llamaban a sí mismos) lidiaran con Trump. «¿Qué podemos perder?», preguntó un miembro de la familia Trump a un asistente que esperaba que Kushner hiciera más por intervenir. Ivanka no tardó en escribir informes de transición, ya que los responsables del personal de presidencia amenazaban con despedir a quienes buscasen otro trabajo. Ya hacía meses que estaba en marcha otra iniciativa más formal para planificar la transición encabezada por Chris Liddell, un exejecutivo de Microsoft que había ocupado el cargo de subjefe de gabinete con Trump. Como el presidente mostró poco interés por el trabajo de Liddell, se le informó poco de su desarrollo, con lo cual no pudo poner palos en las ruedas. Los responsables de la transición del equipo de Biden seguían encontrando trabas, desde retrasos a la hora de recibir infor-

mación del Pentágono hasta la demora en organizar la vacu-
nación del personal nuevo de la Casa Blanca para que esas
personas pudieran ir a trabajar con garantías de seguridad el
primer día del mandato de Biden. «Ya les he dicho que lo
resuelvan», le aseguraba Meadows a Klain, pero luego no
ocurría nada. Por lo general, Meadows convirtió la intransi-
gencia en una cuestión de principios. Tras denegar al equipo
de Biden el acceso a un sistema informático especializado necesario para empezar a trabajar en la planificación del siguiente presupuesto, Meadows dijo: «No podéis pretender
que apoyemos vuestros planes de gasto».

En una llamada a mediados de noviembre, Klain le dijo a
Meadows que había llegado el momento de que Biden empezara a recibir la información de inteligencia que se daba al
presidente. «¿Cuántas veces por semana va a querer recibir
esa información el vicepresidente Biden?», preguntó Meadows. Klain, perplejo por la pregunta, dijo que Biden quería
recibir esa información todos los días. Así lo hacía cuando era
vicepresidente, añadió. «Ningún presidente lo hace así. Esto
no ha ocurrido nunca», respondió Meadows. La situación parecía tan alejada de la experiencia de Meadows que no era
capaz de comprenderlo.

El Gobierno que Trump controlaba se estaba utilizando
cada vez más para respaldar las iniciativas del presidente con
el fin de cuestionar los resultados electorales. Meadows hacía
llegar datos infundados a varios departamentos y agencias. A
veces, no eran más que disparatadas teorías de la conspiración. Tras pedirle al director nacional de inteligencia, John
Ratcliffe, que comprobara una teoría de la conspiración,
Meadows le explicó que se habían usado unos termostatos
especiales para acceder ilegalmente a las máquinas de votación de Georgia.[15] Ratcliffe contestó que la seguridad de las
máquinas de votación era un asunto de seguridad interna y
derivó el caso al FBI.

Hacía un año que Johnny McEntee lideraba un proyecto para utilizar la oficina del personal presidencial para situar a fieles a Trump en las agencias gubernamentales. En el conjunto de la Administración, el plan había surtido efecto. McEntee había contribuido a elaborar una lista de motivos dudosos para echar al secretario de Defensa, Mark Esper. Había alegado, por ejemplo, que Esper se había definido como «apolítico» y que había consultado a personas transgénero sobre cuestiones que les concernían. Trump destituyó a Esper el lunes posterior a las elecciones. Para explicarle a un asesor cómo elegía al miembro de su equipo de Seguridad Nacional del que prescindiría, Trump dijo: «La prensa espera la cabeza de Esper». (Al final, el presidente renunció a otros cambios que también quería hacer. Por un lado, Pence y Cipollone le convencieron de que no forzara la renuncia de la directora de la CIA, Gina Haspel, para colocar a un trumpista como su número dos. Y, por el otro, Trump llamó al director del FBI, Christopher Wray, a quien había querido echar en reiteradas ocasiones, para asegurarle que no debía temer por su cargo.)

En el Departamento de Justicia, un enlace de la Casa Blanca llamada Heidi Stirrup se quejó ante altos funcionarios de que el fiscal general Bill Barr debía hacer más para investigar las acusaciones de fraude electoral. A Stirrup, se le prohibió la entrada al edificio cuando intentó recabar información sobre las investigaciones, pues los funcionarios sospecharon que pretendía hacérsela llegar a la Casa Blanca.[16] (Por otro lado, la Casa Blanca colocó a un abogado experto en comunicación llamado Adam Candeub para que supervisara la división antimonopolio del departamento. Previamente, Barr había bloqueado su nombramiento. El hecho tuvo lugar meses después de que los asistentes de McEntee se pusieran en contacto directamente con los responsables del Departamento de Justicia para pedir información sobre un posible litigio contra Google antes de las elecciones. Los responsables del Departamento de Justicia creían que los asistentes de la Casa Blanca buscaban un conflicto con las tecnológicas y no entendían la diferencia entre unas leyes antimonopolio elaboradas un siglo antes y la ley de telecomunicaciones de 1996. De hecho, un apartado de dicha ley concedía a las plataformas virtuales inmunidad respecto a ciertos tipos de litigación, y Trump había hecho campaña por abolir esas disposiciones.)[17]

Pocas semanas después de las elecciones, Barr —que estaba en contacto frecuente con el líder de la mayoría en el Senado, Mitch McConnell— fue la primera figura destacada de la Administración en romper públicamente con la obsesión poselectoral de Trump. Se desmarcó del presidente con unas declaraciones en las que afirmó que no había habido ningún fraude electoral generalizado en los comicios de noviembre. Sus palabras sacaron de quicio a Trump, que le dijo a Barr que debía odiarle para decir algo así. Barr no estuvo de acuerdo.[18] «Mira, tienes entre cinco y seis semanas antes del colegio electoral. Necesitas un equipo de primera para lograr que los tribunales ordenen a los estados que hagan ciertos tipos de auditorías en algunos distritos clave —le dijo Barr a Trump—. Pero, en lugar de hacer esto, has desperdiciado cinco semanas con esa chorrada de las máquinas. No hubo ningún problema con las máquinas.» Trump hizo un gesto hacia el televisor y le dijo a Barr que debía ver Newsmax, una de las varias cadenas conservadoras recién creadas que habían estado informando en bucle sobre sus acusaciones de fraude. Barr ofreció su dimisión y, acto seguido, Trump dio un golpe encima de la mesa del pequeño estudio adyacente al Despacho Oval.[19] «¡Aceptada!», gritó el presidente. Entonces Barr salió de esa sala y se fue a buscar el coche al aparcamiento. Igual que Priebus había impedido que otro fiscal general, Jeff Sessions, dimitiera tres años y medio antes, Cipollone, asesor jurídico de la Casa Blanca, fue detrás de Barr y dio unos golpecitos en la ventana de su coche para decirle que Trump había cambiado de opinión.[20]

A finales de noviembre, un grupo de juristas dio una rueda de prensa en la sede central del Comité Nacional Republicano en el barrio de Capitol Hill. Según afirmó la abogada Jenna Ellis, su propósito era presentar «un cuerpo de élite que está trabajando en representación del presidente y de la campaña para garantizar que se cumpla nuestra Constitución».

Para Trump, no había gran cosa que infundiera confianza. Al ver cómo a Giuliani le bajaban por las sienes dos regueros de sudor negro por el tinte del pelo, sintió asco.[21] Pero fueron las acusaciones planteadas por la abogada Sidney Powell las que hicieron más mella: entre otras cosas, la letrada dijo que todas las tabulaciones de las máquinas de votación Dominion eran defectuosas por una manipulación vinculada de alguna forma con el difunto líder venezolano Hugo Chávez.[22] Powell se convirtió en una especie de heroína para los seguidores acérrimos de Trump gracias a sus esfuerzos por tumbar el proceso penal contra Flynn. Sin embargo, los asesores del presidente a quienes no les caía bien Powell utilizaron esa estrambótica teoría de la conspiración sobre Venezuela como argumento para expulsarla. Apenas tres días después de participar juntos en una rueda de prensa de difusión nacional como miembros del equipo jurídico de Trump, Giuliani publicó un comunicado para anunciar que en realidad Powell no formaba parte de ese equipo.[23]

Finalmente, el equipo jurídico de Trump presentó 65 recursos poselectorales en tribunales estatales y federales y perdió sesenta y cuatro, según un análisis.[24] Como sus iniciativas judiciales iban cayendo en saco roto, Giuliani y Ellis iniciaron una gira por las capitales de los estados para implorar a los legisladores de esos lugares que revocasen las decisiones de los administradores electorales locales en beneficio de Trump. En el séquito de Giuliani había un hombre llamado Phil Waldron, un coronel retirado del Ejército y propietario de un bar en Texas que contribuyó a sembrar la idea de que el Gobierno federal podía confiscar máquinas de votación operadas a escala local para poderlas analizar en busca de pruebas de pirateo.[25] Giuliani se obsesionó con la idea de que habían manipulado las máquinas y que habían metido dentro un mecanismo para borrar datos. Durante un tiempo también se centró en una teoría de la conspiración según la cual Italia había utilizado satélites para modificar votos en las máquinas y pasarlos de Trump a Biden. Giuliani pidió a Clark que autorizase a la campaña a fletar un avión para llevar al ingeniero que supuestamente estaba detrás de esa argucia a Italia y que allí le detuvieran; Clark no lo aprobó. En otra ocasión, Giuliani subrayó que en realidad el hombre estaba detenido en Maryland, y quería que Trump ordenara al Gobierno que le permitiera interrogarle. Meadows pidió al Departamento de Justicia que investigase la teoría de la conspiración de los satélites, que también carecía de todo fundamento.

A mediados de diciembre, el asesor económico Peter Navarro publicó un informe sobre las elecciones plagado de acusaciones que los tribunales, los responsables pertinentes de los estados y los medios de comunicación habían desmentido.[26] Al día siguiente, alguien de la oficina de Navarro logró introducir en el Ala Oeste a Flynn, Sidney Powell y Patrick Byrne, el fundador de la empresa de comercio electrónico Overstock.com, que se había convertido en una suerte de plataforma de intercambio de teorías de la conspiración de la era Trump sobre el Estado profundo. Trump los vio merodeando por el exterior del Despacho Oval y los hizo pasar. Habían logrado entrar en el edificio y tenían la esperanza de contarle al presidente que sus asesores políticos e incluso el equipo jurídico de Giuliani no estaban luchando por él con la dureza suficiente.²⁷

Una semana antes, Trump le había dicho a Powell que tenía pensado nombrarla fiscal especial para investigar el fraude electoral y que quería que tuviera una acreditación de seguridad para poder acceder a la información de inteligencia del Gobierno.²⁸ También planteó la posibilidad de reincorporar a Flynn como jefe de gabinete de la Casa Blanca, tras haberlo despedido supuestamente por mentir al vicepresidente. Se decía que Powell y Flynn estaban a favor de que el Gobierno confiscara las máquinas de votación para obtener pruebas irrefutables de que se habían amañado las elecciones. A Giuliani también le seducía la idea de que las máquinas de votación hubieran sido manipuladas, pero él no apoyaba que se recurriera al Ejército para hacerse con ellas. Una de las propuestas consistía en que esa tarea recayera en el Departamento de Seguridad Nacional, mientras que otro plan era asignar esas labores al Pentágono. Se habían redactado órdenes ejecutivas que decretaban la confiscación para que Trump las firmara, pero esos documentos no los elaboró ni la oficina jurídica de la Casa Blanca ni el secretario de personal, y no estaba claro quién lo había hecho.²⁹

Herschmann se enteró de la reunión por casualidad y alertó al asesor jurídico de la Casa Blanca, Pat Cipollone, de la presencia de los visitantes. Cipollone acudió a toda prisa al Despacho Oval con la esperanza de frenar los impulsos más extremos de Trump. La reunión duró varias horas. Herschmann llamó a Giuliani porque sabía que su antipatía por Powell lo convertiría en un aliado útil. Herschmann, el secretario de personal Derek Lyons, Cipollone, Giuliani y finalmente Meadows discutieron con Flynn y su grupo. (En algún momento de la reunión, después de que Giuliani sugiriera explorar la opción del Departamento de Seguridad Nacional, Trump le dijo que llamase al subsecretario en funciones del departamento, Ken Cuccinelli. Cuccinelli le contestó que la ley no contemplaba eso, pero Trump siguió preguntándoselo en los días posteriores.) Cuando se levantó la sesión, Trump invitó a los visitantes a retomarla arriba en la residencia. Miembros de la Casa Blanca también acudieron en cuanto se enteraron de que la reunión seguía en marcha. Durante toda la conversación, Trump actuó como un observador pasivo y un maquinador, pero al mismo tiempo colaboraba con las personas que trataban a su Administración como a un adversario. Poco después de la reunión, de la que algunos participantes salieron llorando, Trump centró su atención en una nueva fecha: el 6 de enero de 2021, día en que el Congreso certificaría los votos del colegio electoral.[30]

Trump se fue a Mar-a-Lago a pasar las vacaciones, pero estaba obsesionado con hablar de las elecciones.[31] Por un lado, se planteaba asistir a la investidura de Biden y, por el otro, seguía erre que erre con que le iban a investir presidente a él para un segundo mandato. Bannon llamó a Trump y le dijo que tenía que volver a Washington.[32] Mientras Pence pasaba las vacaciones de Navidad con su familia en Vail, Colorado, su oficina recibió una petición a través de una intermediaria para que el vicepresidente fuera a tomar un café con Powell, que supuestamente también estaba de vacaciones allí. Powell terminaría involucrada en una demanda interpuesta contra Pence en nombre del congresista por Texas Louie Gohmert. El congresista buscaba una sentencia en que se afirmase que Pence iba a presidir la certificación de los votos del colegio electoral en el Senado, por lo que estaría autorizado a aceptar o rechazar la lista de electores de los estados a voluntad (a principios de diciembre, los asistentes de Trump y algunos de los de Pence ya habían empezado a barajar la teoría de que el vicepresidente tenía esa potestad). Los ayudantes de Pence sospechaban que Powell estaba trabajando en la demanda aunque no lo hubiera dicho públicamente, y que estaba buscando una oportunidad para entregar al vicepresidente documentos jurídicos en persona. La intermediaria, la presidenta del Partido Republicano en Arizona Kelli Ward, se había sumado poco antes a una demanda de Gohmert con un grupo de potenciales electores de Trump. Cuando el jefe de gabinete de Pence se opuso, Ward dijo que no estarían haciendo eso si al presidente no le pareciera bien. Algunos asesores de Pence empezaron a ver al vicepresidente como una especie de preso político que Trump intentaba quebrar.

Aunque Trump se había pasado los meses de noviembre y diciembre hablando sin cesar de las elecciones que había perdido, la mayoría de los dirigentes republicanos estaban pendientes de otras elecciones que creían que debían ganar. El 5 de enero, los votantes de Georgia participarían en dos segundas vueltas de las elecciones al Senado, un procedimiento necesario porque en noviembre, en la carrera por uno de los dos escaños del estado, ningún candidato se había hecho con la mayoría. El control del Senado pendía de un hilo, y los estrategas republicanos pensaban que el mensaje de campaña más claro y directo sería centrarse en transmitir a los votantes que, con la elección de senadores republicanos, podrían poner en jaque la presidencia de Biden. (El líder de los demócratas en el Senado les había servido en bandeja ese argumento poco después de la jornada electoral, cuando dijo ante una eufórica multitud en Brooklyn: «¡Ahora conquistamos Georgia y después cambiaremos el país entero!».)[33] Pero eso supondría aceptar implícitamente que la Casa Blanca había perdido.

A principios de diciembre, Trump asistió a regañadientes a un acto electoral con candidatos republicanos en Valdosta, en una zona rural de Georgia. No se le veía muy interesado en ayudar a los dos candidatos republicanos a ganar los comicios, sino en convencerlos a todos de que le ayudasen a él a ganar las elecciones que acababa de perder. «Lo que necesitamos es una persona que tenga el valor de hacer lo que hay que hacer porque todo el mundo sabe que está mal. Necesitamos a alguien con valor, alguien que tome decisiones; y luego, dentro de muy poco, iremos al Tribunal Supremo», dijo Trump.

El presidente estaba especialmente furioso con la senadora provisional Kelly Loeffler. En 2019 Trump había intentado disuadir al gobernador del estado, Brian Kemp, de que la nombrase para ocupar un escaño que había quedado vacío. El senador de mayor antigüedad del estado, David Perdue, era uno de los pocos miembros de la cámara alta que había entablado una relación irrompible con Trump. Cuando por fin compartieron una votación, en la que ambos aspiraban a salir reelegidos, su relación era tan cercana que a los colabores de Perdue se les hacía imposible imaginar que Trump exhibiera con él la rabia que había mostrado con otros políticos. Su situación era distinta, aseguraba Perdue a sus colaboradores: Trump no iba a dejarle en la estacada. Pero, después del 3 de noviembre, sus intereses empezaron a distanciarse. Lo único que Trump quería de Georgia era ver cómo se le concedían a él los dieciséis votos del colegio electoral que ahora estaban asignados a Biden. «¿David? ¿Qué está haciendo Georgia? —le preguntaba Trump—. ¿Qué está haciendo el gobernador? ¿Qué está haciendo el parlamento?»

Poco después de su viaje a Valdosta, Trump se puso en contacto con Perdue cuando este se encontraba en su autobús de campaña y empezó a quejarse de la decisión del fiscal general de Georgia, Chris Carr, de no sumarse a un recurso interpuesto por el fiscal general de Texas para disputar los resultados en otros estados.[34] «Eso es un locura total y absoluta», dijo Trump. El presidente quería que tanto Perdue como Loeffler intervinieran para beneficiarle a él. Perdue dijo que él ocupaba un cargo federal y que no tenía ninguna responsabilidad directa en los asuntos del estado, pero que estaba haciendo lo que podía.

Gracias a los activistas que hacían campaña puerta a puerta por Georgia, los representantes republicanos supieron que las afirmaciones de Trump sobre el fraude generalizado habían calado entre los votantes. Estos estaban molestos por que no se estuviera haciendo más para salvar al presidente y le veían como una víctima de un flagrante abuso del sistema (como él mismo denunciaba). Los políticos del estado creían que solo Trump podía decir a sus votantes que, fuese como fuese, era importante participar en esas elecciones. Por esa razón, los republicanos de Georgia iban con pies de plomo al hablar con el presidente con la esperanza de que fuera menos destructivo. Puede que Trump no tuviera la misma infraestructura de campaña que le informara sobre el sentir de los votantes, pero parecía entender la capacidad de influencia que tenía ahora sobre los republicanos del estado. «Ya lo sabes, David, me gustaría poder pararlo, pero la gente está cabreada. No van a ir a las urnas. Voy a desplazarme al estado y les voy a decir que hay que ir a votar —le dijo a Perdue, pero le advirtió de nuevo—: Pero no van a ir a votar.» Perdue comprendió el mensaje y puso en contacto a Trump, Carr y el equipo de Giuliani con los dirigentes republicanos del parlamento. Un asistente de Perdue afirmó que Giuliani era «un puto loco».

Trump exploró formas de utilizar al Departamento de Justicia para que interviniera. Se planteó nombrar a un fiscal especial y consultó esa idea con Cuccinelli (este le dijo que no era prudente), mientras que otro funcionario se puso en contacto con el fiscal del Distrito de Columbia, Michael Sherwin, para ver si estaría interesado; al final, Trump nunca siguió adelante con esa opción. Luego, tras la renuncia de Barr y con un fiscal general en funciones llamado Jeff Rosen, Trump presionó a este último para que calificara las elecciones de «ilegales». «Tú solo di que las elecciones fueron amañadas y déjame el resto a mí» y a mis aliados en la Cámara de Representantes, le dijo Trump en una llamada. Trump quería que el Departamento de Justicia presentara un escrito directamente al Tribunal Supremo para poner en duda los resultados, y se planteó nombrar fiscal general a Jeffrey Clark, un entusiasta fiscal general adjunto.[35] Cipollone y otras personas desaconsejaron a Trump que tomase esa decisión; el propio Cipollone lo calificó de «asesinato-suicidio» y altos funcionarios del Departamento de Justicia amenazaron con dimitir si se llevaba a cabo.[36]

Tras completarse dos recuentos en Georgia, Biden seguía sacando una ventaja de 11.779 votos a Trump. Trump y sus fiscales estaban presionando al gobernador Brian Kemp para que convocase una sesión especial, pero este les dijo a los legisladores que carecían de la autoridad para certificar cualquier otro resultado.[37] El republicano Brad Raffensperger, secretario de Estado de Georgia, supervisaba las elecciones en ese territorio y también dijo que ceder a la petición de Trump sería «anular la voluntad del pueblo». Raffensperger esquivó los intentos reiterados del presidente de ponerse en contacto con él directamente, pero, cuando los dos hombres por fin hablaron por teléfono, en una llamada organizada por Meadows, Raffensperger ordenó a su equipo que grabase la conversación. «Mira. Lo único que quiero es esto —le dijo Trump a Raffensperger—: solo quiero encontrar 11.780 votos, que es uno más de los que tenemos. Porque ganamos en el estado.»[38]

Tras fracasar en sus varios intentos de anular los resultados por todo el país —presentando recursos, presionando a los parlamentos de los estados e intimidando a responsables electorales—, los nodos de la red política de Trump convergieron en un punto en el que creían que podrían alterar el sistema para salvar al presidente: la certificación de los votos del colegio electoral en una sesión conjunta del Congreso.

Los cincuenta estados habían asignado sus electores a los ganadores del voto popular en su estado el 14 de diciembre, como establece la legislación estadounidense. Algunos republicanos que discretamente habían seguido la corriente a Trump en sus múltiples desafíos judiciales habían estado esperando ese día de mediados de diciembre para admitir lo que ahora ya estaba fuera de duda: que Biden iba a ser el próximo presidente. Tal como se esperaba, el candidato demócrata se impuso en el recuento de los votos del colegio electoral por 306 a 232. En ese momento, el líder republicano en el Senado, Mitch McConnell, que se había convertido en un contacto frecuente de los altos funcionarios de la Administración preocupados por la negativa de Trump a aceptar los resultados, al fin llamó al presidente electo para darle la enhorabuena.[39] Pero algunos integrantes del equipo de Trump no dieron por finalizado el proceso. «En este preciso instante, se dispone a votar una lista alternativa de electores en los estados en disputa», dijo Stephen Miller en una entrevista por televisión. Cuando le señalaron que los abogados de Trump habían perdido en repetidas ocasiones en los tribunales, Miller dijo que los jueces estaban dejándose llevar por la presión mediática y que Trump necesitaba «héroes dispuestos a dar un paso al frente y hacer lo que corresponde».[40]

La *Electoral Count Act* («Ley de Recuento Electoral») y la Duodécima Enmienda de la Constitución daban a entender que el papel del vicepresidente en el procedimiento del 6 de enero era puramente simbólico. Los certificados que habían enviado los estados para identificar a sus electores se tenían que abrir, leer y contar para luego proclamar el vencedor. Si no podía resolverse una disputa, la elección se mandaría a la Cámara de Representantes, donde la delegación de cada estado tenía un único voto.

En el seno de la Casa Blanca, en un memorando que redactó el catedrático de Derecho John Eastman —que había empezado a cooperar con la abogada y colaboradora de Meadows Cleta Mitchell antes de la jornada electoral—[41] se argumentaba que el vicepresidente podía decidir no aceptar a los electores de ciertos estados. Si de esta forma se impugnaba un número suficiente de estados, ninguno de los dos candidatos obtendría la mayoría necesaria y la Cámara de Representantes podría elegir entre Trump y Biden. Y en la cámara baja, los republicanos estaban en minoría, pero controlaban más delegaciones que los demócratas.

Sin embargo, los asesores externos del presidente no consiguieron convencer a los legisladores de los estados para que enviasen certificados que identificaran a electores favorables a Trump de cara al 6 de enero; algunos aliados de Trump en varios estados mandaron certificados fraudulentos al Archivo Nacional. Los asesores de Pence negaron que su función en el recuento de los votos electorales pudiera ser nada más que simbólica y, más adelante, un destacado juez conservador jubilado les dio la razón.[42] Pero los seguidores de Trump elevaron la presión. El jefe de gabinete del vicepresidente, Marc Short, se puso en contacto con Kushner entre Navidad y el día de Año Nuevo para tratar de desentrañar lo que se estaba convirtiendo en una situación insostenible con Trump y sus aliados. Kushner respondió: «Yo estoy intentando traer la paz a Oriente Medio», y se negó a que lo arrastraran a ese conflicto. En el despacho de Pence aparecieron memorandos no solicitados que sostenían que el vicepresidente tenía capacidad de decisión en ese procedimiento; entre ellos, estaba uno de McEntee que se remontaba más de doscientos años para encontrar un supuesto precedente: «Jefferson aprovechó su cargo de vicepresidente para ganar las elecciones». Jenna Ellis también presentó un memorando. Meadows tenía una estrategia distinta. En administraciones recientes, había existido la práctica de ayudar al vicepresidente saliente a crear una oficina de exvicepresidente, pero no era algo automático. Había que aprobar la financiación y en el caso de Pence estaba bloqueada. Meadows contó a los asistentes de Pence que ese retraso era decisión de Trump; a Short, la cronología le pareció sospechosa. El 4 de enero, Pence fue convocado al Despacho Oval para reunirse con Trump e Eastman, y el abogado repitió los argumentos que ya había expuesto de que Pence tenía la potestad de asumir el control de los votos. Pence rebatió los argumentos de Eastman, que admitió que quizás el vicepresidente no tenía exactamente la potestad que él afirmaba que tenía.[43] «¿Lo has oído, presidente?», preguntó Pence intentando hacerle entender a Trump que las afirmaciones previas de Eastman no eran correctas.

Pence empezó a hablar con aliados externos a quienes les preocupaba la campaña de presión. Paul Ryan, el expresidente de la Cámara de Representantes, se puso en contacto con él. Pence también habló con el exvicepresidente Dan Quayle, que subrayó que Pence no tenía margen de maniobra. McEntee redactó una nota manuscrita que circuló por la Casa Blanca. En ella, sí reconoció con la boca pequeña que Pence no podía dictar el resultado de las elecciones. Aun así, Trump siguió diciendo lo mismo a sus asesores principales: él creía que Pence estaba dispuesto a hacer lo que comentaba Eastman.

A mi compañera Annie Karni le llegó un soplo de la reunión con Eastman. Algunas fuentes me contaron que Pence le había dicho de forma clara y directa a Trump que no podía hacer lo que el presidente le pedía. Annie y yo ya estábamos elaborando una noticia sobre la presión a la que estaba sometido Pence, y al día siguiente añadiríamos que Trump había intentado coaccionar de nuevo al vicepresidente, aunque en balde.[44] Así que dimos una nueva orientación a nuestro texto para que girase alrededor del mensaje de Pence a Trump. PENCE LE DICE A TRUMP QUE NO TIENE LA POTESTAD DE CAMBIAR EL RESULTADO ELECTORAL, rezaba el titular. Sin consultarlo con Pence ni con su equipo, Trump respondió así al artículo: «La noticia de *The New York Times* sobre los comentarios que supuestamente me ha hecho hoy el vicepresidente Pence es un bulo. Nunca me ha dicho eso. El vicepresidente y yo estamos totalmente de acuerdo en que tiene potestad para actuar». Short llamó a Jason Miller para quejarse, y este dijo que habría sido peor si él no hubiera intervenido. Trump llamó a Bannon y a su séquito de asistentes que tenían su base de operaciones en el Willard Hotel y dijo que Pence se había vuelto «arrogante».[45] Algunas horas después de publicarse nuestro artículo, el asesor jurídico de Pence informó a los periodistas de los argumentos que posiblemente esgrimirían los republicanos para intentar impedir la certificación y por qué esos argumentos eran falaces. Short estaba lidiando con otro asunto. Trump había ido aumentando su agresividad contra varios responsables políticos, incluido Pence; Short creía que las tensiones que el equipo del vicepresidente llevaba semanas intentando rebajar estaban a punto de salir a la luz. El 5 de enero, Short llamó al agente principal de los Servicios Secretos asignado a Pence, Tim Giebels, para que fuera a su despacho del Ala Oeste; Short alertó al agente de que Trump iba a volverse en contra del vicepresidente y que eso podía conllevar un riesgo para la seguridad. Short no había comunicado nunca un aviso de seguridad ni sabía qué forma podía tomar esa amenaza. Solo sabía que, una vez que aflorara el enfrentamiento con Trump, no habría vuelta atrás.

En parte, eso se debía a que los acontecimientos del 6 de enero no los decidirían los argumentos contrapuestos de expertos en derecho constitucional. Una organización externa que había apoyado la campaña presidencial de Trump, Women for America First, había organizado una concentración masiva que tendría lugar en el Ellipse, cerca de la Casa Blanca, horas antes de la certificación.[46] Trump promovió el acto —«Gran protesta en Washington el 6 de enero. ¡Venid, va a ser una locura!», escribió en Twitter— y se entretuvo con los detalles de la preparación como si se tratara de uno de sus mítines de campaña; además, su equipo le redactó un discurso. Se reunió con asistentes políticos para decidir cómo quería que fuera el acto, quién estaría en la lista de oradores y qué música iba a sonar. Trump sabía que se estaba hablando de una marcha que se dirigiría hasta el Capitolio y dijo a sus asistentes que quería sumarse a sus simpatizantes en ese recorrido a pie.[47] (Le informaron de que los Servicios Secretos no podían garantizar su seguridad, pero él siguió sugiriendo la idea hasta la noche del 5 de enero.) Trump también comunicó a sus asesores que quería que hubiera miembros de la Guardia Nacional para proteger a sus seguidores de lo que él insistía que serían manifestantes contrarios del movimiento Antifa. Debatió largo y tendido con sus ayudantes sobre quién hablaría en el acto; ellos incluyeron a figuras como Roger Stone y Alex Jones, el presentador de un programa de entrevistas por internet que difundía teorías de la conspiración, en una versión anticipada del mitin que tendría lugar el 5 de enero, en lugar de programarlos en el acto principal. Sentado en el Despacho Oval mientras se producía ese acto previo, Trump preguntó por la logística del día siguiente y firmó documentos mientras iba llegando su equipo. Había abierto las puertas laterales que daban al Jardín de los Rosales y podía oír a la multitud de simpatizantes aclamándole desde lejos.

El 6 de enero, Trump salió de la Casa Blanca alrededor de las once y media de la mañana. Faltaban casi dos semanas exactas para que el presidente electo saliera de ese mismo edificio para asistir a la ceremonia de investidura en el Capitolio. Trump acababa de hablar por teléfono por última vez con Pence, que de nuevo se opuso a sus exigencias.[48] El presidente se puso más agresivo, lo que inquietó a su hija y alarmó incluso a algunos de sus asistentes. (Un funcionario salió a toda prisa del Despacho Oval y contó que Trump le había dicho a Pence que podía pasar a la historia como un «patriota» o como un «gallina».)[49] Trump cogió una gorra roja de campaña y se dirigió al Ellipse, donde tendría lugar el acto. Allí habían puesto música y, desde una carpa blanca instalada detrás del escenario, los miembros de la familia Trump estaban siguiendo la concentración a través de unas pantallas. Los discursos fueron cada vez más agresivos. Giuliani, a quien Trump quitó de la lista de oradores y luego volvió a incluirle, abogó por un «juicio por combate». Al final, Trump se dirigió a la multitud de más de 10.000 personas y, refiriéndose a los republicanos, afirmó: «Tendremos que luchar con mucha más dureza». También se burló de quienes pedían a la gente que «se portara bien». «Y Mike Pence no nos tiene que fallar. Si lo hace, esta va a ser una jornada triste para nuestro país, porque uno jura defender nuestra Constitución.» Exhortó entonces a sus seguidores a dirigirse hacia el Capitolio.

«Vamos a ir al Capitolio y vamos a animar a nuestros valientes senadores y congresistas; y probablemente a algunos no los vamos a animar mucho —dijo—. Porque nunca vamos a recuperar nuestro país si somos débiles. Debemos mostrar entereza y tenemos que ser fuertes. Estamos aquí para exigir que el Congreso haga lo que corresponde y solo cuente a los electores que se han elegido conforme a la ley. Sé que todos los que estáis aquí vais a ir en marcha hacia el Capitolio para hacer oír vuestra voz patriótica y pacíficamente.»

Trump estaba furioso por que no le dejaban participar en la marcha, así que se fue a casa. Unos cincuenta minutos después de llegar a la Casa Blanca, se detuvo la sesión en el Senado por el ruido que se oía: una muchedumbre estaba asaltando el edificio. A la una del mediodía, los asesores de Pence habían hecho pública una carta en la que indicaban que él no tenía potestad para hacer lo que Trump quería que hiciera. (Decidieron no mandarla primero a nivel interno porque desconfiaban de los asistentes de la Casa Blanca y no querían darles ventaja.) Entonces, el vicepresidente había empezado a rechazar una de las tácticas que Eastman exponía en su memorando: a saber, que los legisladores retrasaran el recuento de los votos del colegio electoral invitando a los estados a investigar sus resultados. Pence había preparado una formulación concreta con el experto en asuntos parlamentarios para desbaratar la posibilidad de que se enviasen documentos falsos que afirmaran que Trump tenía electores en estados específicos.

Al saberse todo aquello, una turba entró por la fuerza en el Capitolio rompiendo ventanas. Muchos de sus integrantes habían ido a Washington para asistir a la concentración en el Ellipse, y algunos llevaban armas y equipamiento de combate. Los asaltantes derribaron puertas y se enfrentaron a la policía. Un pequeño grupo de agentes del Capitolio se esforzó por repeler a la marabunta. Algunos insurrectos coreaban «¡Colgad a Mike Pence!» y fuera del edificio se montó una horca de madera.

Los ayudantes de Trump no pararon de recibir llamadas desde dentro y fuera del Capitolio. Todas exigían al presidente que hiciera algo para detener la violencia que se estaba cometiendo en su nombre.[50] Cuando el líder republicano en la Cámara de Representantes, Kevin McCarthy, dijo a Trump que los asaltantes estaban entrando en su despacho, este le respondió que esas personas estaban más disgustadas por los resultados de lo que lo estaba McCarthy. A las 14:24 horas, después de que unos agentes de los Servicios Secretos evacuaran del Senado al vicepresidente para conducirlo a un muelle de carga subterráneo porque temían por su vida, Trump escribió en Twitter: «Mike Pence no tuvo la valentía de hacer lo que debía hacerse para proteger nuestro país».[51]

Por lo general, Trump se iba al pequeño comedor adyacente al Despacho Oval y seguía los acontecimientos por televisión. Ese día, Meadows empezó a recibir mensajes de súplica de antiguos asistentes e incluso del hijo del presidente.[52] «Debe dar un paso al frente. Esto ha ido demasiado lejos y se ha salido de madre», escribió Don jr. De entrada, Trump se opuso a quienes le decían que usase las redes sociales para ordenar a la muchedumbre que se dispersase; incluso su hija Ivanka se lo pidió. (En una publicación que redactó para colgar en su propio perfil, pensada en parte como un refuerzo positivo para su padre, Ivanka se refirió a los asaltantes como «patriotas americanos»; «¡Publícalo!», dijo Ivanka a un asistente mientras ella bajaba a toda prisa al piso de abajo, donde estaba su padre. Ante las protestas airadas, la hija de Trump lo borró y dejó claro que no quería causar daños con sus palabras.) Trump nunca preguntó por la seguridad de Pence ni intentó ponerse en contacto con el vicepresidente, que fue llevado a un lugar seguro y no quiso meterse en el coche que su equipo de los Servicios Secretos tenía preparado para llevarle a su domicilio. A Pelosi —segunda en la línea de sucesión presidencial—, McConnell, McCarthy y Schumer los condujeron enseguida a Fort McNair para protegerlos del asedio. Trump no llamó a ningún responsable del Gobierno para preparar una respuesta. De eso se ocupó Pence desde el lugar en el que estaba escondido. Mientras seguía los acontecimientos por televisión, Trump dijo a sus asistentes que quizás deberían colgar a Pence.

La policía tardó casi cinco horas en comenzar a recuperar el control del Capitolio y otras dos horas en restablecer el orden. Pese a que varias personas dijeron que se había dado la instrucción de movilizar a la Guardia Nacional (incluido Meadows, que dijo a los funcionarios del Ala Oeste que se había puesto en contacto con un responsable del Departamento de Defensa), esos agentes no empezaron a llegar hasta pasadas las cinco y media de la tarde. Cuando a última hora de la tarde Short llamó a Meadows para decirle que Pence y su equipo estaban sanos y salvos, Meadows respondió, sin que se lo hubieran preguntado, que nadie había retrasado el aviso a la Guardia Nacional. Por insistencia de Pence, los senadores volvieron a la cámara para seguir votando cuanto antes las listas de electores de los estados. Los comentarios de los senadores transmitían una mezcla de resistencia, perplejidad, indignación y vergüenza. «Creo que es una pésima idea retrasar esta elección —aseveró el senador republicano por Carolina del Sur Lindsey Graham—. Trump y yo hemos hecho un viaje fantástico. Me apena mucho que las cosas hayan llegado a este extremo. Me apena muchísimo, de verdad. Desde mi punto de vista, su presidencia ha sido significativa. [...] Lo único que puedo decir es que yo me bajo del barco. Basta ya.»

Pero no se bajó. Casi nadie se bajó de él por mucho tiempo.

Ese día, más de dos mil personas entraron en el Capitolio.[53] Como resultado del asalto, al menos cinco personas murieron, incluido un agente de policía.[54] Más de ochocientas personas —entre ellas, docentes, exmiembros del Ejército y bomberos— fueron acusadas por su vinculación con el ataque. Entre los acusados había varios asaltantes identificados como miembros de milicias de extrema derecha favorables a la violencia, como los Oath Keepers y los Proud Boys. (Roger Stone, al que se vio bajo la protección de miembros de los Oath Keepers —entre otros sitios, en el exterior del Willard Hotel—, dijo a algunas personas que se ocupó de su seguridad uno de los organizadores del acto y que él nunca asistió a la concentración del 6 de enero. Los que planificaron el acto no le dejaron dar un discurso y, según él, no tuvo ninguna participación en los hechos del Capitolio.)[55]

Cuando Trump habló con McCarthy unos días después del asalto, intentó minimizarlo todo. McCarthy tuvo que recordarle que habían hablado durante el desarrollo del ataque. «¡Pero si te llamé para que los hicieras salir!», se quejó, aludiendo a los asaltantes.

En el Gobierno de Trump hubo muchas dimisiones, desde secretarios del Ejecutivo hasta miembros de menor rango.[56] Algunos de los responsables políticos más relevantes del Gabinete, entre ellos, los que tenían responsabilidades de seguridad nacional, permanecieron en el cargo porque temían que la situación pudiera empeorar todavía más en su ausencia, o bien porque querían consolidar algunos de sus objetivos políticos personales. Se quedaron O'Brien (que antes de ese día se había mostrado colaborador en la transición a su homólogo entrante, Jake Sullivan), Chris Liddell, el asesor económico Larry Kudlow, Mnuchin y Pompeo. (Pompeo contó a varias personas que Gene Scalia, secretario de Trabajo, sugirió que algunos miembros del Gobierno concretasen con el presidente los pasos necesarios para garantizar una transición ordenada. «¿Cómo crees que va a ir esa conversación?», le había respondido Pompeo.) O'Brien colaboró con otros miembros de la Administración —sobre todo, Ratcliffe y Pompeo— para intentar cimentar la posición de la Administración Trump frente a China, por ejemplo mediante sanciones. Ratcliffe escribió un artículo de opinión[57] en el que describía a China como la «mayor amenaza» para Estados Unidos desde la Segunda Guerra Mundial y defendía una opinión minoritaria entre los analistas, según la cual la comunidad de inteligencia subestimaba los esfuerzos del gigante asiático para influir en las elecciones de 2020 a fin de perjudicar a Trump. Muchos de los que habían permanecido en la Casa Blanca, lo hicieron porque creían en las políticas de Trump o porque tenían un compromiso con él a nivel personal. Entre esas personas, reinaba la sensación de que el presidente había dinamitado todos sus logros compartidos. Ahora, por haber formado parte de su Gobierno, sus perspectivas laborales serían funestas y tendrían que pagar ciertas costas judiciales por las investigaciones a las se verían sometidos. Los demócratas se apresuraron a abrir otro proceso de destitución contra Trump.[58] En la Cámara de Representantes, los demócratas creían que su posición para acometer el proceso era más fuerte, ya que la segunda vuelta de las elecciones en el Senado les había permitido recuperar la cámara alta (en parte, gracias al sabotaje de Trump a la campaña republicana en Georgia).[59]

Después del 6 de enero, se aprobó casi de inmediato la financiación para la transición de Pence al dejar el Gobierno. Con un ojo puesto en salvar el legado de Trump, Graham pidió ayuda a Meadows y Kushner y decidió que dedicaría sus últimos días en el cargo a destacar los logros del presidente. Pero ese plan no llegó a materializarse; Trump no estaba muy interesado. Tampoco accedió a la sugerencia de O'Brien de conceder a Pence la Medalla de la Libertad. Trump prefería observar las reacciones a su comportamiento por televisión; por ejemplo, la noticia de que, tras los hechos del 6 de enero, las redes sociales habían suspendido su cuenta. Cuando el exportavoz de la Casa Blanca Hogan Gidley apareció en Fox News, le preguntaron si Trump se sentía «emasculado» por la suspensión de su cuenta en Twitter, y Gidley se quedó confuso.[60] «Yo no diría emasculado —contestó. Y luego añadió con firmeza—: La persona más masculina, creo yo, que ha ocupado jamás la Casa Blanca es el presidente de Estados Unidos.» Trump llamó a su exasesor para decirle que tenía razón e hizo que sus asistentes pusieran el vídeo de esas declaraciones varias veces.

Kushner y su esposa fraguaron un intento de reconciliación entre Pence y Trump. (Durante los días previos al 6 de enero, Kushner había estado viajando por Oriente Medio para contribuir a resolver el bloqueo a Catar que llevaba años en pie, y volvió a Washington mientras estaban desarrollándose los acontecimientos.)[61] Cuando Pence y Trump se reunieron, el presidente preguntó a su vicepresidente si la relación podía volver a ser como antes. Pence no estaba interesado en prolongar el conflicto, y murmuró una respuesta afirmativa. Sin embargo, no todo el mundo estaba en paz; por lo menos uno de los empleados de McEntee estropeó un aparato de aire acondicionado de la Casa Blanca llenando los conductos de ventilación de fotos de Hunter Biden.

Trump dedicó sus últimas horas en el cargo a aprobar una ristra de indultos y medidas de gracia, muchas de ellas en beneficio de personas vinculadas con su familia o sus colaboradores.[62] Poco después de las elecciones, y sin que viniera a cuento, Trump empezó a preguntar a varios asistentes si querían que los indultase. Justo antes de Navidad, el presidente ya había concedido un sinfín de indultos: entre otras personas, a Stone, Manafort y Charles Kushner, el padre de su yerno.[63] (A través de sus ayudantes, Jared Kushner insistió en que él no había tenido nada que ver, aunque casi nadie le creyó.) El 19 de enero, Trump decretó otros ciento cuarenta y tres indultos y conmutaciones de pena. Uno fue para Bannon. Trump estuvo dudando de hacerlo durante todo su último día en el cargo, ya que la mayoría de sus asistentes se oponían. Al final, Jason Miller le dijo que, si seguía adelante el juicio contra Bannon por fraude, cada jornada se interpretaría como un referéndum sobre él. Stone había presionado para que la Casa Blanca se plantease indultar a personas importantes para él. Según funcionarios de la Casa Blanca, la lista contenía indultos preventivos para miembros del Congreso que no habían querido certificar la victoria de Biden.[64] Cipollone se opuso a las propuestas de Stone y a la idea que tenía Trump de concederse un indulto preventivo a sí mismo y de firmar medidas de gracia para Giuliani y su familia; el presidente terminó desestimando la idea. Su último indulto fue para Al Pirro —una de las personas que habían hecho presión a su favor—, que había estado un tiempo en la cárcel por evasión fiscal. Se lo concedió a petición de su exmujer Jeanine, que se había convertido en la presentadora favorita de Trump en Fox News. Cuando Trump cogió un bolígrafo negro grueso y estampó su firma en el certificado de indulto presidencial de Pirro, su legislatura llegó a su fin.

Trump estaba en la base conjunta Andrews, desde donde saldría hacia Palm Beach. Era una mañana gélida y, pese a los esfuerzos de los responsables de la Casa Blanca para juntar al mayor número posible de asistentes, la muchedumbre que se congregó era grande pero no enorme. No acudió casi ningún miembro del Gobierno actual ni pasado.

Trump no sabía muy bien qué decir. Titubeante, improvisó unas palabras desde el podio. «Ha sido algo muy especial. Hemos logrado muchas cosas —afirmó en referencia a sus cuatro años de mandato. Luego dijo a los congregados que los quería y concluyó con una despedida incómoda—: Que os vaya bien en la vida, nos vemos pronto.» Se bajó de la tarima y caminó por la alfombra roja hasta el Air Force One por última vez. Mientras el avión se deslizaba por la pista, retronó por los altavoces una grabación del «My Way» de Frank Sinatra, como si fuera el final de una película.

Sin embargo, poco más de lo que sucedió se produjo de la forma en que Trump esperaba. A su juicio, debía ser él quien estuviera preparándose para la investidura, que daría comienzo a un segundo mandato en el que por fin tendría a los asistentes adecuados en los cargos adecuados para que aplicasen lo que él pidiera. Debía ser él quien aún estuviera al mando.

Esa fue una de las pocas ocasiones de su vida en las que no fue capaz de conseguir lo que él creía que le pertenecía.

Ni siquiera los últimos minutos de su estancia en Washington fueron como él los había imaginado. Hubo cañonazos de despedida y tocó una banda militar al completo, pues así lo había pedido el expresidente. La banda pudo tocar «Hail to the Chief», pero un asesor de la Casa Blanca me contó que, debido al aire gélido de invierno, algunos instrumentos se habían congelado. Esa sería la última vez que le tocarían esa canción durante su presidencia, y no salió como él quería. Donald Trump había contado casi siempre con una red de seguridad debajo. Pero al fin, por más que buscase, no había nada que frenase su caída: ni un padre, ni los bancos, ni políticos, ni jueces, ni clientes, ni votantes, ni su habilidad comercial ni su poder de pensamiento positivo. Se había caído al suelo, al menos por un tiempo.

Epílogo

Donald Trump empezó a fraguar su regreso igual que había fraguado todos los anteriores: negándose a reconocer ningún error. En el vuelo hacia Florida, Trump charló con la presidenta del Comité Nacional Republicano Ronna McDaniel y se despachó a gusto contra su partido. Incluso planteó la posibilidad de formar uno propio.[1] McDaniel citó todos los recursos del partido de los que él había sacado provecho y le dijo que no podría contar con ellos si se presentaba con otro.

La vida de congresistas y senadores se había visto amenazada por una turbamulta de trumpistas, y eso podía acarrear consecuencias para él en el Congreso. El segundo proceso de destitución por «incitar a la insurrección» comenzó casi tres semanas después de que él dejara el cargo. Los representantes demócratas que encabezaban el proceso de destitución presentaron un relato exhaustivo de todo lo que Trump había hecho hasta el asalto al Capitolio del 6 de enero, revelando su aparente inacción durante los acontecimientos. Esta vez, siete republicanos votaron a favor de la destitución. McConnell sopesó hacerlo, pero al final votó a favor de absolver al expresidente. Eso sí, en las declaraciones que hizo nada más concluir la votación, dijo que Trump era «práctica y moralmente responsable de haber provocado los hechos de aquel día».[2] El gabinete jurídico del expresidente se impuso, pero tuvo que pagar el precio que solían cobrarse los proyectos de Trump: hostilidades y divisiones internas que salían a la luz y terminaban en inquina. (Un abogado tuvo que invertir miles de dólares en nuevas demandas porque a Trump no le gustó su aspecto en televisión.)

Varios meses más tarde, al hilo de la investigación sobre los hechos del 6 de enero, la Cámara de Representantes formó una comisión de investigación que tendría más facultades de indagación y más tiempo de los que había tenido el apresurado proceso de destitución.[3] Los republicanos iban a poder citar testigos, pero la cámara baja anunció que iba a vetar a los aliados de Trump que los conservadores querían nombrar para la comisión. Visto lo visto, el partido optó por desentenderse del proceso. Una excepción fue la republicana de Wyoming Liz Cheney, la hija de un vicepresidente muy conservador. Cheney se prestó a ser vicepresidenta de la comisión porque estaba furiosa con los hechos del 6 de enero.[4] Otra oveja negra del partido fue el representante por Illinois Adam Kinzinger.[5] Como represalia, Trump se marcó como una prioridad de su pospresidencia eliminarlos a ambos políticamente. El líder republicano de la cámara, Kevin McCarthy, había empezado criticando a Trump por su actuación del 6 de enero. De hecho, lo habían grabado comentando la posibilidad de pedir la dimisión del expresidente. Sin embargo, al final McCarthy veló por su propio futuro en política y se decantó por Trump, en lugar de por Cheney. Varios exmiembros de la Casa Blanca y partidarios externos cerraron filas con el expresidente y siguieron sus órdenes, negándose a comparecer ante el Congreso. Cuando imputaron a Bannon por desacato al Congreso, por poco no se ríe.[6]

El interés de la gente por los sucesos del 6 de enero había empezado a menguar, pero la obsesión de Trump seguía por las nubes, como seguía por las nubes su fe nostálgica en un mentor fallecido mucho tiempo atrás, al que había alejado de su entorno en sus últimos días de vida. De vez en cuando, Trump seguía invocando a Roy Cohn: si Roy siguiera vivo, yo aún sería presidente, les dijo Trump a sus asesores tras dejar el cargo.

Trump se metió de lleno en las primarias de 2022. Según decía él, su lógica en algunos casos era asegurarse de que tenía aliados por si se impugnaban las elecciones de 2024 o si le destituían tras volver a la Casa Blanca. Uno de esos aliados fue Mehmet Oz, un famoso médico que se presentó al Senado por Pensilvania. Como dijo Trump en un mitin, su principal valor político era que era famoso. «Si sales por televisión durante dieciocho años, es como una encuesta. Significa que le caes bien a la gente», afirmó. En una ocasión, Trump compartió conmigo una reflexión: si habían destituido a Richard Nixon de la presidencia, había sido, en parte, porque había tratado «al Senado y a la Cámara de Representantes escandalosamente mal, y se fue de rositas hasta que apareció el caso Watergate».

Como siempre, el dinero era un factor que influía en la conducta y las decisiones del expresidente. Algunos aspectos del negocio familiar se habían resentido durante su estancia en el Despacho Oval. Trump se había tenido que enfrentar a un sinfín de pugnas políticas polarizantes. Pero la presidencia también había generado nuevas posibilidades económicas. Nada más perder las elecciones, Trump había empezado a recaudar fondos para sus acusaciones de fraude. Muchísimas personas donaron pequeñas sumas de dinero para proseguir esa lucha, que él calificaba de justa, inminente e inevitable. Era difícil saber si creía en sus propias palabras sobre los comicios. Aunque él recalcó que le preocupaba mucho el posible fraude, no dijo nada de las noticias que señalaban que su jefe de gabinete, Mark Meadows, se había registrado para votar desde una dirección de Carolina del Norte donde no había residido nunca.

En primavera supe que Trump estaba propagando las tesis de uno de sus aliados más locuaces, el rey de las almohadas Mike Lindell. Ese próspero director ejecutivo estaba diciendo que Trump sería restituido como presidente en agosto de 2021. A Trump le gustó la idea y empezó a confesar a sus ayudantes que no podía aguantar tres años y medio más de Biden como presidente. Con discreción, animó a algunos autores conservadores a difundir esa hipótesis; al redactor de *National Review* Rich Lowry, le dijo que contaba con ser restituido en agosto. Trump instó a Lowry a escribir sobre ello porque, en su opinión, podía ayudar a la revista. Cuando su exasesora Jenna Ellis se opuso en Twitter a la idea de que Trump pudiera ser restituido, el expresidente le contestó que su reputación iba a caer por los suelos. Ella lo interpretó como una coacción para que se desdijera. Trump reconoció ante Ellis que esa perspectiva era «casi imposible», pero que quería mantener viva esa llama.

Surgieron otras oportunidades para engrosar las arcas, normalmente ligadas al proyecto de esbozar un recuerdo reverente de la presidencia. Don jr. fundó una editorial con un ayudante y sacó una primera obra de gran formato y tapa dura. El libro era un compendio de fotos que él mismo había sacado de su padre en la Casa Blanca; costaba setenta y cinco dólares.[7] (La fotógrafa oficial de la Casa Blanca comunicó a los asistentes de Trump que ella también quería sacar su propio libro. Le pidieron un porcentaje de su anticipo a cambio de escribirle un prólogo y ayudarla a promocionarlo, pero luego publicaron el suyo.)[8] Trump anunció que iba a pinchar música en Mar-a-Lago y organizó una recaudación de fondos muy ambiciosa con candidatos de todo el país. A uno de sus propios comités, le cobró una donación de seis cifras. Los invitados también tenían la opción de alquilar una habitación en el club.

Jared Kushner, por su parte, lanzó un fondo de inversión milmillonario supuestamente con capital de Oriente Medio, entre otros lugares. En esa región, Kushner había logrado importantes avances diplomáticos que, todo sea dicho, le habían permitido estrechar lazos personales. (Después de su etapa en la Casa Blanca, diversos compañeros contactaron con Kushner, pero él no mostró un especial interés en echarles una mano. Quejándose, dijo: «Cría cuervos y te sacarán los ojos».)

El plan más audaz fue la red social de Trump. En los días inmediatamente posteriores al asalto al Capitolio, suspendieron el perfil del expresidente en Twitter, Facebook, Instagram y YouTube.[9] Él dedicó gran parte del año a asegurar que no le importaba que lo hubieran vetado, aunque demandó a las empresas para que restauraran sus cuentas.[10] En octubre, reveló que iba a crear su propia red social fusionándose con una compañía de inversión sin objeto social, cuyas acciones se dispararon tras el anuncio.[11] El mecanismo de financiación, completamente opaco, suscitó una investigación de la SEC antes del lanzamiento de la plataforma.

Hacía tiempo que Trump alucinaba con el perfil de la gente a quien atraía. Una vez, observando la multitud que había en la sala de póker del Taj Mahal, preguntó: «¿Te puedes creer que esos sean mis clientes?». En otra ocasión, le comentó a su consultor Tom O'Neil lo siguiente: «Fíjate en esos fracasados», refiriéndose a las personas que estaban gastando su dinero en el casino Trump Plaza. En 2015, visitó la feria estatal de Iowa como candidato a la presidencia y se quedó estupefacto al ver que los habitantes hacían cola para apoyarle a cambio de poder subirse al helicóptero con su nombre y dar un par de vueltas. En la Casa Blanca, más de una vez se mostró atónito ante el fervor de sus partidarios: «Están como una puta cabra». Aun así, ellos lo amaban y querían ser como él, y eso era lo más importante.

La Trump Organization encadenó un año de desgracias y empañó esos fructíferos proyectos financieros de Trump.

Durante su presidencia, algunos asesores le habían dicho sin rodeos que el cargo le había protegido de la justicia, y que esa realidad volvería a materializarse en caso de regresar a la presidencia. Sin embargo, seis meses después de abandonar el cargo, el fiscal del distrito de Manhattan Cy Vance atribuyó indicios delictivos a Trump de manera formal.[12] Acusó a su empresa de participar en un gran entramado de evasión fiscal y a su director financiero, Allen Weisselberg, de no haber declarado los beneficios en especie que había cobrado. Cinco meses más tarde, la fiscal del distrito de Atlanta Fani Willis constituyó un gran jurado especial para investigar los intentos de manipulación electoral en Georgia, incluyendo la execrable llamada de Trump al secretario de Estado para pedirle que le encontrara votos.[13]

Pero como había pasado tantas veces, alguien o algo metió baza. Alvin Bragg, que en enero de 2022 sucedió a Vance como fiscal del distrito de Manhattan, archivó el caso del gran jurado especial que estaba sopesando la acusación personal contra Trump. Su decisión sacó de quicio a los fiscales que habían investigado el caso.[14] Los abogados de Trump sabían que tanto Bragg como la fiscal general de Nueva York Letitia James habían criticado al magnate durante sus candidaturas al ministerio público, por lo que el equipo del expresidente podría esgrimir ese hecho durante los litigios. Al final, Bragg tuvo miedo de presentar la acusación porque su principal testigo era Michael Cohen, la antigua mano derecha de Trump. El expresidente también había iniciado una cruzada contra aquellos que le investigaban. Cuando coincidió que las tres investigaciones estuvieron en marcha, Trump aprovechó un mitin en Texas para llamar «racistas» a los fiscales, pues tanto Willis como Bragg y James eran negros. Como si se encontrara en plena campaña, el expresidente animó a sus adeptos a manifestarse en Atlanta, Washington y Nueva York en caso de que sus enemigos hicieran algo «ilegal o inmoral».

Durante 2022, Trump también trató de controlar el relato de lo que había sido su presidencia. Se propuso hablar con casi todos los autores que escribieron un libro sobre el tema. Yo fui una de ellos. Para este libro, le hice tres entrevistas: la primera, me la ofreció su equipo, y las otras dos, las solicité yo misma.

Por lo general, Trump concedía sus entrevistas a escritores en un espacio interior de Mar-a-Lago que de noche se transforma en comedor. Ahí, presidiendo una mesita, había un modelo del rediseñado Air Force One (cuando Trump se había hecho con la presidencia, había propuesto enseguida un nuevo diseño para las letras del avión, pero el cambio había tenido que esperar al final de su mandato). Trump se había registrado para votar en Florida durante su mandato. Su familia dijo que seguramente habría hecho lo mismo aunque hubiera perdido en 2016. Pero, desvanecido el entusiasmo por ser el centro de todas las miradas del mundo, Trump se había marchitado fuera de la Casa Blanca. Sus días consistían en jugar al golf y, al acabar, irse a su flamante despacho del club para reunirse con quien fuera que hubiera viajado hasta allí para pedirle su aprobación. Antes de cenar veía la televisión y, cuando entraba en el comedor, a veces los miembros del club le aplaudían. Al día siguiente, vuelta a empezar. Vivía tan abstraído de la cotidianidad del mundo exterior que no sabía qué días eran festivos. Su equipo tenía que recordárselo.

Cuando llegué para mi primera entrevista, en marzo de 2021, me acompañaron a un comedor más pequeño donde Trump solía cenar con algunos de sus invitados. El club estaba vacío, pero no le di más vueltas, porque eran las cuatro y media de la tarde. Al concluir la entrevista, descubrí que estaba vacío porque lo habían cerrado por un posible brote de coronavirus. Trump decidió que nos reuniéramos allí de todos modos, sin comprobar siquiera si yo me había vacunado. «El covid —dijo, hablando del cierre del club— parece que... nada bueno.»

Trump me saludó con cordialidad y se sentó a la mesa ante mí. Estaba en plan comercial, no en plan combativo. Quiso saber cómo iban las cosas por Nueva York. «¿Cómo le va a Cuomo?», me preguntó casi de inmediato.

Andrew Cuomo estaba en su tercer mandato como gobernador de Nueva York y tres mujeres —dos de ellas, funcionarias del estado— le habían acusado de acoso sexual, una cifra que iba a aumentar hasta once.[15] Pesos pesados del Partido Demócrata de Nueva York y de Washington habían pedido enseguida una investigación. Trump dijo que le había sorprendido mucho. No se refería a las acusaciones de acoso sexual, sino al hecho de que miembros de su propio partido hubieran alzado la voz. (Cuomo dimitió al cabo de unos meses para evitar el proceso de destitución.)[16]

Yo señalé que los demócratas ya no le tenían miedo a Cuomo y que muchos estaban dolidos por cómo los había tratado. Por contra, muchos políticos republicanos seguían alabando a Trump a pesar de los problemas que este les había causado. Y los que le temían, normalmente era debido a su popularidad entre sus votantes. A Cuomo nunca le importó lo más mínimo gustar a la gente, solo le interesaba ostentar el poder. Trump, sin embargo, necesitaba ambas cosas.

Hablando de las penalidades de Cuomo, el expresidente no pudo evitar citar su primer proceso de destitución como un recuerdo positivo. «Hay que seguir sonriendo», dijo Trump. El expresidente dijo que su experiencia había sido «diferente» del proceso de destitución finalmente abandonado contra Richard Nixon, cuando Trump tenía veintisiete años. «Esos sí fueron tiempos oscuros, ¿no? —dijo—. Mi proceso no fue nada sombrío. Lo cierto es que yo me lo pasé bien. Cada vez que me acusaban, yo mejoraba en el barómetro. El daño al proceso de destitución fue gravísimo.»

Estuvimos gran parte de la entrevista charlando sobre su vida en Nueva York. Él evocó el primer gran político que había observado de cerca: el jefe del Partido Demócrata Meade Esposito, que dominaba la política de Brooklyn cuando Donald se unió al negocio inmobiliario de su padre. «Meade gobernaba con mano de hierro —dijo Trump—. Era un líder muy fuerte, por decirlo suavemente. Cuando llegué a Washington, dije: ojo, esto ya son palabras mayores. Por muy duros que fueran, aquello tenía que ser más duro todavía. Pero yo me preguntaba: ¿cómo puede haber alguien más duro que Meade? Al final, Meade iba con bastón y amenazaba a la gente con él. En serio, era un animal.» Trump había intentado imitar un poco el estilo de Esposito tras su presidencia. Recibía a los visitantes que iban a besarle la mano y elegía a sus favoritos para las primarias tratando de decidir el resultado de esas votaciones.

Yo le pregunté si había pensado que su presidencia funcionaría igual. Más bien, Trump dijo que su impresión había sido que los líderes del Congreso actuarían así por él: «A decir verdad, pensé que los Mitch McConnell de turno serían como Esposito, en términos de fortaleza». Sus críticas eran bastante infundadas. Lo cierto es que McConnell había mantenido a raya muchas veces a los senadores republicanos para defender las políticas y los nombramientos de Trump y, en general, para proteger su condición de líder del Partido Republicano. Sin embargo, en otra sesión Trump se refirió a McConnell con su nuevo apodo favorito para él: «Ese viejo zorro es un mierda». Trump también me contó, disgustado, que otros senadores habían practicado ese tipo de política maquiavélica contra él. Lindsey Graham y Ted Cruz, por ejemplo, habían hecho eso mismo al persuadirle de no apoyar una candidatura contra un colega suyo de Nebraska, Ben Sasse.

Trump respaldó de forma inusitada a Sasse, pero después de salir reelegido, este votó a favor de condenar al expresidente en su segundo proceso de destitución. Según Trump: «Me tragué el anzuelo, necio de mí».

Cuando le dije que mi libro iba a conectar su vida en Nueva York con su vida en la Casa Blanca, Trump se puso a contarme una enrevesada historia sobre unos amigos que, años atrás, le habían pedido ayuda para conseguir una reserva en un restaurante porque él era más famoso que ellos. «Antes de ser presidente, yo era famoso y rico, y ellos solo eran ricos. Un día me llaman: "Hola, Don, ¿qué tal? Mira, queremos ir al Joe's Stone Crab, pero no nos dejan pasar. Hay dos kilómetros de cola. ¿Tú nos puedes meter?". Les dije que sí.» Yo no tenía muy claro adónde quería llegar, más allá de subrayar el hecho de que los famosos recibían un trato preferente.

«A veces me digo, ¿para qué? ¿Sabes? Hay gente que es rica —siguió diciendo Trump—. Pero no le dan ni una mesa en un restaurante. O sea que no, pero hemos hecho un trabajo sensacional.»

Recordé que Trump le había contado una anécdota casi idéntica a la periodista Lois Romano, de *The Washington Post*, cuando esta le había entrevistado para un perfil en 1984.[17] El artículo de Romano empezaba con una confesión del magnate, que se había mostrado nervioso porque habían ido a desayunar al Plaza sin haber reservado. Pavoneándose ante la periodista, Trump consiguió una mesa gracias a su renombre y señaló que conocía «a uno de los hombres de más envergadura de Nueva York» a quien, en una ocasión, no le habían dado mesa en un restaurante hasta que Trump, que se encontraba allí, intercedió por él y le dio a ese hombre una importante lección vital. La gente tenía que saber quién eras; no bastaba con ser rico.

La respuesta me ayudó a aclarar algo que fui con la intención de preguntar, pero que él mismo había mencionado antes de que tuviera la oportunidad de hacerlo. «La pregunta que más me hacen es esta: si tuvieras que volver a hacerlo, ¿lo harías? —dijo Trump, hablando de presentarse a la presidencia—. La respuesta es que sí, creo que sí. Porque así es como yo lo veo. Tengo muchos amigos ricos y nadie les conoce.» Luego se puso a hablar de que, si no se hubiera presentado, su vida habría sido mucho más sencilla. Pero he ahí la prueba del algodón: al reflexionar sobre el significado de haber sido presidente de Estados Unidos, su primer instinto no era mencionar el servicio público, ni lo que creía que había logrado. Para él, era un simple camino a la fama. Para él, muchas experiencias solo valían la pena si despertaban la envidia de otros. (En una entrevista posterior, le pregunté qué le había gustado de su trabajo y respondió: «Conseguir cosas», pero citó pocos hitos.)

Trump reconoció sin miramientos que, en su opinión, no habría tenido tantos problemas con la justicia si el histórico fiscal del distrito de Manhattan, Robert Morgenthau, hubiera seguido en el cargo. «No, él era amigo mío. Era un caballero de pies a cabeza. Un gran hombre. Y muy respetado. No. Y yo dirijo una organización honesta. Lo que estamos viendo es la continuación de la caza de brujas. —Y añadió—: Bob Morgenthau no lo habría consentido.» La investigación de su sucesor, aseguraba Trump, era «un ataque a la república».

Tal vez fue aún más derrotista al hablar de la amenaza que había supuesto para él la investigación del fiscal especial que había indagado en los lazos de su campaña con Rusia. Esa situación le había obligado a «hacer dos trabajos a la vez como presidente: dirigir el país y sobrevivir».

Nos volvimos a reunir para otra entrevista al cabo de cinco semanas. También nos vimos en Mar-a-Lago, pero esta vez, más avanzada la tarde. Trump estaba de mal humor. Me saludó diciendo: «Estoy muy atento a lo de Arizona». Era un tema conocido para cualquiera que siguiera de cerca la prensa conservadora, pero todavía no había llamado la atención de los grandes medios nacionales. El caso era que una empresa privada llamada Cyber Ninjas estaba realizando una especie de auditoría de las papeletas y el material de recuento entregado por el Senado del estado sureño, controlado por los republicanos.

Trump había hablado de ese supuesto fraude masivo en nuestra primera entrevista, pero no había mencionado su intención de anular los resultados. La impresión era que estaba retrocediendo. Luego supe que había tratado de convencer al Comité Nacional Republicano de que financiara la «auditoría» de Arizona, pero no lo había conseguido. Al final, el análisis confirmó los resultados de las elecciones en ese estado.[18]

Su entusiasmo tocó techo cuando le pregunté por qué había confiado en Sidney Powell cuando sus otros asesores habían expresado sus dudas sobre ella. Tras los comicios, Powell acusó de corrupción a los fabricantes de máquinas de recuento de votos y estos la demandaron por difamación.[19] En los tribunales, su defensa consistió en alegar que no tendrían que habérsela tomado en serio. «Sus declaraciones me decepcionaron mucho —dijo Trump—. Al decir eso, queda en muy mal lugar.» Luego, el expresidente dio una serie de directrices para usar las declaraciones públicas en una demanda: «Solo tenía que decir esto: "Según mi leal saber y entender, yo creo tal y cual". Diciendo eso, lo único que hace es... Pongamos que hay mil artículos escritos a lo largo de los últimos diez años, mucho antes de todo esto, que son malos artículos. Esos artículos construyen su leal saber y entender.... Y ella los ha leído. Caso cerrado. Todo el mundo acepta esa verdad: "Es así según mi leal saber y entender. Que un tribunal determine si es verdad"».

Llegados a ese punto, le apreté las tuercas para tratar de dilucidar uno de los enigmas más impenetrables sobre el 6 de enero. Era un tema que iba a ser crucial en la investigación del Congreso: qué había estado haciendo él mientras sus simpatizantes atacaban el Capitolio. Trump insistió en que no había estado viendo la televisión, a pesar de todos los testigos e indicios que apuntaban a lo contrario. «Normalmente no tenía la televisión encendida. La encendía si pasaba algo. La encendí más tarde y vi lo que estaba pasando —dijo. Estuvo mintiendo durante toda esa parte de la entrevista—. Me enteré luego, cuando ya era bastante tarde. Estuve reunido. Y estuve con Mark Meadows y otros. No estaba viendo la televisión.»

Nuestro tercer encuentro fue al final del verano, que Trump había pasado principalmente en las dependencias que tenía en su club de golf de Nueva Jersey. Cuando llegué al Trump National Golf Club Bedminster, esperé en una salita junto a la entrada principal. Fuera, vi a Lindsey Graham con pantalón de golf; era la segunda vez ese año que lo veía merodeando alrededor de Trump. Pasado un rato, el expresidente entró en la sala. Había adelgazado bastante desde la última vez que lo había visto. Graham entró al cabo de un minuto y gesticuló señalando a Trump. «¡La mayor remontada de la historia de Estados Unidos!», declaró. Trump me miró y preguntó: «¿Sabes por qué Lindsey me lame el culo? Para que apoye a sus amigotes». Graham rio a a carcajadas.

Fue poco después del vigésimo aniversario de los atentados del 11S. Ese día, los asistentes del expresidente le exhortaron a rendir algún tipo de homenaje y Trump accedió a visitar a regañadientes una comisaría de Manhattan para una breve sesión fotográfica. Durante la visita, dio una versión reducida de un mitin. Al acabar, voló hacia Florida para comentar junto a su hijo mayor un combate de boxeo en el Hard Rock Casino, el mismo edificio que había descartado construir veinticinco años antes para luego iniciar una ardua batalla legal contra uno de sus exasesores más íntimos.[20] Mientras tanto, en Nueva York, el exalcalde Rudy Giuliani dio su cena anual, un acto concebido inicialmente como un melancólico tributo a la gente que había colaborado el día de los atentados. Al igual que su organizador, durante el mandato de Trump ese acto se había convertido en algo prácticamente irreconocible. La cena de 2021 contó con la presencia de Steve Bannon, que la retransmitió en vivo en las mismas plataformas que Giuliani y él habían usado para promover la lucha por anular las elecciones presidenciales.

Ese mismo día, el expresidente George W. Bush, que no se había manifestado mucho durante el mandato de Trump, condenó el «extremismo» doméstico y las «fuerzas malignas» del país.[21] En Shanksville, Pensilvania, cerca del campo donde se había estrellado uno de los aviones secuestrados el 11S, Bush declaró: «Una parte sustancial de nuestra clase política apela sin preámbulos a la rabia, el miedo y el rencor». No mencionó en ningún momento el nombre de Trump.

Cuando le pregunté a Trump por qué no mostraba ni un ápice de interés en formar parte del informal club de expresidentes, aludió a lo que acababa de suceder en Shanksville: «Me alegra que Bush diera ese discurso el otro día —dijo. Y después de una pausa, añadió—: Así ahora puedo hablar sobre él. Fue un presidente funesto. E invadiendo Oriente Medio...».

Dicho eso, fue el sucesor de Trump quien cumplió con los deseos del presidente de concluir la aventura de veinte años en Afganistán.[22] Trump reescribió la historia para asegurar que él había urdido un plan para retirar las tropas y que, si Joe Biden lo hubiera seguido, todo habría ido como una seda. «Los talibanes estaban totalmente bajo control —durante su presidencia, insistió él—. No había ningún problema. Podríamos habernos ido. Habríamos tardado un año, dos años o

dos meses. En ningún momento se habrían acercado a nosotros. Conmigo, no se me subían a las barbas.»

En lo tocante a Afganistán, ninguna decisión que hubiera
podido tomar Estados Unidos habría sido sencilla ni fácil,
pero Trump comparó las consecuencias de la retirada con la
gestión de un proyecto inmobiliario: «Hay quien dice que es
más fácil y barato construir un edificio nuevo que reformar
uno viejo. Pues no es verdad, a menos que no te enteres. Hay
gente que no sabe cómo va una obra. Pero vamos a ver... si ya
tienes hechos los cimientos, la estructura y la fachada, por si
quieres usarlos. Es mucho menos costoso reformar si sabes de
qué va esto. En fin, lo de Afganistán me hizo pensar en eso».

Trump estaba criticando a Mark Milley, a quien había
nombrado presidente del Estado Mayor. «Es un cabeza de
chorlito —dijo, aludiendo a una discusión que habían tenido
sobre el coste de retirar el material militar de Afganistán—.
Que sepas que hay dos Mark Milley. Para mí, Mark Milley
valía para el cargo. No era un genio, pero valía. Pero la pifió.
Cuando sugirió ir caminando a la iglesia a la que habían pren-
dido fuego...»

Le interrumpí. Era ridículo sugerir que el general del
Ejército había propuesto celebrar esa sesión de fotos frente a
la iglesia de San Juan cuando los manifestantes del movimiento Black Lives Matter estaban protestando a apenas unos metros. Incrédula, le pregunté si Milley realmente había tenido la
idea de ir caminando a la iglesia. «Uy, sí —dijo Trump, antes
de matizar su afirmación—. Dijo... bueno, créeme cuando te
digo que fue compartido. Estaba de mi parte. Hicimos una
ceremonia por algo. Él estaba presente, y a alguien se le ocurrió que fuéramos hasta allí andando. Él dijo que era una buena idea. Y fuimos. Tampoco fue para tanto. Nadie le dio más
vueltas.» Eso no fue lo que pasó; fue un discurso en el Jardín
de los Rosales de la Casa Blanca organizado específicamente
para que Trump pudiera criticar el malestar provocado por el

brutal asesinato de un hombre negro a manos de la policía. «La izquierda radical empezó a llamarle y a decir que no tendría que haber hecho esa marcha. Y en vez de decir que estaba orgulloso de andar junto a su presidente, o que estaba orgulloso de escoltar a la Oficina del Presidente... Es la Oficina del Presidente, es la presidencia. En vez de decir eso, Maggie, empezó a pedir perdón. Y en cuanto se disculpó, le puse la cruz y me dije: "Qué nenaza".»

Trump no había querido ser parte del «club de expresidentes», pero yo sentía curiosidad por el contacto que él aseguraba mantener con algunos líderes mundiales. Le pregunté si entre ellos estaban Vladímir Putin y Xi Jinping. Dijo que no. Pero cuando mencioné al norcoreano Kim Jong-un, contestó: «A ver, tampoco quiero ser bocazas, pero...», dejando la frase en el aire. Después de la entrevista, supe que había confesado a gente en Mar-a-Lago que seguía en contacto con el líder supremo de Corea del Norte. De hecho, tenía una foto con él en su nuevo despacho en el club.

Cuando le pregunté si se había llevado algún documento relevante al abandonar la Casa Blanca, se puso pálido y dijo que «no, nada especialmente urgente», aunque luego mencionó las cartas que Kim Jong-un le había mandado. (Trump las enseñó a tantos visitantes del Despacho Oval que los asistentes pensaron que podía estar siendo poco cuidadoso con material confidencial.) Le pregunté si había podido llevarse esas misivas y él siguió hablando como si hubiera percibido mi sorpresa: «No, creo que están en los archivos... La mayor parte está en los archivos, pero las cartas de Kim Jong-un... Tenemos cosas increíbles». Lo cierto es que Trump tardó meses en devolver esas cartas al Archivo Nacional; al principio, se las había llevado en unas cajas a Mar-a-Lago. *The Washington Post* informó sobre ello a principios de 2022 y el Departamento de Justicia empezó a investigar cómo los documentos clasificados entraban y salían de la residencia de la Casa Blanca.²³ (En una de nuestras entrevistas previas, y al hilo de otra cuestión, yo le había preguntado a Trump por unos mensajes entre el agente y la abogada del FBI a cargo de la investigación de Mueller, cuya aventura había obligado a apartar del caso al investigador. La noche previa a la investidura de Biden, supimos que Trump pretendía publicar esos mensajes. Aunque al final no lo hizo, me dijo que Meadows estaba en posesión de ellos y se ofreció a ponerme en contacto con él.)

Trump negó que se llevara mal con los demás líderes occidentales, pero bien con Putin. En lugar de comentar su despiadado ataque al principio esencial de la OTAN, dijo que había firmado las sanciones del Congreso contra el gaseoducto Nord Stream 2 entre Alemania y Rusia: «Eso fue un ataque a Rusia —recalcó Trump—. Muy contento, Putin no podía estar». Yo le pregunté si el presidente ruso le había pedido alguna vez que abandonara la OTAN. «No, jamás. Nunca me lo pidió —dijo—. Lo que sí me comentó fue: "Me estás matando con el gaseoducto". Más allá de eso, Putin me caía bien y yo le caía bien a él.»

Seis meses después, cuando Putin envió sus tropas a Ucrania, Trump elogió su «inteligencia» por haber reconocido la oportunidad que se le presentaba: la conquista de terreno a cambio de una multa en forma de sanciones internacionales. «Se está apoderando de un país a cambio de unas sanciones que valen un par de dólares. A mí me parece bastante ingenioso —dijo Trump durante una aparición en Mar-a-Lago—. Se está apoderando de un país... una extensión inmensa e inabarcable de territorio con un sinfín de gente... entrando como Pedro por su casa.» Al final, el expresidente acabó condenando la invasión, pero sin criticar a Putin directamente. En Mar-a-Lago, se dedicó a propagar rumores de los medios de derechas, que afirmaban que el presidente ruso podía padecer cáncer.

Yo quise saber qué le había atraído de hacer negocios en Rusia durante tantos años. «Tuve la impresión de que construir un edificio en Moscú estaría bien y sería glamuroso —dijo Trump—. Pero el concepto es muy rígido. La verdad es que ser propietario en Rusia no es como ser propietario aquí. Es muy diferente. Te lo juro, te dicen, te lo juro: "Haz un edificio, pero ¿sabes qué? Tú no eres el propietario".» Yo le insistí para saber qué le había llamado la atención en concreto de construir allí. ¿Era como un desafío? «No, pensé que sería un proyecto glamuroso. Yo hago muchas cosas por el glamur. Me gusta el glamur. ¿Conoces la palabra *glamur*? Pues a mí me encanta el glamur.»

Yo había sido testigo de todas las veces que la gente entraba y salía del universo Trump, y la frecuencia con la que el expresidente readmitía a personas a las que previamente había dado la patada. En nuestra primera entrevista, Trump se había deshecho en elogios hacia Bannon, al que había echado de un cargo destacado en la Casa Blanca y, años después, había recibido con los brazos abiertos para darle un rol clave en los proyectos poselectorales de 2020. «Era muy negativo y había un montón de gente en la Administración que no le caía en gracia, así que lo entiendo», había dicho Trump, indicando que, con el tiempo, Bannon se había vuelto «muy positivo». (Trump omitió que dos de las personas sobre las que más había despotricado Bannon en público eran Ivanka y Kushner.) Yo le pregunté por otros que habían estado a su lado antes de que pusiera en marcha su primera campaña política. Él alabó a quien había sido su antiguo director de campaña Corey Lewandowski. La exdirectora de comunicaciones Hope Hicks era «fantástica». Sam Nunberg era «políticamente muy avispado». (Cabe recordar que Nunberg era un asesor al que Trump había demandado por infringir un acuerdo de confidencialidad de la campaña. El empleado respondió con una demanda de reconvención y, al final, forzó a Trump a llegar a un acuerdo. Según el expresidente, recientemente Nunberg había dicho cosas buenas sobre él.)²⁴ De Roger Stone, dijo que entendía «la política mejor que la mayoría».

En el decurso de nuestras charlas, Trump se contuvo bastante de atacar a muchas personas con quienes yo sabía que había sido muy intransigente a puerta cerrada. Dijo que su director de campaña Brad Parscale era «un derrochador», pero no le recriminó nada más. Cuando le pregunté por qué había concedido tanto poder a Kushner, dijo que eso no era cierto. Pero al presionarlo, declaró: «Mira, mi hija le tiene en gran estima, y eso es muy importante».

Con quien Trump no se mostró tan comprensivo fue con Mike Pence. Pence había comenzado a defenderse con mayor y mayor estridencia por cómo había actuado el 6 de enero. Al hacerlo, Pence había obligado al expresidente a elevar el tono y condenarle por cómo le había juzgado aquel día. Trazando una comparación inexacta con las elecciones de 1800, Trump me contó: «Le dije: "Mike, tienes la oportunidad de ser Thomas Jefferson, o puedes ser Mike Pence". Y decidió ser Mike Pence». Yo saqué a colación otro posible rival en las primarias: le dije a Trump que lo habían comparado con el aguerrido gobernador de Nueva Jersey Chris Christie antes de que ambos se enfrentaran en las primarias de 2016. «¿Con él me comparan? ¿Por qué? No sabía que tuviera un problema tan tremendo de peso —dijo, sonriendo con satisfacción—. Es un oportunista.» Me enteré de que Trump también describía al gobernador de Florida Ron DeSantis en términos parecidos; le llamaba «gordo», «farsante» y «llorica» y se atribuía el mérito de su candidatura de 2018.

Aunque hablara de lanzar otra campaña a la presidencia, Trump estaba más cómodo echando la vista atrás que adelante. Cuando le dije de hablar de 2024, me preguntó: «¿2024?». O 2020.

Tal vez Trump fue diferente a todos los demás presidentes de la historia de Estados Unidos, pero el volantazo que muchos esperaban ver tras su presidencia nunca tuvo lugar. Biden también se las vio y deseó para gestionar la pandemia. Y pese a haber condenado la xenofobia de Trump durante la campaña, su Administración levantó ampollas entre los defensores del derecho a la inmigración, negándose a poner fin de inmediato a una restricción fronteriza que teóricamente pretendía frenar los contagios, aunque la verdad era que buscaba reducir la inmigración.[25] En ciertos aspectos, la política norteamericana siguió haciendo bandera de su misma postura beligerante con China. Los cambios políticos que en 2016 parecieron ser el subproducto del populismo personalista de Trump empezaron a ser más bien indicativos de una transformación permanente. En estos momentos, estamos viendo una revolución en la que las coaliciones partidistas se articulan conforme al nivel de educación, la cultura y el cisma entre lo urbano y lo rural; el eje político ya no gira en torno a las antiguas diferencias de religión, poder adquisitivo o ideología. Esas tendencias polarizaron cuestiones que hasta entonces habían permanecido al margen de la política; cuando abuchearon a Trump en varios mítines por aconsejar vacunarse contra el coronavirus, el expresidente se quejó en privado de no poder atribuirse debidamente el mérito de su sintetización por culpa de la oposición de la «derecha radical».

Hay sectores salpicados de individuos que comparten rasgos de la idiosincrasia de Trump: la falta de piedad con sus rivales, los turbios antecedentes, la predisposición completa a amoldarse a las necesidades puntuales, el desdén por los suyos. Pero hasta ese momento, la política estadounidense había funcionado con arreglo a una norma: exhibir según qué conductas te desacreditaba para un cargo público, al menos cuando estas salían a la luz. Mientras me documentaba para este libro, varios republicanos, e incluso algunos demócratas, apuntaron a que la díscola presidencia de Bill Clinton había ayudado a allanar el camino a Trump. A Clinton también se le criticó por quebrantar principios éticos, y durante su presidencia no dejó de indagarse en sus cuentas, en su comportamiento personal y en sus maniobras políticas. Más o menos como hizo Trump, Clinton se quejó de las investigaciones del Congreso, de los fiscales independientes y del trabajo de los medios de comunicación. Y también se alegró, como Trump, de haber sobrevivido a las tres cosas. Pero el volumen relativo de sus transgresiones durante el transcurso general de sus vidas fue muy diferente. Clinton era de clase trabajadora y, a lo largo de su trayectoria como funcionario y representante, aceptó en mayor o menor medida el marco normativo de dichos sistemas. Trump, el hijo de un millonario, no mostró ningún interés en ellos. Tampoco tuvo ningún reparo en que lo denostaran por usar el Gobierno como una extensión de sí mismo.

Cuando bajó la marea, se vio toda la podredumbre de los barcos. Trump demostró que la mayoría de los republicanos de Washington que le habían plantado cara eran exactamente tan cobardes como él había dicho que eran. Los consiguió someter a su voluntad aprovechando que esos políticos estaban ante su oportunidad personal, o aprovechando que no habrían sobrevivido si no hubieran agachado la cabeza (incluso después del asalto al Capitolio). Las filas de quienes se habían enriquecido gracias a nuevos sectores mediáticos y activistas anti-Trump traslucieron otra serie de perversos incentivos económicos que motivaban la actitud política en sentidos problemáticos.

Con Trump, llegó una nueva era para la conducta real o esperada de la clase política. Su relativismo impregnó el tejido nacional. Esa fue su hipótesis en la entrevista que le hice en septiembre, cuando hablamos de Herschel Walker, la exestrella de fútbol americano de los New Jersey Generals que se estaba presentando al Senado por Georgia.[26]

—Hay republicanos que dudan de Walker por sus complicados antecedentes —dije, refiriéndome principalmente a las acusaciones de violación.[27]

—Es cierto, pero que sepas que eso podría haber sido un problema hace diez años. Hace veinte años, habría sido un problema todavía mayor. Pero hoy no me parece un problema —dijo Trump.

—¿Y eso por qué? —pregunté—. ¿Por qué cree que ha cambiado?

—Porque el mundo está cambiando.

Lo que Trump no admitió fue que estaba cambiando porque él había ayudado a que así fuera.

La comisión de la Cámara de Representantes en la que trabajó Cheney estuvo meses documentando qué había sucedido antes del asalto al Capitolio. Entre otras cosas, se investigó el papel directo de Trump en los movimientos para intentar conservar el poder. Los testimonios más espeluznantes denunciaban la presión que el presidente había ejercido sobre miembros del Departamento de Justicia para que desacreditaran los resultados de las elecciones, pese a habérsele repetido en numerosas ocasiones que esas exigencias infringían la ley. Al final, la primera persona en describir públicamente la disparatada conducta de Trump el 6 de enero fue una ayudante de veintiséis años del jefe de gabinete Meadows, cuya necesidad compulsiva de decir a la gente lo que quería oír ayudó a fraguar los hechos. Cassidy Hutchinson confesó que Trump se había puesto hecho un demonio porque había habido menos gente de la que había querido en su discurso en el Ellipse. Hutchinson testificó que Trump había recriminado a los puntos de control de los Servicios Secretos que hubieran impedido la entrada a algunos de sus simpatizantes por ir armados. El entonces presidente exigió incluso retirar los detectores de metal cuando le habían avisado de que había gente armada. Según Hutchinson, el presidente dijo: «No han venido a hacerme daño», y luego se subió al escenario y les dijo que fueran andando «patriótica y pacíficamente» al Capitolio. Exigiendo a sus subordinados que también lo llevaran a él, dijo: «Soy el puto presidente».

Los trumpistas trataron de desacreditar a Hutchinson *ipso facto*. Pero aunque algunos rebatieron elementos concretos de su testimonio, lo cierto es que la ayudante había trazado un retrato reconocible de Trump. Era una imagen que decenas de personas de su empresa, de sus campañas políticas y del Gobierno llevaban más de cuatro décadas intentando tapar: la de un dramático narcisista que escondía su frágil ego bajo una pátina de acosador impulsivo. Pero esa vez, llevó la democracia norteamericana hasta el límite.

Trump no parecía por la labor de volver a la política electoral. Cuando el Tribunal Supremo que él había remodelado revocó la histórica sentencia del aborto de Roe contra Wade, Trump no publicó ninguna declaración de elogio hasta que no le instaron a hacerlo en privado. Es cierto que, como presidente, normalmente había dejado la crítica al aborto en manos de Pence. Después de que se filtrara un borrador del fallo, Trump habló de su silencio y le dijo en broma a mi compañero Michael Bender: «Nunca me gusta atribuirme el mérito por nada»; en privado, sin embargo, les dijo a sus asesores que la decisión del tribunal sería «mala para los republicanos». Cuando se materializaron las investigaciones sobre las maquinaciones poselectorales de Trump para socavar el traspaso de poderes, el expresidente empezó a sudar para encontrar nuevos abogados de su agrado, y recurrió a un compañero de clase de la infancia: Peter Ticktin. También consideró más seriamente el proyecto de presentarse una tercera vez a la presidencia.

Por entonces, yo llevaba muchos años cubriendo el personaje político de Trump y ya no me sorprendía casi nada. Aun así, la coreografía de las entrevistas en persona podía revelar momentos de involuntaria franqueza. Una vez, Trump se puso a contarme por qué no le gustaba que se publicasen las grabaciones de sus entrevistas. Dijo que ponerse frente a una cámara era «muy diferente»: «En cambio, en una entrevista escrita repito las cosas veinte veces, porque quiero taladrártelas en tu hermoso cerebro. ¿Me entiendes? —Y volvió a repetirse—. Una de las cosas que hago, que estoy haciendo, como contigo, para la prensa escrita, es intentar taladrártelo en la cabeza. Por eso repito las cosas seis veces».

Su interés por repetir las cosas no me resultaba nuevo, pero era curioso lo consciente que él era de ello. En otro momento, estaba en plena diatriba contra el alcalde saliente de Nueva York Bill de Blasio por haber cancelado un contrato con la Trump Organization para gestionar un campo de golf público en el Bronx a partir del 6 de enero.[28] La decisión de De Blasio de sustituir a Trump fue muy controvertida y, luego, un juez falló a favor del expresidente.

«Es puro comunismo», dijo, sin recordar cuál era la palabra para expresar que alguien te quitaba tu propiedad. Se acordó al cabo de veinte minutos, mientras estaba reflexionando sobre otra cosa: «*Confiscar* es la palabra. —Cuando intenté que volviera a encauzarse, me cortó—: Déjame acabar. Déjame acabar eso y luego te lo cuento». Por un momento debió de escucharse a sí mismo y sonrió. Entonces se volvió hacia dos ayudantes que estaban presentes en nuestra entrevista e hizo un gesto con la mano hacia mí: «Es estupendo estar con ella, es como mi psiquiatra».

Fue una frase sin importancia, casi seguro dicha para halagarme. En cierta medida, se asemeja a lo que Trump ha dicho sobre la liberación que obtenía de Twitter o de otras entrevistas que ha dado con los años. La realidad es que el expresidente trata a todo el mundo como si fuéramos sus psiquiatras: periodistas, asesores públicos y congresistas, amigos y pseudoamigos, asistentes de los mítines, personal de la Casa

Blanca y clientes. Todos le damos la oportunidad de desahogarse, de tantear las reacciones de la gente o de medir cómo se recibirán sus declaraciones, o incluso de descubrir cómo se siente él mismo. Trump prueba las cosas nada más pensarlas, a la vista de todo el mundo. Así fue como reeducó a todo un país para que reaccionara a sus arrebatos y emociones. Durante sus cuatro años de presidencia, la gente no paraba de pedirme que descifrara sus motivos, pero lo cierto es que, a decir verdad, casi nadie le conoce a fondo. Algunos le conocen mejor que otros, pero muchas veces es pura y simplemente opaco, así que la gente puede vislumbrar sentido y profundidad en todos sus actos, por vacíos que puedan ser.

Agradecimientos

Se lo debo todo a mi marido, mis hijos, mis tres padres, mi hermano y mi hermana. Gracias por vuestro apoyo y comprensión durante estos seis intensísimos años, en los que he cubierto una campaña, he seguido una presidencia a distancia y, luego, he escrito un libro sobre lo que había tenido lugar.

Esta obra no existiría sin Sasha Issenberg. Ha sido un guía de lo más paciente durante el proceso de escritura y ha trabajado con mi material para encontrarle un sentido. Cameron Peters ha sido un extraordinario ayudante de investigación y se ha consagrado en cuerpo y alma a este proyecto. Julie Tate es una increíble investigadora; se le da de maravilla corroborar los hechos y tiene más paciencia que el santo Job.

Tengo compañeros en otros medios que han sido auténticas anclas para mí. John Santucci fue un gran amigo y colega durante la campaña, en los años en la Casa Blanca y *a posteriori*. Jonathan Swan y John Dawsey han sido rivales fuertes y temibles, pero también muy buenos amigos; la serie *Off the Rails* de Swan sobre los últimos días de la presidencia de Trump es una de las aportaciones más significativas que ha habido a la historiografía.

En *The New York Times*, Michael Schmidt fue mi perro mastín y mi más estrecho colaborador durante varios años. Su valor fue incalculable entonces y lo ha sido durante todo el proceso de redacción del libro. Mark Mazzetti, Adam Goldman, Julian Barnes, Matt Apuzzo y él han sido compañeros fieles y buenos amigos, y me han ayudado una barbaridad durante el mandato de Trump y a lo largo de este último año.

Desde que llegué al periódico, Matt Flegenheimer me ha hecho comentarios constructivos y me ha apoyado mucho, pero sobre todo lo ha hecho durante el año en que he escrito esta obra. ¡También lo ha hecho con un tremendo alarde de paciencia! Annie Karni escribió uno de los artículos más importantes de la presidencia, revelando que Trump había triturado documentos oficiales. Katie Rogers y Zolan Kanno-Youngs me ayudaron con mi labor periodística y mis ideas en los años en que trabajamos codo con codo informando sobre Trump. Erica Green y Katie Benner, dos excelentes colaboradoras y periodistas, velaron por mi salud mental. Alex Burns y Jonathan Martin fueron colaboradores míos en *Politico* durante mucho tiempo hasta que nos fuimos todos a *The New York Times*. Son dos de los mejores periodistas políticos del país y me han salvado los muebles en incontables ocasiones a lo largo de los años. Julie Davis, Peter Baker, Michael Shear, Mark Landler, David Sanger y el inimitable Doug Mills fueron modelos para mí a la hora de aprender el oficio de reportera en la Casa Blanca. Ben Protess y Willie Rashbaum también fueron referencias para entender las investigaciones sobre Trump, y Nick Corasaniti me acompañó en el proceso como un amigo de verdad.

Mi fantástico editor de Penguin Press, Scott Moyers, ha demostrado una paciencia inestimable con la vida y con un mundo cambiante, igual que los miembros de su equipo. También lo han demostrado mis agentes de Javelin, Matt Latimer y Keith Urbahn, que me han guiado en este proceso con sobriedad y buen humor. Mi excelente abogado Michael O'Connor me ha indicado el camino en todo lo demás con gran entereza.

Fuera del rotativo, los cronistas de Trump Tim O'Brien, Neil Barsky, Gwenda Blair, Harry Hurt y Michael D'Antonio han sido sumamente generosos con su tiempo. Y lo mismo puedo decir de Tom Robbins, uno de los grandes veteranos que quedan del periodismo neoyorquino. Wayne Barrett también fue muy pródigo, un gran maestro para los que acabábamos de empezar. La primera vez que salí en televisión fue en 1999, con Barrett como contertuliano. Lo hice tan mal que, al terminar, me invitó a tomar un café. Murió en la víspera de la investidura de Trump.

Otra magnífica fuente de apoyo ha sido David McCraw, el principal asesor jurídico de *The New York Times*. Y también el editor A. G. Sulzberger, al que vi rebelarse contra los ataques de Trump a los periodistas en el Despacho Oval. Dean Baquet y Carolyn Ryan, que me contrataron para el periódico, me dieron permiso para escribir el libro y me concedieron el tiempo necesario para culminarlo. Matt Purdy contestó a un sinfín de llamadas mías acerca de las noticias de la Casa Blanca y, luego, acerca de la redacción de este libro. Elisabeth Bumiller, Dick Stevenson y Bill Hamilton me proporcionaron un hogar en la oficina de Washington pese a que trabajaba en remoto. Rebecca Blumenstein me echó una mano en numerosas ocasiones.

Ben Smith, Maureen Dowd, Olivia Nuzzi, Ruby Cramer, Kara Swisher, Andrew Meier y Brian Koppelman me han ayudado a ordenar mis ideas durante este proyecto. Jeff Zucker me contrató para la CNN y me dio una oportunidad en la tele. De la gente de la cadena, quiero tener unas palabras de agradecimiento para Rebecca Kutler, Jamie Zahn, M. J. Lee, Jake Tapper, John Berman, Brianna Keiler, Kaitlin Collins, Alyson Camerota, Wolf Blitzer y Anderson Cooper. Fuera de la CNN, estoy en deuda con Devlin Barrett, Phil Rucker, Steve Holland, Jill Colvin, Jonathan Lemire, John Harris, Jim VandeHei, Mike Allen, Ashley Parker, Lois Romano, Michael Bender y Jonathan Karl.

Tengo que dar las gracias a la primera persona que me contrató como periodista, Stuart Marques, y a la persona con quien me puso a trabajar, el ya difunto Jack Newfield, así como a las cuatro figuras de las que lo aprendí casi todo: David Seifman, Gregg Birnbaum, Robert Hardt y Mike Hechtman. Estaré eternamente agradecida a la primera autora con quien coescribí un libro, Jeane MacIntosh, y también a Kerri Lyon, Stefan Friedman, Kate Lucadamo, Lisa Colangelo, Dinny Fitzpatrick, Amanda Nelson Mandel y Danny Kanner. Por otra parte, hubo gente que interpretó para mí los cambios que estaban teniendo lugar en el seno del Partido Republicano; John Ellis, David Kochel, Liam Donovan y Jim Hobart fueron de especial ayuda.

Tengo que aclarar algunas cosas. Debido a la obsesión de Trump conmigo, se me ha criticado por artículos que no eran míos, pero también se me ha atribuido el mérito de informaciones reveladas por otros reporteros. Alex Burns fue el primero en saber que Trump había perdido el móvil en un carro de golf de Bedminster y debería haber figurado como coautor del artículo; por culpa de un error mío, su nombre no apareció. Y Emily Flitter fue la primera en enterarse de que un arrendatario de un garaje de Trump le había mandado lingotes de oro, aunque en ese momento no pudimos confirmarlo.

Por último, hay cosas por las que debo dar las gracias. Fue un privilegio informar desde la Casa Blanca durante una presidencia histórica y ha sido un privilegio ser periodista durante todo este tiempo en que lo he sido. Para quienes habéis leído mi obra, incluido este libro, gracias de todo corazón.

Notas

Prólogo

1. Tina Nguyen, «Trump Ally Wants Trumpl to Sign Loyalty Pledge», *Vanity Fair*, 13 de abril de 2016.
2. Michael Gerson, «A Huge Question for Trump's North Korea Crisis», *The Washington Post*, 10 de agosto de 2017.
3. Maggie Haberman, Ashley Parker, Jeremy W. Peters y Michael Barbaro, «Inside Donald Trump's Last Stand: An Anxious Nominee Seeks Assurance», *The New York Times*, 6 de noviembre de 2016.

1. El poder del pensamiento negativo

1. Gay Talese, «Staten Island Link to Sister Boroughs Is Opening Today», *The New York Times*, 21 de noviembre de 1964.
2. Gay Talese, «Verrazano Bridge Opened to Traffic; New Landmark Greeted with Fanfare in Harbor», *The New York Times*, 22 de noviembre de 1964.
3. *Ibid.*
4. Bernard Stamler, «City Lore; New York's Other Master Bridge Builder», *The New York Times*, 16 de abril de 2000.
5. Stamler, «City Lore».

6. Howard Blum, «Trump: Development of a Manhattan Developer», *The New York Times*, 26 de agosto de 1980.

7. Talese, «Verrazano Bridge Opened to Traffic».

8. Stamler, «City Lore».

9. The New York Public Radio Archive Collections, WNYC, «Verrazano Narrows Bridge Dedication», 20 de noviembre de 1964.

10. Sophie Kozub, «Inside Trump's Days at Fordham», *The Observer*, 26 de enero de 2017.

11. Nancy Collins, «Donald Trump Talks Family, Women in Unearthed Transcript: "When I Come Home and Dinner's Not Ready, I Go Through the Roof"», *The Hollywood Reporter*, 13 de octubre de 2016.

12. Marc Fisher y Will Hobson, «Donald Trump Masqueraded as Publicist to Brag About Himself», *The Washington Post*, 13 de mayo de 2016.

13. Gwenda Blair, *The Trumps: Three Generations That Built an Empire*, Nueva York, Simon & Schuster, 2000.

14. Ted Widmer, «An Immigrant Named Trump», *The New Yorker*, 1 de octubre de 2016.

15. Blair, *The Trumps*.

16. *Ibid.*

17. *Ibid.*

18. *Ibid.*

19. Alden Whitman, «A Builder Looks Back—and Moves Forward», *The New York Times*, 28 de enero de 1973.

20. Philip Bump, «In 1927, Donald Trump's Father Was Arrested After a Klan Riot in Queens», *The Washington Post*, 29 de febrero de 2016.

21. Wayne Barrett, *Trump: The Deals and the Downfall*, Nueva York, HarperCollins, 1992.

22. *Ibid.*

23. *Ibid.*

24. Kimberly Pierceall, «Tracing Donald Trump's Financial Ties to Norfolk Starts with Father Fred», *The Virginian-Pilot*, 13 de agosto de 2016.

25. Paul Schwartzman y Michael E. Miller, «Confident. Incorrigible. Bully: Little Donny Was a Lot Like Candidate Donald Trump», *The Washington Post*, 22 de junio de 2016.

26. Michael Kranish y Marc Fisher, *Trump Revealed: An American Journey of Ambition, Ego, Money, and Power*, Nueva York, Scribner, 2016.

27. Blair, *The Trumps*.

28. Jason Horowitz, «Donald Trump's Old Queens Neighborhood Contrasts with the Diverse Area Around It», *The New York Times*, 22 de septiembre de 2015.

29. Blair, *The Trumps*.

30. Stephen Nessen, «The One Thing Donald Trump Didn't Inherit», WNYC News, 24 de agosto de 2015.

31. Blair, *The Trumps*.

32. Kranish y Fisher, *Trump Revealed*.

33. *Ibid.*

34. Peter Brant, «"Trump Revealed": The Reporting Archive», entrevista de Michael E. Miller, s. f., *The Washington Post*, <www.washingtonpost.com/wp-stat/graphics/politics/trump-archivedocs/peter-brant.pdf>.

35. Schwartzman y Miller, «Confident. Incorrigible. Bully».

36. Brant, «"Trump Revealed"».

37. Schwartzman y Miller, «Confident. Incorrigible. Bully».

38. Sandy McIntosh, «How Young Donald Trump Was Slapped and Punched Until He Made His Bed», *New York Daily News*, 11 de agosto de 2017.

39. Peter Ticktin, *What Makes Trump Tick: My Years with Donald Trump from New York Military Academy to the Present*, Herndon (Virginia), Mascot Books, 2020.

40. Blair, *The Trumps*.

41. Jake Shore, «"A Bit of a Loner", Former Classmates Remember Donald Trump in the Bronx», *The Fordham Ram*, 4 de febrero de 2021.

42. Shore, «"A Bit of a Loner"».

43. Barrett, *Trump: The Deals and the Downfall.*

44. *Ibid.*

45. *Ibid.*

46. Rebecca Tan y Alex Rabin, «Many of Trump's Wharton Classmates Don't Remember Him», *The Daily Pennsylvanian*, 20 de febrero de 2017.

47. Matt Viser, «Donald Trump Was Brash, Even at Wharton Business School», *The Boston Globe*, 28 de agosto de 2015.

48. Michael Daly, «How Donald's Dad Fred Trump Tried to Kill Coney Island», *The Daily Beast*, 12 de julio de 2017.

49. Barrett, *Trump: The Deals and the Downfall.*

50. *Ibid.*

51. Jason Horowitz, «For Donald Trump, Lessons from a Brother's Suffering», *The New York Times*, 2 de enero de 2016.

52. Michael Kranish, «Trump Pressured His Alcoholic Brother About His Career. Now He Says He Has Regrets», *The Washington Post*, 8 de agosto de 2019.

53. Horowitz, «For Donald Trump, Lessons from a Brother's Suffering».

54. Michael Paulson, «For a Young Donald J. Trump, Broadway Held Sway», *The New York Times*, 16 de marzo de 2016.

55. Paulson, «For a Young Donald J. Trump».

56. Barrett, *Trump: The Deals and the Downfall.*

57. Entrevista de Michael Kirk a Rudy Giuliani, *The Frontline Interview*, PBS, 12 de junio de 2020.

58. Anthony Haden-Guest, «Donald Trump's Nights Out at Le Club with Roy Cohn», *The Daily Beast*, 12 de marzo de 2019.

59. Jonathan Mahler y Steve Eder, «"No Vacancies" for Blacks: How Donald Trump Got His Start, and Was First Accused of Bias», *The New York Times*, 27 de agosto de 2016.

60. Ken Auletta, «Don't Mess with Roy Cohn», *Esquire*, diciembre de 1978.

61. *Ibid.*

62. *Ibid.*

63. Albin Krebs, «Roy Cohn, Aide to McCarthy and Fiery Lawyer, Dies at 59», *The New York Times*, 3 de agosto de 1986.

64. Michael Kruse, «"He Brutalized for You"», *Politico*, 8 de abril de 2016.

65. Daniel Dale, «"Central Casting": Trump Is Talking More Than Ever About Men's Looks», CNN, 13 de agosto de 2019.

2. BIENVENIDOS A LA CIUDAD DEL MIEDO

1. Linda Greenhouse, «Legislature Votes U.D.C. $228 Million», *The New York Times*, 1 de mayo de 1975.

2. James Nevius, «The Winding History of Donald Trump's First Major Manhattan Real Estate Project», *Curbed New York*, 3 de abril de 2019.

3. Steven R. Weisman, «How New York Became a Fiscal Junkie», *The New York Times*, 17 de agosto de 1975.

4. Lawrence Van Gelder, «Layoffs of 40,000 Ordered as City Ends Fiscal Year», *The New York Times*, 1 de julio de 1975.

5. Kim Phillips-Fein, «Opinion: In Bleak '70s, Salvo of Protest», *The New York Times*, 19 de octubre de 2011.

6. Donald J. Trump y Tony Schwartz, *Trump: The Art of the Deal*, Nueva York, Random House, 1987.

7. Barbara Campbell, «Realty Company Asks $100 Million "Bias" Damages», *The New York Times*, 13 de diciembre de 1973.

8. *Ibid.*

9. Michael Kranish y Robert O'Harrow jr., «Inside the Government's Racial Bias Case Against Donald Trump's Company, and How He Fought It», *The Washington Post*, 23 de enero de 2016.

10. Glenn Fowler, «24 Unions Given Right to Pursue "Fear" Drive Here», *The New York Times*, 17 de junio de 1975.

11. Israel Shenker, «Fun City Revisited: Lindsay Glances Backward», *The New York Times*, 6 de diciembre de 1970.

12. Linda Charlton, «Penn Central Is Granted Authority to Reorganize Under Bankruptcy Laws», *The New York Times*, 22 de junio de 1970.

13. Wayne Barrett, *Trump: The Deals and the Downfall*, Nueva York, HarperCollins, 1992.

14. *Ibid.*

15. *Ibid.*

16. Wayne Barrett, «Donald Trump Cuts the Cards: The Deals of a Young Power Broker», *The Village Voice*, 22 de enero de 1979.

17. Barrett, *Trump: The Deals and the Downfall*.

18. *Ibid.*

19. Alan S. Oser, «Hotel Dispute Focuses on Tax Abatements», *The New York Times*, 27 de abril de 1976.

20. Barrett, *Trump: The Deals and the Downfall*.

21. *Ibid.*

22. *Ibid.*

23. Frank Lombardi, «Commodore Plan OKd After Taxing Study», *New York Daily News*, 21 de mayo de 1976.

24. Wayne Barrett, «A Seamless Web», *The Village Voice*, 26 de febrero de 1979.

25. Judy Klemesrud, «Donald Trump, Real Estate Promoter, Builds Image as He Buys Buildings», *The New York Times*, 1 de noviembre de 1976.

26. Blair, *The Trumps: Three Generations That Built an Empire*, Nueva York, Simon & Schuster, 2000.

27. Klemesrud, «Donald Trump, Real Estate Promoter».

28. John Lewis, «Work Starts on Hyatt Hotel, Replacing Commodore», *New York Daily News*, 29 de junio de 1978.

29. Harry Hurt III, *Lost Tycoon: The Many Lives of Donald J. Trump*, Nueva York, W. W. Norton, 1993.

30. Barrett, *Trump: The Deals and the Downfall*.

31. Jonathan Van Meter, «That's Why the Lady Is a Trump», *Spy*, 1 de mayo de 1989.

32. Barrett, *Trump: The Deals and the Downfall*.

33. Katie Kindelan, «Ivana Trump Says She Is "First Lady"», ABC News, 9 de octubre de 2017.

34. Barrett, *Trump: The Deals and the Downfall*.

35. *Ibid.*

36. *Ibid.*

37. Kindelan, «Ivana Trump Says She Is "First Lady"».

38. *Ibid.*

39. Timothy L. O'Brien, *TrumpNation: The Art of Being the Donald*, Nueva York, Warner Books, 2005.

40. Sam Roberts, «Wayne Barrett, Fierce Muckraker at The Village Voice, Dies at 71», *The New York Times*, 19 de enero de 2017.

41. Barrett, *Trump: The Deals and the Downfall.*

42. Wayne Barrett, «How a Young Donald Trump Forced His Way from Avenue Z to Manhattan», *The Village Voice*, 15 de enero de 1979.

3. LOS FRISOS DE LA DISCORDIA

1. Wayne Barrett, «How a Young Donald Trump Forced His Way from Avenue Z to Manhattan», *The Village Voice*, 15 de enero de 1979.

2. Wayne Barrett, «Donald Trump Cuts the Cards: The Deals of a Young Power Broker», *The Village Voice*, 22 de enero de 1979.

3. Wayne Barrett, *Trump: The Deals and the Downfall*, Nueva York, HarperCollins, 1992.

4. Paul Goldberger, «42nd Street Is About to Add Something New and Pleasant: The Grand Hyatt; An Appraisal», *The New York Times*, 22 de septiembre de 1980.

5. Michael Kranish y Marc Fisher, *Trump Revealed: An American Journey of Ambition, Ego, Money, and Power*, Nueva York, Scribner, 2016.

6. Barrett, *Trump: The Deals and the Downfall.*

7. *Ibid.*

8. *Ibid.*

9. Donald J. Trump con Charles Leerhsen, *Trump: Surviving at the Top*, Nueva York, Random House, 1990.

10. Trump, *Trump: Surviving at the Top*.

11. Barrett, *Trump: The Deals and the Downfall*.

12. Edith Evans Asbury, «Morgenthau Trounces Kuh in D.A. Race», *The New York Times*, 6 de noviembre de 1974.

13. Wayne Barrett, «Peas in a Pod: The Long and Twisted Relationship between Donald Trump and Rudy Giuliani», *New York Daily News*, 4 de septiembre de 2016.

14. Stephanie Mansfield, «The Rise and Gall of Roger Stone; The Political Strategist, Playing Hardball», *The Washington Post*, 16 de junio de 1986.

15. Manuel Roig-Franzia, «How Paul Manafort and Roger Stone Created the Mess Donald Trump Said He'd Drain», *The Washington Post*, 29 de noviembre de 2018.

16. «N.Y. Building of Famed Store Is Being Sold», Associated Press, 27 de enero de 1979.

17. Barrett, *Trump: The Deals and the Downfall*.

18. Robert D. McFadden, «Builder Orders Bonwit Art Deco Sculptures Destroyed», *The New York Times*, 6 de junio de 1980.

19. Michael Daly, «How Donald's Dad Fred Trump Tried to Kill Coney Island», *The Daily Beast*, 12 de julio de 2017.

20. «No Trump: British Palace Denies Tower Digs Sought Here», *New York Daily News*, 3 de agosto de 1981.

21. Marie Brenner, «After the Gold Rush», *Vanity Fair*, septiembre de 1990.

22. Barrett, *Trump: The Deals and the Downfall*.

23. *Ibid.*

24. *Ibid.*

25. *Ibid.*

26. *Ibid.*

27. Alan S. Oser, «About Real Estate; Waiting», *The New York Times*, 10 de diciembre de 1975.

28. Owen Moritz, «Casino Fever—Is It Catching?», *New York Daily News*, 13 de mayo de 1979.

29. Frank J. Prendergast, «New Jersey Voters Approve Casino Gambling in A.C.», *The Press of Atlantic City*, 2 de noviembre de 1976.

30. Barrett, *Trump: The Deals and the Downfall*.

31. Ben Terris, «Trump's Own Beltway Establishment Guy: The Curious Journey of Don McGahn», *The Washington Post*, 11 de abril de 2016.

32. Barrett, *Trump: The Deals and the Downfall*.

33. *Ibid.*

34. *Ibid.*

35. Robert O'Harrow jr., «Trump's Ties to an Informant and FBI Agent Reveal His Mode of Operation», *The Washington Post*, 17 de septiembre de 2016.

36. O'Harrow, «Trump's Ties to an Informant and FBI Agent Reveal His Mode of Operation».

37. Donald Janson, «Trump Assured Casino License; One Snag Is Left», *The New York Times*, 16 de marzo de 1982.

38. Barrett, *Trump: The Deals and the Downfall*.

39. Henry Stern, «Casino Fined $200,000 for Moving Black and Female Dealers for High Roller», Associated Press, 5 de junio de 1991.

40. Michael Isikoff, «Trump Challenged over Ties to Mob-Linked Gambler with Ugly Past», Yahoo News, 7 de marzo de 2016.

41. Barrett, *Trump: The Deals and the Downfall*.

42. *Ibid.*

43. Lee A. Daniels, «Trump Denied Tax Abatement for Fifth Ave. Tower», *The New York Times*, 29 de marzo de 1981.

44. Barrett, *Trump: The Deals and the Downfall*.

45. Katharine Schaffer y Owen Moritz, «Court Trumps Trump on 50M Tax Abatement», *New York Daily News*, 21 de mayo de 1982.

46. David Margolick, «Top State Court Rules Trump Is Entitled to Tax Break for Midtown Tower», *The New York Times*, 6 de julio de 1984.

47. Lois Romano, «Donald Trump, Holding All the Cards; The Tower! The Team! The Money! The Future!», *The Washington Post*, 15 de noviembre de 1984.

48. David Barstow, Susanne Craig y Russ Buettner, «Trump Engaged in Suspect Tax Schemes as He Reaped Riches from His Father», *The New York Times*, 2 de octubre de 2018.

49. Barrett, *Trump: The Deals and the Downfall*.

50. *Ibid.*

51. Jason Horowitz, «Fred Trump Taught His Son the Essentials of Showboating Self-Promotion», *The New York Times*, 12 de agosto de 2016.

4. AJENO AL BELLO MOSAICO

1. Olivier Royant, «Donald Trump: "Je ne pourrais jamais m'offrir la tour Eiffel"», *Paris Match*, 15 de junio de 1989.

2. Jack Newfield, *Only in America: The Life and Crimes of Don King*, Nueva York, William Morrow & Co., 1995.

3. Entrevista de Tom Snyder a Al Sharpton, James Brown y Muhammad Ali en *Tomorrow*, NBC, 6 de mayo de 1981.

4. Ben Smith, «Trump and the Blacks», *Politico*, 14 de abril de 2011.

5. R. W. Apple jr., «Violence Flares Again in Harlem; Restraint Urged», *The New York Times*, 20 de julio de 1964.

6. Jon Hurdle y Maria Cramer, «Philadelphia Removes Statue Seen as Symbol of Racism and Police Abuse», *The New York Times*, 3 de junio de 2020.

7. «Florida Governor Backs Miami Police in Hoodlum Crackdown», UPI, 18 de diciembre de 1967.

8. Sam Goldaper, «Generals Are Sold to Trump», *The New York Times*, 23 de septiembre de 1983.

9. Donald J. Trump y Tony Schwartz, *Trump: The Art of the Deal*, Nueva York, Random House, 1987, p. 290.

10. John R. O'Donnell con James Rutherford, *Trumped!: The Inside Story of the Real Donald Trump*, Hertford (Carolina del Norte), Crossroad Press, 1992.

11. Mike Puma, «"Iron Mike" Explosive In and Out of Ring», ESPN, 10 de octubre de 2005.

12. Kate Feldman, «Carla Bruni Again Denies Affair with President Trump», *New York Daily News*, 18 de junio de 2017.

13. Lawrence K. Altman, «Rare Cancer Seen in 41 Homosexuals», *The New York Times*, 3 de julio de 1981.

14. Harry Berkowitz, «The Donald's Rx for Romance; He Has Dates AIDS-Tested», *Newsday*, 28 de junio de 1991.

15. Matt Tyrnauer, *Where's My Roy Cohn?*, Los Ángeles, Sony Pictures Classics, 2019.

16. Jonathan Mahler y Matt Flegenheimer, «What Donald Trump Learned from Joseph McCarthy's Right-Hand Man», *The New York Times*, 20 de junio de 2016.

17. William A. Reuben y Alexander Cockburn, «Why Roy Cohn Was Disbarred», *Nation*, julio de 1986.

18. Marie Brenner, «How Donald Trump and Roy Cohn's Ruthless Symbiosis Changed America», *Vanity Fair*, 28 de junio de 2017.

19. Wayne Barrett, *Trump: The Deals and the Downfall*, Nueva York, HarperCollins, 1992.

20. William Safire, «Essay: About Roy Cohn», *The New York Times*, 4 de agosto de 1986.

21. Albin Krebs, «Roy Cohn, Aide to McCarthy and Fiery Lawyer, Dies at 59», *The New York Times*, 3 de agosto de 1986.

22. Joseph Berger, «Admirers Eulogize Roy Cohn as Friend and Ardent Patriot», *The New York Times*, 23 de octubre de 1986.

23. Barrett, *Trump: The Deals and the Downfall*.

24. Joyce Purnick, «Koch Tunes Up for Re-Election Drive», *The New York Times*, 6 de enero de 1985.

25. Robert D. McFadden, «A Gunman Wounds 4 on IRT Train, Then Escapes», *The New York Times*, 23 de diciembre de 1984.

26. «A Majority of Americans Support Subway Vigilante Bernhard Goetz...», UPI, 3 de marzo de 1985.

27. Trisha Meili, «"I Am the Central Park Jogger"», *The New York Times*, 4 de mayo de 2003.

28. Susan Welsh, Keren Schiffman y Francis Enjoli, «Looking Back at the 1989 Central Park Jogger Rape Case That Led to 5

Teens' Conviction, Later Vacated», ABC News, 24 de mayo de 2019.

29. Trisha Meili, «"I Am the Central Park Jogger"».

30. Ronald Sullivan, «Park Victim, Out of Coma, Says "Hello"», *The New York Times*, 4 de mayo de 1989.

31. Jim Dwyer, «The True Story of How a City in Fear Brutalized the Central Park Five», *The New York Times*, 30 de mayo de 2019.

32. Reis Thebault, «Donald Trump and Al Sharpton's Relationship Status: It's Complicated», *The New York Times*, 19 de julio de 2019.

33. Andrew Kaczynski y Jon Sarlin, «Trump in 1989 Central Park Five Interview: "Maybe Hate Is What We Need"», CNN, 10 de octubre de 2016.

34. Thomas Collins, «Donald Trump's High-Priced Graffiti», *Newsday* (edición de Nassau y Suffolk), 3 de mayo de 1989.

35. Susan Saulny, «Convictions and Charges Voided in '89 Central Park Jogger Attack», *The New York Times*, 20 de diciembre de 2002.

36. Walter Goodman, «Review/Television; A Poll of Viewers' Feelings About Racial Issues», *The New York Times*, 8 de septiembre de 1989.

37. «The R.A.C.E. Part I», NBC News, 5 de septiembre de 1989, <https://tvnews.vanderbilt.edu/broadcasts/891255>.

38. Vincent Canby, «Review/Film; Spike Lee Tackles Racism in "Do the Right Thing"», *The New York Times*, 30 de junio de 1989.

39. «The R.A.C.E. Part I», NBC News.

40. Ralph Blumenthal, «Black Youth Is Killed by Whites; Brooklyn Attack Is Called Racial», *The New York Times*, 25 de agosto de 1989.

41. Nick Ravo, «Marchers and Brooklyn Youths Trade Racial Jeers», *The New York Times*, 27 de agosto de 1989.

42. Sam Roberts, «Dinkins Defeats Giuliani in a Close Race; Wilder Seems Virginia Winner, Florio In; Voters, 5-4, Approve New York Charter», *The New York Times*, 8 de noviembre de 1989.

43. «Mayor Dinkins: A Pledge to All the People», *The New York Times*, 2 de enero de 1990.

44. Michael Tomasky, «"They Stole That Election from Me", Rudy Giuliani Said Decades Ago», *The New York Times*, 1 de diciembre de 2020.

45. Rich Schapiro y Ginger Adams Otis, «Crown Heights Erupts in Three Days of Race Riots After Jewish Driver Hits and Kills Gavin Cato, 7, in 1991», *New York Daily News*, 13 de agosto de 2016.

46. James Dao, «Angered by Police Killing, a Neighborhood Erupts», *The New York Times*, 7 de julio de 1992.

47. David Weigel, «From a Whisper to a Scream», *Reason*, 23 de julio de 2007.

48. Corey Dade, «The Rev. Al Sharpton, in Six True-False Statements», NPR, 19 de enero de 2013.

49. Phil Berger, «Trump Enters Tyson's Corner», *The New York Times*, 9 de julio de 1988.

5. VACAS GORDAS

1. Joseph Berger, «So, How Did Mayor Koch Do?», *The New York Times*, 2 de febrero de 2013.

2. Wayne Barrett, *Trump: The Deals and the Downfall*, Nueva York, HarperCollins, 1992.

3. *Ibid.*

4. *Ibid.*

5. Martin Gottlieb, «Trump Set to Buy Lincoln West Site», *The New York Times*, 1 de diciembre de 1984.

6. Martin Gottlieb, «Trump Planning 66th St. Tower, Tallest in World», *The New York Times*, 19 de noviembre de 1985.

7. «Opinion: The Next Trump Tower and Its Shadow», *The New York Times*, 21 de noviembre de 1985.

8. Joyce Purnick, «Trump Offers to Rebuild Skating Rink», *The New York Times*, 31 de mayo de 1986.

9. *Ibid.*

10. Suzanne Daley, «Trump to Rebuild Wollman Rink at the City's Expense by Dec. 15», *The New York Times*, 7 de junio de 1986.

11. Purnick, «Trump Offers to Rebuild Skating Rink».

12. David Freedlander, «A 1980s New York City Battle Explains Donald Trump's Candidacy», Bloomberg, 29 de septiembre de 2015.

13. Daley, «Trump to Rebuild Wollman Rink at the City's Expense by Dec. 15».

14. William E. Geist, «About New York; Pssst, Here's a Secret: Trump Rebuilds Ice Rink», *The New York Times*, 15 de noviembre de 1986.

15. Susan Heller Anderson y David W. Dunlap, «New York Day by Day; Down at the Wollman», *The New York Times*, 7 de agosto de 1986.

16. Barrett, *Trump: The Deals and the Downfall*.

17. Jose Pagliery, «Trump Was a Nightmare Landlord in the 1980s», CNN, 28 de marzo de 2016.

18. Sydney H. Schanberg, «New York; Trump for Mayor», *The New York Times*, 4 de junio de 1983.

19. «Wollman Skate Rink Is to Open Thursday», *The New York Times*, 8 de noviembre de 1986.

20. Michael Kruse, «The Executive Mr. Trump», *Politico*, julio/agosto de 2016.

21. Janet Babin, «Is Donald Trump Saving NYC Millions, or Making Millions Off Taxpayers?», WNYC News, 19 de octubre de 2016.

22. Paul Schwartzman y Ben Terris, «What Happened to "America's Mayor"? How Rudy Giuliani Became Trump's Attack Dog», *The Washington Post*, 16 de octubre de 2016.

23. «Man in the News; Nominee for U.S. Attorney», *The New York Times*, 13 de abril de 1983.

24. Michael Winerip, «High-Profile Prosecutor», *The New York Times Magazine*, 9 de junio de 1985.

25. Leigh Jones, «Perp Walk? Blame Giuliani», Reuters, 18 de mayo de 2011.

26. Richard J. Meislin, «The Corruption Scandal: Manes Mystery Is Hub of 8 Inquiries», *The New York Times*, 2 de febrero de 1986.

27. Richard J. Meislin, «Friedman Is Guilty with 3 in Scandal», *The New York Times*, 26 de noviembre de 1986.

28. Wayne Barrett, «Rudy's Long History of Quashing Trump Probes», *The Village Voice*, 12 de octubre de 1993.

29. *Ibid.*

30. *Ibid.*

31. *Ibid.*

32. Steve Eder y Megan Twohey, «Donald Trump the Philanthropist Is Known for His Reluctance», *The New York Times*, 23 de septiembre de 2016.

33. Barrett, *Trump: The Deals and the Downfall.*

34. Alan Finder, «Koch Rejects Tax Break for Trump TV City Site», *The New York Times*, 29 de mayo de 1987.

35. Walter Kravetz, «Mine Games; Abortion Advice; Make-Believe Justice?; Big Apple Brawl», *MacNeil/Lehrer NewsHour*, PBS, 11 de agosto de 1987, <https://americanarchive.org/catalog/cpb-aacip_507-ws8hd7pp7d>.

36. Alan Finder, «The Koch-Trump Feud», *The New York Times*, 1 de junio de 1987.

37. *Ibid.*

38. Gwenda Blair, *The Trumps: Three Generations That Built an Empire*, Nueva York, Simon & Schuster, 2000.

39. Donald J. Trump y Tony Schwartz, *Trump: The Art of the Deal*, Nueva York, Random House, 1987.

40. Timothy L. O'Brien, «What's He Really Worth?», *The New York Times*, 23 de octubre de 2005.

41. «Post Foundation Sells Its Mansion to Trump», UPI, 2 de enero de 1986.

42. Roxanne Roberts, «Inside the Fabulous World of Donald Trump, Where Money Is No Problem», *The Washington Post*, 9 de octubre de 2015.

43. Fox Butterfield, «Trump Hints of Dreams Beyond Building», *The New York Times*, 5 de octubre de 1987.

44. Donald Janson, «Trump Ends His Struggle to Gain Control of Bally», *The New York Times*, 28 de febrero de 1987.

45. Laurie P. Cohen y Bryan Burrough, «Merger Juggernaut in U.S. Stalls on Fears of Higher Rates, Proposed Tax Changes», *The Wall Street Journal*, 20 de octubre de 1987.

46. Lois Romano, «Donald Trump, Holding All the Cards; The Tower! The Team! The Money! The Future!», *The Washington Post*, 15 de noviembre de 1984.

47. David Corn, «The Time Donald Trump Was Hit with a $750,000 Fine by the Feds», *Mother Jones*, 24 de junio de 2016.

48. Michael Shain, «Bail-Out Made Trump Millions», *New York Post*, 20 de octubre de 1987.

49. Daniel Heneghan, «Early Sell-Offs Leave Trump in the Black», *The Press of Atlantic City*, 21 de octubre de 1987.

50. David E. Pitt, «Just a Paper Loss, the Richest Say», *The New York Times*, 21 de octubre de 1987.

51. Randall Smith, «Big Investors Say They Knew Better Than to Overstay: Trump and Others Who Sold Have Small Expectations of Any Turnaround Soon», *The Wall Street Journal*, 20 de octubre de 1987.

52. Cohen y Burrough, «Merger Juggernaut in U.S. Stalls on Fears of Higher Rates».

53. Kirk Johnson, «U.S. Aide Urges Private Industry to Help Bridge», *The New York Times*, 22 de abril de 1988.

54. Peg Byron, «Trump Wants to Handle Williamsburg Bridge Repairs», UPI, 21 de abril de 1988.

55. Graydon Carter, «The Secret to Donald Trump's Success», *GQ*, mayo de 1984.

56. Timothy L. O'Brien, *TrumpNation: The Art of Being the Donald*, Nueva York, Warner Books, 2005.

57. Jane Mayer, «Donald Trump's Ghostwriter Tells All», *The New Yorker*, 18 de julio de 2016.

58. Marie Brenner, «After the Gold Rush», *Vanity Fair*, septiembre de 1990.

59. Mayer, «Donald Trump's Ghostwriter Tells All».

60. Romano, «Donald Trump, Holding All the Cards».

61. Ron Rosenbaum, «Trump: The Ultimate Deal», *Manhattan, Inc.*, noviembre de 1985.

62. Maureen Dowd, «The Summit; As "Gorby" Works the Crowd, Backward Reels the K.G.B.», *The New York Times*, 11 de diciembre de 1987.

63. Paula Span, «From the Archives: When Trump Hoped to Meet Gorbachev in Manhattan», *The Washington Post*, 3 de diciembre de 1988.

64. Bill Sternberg, «The Presidential Gambit: New York Contributors Push Favors, Not Ideology», *Crain's New York Business*, 9 de noviembre de 1987.

65. «A Trump Presidential Bid?», *The New York Times*, 14 de julio de 1987.

66. Fox Butterfield, «New Hampshire Speech Earns Praise for Trump», *The New York Times*, 23 de octubre de 1987.

67. John R. O'Donnell con James Rutherford, *Trumped!: The Inside Story of the Real Donald Trump*, Hertford (Carolina del Norte), Crossroad Press, 1992.

68. Entrevista de Phil Donahue a Donald Trump, *The Phil Donahue Show*, NBC, 15 de diciembre de 1987.

69. Nancy Benac, «Trump and Nixon Were Pen Pals in the '80s. Here Are Their Letters», Associated Press, 23 de septiembre de 2020.

70. Lisa Gray, «The Night Trump Shook Hands with Nixon in Houston», *Houston Chronicle*, 10 de noviembre de 2019.

71. Benac, «Trump and Nixon Were Pen Pals in the '80s».

72. Eric Bradner, «Trump Says Bush 41 Adviser Approached Him About Becoming VP», CNN, 8 de noviembre de 2015.

73. Michael Kruse, «"This Is What I Want": Why Trump Needs a Packed Convention», *Politico*, 28 de mayo de 2020.

74. Adam Davidson, «What Donald Trump Doesn't Unders-

tand About "the Deal"», *The New York Times Magazine*, 17 de marzo de 2016.

6. VACAS FLACAS

1. William H. Meyers, «Stalking the Plaza», *The New York Times Magazine*, 25 de septiembre de 1988.
2. *Ibid.*
3. Robert J. Cole, «Plaza Hotel Is Sold to Donald Trump for $390 Million», *The New York Times*, 27 de marzo de 1988.
4. Meyers, «Stalking the Plaza».
5. Cole, «Plaza Hotel Is Sold to Donald Trump for $390 Million».
6. Michael Shnayerson, «Inside Ivana's Role in Donald Trump's Empire», *Vanity Fair*, 2 de enero de 1988.
7. Rose Mary Pedersen Budge, «Ivana Trump: Plaza "Queen" Exudes Grace Under Pressure», *Deseret News*, 4 de junio de 1989.
8. Jason Guerrasio, «Donald Trump "Bullied" His Way into "Home Alone" Sequel, Says Director», *Insider*, 12 de noviembre de 2020.
9. Thomas J. Lueck, «Celebrities Open Wallets to Fight Trump's Project», *The New York Times*, 30 de septiembre de 1987.
10. Gwenda Blair, *The Trumps: Three Generations That Built an Empire*, Nueva York, Simon & Schuster, 2000.
11. Michael Kruse, «The Lost City of Trump», *Politico*, 29 de junio de 2018.
12. Wayne Barrett, *Trump: The Deals and the Downfall*, Nueva York, HarperCollins, 1992.
13. Thomas J. Lueck, «Trump City Site May Be Sold, Developer Says», *The New York Times*, 13 de octubre de 1988.
14. Barrett, *Trump: The Deals and the Downfall*.
15. Monci Jo Williams, «Will Donald Trump Own the World?», *Fortune*, 21 de noviembre de 1988.

16. Agis Salpukas, «American Air Gets Trump Bid of $7.5 Billion», *The New York Times*, 6 de octubre de 1989.

17. Lois Morgan, «Why Doesn't Roy Cohn Pay His Bills?», *The Village Voice*, 5 de julio de 1976.

18. Suzette Parmley, «A Troubled Empire: Trump Gambled on Junk Bonds, and Lost», *The Philadelphia Inquirer*, 11 de agosto de 2004.

19. Nina J. Easton, «Merv Griffin's Outrageous Fortune: When Millionaire Griffin Took on Billionaire Trump, They Said It Was a Mismatch. They Were Wrong», *Los Angeles Times*, 24 de julio de 1988.

20. Wayne Barrett, «The Seduction of Mario Cuomo», *The Village Voice*, 14 de enero de 1992.

21. John R. O'Donnell con James Rutherford, *Trumped!: The Inside Story of the Real Donald Trump*, Hertford (Carolina del Norte), Crossroad Press, 1992.

22. Entrevista de Nancy Collins a Donald Trump y Marla Maples, *Primetime Live*, 10 de marzo de 1994.

23. Donald J. Trump con Charles Leerhsen, *Trump: Surviving at the Top*, Nueva York, Random House, 1990.

24. Maureen Orth, «The Heart of the Deal: The Love Story of Marla Maples and Donald Trump», *Vanity Fair*, noviembre de 1990.

25. *Ibid.*

26. O'Donnell, *Trumped!*

27. David Cay Johnston, Michael E. Ruane y Mike Schurman, «Three Top Trump Casino Executives, Two Others Die in Helicopter Crash», *The Philadelphia Inquirer*, 11 de octubre de 1989.

28. O'Donnell, *Trumped!*

29. Dana Schuster, «Ivana Trump on How She Advises Donald—and Those Hands», *New York Post*, 3 de abril de 2016.

30. Orth, «The Heart of the Deal».

31. O'Donnell, *Trumped!*

32. Michael Vitez, «Trump Taj Mahal Opening in 1990: "It's Beautiful, but It's Too Large"», *The Philadelphia Inquirer*, 5 de abril de 1990.

33. O'Donnell, *Trumped!*.

34. *Ibid.*

35. Blair, *The Trumps*.

36. Michael Kranish y Marc Fisher, *Trump Revealed: An American Journey of Ambition, Ego, Money, and Power*, Nueva York, Scribner, 2016.

37. «Securities Analyst Marvin Roffman "Renegotiates" Life After Trump», *The Press of Atlantic City*, 15 de julio de 1990.

38. Trump, *Trump: Surviving at the Top*.

39. Dan Alexander, «Why We Took Trump Off the Forbes 400 During His Decade of Tax Losses», *Forbes*, 8 de mayo de 2019.

40. David Folkenflik, «Donald Trump Still Tormented by "Spy" Magazine Founders», NPR, 7 de marzo de 2016.

41. Susan Orlean, «Trumporama on Fifth», *Spy*, septiembre de 1987.

42. Bruce Feirstein, «Trump's War on "Losers": The Early Years», *Vanity Fair*, 12 de agosto de 2015.

43. Folkenflik, «Donald Trump Still Tormented By "Spy" Magazine Founders».

44. Walter Kravetz, «Trumpty-Dumpty?; Making Music; "Crime and Punishment"», *The MacNeil/Lehrer NewsHour*, PBS, 19 de junio de 1990, <https://americanarchive.org/catalog/cpb-aaci-p_507-rn3028q89f>.

45. Brendan J. O'Reilly, «Abraham Wallach Was Sued, Then Hired, by Donald Trump», *The Southampton Press*, 29 de agosto de 2018.

46. Alan Feuer, «For Donald Trump, Friends in Few Places», *The New York Times*, 11 de marzo de 2016.

47. Stratford P. Sherman y Mark D. Fefer, «Donald Trump Just Won't Die», *Fortune*, 13 de agosto de 1990.

48. Tom Furlong, «Trump Misses a $42-Million Casino Bond Payment: The Developer's Woes Worsened When Japanese Banks Balked at a Bailout Plan. Rescue Talks Continue», *Los Angeles Times*, 16 de junio de 1990.

49. «Employees Rally for Trump», *The Press of Atlantic City*, 17 de junio de 1990.

50. Martha Gross, «"The Donald" Revels on His 44th», *South Florida Sun-Sentinel*, 20 de junio de 1990.

51. «Employees Rally for Trump».

52. Gross, «"The Donald" Revels on His 44th».

53. *Ibid.*

54. Christopher Massie, «A Reporter Spent the Night in Jail for Sneaking into Donald Trump's Birthday Party», *BuzzFeed*, 13 de mayo de 2016.

55. Liz Smith, «Splitsville?», *New York Daily News*, 11 de febrero de 1990.

56. Marc Fisher, «How Liz Smith Invented Donald Trump», *The Washington Post*, 13 de noviembre de 2017.

57. Liz Smith, «Liz Smith: I Think I Invented the Trumps, Part II», *New York Social Diary*, 25 de agosto de 2015.

58. Maureen Dowd, «Cindy Adams, Gossip's G.O.A.T.», *The New York Times*, 7 de agosto de 2021.

59. Fisher, «How Liz Smith Invented Donald Trump».

60. Howard Kurtz, «Marla Has Her Say About Ivana», *The Washington Post*, 25 de julio de 1990.

61. Kranish y Fisher, *Trump Revealed*.

62. Trump, *Trump: Surviving at the Top*.

63. Sydney H. Schanberg, «When Publicity-Mongers Seek Privacy», *Newsday*, 6 de marzo de 1990.

64. James Barron, «Trumps Get Divorce; Next, Who Gets What?», *The New York Times*, 12 de diciembre de 1990.

65. Doug Vaughan y Harry Berkowitz, «Trumps Settle: $14M», *Newsday*, 24 de marzo de 1991.

66. Neil Barsky, «Negative Net Worth of $294 Million Is Shown for Trump», *The Wall Street Journal*, 16 de agosto de 1990.

67. «Trump Dad Reportedly Helped Son with $3 Million Chip Buy», Associated Press, 21 de enero de 1991.

68. «Trump Says Payments Made On Trump Castle», Associated Press, 17 de diciembre de 1990.

69. «Trump Dad Reportedly Helped Son with $3 Million Chip Buy».

70. Michael Kruse, «The 5 People Who Could Have Stopped Trump», *Politico*, 1 de noviembre de 2019.

71. Neil Barsky, «Shaky Empire: Trump's Bankers Join to Seek Restructuring of Developer's Assets», *The Wall Street Journal*, 4 de junio de 1990.

72. Neil Barsky, «On the Ropes: Trump Could Face Big Personal Liability if Empire Collapses», *The Wall Street Journal*, 18 de junio de 1990.

73. Neil Barsky, «Trump May Have to Borrow Funds from His Father», *The Wall Street Journal*, 31 de mayo de 1991.

74. David Barstow, Susanne Craig y Russ Buettner, «Trump Engaged in Suspect Tax Schemes as He Reaped Riches from His Father», *The New York Times*, 2 de octubre de 2018.

75. Donald J. Trump y Kate Bohner, *Trump: The Art of the Comeback*, Nueva York, Times Books, 1997.

76. Neil Barsky, «Trump, the Bad, Bad Businessman», *The New York Times*, 5 de agosto de 2016.

77. Howard Kurtz, «Media Notes», *The Washington Post*, 10 de junio de 1991.

78. Julie Baumgold, «Mr. Lucky and the Champs: Going to the Big Fight with Donald Trump», *New York*, 15 de febrero de 1988.

79. Shawn Tully, «Donald Trump: An Ex-Loser Is Back in the Money», *Fortune*, 22 de julio de 1996.

80. Timothy L. O'Brien, *TrumpNation: The Art of Being the Donald*, Nueva York, Warner Books, 2005.

81. David Barstow, Susanne Craig, Russ Buettner y Megan Twohey, «Donald Trump Tax Records Show He Could Have Avoided Taxes for Nearly Two Decades, The Times Found», *The New York Times*, 1 de octubre de 2016.

82. Barrett, *Trump: The Deals and the Downfall*.

83. Entrevista de Callie Wiser a Jack O'Donnell, *The Frontline Interview*, PBS, 27 de septiembre de 2016.

84. Vaughan y Berkowitz, «Trumps Settle: $14M».

85. «Chapter 11 for Taj Mahal», Reuters, 18 de julio de 1991.

86. David Carpenter, «Trump Relinquishes Half of Swank Plaza Hotel as Part of Debt Restructuring», Associated Press, 18 de marzo de 1992.

87. David S. Hilzenrath y Michelle Singletary, «Trump Went Broke, but Stayed on Top», *The Washington Post*, 29 de noviembre de 1992.

88. Harry Berkowitz, «Strip Poker: Trump Is Running Out of Chips», *Newsday*, 21 de abril de 1991.

7. Bonitas y enrevesadas

1. «Marla Maples Debuts in "Will Rogers"», *The Washington Post*, 3 de agosto de 1992.

2. Alessandra Stanley, «Maples in Spotlight on Opening Night», *The New York Times*, 4 de agosto de 1992.

3. Michael Paulson, «For a Young Donald J. Trump, Broadway Held Sway», *The New York Times*, 16 de marzo de 2016.

4. Entrevista de Nancy Collins a Donald Trump y Marla Maples, *Primetime Live*, ABC News, 10 de marzo de 1994.

5. Mervyn Rothstein, «"Yonkers" and "Will Rogers" Win the Top Tony Awards», *The New York Times*, 3 de junio de 1991.

6. Stanley, «Maples in Spotlight on Opening Night».

7. «Marla Maples Debuts in "Will Rogers"».

8. Stanley, «Maples in Spotlight on Opening Night».

9. Beth Healy, «A Boston Bank Lent Millions to Trump. It Wasn't Smooth Sailing», *The Boston Globe*, 4 de octubre de 2016.

10. Mark Seal, «How Donald Trump Beat Palm Beach Society and Won the Fight for Mar-a-Lago», *Vanity Fair*, 27 de diciembre de 2016.

11. Michael Daly, «The Guy Trump Called "Fat Jerry" Is Chairman Nadler Now», *The Daily Beast*, 5 de marzo de 2019.

12. David W. Dunlap, «Hong Kong Investors Finance a Trump Project», *The New York Times*, 1 de julio de 1994.

13. Mary McAleer Vizard, «In the Region/Westchester;

Trump Pushes 2 Golf Projects Long in Negotiation», *The New York Times*, 11 de abril de 1999.

14. «40 Wall Street Is Sold to Trump», Bloomberg, 7 de diciembre de 1995.

15. Beth Whitehouse, «Dumped by Trump», *Newsday*, 11 de febrero de 2004.

16. Liz Trotta, «Trump Says Talk of His Demise Is Greatly Exaggerated; As Plaza Slips Away, Lion Roars at Those Who Say He's Finished», *The Washington Times*, 18 de abril de 1995.

17. Monci Jo Williams, «Trump's Troubles», *Fortune*, 18 de diciembre de 1989.

18. «Company News; Trump Plaza to Sell Notes, in Bid to End Bank Scrutiny», Bloomberg, 23 de febrero de 1993.

19. «Trump Castle Refinancing», Bloomberg, 29 de diciembre de 1993.

20. Floyd Norris, «Trump Plaza Casino Stock Trades Today on Big Board», *The New York Times*, 7 de junio de 1995.

21. Brendan J. O'Reilly, «Abraham Wallach Was Sued, Then Hired, by Donald Trump», *The Southampton Press*, 29 de agosto de 2018.

22. Allyson Chiu, «Matthew Calamari, Trump's Longtime Bodyguard, Goes Viral After Michael Cohen Hearing. He's Real, and He Loves Trump», *The Washington Post*, 28 de febrero de 2019.

23. Alex Witchel, «At Home With: Marla Maples; Cinderella, with Both of Her Shoes», *The New York Times*, 20 de agosto de 1992.

24. Donald J. Trump, «I'm Back», *The New York Times Magazine*, 19 de noviembre de 1995.

25. Robert Klara, «Yes, It Was Donald Trump Who First Introduced Pizza Hut's Stuffed Crust to the World», *Adweek*, 22 de septiembre de 2016.

26. Norris, «Trump Plaza Casino Stock Trades Today on Big Board».

27. Karen Springen, «The Donald Goes West», *Newsweek*, 14 de marzo de 1999.

28. «Trump Buys 3 Beauty Pageants», *Los Angeles Times*, 24 de octubre de 1996.

29. Jennifer Steinhauer, «Her Cheekbones (High) or Her Name (Trump)?», *The New York Times*, 17 de agosto de 1997.

30. Nick Kirkpatrick y Justin Wm. Moyer, «How Donald Trump Resurrected Miss USA—and Is Fighting to Keep It Alive», *The New York Times*, 13 de julio de 2015.

31. Don Sider, «Party Time at Mar-a-Lago», *South Florida Sun-Sentinel*, 18 de junio de 1995.

32. Alexander Alter, «E. Jean Carroll Accuses Trump of Sexual Assault in Her Memoir», *The New York Times*, 21 de junio de 2019.

33. Lisa Birnbach, «Mi Casa Es Su Casa», *New York*, 12 de febrero de 1996.

34. Wayne Barrett, «Donald Trump's History with Women: Adultery, Objectification», *New York Daily News*, 17 de abril de 2016.

35. Georgia Dullea, «Vows; It's a Wedding Blitz for Trump and Maples», *The New York Times*, 21 de diciembre de 1993.

36. George Rush y Don Gentile, «A Trump(ed)-Up Story: Marla Denies Tale of Fla. Tryst», *New York Daily News*, 27 de abril de 1996.

37. Peter Baker y Maggie Haberman, «"I Don't Talk" That Way, Trump Says. Except When He Does», *The New York Times*, 7 de septiembre de 2018.

38. Bruce Weber, «Donald and Marla Are Headed for Divestiture», *The New York Times*, 3 de mayo de 1997.

39. «Best Sellers: December 21, 1997», *The New York Times*, 21 de diciembre de 1997.

40. Peter J. Wilson, «When Donald Trump's Empire Crashed He Was Snubbed by One-Time Friends. Now He's Back on Top... With a Thirst for Revenge», *Daily Mirror*, 25 de enero de 1998.

41. Mark Singer, «Trump Solo», *The New Yorker*, 12 de mayo de 1997.

42. Mark Singer, «Best Wishes, Donald», *The New Yorker*, 26 de abril de 2011.

43. Mark Singer, «Trump Solo».

8. La América que merecemos

1. Antonio Fins, «Donald Trump in Palm Beach: A 30-Year Timeline», *The Palm Beach Post*, 3 de febrero de 2017.

2. Mary McAleer Vizard, «In the Region/Westchester; Trump Pushes 2 Golf Projects Long in Negotiation», *The New York Times*, 11 de abril de 1999.

3. Lisa W. Foderaro, «Trump Drops Golf Course in Favor of Homes», *The New York Times*, 27 de marzo de 2004.

4. Elsa Brenner, «In the Region/Westchester; Trump Takes a Golf Project from Rough to Fairway», *The New York Times*, 10 de junio de 2001.

5. Joseph Berger, «Westchester Prosecutor's Husband Is Indicted», *The New York Times*, 24 de febrero de 1999.

6. Devin Leonard, «Trump's Garish Golf Course Plan Disrupts Quiet Westchester Town», *The New York Observer*, 5 de abril de 1999.

7. Corey Kilgannon, «Development; The Course That Trump Built», *The New York Times*, 30 de junio de 2002.

8. Chris Smith, «Clash of the Titans», *New York*, 16 de febrero de 1998.

9. Fox Butterfield, «Trump Hints of Dreams Beyond Building», *The New York Times*, 5 de octubre de 1987.

10. Manuel Roig-Franzia, «The Time Donald Trump's Empire Took on a Stubborn Widow—and Lost», *The Washington Post*, 9 de septiembre de 2015.

11. Paul Schwartzman, «She Kicks Sand in Trump's Face; Sneers at the Donald's Bucks», *New York Daily News*, 26 de julio de 1998.

12. Russ Buettner y Charles V. Bagli, «How Donald Trump Bankrupted His Atlantic City Casinos, but Still Earned Millions», *The New York Times*, 11 de junio de 2016.

13. Steve Lohr, «Trump Hotels Settles Case Accusing It of Misleading Investors», *The New York Times*, 17 de enero de 2002.

14. Neil Roland, «Trump Hotels Settles Case of "Misleading" Accounting», Bloomberg, 17 de enero de 2002.

15. David Lightman, «Trump Criticizes Pequots, Casino», *Hartford Courant*, 6 de octubre de 1993.

16. *Ibid.*

17. *Ibid.*

18. Rosalind S. Helderman, «How Donald Trump Tried—and Failed—to Open a Casino in Florida», *The Washington Post*, 19 de septiembre de 2015.

19. Nancy Plevin, «Trump Suing U.S. Over Indian Gaming Rights», Associated Press, 3 de mayo de 1993.

20. Eamon Javers, «Trump's Angry Apprentice», Bloomberg, 12 de diciembre de 2005.

21. Michael Daly, «The True Story of Donald Trump's Florida Casino Fail», *The Daily Beast*, 14 de abril de 2017.

22. Jeremy Diamond, «Jeb Bush: The Man Who Killed Trump's Casino Dreams», CNN, 1 de septiembre de 2015.

23. Robert Little, «Trump Sues Cordish Co. over Fla. Casino Project», *The Baltimore Sun*, 13 de enero de 2005.

24. David W. Dunlap, «Hong Kong Investors Finance a Trump Project», *The New York Times*, 1 de julio de 1994.

25. Michael Daly, «The Guy Trump Called "Fat Jerry" Is Chairman Nadler Now», *The Daily Beast*, 5 de marzo de 2019.

26. Wayne Barrett, «Peas in a Pod: The Long and Twisted Relationship Between Donald Trump and Rudy Giuliani», *New York Daily News*, 4 de septiembre de 2016.

27. Daly, «The Guy Trump Called "Fat Jerry" Is Chairman Nadler Now».

28. Dareh Gregorian, «It's No Peach of a Deal—Marla Settles with Donald for Mere $2M», *New York Post*, 9 de junio de 1999.

29. Julia Ioffe, «Melania Trump on Her Rise, Her Family Secrets, and Her True Political Views: "Nobody Will Ever Know"», *GQ*, 27 de abril de 2016.

30. Yamiche Alcindor y Maggie Haberman, «Circling the

Square of President Trump's Relationship with Race», *The New York Times*, 17 de agosto de 2017.

31. *Ibid.*

32. Angela Mosconi, «Trump Patriarch Eulogized as Great Builder», *New York Post*, 30 de junio de 1999.

33. Jason Horowitz, «Fred Trump Taught His Son the Essentials of Showboating Self-Promotion», *The New York Times*, 12 de agosto de 2016.

34. Mosconi, «Trump Patriarch Eulogized as Great Builder».

35. Gwenda Blair, *The Trumps: Three Generations That Built an Empire*, Nueva York, Simon & Schuster, 2000.

36. Mosconi, «Trump Patriarch Eulogized as Great Builder».

37. Heidi Evans, «Inside Trumps' Bitter Battle», *New York Daily News*, 19 de diciembre de 2000.

38. Erica Orden, «Mary Trump Sues President and His Siblings for Fraud, Calling It the Family "Way of Life"», CNN, 24 de septiembre de 2020.

39. David Shiflett, «Trump's No Chump», *The American Spectator*, febrero de 2000.

40. Paul Bond, «Roger Stone: There's a Difference Between Dirty Tricks and Just Being Stupid (Q&A)», *The Hollywood Reporter*, 23 de mayo de 2017.

41. Steve Kornacki, «When Trump Ran Against Trump-ism: The 1990s and the Birth of Political Tribalism in America», NBC News, 2 de octubre de 2018.

42. Gerald Posner, «Perot, Alone», *The New York Times Magazine*, 22 de septiembre de 1996.

43. Pam Belluck, «The 1998 Elections: The States—The Maverick; A "Bad Boy" Wrestler's Unscripted Upset», *The New York Times*, 5 de noviembre de 1998.

44. Kornacki, «When Trump Ran Against Trump-ism».

45. *Larry King Live*, entrevista de Larry King a Donald Trump, 8 de octubre de 1999.

46. Joel Siegel, «Perfect Sales Pitch for Trump, Talk of Presi-

dency May Mean Big Bucks», *New York Daily News*, 14 de octubre de 1999.

47. Jerry Useem, «What Does Donald Trump Really Want?», *Fortune*, 3 de abril de 2000.

48. David Freedlander, «An Oral History of Donald Trump's Almost Run for President in 2000», *New York*, 11 de octubre de 2018.

49. Entrevista de Tim Russert a Donald Trump, *Meet the Press*, 24 de octubre de 1999.

50. Entrevista de Larry King a Donald Trump, *Larry King Live*, 8 de octubre de 1999.

51. Francis X. Clines, «Trump Quits Grand Old Party for New», *The New York Times*, 25 de octubre de 1999.

52. Marie Brenner, «After the Gold Rush», *Vanity Fair*, septiembre de 1990.

53. Clines, «Trump Quits Grand Old Party for New».

54. Freedlander, «An Oral History of Donald Trump's Almost Run for President in 2000».

55. Useem, «What Does Donald Trump Really Want?».

56. David Weigel, «Pro-Cruz PAC Resurrects 1999 Trump Support of Abortion», *The Washington Post*, 25 de enero de 2016.

57. Michael E. Miller, «"It's Insanity!": How the "Brooks Brothers Riot" Killed the 2000 Recount in Miami», *The Washington Post*, 15 de noviembre de 2018.

58. Dana Canedy y Dexter Filkins, «Counting the Vote: Miami-Dade County; A Wild Day in Miami, with an End to Recounting, and Democrats' Going to Court», *The New York Times*, 23 de noviembre de 2000.

59. Jeffrey Toobin, «The Dirty Trickster», *The New Yorker*, 23 de mayo de 2008.

60. Linda Qiu, «Trump's Misleading Claim That He Warned About Osama Bin Laden», *The New York Times*, 19 de noviembre de 2018.

61. Entrevista telefónica con Donald Trump, WWOR/UPN 9 News, 11 de septiembre de 2001.

62. *Ibid.*

63. Philip Bump, «On 9/11, Trump Pointed out He Now Had the Tallest Building in Lower Manhattan. He Didn't», *The Washington Post*, 11 de septiembre de 2018.

64. Michael Balsamo y Nancy Benac, «Trump's 9/11 Narrative: Memory and Hyperbole, 15 Years Later», Associated Press, 20 de abril de 2016.

65. Entrevista con Donald Trump, NBC News, 13 de septiembre de 2001.

66. N. R. Kleinfeld, «A Nation Challenged: The Ladder Company; In Stopping to Save Woman, Rescuers Saved Themselves», 28 de septiembre de 2001.

67. Amy Sherman, «Donald Trump Says He Spent a Lot Time with 9/11 Responders. Here Are the Facts», *PolitiFact*, 30 de julio de 2019.

68. Aaron Cooper, «Meet Donald Trump's Air Fleet», CNN, 23 de julio de 2015.

69. Jennifer Steinhauer, «Giuliani Used Trump's Plane for Weekend Visit to Israel», *The New York Times*, 11 de diciembre de 2001.

70. Victoria Gotti, «I Was Plane Scared Flying Last Week», *New York Post*, 23 de septiembre de 2001.

71. Abby Ellin, «"Survivor" Meets Millionaire, and a Show Is Born», *The New York Times*, 19 de octubre de 2003.

72. Patrick Radden Keefe, «How Mark Burnett Resurrected Donald Trump as an Icon of American Success», *The New York Times*, 27 de diciembre de 2018.

73. Michael M. Grynbaum y Ashley Parker, «Donald Trump the Political Showman, Born on "The Apprentice"», *The New York Times*, 16 de julio de 2016.

74. Allan Smith, «All the President's Yankees: How Trump's Long Affair with the Team Foreshadowed His Presidency», NBC News, 19 de octubre de 2019.

75. Marcia Kramer, «George Trumps Donald», *New York Daily News*, 9 de febrero de 1984.

76. Bill Carter, «The Challenge! The Pressure! The Donald!», *The New York Times*, 4 de enero de 2004.

77. Suzette Parmley, «A Troubled Empire: Trump Gambled on Junk Bonds, and Lost», *The Philadelphia Inquirer*, 11 de agosto de 2004.

78. «"Apprentice" May Come to Broadway», Associated Press, 18 de enero de 2005.

79. Keefe, «How Mark Burnett Resurrected Donald Trump as an Icon of American Success».

80. *Ibid.*

9. UN SUPERVIVIENTE MEDIÁTICO

1. Charles V. Bagli, «Against All Odds, a Complicated Casino Proposal Advances», *The New York Times*, 17 de abril de 2000.

2. Joseph Tanfani, «Trump Was Once So Involved in Trying to Block an Indian Casino That He Secretly Approved Attack Ads», *Los Angeles Times*, 30 de junio de 2016.

3. Richard Pérez-Peña, «State Commission Investigates Trump Effort to Stop Casino», *The New York Times*, 18 de julio de 2000.

4. «Trump, Associates Detail Campaign», Associated Press, 29 de noviembre de 2000.

5. Richard Pérez-Peña, «Senate Bill Poses New Threat to Proposed Catskill Casino», *The New York Times*, 13 de junio de 2000.

6. Fredric U. Dicker, «Trump Hired Firm to Probe Gov's Aide: Paid 61G in Casino "Research"», *New York Post*, 29 de diciembre de 2000.

7. Charles V. Bagli, «Trump and Others Accept Fines for Ads in Opposition to Casinos», *The New York Times*, 6 de octubre de 2000.

8. Leslie Eaton, «First Real Challenge in 20 Years for Manhattan District Attorney», *The New York Times*, 24 de febrero de 2005.

9. Wayne Barrett, «Rudy's Long History of Quashing Trump Probes», *The Village Voice*, 12 de octubre de 1993.

10. Laura Mansnerus, «Corporate Lawyer in New Jersey Is Chosen as Federal Prosecutor», *The New York Times*, 8 de diciembre de 2001.

11. Kate Zernike, «For Chris Christie and Donald Trump, Ties Go Back Years», *The New York Times*, 7 de marzo de 2016.

12. Chris Christie, *Let Me Finish: Trump, the Kushners, Bannon, New Jersey, and the Power of In-Your-Face Politics*, Nueva York, Hachette Books, 2019.

13. *Ibid.*

14. «Melania Knauss and Donald Trump Wed», *The New York Times*, 23 de enero de 2005.

15. Michael Callahan, «Trump's Wedding to Melania: Bill, Hill and Tons of Stars Hit the "Yuuuge" Affair», *The Hollywood Reporter*, 7 de abril de 2016.

16. «The Donald Weds 34 Year-Old Model», *Tampa Bay Times*, 23 de enero de 2005.

17. Jordyn Phelps, «Flashback: Donald Trump Called Bill Clinton's Accusers "Terrible" and "Unattractive" and Former President "Terrific"», ABC News, 9 de octubre de 2016.

18. Nancy Benac, «Trump and the Fifth Amendment: It's Complicated», Associated Press, 23 de mayo de 2017.

19. Maureen Dowd, «When Hillary and Donald Were Friends», *The New York Times Magazine*, 2 de noviembre de 2016.

20. Sam Weinman, «Once upon a Time, When Bill Clinton Needed a Golf Haven, He Turned to Donald Trump», *Golf Digest*, 4 de noviembre de 2016.

21. Marc Fisher, «Donald Trump Ignored His Agent and Did "The Apprentice". It Changed Everything», *The Washington Post*, 27 de enero de 2016.

22. Andrew Kaczynski, Chris Massie y Nate McDermott, «Donald Trump's Decades-Long History of Misogynistic Comments and Crude Sex Talk», CNN, 9 de octubre de 2016.

23. *Ibid.*

24. Entrevista de Howard Stern a Donald Trump, *The Howard Stern Show*, abril de 2010.

25. *Ibid.*

26. Maggie Haberman *et al.*, «Trump Employs an Old Tactic: Using Race for Gain», *The New York Times*, 20 de julio de 2019.

27. Mark Dagostino y Brian Orloff, «Rosie Slams Trump, The Donald Fires Back», *People*, 20 de diciembre de 2006.

28. Richard Langford, «Donald Trump to Be Inducted into WWE Hall of Fame», *Bleacher Report*, 25 de febrero de 2013.

29. Aaron Oster, «Donald Trump and WWE: From "Wrestle-Mania" to the White House?», *Rolling Stone*, 1 de febrero de 2016.

30. *Ibid.*

31. Timothy L. O'Brien, *TrumpNation: The Art of Being the Donald*, Nueva York, Warner Books, 2005.

32. *Ibid.*

33. «Trump Sues Writer and Book Publisher», *The New York Times*, 25 de enero de 2006.

34. Nick Penzenstadler y Susan Page, «Exclusive: Trump's 3,500 Lawsuits Unprecedented for a Presidential Nominee», *USA Today*, 1 de junio de 2016.

35. Paul Farhi, «What Really Gets under Trump's Skin? A Reporter Questioning His Net Worth», *The Washington Post*, 8 de marzo de 2016.

36. David A. Fahrenthold y Robert O'Harrow jr., «In 2007, Trump Was Forced to Face His Own Falsehoods. And He Did, 30 Times», *The Washington Post*, 10 de agosto de 2016.

37. *Ibid.*

38. Ben Protess, William K. Rashbaum y Maggie Haberman, «Prosecutors Investigating Trump Focus on His Finance Chief», *Baltimore Sun*, 1 de marzo de 2021, <www.baltimoresun.com/news/nation-world/ct-aud-nw-nytprosecutorsinvestigatetrump-finance-chief-20210302-kzkfrajkaffnlezdjtm307niqi-story.html>.

39. David Enrich, «The Money Behind Trump's Money», *The New York Times*, 4 de febrero de 2020.

40. David Enrich, «A Mar-a-Lago Weekend and an Act of God: Trump's History with Deutsche Bank», *The New York Times*, 18 de marzo de 2019.

41. Jonathan O'Connell, David A. Fahrenthold y Jack Gillum, «As the "King of Debt", Trump Borrowed to Build His Empire. Then He Began Spending Hundreds of Millions in Cash», *The Washington Post*, 5 de mayo de 2018.

42. Michael Idov, «The Zone-Skirting Scheme and Shadowy Businessmen Behind the Trump Soho», *New York*, 28 de marzo de 2008.

43. Craig Karmin, «Trump SoHo Hotel Lender Plans to Put Property Up for Sale», *The Wall Street Journal*, 16 de septiembre de 2014.

44. Michael Hirsch, «How Russian Money Helped Save Trump's Business», *Foreign Policy*, 21 de diciembre de 2018.

45. Andrew Rice, «Felix Sater: Donald Trump's Original Russia Connection», *New York Magazine*, 3 de agosto de 2017.

46. Rosalind S. Helderman y Tom Hamburger, «Former Mafia-Linked Figure Describes Association with Trump», *The Washington Post*, 17 de mayo de 2016.

47. Idov, «The Zone-Skirting Scheme and Shadowy Businessmen Behind the Trump Soho».

48. Ana Swanson, «The Trump Network Sought to Make People Rich, but Left Behind Disappointment», *The Washington Post*, 23 de marzo de 2016.

49. Stevenson Swanson, «Trump Wants to School You», *Chicago Tribune*, 24 de mayo de 2005.

50. Charles V. Bagli, «Trump Group Selling West Side Parcel for $1.8 Billion», *The New York Times*, 1 de junio de 2005.

51. Farah Stockman y Keith Bradsher, «Donald Trump Soured on a Deal, and Hong Kong Partners Became Litigants», *The New York Times*, 30 de mayo de 2016.

52. Shawn Tully, «How Donald Trump Lucked into the Most Lucrative Deal of His Career», *Fortune*, 27 de abril de 2016.

53. Jim Tankersley y Mark Landler, «Trump's Love for Tariffs Began in Japan's '80s Boom», *The New York Times*, 15 de mayo de 2019.

54. Stockman y Bradsher, «Donald Trump Soured on a Deal».

55. Russ Buettner, Susanne Craig y Mike McIntire, «Trump's Taxes Show Chronic Losses and Years of Income Tax Avoidance», *The New York Times*, 27 de septiembre de 2020.

56. Bagli, «Trump and Others Accept Fines for Ads in Opposition to Casinos».

57. *Ibid.*

58. Patrick Healy, «In N.Y. Races, a Historic Sweep», *The New York Times*, 7 de noviembre de 2006.

59. «NY Gov. Spitzer Stands by "Steamroller" Boast», Reuters, 31 de enero de 2007.

60. Danny Hakim, «Spitzer's Staff Misused Police, Report Finds», *The New York Times*, 23 de julio de 2007.

61. Danny Hakim, «Politics Seen in Nasty Call to Spitzer's Father», *The New York Times*, 22 de agosto de 2007.

62. Danny Hakim y Nicholas Confessore, «Political Consultant Resigns After Allegations of Threatening Spitzer's Father», *The New York Times*, 23 de agosto de 2007.

63. Hakim, «Politics Seen in Nasty Call to Spitzer's Father».

64. Hakim y Confessore, «Political Consultant Resigns After Allegations of Threatening Spitzer's Father».

65. Jeffrey Toobin, «The Dirty Trickster», *The New Yorker*, 23 de mayo de 2008.

10. Ciento cuarenta caracteres

1. Amber Phillips, «Who Is Meredith McIver, the Trump Staffer Who Took the Fall for Melania's Speech?», *The Washington Post*, 20 de julio de 2016.

2. Tami Luhby, «Buffett: A Monkey Could Outperform Those Who Bet on Trump's Stock», CNN, 3 de agosto de 2016.

3. Floyd Norris, «Chapter 33 for Trump Casinos», *The New York Times*, 28 de noviembre de 2008.

4. David Enrich *et al.*, «How Trump Maneuvered His Way Out of Trouble in Chicago», *The New York Times*, 27 de octubre de 2020.

5. Michelle Lee, «Fact Check: Has Trump Declared Bankruptcy Four or Six Times?», *The Washington Post*, 26 de septiembre de 2016.

6. «The Donald vs. The Richard», *Forbes*, 29 de mayo de 2008.

7. «Facelift Changes Name, Theme of Trump's Castle, but Will It Help?», *Las Vegas Sun*, 25 de junio de 1997.

8. Wayne Parry, «Ex-Buyer Sues Trump Casinos for Failed Marina Deal», *Morning Call*, 29 de julio de 2009.

9. Jon Burstein, «Seminoles, Developer Settle Disputes», *South Florida Sun-Sentinel*, 18 de abril de 2007.

10. Donald Wittkowski, «Golden Nugget Owner Reveals Details of Trump Marina Purchase and $150 Million in Upgrade», *The Press of Atlantic City*, 15 de febrero de 2011.

11. Paul Tharp, «Trump Takes Lumps—No. 2 Exec, Nick Ribis, Jumps Sinking Ship», *New York Post*, 31 de mayo de 2000.

12. «Ivanka Trump Weds Jared Kushner», *The New York Times*, 24 de octubre de 2009.

13. Lizzie Widdicombe, «Ivanka Trump and Jared Kushner's Power Play», *The New Yorker*, 15 de agosto de 2016.

14. Michael Schwirtz, William K. Rashbaum y Danny Hakim, «Trump Foot Soldier Sidelined Under Glare of Russia Inquiry», *The New York Times*, 2 de julio de 2017.

15. Rebecca Ballhaus *et al.*, «"What's He Doing Here?": Inside Trump's Turbulent Relationship with Michael Cohen», *The Wall Street Journal*, 15 de junio de 2018.

16. Maureen Dowd, «When Hillary and Donald Were Friends», *The New York Times Magazine*, 2 de noviembre de 2016.

17. Mike Allen, «Trump Endorses McCain on Larry King», *Politico*, 17 de septiembre de 2008.

18. Michael Daly, «The Guy Trump Called "Fat Jerry" Is Chairman Nadler Now», *The Daily Beast*, 5 de marzo de 2019.

19. Aaron Blake, «Obama and Trump: The Ticktock of a Truly Bizarre Relationship», *The Washington Post*, 6 de marzo de 2017.

20. Michael Tesler, *Post-Racial or Most-Racial? Race and Politics in the Obama Era*, Chicago, University of Chicago Press, 2016.

21. McKay Coppins, «Inside the Fraternity of Haters and Losers Who Drove Donald Trump to the GOP Nomination», *Buzz-Feed*, 17 de julio de 2016.

22. Lucy Madison, «Donald Trump: I'm "Absolutely Thinking About" Running for President», CBS News, 5 de octubre de 2010.

23. Jeffrey Toobin, «The Dirty Trickster», *The New Yorker*, 23 de mayo de 2008.

24. Matthew Goldstein *et al.*, «Bannon Made Millions in Shaping Right-Wing Thought», *The New York Times*, 31 de marzo de 2017.

25. Jeremy W. Peters, «Carl Paladino, a Conservative, Joins Governor's Race», *The New York Times*, 5 de abril de 2010.

26. Danny Hakim, «Roger Stone Plays Role in Two Opposing Campaigns», *The New York Times*, 11 de agosto de 2010.

27. *Ibid.*

28. Michael Barbaro, «Many Top Paladino Aides Have Checkered Pasts», *The New York Times*, 28 de septiembre de 2010.

29. Michael M. Grynbaum, «Spitzer Resigns, Citing Personal Failings», *The New York Times*, 12 de marzo de 2008.

30. Danny Hakim y Jeremy W. Peters, «David Paterson Drops Out of New York Governor's Race», *The New York Times*, 26 de febrero de 2010.

31. Amy Driscoll, «Spitzer Miami Tryst Alleged; A GOP Strategist Said He Alerted the FBI Months Ago That New York Gov. Eliot Spitzer Hired Prostitutes», *Miami Herald*, 22 de marzo de 2008.

32. Kenneth Lovett, «New York State GOP Gubernatorial Hopeful Carl Paladino Has 10-Year-Old Love Child», *New York Daily News*, 4 de abril de 2010.

33. Nicholas Confessore, «Racist E-Mail Tied to Candidate for Governor», *The New York Times*, 12 de abril de 2010.

34. Jaya Saxena, «Paladino on Emails: "I'm Not a Racist"», *Gothamist*, 13 de abril de 2010.

35. Ralph Blumenthal y Sharaf Mowjood, «Muslim Prayers Fuel Spiritual Rebuilding Project by Ground Zero», *The New York Times*, 8 de diciembre de 2009.

36. Spencer Ackerman, «How the "Ground Zero Mosque" Meltdown Set the Table for Trump», *Vanity Fair*, 9 de agosto de 2021.

37. Rick Lazio, «Who's Paying for the Ground Zero Islamic Center?», CNN, 23 de julio de 2010.

38. Russell Goldman, «Republican Pol Warns of Playing "Political Football" with "Ground Zero Mosque"», ABC News, 17 de agosto de 2010.

39. Sumathi Reddy y Tamer El-Ghobashy, «Donald Trump Offers to Buy Out Investor in Islamic Center and Mosque Near Ground Zero», *The Wall Street Journal*, 9 de septiembre de 2010.

40. David M. Halbfinger y Michael Barbaro, «Paladino Stuns N.Y. G.O.P. with Victory», *The New York Times*, 14 de septiembre de 2010.

41. Roger Stone, «Why Trump Should Run in 2012», *The Stone Zone* (blog), 14 de diciembre de 2010.

11. LA MENTIRA QUE LE PROPULSÓ

1. Jonathan Martin y Maggie Haberman, «Romney Dominates GOP Cash Dash», *Politico*, 24 de junio de 2011.

2. Chris Moody, «How Gay Conservatives Helped Launch Donald Trump», CNN, 3 de marzo de 2016.

3. Donald J. Trump, «Elton John's Wedding», *The Trump Blog* (blog), 22 de diciembre de 2005.

4. Maggie Haberman y Jonathan Martin, «Surprise! Trump Tees Up», *Politico*, 10 de febrero de 2011.

5. Entrevista de Tim Russert a Donald Trump, *Meet the Press*, 24 de octubre de 1999.

6. Ben Smith y Byron Tau, «Birtherism: Where It All Began», *Politico*, 22 de abril de 2011.

7. Michael Scherer, «The Men Behind the Dueling Draft Donald Trump Websites», *Time*, 12 de abril de 2011.

8. «G.O.P. Seeks Out Trump», Associated Press, 7 de julio de 1987.

9. Entrevista de Ashley Banfield a Donald Trump, *Good Morning America*, 17 de marzo de 2011.

10. Ashley Parker y Steve Eder, «Inside the Six Weeks Donald Trump Was a Nonstop "Birther"», *The New York Times*, 2 de julio de 2016.

11. Entrevista de Jason M. Breslow a Roger Stone, *The Frontline Interview*, PBS, 27 de septiembre de 2016.

12. Michael C. Bender, *«Frankly, We Did Win This Election»: The Inside Story of How Trump Lost*, Nueva York, Hachette Books, 2021.

13. Ben Smith, «Trump's Birther Play», *Politico*, 28 de marzo de 2011.

14. Dana Milbank, «Andrew Breitbart and the Rifts on the Right», *The Washington Post*, 21 de abril de 2011.

15. Zachary Pleat, «Coulter Ignores Conservative Media Promoting Birtherism», Media Matters for America, 12 de abril de 2011.

16. Jonathan Strong, «Donald Trump's Birth Certificate Strategy», *The Daily Caller*, 24 de marzo de 2011.

17. Entrevista de Meredith Vieira a Donald Trump, *Today*, 7 de abril de 2011.

18. Jess Henig, «Born in the U.S.A.», FactCheck.org, 21 de agosto de 2008.

19. Juana Summers, «The Donald to Headline Iowa GOP Dinner», *Politico*, 23 de marzo de 2011.

20. Maggie Haberman y Alexander Burns, «Donald Trump's Presidential Run Began in an Effort to Gain Stature», *The New York Times*, 12 de marzo de 2016.

21. Alan Rappeport, «In Philadelphia, a Brash Ex-Mayor Draws Comparisons to Donald Trump», *The New York Times*, 24 de abril de 2016.

22. Haberman y Burns, «Donald Trump's Presidential Run Began in an Effort to Gain Stature».

23. Josh Dawsey y John Wagner, «George Conway, Kellyanne Conway's Husband, Called "Total Loser" by Trump», *The Washington Post*, 19 de marzo de 2019.

24. Maggie Haberman y Ben Smith, «What's Donald Trump Really After?», *Politico*, 18 de abril de 2011.

25. David A. Fahrenthold y Danielle Rindler, «Searching for Evidence of Trump's Personal Giving», *The Washington Post*, 18 de agosto de 2016.

26. Alex Leary, «That Time Donald Trump Met the Tea Party in Florida and Saw the Path to 2016», *Tampa Bay Times*, 11 de septiembre de 2016.

27. *Ibid.*

28. Michael D. Shear, «Obama Releases Long-Form Birth Certificate», *The New York Times*, 27 de abril de 2011.

29. Haberman y Burns, «Donald Trump's Presidential Run Began in an Effort to Gain Stature».

30. Roxanne Roberts, «I Sat Next to Donald Trump at the Infamous 2011 White House Correspondents' Dinner», *The Washington Post*, 28 de abril de 2016.

31. Haberman y Burns, «Donald Trump's Presidential Run Began in an Effort to Gain Stature».

32. Helen Kennedy, «Donald Trump Not Amused by Obama's Jokes at White House Correspondents Dinner; "Honored" by Insults», *New York Daily News*, 1 de mayo de 2011.

33. «Trump Not Running for President», CNN, 16 de mayo de 2011.

34. Jeff Zeleny, «Romney Wins G.O.P. Primary in New Hampshire», *The New York Times*, 10 de enero de 2012.

35. «Mormon Voters a Key in Nevada—They're for Romney», Associated Press, 2 de febrero de 2012.

36. Reid J. Epstein, «Trump Endorses Mitt», *Politico*, 2 de febrero de 2012.

37. Domenico Montanaro, «#TBT: For Trump and Romney,

What Happened in Vegas, Stayed in Vegas», NPR, 27 de agosto de 2015.

38. McKay Coppins, «Inside the Fraternity of Haters and Losers Who Drove Donald Trump to the GOP Nomination», *Buzz-Feed*, 17 de julio de 2016.

39. Michael Cohen, *Disloyal: A Memoir*, Nueva York, Skyhorse Publishing, 2020.

40. Philip Bump, «2012 Was Closer to Being the Year of Trump Than You Might Remember», *The Washington Post*, 6 de noviembre de 2015.

41. Emily Schultheis, «Trump's Moment in Fla. Spotlight», *Politico*, 26 de agosto de 2012.

42. David Corn, «Secret Video: Romney Tells Millionaire Donors What He REALLY Thinks of Obama Voters», *Mother Jones*, 17 de septiembre de 2012.

43. Megan Twohey y Steve Eder, «How a Pageant Led to a Trump Son's Meeting with a Russian Lawyer», *The New York Times*, 10 de julio de 2017.

44. Michael Crowley, «When Donald Trump Brought Miss Universe to Moscow», *Politico*, 15 de mayo de 2016.

45. *Ibid.*

46. Kenneth P. Vogel, «The Trump Dossier: What We Know and Who Paid for It», *The New York Times*, 25 de octubre de 2017.

47. Andrea Bernstein *et al.*, «How Ivanka Trump and Donald Trump, Jr., Avoided a Criminal Indictment», *The New Yorker*/ProPublica/WNYC, 4 de octubre de 2017.

48. James C. McKinley jr., «Vance Returned Trump Lawyer's Donation After Reporters' Questions», *The New York Times*, 4 de octubre de 2017.

49. Bernstein *et al.*, «How Ivanka Trump and Donald Trump, Jr., Avoided a Criminal Indictment».

50. Alan Feuer, «Trump University Made False Claims, Lawsuit Says», *The New York Times*, 24 de agosto de 2013.

51. Lauren McGaughy, «Greg Abbott's Top Consumer Attor-

neys Built a $5.4M Case Against Donald Trump, but It Never Happened», *The Dallas Morning News*, 2 de junio de 2016.

52. Patrick Svitek, «In Texas, Trump U Shut Down After State Scrutiny», *The Texas Tribune*, 2 de junio de 2016.

53. Jeff Horwitz y Michael Biesecker, «Trump University Model: Sell Hard, Demand to See a Warrant», Associated Press, 2 de junio de 2012.

54. Feuer, «Trump University Made False Claims, Lawsuit Says».

55. Michael Gormley, «Donald Trump Files 2 Ethics Complaints Against N.Y. Attorney General», Associated Press, 24 de diciembre de 2013.

56. Kevin Sack y Steve Eder, «New Records Shed Light on Donald Trump's $25,000 Gift to Florida Official», *The New York Times*, 14 de septiembre de 2016.

57. David A. Fahrenthold, «Trump Previously Donated $6,000 to Kamala D. Harris's Campaigns», *The Washington Post*, 12 de agosto de 2020.

58. Matthew Artz, «Trump University Investigation Could Explain Donald Trump's Political Donations to Kamala Harris», *The Mercury News*, 8 de septiembre de 2016.

59. Peter Nicholas, «Donald Trump Walks Back His Past Praise of Hillary Clinton», *The Wall Street Journal*, 29 de julio de 2015.

60. Ben Schreckinger, «"Oh, No": The Day Trump Learned to Tweet», *Politico*, 20 de diciembre de 2018.

61. *Ibid.*

62. *Ibid.*

63. Michael Barbaro, «Pithy, Mean and Powerful: How Donald Trump Mastered Twitter for 2016», *The New York Times*, 5 de octubre de 2015.

64. Fredric U. Dicker, «GOPers Eye Donald Trump for Governor Run», *New York Post*, 14 de octubre de 2013.

65. Joshua Green, *Devil's Bargain: Steve Bannon, Donald Trump, and the Storming of the Presidency*, Nueva York, Penguin Press, 2017.

66. Jason Noble, «Terry Branstad Re-Elected to Historic Sixth Term», *Des Moines Register*, 5 de noviembre de 2014.

67. Jonathan Weisman y Ashley Parker, «Election Results: Republicans Win Senate Control with at Least 7 New Seats», *The New York Times*, 4 de noviembre de 2014.

68. Sarah Wheaton y Michael D. Shear, «Blunt Report Says G.O.P. Needs to Regroup for '16», *The New York Times*, 18 de marzo de 2013.

69. Greg Sargent, «Tom Cotton: Terrorists Collaborating with Mexican Drug Cartels to Infiltrate Arkansas», *The Washington Post*, 7 de octubre de 2014.

70. David McCabe, «Roberts Links Ebola, ISIS to Border Security», *The Hill*, 15 de octubre de 2014.

12. APORTA O APARTA

1. James Hohmann, «Scott Walker Huddles with Donald Trump», *Politico*, 20 de febrero de 2015.

2. Robert Costa y Anne Gearan, «Donald Trump Talked Politics with Bill Clinton Weeks Before Launching 2016 Bid», *The Washington Post*, 5 de agosto de 2015.

3. Roger Stone, «Why Trump Should Run in 2012», *The Stone Zone* (blog), 14 de diciembre de 2010.

4. David Weigel, «Pro-Cruz PAC Resurrects 1999 Trump Support of Abortion», *The Washington Post*, 25 de enero de 2016.

5. Dean DeChiaro, «On Immigration, McCain Leaves a Roadmap», *Roll Call*, 27 de agosto de 2018.

6. Fox Butterfield, «New Hampshire Speech Earns Praise for Trump», *The New York Times*, 23 de octubre de 1987.

7. Julie Hirschfeld Davis y Peter Baker, «How the Border Wall Is Boxing Trump In», *The New York Times*, 5 de enero de 2019.

8. Ashley Parker y Steve Eder, «Inside the Six Weeks Donald Trump Was a Nonstop "Birther"», *The New York Times*, 2 de julio de 2016.

9. «Donald Trump Donates $25,000 to Slam Jam», *New York Amsterdam News*, 25 de septiembre de 2013.

10. Annie Karni y Maggie Haberman, «Jeffrey Epstein Was a "Terrific Guy", Donald Trump Once Said. Now He's "Not a Fan"», *The New York Times*, 9 de julio de 2019.

11. Ronan Farrow, «Donald Trump, the Playboy Model Karen McDougal, and a System for Concealing Infidelity», *The New Yorker*, 16 de febrero de 2018.

12. Alexander Burns, «Donald Trump, Pushing Someone Rich, Offers Himself», *The New York Times*, 16 de junio de 2015.

13. Michael Barbaro y Jonathan Martin, «Jeb Bush Announces White House Bid, Saying "America Deserves Better"», *The New York Times*, 15 de junio de 2015.

14. Entrevista de Bill O'Reilly a Donald Trump, *The O'Reilly Factor*, 16 de junio de 2015.

15. David Stout y Kenneth N. Gilpin, «Trump Is Selling Plaza Hotel to Saudi and Asian Investors», *The New York Times*, 12 de abril de 1995.

16. Entrevista de Bill O'Reilly a Donald Trump, *The O'Reilly Factor*, 16 de junio de 2015.

17. Michael Barbaro, Maggie Haberman y Jonathan Martin, «Can't Fire Him: Republican Party Frets over What to Do with Donald Trump», *The New York Times*, 9 de julio de 2015.

18. Karen Tumulty, Philip Rucker y Robert Costa, «GOP Leaders Fear Damage to Party's Image as Donald Trump Doubles Down», *The Washington Post*, 8 de julio de 2015.

19. Jonathan Martin y Alan Rappeport, «Donald Trump Says John McCain Is No War Hero, Setting Off Another Storm», *The New York Times*, 18 de julio de 2015.

20. Nick Gass, «McCain: Trump "Fired Up the Crazies"», *Politico*, 16 de julio de 2015.

21. Jean Song, «Sen. Lindsey Graham to Donald Trump: "Stop Being a Jackass"», CBS News, 21 de julio de 2015.

22. Nick Gass y Adam B. Lerner, «Donald Trump Gives Out Lindsey Graham's Cellphone Number», *Politico*, 21 de julio de 2015.

23. Daniel Strauss, «Donald Trump 2016: Gawker Publishes Trump's Phone Number», *Politico*, 3 de agosto de 2015.

24. Julie Pace y Jeff Horwitz, «In Business and Politics, Trump Stokes Internal Rivalries», Associated Press, 28 de mayo de 2016.

25. Joshua Green y Sasha Issenberg, «Inside the Trump Bunker, with 12 Days to Go», Bloomberg, 27 de octubre de 2016.

26. Corey R. Lewandowski y David N. Bossie, *Let Trump Be Trump: The Inside Story of His Rise to the Presidency*, Nueva York, Center Street/Hachette, 2017.

27. Hunter Walker, «Sam Nunberg's "Racist" Facebook Posts», *Insider*, 31 de julio de 2015.

28. Gabriel Sherman, «The Trump Campaign Has Descended into Civil War—Even Ivanka Has Gotten Involved», *New York*, 6 de agosto de 2015.

29. Jonathan Martin y Maggie Haberman, «Hand-Wringing in G.O.P. After Donald Trump's Remarks on Megyn Kelly», *The New York Times*, 8 de agosto de 2015.

30. Robert Costa, «Trump Ends Relationship with Longtime Political Adviser Roger Stone», *The Washington Post*, 8 de agosto de 2015.

31. David Folkenflik, «Univision Anchor Jorge Ramos Removed from Trump Press Conference», NPR, 26 de agosto de 2015.

32. Josh Robin, «Scuffle Between Trump Staffers, Protesters Dims Anticipated Campaign Announcement», NY1, 4 de septiembre de 2015.

33. Ashley Parker, «Jeb Bush Sprints to Escape Donald Trump's "Low Energy" Label», *The New York Times*, 29 de diciembre de 2016.

34. Adam Edelman, «Donald Trump Hits Rand Paul on His Looks During GOP 2016 Debate», *New York Daily News*, 16 de septiembre de 2015.

35. Paul Solotaroff, «Trump Seriously: On the Trail with the GOP's Tough Guy», *Rolling Stone*, 9 de septiembre de 2015.

36. Gregory Krieg, «Trump Likens Carson's "Pathology" to That of a Child Molester», CNN, 12 de noviembre de 2015.

37. Jessica Taylor, «Trump: I'm "Totally Pledging" My Allegiance to the Republican Party», NPR, 3 de septiembre de 2015.

13. LA GENTE DICE

1. Alissa J. Rubin y Elian Peltier, «The Paris Attacks, 2 Years Later: Quiet Remembrance and Lasting Impact», *The New York Times*, 13 de noviembre de 2017.

2. Eric Schmitt, «As ISIS Loses Land, It Gains Ground in Overseas Terror», *The New York Times*, 3 de julio de 2016.

3. Consejo de redacción, «Mr. Trump Spreads Dangerous Lies About Syrian Refugees», *The Washington Post*, 17 de noviembre de 2015.

4. Gregory Krieg, «Donald Trump: "Strongly Consider" Shutting Mosques», CNN, 16 de noviembre de 2015.

5. Hunter Walker, «Donald Trump Has Big Plans for "Radical Islamic" Terrorists, 2016 and "That Communist" Bernie Sanders», Yahoo News, 19 de noviembre de 2015.

6. Vaughn Hillyard, «Donald Trump's Plan for a Muslim Database Draws Comparison to Nazi Germany», NBC News, 19 de noviembre de 2015.

7. «CNN Newsroom with Brooke Baldwin», CNN, 20 de noviembre de 2015, <www.cnn.com/TRANSCRIPTS/1511/20/cnr.08.html>.

8. Maggie Haberman y Richard Pérez-Peña, «Donald Trump Sets Off a Furor with Call to Register Muslims in the U.S.», *The New York Times*, 20 de noviembre de 2015.

9. Charlie Spiering, «Donald Trump: "Media Proposed Muslim Database, Not Me"», *Breitbart*, 20 de noviembre de 2015.

10. John Nolte, «Muslim Registry: Rope-Me-Hillary-Haberman Lies About Trump on NYT Front Page», *Breitbart*, 21 de noviembre de 2015.

11. Jordyn Phelps, «Donald Trump Again Says He Saw Cheering in New Jersey on 9/11», ABC News, 22 de noviembre de 2015.

12. Serge F. Kovaleski y Fredrick Kunkle, «Northern New Jersey Draws Probers' Eyes», *The Washington Post*, 18 de septiembre de 2001.

13. Glenn Kessler, «Donald Trump's Revisionist History of Mocking a Disabled Reporter», *The Washington Post*, 2 de agosto de 2016.

14. *Ibid.*

15. Michael S. Schmidt y Richard Pérez-Peña, «F.B.I. Treating San Bernardino Attack as Terrorism Case», *The New York Times*, 4 de diciembre de 2015.

16. Colin Campbell, «Trump: San Bernardino Shooting Looks Like "Islamic Disaster"», *Insider*, 3 de diciembre de 2015.

17. Patrick Healy y Michael Barbaro, «Donald Trump Calls for Barring Muslims from Entering U.S.», *The New York Times*, 7 de diciembre de 2015.

18. Philip Bump, «Meet Frank Gaffney, the Anti-Muslim Gadfly Reportedly Advising Donald Trump's Transition Team», *The Washington Post*, 16 de noviembre de 2016.

19. Jerry Markon, «Experts: Trump's Muslim Entry Ban Idea "Ridiculous", "Unconstitutional"», *The Washington Post*, 7 de diciembre de 2015.

20. Alan Rappeport, «Ben Carson Sinks on Doubts About His Foreign Policy», *The New York Times*, 2 de diciembre de 2015.

21. Jonathan Martin y Maggie Haberman, «Hand-Wringing in G.O.P. After Donald Trump's Remarks on Megyn Kelly», *The New York Times*, 8 de agosto de 2015.

22. Maggie Haberman y Thomas Kaplan, «Evangelicals See Donald Trump as Man of Conviction, If Not Faith», *The New York Times*, 18 de enero de 2016.

23. Nick Corasaniti, «Donald Trump Quotes Scripture, Sort of, at Liberty University Speech», *The New York Times*, 18 de enero de 2016.

24. Alice Robb, «When Doug and Ashley Benefield Started a Ballet Company, It Wasn't Supposed to End in Death», *Vanity Fair*, 2 de septiembre de 2021.

25. Haberman y Kaplan, «Evangelicals See Donald Trump as Man of Conviction, If Not Faith».

26. Sarah Pulliam Bailey, «Donald Trump Almost Put Money in the Communion Plate at a Church in Iowa», *The Washington Post*, 1 de febrero de 2016.

27. Maggie Haberman y Thomas Kaplan, «Donald Trump Delivers Flurry of Flattery in Iowa», *The New York Times*, 31 de enero de 2016.

28. Jenna Johnson, «Donald Trump: They Say I Could "Shoot Somebody" and Still Have Support», *The Washington Post*, 23 de enero de 2016.

29. Philip Rucker, Dan Balz y Jenna Johnson, «Trump Says He Won't Participate in GOP Debate on Fox News», *The Washington Post*, 26 de enero de 2016.

30. Mark Joyella, «Fox News Accuses Trump Campaign Manager of Threatening Megyn Kelly», *Adweek*, 26 de enero de 2016.

31. David A. Fahrenthold, «What Ever Happened to All That Money Trump Raised for the Veterans?», *The Washington Post*, 3 de marzo de 2016.

32. *Ibid.*

33. Peter Eavis, «Putting Donald Trump's $1 Million for Veterans in Context», *The New York Times*, 1 de junio de 2016.

34. David A. Fahrenthold, «Trump Said He Raised $6 Million for Veterans. Now His Campaign Says It Was Less», *The Washington Post*, 21 de mayo de 2016.

35. David A. Fahrenthold, «Four Months After Fundraiser, Trump Says He Gave $1 Million to Veterans Group», *The Washington Post*, 24 de mayo de 2016.

36. Steve Eder, «New York Attorney General to Investigate Donald Trump's Nonprofit», *The New York Times*, 13 de septiembre de 2016.

37. Maggie Haberman y Alexander Burns, «Donald Trump's Presidential Run Began in an Effort to Gain Stature», *The New York Times*, 12 de marzo de 2016.

38. Nolan D. McCaskill, «Trump Urges Crowd to "Knock the

Crap out of" Anyone with Tomatoes», *Politico*, 1 de febrero de 2016.

39. Andrew Kaczynski, «Trump Says He'll Probably Sue Over Iowa Results, Accuses Cruz of "Voter Fraud"», *BuzzFeed*, 3 de febrero de 2016.

40. Tom McCarthy, «Donald Trump Claims Ted Cruz "Stole" Iowa Caucuses and Calls for New Election», *The Guardian*, 3 de febrero de 2016.

41. Jonathan Martin y Alexander Burns, «Donald Trump Wins South Carolina Primary; Cruz and Rubio Vie for 2nd», *The New York Times*, 20 de febrero de 2016.

42. Alexander Burns y Nick Corasaniti, «Donald Trump Wins Nevada Caucuses, Collecting Third Straight Victory», *The New York Times*, 23 de febrero de 2016.

43. Katie Glueck y Kyle Cheney, «Cruz and Kasich Team Up to Stop Trump», *Politico*, 24 de abril de 2016.

44. Alexander Burns y Maggie Haberman, «Chris Christie Drops Out of Presidential Race After New Hampshire Flop», *The New York Times*, 10 de febrero de 2016.

45. Michael Barbaro, Maggie Haberman y Ashley Parker, «Chris Christie Endorses Donald Trump and Calls Marco Rubio "Desperate"», *The New York Times*, 26 de febrero de 2016.

46. Jeremy Diamond *et al.*, «Chris Christie Endorses Donald Trump», CNN, 26 de febrero de 2016.

47. Andrew Kaczynski, «David Duke Urges His Supporters to Volunteer and Vote for Trump», *BuzzFeed*, 25 de febrero de 2016.

48. Tal Kopan, «Donald Trump Retweets "White Genocide" Twitter User», CNN, 22 de enero de 2016.

49. Glenn Kessler, «Donald Trump and David Duke: For the Record», *The Washington Post*, 1 de marzo de 2016.

50. Donald J. Trump, «What I Saw at the Revolution», *The New York Times*, 19 de febrero de 2000.

51. Erick Trickey, «Before QAnon, Ronald Reagan and Other Republicans Purged John Birch Society Extremists from the GOP», *The Washington Post*, 15 de enero de 2021.

14. Basta de robo

1. Susan B. Glasser, «Mike Pompeo, the Secretary of Trump», *The New Yorker*, 19 de agosto de 2019.

2. Elizabeth Crisp, «Donald Trump Calls GOP Primary Politics "Unfair", Challenges Louisiana Delegate Distribution», *Advocate*, 29 de marzo de 2016.

3. Andrew Kaczynski, «Trump Says He'll Probably Sue Over Iowa Results, Accuses Cruz of "Voter Fraud"», *BuzzFeed*, 3 de febrero de 2016.

4. Brian Naylor, «Trump's Threat to Sue over Louisiana Delegates Reveals Organizational Weakness», NPR, 29 de marzo de 2016.

5. Philip Rucker, Dan Balz y Jenna Johnson, «Trump Says He Won't Participate in GOP Debate on Fox News», *The Washington Post*, 26 de enero de 2016.

6. Maggie Haberman y Jonathan Martin, «Donald Trump Scraps the Usual Campaign Playbook, Including TV Ads», *The New York Times*, 24 de diciembre de 2015.

7. Maggie Haberman, Ashley Parker y Nick Corasaniti, «Donald Trump, in Switch, Turns to Republican Party for Fund-Raising Help», *The New York Times*, 9 de mayo de 2016.

8. David Bauder, «Trump's Penchant for Phone Interviews Draws Network Ire», Associated Press, 27 de marzo de 2016.

9. Robert Farley, «Does Romney Pay a Lower Rate in Taxes Than You?», FactCheck.org, 3 de agosto de 2012.

10. Mike Lowe, «24-Hour Vigil Precedes Protest at Donald Trump Rally in Chicago», WGN-TV, 11 de marzo de 2016.

11. Monica Davey y Julie Bosman, «Donald Trump's Rally in Chicago Canceled After Violent Scuffles», *The New York Times*, 11 de marzo de 2016.

12. Davey y Bosman, «Donald Trump's Rally in Chicago Canceled After Violent Scuffles».

13. Jonathan Martin y Alexander Burns, «Donald Trump Takes 3 States; John Kasich Wins Ohio», *The New York Times*, 15 de marzo de 2016.

14. Kyle Cheney, «Chaos Erupts on GOP Convention Floor After Voice Vote Shuts Down Never Trump Forces», *Politico*, 18 de julio de 2016.

15. Domenico Montanaro, «Tabloid Allegations Again Fly in a Political Campaign—And Why No One Can Look Away», NPR, 25 de marzo de 2016.

16. Glenn Kessler, «Trump's False Claim That the National Enquirer Story on Cruz's Father Was Not Denied», *The Washington Post*, 4 de mayo de 2016.

17. Glenn Thrush, «To Charm Trump, Paul Manafort Sold Himself as an Affordable Outsider», *The New York Times*, 8 de abril de 2017.

18. Warren Weaver jr. y E. J. Dionne jr., «Campaign Trail», *The New York Times*, 12 de mayo de 1998.

19. Alexander Burns y Maggie Haberman, «Donald Trump Hires Paul Manafort to Lead Delegate Effort», *The New York Times*, 28 de marzo de 2016.

20. Alexander Burns y Maggie Haberman, «Mystery Man: Ukraine's U.S. Fixer», *Politico*, 5 de marzo de 2014.

21. Manuel Roig-Franzia, «How Paul Manafort and Roger Stone Created the Mess Donald Trump Said He'd Drain», *The Washington Post*, 29 de noviembre de 2018.

22. Kate Zernike, «"Steady Hand" for the G.O.P. Guides McCain on a New Path», *The New York Times*, 13 de abril de 2008.

23. Matthew Mosk, «Top McCain Adviser Has Found Success Mixing Money, Politics», *The Washington Post*, 26 de junio de 2008.

24. Burns y Haberman, «Mystery Man: Ukraine's U.S. Fixer».

25. Tal Kopan, «Marco Rubio Drops Out of Presidential Campaign After Florida Loss», CNN, 16 de marzo de 2016.

26. Maureen Dowd, «Opinion: Trump Does It His Way», *The New York Times*, 2 de abril de 2016.

27. Dowd, «Opinion: Trump Does It His Way».

28. Brett Neely, «Trump Doesn't Own Most of the Products He Pitched Last Night», NPR, 9 de marzo de 2016.

29. Drew Griffin, Nelli Black y Curt Devine, «Thousands of

Trump University Students File to Get Their Money Back», CNN, 23 de marzo de 2017.

30. Reid J. Epstein, «Trump Attacks Federal Judge in Trump U Case», *The Wall Street Journal*, 27 de mayo de 2016.

31. Maureen Groppe, «What Trump Has Said About Judge Curiel», *The Indianapolis Star*, 11 de junio de 2016.

32. Eli Rosenberg, «Trump Disparaged "Mexican Judge" Gonzalo Curiel, Who Will Now Hear a Key Border Wall Case», *The Washington Post*, 5 de febrero de 2018.

33. *Ibid.*

34. Alan Yuhas, «Trump: "It's Possible, Absolutely" Muslim Judges Are Also Biased Against Me», *The Guardian*, 5 de junio de 2016.

35. Laurie Kellman, «GOP Leaders Warning Trump to Drop Attacks on Judge», Associated Press, 5 de junio de 2016.

36. Chris Christie, *Let Me Finish: Trump, the Kushners, Bannon, New Jersey, and the Power of In-Your-Face Politics*, Nueva York, Hachette Books, 2019.

37. Kellman, «GOP Leaders Warning Trump to Drop Attacks on Judge».

38. Maggie Haberman y Ashley Parker, «Donald Trump Hires Pollster as Campaign Strategist, Sources Say», *The New York Times*, 16 de mayo de 2016.

39. Alex Isenstadt, «Donald Trump 2016 Team in Talks with Veteran Ad Maker», *Politico*, 12 de noviembre de 2015.

40. Ashley Parker y Maggie Haberman, «Donald Trump's Campaign Stumbles as It Tries to Go Big», *The New York Times*, 27 de mayo de 2016.

41. Alex Isenstadt *et al.*, «Inside Trump's Stunning Upset Victory», *Politico*, 9 de noviembre de 2016.

42. Gabriel Sherman, «The Final Days of Trump's Unprecedented Campaign», *New York Magazine*, 29 de octubre de 2016.

43. Maggie Haberman, Alexander Burns y Ashley Parker, «Donald Trump Fires Corey Lewandowski, His Campaign Manager», *The New York Times*, 20 de junio de 2016.

44. Entrevista de Dana Bash a Corey R. Lewandowski, CNN, 20 de junio de 2016.

45. Neil Irwin, «Donald Trump's Economic Nostalgia», *The New York Times*, 28 de junio de 2016.

46. Ashley Killough, «Top Aide: Donald Trump Will Channel 1968 Richard Nixon in Speech», CNN, 18 de julio de 2016.

47. Alexander Burns y Maggie Haberman, «How Donald Trump Finally Settled on Mike Pence», *The New York Times*, 15 de julio de 2016.

48. Adam Kelsey, «Possible Trump VP Pick Flynn Supports Abortion Rights: "Women Have to Be Able to Choose"», ABC News, 10 de julio de 2016.

49. Alexander Burns y Maggie Haberman, «After Outbreaks of Violence, Donald Trump Strains to Project Leadership», *The New York Times*, 11 de julio de 2016.

50. Matt Rascon, Candice Nguyen y Jaspreet Kaur, «Donald Trump Holds Fundraiser in Rancho Santa Fe», NBC 7 San Diego, 14 de julio de 2016.

51. Eli Stokols, «Sen. Jeff Sessions Endorses Trump», *Politico*, 28 de febrero de 2016.

52. Christie, *Let Me Finish*.

53. *Ibid.*

54. *Ibid.*

55. Alexander Burns, Maggie Haberman y Ashley Parker, «Donald Trump Postpones Naming Running Mate», *The New York Times*, 14 de julio de 2016.

56. Patricia Murphy, «Trump to Pick Mike Pence, Says Source», *Roll Call*, 14 de julio de 2016.

57. Christie, *Let Me Finish*.

58. Rosie Gray, «Trump Ally Roger Stone Says He's Planning "Days of Rage" at the Convention», *BuzzFeed*, 1 de abril de 2016.

59. Nick Gass, «Roger Stone Threatens to Send Donald Trump Supporters to Delegate Hotel Rooms», *Politico*, 5 de abril de 2016.

60. Oliver Laughland, «Bill Clinton "Rape" T-Shirt Goes on Sale at Republican National Convention», *The Guardian*, 21 de julio de 2016.

61. Maggie Haberman, Danny Hakim y Nick Corasaniti, «How Republicans Are Trying to Use the Green Party to Their Advantage», *The New York Times*, 22 de septiembre de 2020.

62. Dana Milbank, «The Crazy Face of Trump's GOP», *The Washington Post*, 18 de julio de 2016.

63. «Transcript: Donald Trump Expounds on His Foreign Policy Views», entrevista de Maggie Haberman y David E. Sanger, 26 de marzo de 2016.

64. «Transcript: Donald Trump on NATO, Turkey's Coup Attempt and the World», entrevista de David E. Sanger y Maggie Haberman, 21 de julio de 2016.

65. Josh Rogin, «Trump Campaign Guts GOP's Anti-Russia Stance on Ukraine», *The Washington Post*, 18 de julio de 2016.

66. Tim Alberta, *American Carnage: On the Front Lines of the Republican Civil War and the Rise of President Trump*, Nueva York, HarperCollins, 2019.

67. Patrick Healy y Jonathan Martin, «Ted Cruz Stirs Convention Fury in Pointed Snub of Donald Trump», *The New York Times*, 20 de julio de 2016.

68. Jane Mayer, «Donald Trump's Ghostwriter Tells All», *The New Yorker*, 18 de julio de 2016.

69. Nicholas Fandos, «Trump Lawyer Sends "Art of the Deal" Ghostwriter a Cease-and-Desist Letter», *The New York Times*, 21 de julio de 2016.

70. Patrick Healy y Jonathan Martin, «Democrats Struggle for Unity on First Day of Convention», *The New York Times*, 25 de julio de 2016.

71. Michael D. Shear y Matthew Rosenberg, «Released Emails Suggest the D.N.C. Derided the Sanders Campaign», *The New York Times*, 22 de julio de 2016.

72. Michael S. Schmidt y Matt Apuzzo, «Inquiry Sought in

Hillary Clinton's Use of Email», *The New York Times*, 23 de julio de 2015.

73. Mark Landler y Eric Lichtblau, «F.B.I. Director James Comey Recommends No Charges for Hillary Clinton on Email», *The New York Times*, 5 de julio de 2016.

74. Landler y Lichtblau, «F.B.I. Director James Comey Recommends No Charges for Hillary Clinton on Email».

75. Jonathan Martin y Alan Rappeport, «Debbie Wasserman Schultz to Resign D.N.C. Post», *The New York Times*, 24 de julio de 2016.

76. David E. Sanger y Eric Schmitt, «Spy Agency Consensus Grows That Russia Hacked D.N.C.», *The New York Times*, 26 de julio de 2016.

77. Ashley Parker y David E. Sanger, «Donald Trump Calls on Russia to Find Hillary Clinton's Missing Emails», *The New York Times*, 27 de julio de 2016.

78. Michael Crowley y Tyler Pager, «Trump Urges Russia to Hack Clinton's Email», *Politico*, 27 de julio de 2016.

79. Transcripción de la entrevista de George Stephanopoulos a Donald Trump, el vicepresidente Joe Biden y el general retirado John Allen, *This Week*, 31 de julio de 2016.

80. Maggie Haberman y Richard A. Oppel jr., «Donald Trump Criticizes Muslim Family of Slain U.S. Soldier, Drawing Ire», *The New York Times*, 30 de julio de 2016.

81. Philip Bump, «Donald Trump Responds to the Khan Family: "Maybe She Wasn't Allowed to Have Anything to Say"», *The Washington Post*, 30 de julio de 2016.

82. Isabel Vincent, «Melania Trump Like You've Never Seen Her Before», *New York Post*, 30 de julio de 2016.

83. Entrevista de Brian Stelter a Jason Miller, *Reliable Sources*, CNN, 31 de julio de 2016, <www.cnn.com/TRANSCRIPTS/1607/31/rs.01.html>.

15. UNA CAMPAÑA DE CIENCIA FICCIÓN

1. Maggie Haberman y Ashley Parker, «Trump Aide Paul Manafort Promoted to Campaign Chairman and Chief Strategist», *The New York Times*, 19 de mayo de 2016.

2. Corey R. Lewandowski y David N. Bossie, *Let Trump Be Trump: The Inside Story of His Rise to the Presidency*, Nueva York, Center Street/Hachette, 2017.

3. *Ibid.*

4. Alexander Burns y Maggie Haberman, «Inside the Failing Mission to Tame Donald Trump's Tongue», *The New York Times*, 13 de agosto de 2016.

5. Joshua Green, *Devil's Bargain: Steve Bannon, Donald Trump, and the Storming of the Presidency*, Nueva York, Penguin Press, 2017.

6. Andrew E. Kramer, Mike McIntire y Barry Meier, «The Black Ledger in Ukraine Lists Cash for Trump's Campaign Chief», *The New York Times*, 14 de agosto de 2016.

7. Nicholas Confessore, «How One Family's Deep Pockets Helped Reshape Donald Trump's Campaign», *The New York Times*, 18 de agosto de 2016.

8. Confessore, «How One Family's Deep Pockets Helped Reshape Donald Trump's Campaign».

9. Michael Barbaro y Michael M. Grynbaum, «Stephen Bannon, a Rookie Campaign Chief Who "Loves the Fight"», *The New York Times*, 17 de agosto de 2016.

10. Matthew Rosenberg, Nicholas Confessore y Carole Cadwalladr, «How Trump Consultants Exploited the Facebook Data of Millions», *The New York Times*, 17 de marzo de 2018.

11. Joshua Green y Sasha Issenberg, «Inside the Trump Bunker, with 12 Days to Go», Bloomberg, 27 de octubre de 2016.

12. Robert Costa, «Trump Enlists Veteran Operative David Bossie as Deputy Campaign Manager», *The Washington Post*, 1 de septiembre de 2016.

13. Alexander Burns y Maggie Haberman, «Tensions Deepen

Between Donald Trump and R.N.C.», *The New York Times*, 2 de septiembre de 2016.

14. Matt Flegenheimer, «Hillary Clinton Says "Radical Fringe" Is Taking Over G.O.P. Under Donald Trump», *The New York Times*, 25 de agosto de 2016.

15. Richard Fausset, Alan Blinder y John Eligon, «Donald Trump's Description of Black America Is Offending Those Living in It», *The New York Times*, 24 de agosto de 2016.

16. Allison Graves, «Did Hillary Clinton Call African-American Youth "Superpredators"?», *PolitiFact*, 28 de agosto de 2016.

17. Jonathan O'Connell, «Eleven Things You Should Know About Trump's New D.C. Hotel, Even if You're Not Going to Go There», *The Washington Post*, 14 de septiembre de 2016.

18. Maggie Haberman y Alan Rappeport, «Trump Drops False "Birther" Theory, but Floats a New One: Clinton Started It», *The New York Times*, 16 de septiembre de 2019.

19. Ben Smith y Byron Tau, «Birtherism: Where It All Began», *Politico*, 22 de abril de 2011.

20. Nick Corasaniti y Maggie Haberman, «Donald Trump Unveils Plan for Families in Bid for Women's Votes», *The New York Times*, 13 de septiembre de 2016.

21. Jonathan Martin y Amy Chozick, «Hillary Clinton's Doctor Says Pneumonia Led to Abrupt Exit From 9/11 Event», *The New York Times*, 11 de septiembre de 2016.

22. Tamara Keith, «A Timeline of What Roger Stone Said—and When—in Relation to His Indictment», NPR, 25 de enero de 2019.

23. Nick Gass, «Donald Trump 2016: The Candidate Embraces Sensational Anti-Clinton Book by Former Aide Roger Stone», *Politico*, 14 de octubre de 2015.

24. Adam C. Smith, «Donald Trump Shakes Up His Florida Campaign Team, Puts Susie Wiles in Charge», *Tampa Bay Times*, 7 de septiembre de 2016.

25. Marc Caputo y Kyle Cheney, «How Trump Won Florida», *Politico*, 8 de noviembre de 2016.

26. Chris Christie, *Let Me Finish: Trump, the Kushners, Bannon, New Jersey, and the Power of In-Your-Face Politics*, Nueva York, Hachette Books, 2019.

27. Lewandowski y Bossie, *Let Trump Be Trump*.

28. Nick Gass, «Trump: Transgender People Can Use Whatever Bathroom They Want», *Politico*, 21 de abril de 2016.

29. Reena Flores, «Donald Trump Amends Stance on North Carolina Transgender Bathroom Law», CBS News, 22 de abril de 2016.

30. David A. Fahrenthold, «Trump Recorded Having Extremely Lewd Conversation About Women in 2005», *The Washington Post*, 8 de octubre de 2016.

31. Maggie Haberman y Jonathan Martin, «Trump Once Said the "Access Hollywood" Tape Was Real. Now He's Not Sure», *The New York Times*, 28 de noviembre de 2017.

32. Tim Alberta, «"Mother Is Not Going to Like This": The 48 Hours That Almost Brought Down Trump», *Politico*, 10 de julio de 2019.

33. Amy Chozick *et al.*, «Highlights from the Clinton Campaign Emails: How to Deal with Sanders and Biden», *The New York Times*, 10 de octubre de 2016.

34. Amy Chozick, Nicholas Confessore y Michael Barbaro, «Leaked Speech Excerpts Show a Hillary Clinton at Ease with Wall Street», *The New York Times*, 7 de octubre de 2016.

35. Alexander Burns, Maggie Haberman y Jonathan Martin, «Donald Trump Apology Caps Day of Outrage over Lewd Tape», *The New York Times*, 7 de octubre de 2016.

36. Brent Griffiths, «When Does Early Voting Start in Every State?», *Politico*, 21 de septiembre de 2016.

37. Jake Sherman, «Ryan "Sickened" by Trump, Joint Appearance Scrapped», *Politico*, 7 de octubre de 2016.

38. Alberta, «"Mother Is Not Going to Like This"».

39. Entrevista de Michael Kirk a Steve Bannon, *The Frontline Interview*, PBS, 17 de marzo de 2019.

40. Alberta, «"Mother Is Not Going to Like This"».

41. Christie, *Let Me Finish*.

42. Robert Costa, Dan Balz y Philip Rucker, «Trump Wanted to Put Bill Clinton's Accusers in His Family Box. Debate Officials Said No», *The Washington Post*, 10 de octubre de 2016.

43. Glenn Kessler, «The Facts About Hillary Clinton and the Kathy Shelton Rape Case», *The Washington Post*, 11 de octubre de 2016.

44. Costa, Balz y Rucker, «Trump Wanted to Put Bill Clinton's Accusers in His Family Box».

45. Ashley Parker, «Donald Trump, Slipping in Polls, Warns of "Stolen Election"», *The New York Times*, 13 de octubre de 2016.

46. Jonathan Martin y Alexander Burns, «Officials Fight Donald Trump's Claims of a Rigged Vote», *The New York Times*, 16 de octubre de 2016.

47. Kenneth P. Vogel, «Clinton Campaign and Democratic Party Helped Pay for Russia Trump Dossier», *The New York Times*, 24 de octubre de 2017.

48. Adam Goldman y Alan Rappeport, «Emails in Anthony Weiner Inquiry Jolt Hillary Clinton's Campaign», *The New York Times*, 28 de octubre de 2016.

16. EL MÁS LISTO

1. Matt Flegenheimer y Michael Barbaro, «Donald Trump Is Elected President in Stunning Repudiation of the Establishment», *The New York Times*, 9 de noviembre de 2016.

2. Edward-Isaac Dovere, «Obama Meets His Nemesis», *Politico*, 10 de noviembre de 2016.

3. Chris Christie, *Let Me Finish: Trump, the Kushners, Bannon, New Jersey, and the Power of In-Your-Face Politics*, Nueva York, Hachette Books, 2019.

4. Andrew Restuccia y Nancy Cook, «Trump Advisers Steamroll Christie's Transition», *Politico*, 15 de noviembre de 2016.

5. Michael D. Shear, Maggie Haberman y Michael S. Schmidt,

«Vice President-Elect Pence to Take Over Trump Transition Effort», *The New York Times*, 11 de noviembre de 2016.

6. Nancy Cook, «How Flynn—and the Russia Scandal—Landed in the West Wing», *Politico*, 11 de noviembre de 2017.

7. Jane Mayer, «The Danger of President Pence», *The New Yorker*, 16 de octubre de 2017.

8. Matthew Rosenberg y Maggie Haberman, «Michael Flynn, Anti-Islamist Ex-General, Offered Security Post, Trump Aide Says», *The New York Times*, 17 de noviembre de 2016.

9. Nathaniel Popper, «Goldman President Named Trump Adviser, Opening Door for Younger Executives», *The New York Times*, 12 de diciembre de 2016.

10. Maggie Haberman y Annie Karni, «Bloomberg Is Taunting Trump, and Trump Is Taking the Bait», *The New York Times*, 27 de enero de 2020.

11. Drew Harwell y Lisa Rein, «Who's Helping Pay for President-Elect Trump's Transition Effort? You Are», *The Washington Post*, 23 de noviembre de 2016.

12. Stephen Castle, «U.K. Rejects Donald Trump's Call for Nigel Farage to Be Made Ambassador», *The New York Times*, 22 de noviembre de 2016.

13. Mark Landler y David E. Sanger, «Trump Speaks with Taiwan's Leader, an Affront to China», *The New York Times*, 2 de diciembre de 2016.

14. Susanne Craig, Jo Becker y Jesse Drucker, «Jared Kushner, a Trump In-Law and Adviser, Chases a Chinese Deal», *The New York Times*, 7 de enero de 2017.

15. Katie Rogers, «Kanye West Visits Donald Trump», *The New York Times*, 13 de diciembre de 2016.

16. Dan Merica, «Trump Team Denies Skeptic Robert F. Kennedy Jr. Was Asked to Head Vaccine Commission», CNN, 10 de enero de 2017.

17. Michael M. Grynbaum y Sydney Ember, «Trump Summons TV Figures for Private Meeting», *The New York Times*, 21 de noviembre de 2016.

18. *Ibid.*

19. Paul Farhi, «Trump Dumps His Press Pool Again, Raising Concerns About Future Access», *The Washington Post*, 16 de noviembre de 2016.

20. Nathan Bomey, «Trump Slams Boeing Deal for New Air Force One», *USA Today*, 6 de diciembre de 2016.

21. Benjamin Weiser, «U.S. Attorneys Named for Manhattan and New Jersey», *The New York Times*, 15 de mayo de 2009.

22. C. J. Hughes, «Ex-Council President, Andrew Stein, Avoids Prison on Tax Evasion», *The New York Times*, 15 de marzo de 2011.

23. James Barron, «Ex-Borough President Andrew Stein Indicted», *The New York Times*, 27 de mayo de 2010.

24. Michael D. Shear y Maggie Haberman, «Rex Tillerson, Exxon C.E.O., Chosen as Secretary of State», *The New York Times*, 12 de diciembre de 2016.

25. Manuel Roig-Franzia, «How Alex Jones, Conspiracy Theorist Extraordinaire, Got Donald Trump's Ear», *The Washington Post*, 17 de noviembre de 2016.

26. Maggie Haberman y Jonathan Martin, «Trump Once Said the "Access Hollywood" Tape Was Real. Now He's Not Sure», *The New York Times*, 28 de noviembre de 2017.

27. John O. Brennan, «The Day I Met Donald Trump», *The Atlantic*, 1 de octubre de 2020.

28. Michael D. Shear y David E. Sanger, «Putin Led a Complex Cyberattack Scheme to Aid Trump, Report Finds», *The New York Times*, 6 de enero de 2017.

29. Brennan, «The Day I Met Donald Trump».

30. *Ibid.*

31. James R. Clapper, *Facts and Fears: Hard Truths from a Life in Intelligence*, Nueva York, Penguin Books, 2018.

32. *Ibid.*

33. Peter Nicholas, «Fusion GPS Execs Release New Book on Steele Dossier», *The Atlantic*, 21 de noviembre de 2019.

34. Evan Perez *et al.*, «Intel Chiefs Presented Trump with

Claims of Russian Efforts to Compromise Him», CNN, 10 de enero de 2017.

35. Clapper, *Facts and Fears*.

36. Ken Bensinger, Miriam Elder y Mark Schoofs, «These Reports Allege Trump Has Deep Ties to Russia», *BuzzFeed*, 10 de enero de 2017.

37. Jonathan Lemire, «Contents of Trump's Folders Spark Speculation», Associated Press, 12 de enero de 2017.

17. Digno de un presidente

1. Michael D. Shear y Emmarie Huetteman, «Trump Repeats Lie About Popular Vote in Meeting with Lawmakers», *The New York Times*, 23 de enero de 2017.

2. Sam Frizell, «Donald Trump: Chuck Schumer Interview on Dealing with Him», *Time*, 9 de febrero de 2017.

3. Rebecca Ballhaus, «Topping List of Senators Trump Has Supported: Chuck Schumer», *The Wall Street Journal*, 10 de noviembre de 2016.

4. Andrew Rice, «Jared Kushner's Rise to Unimaginable Power», *New York*, 8 de enero de 2017.

5. Shear y Huetteman, «Trump Repeats Lie About Popular Vote in Meeting with Lawmakers».

6. Glenn Thrush, «Trump's Voter Fraud Example: A Troubled Tale with Bernhard Langer», *The New York Times*, 25 de enero de 2017.

7. *Ibid.*

8. Eli Stokols, «Trump Brings Up Vote Fraud Again, This Time in Meeting with Senators», *Politico*, 10 de febrero de 2017.

9. Julie Hirschfeld Davis, «Trump Picks Voter ID Advocate for Election Fraud Panel», *The New York Times*, 11 de mayo de 2017.

10. Josh Dawsey y Ashley Parker, «"Everyone Signed One": Trump Is Aggressive in His Use of Nondisclosure Agreements, Even in Government», *The Washington Post*, 13 de agosto de 2018.

11. Julie Hirschfeld Davis *et al.*, «White House Job Requirement: Signing a Nondisclosure Agreement», *The New York Times*, 21 de marzo de 2018.

12. Michael D. Shear, Maggie Haberman y Alan Rappeport, «Donald Trump Picks Reince Priebus as Chief of Staff and Stephen Bannon as Strategist», *The New York Times*, 13 de noviembre de 2016.

13. *Ibid.*

14. Z. Byron Wolf, «Steve Bannon's White House Whiteboard Revealed», CNN, 3 de mayo de 2017.

15. Maeve Reston, «Inside Donald Trump's Tumultuous First 100 Days», CNN, 6 de abril de 2017.

16. Matthew Nussbaum *et al.*, «Annotating Steve Bannon's Whiteboard», *Politico*, 3 de mayo de 2017.

17. Glenn Thrush y Maggie Haberman, «Bannon Is Given Security Role Usually Held for Generals», *The New York Times*, 29 de enero de 2017.

18. Steven Bertoni, «Exclusive Interview: How Jared Kushner Won Trump the White House», *Forbes*, 20 de diciembre de 2016.

19. Peter Baker, Glenn Thrush y Maggie Haberman, «Jared Kushner and Ivanka Trump: Pillars of Family-Driven West Wing», *The New York Times*, 15 de abril de 2017.

20. Glenn Thrush, Maggie Haberman y Sharon LaFraniere, «Jared Kushner's Role Is Tested as Russia Case Grows», *The New York Times*, 28 de mayo de 2017.

21. Jodi Kantor, «For Kushner, Israel Policy May Be Shaped by the Personal», *The New York Times*, 11 de febrero de 2017.

22. Maggie Haberman, Jeremy W. Peters y Peter Baker, «In Battle for Trump's Heart and Mind, It's Bannon vs. Kushner», *The New York Times*, 6 de abril de 2017.

23. Thrush, Haberman y LaFraniere, «Jared Kushner's Role Is Tested as Russia Case Grows».

24. Rice, «Jared Kushner's Rise to Unimaginable Power».

25. Juliet Eilperin y Karen Tumulty, «Is Ivanka Trump a Passionate Political Advocate—or a Businesswoman Building Her Brand?», *The Washington Post*, 11 de diciembre de 2016.

26. Julia Preston y Jennifer Medina, «Immigrants Who Came to U.S. as Children Fear Deportation Under Trump», *The New York Times*, 19 de noviembre de 2016.

27. David Nakamura, Abby Phillip y Philip Rucker, «Trump Says He Is Open to Immigration Compromise Including Legal Status», *The Washington Post*, 28 de febrero de 2017.

28. Julian Aguilar, «Democrats Say Trump's Plan to Tie DACA Deal to Border Wall Dead on Arrival», *The Texas Tribune*, 9 de octubre de 2017.

29. Haberman, Peters y Baker, «In Battle for Trump's Heart and Mind, It's Bannon vs. Kushner».

30. Michael D. Shear y Ron Nixon, «How Trump's Rush to Enact an Immigration Ban Unleashed Global Chaos», *The New York Times*, 29 de enero de 2017.

31. Jonathan Blitzer, «How Stephen Miller Manipulates Donald Trump to Further His Immigration Obsession», *The New Yorker*, 21 de febrero de 2020.

32. Severin Carrell, Heather Stewart y Ben Jacobs, «Donald Trump to Visit UK on Day of EU Referendum Result», *The Guardian*, 1 de junio de 2016.

33. Tom McTague, «9 Trump Moments over Lunch with Theresa May», *Politico*, 28 de enero de 2017.

34. Peter Beaumont, «How Donald Trump's Hand-Holding Led to Panicky Call Home by Theresa May», *The Guardian*, 7 de febrero de 2021.

35. Maggie Haberman y Robert Pear, «Trump Tells Congress to Repeal and Replace Health Care Law "Very Quickly"», *The New York Times*, 10 de enero de 2017.

36. Michael D. Shear y Maggie Haberman, «From Trump's Mara-Lago to Facebook, a National Security Crisis in the Open», *The New York Times*, 13 de enero de 2017.

37. Steve Eder y Eric Lipton, «"It Is Unacceptable": Ethics

Doubts Swirl as Trump Club Doubles Fee», *The New York Times*, 25 de enero de 2017.

38. Shear y Haberman, «From Trump's Mar-a-Lago to Facebook».

39. Julie Hirschfeld Davis y Mark Landler, «Trump Nominates Neil Gorsuch to the Supreme Court», *The New York Times*, 31 de enero de 2017.

40. Daniel Dale, «"Central Casting": Trump Is Talking More Than Ever About Men's Looks», CNN, 13 de agosto de 2019.

41. Ashley Parker, Josh Dawsey y Robert Barnes, «Trump Talked About Rescinding Gorsuch's Nomination», *The Washington Post*, 19 de diciembre de 2017.

42. Jonathan Swan, «Donald Trump Is Obsessed with Revamping the "Terrible" FBI Building», *Axios*, 29 de julio de 2018.

43. Julie Hirschfeld Davis, David E. Sanger y Maggie Haberman, «Trump to Order Mexican Border Wall and Curtail Immigration», *The New York Times*, 24 de enero de 2017.

44. Karoun Demirjian, «Coats Confirmed as Nation's New Spy Chief», *The Washington Post*, 15 de marzo de 2017.

45. Jennifer Steinhauer y Michael D. Shear, «Dan Coats, the "Mister Rogers" Senator Poised to Be Intelligence Chief», *The New York Times*, 5 de enero de 2017.

46. James Carroll, «Sen. Dan Coats Sponsors Resolution to Penalize Russia for Actions in Ukraine», *The Louisville Courier-Journal*, 5 de marzo de 2014.

18. FLYNN LLEGA Y NO BESA EL SANTO

1. Matt Apuzzo y Emmarie Huetteman, «Sally Yates Tells Senators She Warned Trump About Michael Flynn», *The New York Times*, 8 de mayo de 2017.

2. Michael D. Shear, «Obama Warned Trump About Hiring Flynn, Officials Say», *The New York Times*, 8 de mayo de 2017.

3. Bryan Bender y Shane Goldmacher, «Trump's Favorite General», *Politico*, 8 de julio de 2016.

4. Greg Miller, Adam Entous y Ellen Nakashima, «National Security Adviser Flynn Discussed Sanctions with Russian Ambassador, Despite Denials, Officials Say», *The Washington Post*, 9 de febrero de 2017.

5. Matthew Rosenberg, Mark Mazzetti y Eric Schmitt, «In Trump's Security Pick, Michael Flynn, "Sharp Elbows" and No Dissent», *The New York Times*, 3 de diciembre de 2016.

6. Matthew Rosenberg y Maggie Haberman, «Michael Flynn, Anti-Islamist Ex-General, Offered Security Post, Trump Aide Says», *The New York Times*, 17 de noviembre de 2016.

7. Michael T. Flynn, «Our Ally Turkey Is in Crisis and Needs Our Support», *The Hill*, 8 de noviembre de 2016.

8. Charlie Savage, «How Michael Flynn May Have Run Afoul of the Law», *The New York Times*, 25 de mayo de 2017.

9. Matthew Rosenberg, Maggie Haberman y Eric Schmitt, «Trump Fires Adviser's Son from Transition for Spreading Fake News», *The New York Times*, 6 de diciembre de 2016.

10. German Lopez, «Pizzagate, the Fake News Conspiracy Theory That Led a Gunman to DC's Comet Ping Pong, Explained», *Vox*, 8 de diciembre de 2016.

11. David Ignatius, «Why Did Obama Dawdle on Russia's Hacking?», *The Washington Post*, 12 de enero de 2017.

12. Kate O'Keeffe y Farnaz Fassihi, «Inside the Trump Team's Push on Israel Vote That Mike Flynn Lied About», *The Wall Street Journal*, 5 de enero de 2018.

13. David E. Sanger, «Obama Strikes Back at Russia for Election Hacking», *The New York Times*, 29 de diciembre de 2016.

14. Lauren Gambino y Ben Jacobs, «Trump Praises Putin over US Sanctions—a Move That Puts Him at Odds with GOP», *The Guardian*, 30 de diciembre de 2016.

15. Salvador Rizzo, «Understanding the Twists and Turns in the Michael Flynn Case», *The Washington Post*, 7 de mayo de 2020.

16. Miller, Entous y Nakashima, «National Security Adviser Flynn Discussed Sanctions with Russian Ambassador».

17. Ignatius, «Why Did Obama Dawdle on Russia's Hacking?».

18. Entrevista de John Dickerson a Mike Pence, Joe Manchin y Newt Gingrich, transcripción de *Face the Nation*, 15 de enero de 2017.

19. Entrevista de Chuck Todd a Reince Priebus, *Meet the Press*, 15 de enero de 2017.

20. Apuzzo y Huetteman, «Sally Yates Tells Senators She Warned Trump About Michael Flynn».

21. *Ibid.*

22. *Ibid.*

23. Maggie Haberman, Michael S. Schmidt y Michael D. Shear, «Trump Says He Fired Michael Flynn "Because He Lied" to F.B.I.», *The New York Times*, 2 de diciembre de 2017.

24. Michael D. Shear *et al.*, «Trump Fires Acting Attorney General Who Defied Him», *The New York Times*, 30 de enero de 2017.

25. Miller, Entous y Nakashima, «National Security Adviser Flynn Discussed Sanctions with Russian Ambassador».

26. Maggie Haberman *et al.*, «Michael Flynn Resigns as National Security Adviser», *The New York Times*, 13 de febrero de 2017.

27. Chris Christie, *Let Me Finish: Trump, the Kushners, Bannon, New Jersey, and the Power of In-Your-Face Politics*, Nueva York, Hachette Books, 2019.

28. James R. Clapper, *Facts and Fears: Hard Truths from a Life in Intelligence*, Nueva York, Penguin Books, 2018.

29. Michael S. Schmidt, «In a Private Dinner, Trump Demanded Loyalty. Comey Demurred», *The New York Times*, 11 de mayo de 2017.

30. Jeffrey Toobin, «How Rudy Giuliani Turned into Trump's Clown», *The New Yorker*, 3 de septiembre de 2018.

31. Adam Entous, Ellen Nakashima y Greg Miller, «Sessions

Met with Russian Envoy Twice Last Year, Encounters He Later Did Not Disclose», *The Washington Post*, 1 de marzo de 2017.

32. Mark Landler y Eric Lichtblau, «Jeff Sessions Recuses Himself from Russia Inquiry», *The New York Times*, 2 de marzo de 2017.

33. Michael S. Schmidt y Julie Hirschfeld Davis, «Trump Asked Sessions to Retain Control of Russia Inquiry After His Recusal», *The New York Times*, 29 de mayo de 2018.

34. Eli Watkins, «"Unmasking", FISA and Other Terms to Help You Understand the Wiretapping Story», CNN, 23 de mayo de 2017.

35. Michael D. Shear y Michael S. Schmidt, «Trump, Offering No Evidence, Says Obama Tapped His Phones», *The New York Times*, 4 de marzo de 2017.

36. Joel B. Pollak, «Mark Levin to GOP: Investigate Obama's "Silent Coup" vs. Trump», *Breitbart*, 3 de marzo de 2017.

37. Colin Dwyer, «President Donald Trump Tweets Allegations That Obama Wiretapped Trump Tower, Produces No Proof», NPR, 4 de marzo de 2017.

38. Zack Beauchamp, «The Devin Nunes/Trump/Wiretapping Controversy, Explained», *Vox*, 23 de mayo de 2017.

39. Michael S. Schmidt y Maggie Haberman, «Mueller Has Early Draft of Trump Letter Giving Reasons for Firing Comey», *The New York Times*, 1 de septiembre de 2017.

40. Mike Levine, «In Scathing Draft of Letter Never Made Public, Trump Chided James Comey for "Erratic", "Self-Indulgent" Conduct», ABC News, 18 de enero de 2021.

41. Christie, *Let Me Finish*.

42. Peter Baker, «In Trump's Firing of James Comey, Echoes of Watergate», *The New York Times*, 9 de mayo de 2017.

43. Charlie Savage, «Deputy Attorney General's Memo Breaks Down Case Against Comey», *The New York Times*, 9 de mayo de 2017.

44. Matt Apuzzo, Maggie Haberman y Matthew Rosenberg, «Trump Told Russians That Firing "Nut Job" Comey Eased

Pressure from Investigation», *The New York Times*, 19 de mayo de 2017.

45. Entrevista de Lester Holt a Donald Trump, *NBC Nightly News*, 11 de mayo de 2017.

46. Michael S. Schmidt, «Comey Memo Says Trump Asked Him to End Flynn Investigation», *The New York Times*, 16 de mayo de 2017.

47. Rebecca R. Ruiz y Mark Landler, «Robert Mueller, Former F.B.I. Director, Is Named Special Counsel for Russia Investigation», *The New York Times*, 17 de mayo de 2017.

48. Dareh Gregorian, «Newly Released Documents Shed Light on Mueller-Trump Meeting», NBC News, 2 de diciembre de 2019.

49. Glenn Thrush y Julie Hirschfeld Davis, «Trump Picks Christopher Wray to Be F.B.I. Director», *The New York Times*, 7 de junio de 2017.

50. Michael S. Schmidt y Maggie Haberman, «Trump Ordered Mueller Fired, but Backed Off When White House Counsel Threatened to Quit», *The New York Times*, 25 de enero de 2018.

51. *Ibid.*

52. Michael S. Schmidt y Maggie Haberman, «Trump Humiliated Jeff Sessions After Mueller Appointment», *The New York Times*, 14 de septiembre de 2017.

53. Veronica Stracqualursi, «Priebus Says He Stopped Sessions from Resigning», CNN, 14 de febrero de 2018.

54. Schmidt y Haberman, «Trump Humiliated Jeff Sessions After Mueller Appointment».

55. «Excerpts from The Times's interview with Trump», entrevista de Peter Baker, Michael S. Schmidt y Maggie Haberman, *The New York Times*, 19 de julio de 2017.

56. Jo Becker, Adam Goldman y Matt Apuzzo, «Russian Dirt on Clinton: "I Love It", Donald Trump Jr. Said», *The New York Times*, 11 de julio de 2017.

57. Ashley Parker *et al.*, «Trump Dictated Son's Misleading

Statement on Meeting with Russian Lawyer», *The Washington Post*, 31 de julio de 2017.

58. Michael S. Schmidt y Adam Goldman, «Manafort's Home Searched as Part of Mueller Inquiry», *The New York Times*, 9 de agosto de 2017.

59. Matt Apuzzo y Maggie Haberman, «"I Did Not Collude", Kushner Says After Meeting Senate Investigators», *The New York Times*, 24 de julio de 2017.

60. Matthew Rosenberg, Mark Mazzetti y Maggie Haberman, «Investigation Turns to Kushner's Motives in Meeting with a Putin Ally», *The New York Times*, 29 de mayo de 2017.

61. Ellen Nakashima, Adam Entous y Greg Miller, «Russian Ambassador Told Moscow That Kushner Wanted Secret Communications Channel with Kremlin», *The Washington Post*, 26 de mayo de 2017.

62. Allison Quinn, «Kushner Details His Wild Idea to Use Russia's Secret Comms», *The Daily Beast*, 7 de mayo de 2020.

63. Maggie Haberman y Rachel Abrams, «Ivanka Trump, Shifting Plans, Will Become a Federal Employee», *The New York Times*, 29 de marzo de 2017.

64. Apuzzo y Haberman, «"I Did Not Collude", Kushner Says After Meeting Senate Investigators».

19. Tiempo ejecutivo

1. Victoria Bekiempis, Brian Niemietz y Adam Edelman, «Melania Trump Will Stay in NYC so 10-Year-Old Barron Can Finish School Year», *New York Daily News*, 20 de noviembre de 2016.

2. David A. Fahrenthold, Josh Dawsey y Joshua Partlow, «How Trump's Company Charged the Secret Service More Than $900,000», *The Washington Post*, 27 de agosto de 2020.

3. Maggie Haberman, Glenn Thrush y Peter Baker, «Inside Trump's Hour-by-Hour Battle for Self-Preservation», *The New York Times*, 9 de diciembre de 2017.

4. *Ibid.*

5. Glenn Thrush y Maggie Haberman, «Trump and Staff Rethink Tactics After Stumbles», *The New York Times*, 5 de febrero de 2017.

6. *Ibid.*

7. Jordan Fabian, «Spicer: New York Times Owes Trump an Apology», *The Hill*, 6 de febrero de 2017.

8. Elle Hunt, «Images of Donald Trump in a Bathrobe Flood Twitter After Spicer Says He "Doesn't Own One"», *The Guardian*, 7 de febrero de 2017.

9. Annie Karni, «Meet the Guys Who Tape Trump's Papers Back Together», *Politico*, 10 de junio de 2018.

10. Mary Jordan, *The Art of Her Deal: The Untold Story of Melania Trump*, Nueva York, Simon & Schuster, 2020.

11. Kate Bennett, «Melania Trump Moves into the White House», CNN, 12 de junio de 2017.

12. Gary Myers, «Patriots Owner Robert Kraft Opens Up About Deflategate, Roger Goodell and President Donald Trump», *New York Daily News*, 29 de enero de 2017.

13. Julia Edwards Ainsley, «Exclusive—Trump Border "Wall" to Cost $21.6 Billion, Take 3.5 Years to Build: Internal Report», Reuters, 10 de febrero de 2017.

14. Isaac Arnsdorf, «The Shadow Rulers of the VA», ProPublica, 7 de agosto de 2018.

15. Haberman, Thrush y Baker, «Inside Trump's Hour-by-Hour Battle for Self-Preservation».

16. Alexander Burns y Jonathan Martin, «These Wealthy People Refuse to Give Donald Trump Money. Here's Why», *The New York Times*, 21 de mayo de 2016.

17. Kent Cooper, «Large 2012 Political Contributions Still Being Disclosed», *Roll Call*, 10 de abril de 2013.

18. Chris Moody, «How Gay Conservatives Helped Launch Donald Trump», CNN, 3 de marzo de 2016.

19. Louis Nelson, «Trump Ramps Up Attacks on Paul Ryan: "Weak and Ineffective Leader"», *Politico*, 11 de octubre de 2016.

20. Emmarie Huetteman, «On Health Law, G.O.P. Faces a Formidable Policy Foe: House Republicans», *The New York Times*, 20 de marzo de 2017.

21. Julie Hirschfeld Davis, Thomas Kaplan y Robert Pear, «Trump Warns House Republicans: Repeal Health Law or Lose Your Seats», *The New York Times*, 21 de marzo de 2017.

22. Susan Davis y Tamara Keith, «Trump Says Republicans Will Lose in 2018 if They Don't Support GOP Health Care Bill», NPR, 21 de marzo de 2017.

23. Deirdre Shesgreen, «Meadows Embraces Trump, Spreads Word at GOP Convention», *USA Today*, 20 de julio de 2016.

24. Robert Pear, Thomas Kaplan y Maggie Haberman, «In Major Defeat for Trump, Push to Repeal Health Law Fails», *The New York Times*, 24 de marzo de 2017.

25. Rachel Bade y Josh Dawsey, «Inside Trump's Snap Decision to Ban Transgender Troops», *Politico*, 26 de julio de 2017.

26. Jonathan Swan, «Transgender Troop Ban Is Victory for Bannon, Social Conservatives», *Axios*, 27 de julio de 2017.

27. Bade y Dawsey, «Inside Trump's Snap Decision to Ban Transgender Troops».

28. Barbara Starr, Zachary Cohen y Jim Sciutto, «Donald Trump Transgender Ban Tweet Blindsided US Joint Chiefs», CNN, 27 de julio de 2017.

29. Maggie Haberman, Jeremy W. Peters y Peter Baker, «In Battle for Trump's Heart and Mind, It's Bannon vs. Kushner», *The New York Times*, 6 de abril de 2017.

30. Thomas Kaplan y Robert Pear, «House Passes Measure to Repeal and Replace the Affordable Care Act», *The New York Times*, 4 de mayo de 2017.

31. Carl Hulse, «McCain Provides a Dramatic Finale on Health Care: Thumb Down», *The New York Times*, 28 de julio de 2017.

32. Andrew Prokop, «Reince Priebus's Ouster as Chief of Staff, Explained», *Vox*, 28 de julio de 2017.

33. Corey R. Lewandowski y David N. Bossie, *Let Trump Be*

Trump: The Inside Story of His Rise to the Presidency, Nueva York, Center Street/Hachette, 2017.

20. En el Tanque

1. Tyler Rogoway, «Trump Said He Found the Greatest Room He'd Ever Seen Deep in the Pentagon, Here's What He Meant», *The War Zone*, 3 de enero de 2019.

2. Dan Lamothe, «New Defense Secretary James Mattis Arrives at the Pentagon, Gets to Work», *The Washington Post*, 21 de enero de 2017.

3. Michael R. Gordon y Eric Schmitt, «James Mattis, Outspoken Retired Marine, Is Trump's Choice as Defense Secretary», *The New York Times*, 1 de diciembre de 2016.

4. Nathaniel Popper, «Goldman President Named Trump Adviser, Opening Door for Younger Executives», *The New York Times*, 12 de diciembre de 2016.

5. Anne Barnard y Michael R. Gordon, «Worst Chemical Attack in Years in Syria; U.S. Blames Assad», *The New York Times*, 4 de abril de 2017.

6. Michael R. Gordon, Helene Cooper y Michael D. Shear, «Dozens of U.S. Missiles Hit Air Base in Syria», *The New York Times*, 6 de abril de 2017.

7. Christopher Wilson, «Trump's Media Critics Praise Syria Strikes», Yahoo News, 7 de abril de 2017.

8. Eliana Johnson, «How Trump Swallowed a Bitter Afghanistan Pill», *Politico*, 22 de agosto de 2017.

9. Peter Baker, «Opening First Foreign Trip, Donald Trump Tries to Leave Crisis Behind», *The New York Times*, 19 de mayo de 2017.

10. Michael D. Shear, «Trump Envisions a Parade Showing Off American Military Might», *The New York Times*, 18 de septiembre de 2017.

11. Jeffrey Goldberg, «Trump: Americans Who Died in War

Are "Losers" and "Suckers"», *The Atlantic*, 3 de septiembre de 2020.

12. Thomas Fuller y Derrick Bryson Taylor, «Trump Reverses Decision to Reject California's Request for Wildfire Relief», *The New York Times*, 16 de octubre de 2020.

13. Tracy Jan y Lisa Rein, «Trump Administration Blocked Investigation into Delayed Puerto Rico Hurricane Aid, Inspector General Says», *The Washington Post*, 22 de abril de 2021.

14. Steven Allen Adams, «Bob Murray, Murray Energy Big Donors to National, West Virginia Republicans», *The Parkersburg News and Sentinel*, 1 de noviembre de 2019.

15. Eric Wolff *et al.*, «Lewandowski Pressed Trump on Aid to Coal Industry», *Politico*, 25 de agosto de 2017.

16. Jeff Horwitz, Michael Biesecker y Matthew Daly, «A Coal Country Dispute over an Alleged Trump Promise Unmet», Associated Press, 22 de agosto de 2017.

17. *Ibid.*

18. Marc Caputo, Josh Dawsey y Alex Isenstadt, «Trump Pick Backs Out of White House Job After Affair Allegations», *Politico*, 25 de diciembre de 2016.

19. Michael D. Shear, Glenn Thrush y Maggie Haberman, «John Kelly, Asserting Authority, Fires Anthony Scaramucci», *The New York Times*, 31 de julio de 2017.

20. Glenn Thrush y Maggie Haberman, «Sean Spicer Resigns as White House Press Secretary», *The New York Times*, 21 de julio de 2017.

21. Maggie Haberman y Liz Robbins, «Trump, on Long Island, Vows an End to Gang Violence», *The New York Times*, 28 de julio de 2017.

22. Shear, Thrush y Haberman, «John Kelly, Asserting Authority, Fires Anthony Scaramucci».

23. Ryan Lizza, «Anthony Scaramucci Called Me to Unload About White House Leakers, Reince Priebus, and Steve Bannon», *The New Yorker*, 27 de julio de 2017.

24. John Wagner y Elise Viebeck, «President Trump Settles in

for 17-Day Vacation at His Secluded New Jersey Club», *The Washington Post*, 5 de agosto de 2017.

25. *Ibid.*

26. Dara Lind, «Nazi Slogans and Violence at a Right-Wing March in Charlottesville on Friday Night», *Vox*, 12 de agosto de 2017.

27. Lind*Ibid.*

28. Christina Caron, «Heather Heyer, Charlottesville Victim, Is Recalled as "a Strong Woman"», *The New York Times*, 13 de agosto de 2017.

29. Lisa Friedman, «Trump Signs Order Rolling Back Environmental Rules on Infrastructure», *The New York Times*, 15 de agosto de 2017.

30. David Von Drehle, «Is Steve Bannon the Second Most Powerful Man in the World?», *Time*, 2 de febrero de 2017.

31. Michael D. Shear, Maggie Haberman y Michael S. Schmidt, «Critics See Stephen Bannon, Trump's Pick for Strategist, as Voice of Racism», *The New York Times*, 14 de noviembre de 2016.

32. Michael D. Shear y Maggie Haberman, «Trump Defends Initial Remarks on Charlottesville; Again Blames "Both Sides"», *The New York Times*, 15 de agosto de 2017.

33. Annie Linskey, «John Kelly: The Boston Native in Charge of Bringing Order to President Trump's White House», *The Boston Globe*, 5 de octubre de 2017.

34. Greg Jaffe, «Lt. Gen. John Kelly, Who Lost Son to War, Says U.S. Largely Unaware of Sacrifice», *The Washington Post*, 2 de marzo de 2011.

35. Glenn Thrush, Michael D. Shear y Eileen Sullivan, «John Kelly Quickly Moves to Impose Military Discipline on White House», *The New York Times*, 3 de agosto de 2017.

36. Amy Brittain y Jonathan O'Connell, «Kushner Keeps Most of His Real Estate but Offers Few Clues About Potential White House Conflicts», *The Washington Post*, 21 de mayo de 2017.

37. Gabby Orr y Daniel Lippman, «Trump Snubs Jared

Kushner's Signature Accomplishment», *Politico*, 24 de septiembre de 2019.

38. F. Scott Fitzgerald, *El gran Gatsby*, trad. Miguel Temprano, Barcelona, Austral Editorial, 2021.

39. Stephanie Grisham, «How Jared and Ivanka Hijacked the White House's Covid Response», *Politico*, 1 de octubre de 2021.

21. EL GRAN *SHOWMAN*

1. Glenn Thrush, Maggie Haberman y Julie Hirschfeld Davis, «On DACA, President Trump Has No Easy Path», *The New York Times*, 4 de septiembre de 2017.

2. Ted Hesson, «Texas AG Leads Push to End DACA», *Politico*, 29 de junio de 2017.

3. Jonathan Blitzer, «A Trump Official Behind the End of DACA Explains Himself», *The New Yorker*, 10 de noviembre de 2017.

4. Matt Apuzzo y Rebecca R. Ruiz, «Trump Chooses Sessions, Longtime Foe of DACA, to Announce Its Demise», *The New York Times*, 5 de septiembre de 2017.

5. Michael D. Shear y Julie Hirschfeld Davis, «Trump Moves to End DACA and Calls on Congress to Act», *The New York Times*, 5 de septiembre de 2017.

6. «Trump Says He Has "Great Heart" for Immigrant "Dreamers"», Reuters, 5 de septiembre de 2017.

7. Jenna Johnson, Mike DeBonis y David Nakamura, «At Pelosi's Request, Trump Tweets "No Action" Against DACA Recipients for Six Months», *The Washington Post*, 7 de septiembre de 2017.

8. Maggie Haberman y Yamiche Alcindor, «Pelosi and Schumer Say They Have Deal with Trump to Replace DACA», *The New York Times*, 13 de septiembre de 2017.

9. Alan Rappeport, «Dealt a Defeat, Republicans Set Their

Sights on Major Tax Cuts», *The New York Times*, 26 de marzo de 2017.

10. Josh Dawsey, «"Twenty Is a Pretty Number". In Tax Debate, Trump Played the Role of Marketer in Chief», *The Washington Post*, 20 de diciembre de 2017.

11. Heather Long, «The Final GOP Tax Bill, Explained», *The Washington Post*, 15 de diciembre de 2017.

12. Darlene Superville, «Trump, GOP Congressional Leaders to Meet at Camp David», Associated Press, 28 de diciembre de 2017.

13. Maggie Haberman, Glenn Thrush y Peter Baker, «Inside Trump's Hour-by-Hour Battle for Self-Preservation», *The New York Times*, 9 de diciembre de 2017.

14. Daniel Lippman, «The Print Reader in Chief: Inside Trump's Retro Media Diet», *Politico*, 29 de julio de 2019.

15. *Ibid.*

16. Jonathan Mahler y Jim Rutenberg, «How Rupert Murdoch's Empire of Influence Remade the World», *The New York Times Magazine*, 3 de abril de 2019.

17. Jane Mayer, «The Making of the Fox News White House», *The New Yorker*, 4 de marzo de 2019.

18. Brian Ballou y Aric Chokey, «President Trump Surprises Some Supporters by Inviting Them to Mar-a-Lago», *South Florida Sun-Sentinel*, 31 de diciembre de 2017.

19. Nahal Toosi y Alex Isenstadt, «Trump Taps Nikki Haley to Be UN Ambassador», *Politico*, 23 de noviembre de 2016.

20. Tim Alberta, *American Carnage: On the Front Lines of the Republican Civil War and the Rise of President Trump*, Nueva York, HarperCollins, 2019.

21. Maggie Haberman y Katie Rogers, «A White House Challenge: Balancing the Roles of the First Lady and First Daughter», *The New York Times*, 11 de noviembre de 2018.

22. Annie Karni, «The Senate Passed the Criminal Justice Bill. For Jared Kushner, It's a Personal Issue and a Rare Victory», *The New York Times*, 14 de diciembre de 2018.

23. Jim Tankersley, «Trump Wanted a Bigger Tax Cut for the Rich, Ivanka Went Elsewhere», *The New York Times*, 29 de noviembre de 2017.

24. Thomas Kaplan, «House Gives Final Approval to Sweeping Tax Overhaul», *The New York Times*, 20 de diciembre de 2017.

25. Alexander Burns, «Tax Plan Burdens Blue-State Republicans and Their Districts», *The New York Times*, 5 de noviembre de 2017.

26. Michael D. Shear, «Napolitano Sues Trump to Save DACA Program She Helped Create», *The New York Times*, 8 de septiembre de 2017.

27. Michael D. Shear, «White House Makes Hard-Line Demands for Any "Dreamers" Deal», *The New York Times*, 8 de octubre de 2017.

28. Josh Dawsey, «Trump Derides Protections for Immigrants from "Shithole" Countries», *The Washington Post*, 12 de enero de 2018.

29. Josh Dawsey, Robert Costa y Ashley Parker, «Inside the Tense, Profane White House Meeting on Immigration», *The Washington Post*, 15 de enero de 2018.

30. Sheryl Gay Stolberg y Thomas Kaplan, «Government Shutdown Ends After 3 Days of Recriminations», *The New York Times*, 22 de enero de 2018.

31. Michael D. Shear y Maggie Haberman, «Bannon Mocks Colleagues and "Alt-Right" in Interview», *The New York Times*, 17 de agosto de 2017.

32. Martin Pengelly, «Steve Bannon Believed Trump Had Early Stage Dementia, TV Producer Claims», *The Guardian*, 16 de febrero de 2021.

33. Aidan McLaughlin, «Bannon Reportedly Said of Trump: "I'm Sick of Being a Wet Nurse to a 71-Year-Old Man"», Mediaite, 11 de febrero de 2018.

34. Michael Wolff, *Fuego y furia: en las entrañas de la Casa Blanca de Trump*, trads. Julio Hermoso Oliveras, Maia Figueroa Evans,

Antonio Rivas Gonzálvez, Jesús Gómez Gutiérrez, Barcelona, Península, 2018.

35. Erik Wemple, «Kellyanne Conway, Michael Wolff Spar Over New York Times' Maggie Haberman», *The Washington Post*, 12 de abril de 2017.

36. «"Aberrant President": Author Michael Wolff Tells Mike Hosking That Donald Trump Won't Run Again», *The New Zealand Herald*, 24 de enero de 2018.

37. Ashley Parker, «Trump Claims to Be Victim of "Witch Hunt" Following Justice Department Appointment of Special Counsel in Russia Case», *The Washington Post*, 18 de mayo de 2017.

38. Jo Becker, Adam Goldman y Matt Apuzzo, «Russian Dirt on Clinton: "I Love It", Donald Trump Jr. Said», *The New York Times*, 11 de julio de 2017.

39. Wolff, *Fuego y furia*.

40. *Ibid.*

22. DAR LA VIDA

1. Jim Tankersley, «Bonuses Aside, Tax Law's Trickle-Down Impact Not Yet Clear», *The New York Times*, 22 de enero de 2018.

2. Khorri Atkinson, «Trump Has Now Appointed Most Ever Federal Appeals Judges in 1st Year», *Axios*, 14 de diciembre de 2017.

3. Michael S. Schmidt y Maggie Haberman, «Trump Humiliated Jeff Sessions After Mueller Appointment», *The New York Times*, 14 de septiembre de 2017.

4. Michael S. Schmidt y Matt Apuzzo, «Mueller Seeks to Talk to Intelligence Officials, Hinting at Inquiry of Trump», *The New York Times*, 14 de junio de 2017.

5. Peter Baker y Kenneth P. Vogel, «Trump Lawyers Clash over How Much to Cooperate with Russia Inquiry», *The New York Times*, 17 de septiembre de 2017.

6. Michael S. Schmidt y Maggie Haberman, «White House Counsel, Don McGahn, Has Cooperated Extensively in Mueller Inquiry», *The New York Times*, 18 de agosto de 2018.

7. *Ibid.*

8. Michael D. Shear y Adam Goldman, «Michael Flynn Pleads Guilty to Lying to the F.B.I. and Will Cooperate with Russia Inquiry», *The New York Times*, 1 de diciembre de 2017.

9. Kenneth P. Vogel, «Clinton Campaign and Democratic Party Helped Pay for Russia Trump Dossier», *The New York Times*, 24 de octubre de 2017.

10. Michael S. Schmidt y Julie Hirschfeld Davis, «Trump Asked Sessions to Retain Control of Russia Inquiry After His Recusal», *The New York Times*, 29 de mayo de 2018.

11. Jane Mayer, «The Making of the Fox News White House», *The New Yorker*, 4 de marzo de 2019.

12. *Ibid.*

13. Michael D. Shear y Matt Apuzzo, «F.B.I. Director James Comey Is Fired by Trump», *The New York Times*, 9 de mayo de 2017.

14. Maggie Haberman y Charlie Savage, «U.S. Attorney Preet Bharara Says He Was Fired After Refusing to Quit», *The New York Times*, 11 de marzo de 2017.

15. Matt Flegenheimer y Emmarie Huetteman, «Senate Intelligence Committee Leaders Vow Thorough Russian Investigation», *The New York Times*, 29 de marzo de 2017.

16. Carol D. Leonnig, Josh Dawsey y Ashley Parker, «Trump Has Trouble Finding Attorneys as Top Russia Lawyer Leaves Legal Team», *The Washington Post*, 22 de marzo de 2018.

17. Rebecca R. Ruiz y Sharon LaFraniere, «Role of Trump's Personal Lawyer Blurs Public and Private Lines», *The New York Times*, 11 de junio de 2017.

18. Maggie Haberman y Matt Apuzzo, «Trump Hires Veteran Lawyer with Deep Experience in Washington», *The New York Times*, 16 de junio de 2017.

19. Julie Hirschfeld Davis y Maggie Haberman, «Trump Par-

dons Joe Arpaio, Who Became Face of Crackdown on Illegal Immigration», *The New York Times*, 25 de agosto de 2017.

20. Annie Karni, «The Senate Passed the Criminal Justice Bill. For Jared Kushner, It's a Personal Issue and a Rare Victory», *The New York Times*, 14 de diciembre de 2018.

21. David E. Sanger y Maggie Haberman, «Trump Praises Duterte for Philippine Drug Crackdown in Call Transcript», *The New York Times*, 23 de mayo de 2017.

22. «Philippines President Rodrigo Duterte Urges People to Kill Drug Addicts», *The Guardian*, 30 de junio de 2016.

23. Mitch Smith, «President Commutes Sentence of Iowa Meatpacking Executive», *The New York Times*, 20 de diciembre de 2017.

24. Michael S. Schmidt, Jo Becker, Mark Mazzetti, Maggie Haberman y Adam Goldman, «Trump's Lawyer Raised Prospect of Pardons for Flynn and Manafort», *The New York Times*, 28 de marzo de 2018.

25. Michael Rothfeld y Joe Palazzolo, «Trump Lawyer Arranged $130,000 Payment for Adult-Film Star's Silence», *The Wall Street Journal*, 12 de enero de 2018.

26. Matt Apuzzo, «F.B.I. Raids Office of Trump's Longtime Lawyer Michael Cohen; Trump Calls It "Disgraceful"», *The New York Times*, 9 de abril de 2018.

27. Ben Protess, William K. Rashbaum y Maggie Haberman, «How Michael Cohen Turned Against President Trump», *The New York Times*, 21 de abril de 2019.

28. Rothfeld y Palazzolo, «Trump Lawyer Arranged $130,000 Payment for Adult-Film Star's Silence».

29. Matt Apuzzo, Maggie Haberman y Eileen Sullivan, «Trump Sees Inquiry into Cohen as Greater Threat Than Mueller», *The New York Times*, 13 de abril de 2018.

30. Maggie Haberman, Sharon LaFraniere y Danny Hakim, «Michael Cohen Has Said He Would Take a Bullet for Trump. Maybe Not Anymore», *The New York Times*, 20 de abril de 2018.

31. Michael S. Schmidt y Maggie Haberman, «Trump's Lawyer Resigns as President Adopts Aggressive Approach in Russia Inquiry», *The New York Times*, 22 de marzo de 2018.

32. Michael S. Schmidt, Maggie Haberman y Matt Apuzzo, «Trump Aides, Seeking Leverage, Investigate Mueller's Investigators», *The New York Times*, 20 de julio de 2017.

33. Maggie Haberman y Michael S. Schmidt, «Giuliani to Join Trump's Legal Team», *The New York Times*, 19 de abril de 2018.

34. Michael D. Shear y Maggie Haberman, «Giuliani Says Trump Repaid Cohen for Stormy Daniels Hush Money», *The New York Times*, 2 de mayo de 2018.

35. Dana Bash, «How Rudy Giuliani Wins by Being "the Craziest Guy in the Room"», CNN, 31 de mayo de 2018.

36. Joan Biskupic y Clare Foran, «Trump's Call to End Mueller Probe Reignites Obstruction Question», CNN, 1 de agosto de 2018.

37. Matt Apuzzo, Maggie Haberman y Michael S. Schmidt, «Michael Cohen Secretly Taped Trump Discussing Payment to Playboy Model», *The New York Times*, 20 de julio de 2018.

38. Ronan Farrow, «Donald Trump, the Playboy Model Karen McDougal, and a System for Concealing Infidelity», *The New Yorker*, 16 de febrero de 2018.

39. Protess, Rashbaum y Haberman, «How Michael Cohen Turned Against President Trump».

40. Eric Bradner y Maegan Vazquez, «Stormy Daniels Says She Was Threatened to Keep Quiet About Trump», CNN, 26 de marzo de 2018.

41. Jeremy Diamond, «White House Says Trump Continues to Deny Stormy Daniels Affair», CNN, 26 de marzo de 2018.

42. Michael S. Schmidt, «Mueller Has Dozens of Inquiries for Trump in Broad Quest on Russia Ties and Obstruction», *The New York Times*, 30 de abril de 2018.

43. Peter Baker, «New Revelations Suggest a President Losing Control of His Narrative», *The New York Times*, 3 de mayo de 2018.

44. Matt Apuzzo *et al.*, «Former Trump Aides Charged as Prosecutors Reveal New Campaign Ties with Russia», *The New York Times*, 30 de octubre de 2017.

45. Michael S. Schmidt y Matt Apuzzo, «Mueller Files New Fraud Charges Against Paul Manafort and Rick Gates», *The New York Times*, 22 de febrero de 2018.

46. Shear y Goldman, «Michael Flynn Pleads Guilty to Lying to the F.B.I. and Will Cooperate with Russia Inquiry».

47. Kenneth P. Vogel, «Mueller Adds Obstruction Charge on Manafort and Indicts His Right-Hand Man», *The New York Times*, 8 de junio de 2018.

48. Eileen Sullivan y Glenn Thrush, «George Papadopoulos, First to Plead Guilty in Russia Inquiry», *The New York Times*, 30 de octubre de 2017.

49. Sharon LaFraniere, Mark Mazzetti y Matt Apuzzo, «How the Russia Inquiry Began: A Campaign Aide, Drinks and Talk of Political Dirt», *The New York Times*, 30 de diciembre de 2017.

50. Mark Landler y Maggie Haberman, «Trump's Chaos Theory for the Oval Office Is Taking Its Toll», *The New York Times*, 1 de marzo de 2018.

51. Philip Rucker, Carol D. Leonnig y Anne Gearan, «Two Princes: Kushner Now Faces a Reckoning for Trump's Bet on the Heir to the Saudi Throne», *The Washington Post*, 14 de octubre de 2018.

52. David D. Kirkpatrick *et al.*, «The Wooing of Jared Kushner: How the Saudis Got a Friend in the White House», *The New York Times*, 8 de diciembre de 2018.

53. Michael D. Shear y Katie Rogers, «Jared Kushner's Security Clearance Downgraded», *The New York Times*, 27 de febrero de 2018.

54. *Ibid.*

55. Kara Scannell, «Background Check Chief Has "Never Seen" Mistakes Like Jared Kushner Forms», CNN, 13 de febrero de 2018.

56. Michael D. Shear y Maggie Haberman, «John McEntee,

Trump Aide, Is Forced Out over Security Issue, but Joins Re-Election Campaign», *The New York Times*, 13 de mayo de 2018.

57. Shear y Rogers, «Jared Kushner's Security Clearance Downgraded».

58. Maggie Haberman, Adam Goldman y Annie Karni, «Trump Ordered Officials to Give Jared Kushner a Security Clearance», *The New York Times*, 28 de febrero de 2019.

59. Laura Strickler, Ken Dilanian y Peter Alexander, «Officials Rejected Jared Kushner for Top Secret Security Clearance, but Were Overruled», NBC News, 24 de enero de 2019.

60. Cristiano Lima, «Kushner Gets Permanent Security Clearance, Lawyer Says», *Politico*, 23 de mayo de 2018.

61. Katie Rogers y Maggie Haberman, «Trump's 2020 Campaign Announcement Had a Very Trumpian Rollout», *The New York Times*, 27 de febrero de 2018.

62. *Ibid.*

63. Katie Rogers, «Trump Hotel at Night: Lobbyists, Cabinet Members, $60 Steaks», *The New York Times*, 25 de agosto de 2017.

64. Jonathan O'Connell y Mary Jordan, «For Foreign Diplomats, Trump Hotel Is Place to Be», *The Washington Post*, 18 de noviembre de 2016.

65. Zeke Miller y Jonathan Lemire, «Ex-Trump Aides Often Find a Soft Landing for Staying Quiet», Associated Press, 14 de agosto de 2018.

66. Kenneth P. Vogel y Rachel Shorey, «$88 Million and Counting: Trump Amasses Huge Head Start for 2020 Campaign», *The New York Times*, 15 de julio de 2018.

23. ACCIÓN EXTREMA

1. Julie Hirschfeld Davis, «Jerusalem Embassy Is a Victory for Trump, and a Complication for Middle East Peace», *The New York Times*, 14 de mayo de 2018.

2. Alexia Underwood, «US Jerusalem Embassy: The Controversial Move, Explained», *Vox*, 16 de mayo de 2018.

3. Stephen Collinson, «Donald Trump: U.S. Should Rethink NATO Involvement», CNN, 22 de marzo de 2016.

4. Matthew Rosenberg, «Trump Chooses Hard-Liner as Ambassador to Israel», *The New York Times*, 15 de diciembre de 2016.

5. Mark Landler, Lara Jakes y Maggie Haberman, «Trump's Request of an Ambassador: Get the British Open for Me», *The New York Times*, 21 de julio de 2020.

6. Camila Domonoske, «U.S. Dedicates New Embassy in Jerusalem», NPR, 14 de mayo de 2018.

7. Fares Akram y Josef Federman, «58 Dead in Gaza Protests as Israel Fetes US Embassy Move», Associated Press, 14 de mayo de 2018.

8. Alastair Jamieson, «Middle East on Edge After Trump's "Dangerous" Jerusalem Move», NBC News, 7 de diciembre de 2017.

9. Aaron Blake, «Trump's Afghanistan Strategy Isn't Really a Flip-Flop. But His Entire Foreign Policy Is», *The Washington Post*, 21 de agosto de 2017.

10. David Nakamura y Abby Phillip, «Trump Announces New Strategy for Afghanistan That Calls for a Troop Increase», *The Washington Post*, 21 de agosto de 2017.

11. *Ibid.*

12. «Donald Trump's Economic Promises», BBC, 9 de noviembre de 2016.

13. Ana Swanson, «Trump to Impose Sweeping Steel and Aluminum Tariffs», *The New York Times*, 1 de marzo de 2018.

14. Carol D. Leonnig, David Nakamura y Josh Dawsey, «Trump's National Security Advisers Warned Him Not to Congratulate Putin. He Did It Anyway», *The Washington Post*, 20 de marzo de 2018.

15. Mark Landler, «For McMaster, Pomp Under Bittersweet Circumstances», *The New York Times*, 6 de abril de 2018.

16. Kristina Peterson, «The Wall Funding Deals Trump Rejected», *The Wall Street Journal*, 14 de enero de 2019.

17. Dylan Matthews, «Omnibus Spending Bill: Congress's $1.3 Trillion Spending Bill Explained», *Vox*, 23 de marzo de 2018.

18. Brad Lendon, «What the Massive US Military Budget Pays For», CNN, 28 de marzo de 2018.

19. John T. Bennett, «After Self-Created Drama, Trump Signs Omnibus», *Roll Call*, 23 de marzo de 2018.

20. Dylan Matthews, «Omnibus Spending Bill: Congress's $1.3 Trillion Spending Bill Explained», *Vox*, 23 de marzo de 2018.

21. Julie Hirschfeld Davis y Peter Baker, «How the Border Wall Is Boxing Trump In», *The New York Times*, 5 de enero de 2019.

22. *Ibid.*

23. Erica Werner, Mike DeBonis y John Wagner, «Trump Announces Deal to Temporarily Reopen Government, Ending Shutdown», *The Washington Post*, 25 de enero de 2019.

24. Ron Nixon, «Kirstjen Nielsen, White House Aide, Is Confirmed as Homeland Security Secretary», *The New York Times*, 5 de diciembre de 2017.

25. Nick Miroff y Josh Dawsey, «Trump Wants His Border Barrier to Be Painted Black with Spikes. He Has Other Ideas, Too», *The Washington Post*, 16 de mayo de 2019.

26. Michael D. Shear y Julie Hirschfeld Davis, «Shoot Migrants' Legs, Build Alligator Moat: Behind Trump's Ideas for Border», *The New York Times*, 1 de octubre de 2019.

27. Michael D. Shear, «Border Officials Weighed Deploying Migrant "Heat Ray" Ahead of Midterms», *The New York Times*, 26 de agosto de 2020.

28. *Ibid.*

29. Lisa Riordan Seville y Hannah Rappleye, «Trump Admin Ran "Pilot Program" for Separating Migrant Families in 2017», NBC News, 29 de junio de 2018.

30. Michael D. Shear, Katie Benner y Michael S. Schmidt,

«"We Need to Take Away Children", Jeff Sessions Said», *The New York Times*, 6 de octubre de 2020.

31. *Ibid.*

32. Julia Ainsley y Jacob Soboroff, «Trump Cabinet Officials Voted in 2018 White House Meeting to Separate Migrant Children, Say Officials», NBC News, 20 de agosto de 2020.

33. Shear, Benner y Schmidt, «"We Need to Take Away Children", Jeff Sessions Said».

34. *Ibid.*

35. Jeffrey C. Mays y Matt Stevens, «Honduran Man Kills Himself After Being Separated from Family at U.S. Border, Reports Say», *The New York Times*, 10 de junio de 2018.

36. Ed Lavandera, Jason Morris y Darran Simon, «Zero-Tolerance Immigration Policy Leads to Surge in Family Separations, Lawyer Says», CNN, 14 de junio de 2018.

37. Alexandra Yoon-Hendricks y Zoe Greenberg, «Protests Across U.S. Call for End to Migrant Family Separations», *The New York Times*, 30 de junio de 2018.

38. Ginger Thompson, «Listen to Children Who've Just Been Separated from Their Parents at the Border», ProPublica, 18 de junio de 2018.

39. «Opinion: Laura Bush: Separating Children from Their Parents at the Border "Breaks My Heart"», *The Washington Post*, 17 de junio de 2018.

40. Jessica Taylor, «Melania Trump Pressured President Trump to Change Family Separation Policy», NPR, 20 de junio de 2018.

41. Dara Lind, «Family Separation: What Trump's New Executive Order Actually Does», *Vox*, 20 de junio de 2018.

42. Calvin Woodward y Elliot Spagat, «AP Fact Check: Trump Assails Dems for His Own Migrant Policy», Associated Press, 15 de junio de 2018.

43. Miriam Jordan, «Family Separation May Have Hit Thousands More Migrant Children Than Reported», *The New York Times*, 17 de enero de 2019.

44. Aishvarya Kavi, «Parents of 445 Children Separated by Trump Still Not Found, Filing Says», *The New York Times*, 7 de abril de 2021.

45. William Wan, «The Trauma of Separation Lingers Long After Children Are Reunited with Parents», *The Washington Post*, 20 de junio de 2018.

46. Julie Hirschfeld Davis, «Trump, at Putin's Side, Questions U.S. Intelligence on 2016 Election», *The New York Times*, 16 de julio de 2018.

47. Greg Miller, «Trump Has Concealed Details of His Face-to-Face Encounters with Putin from Senior Officials in Administration», *The Washington Post*, 13 de enero de 2019.

48. David E. Sanger, «Obama Strikes Back at Russia for Election Hacking», *The New York Times*, 29 de diciembre de 2016.

49. Mark Landler, «Trump Abandons Iran Nuclear Deal He Long Scorned», *The New York Times*, 8 de mayo de 2018.

50. Alex Ward, «Remember When Jim Mattis Was Supposed to Rein in Donald Trump?», *Vox*, 9 de mayo de 2018.

51. Mark Landler, «The Trump-Kim Summit Was Unprecedented, but the Statement Was Vague», *The New York Times*, 12 de junio de 2018.

52. Mark Landler, Helene Cooper y Eric Schmitt, «Trump to Withdraw U.S. Forces from Syria, Declaring "We Have Won Against ISIS"», *The New York Times*, 19 de diciembre de 2018.

53. Helene Cooper, «Jim Mattis, Defense Secretary, Resigns in Rebuke of Trump's Worldview», *The New York Times*, 20 de diciembre de 2018.

54. *Ibid.*

55. Helene Cooper y Katie Rogers, «Trump, Angry over Mattis's Rebuke, Removes Him 2 Months Early», *The New York Times*, 23 de diciembre de 2018.

56. Adam Goldman, Michael D. Shear y Mitch Smith, «Matthew Whitaker: An Attack Dog with Ambition Beyond Protecting Trump», *The New York Times*, 9 de noviembre de 2018.

57. Josh Gerstein, Laura Nahmias y Josh Meyer, «Cohen Says

He Paid Hush Money at Candidate Trump's Direction», *Politico*, 21 de agosto de 2018.

58. Erica Orden y Nicole Hong, «Manhattan Federal Prosecutor Recuses Himself from Cohen Probe», *The Wall Street Journal*, 10 de abril de 2018.

59. Alan Feuer, «U.S. Attorney Candidate for Manhattan: A Canny Mind with Humor», *The New York Times*, 14 de agosto de 2017.

60. Mark Mazzetti *et al.*, «Before Mueller's Report, President Waged a Two-Year War Against the Trump-Russia Investigations», *The New York Times*, 19 de febrero de 2019.

61. Charlie Savage y Maggie Haberman, «Trump Will Nominate William Barr as Attorney General», *The New York Times*, 7 de diciembre de 2018.

62. Michael S. Schmidt, Maggie Haberman y Matt Apuzzo, «Trump Aides, Seeking Leverage, Investigate Mueller's Investigators», *The New York Times*, 20 de julio de 2017.

63. Sadie Gurman y Aruna Viswanatha, «Trump's Attorney General Pick Criticized an Aspect of Mueller Probe in Memo to Justice Department», *The Wall Street Journal*, 19 de diciembre de 2018.

64. Ariane De Vogue, «Barr Sent or Discussed Controversial Memo with Trump Lawyers», CNN, 15 de enero de 2019.

65. Michael S. Schmidt, «Obstruction Inquiry Shows Trump's Struggle to Keep Grip on Russia Investigation», *The New York Times*, 4 de enero de 2018.

24. UN HOMBRE DE PARTIDO

1. Robert D. McFadden, «John McCain, War Hero, Senator, Presidential Contender, Dies at 81», *The New York Times*, 25 de agosto de 2018.

2. David Choi, «"I Gave Money to Your Campaign": Trump Was Frustrated by John McCain After He Ignored Him at a Con-

gressional Hearing, New Book Says», *Insider*, 16 de octubre de 2020.

3. Michael Daly, «The Guy Trump Called "Fat Jerry" Is Chairman Nadler Now», *The Daily Beast*, 5 de marzo de 2019.

4. Nick Gass, «McCain: Trump "Fired Up the Crazies"», *Politico*, 16 de julio de 2015.

5. Jonathan Martin y Alan Rappeport, «Donald Trump Says John McCain Is No War Hero, Setting Off Another Storm», *The New York Times*, 18 de julio de 2015.

6. Yvonne Wingett Sanchez, «John McCain's Role in Trump Dossier Intrigue Detailed in Deposition», *The Arizona Republic*, 18 de marzo de 2019.

7. Carl Hulse, «McCain Provides a Dramatic Finale on Health Care: Thumb Down», *The New York Times*, 28 de julio de 2017.

8. Miles Taylor, «Opinion: I Am Part of the Resistance Inside the Trump Administration», *The New York Times*, 5 de septiembre de 2018.

9. *Ibid.*

10. Michael D. Shear, «Miles Taylor, a Former Homeland Security Official, Reveals He Was "Anonymous"», *The New York Times*, 28 de octubre de 2020.

11. *Ibid.*

12. Katie Rogers, Nicholas Fandos y Maggie Haberman, «Trump Relents Under Pressure, Offering "Respect" to McCain», *The New York Times*, 27 de agosto de 2018.

13. Katie Galioto, «Trump Says He Never Got a Thank You for McCain's Funeral», *Politico*, 20 de marzo de 2019.

14. Cheryl Teh, «Meghan McCain Says Ivanka Trump and Jared Kushner "Had No Goddamn Business" Being at Her Father's Funeral», *Insider*, 21 de octubre de 2021.

15. Alex Isenstadt, «Trump Campaign Splits with Top GOP Official in Ohio», *Politico*, 15 de octubre de 2016.

16. Zeke Miller y Jonathan Lemire, «Ex-Trump Aides Often Find a Soft Landing for Staying Quiet», Associated Press, 14 de agosto de 2018.

756

17. Steve Holland, «Republican Romney Calls Trump "a Fraud", Creates Pathway to Contested Convention», Reuters, 2 de marzo de 2016.

18. Jeremy W. Peters, «A Romney Who Is Unfailingly Loyal to Trump», *The New York Times*, 13 de enero de 2018.

19. Maggie Haberman y Nicholas Fandos, «A Top Aide's Exit Plan Raises Eyebrows in the White House», *The New York Times*, 20 de diciembre de 2018.

20. Kenneth P. Vogel y Katie Rogers, «Nick Ayers Is Rising Fast in Trump's Washington. How Far Will He Go?», *The New York Times*, 21 de noviembre de 2018.

21. Jenna Johnson, «"I Love Alabama—It's Special": At Rally for Sen. Luther Strange, Trump Vents Frustrations in Rambling Speech», *The Washington Post*, 23 de septiembre de 2017.

22. Jonathan Martin, «Trump Rewards Loyalty in Alabama Senate Race by Tweeting Endorsement», *The New York Times*, 8 de agosto de 2017.

23. Daniel Strauss, «Moore Crushes Strange in Alabama Senate Primary», *Politico*, 26 de septiembre de 2017.

24. Johnson, «"I Love Alabama— It's Special"».

25. Steve Bousquet y Emily L. Mahoney, «Shakeup: Ron DeSantis Hires Susie Wiles to Take Over Floundering Campaign», *Tampa Bay Times*, 26 de septiembre de 2018.

26. Alex Isenstadt y Marc Caputo, «Trump Rails on Top Florida Ally over Hurricane Maria Flap», *Politico*, 18 de septiembre de 2018.

27. *Ibid.*

28. Lorraine Woellert, «Missing from the Gun Debate: Trump's Own Experience with Concealed Carry», *Politico*, 28 de febrero de 2018.

29. Nick Corasaniti y Maggie Haberman, «Donald Trump Suggests "Second Amendment People" Could Act Against Hillary Clinton», *The New York Times*, 9 de agosto de 2016.

30. Jon Schuppe, «NRA Sticking with Trump, Breaks Own Record for Campaign Spending», NBC News, 12 de octubre de 2016.

31. Mike Spies y Ashley Balcerzak, «The NRA Placed Big Bets on the 2016 Election, and Won Almost All of Them», OpenSecrets, 9 de noviembre de 2016.

32. Audra D. S. Burch y Patricia Mazzei, «Death Toll Is at 17 and Could Rise in Florida School Shooting», *The New York Times*, 14 de febrero de 2018.

33. Valerie Strauss, «Word for Word: What Everyone Said When Trump Met with Students and Parents to Talk About Guns», *The Washington Post*, 22 de febrero de 2018.

34. Tara Golshan, «Trump's Madcap, Unscripted Gun Control Meeting with Lawmakers, Explained», *Vox*, 28 de febrero de 2018.

35. Mike DeBonis y Anne Gearan, «Trump Stops Short of Full Endorsement of Gun Proposals», *The Washington Post*, 26 de febrero de 2018.

36. Michael D. Shear y Sheryl Gay Stolberg, «Conceding to N.R.A., Trump Abandons Brief Gun Control Promise», *The New York Times*, 12 de marzo de 2018.

37. Campbell Robertson, Julie Bosman y Mitch Smith, «Back-to-Back Outbreaks of Gun Violence in El Paso and Dayton Stun Country», *The New York Times*, 4 de agosto de 2019.

38. Elaina Plott, «Trump's Phone Calls with NRA's Wayne LaPierre», *The Atlantic*, 20 de agosto de 2019.

39. Annie Karni y Maggie Haberman, «After Lobbying by Gun Rights Advocates, Trump Sounds a Familiar Retreat», *The New York Times*, 19 de agosto de 2019.

40. Alex Ward, «Trump on Pittsburgh Synagogue Shooting: "AntiSemitic" and a "Wicked Act of Mass Murder"», *Vox*, 27 de octubre de 2018.

41. Michael D. Shear, «Supreme Court Justice Anthony Kennedy Will Retire», *The New York Times*, 27 de junio de 2018.

42. Mark Landler y Maggie Haberman, «Brett Kavanaugh Is Trump's Pick for Supreme Court», *The New York Times*, 9 de julio de 2018.

43. Sheryl Gay Stolberg, «Kavanaugh's Nomination in Tur-

moil as Accuser Says He Assaulted Her Decades Ago», *The New York Times*, 16 de septiembre de 2018.

44. Sheryl Gay Stolberg y Nicholas Fandos, «Christine Blasey Ford Reaches Deal to Testify at Kavanaugh Hearing», *The New York Times*, 23 de septiembre de 2018.

45. Mike McIntire *et al.*, «At Times, Kavanaugh's Defense Misleads or Veers Off Point», *The New York Times*, 28 de septiembre de 2018.

46. Anne Gearan *et al.*, «Trump Says Drug Czar Nominee Tom Marino Is Withdrawing After Washington Post/"60 Minutes" Investigation», *The Washington Post*, 17 de octubre de 2017.

47. Josh Dawsey y Felicia Sonmez, «Trump Mocks Kavanaugh Accuser Christine Blasey Ford», *The Washington Post*, 2 de octubre de 2018.

48. Sheryl Gay Stolberg, «Kavanaugh Is Sworn In After Close Confirmation Vote in Senate», *The New York Times*, 6 de octubre de 2018.

49. Steve Eder, Jim Rutenberg y Rebecca R. Ruiz, «Julie Swetnick Is Third Woman to Accuse Brett Kavanaugh of Sexual Misconduct», *The New York Times*, 26 de septiembre de 2018.

50. Dawsey y Sonmez, «Trump Mocks Kavanaugh Accuser Christine Blasey Ford».

51. Zeke Miller, Jonathan Lemire y Catherine Lucey, «Trump Criticizes Rush to Condemn Saudi Arabia over Khashoggi», Associated Press, 16 de octubre de 2018.

52. Julian E. Barnes, «C.I.A. Concludes That Saudi Crown Prince Ordered Khashoggi Killed», *The New York Times*, 16 de noviembre de 2016.

53. Bob Woodward, *Rabia*, trads. Ana Herrera Ferrer, Ana Momplet Chico, Jorge Rizzo, Barcelona, Roca Editorial, 2020.

54. Dara Lind, «The Migrant Caravan, Explained», *Vox*, 25 de octubre de 2018.

55. Michael D. Shear y Thomas Gibbons-Neff, «Trump Sending 5,200 Troops to the Border in an Election-Season Response to Migrants», *The New York Times*, 29 de octubre de 2018.

56. Maggie Haberman y Mark Landler, «A Week After the Midterms, Trump Seems to Forget the Caravan», *The New York Times*, 13 de noviembre de 2018.

57. Jennifer Jacobs, Alyza Sebenius y Ryan Beene, «Trump Watched Midterm Election Results with Adelson, Schwarzman», Bloomberg, 6 de noviembre de 2018.

58. Jonathan Martin y Alexander Burns, «Democrats Capture Control of House; G.O.P. Holds Senate», *The New York Times*, 6 de noviembre de 2018.

59. Eileen Sullivan, «Takeaways from Trump's Midterms News Conference: "People Like Me"», *The New York Times*, 7 de noviembre de 2018.

60. *Ibid.*

61. Peter Baker y Alissa J. Rubin, «Trump's Nationalism, Rebuked at World War I Ceremony, Is Reshaping Much of Europe», *The New York Times*, 11 de noviembre de 2018.

62. Peter Baker, «Trump Assails Macron and Defends Decision to Skip Cemetery Visit», *The New York Times*, 13 de noviembre de 2018.

63. Josh Dawsey y Philip Rucker, «Five Days of Fury: Inside Trump's Paris Temper, Election Woes and Staff Upheaval», *The Washington Post*, 13 de noviembre de 2018.

64. Michael C. Bender, *Frankly, We Did Win This Election»: The Inside Story of How Trump Lost*, Nueva York, Hachette Books, 2021.

65. Jeffrey Goldberg, «Trump: Americans Who Died in War Are "Losers" and "Suckers"», *The Atlantic*, 3 de septiembre de 2020.

66. Baker, «Trump Assails Macron and Defends Decision to Skip Cemetery Visit».

67. Peter Baker y Maggie Haberman, «Trump Denies Calling Fallen Soldiers "Losers" and "Suckers"», *The New York Times*, 4 de septiembre de 2020.

68. Goldberg, «Trump: Americans Who Died in War Are "Losers" and "Suckers"».

69. Maggie Haberman y Katie Rogers, «An Aggrieved Trump Wants Better Press, and He Blames Leaks for Not Getting It», *The New York Times*, 17 de mayo de 2018.

70. Josh Dawsey, Seung Min Kim y Philip Rucker, «Chief of Staff John Kelly to Leave White House by End of Month, Trump Says», *The Washington Post*, 9 de diciembre de 2018.

71. John Haltiwanger y Sonam Sheth, «Trump Told Chris Christie He Leaked Chief of Staff Offer: Book», *Insider*, 16 de noviembre de 2021.

72. *Ibid.*

73. Michael Tackett y Maggie Haberman, «Trump Names Mick Mulvaney Acting Chief of Staff», *The New York Times*, 14 de diciembre de 2018.

74. Jake Tapper, «Former White House Chief of Staff Tells Friends That Trump "Is the Most Flawed Person" He's Ever Met», CNN, 16 de octubre de 2020.

75. Jake Tapper, «Trump Pushed to Close El Paso Border, Told Admin Officials to Resume Family Separations and Agents Not to Admit Migrants», CNN, 9 de abril de 2019.

76. Richard Gonzales, «Trump Administration Begins "Remain in Mexico" Policy, Sending Asylum-Seekers Back», NPR, 29 de enero de 2019.

77. Rafael Carranza, «Kirstjen Nielsen Vows to Provide Resources to Border Agents in Yuma», *The Arizona Republic*, 4 de abril de 2019.

78. Tapper, «Trump Pushed to Close El Paso Border».

79. *Ibid.*

25. Más duro que el resto

1. Maggie Haberman y Michael S. Schmidt, «Giuliani to Join Trump's Legal Team», *The New York Times*, 19 de abril de 2018.

2. Josh Dawsey, Carol D. Leonnig y Matt Zapotosky, «Trump Asked Tillerson to Help Broker Deal to End U.S. Prose-

cution of Turkish Trader Represented by Giuliani», *The Washington Post*, 10 de octubre de 2019.

3. *Ibid.*

4. Philip Bump, «A Timeline of Giuliani's Dubious Interactions with the Trump Administration», *The Washington Post*, 28 de abril de 2021.

5. Caitlin Emma y Connor O'Brien, «Trump Holds Up Ukraine Military Aid Meant to Confront Russia», *Politico*, 28 de agosto de 2019.

6. Natasha Bertrand, «Trump's New Intel Chief Was a Trump Critic in 2016», *Politico*, 21 de febrero de 2020.

7. Michael R. Gordon y Gordon Lubold, «Trump to Pull Thousands of U.S. Troops from Germany», *The Wall Street Journal*, 5 de junio de 2020.

8. Carol Leonnig y Philip Rucker, *I Alone Can Fix It: Donald J. Trump's Catastrophic Final Year*, Nueva York, Penguin Press, 2021.

9. Peter Baker y Nicholas Fandos, «Bolton Objected to Ukraine Pressure Campaign, Calling Giuliani "a Hand Grenade"», *The New York Times*, 14 de octubre de 2019.

10. Samuel Ashworth, «Mueller's Report Is Done. Is There Still a Point in Having a Prayer Candle with His Image on It?», *The Washington Post*, 13 de mayo de 2019.

11. Li Zhou y Jen Kirby, «The Senate Confirms Bill Barr as Attorney General», *Vox*, 14 de febrero de 2019.

12. Sadie Gurman y Aruna Viswanatha, «Trump's Attorney General Pick Criticized an Aspect of Mueller Probe in Memo to Justice Department», *The Wall Street Journal*, 19 de diciembre de 2018.

13. Michael S. Schmidt y Maggie Haberman, «Trump Ordered Mueller Fired, but Backed Off When White House Counsel Threatened to Quit», *The New York Times*, 25 de enero de 2018.

14. Karoun Demirjian y Devlin Barrett, «Top FBI Official Assigned to Mueller's Russia Probe Said to Have Been Removed After Sending Anti-Trump Texts», *The Washington Post*, 2 de diciembre de 2017.

15. Charlie Savage, «Carter Page FISA Documents Are Released by Justice Department», *The New York Times*, 21 de julio de 2018.

16. Mark Mazzetti, Eileen Sullivan y Maggie Haberman, «Indicting Roger Stone, Mueller Shows Link Between Trump Campaign and WikiLeaks», *The New York Times*, 25 de enero de 2019.

17. *Ibid.*

18. Josh Gerstein y Darren Samuelsohn, «WikiLeaks, Dog Threats and a Fake Death Notice: Roger Stone's Odd Friendship with Randy Credico», *Politico*, 8 de noviembre de 2019.

19. Matt Apuzzo *et al.*, «Former Trump Aides Charged as Prosecutors Reveal New Campaign Ties with Russia», *The New York Times*, 30 de octubre de 2017.

20. Mark Mazzetti y Maggie Haberman, «Rick Gates, Trump Campaign Aide, Pleads Guilty in Mueller Inquiry and Will Cooperate», *The New York Times*, 23 de febrero de 2018.

21. Sharon LaFraniere, Kenneth P. Vogel y Maggie Haberman, «Manafort Accused of Sharing Trump Polling Data with Russian Associate», *The New York Times*, 8 de enero de 2019.

22. Andrew Prokop, «Roger Stone Found Guilty on All 7 Counts After Trial», *Vox*, 15 de noviembre de 2019.

23. Steve Benen, «To Defend Trump, Republicans Scoff at "Process Crimes"», MSNBC, 30 de noviembre de 2018.

24. Ella Nilsen, «2020 Democrats' Response to Mueller Statement: Impeach Trump», *Vox*, 29 de mayo de 2019.

25. Joe Heim, «Nancy Pelosi on Impeaching President Trump: "He's Just Not Worth It"», *Washington Post Magazine*, 11 de marzo de 2019.

26. Michael Balsamo y Eric Tucker, «Barr Appoints Prosecutor to Examine Russia Probe Origins», Associated Press, 1 de diciembre de 2020.

27. Adam Goldman, «Comey Is Criticized by Justice Dept. Watchdog for Violating F.B.I. Rules», *The New York Times*, 29 de agosto de 2019.

28. Maggie Haberman, Julian E. Barnes y Peter Baker, «Dan

Coats to Step Down as Intelligence Chief; Trump Picks Loyalist for Job», *The New York Times*, 28 de julio de 2019.

29. Mark Landler, «Trump's Twitter Threat vs. Iran: Loud but Hardly Clear», *The New York Times*, 23 de julio de 2018.

30. Michael D. Shear *et al.*, «Strikes on Iran Approved by Trump, Then Abruptly Pulled Back», *The New York Times*, 20 de junio de 2019.

31. *Ibid.*

32. Peter Baker y Michael Crowley, «Trump Steps into North Korea and Agrees with Kim Jong-Un to Resume Talks», *The New York Times*, 30 de junio de 2019.

33. Peter Baker y Maggie Haberman, «Trump's Interest in Buying Greenland Seemed Like a Joke. Then It Got Ugly», *The New York Times*, 21 de agosto de 2019.

34. Peter Baker, Mujib Mashal y Michael Crowley, «How Trump's Plan to Secretly Meet with the Taliban Came Together y Fell Apart», *The New York Times*, 8 de septiembre de 2019.

35. Philip Ewing, «Trump Fires John Bolton as National Security Adviser in Final Break over Policy», NPR, 10 de septiembre de 2019.

36. Baker, Mashal y Crowley, «How Trump's Plan to Secretly Meet with the Taliban Came Together, and Fell Apart».

37. Mujib Mashal, «Taliban and U.S. Strike Deal to Withdraw American Troops from Afghanistan», *The New York Times*, 29 de febrero de 2020.

38. Ellen Nakashima *et al.*, «Whistleblower Complaint About President Trump Involves Ukraine, According to Two People Familiar with the Matter», *The Washington Post*, 19 de septiembre de 2019.

39. Emily Cochrane y Kenneth P. Vogel, «Amid Bipartisan Outcry, White House Agrees to Release Ukraine Aid», *The New York Times*, 12 de septiembre de 2019.

40. Kevin Liptak y Betsy Klein, «Trump Claims He Put "No Pressure" on Zelensky Despite White House Transcript», CNN, 25 de septiembre de 2019.

41. Annie Karni, «Trump Claims Texts Prove No "Quid Pro Quos of Any Kind" with Ukraine. But His Ambassador Suspected One», *The New York Times*, 4 de octubre de 2019.

42. Adam Willis, «Al Green's Third Attempt to Impeach Donald Trump Fails», *The Texas Tribune*, 17 de julio de 2019.

43. Aaron Rupar, «Rashida Tlaib on Trump: "We're Going to Impeach This Motherfucker!"», *Vox*, 4 de enero de 2019.

44. Sharon LaFraniere, Andrew E. Kramer y Danny Hakim, «Trump, Ukraine and Impeachment: The Inside Story of How We Got Here», *The New York Times*, 11 de noviembre de 2019.

45. Marc Santora, «Poland Had the Royal Castle Ready. Then Trump Canceled His Trip», *The New York Times*, 30 de agosto de 2019.

26. Un *STRIKE* Y ESTÁS ELIMINADO

1. Marc Santora, «Poland Had the Royal Castle Ready. Then Trump Canceled His Trip», *The New York Times*, 30 de agosto de 2019.

2. Sheryl Gay Stolberg, «"I Am an American Because of Him": The Journey of Pence's Grandfather from Ireland», *The New York Times*, 16 de marzo de 2017.

3. Andrew Stein, «Trump-Haley in 2020», *The Wall Street Journal*, 23 de junio de 2019.

4. Matthew Cappucci y Andrew Freedman, «President Trump Showed a Doctored Hurricane Chart. Was It to Cover Up for "Alabama" Twitter Flub?», *The Washington Post*, 5 de septiembre de 2019.

5. Christopher Flavelle, Lisa Friedman y Peter Baker, «Commerce Chief Threatened Firings at NOAA After Trump's Dorian Tweets, Sources Say», *The New York Times*, 9 de septiembre de 2019.

6. Alison Leigh Cowan, «A Bankruptcy Wizard's Coups», *The New York Times*, 7 de diciembre de 1990.

7. Katie Rogers y Maggie Haberman, «Trump's 2020 Campaign Announcement Had a Very Trumpian Rollout», *The New York Times*, 27 de febrero de 2018.

8. Maggie Haberman, Annie Karni y Michael D. Shear, «Trump, at Rally in Florida, Kicks Off His 2020 Re-Election Bid», *The New York Times*, 18 de junio de 2019.

9. Madeleine Joung, «Trump Has Now Had More Cabinet Turnover Than Reagan, Obama and the Two Bushes», *Time*, 12 de julio de 2019.

10. Tim Alberta, *American Carnage: On the Front Lines of the Republican Civil War and the Rise of President Trump*, Nueva York, HarperCollins, 2019.

11. Daniel Lippman, «Trump's Personal Assistant Fired After Comments About Ivanka, Tiffany», *Politico*, 30 de agosto de 2019.

12. Katie Rogers, Annie Karni y Maggie Haberman, «Trump's Personal Assistant, Madeleine Westerhout, Shared Intimate Details of First Family», *The New York Times*, 30 de agosto de 2019.

13. Adam Goldman, «Comey Is Criticized by Justice Dept. Watchdog for Violating F.B.I. Rules», *The New York Times*, 29 de agosto de 2019.

14. David A. Fahrenthold, «Trump's Company Billed the Government at Least $2.5 Million. Here Are the Key Charges», *The Washington Post*, 27 de octubre de 2020.

15. David A. Fahrenthold *et al.*, «Ballrooms, Candles and Luxury Cottages: During Trump's Term, Millions of Government and GOP Dollars Have Flowed to His Properties», *The Washington Post*, 27 de octubre de 2020.

16. Toluse Olorunnipa, David A. Fahrenthold y Jonathan O'Connell, «Trump Has Awarded Next Year's G-7 Summit to His Doral Resort», *The Washington Post*, 17 de octubre de 2019.

17. Damian Paletta, Anne Gearan y John Wagner, «Trump Calls for Russia to Be Reinstated to G-7, Threatens Allies on Trade», *The Washington Post*, 8 de junio de 2018.

18. Felicia Sonmez, «Trump Renews Call for Russia to Be

Readmitted to G-7», *The Washington Post*, 20 de agosto de 2019.

19. John Parkinson, «Mulvaney Admits Quid Pro Quo, Says Military Aid Withheld to Get Ukraine to Probe Democrats», ABC News, 17 de octubre de 2019.

20. Jen Kirby, «Trump's Shocking Syria Decision and Confusing Aftermath, Explained», *Vox*, 8 de octubre de 2019.

21. Helene Cooper, «How Mark Milley, a General Who Mixes Bluntness and Banter, Became Trump's Top Military Adviser», *The New York Times*, 29 de septiembre de 2019.

22. Zachary Cohen, «Trump Surprises Allies, Claims US-Backed Forces Reclaimed 100% of ISIS Territory in Syria», CNN, 1 de marzo de 2019.

23. Eric Schmitt, Maggie Haberman y Edward Wong, «President Endorses Turkish Military Operation in Syria, Shifting U.S. Policy», *The New York Times*, 7 de octubre de 2019.

24. Catie Edmondson y Maggie Haberman, «Pledging "Undying Support" for Trump, Jeff Van Drew Becomes a Republican», *The New York Times*, 19 de diciembre de 2019.

25. «Securities Analyst Marvin Roffman "Renegotiates" Life After Trump», *The Press of Atlantic City*, 15 de julio de 1990.

26. Craig Mauger, «Trump Goes After Dingell on Twitter After She Talks Impeachment on TV», *The Detroit News*, 14 de diciembre de 2019.

27. «Opinion: Debbie Dingell: Why I Will Vote to Impeach Trump», *The New York Times*, 17 de diciembre de 2019.

28. Beth LeBlanc, «Trump to Hold "Merry Christmas Rally" in Battle Creek», *The Detroit News*, 5 de diciembre de 2019.

27. ABSUELTO

1. Rukmini Callimachi y Falih Hassan, «Abu Bakr Al-Baghdadi, ISIS Leader Known for His Brutality, Is Dead at 48», *The New York Times*, 27 de octubre de 2019.

2. Falih Hassan, Ben Hubbard y Alissa J. Rubin, «Protesters Attack U.S. Embassy in Iraq, Chanting "Death to America"», *The New York Times*, 31 de diciembre de 2019.

3. Michael Crowley, Falih Hassan y Eric Schmitt, «U.S. Strike in Iraq Kills Qassim Suleimani, Commander of Iranian Forces», *The New York Times*, 2 de enero de 2020.

4. *Ibid.*

5. Alissa J. Rubin, «Missile Strike Damage Appears Limited, but Iran May Not Be Done», *The New York Times*, 8 de enero de 2020.

6. Mihir Zaveri, «More Than 100 Troops Have Brain Injuries from Iran Missile Strike, Pentagon Says», *The New York Times*, 10 de febrero de 2020.

7. Nicholas Fandos y Michael D. Shear, «Trump Impeached for Abuse of Power and Obstruction of Congress», *The New York Times*, 18 de diciembre de 2019.

8. Ana Swanson y Alan Rappeport, «Trump Signs China Trade Deal, Putting Economic Conflict on Pause», *The New York Times*, 15 de enero de 2020.

9. Julie Hirschfeld Davis, «White House Aide Forced Out After Claim of Leftist Conspiracy», *The New York Times*, 11 de agosto de 2017.

10. Michael D. Shear y Maggie Haberman, «John McEntee, Trump Aide, Is Forced Out over Security Issue, but Joins Re-Election Campaign», *The New York Times*, 13 de mayo de 2018.

11. Michael D. Shear y Maggie Haberman, «Trump Places Loyalists in Key Jobs Inside the White House While Raging Against Enemies Outside», *The New York Times*, 13 de febrero de 2020.

12. Jonathan Swan y Alayna Treene, «New White House Personnel Chief Tells Cabinet Liaisons to Target Never Trumpers», *Axios*, 21 de febrero de 2020.

13. Jeremy Diamond, «White House Questionnaire Adds New Litmus Tests for Prospective Hires», CNN, 3 de marzo de 2020.

14. Julian E. Barnes y Maggie Haberman, «Trump Names Richard Grenell as Acting Head of Intelligence», *The New York Times*, 19 de febrero de 2020.

15. Kyle Cheney, John Bresnahan y Andrew Desiderio, «Republicans Defeat Democratic Bids to Hear Witnesses in Trump Trial», *Politico*, 31 de enero de 2020.

16. Maggie Haberman y Michael S. Schmidt, «Trump Told Bolton to Help His Ukraine Pressure Campaign, Book Says», *The New York Times*, 31 de enero de 2020.

17. Ian Millhiser, «Mitt Romney Just Did Something That Literally No Senator Has Ever Done Before», *Vox*, 5 de febrero de 2020.

18. Steve Holland, «Republican Romney Calls Trump "a Fraud", Creates Pathway to Contested Convention», Reuters, 2 de marzo de 2016.

19. Alex Isenstadt, «Trump Endorses Romney for Utah Senate Seat», *Politico*, 19 de febrero de 2018.

20. «Opinion: Mitt Romney: The President Shapes the Public Character of the Nation. Trump's Character Falls Short», *The Washington Post*, 1 de enero de 2019.

21. Li Zhou, «President Trump Acquitted by Senate on 2 Articles of Impeachment», *Vox*, 5 de febrero de 2020.

22. Peter Baker, «Assured of Impeachment Acquittal, Trump Makes Case for Second Term in State of the Union», *The New York Times*, 5 de febrero de 2020.

23. Sebastian Smith, «Trump Takes Impeachment Victory Lap over "Vicious" Democrats», Agence France-Presse, 6 de febrero de 2020.

24. Elizabeth Dias, Annie Karni y Sabrina Tavernise, «Trump Gives Speech at 2020 March for Life Rally in Washington, D.C.», *The New York Times*, 24 de enero de 2020.

25. Philip Bump, «Donald Trump Took 5 Different Positions on Abortion in 3 Days», *The Washington Post*, 3 de abril de 2016.

26. Dan Mangan, «Trump: I'll Appoint Supreme Court Justices to Overturn Roe v. Wade Abortion Case», CNBC, 19 de octubre de 2016.

27. Pam Belluck, «Trump Administration Blocks Funds for Planned Parenthood and Others over Abortion Referrals», *The New York Times*, 22 de febrero de 2019.

28. Josh Gerstein y Darren Samuelsohn, «Roger Stone Sentenced to over 3 Years in Prison», *Politico*, 20 de febrero de 2020.

29. Dylan Bank, Daniel DiMauro y Morgan Pehme, *Get Me Roger Stone*, Netflix, 2017.

30. Michael D. Shear y Maggie Haberman, «Trump Grants Clemency to Blagojevich, Milken and Kerik», *The New York Times*, 18 de febrero de 2020.

31. Timothy Bella, «Trump Tweets Tucker Carlson Segment That Hints of Possible Pardon for Roger Stone», *The Washington Post*, 20 de febrero de 2020.

32. Anne Flaherty, «Barr Blasts Trump's Tweets on Stone Case: "Impossible for Me to Do My Job"», ABC News, 13 de febrero de 2020.

33. Josh Gerstein y Kyle Cheney, «DOJ Drops Criminal Case Against Michael Flynn», *Politico*, 7 de mayo de 2020.

34. Anita Kumar, «India Rolls Out the MAGA Carpet for Trump», *Politico*, 24 de febrero de 2020.

35. Kevin Liptak, «Trump Concludes India Visit Without Major Agreements», CNN, 25 de febrero de 2020.

36. Michael D. Shear, Noah Weiland y Katie Rogers, «Trump Names Mike Pence to Lead Coronavirus Response», *The New York Times*, 26 de febrero de 2020.

37. Michael D. Shear y Maggie Haberman, «Pence Will Control All Coronavirus Messaging from Health Officials», *The New York Times*, 27 de febrero de 2020.

28. La salud de Estados Unidos

1. Abby Goodnough, Maggie Haberman y Sheila Kaplan, «With Partial Flavor Ban, Trump Splits the Difference on Vaping», *The New York Times*, 2 de enero de 2020.

2. Roni Caryn Rabin, «Wuhan Coronavirus: C.D.C. Identifies First U.S. Case in Washington State», *The New York Times*, 21 de enero de 2020.

3. Entrevista de Joe Kernen a Donald Trump, *Squawk Box*, CNBC, 22 de enero de 2020.

4. Jonathan Swan y Margaret Talev, «Peter Navarro Memos Warning of Mass Coronavirus Death Circulated West Wing in January», *Axios*, 7 de abril de 2020.

5. Stephen Braun, Hope Yen y Calvin Woodward, «AP Fact Check: Trump and the Virus-Era China Ban That Isn't», Associated Press, 18 de julio de 2020.

6. Bob Woodward, *Rabia*, trads. Ana Herrera Ferrer, Ana Momplet Chico, Jorge Rizzo, Barcelona, Roca Editorial, 2020.

7. Anita Kumar, «Trump's Back-and-Forth Day: A Rebooked CDC Trip and a Coronavirus False Alarm», *Politico*, 6 de marzo de 2020.

8. Miriam Valverde, «Donald Trump's Wrong Claim That "Anybody" Can Get Tested for Coronavirus», KHN y PolitiFact, 12 de marzo de 2020.

9. Donald G. McNeil jr., «Coronavirus Has Become a Pandemic, W.H.O. Says», *The New York Times*, 11 de marzo de 2020.

10. «Coronavirus: NBA, NHL, MLS Suspend Seasons, MLB Delays Start of 2020 Campaign», BBC, 12 de marzo de 2020.

11. «NCAA Tournaments Canceled over Coronavirus», ESPN, 12 de marzo de 2020.

12. Eric Lipton *et al.*, «He Could Have Seen What Was Coming: Behind Trump's Failure on the Virus», *The New York Times*, 11 de abril de 2020.

13. Philip Rucker, Ashley Parker y Josh Dawsey, «Inside Trump's Failed 10-Minute Attempt to Control the Coronavirus Crisis», *The Washington Post*, 12 de marzo de 2020.

14. Kathryn Watson, «Mark Meadows Officially Enters Chief of Staff Job amid National Coronavirus Crisis», CBS News, 31 de marzo de 2020.

15. Jonathan Swan, «Scoop: How the White House Is Trying to Trap Leakers», *Axios*, 12 de julio de 2020.

16. Lipton *et al.*, «He Could Have Seen What Was Coming».

17. Gabby Orr y Marianne Levine, «Trump's #FireFauci Retweet Spurs a Cycle of Outrage and a White House Denial», *Politico*, 13 de abril de 2020.

18. Paulina Villegas, «Can President Trump Fire Dr. Fauci?», *The Washington Post*, 2 de noviembre de 2020.

19. Ayesha Rascoe y Colin Dwyer, «Trump Received Intelligence Briefings on Coronavirus Twice in January», NPR, 2 de mayo de 2020.

20. Yasmeen Abutaleb, Ashley Parker y Josh Dawsey, «Kushner Coronavirus Team Sparks Confusion Inside White House Response Efforts», *The Washington Post*, 18 de marzo de 2020.

21. Peter Baker *et al.*, «Trump's Aggressive Advocacy of Malaria Drug for Treating Coronavirus Divides Medical Community», *The New York Times*, 6 de abril de 2020.

22. Michael Rothfeld *et al.*, «13 Deaths in a Day: An "Apocalyptic" Coronavirus Surge at an N.Y.C. Hospital», *The New York Times*, 25 de marzo de 2020.

23. Steven Nelson, «Democrats Want to Drop Joe Biden for Andrew Cuomo, Poll Finds», *New York Post*, 10 de abril de 2020.

24. Michael Crowley, «Trump Hosts Israel, UAE and Bahrain in Signing Ceremony», *The New York Times*, 15 de septiembre de 2020.

25. Jonathan Martin y Maggie Haberman, «A Deal on Drug Prices Undone by White House Insistence on "Trump Cards"», *The New York Times*, 18 de septiembre de 2020.

26. Dylan Scott, «Trump: Drug Companies "Getting Away with Murder"», Stat, 11 de enero de 2017.

27. J. M. Rieger, «How Trump Has Put the Onus on States amid the Coronavirus Pandemic», *The Washington Post*, 10 de abril de 2020.

29. DIVIDE Y VENCERÁS

1. Evan Hill *et al.*, «How George Floyd Was Killed in Police Custody», *The New York Times*, 31 de mayo de 2020.

2. Katelyn Burns, «"When the Looting Starts, the Shooting Starts": The Racist History of Trump's Tweet», *Vox*, 29 de mayo de 2020.

3. *Ibid.*

4. Rob Tornoe, «Trump Incorrectly Cites Former Philly Mayor Frank Rizzo for Racist Phrase Aimed at Protesters on Fox News Interview», *The Philadelphia Inquirer*, 12 de junio de 2020.

5. Davey Alba, Kate Conger y Raymond Zhong, «Twitter Places Warning on Trump Minneapolis Tweet, Saying It Glorified Violence», *The New York Times*, 29 de mayo de 2020.

6. Amanda Watts y Chandelis Duster, «Philonise Floyd Details the Difference Between His Phone Calls with Trump and Biden», CNN, 30 de mayo de 2020.

7. Peter Baker y Maggie Haberman, «As Protests and Violence Spill Over, Trump Shrinks Back», *The New York Times*, 31 de mayo de 2020.

8. Lori Rozsa y Seung Min Kim, «Trump Celebrates Successful Space Launch, a Moment of Unity amid Tensions across the Country», *The Washington Post*, 30 de mayo de 2020.

9. Peter Hermann, Sarah Pulliam Bailey y Michelle Boorstein, «Fire Set at St. John's Church in D.C. During Protests of George Floyd's Death», *The Washington Post*, 1 de junio de 2020.

10. Michael C. Bender, *«Frankly, We Did Win This Election»: The Inside Story of How Trump Lost*, Nueva York, Hachette Books, 2021.

11. «Read: President Trump's Call with US Governors over Protests», CNN, 1 de junio de 2020.

12. Mark Maremont y Corinne Ramey, «How Jenna Ellis Rose from Traffic Court to Trump's Legal Team», *The Wall Street Journal*, 3 de diciembre de 2020.

13. Peter Baker *et al.*, «How Trump's Idea for a Photo Op Led to Havoc in a Park», *The New York Times*, 2 de junio de 2020.

14. Jeffrey Goldberg, «James Mattis Denounces Trump as Threat to Constitution», *The Atlantic*, 3 de junio de 2020.

15. Nicholas Bogel-Burroughs, «Portland Clashes Converge on Courthouse Named for an Antiwar Republican», *The New York Times*, 22 de julio de 2020.

16. Glenn Thrush, «Civil Rights Groups Challenge HUD's Fair Housing Enforcement», *The New York Times*, 8 de mayo de 2018.

17. Christina Anderson y Alex Marshall, «ASAP Rocky Is Freed Pending Assault Verdict in Sweden», *The New York Times*, 2 de agosto de 2019.

18. Hailey Fuchs, «Trump Moves to Roll Back Obama Program Addressing Housing Discrimination», *The New York Times*, 23 de julio de 2020.

19. Barbara Campbell, «Realty Company Asks $100-Million "Bias" Damages», *The New York Times*, 13 de diciembre de 1973.

30. TULSA

1. Matt Flegenheimer, «Trump's "What Do You Have to Lose?" Presidency Is Rallying Again», *The New York Times*, 20 de junio de 2020.

2. Maggie Haberman, Annie Karni y Michael D. Shear, «Trump, at Rally in Florida, Kicks Off His 2020 Re-Election Bid», *The New York Times*, 18 de junio de 2019.

3. Alexander Burns, Jonathan Martin y Maggie Haberman, «A Bruised Trump Faces Uncertain 2020 Prospects. His Team Fears a Primary Fight», *The New York Times*, 26 de enero de 2019.

4. Matt Pearce y Melissa Gomez, «How Coronavirus Has Changed Political Campaigning», *Los Angeles Times*, 13 de marzo de 2020.

5. Scott Detrow, «Biden Holds 1st In-Person Campaign Event After the Lockdown, Meets Community Leaders», NPR, 1 de junio de 2020.

6. Shane Goldmacher y Maggie Haberman, «Lara Trump Served on the Board of a Company Through Which the Trump Political Operation Spent More Than $700 Million», *The New York Times*, 18 de diciembre de 2020.

7. Natasha Korecki *et al.*, «Inside Donald Trump's 2020 Undoing», *Politico*, 7 de noviembre de 2020.

8. *Ibid.*

9. Jose Lambiet, «Exclusive: How Donald Trump's Campaign Manager Brad Parscale Went from Family Bankruptcy to Splashing Out Millions on Mansions, Condos and Luxury Cars Through His Companies That Get a Hefty Cut of the President's $57M Campaign Contributions», *Daily Mail*, 22 de agosto de 2019.

10. Alan Blinder y Maggie Astor, «Republicans Choose Charlotte for Their 2020 Convention», *The New York Times*, 20 de julio de 2018.

11. Annie Linskey y Josh Dawsey, «Trump Said "We Can't Do Social Distancing" at Convention as He Made Personal Appeal to North Carolina Governor», *The Washington Post*, 4 de junio de 2020.

12. *Ibid.*

13. Katie Rogers, «Protesters Dispersed with Tear Gas So Trump Could Pose at Church», *The New York Times*, 1 de junio de 2020.

14. Bender, *«Frankly, We Did Win This Election»: The Inside Story of How Trump Lost*, Nueva York, Hachette Books, 2021.

15. Emily Stewart, «One of America's Worst Acts of Racial Violence Was in Tulsa. Now, It's the Site of Trump's First Rally in Months», *Vox*, 16 de junio de 2020.

16. Fabiola Cineas, «Juneteenth, Explained», *Vox*, 18 de junio de 2020.

17. Bender, *«Frankly, We Did Win This Election»*.

18. Karl de Vries, «Trump Reschedules Tulsa Rally "Out of Respect" for Juneteenth», CNN, 13 de junio de 2020.

19. Benjamin Siegel, Will Steakin y Katherine Faulders, «Indoors, Yelling and Packed Crowds: Experts Sound Alarm Ahead of

Trump's Tulsa Rally amid Coronavirus», ABC News, 16 de junio de 2020.

20. Kevin Liptak y Kaitlan Collins, «Sick Staff and Empty Seats: How Trump's Triumphant Return to the Campaign Trail Went from Bad to Worse», CNN, 21 de junio de 2020.

21. Alan Feuer *et al.*, «Trump Fires Berman at S.D.N.Y. After Tensions over Inquiries», *The New York Times*, 20 de junio de 2020.

22. Maggie Haberman y Charlie Savage, «U.S. Attorney Preet Bharara Says He Was Fired After Refusing to Quit», *The New York Times*, 11 de marzo de 2017.

23. Feuer *et al.*, «Trump Fires Berman at S.D.N.Y. After Tensions over Inquiries».

24. Maggie Haberman y Annie Karni, «The President's Shock at the Rows of Empty Seats in Tulsa», *The New York Times*, 9 de septiembre de 2020.

25. Virginia Langmaid y Judson Jones, «Mount Rushmore Hasn't Had Fireworks for More Than a Decade Because It's Very Dangerous. Here's Why», CNN, 3 de julio de 2020.

26. Meredith McGraw y Tara Palmeri, «Trump Kids Joining President, First Lady for State Visit with the Queen», ABC News, 23 de mayo de 2019.

27. Eric Lutz, «Kim Guilfoyle, Don Jr. Reportedly Stranded Trump Staffers in South Dakota», *Vanity Fair*, 24 de julio de 2020.

28. Jonathan Martin y Maggie Haberman, «How Kristi Noem, Mt. Rushmore and Trump Fueled Speculation About Pence's Job», *The New York Times*, 8 de agosto de 2020.

29. Emily Smith, «Ghislaine Will "Name Names"», *New York Post*, 5 de julio de 2020.

30. William K. Rashbaum, Benjamin Weiser y Michael Gold, «Jeffrey Epstein Dead in Suicide at Jail, Spurring Inquiries», *The New York Times*, 10 de agosto de 2019.

31. Juliette Love, Matt Stevens y Lazaro Gamio, «Where Americans Can Vote by Mail in the 2020 Elections», *The New York Times*, 14 de agosto de 2020.

32. Rebecca Shabad, «Trump Floats Delaying the Election, But He Can't Do That», NBC News, 30 de julio de 2020.

33. Maggie Haberman, Jonathan Martin y Alexander Burns, «Why June Was Such a Terrible Month for Trump», *The New York Times*, 2 de julio de 2020.

34. Maggie Haberman, Michael S. Schmidt y Jeremy W. Peters, «Arrest Disrupts Bannon's Efforts to Stay Relevant After Leaving White House», *The New York Times*, 20 de agosto de 2020.

35. Bender, *«Frankly, We Did Win This Election»*.

36. Shane Goldmacher y Maggie Haberman, «How Trump's Billion-Dollar Campaign Lost Its Cash Advantage», *The New York Times*, 7 de septiembre de 2020.

37. Jonathan Swan, «Trump's Advisers Brace for Loss, Point Fingers», *Axios*, 16 de octubre de 2020.

38. Maggie Haberman, Patricia Mazzei y Annie Karni, «Trump Abruptly Cancels Republican Convention in Jacksonville: "It's Not the Right Time"», *The New York Times*, 23 de julio de 2020.

39. Anita Kumar, «Trump's Prime-Time Convention Plan: A D.C. Ballroom and Government Backdrops», *Politico*, 13 de agosto de 2020.

40. Lara Jakes, «Pompeo to Deliver R.N.C. Speech from Israel with Eye on 2024», *The New York Times*, 25 de agosto de 2020.

41. Isabel Kershner y David M. Halbfinger, «On Mideast Trip, Pompeo Mixes Diplomacy with Partisan Politics», *The New York Times*, 24 de agosto de 2020.

42. Ella Nilsen, «The Virtual 2020 Democratic National Convention, Explained», *Vox*, 17 de agosto de 2020.

43. Peter Baker, «Trump Extends Pardon to Alice Johnson After She Praises Him at Convention», *The New York Times*, 28 de agosto de 2020.

44. Peter Baker, «Alice Marie Johnson Is Granted Clemency by Trump After Push by Kim Kardashian West», *The New York Times*, 6 de junio de 2018.

31. NO SER UNO DE LOS QUE MUEREN

1. Laura King y Henry Chu, «U.S. COVID-19 Deaths Reach 200,000», *Los Angeles Times*, 22 de septiembre de 2020.

2. Bess Levin, «White House on 200,000 Coronavirus Deaths: Call Us When 2 Million of You Are Dead», *Vanity Fair*, 22 de septiembre de 2020.

3. Eric Fiegel *et al.*, «Trump Holds First Entirely Indoor Rally in Nearly Three Months», CNN, 14 de septiembre de 2020.

4. Myah Ward y Daniel Lippman, «Trump's Personal Valet Tests Positive for Coronavirus», *Politico*, 7 de mayo de 2020.

5. Martin Pengelly, «Trump Tested Positive for Covid Few Days Before Biden Debate, Chief of Staff Says in New Book», *The Guardian*, 1 de diciembre de 2021.

6. Ashley Parker *et al.*, «Trump Tested Positive for Coronavirus Before First Debate with Biden, Three Former Officials Say», *The Washington Post*, 1 de diciembre de 2021.

7. Peter Baker y Maggie Haberman, «Trump Selects Amy Coney Barrett to Fill Ginsburg's Seat on the Supreme Court», *The New York Times*, 25 de septiembre de 2020.

8. Linda Greenhouse, «Ruth Bader Ginsburg, Supreme Court's Feminist Icon, Is Dead at 87», *The New York Times*, 18 de septiembre de 2020.

9. Aaron C. Davis, Shawn Boburg y Josh Dawsey, «Trump's Debate Guests Refused to Wear Masks, Flouting Rules», *The Washington Post*, 2 de octubre de 2020.

10. Andrew Prokop, «Rudy Giuliani Hopes to Use a Hard Drive with Purported Hunter Biden Emails to Help Trump's Reelection Efforts», *Vox*, 15 de octubre de 2020.

11. Jennifer Jacobs, «Trump Says He Will Quarantine After Aide Falls Ill with Virus», Bloomberg, 1 de octubre de 2020.

12. Jordyn Phelps, Devin Dwyer y Cindy Smith, «President Visits First Lady Melania Trump in Hospital After Kidney Procedure», ABC News, 14 de mayo de 2018.

13. Maggie Haberman y Noah Weiland, «Trump's Blood Oxygen Level in Covid Bout Was Dangerously Low, Former Aide Says», *The New York Times*, 6 de diciembre de 2021.

14. *Ibid.*

15. Olivia Nuzzi, «The Entire Presidency Is a Superspreading Event», *New York*, 9 de octubre de 2020.

16. Rachel DeSantis, «Donald Trump's Lifelong Love of Fast Food, from His 2002 McDonald's Commercial to "Hamberders"», *New York Daily News*, 15 de enero de 2019.

17. Anita Kumar *et al.*, «White House Triggers Questions and Confusion About Trump's Coronavirus Case», *Politico*, 3 de octubre de 2020.

18. Tina Nguyen, «Trump Isn't Secretly Winking at QAnon. He's Retweeting Its Followers», *Politico*, 12 de julio de 2020.

19. Cameron Peters, «After Trump Supporters Surround a Biden Bus in Texas, the FBI Opens an Investigation», *Vox*, 1 de noviembre de 2020.

20. Reid J. Epstein, Emily Cochrane y Glenn Thrush, «Trump Again Sows Doubt About Election as G.O.P. Scrambles to Assure Voters», *The New York Times*, 24 de septiembre de 2020.

21. Annie Karni y Maggie Haberman, «How the Trump Campaign Reacted When Fox News Called Arizona for Biden», *The New York Times*, 4 de noviembre de 2020.

32. JUICIO POR COMBATE

1. Monica Alba y Ben Kamisar, «New Campaign Filings Show Trump's Fundraising Haul Off Claims of Voter Fraud», NBC News, 4 de diciembre de 2020.

2. Olivia Nuzzi, «Four Seasons Total Landscaping: The Full(est Possible) Story», *New York*, 21 de diciembre de 2020.

3. Zach Montellaro y Josh Gerstein, «Pennsylvania Supreme Court Rejects Complaints About Philadelphia Election Observations», *Politico*, 17 de noviembre de 2020.

4. Aaron Blake, «The GOP Plotted to Overturn the 2020 Election Before It Was Even Over», *The Washington Post*, 15 de diciembre de 2021.

5. Jeremy W. Peters, «Steve Bannon Has Some Impeachment Advice for Trump», *The New York Times*, 23 de octubre de 2019.

6. Tina Nguyen, «Trump Ally Wants Trump Delegates to Sign Loyalty Pledge», *Vanity Fair*, 13 de abril de 2016.

7. Sheera Frenkel, «How Misinformation "Superspreaders" Seed False Election Theories», *The New York Times*, 23 de noviembre de 2020.

8. Maggie Haberman y Zolan Kanno-Youngs, «Trump Discussed Naming Sidney Powell as Special Counsel on Election Fraud», *The New York Times*, 19 de diciembre de 2020.

9. Jennifer Jacobs y Jordan Fabian, «Trump Adviser David Bossie Tests Positive for Coronavirus», Bloomberg, 9 de noviembre de 2020.

10. Nicholas Riccardi, «Biden Approaches 80 Million Votes in Historic Victory», Associated Press, 18 de noviembre de 2020.

11. Alba y Kamisar, «New Campaign Filings Show Trump's Fundraising Haul Off Claims of Voter Fraud».

12. Maria Polletta, «Trump Lawsuit on Maricopa County Votes Dismissed by Judge as Outcome Wouldn't Affect Races», *The Arizona Republic*, 13 de noviembre de 2020.

13. Maggie Haberman y Ben Protess, «Giuliani's Allies Want Trump to Pay His Legal Bills», *The New York Times*, 4 de mayo de 2021.

14. Bob Woodward y Robert Costa, «Virginia Thomas Urged White House Chief to Pursue Unrelenting Efforts to Overturn the 2020 Election, Texts Show», *The Washington Post*, 24 de marzo de 2022.

15. Zachary Cohen, Paula Reid y Sara Murray, «New Details Shed Light on Ways Trump's Chief of Staff Pushed Federal Agencies to Pursue Dubious Election Claims», CNN, 2 de diciembre de 2021.

16. Michael Balsamo y Zeke Miller, «Trump Aide Banned from Justice After Trying to Get Case Info», Associated Press, 3 de diciembre de 2020.

17. Connor O'Brien y Cristiano Lima, «Trump Threatens to Veto Defense Bill over Social Media Rule», *Politico*, 1 de diciembre de 2020.

18. Jonathan D. Karl, «How Barr Finally Turned on Trump», *The Atlantic*, 27 de junio de 2021.

19. William P. Barr, *One Damn Thing After Another: Memoirs of an Attorney General*, Nueva York, William Morrow, 2022.

20. *Ibid.*

21. Dan Zak y Josh Dawsey, «Rudy Giuliani's Post-Election Meltdown Starts to Become Literal», *The Washington Post*, 19 de noviembre de 2020.

22. Felicia Sonmez y Josh Dawsey, «Giuliani Releases Statement Distancing Trump Campaign from Lawyer Sidney Powell», *The Washington Post*, 22 de noviembre de 2020.

23. *Ibid.*

24. Jenna Greene, «How Marc Elias Sealed Biden's Win in Court—64 Times», Reuters, 22 de enero de 2021.

25. Alan Feuer, «Phil Waldron's Unlikely Role in Pushing Baseless Election Claims», *The New York Times*, 21 de diciembre de 2021.

26. Philip Bump, «This Might Be the Most Embarrassing Document Created by a White House Staffer», *The Washington Post*, 18 de diciembre de 2020.

27. Jonathan Swan y Zachary Basu, «Off the Rails: Inside the Craziest Meeting of the Trump Presidency», *Axios*, 2 de febrero de 2021.

28. Haberman y Kanno-Youngs, «Trump Discussed Naming Sidney Powell as Special Counsel on Election Fraud».

29. Zachary Cohen y Paula Reid, «Exclusive: Trump Advisers Drafted More Than One Executive Order to Seize Voting Machines, Sources Tell CNN», CNN, 31 de enero de 2022.

30. Alan Feuer, Maggie Haberman y Luke Broadwater, «Me-

mos Show Roots of Trump's Focus on Jan. 6 and Alternate Electors», *The New York Times*, 2 de febrero de 2022.

31. Kaitlan Collins y Kevin Liptak, «Trump Returns to Washington Early Ahead of Republican Plan to Disrupt Certification of Biden's Win», CNN, 31 de diciembre de 2020.

32. Bob Woodward y Robert Costa, *Peligro*, trads. Ana Herrera Ferrer, Jorge Rizzo Tortuero, Barcelona, Roca Editorial, 2021.

33. Marc Caputo y James Arkin, «The GOP's Georgia Boogeyman: Chuck Schumer», *Politico*, 11 de noviembre de 2020.

34. Jeremy W. Peters y Maggie Haberman, «17 Republican Attorneys General Back Trump in Far-Fetched Election Lawsuit», *The New York Times*, 9 de diciembre de 2020.

35. Katie Benner, «Trump and Justice Dept. Lawyer Said to Have Plotted to Oust Acting Attorney General», *The New York Times*, 22 de enero de 2021.

36. Katie Benner, «Report Cites New Details of Trump Pressure on Justice Dept. over Election», *The New York Times*, 6 de octubre de 2021.

37. Felicia Sonmez, «Georgia Leaders Rebuff Trump's Call for Special Session to Overturn Election Results», *The Washington Post*, 6 de diciembre de 2020.

38. Amy Gardner, « "I Just Want to Find 11,780 Votes": In Extraordinary Hour-Long Call, Trump Pressures Georgia Secretary of State to Recalculate the Vote in His Favor», *The Washington Post*, 3 de enero de 2021.

39. Nicholas Fandos y Luke Broadwater, «McConnell Congratulates Biden and Lobbies Colleagues to Oppose a Final-Stage G.O.P. Effort to Overturn His Victory», *The New York Times*, 15 de diciembre de 2020.

40. Stephen Miller, *Fox & Friends*, Fox News, 14 de diciembre de 2020.

41. Kyle Cheney, «Fighting Jan. 6 Committee, John Eastman Details How He Came into Trump's Post-Election Fold», *Politico*, 22 de febrero de 2022.

42. «The Never-Before-Told Backstory of Pence's Jan. 6 Argument», *Politico*, 18 de febrero de 2022.

43. Michael S. Schmidt y Maggie Haberman, «The Lawyer Behind the Memo on How Trump Could Stay in Office», *The New York Times*, 2 de octubre de 2021.

44. Maggie Haberman y Annie Karni, «Pence Said to Have Told Trump He Lacks Power to Change Election Result», *The New York Times*, 5 de enero de 2021.

45. Jacqueline Alemany *et al.*, «Willard Hotel Was Trump Team "Command Center" for Denying Biden Presidency Ahead of Jan. 6», *The Washington Post*, 23 de octubre de 2021.

46. Hunter Walker, «Jan. 6 White House Rally Organizers Were "Following POTUS' Lead"», *Rolling Stone*, 21 de noviembre de 2021.

47. Maggie Haberman y Jonathan Martin, «After the Speech: What Trump Did as the Capitol Was Attacked», *The New York Times*, 13 de febrero de 2021.

48. Peter Baker, Maggie Haberman y Annie Karni, «Mike Pence Reached His Limit with Trump. It Wasn't Pretty», *The New York Times*, 12 de enero de 2021.

49. *Ibid.*

50. Haberman y Martin, «After the Speech».

51. Holmes Lybrand, «Secret Service Says Pence Was Taken to Loading Dock Under US Capitol During January 6 Riot», CNN, 21 de marzo de 2022.

52. Jacqueline Alemany *et al.*, «How Thousands of Text Messages from Mark Meadows and Others Reveal New Details About Events Surrounding the Jan. 6 Attack», *The Washington Post*, 16 de febrero de 2022.

53. Ryan Lucas, «Where the Jan. 6 Insurrection Investigation Stands, One Year Later», NPR, 6 de enero de 2022.

54. Jie Jenny Zou y Erin B. Logan, «Jan. 6: By the Numbers», *Los Angeles Times*, 5 de enero de 2022.

55. Christiaan Triebert *et al.*, «First They Guarded Roger Stone. Then They Joined the Capitol Attack», *The New York Times*, 14 de febrero de 2021.

56. «Here Are the Trump Officials Who Resigned over the Capitol Riot», *The New York Times*, 17 de enero de 2021.

57. John Ratcliffe, «China Is National Security Threat No. 1», *The Wall Street Journal*, 3 de diciembre de 2020.

58. Nicholas Fandos, «Trump Impeached for Inciting Insurrection», *The New York Times*, 13 de enero de 2021.

59. Richard Fausset, Jonathan Martin y Stephanie Saul, «Ossoff and Warnock Win in Georgia, Democrats to Gain Control of Senate», *The New York Times*, 6 de enero de 2021.

60. Entrevista de Bill Hemmer a Hogan Gidley, Fox News, 11 de enero de 2021.

61. Vivian Yee y Megan Specia, «Gulf States Agree to End Isolation of Qatar», *The New York Times*, 5 de enero de 2021.

62. Maggie Haberman *et al.*, «Trump Grants Clemency to Stephen Bannon and Other Allies», *The New York Times*, 20 de enero de 2021.

63. Dalton Bennett y Jon Swaine, «The Roger Stone Tapes», *The Washington Post*, 4 de marzo de 2022.

64. Kaitlan Collins, Kevin Liptak y Pamela Brown, «Trump Talked Out of Pardoning Kids and Republican Lawmakers», CNN, 19 de enero de 2021.

Epílogo

1. Josh Dawsey y Manuel Roig-Franzia, «RNC Chairwoman Ronna McDaniel Is Trying to Hold Together a Party That Donald Trump Might Want to Tear Up», *The Washington Post*, 29 de enero de 2021.

2. Nicholas Fandos, «Trump Acquitted of Inciting Insurrection, Even as Bipartisan Majority Votes "Guilty"», *The New York Times*, 13 de febrero de 2021.

3. Luke Broadwater, «Pelosi Says She Will Create a Select Committee to Investigate the Jan. 6 Assault on the U.S. Capitol», *The New York Times*, 1 de julio de 2021.

4. Annie Grayer *et al.*, «Liz Cheney Named Vice Chair of the January 6 Select Committee», CNN, 2 de septiembre de 2021.

5. Luke Broadwater, «Pelosi Appoints Kinzinger to Panel Scrutinizing Jan. 6», *The New York Times*, 25 de julio de 2021.

6. Katie Benner y Luke Broadwater, «Bannon Indicted on Contempt Charges over House's Capitol Riot Inquiry», *The New York Times*, 12 de noviembre de 2021.

7. Kate Bennett, «Donald Trump Quietly Making Millions from Coffee Table Book», CNN, 7 de febrero de 2022.

8. Eric Lipton y Maggie Haberman, «She Took the White House Photos. Trump Moved to Take the Profit», *The New York Times*, 31 de marzo de 2022.

9. Cameron Peters, «Every Platform Cracking Down on Trump After the Deadly Capitol Riots», *Vox*, 10 de enero de 2021.

10. Shane Goldmacher, «Trump Sues Tech Firms for Blocking Him, and Fund-Raises off It», *The New York Times*, 7 de julio de 2021.

11. David Enrich, Matthew Goldstein y Shane Goldmacher, «Trump Takes Advantage of Wall Street Fad to Bankroll New Venture», *The New York Times*, 21 de octubre de 2021.

12. Ben Protess, William K. Rashbaum y Jonah E. Bromwich, «Trump Organization Is Charged with Running 15-Year Employee Tax Scheme», *The New York Times*, 1 de julio de 2021.

13. Tamar Hallerman, «Fulton Judges Greenlight Special Grand Jury for Trump Probe», *The Atlanta Journal-Constitution*, 24 de enero de 2022.

14. Ben Protess, William K. Rashbaum y Jonah E. Bromwich, «How the Manhattan D.A.'s Investigation into Donald Trump Unraveled», *The New York Times*, 5 de marzo de 2022.

15. Michael R. Sisak y Marina Villeneuve, «Cuomo Urged to Resign After Probe Finds He Harassed 11 Women», Associated Press, 3 de agosto de 2021.

16. Luis Ferré-Sadurní y J. David Goodman, «Cuomo Resigns amid Scandals, Ending Decade-Long Run in Disgrace», *The New York Times*, 10 de agosto de 2021.

17. Lois Romano, «Donald Trump, Holding All the Cards; The Tower! The Team! The Money! The Future!», *The Washington Post*, 15 de noviembre de 1984.

18. Alexa Corse, «Arizona GOP's Election Audit Confirms Biden Win in State», *The Wall Street Journal*, 24 de septiembre de 2021.

19. Alan Feuer, «Dominion Voting Systems Files Defamation Lawsuit Against Pro-Trump Attorney Sidney Powell», *The New York Times*, 8 de enero de 2021.

20. Eamon Javers, «Trump's Angry Apprentice», Bloomberg, 12 de diciembre de 2005.

21. Thomas Kaplan, «Violent Extremists at Home and Abroad "Are Children of the Same Foul Spirit", George W. Bush Says in Pennsylvania», *The New York Times*, 11 de septiembre de 2021.

22. Thomas Gibbons-Neff, «In Afghanistan, an Unceremonious End, and a Shrouded Beginning», *The New York Times*, 30 de agosto de 2021.

23. Jacqueline Alemany *et al.*, «National Archives Had to Retrieve Trump White House Records from Mar-a-Lago», *The Washington Post*, 7 de febrero de 2022.

24. Nolan D. McCaskill, «Trump Settles Legal Dispute with Former Aide», *Politico*, 11 de agosto de 2016.

25. Eileen Sullivan, «C.D.C. Confirms It Will Lift Public Health Order Restricting Immigration», *The New York Times*, 1 de abril de 2022.

26. Marc Caputo, «Herschel Walker Files for Georgia Senate Race», *Politico*, 24 de agosto de 2021.

27. Brian Slodysko, Bill Barrow y Jake Bleiberg, «As Herschel Walker Eyes Senate Run, a Turbulent Past Emerges», Associated Press, 23 de julio de 2021.

28. Emma G. Fitzsimmons, «New York City Will End Contracts with Trump over Capitol Riot», *The New York Times*, 13 de enero de 2021.

Anexo

Traducción al castellano de las preguntas de la autora a Donald Trump y sus respuestas manuscritas

PREGUNTAS DE MAGGIE HABERMAN PARA EL LIBRO
(VÍA ████████████)

Se dice que DJT mandaba dinero a la esposa de Stanley Friedman mientras él estaba en prisión. ¿Quiere hacer algún comentario?
Stanley era un hombre bueno y muy valiente.

DJT fue al funeral de Roy Cohn, pero se quedó en el fondo (**falso**). Había gente que conocía a DJT y Cohn desde mucho antes de que el abogado falleciera, y DJT les dijo que no había tenido la impresión de que el abogado fuera gay (**falso**). ¿Quiere hacer algún comentario?

DJT tenía mucho miedo al sida (**¿y quién no?**) y, en los ochenta, mientras la enfermedad se propagaba por el país, hablaba a menudo sobre el tema. Periodistas con los que DJT tenía trato comentan que le preocupaba que gente a quien le había dado la mano fuera gay (**falso**) y pudiera haberle transmitido el virus. ¿Quiere hacer algún comentario?

En los años noventa, DJT organizó una fiesta de cumpleaños sorpresa a Richard Fields en casa de los Pirro. ¿Recuerda por qué la montó?

Un buen tipo. No recuerdo la fiesta.

PÁGINA 2

En 1991, Neil Barsky escribió un artículo en el que barajaba la posibilidad de que DJT tuviera que pedirle dinero prestado a su padre. Entonces, colaboradores del empresario comentaron que DJT había tenido miedo de que la noticia diera la impresión de que estaba presionando públicamente a su padre, o que estaba esperando a cobrar su herencia. ¿Quiere contextualizar un poco más lo que pasó con Barsky?

Barsky era una mala pieza. Mi padre y yo nos llevábamos muy bien. La noticia era un bulo.

Cuando el padre de DJT compró más de 3 millones de dólares en fichas de casino, las autoridades reguladoras ordenaron ponerlas a buen recaudo porque aquello era un préstamo no registrado. Una de las fichas, valorada en miles y miles de dólares, desapareció de la caja fuerte donde se guardaba. ▮▮▮▮▮▮▮▮▮▮▮. ¿La cogió él, o fue otra persona? ▮▮▮▮ ▮▮▮▮▮.

Los mundos de Yupi.

Según cuenta un amigo de la familia, cuando DJT cogió dinero prestado de su parte de la herencia y su hermano se opuso, él escribió una carta al resto de la familia para criticarlo. ¿Quiere hacer algún comentario?

Mi hermano y yo fuimos uña y carne hasta que falleció. Puedes llamar a Ann Marie (la esposa).

Algunos exempleados comentan que, en los noventa, DJT cobraba en efectivo un porcentaje de los contratos de arrendamiento de sus propiedades, como los aparcamientos (como si fuera una tarifa de intermediación). En una ocasión, Matt Calamari llevó una carreta con decenas de lingotes de oro al despacho de DJT en la planta veintiséis. Parece que era el pago por el arrendamiento de un edificio de General Motors. ▇▇▇▇▇▇▇▇. ¿Estas «tarifas de intermediación» eran habituales en la Trump Organization? (**Pura fantasía.**)

PÁGINA 3

Y ¿el oro estaba relacionado con la inversión en oro que DJT reflejó en su declaración de la renta personal?

DJT recibió un préstamo de George Ross, un hombre rico que trabajó durante años para la Trump Organization; a algunos empleados, se les dijo que era para cubrir las <u>nóminas</u> de la empresa. (**Falso.**)¿DJT lo recuerda o quiere hacer algún comentario?

Exempleados recuerdan que DJT describía a los gais como «maricas» o «mariposones»; en concreto, Alan Marcus recuerda que DJT se refería a Abe Wallach como mariposón y afirmaba que no tenía que pagarle tanto por esa razón. ¿DJT quiere hacer algún comentario?
Totalmente falso.

PÁGINA 4

Marcus recuerda que DJT empleaba a Nick Ribis para resolver conflictos interpersonales en la oficina. También señala que el director general añadió comentarios a un borrador de la declaración de ingresos de Trump Hotels and Casino Resorts y se la mandó a Marcus para que él la publicara. La SEC investigó el asunto y Jay Goldberg le endosó el muerto a Ribis. Marcus asegura que llamó a Goldberg y le dijo que existía ese borrador. También cree que DJT estaba al corriente del valor inflado de la declaración de ingresos. ¿DJT desea añadir algo sobre la llamada o sobre los comentarios que hizo para instar a modificar la declaración de ingresos?

Bulos.

Según colaboradores suyos, Trump sostenía que Roy Cohn le había dicho que rezara siempre por que le tocara un juez negro en sus casos; al parecer, lo que se quería dar a entender era que los jueces negros se podían más o menos manipular. Además, DJT solía decir lo siguiente sobre las causas judiciales: «Esperemos que el juez sea negro». ¿Quiere hacer algún comentario?

No es cierto.

El expresidente ordenó a Pence que se hospedara en su hotel de Doonbeg. ¿DJT quiere hacer algún comentario?

No es cierto. Sus familiares residían o tenían negocios en Doonbeg.

Antes de que *The Washington Post* informara de que Flynn había hablado de las sanciones con Kislyak, el expresidente ya estaba descontento con él, pero empezó a arrepentirse de haberlo despedido.

PÁGINA 5

¿Tiene algo que comentar sobre eso, y puede decir por qué empezaron a charlar otra vez?

Falso. Era y es un gran patriota.

El expresidente quería que John Kelly echara de la Casa Blanca a su hija y a su yerno. ¿Por qué al final decidió no hacerlo?
  Una noticia falsa. De ser cierto, que no lo es, Kelly habría sido demasiado estúpido para gestionar la situación.

Dicen algunos funcionarios que el expresidente ordenó al equipo de la Casa Blanca que el G7 se celebrase en el Doral. ¿DJT quiere hacer algún comentario?
  Habría sido una ubicación idónea. Un paraje precioso. En medio de Miami, cerca del aeropuerto... Demasiado político todo.

En 2019, DJT habló con Erdoğan justo antes de la incursión en Siria. Se dice que, durante la llamada, Erdoğan disuadió al expresidente de intervenir prometiéndole que él iba a encargarse de los terroristas. ¿DJT quiere hacer algún comentario?
  Falso. Yo me encargué de los terroristas, saqué a nuestros efectivos de Siria y ahorré miles de millones de dólares. Yo y Erdoğan nos entendíamos bien.

DJT se arrepintió muchas veces de haber reformado el sistema penal. ¿Quiere hacer algún comentario?
  Lo hice por los afroamericanos. No lo podría haber conseguido nadie más. No me atribuyeron ningún mérito.

PÁGINA 6

Se dice que Ric Grenell animó a DJT a retirar las tropas de Alemania. ¿Por qué pensó que era una decisión sensata?

(No pagan lo que toca, como muchos otros. Se aprovechan de Estados Unidos). Ahora que <u>Rusia ha atacado a Ucrania</u>, ¿DJT ha cambiado de opinión? **Eso no habría pasado jamás con «Trump».**

Hay un cirujano plástico que tiene fotos de la familia del expresidente en su despacho, así como un artículo en el que se dice que DJT le deriva clientes. El doctor se llama ▮▮▮▮▮ y trató a varias empleadas de forma ambulatoria dentro de las dependencias médicas de la Casa Blanca. ¿Por qué estaba ahí?

Era el médico de Miss Universo, una franquicia que yo había vendido con buena fortuna antes de llegar a la Casa Blanca.

Meadows le dijo al equipo de Pence que el presidente quería postergar la financiación de su transición tras las elecciones. ¿DJT quiere hacer algún comentario respecto al motivo?

No sé nada de eso.

DJT ha comentado que, si Roy Cohn siguiera vivo, él todavía sería el presidente. ¿Recuerda haber dicho tal cosa y puede explicar lo que Cohn podría haber hecho que los demás no supieron hacer?

Me votó muchísima más gente que a cualquier otro presidente en ejercicio. Las elecciones estaban amañadas/me las robaron.

Página 7

Antiguos empleados suyos dicen que DJT guardaba fotos salaces de mujeres con las que decía que se había acostado, y que se las mostraba a sus subordinados. ¿Quiere hacer algún comentario?

Bulos. No es mi estilo.

Hablando con el ejecutivo de la NBC Marc Graboff, DJT dijo que, en su opinión, necesitaba un agente judío. DJT pidió una subida significativa de sueldo tras la primera temporada de *The Apprentice*, aunque al final aceptó un ligero aumento (**considerable**). ¿Quiere hacer algún comentario?

Bulos. Cobré un pastizal por *The Apprentice*. Fue un exitazo.

A principios de los noventa, DJT solía contar que Marla Maples había estado con el cantante Michael Bolton, pero que él se había llevado el gato al agua pese a los denodados intentos de Bolton por cortejarla. Según socios de DJT, él insistió en ir con Marla a un concierto del cantante poco después de un viaje a Hawái (un viaje sobre el que también hablaba a menudo). ¿Quiere hacer algún comentario sobre el incidente, o lo recuerda?

Esas cosas se me daban bien. Nunca fallaba. Un día más en la oficina. ¿A quién le importa?

Una vez, unos inversores mostraron interés en comprar acciones de la empresa de los casinos de Trump, y hubo que preparar una presentación. Alan Marcus recuerda que DJT le pidió a la persona encargada de diseñar las diapositivas que incluyera una para el casino de Buffington Harbor, Indiana. DJT quiso que la ubicación del establecimiento en la diapositiva apareciera justo al lado de Chicago, y no a cuarenta minutos en coche, como era el caso.

Página 8

Cuando un subordinado le recordó a DJT que aquella iba a ser una oferta pública controlada por la SEC, él contestó que el mapa se podía usar fuera de Chicago, porque nadie sabría <u>cuál era la distancia real</u> (**es bastante fácil de averiguar**). ¿Quiere hacer algún comentario?

No debe de andar muy bien de memoria (o de coco).

Colaboradores de DJT recuerdan que él describía a Melania —por aquel entonces, Knauss— como alguien cuyo canon de belleza era «perfecto para el puesto»; al menos, para lo que él quería en la vida.

En verdad, ¡hay algo de cierto en eso!

Durante la campaña y la presidencia, DJT se quejó de que Kushner se tomara tiempo libre para el *sabbat*. ¿Quiere hacer algún comentario?

Bulos.

¡Buenas noches!

Créditos de las imágenes

Página 9: (arriba) 3572821 Globe Photos/MediaPunch/ IPX/AP Images; (abajo) George Lange

Página 10: (arriba) Yann Gamblin/*Paris Match* vía Getty Images; (en el centro) Edward Keating/*The New York Times*/ Redux; (abajo) AP Photo/Igor Tabakov

Página 11: (arriba) AP Photo/Daniel Hulshizer; (abajo) Davidoff Studios/Getty Images

Página 12: (arriba) Shutterstock; (abajo) Chester Higgins jr./*The New York Times*

Página 13: (arriba) Jean-Louis Atlan/*Paris Match* vía Getty Images; (abajo) Jonathan Becker/Contour by Getty Images

Página 14: George Napolitano/FilmMagic vía Getty Images

Página 15: (arriba) Sabo Robert/Archivo de NY Daily News vía Getty Images; (abajo) Martin H. Simon/Pool vía Bloomberg/Getty Images

Página 16: (arriba) Matthew Cavanaugh/Getty Images; (abajo) AP Photo/Mike Groll

PLIEGO 2

Página 1: (arriba) JEWEL SAMAD/AFP vía Getty Images; (abajo) Win McNamee/Getty Images

Página 2: (arriba) Damon Winter/*The New York Times*/ Redux; (en el centro) Paul Hennessy/Alamy Live News; (abajo) Fred Watkins/Disney General Entertainment Content vía Getty Images

Página 3: (arriba) Stephen Crowley/*The New York Times*/ Redux; (en el centro) Nicholas Kamm/AFP vía Getty Images; (abajo) Drew Angerer/Getty Images

Página 4: (arriba) Damon Winter/*The New York Times*/ Redux; (abajo) Drew Angerer/Getty Images

Página 5: (arriba) Andrew Harrer/Bloomberg vía Getty

Images; (en el centro) Win McNamee/Getty Images; (abajo) Stephen Crowley/*The New York Times*/Redux

Página 6: (arriba) Andrew Innerarity/Para *The Washington Post* vía Getty Images; (en el centro) AP Photo/Evan Vucci; (abajo) fotografía oficial de la Casa Blanca a cargo de Joyce N. Boghosian

Página 7: (arriba) Win McNamee/Getty Images; (en el centro) Michael Reynolds-Pool/Getty Images; (abajo) AP Photo/J. Scott Applewhite

Página 8: (arriba) Doug Mills/*The New York Times*/Redux; (en el centro) fotografía de John Hogan Gidley; (abajo) Doug Mills/*The New York Times*/Redux

Página 9: (arriba) Doug Mills/*The New York Times*/Redux; (en el centro) Erin Schaff/*The New York Times*/Redux; (abajo) AP Photo/Jacquelyn Martin

Página 10: (arriba) Caroline Brehman/CQ-Roll Call, Inc. vía Getty Images; (en el centro y abajo) Doug Mills/*The New York Times*/Redux

Página 11: (arriba) T. J. Kirkpatrick/*The New York Times*/Redux; (abajo) Win McNamee/Getty Images

Página 12: (arriba) Doug Mills/*The New York Times*/Redux; (abajo) fotografía oficial de la Casa Blanca a cargo de Andrea Hanks

Página 13: (arriba) NICHOLAS KAMM/AFP vía Getty Images; (en el centro) Tasos Katopodis/Getty Images; (abajo) Yuri Gripas/Abaca/Sipa USA (Sipa vía AP Images)

Página 16: (arriba) Yuri Gripas/Abaca/Sipa USA (Sipa vía AP Images); (abajo) Anna Moneymaker/*The New York Times*/Redux

Índice analítico

Acerca de la autora

MAGGIE HABERMAN es periodista y formó parte del equipo que ganó un Premio Pulitzer en 2018 por informar sobre las investigaciones de las conexiones de Donald Trump y sus asesores con Rusia. Ha sido miembro en dos ocasiones más de un grupo finalista para el mismo premio: en 2021 por informar sobre la respuesta de la Administración Trump al coronavirus y en 2022 por la cobertura relacionada con los disturbios del 6 de enero de 2021 en el Capitolio. Antes de incorporarse a *The New York Times* como corresponsal de campaña, colaboró como reportera política en *Político*, de 2010 a 2015. Anteriormente, trabajó en el *New York Post* y *The New York Daily News*.

Donald Trump nació en Queens en 1946. Fue el cuarto de los cinco hijos que tuvieron Fred y Mary Trump.

La relación de Trump con sus hermanos fue cambiando, pero con quien tuvo una relación más significativa fue con su hermano mayor Freddie. Su padre atizaba la rivalidad entre ambos.

La casa donde creció Donald Trump en Midland Parkway, Jamaica Estates. Con el tiempo, Trump describiría el vecindario como un «oasis» en medio de Nueva York. Él sabía que no pertenecía a la misma clase social ni tenía el mismo estilo de vida que gran parte del entorno urbano donde vivía.

Cuando Trump era adolescente, lo mandaron a la Academia Militar de Nueva York, donde los instructores tenían por costumbre abofetear y golpear a los jóvenes. Se fue de su anterior colegio de repente, para sorpresa de su buen amigo Peter Brant, que no entendió qué había pasado.

La gente estaba fascinada porque, siempre que veían a los Trump por Nueva York, la familia iba en grupo. En la imagen, Donald y sus cuatro hermanos posan para un retrato. Los tres hijos dominan lo que una de las hermanas acabaría designando como «una familia de hombres».

En 1973, Donald Trump ya era un rostro visible de la empresa de su padre. En la prensa, el nombre de Fred y el suyo solían aparecer juntos en referencia a la actividad de la compañía inmobiliaria. Ese año, el Gobierno federal los demandó por presuntas prácticas discriminatorias contra los inquilinos.

Donald Trump de joven con un traje de tres piezas, junto a la propuesta de remodelación para el decrépito Commodore Hotel. A Trump, ese proyecto en el East Side le permitió instalarse en Manhattan.

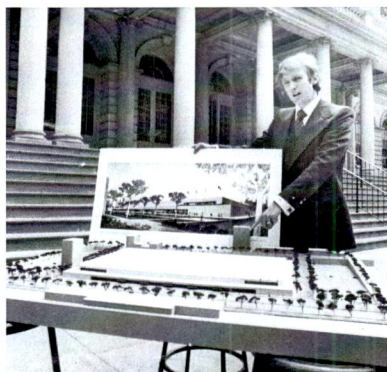

En 1977, Trump reveló sus planes para un palacio de congresos en uno de los solares de la Penn Central. Por aquel entonces, Howard Rubenstein se encargaba de promover su imagen pública. Al terminar su primera rueda de prensa, Trump, que hasta entonces se había mostrado nervioso, declaró la mar de contento: «Qué bien me lo he pasado».

Trump con quien acabaría siendo su némesis, el alcalde Ed Koch, comentando los planes de rehabilitación del promotor para Manhattan. Tras haber tenido línea directa con el anterior alcalde Abe Beame, Trump se las vio y deseó para conseguir influencia en la época de Koch.

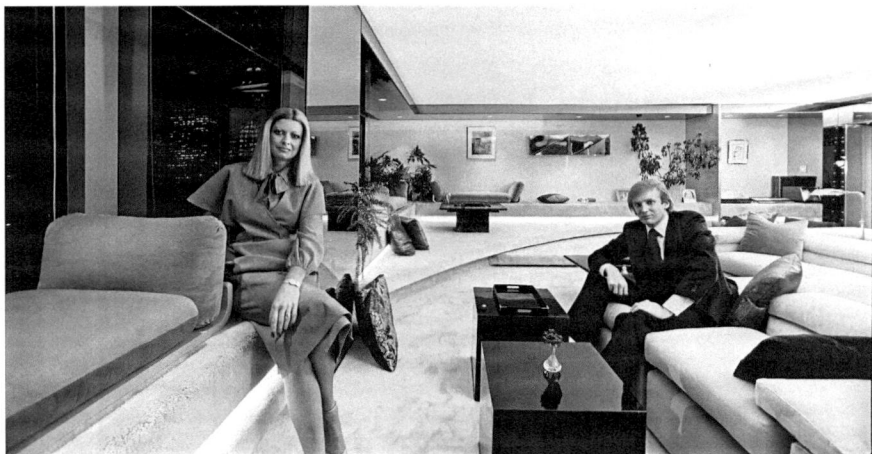

Jóvenes rebeldes de bien. Trump y su primera esposa, Ivana, posan para una fotografía en su casa antes de mudarse a su tríplex de la Torre Trump.

En 1982, Trump se subió a la azotea inacabada de su torre con una bandera de Estados Unidos. La puesta en escena fue un anticipo de cómo Trump iba a revestir de patriotismo su marca, una marca erigida en torno al propio nombre y la imagen del magnate, y que él instaba a sus seguidores a apoyar.

Aparte de su padre, nadie tuvo una mayor influencia en Trump que Roy Cohn. Cohn se convirtió en su mentor e interlocutor con las élites de Manhattan, que no habrían mostrado mucho interés en él de no haber sido por el poder del abogado.

Donald Trump con dos de sus hermanos, su esposa Ivana y sus padres, acompañados de Roy Cohn, apenas un año antes de que el abogado muriera de sida. Mientras Cohn lidiaba con la enfermedad, asegurando que era cáncer de hígado, Trump empezó a distanciarse de él. Según el cronista de la figura de Trump Wayne Barrett, Cohn dijo: «No puedo creer que me esté haciendo esto».

La ceremonia de apertura del Wollman Rink tras la renovación de Trump. El acto fue emblemático por el escaso interés del promotor en compartir el mérito con otros. En lugar de expresar los habituales agradecimientos y elogios, Trump lo transformó en un acto sobre sí mismo.

El palacio alado de Trump era una de sus más preciadas posesiones. En esta imagen, se ve al empresario observando las Torres Gemelas. Unos años después de su destrucción, Trump, que no tuvo ningún vínculo con el espacio, propuso reconstruirlas para dejarlas más o menos igual que como habían sido.

Pocas veces se consigue tanto con tan relativamente poco. Donald con su padre, Fred, al lado de la pista de hielo que él acababa de rehabilitar y que usó para enaltecer su imagen como constructor.

En los años ochenta, Trump entabló una relación con Al Sharpton y Don King, dos destacadas personalidades de raza negra y habituales de los tabloides. La relación con ambos fue esencialmente mercantil y maquilló la escasa interacción de Trump con la población negra más allá del mundo de los deportes o el famoseo.

El reverendo Jesse Jackson fue otro líder negro con el que Trump intentó forjar una relación beneficiosa para ambas partes. A finales de los noventa, Trump le concedió a Jackson unas oficinas en Lower Manhattan para la coalición Rainbow/PUSH del reverendo.

Trump con el dueño de los New York Yankees George Steinbrenner, una de las grandes influencias para el promotor, tanto en su estilo agresivo como en su afán por ser un jefe imponente. En la década de los ochenta, Steinbrenner representaba una clase de hipermasculinidad que Trump buscaba emular.

Un Trump con la mirada perdida y aspecto aburrido, sentado junto a su esposa Ivana y su padre Fred. La foto fue tomada en Atlantic City en 1988.

Trump con su madre, su esposa Ivana, su hermano Robert y la primera esposa de Robert, Blaine, en 1988. A lo largo de los años, Trump empezó a hablar cada vez menos de su madre y más de su padre. Su relación con Robert se empañó porque Donald le responsabilizó de los problemas con la apertura del casino Taj Mahal de Atlantic City. Los hermanos estuvieron enemistados muchos años, hasta que cerraron viejas heridas justo antes de que Trump se convirtiera en presidente.

Trump en la portada de un número de la revista *Savvy Woman* del año 1989, posando junto a tres vicepresidentas ejecutivas de su empresa: Susan Heilbron, Barbara Res y Blanche Sprague. En el mundo neoyorquino de los negocios, la Trump Organization destacaba por la cantidad de mujeres que ocupaban puestos directivos, pero todo el mundo que rodeaba a Trump era, de una forma u otra, una marioneta. Años más tarde, el artículo de la revista fue un recurso que los asesores de campaña utilizaron para lavar la imagen del candidato.

Poco después de que su relación acaparara todos los titulares, Trump y Marla Maples posaron jugando al golf en Mar-a-Lago, la finca a primera línea de playa que Trump poseía en West Palm Beach, Florida.

Trump con Marla Maples y el alcalde saliente de Nueva York, David Dinkins, quien firmó la licencia matrimonial de la pareja para su boda de 1993. Superados los problemas de principios de la década, Trump estuvo exultante cuando *The New York Times* publicó una gran noticia en portada que anunciaba que había recogido la licencia.

A pesar de su fobia a los gérmenes, Trump cató un poco de comida de un bufé durante su viaje a Rusia en 1996. El viaje le sirvió para perseguir su tan ansiado sueño de construir un edificio en Moscú.

Trump y su asesor Roger Stone a las puertas del Tribunal Federal de Nueva Jersey. Stone dedicó años y años a preparar a su cliente para la política.

Trump y su entonces novia Melania Knauss posan con Jeffrey Epstein y Ghislaine Maxwell en el año 2000. Socios de Trump han declarado que, en su día, el empresario sintió fascinación por Epstein, pero que acabó distanciándose del depredador sexual.

En la cena anual de corresponsales de la Casa Blanca, Trump, acompañado por su novia Melania, estrecha la mano de Michael R. Bloomberg, quien pronto iba a ser candidato a la alcaldía de Nueva York. Casi veinte años más tarde, ambos hombres se presentaron a la presidencia el mismo año.

Trump con Mark Burnett, productor de *The Apprentice*, en 2003. Para muchos norteamericanos, el programa creó una imagen indeleble de Trump como gran empresario.

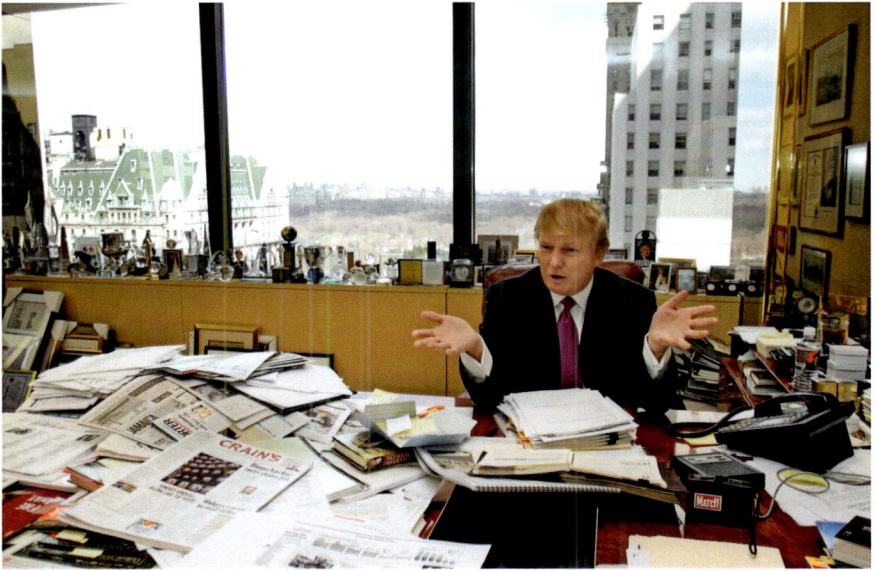

El empresario sentado en su despacho ejecutivo de la Torre Trump con el Central Park a sus espaldas. Como siempre, el escritorio está repleto de periódicos y revistas.

Trump en los cielos, en su fortaleza de oro, cristal y mármol. La foto se hizo en 2005, una década antes de que Trump se declarara oficialmente candidato a la presidencia. El magnate se prestaba de buen grado a que, de vez en cuando, los fotógrafos pudieran sacar fotos del espacio.

La debilidad de Trump por la lucha libre le venía que ni pintada, ya que el promotor era un fan de las escaramuzas. Su relación con Vince McMahon, de la WWE, demostró ser muy sólida. En 2007, Trump ayudó a afeitarle la cabeza a McMahon ante todo el público.

Trump intentó por todos los medios formar parte de la alta sociedad, hasta que decidió que prefería ir por libre. En 2008, Trump jugó al golf con Bill Clinton, Rudy Giuliani, el entonces alcalde de Nueva York Mike Bloomberg, el exmánager de los Yankees Joe Torre y el actor Billy Crystal.

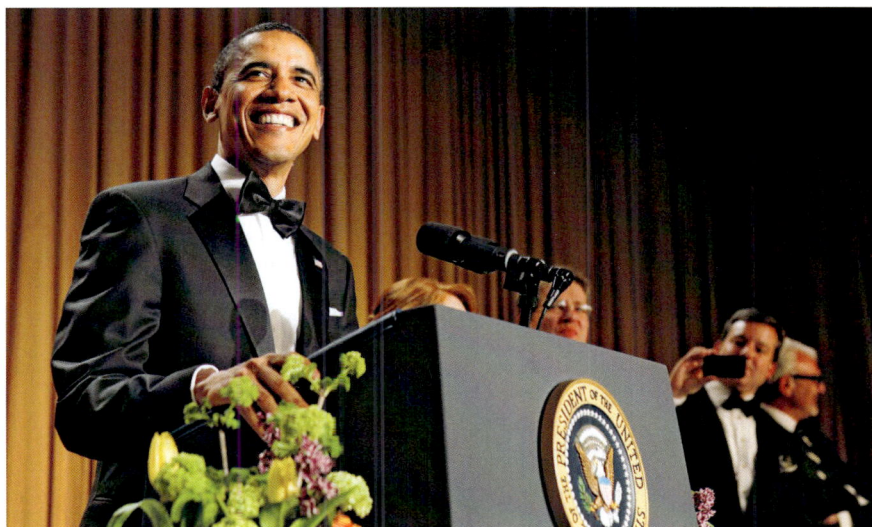

Fue una cena que hizo historia. En la cena anual de corresponsales de la Casa Blanca de 2011, Barack Obama se burló de Donald Trump por su cruzada *birtherista*, en la que había puesto en duda que el mandatario hubiera nacido en Estados Unidos para tratar de cuestionar la legitimidad del primer presidente negro de la historia. Humillado, Trump consiguió dibujar una leve sonrisa y, cuatro años más tarde, inició su propia campaña.

Trump fue a Nuevo Hampshire con su abogado Michael Cohen para explorar la posibilidad de empezar una campaña contra el presidente Barack Obama. Visitó una cafetería y se reunió con líderes de la zona.

En 2014, Trump amagó con presentarse a gobernador de Nueva York, pero la idea nunca le llamó de verdad la atención. Eso no le impidió hacer varios viajes por el estado para tantear el terreno. En uno de ellos, apareció en un acto contra el gobernador Andrew Cuomo, con el que había tenido sus más y sus menos a lo largo de décadas. En su intervención, Trump condenó al demócrata por querer restringir el uso y la tenencia de armas.

Los nominados de los dos grandes partidos en el primer debate de las presidenciales de 2016, enzarzándose por la cruzada *birtherista* de Trump contra Obama y su reticencia a publicar sus declaraciones de la renta.

Hillary Clinton en el centro de la sala de actos donde se celebró el segundo debate. El equipo de Trump colocó entre el público a mujeres que habían acusado a Bill Clinton de acoso sexual. También invitó a una víctima de violación cuyo presunto agresor había tenido a Hillary como abogada. Los asesores de Trump aprovecharon la oportunidad de usar y esgrimir a las mujeres contra la candidata demócrata.

Trump y Clinton sentados junto al cardenal Timothy Dolan, el arzobispo de la arquidiócesis de Nueva York. Como es tradición en las campañas presidenciales, los nominados de los dos grandes partidos asistieron a la gala de la Alfred E. Smith Memorial Foundation para recaudar fondos para organizaciones benéficas católicas.

Trump en un mitin a finales de la campaña de 2016, uno de los muchos que celebró en su carrera hacia la Casa Blanca. Los mítines reemplazaron la típica campaña del puerta a puerta y las asambleas, y despertaron pasiones entre sus simpatizantes.

Todos los presidentes han tenido a algún pariente con el que el personal de la Casa Blanca ha debido trabajar o codearse, pero, durante su mandato, Trump inmiscuyó en mayor o menor medida a cuatro de sus hijos adultos y a su yerno.

Trump rodea con el brazo a su última directora de campaña de 2016, Kellyanne Conway, en la noche de las elecciones. Conway entró a trabajar en la Casa Blanca y se convirtió en una gran aliada de la primera dama.

El presidente electo Trump se reúne con el líder de la mayoría en el Senado Mitch McConnell dos días después de los comicios de 2016. McConnell nunca asimiló el comportamiento esperpéntico de Trump, pero sí aprovechó el control total que los republicanos tenían del Gobierno para sacar adelante propuestas clave.

Durante la transición presidencial, la mano derecha de Trump, Michael Cohen, habla con el teniente general retirado Michael Flynn y con el exgobernador de Texas Rick Perry en la Torre Trump. El presidente nombró a Flynn consejero de Seguridad Nacional y a Perry, secretario de Energía.

El flamante presidente avanza decidido hacia el podio, dispuesto a dar un discurso sobre la desolación que azota a Estados Unidos. El número de asistentes a su investidura fue la primera de la infinidad de disputas enconadas que Trump mantuvo con la prensa durante su presidencia.

Trump habla por teléfono con el presidente ruso Vladímir Putin durante su primer año en el cargo. Todos los asesores que le rodean, excepto el vicepresidente Mike Pence, terminarían marchándose antes de acabar el año.

En las primeras semanas de la presidencia, afloró la noticia de que Trump había colocado una foto en el aparador que había detrás de su escritorio del Despacho Oval. Era una imagen de su padre Fred, un observador omnipresente que seguía todos sus pasos. Al final, el presidente añadió más fotos, pero esta siempre destacó.

Trump da la bienvenida a Jeff Sessions como su fiscal general, un puesto sujeto a limitaciones que el nuevo presidente entendía a duras penas. Al cabo de un mes de jurar el cargo, Sessions se recusó de la investigación sobre los vínculos entre Rusia y la campaña de Trump, lo cual sulfuró al presidente.

El exgobernador de Nueva Jersey Chris Christie fue uno de los primeros en apoyar a Trump en 2016. Luego lo despidieron del equipo de transición, pero al final le encomendaron liderar una comisión presidencial sobre los opioides.

Nadie creyó más en el sueño de hacer presidente a Trump que Roger Stone, pese a la relación un tanto tormentosa entre ambos. Stone guarda una enorme colección de recuerdos tanto de Trump como de Richard Nixon.

La relación de Trump con Puerto Rico fue siempre tensa; a sus asistentes, les dijo que era un lugar «sin ninguna esperanza». En 2017, viajó a la isla para conocer los efectos del huracán María y armó una polvareda cuando decidió arrojar rollos de papel a la muchedumbre damnificada por la catástrofe natural.

Los intentos por revocar el *Obamacare* cayeron en saco roto, pero la ratificación de la reforma fiscal de Trump fue un momento crucial para la unión republicana en el Gobierno.

Trump le estrecha la mano a Scott Pruitt, el jefe de la EPA (siglas en inglés de la Agencia de Protección Medioambiental), en un acto para anunciar que Estados Unidos se retiraba del Acuerdo de París. Pruitt había sido uno de los que habían abogado por ello.

John Kelly, exjefe de gabinete de la Casa Blanca, de pie junto a Ivanka Trump y su marido Jared Kushner. Después de recibir a Kelly en el Ala Oeste, la pareja iba a librar una guerra sin cuartel contra el marine retirado. Kelly, por su parte, intentaba coartar la influencia de Ivanka y Kushner por orden de Trump.

El neoyorquino Sam Nunberg, exprotegido de Roger Stone, ayudó a Trump a perfilar aspectos de su campaña a las presidenciales de 2016. Entre otras cosas, urdió la idea de construir «el muro» en la frontera sur de Estados Unidos.

Durante los años de Trump en la Casa Blanca, poca gente fue tan cercana al presidente como Hope Hicks, retratada aquí en su último día como directora de comunicaciones. Luego, Hicks volvió como asesora cuando el coronavirus empezó a asolar Estados Unidos en 2020, una etapa especialmente funesta del mandato de Trump.

Periodistas, incluida yo misma, en la cabina del presidente en el Air Force One, en el año 2018. A Trump le gustaba llevar sistemáticamente a periodistas a la parte delantera del avión.

El tono suave de Trump con Vladímir Putin confundió a su equipo y sembró muchas dudas sobre los motivos por los que un presidente estadounidense adoptaría una postura tan ambigua. En sus cara a cara con Putin, Trump siempre parecía intrigado.

Trump cayó prendado del presentador de radio derechista Rush Limbaugh, y llegó a concederle la Medalla Presidencial de la Libertad hacia el final de su mandato. La descarada misoginia de Limbaugh y los comentarios racistas en su programa de radio atraían a un público que se solapaba con la base trumpista.

Michael Cohen, el apagafuegos de Trump, alza la mano derecha antes de prestar testimonio en el Congreso por las tareas de las que se encargaba para el presidente. El testimonio de Cohen fue clave para el fiscal general de Nueva York, que estaba investigando la valoración financiera que Trump hacía de sus bienes.

Obsesionado con el número de gente que cruzaba la frontera, en 2019 Trump visitó la patrulla fronteriza en Calexico. Fue en ese viaje cuando sugirió que el nuevo secretario en funciones del Departamento de Seguridad Nacional cerrara la frontera. Dijo que él le indultaría si le acusaban de algún delito. El secretario confesó que creía que Trump estaba bromeando; otros no lo tenían tan claro.

David Bossie y Corey Lewandowski, los antiguos subdirector y director de campaña de Trump. En 2016, Bossie era quien le daba a Trump las noticias que el candidato no quería oír, y pagaba los platos rotos. Pese a ser despedido, Lewandowski mantuvo una relación estrecha con el presidente.

Trump con el presidente ucraniano Volodímir Zelenski. Un mes antes de la cumbre, Trump llamó a Zelenski para pedirle que investigaran al hijo de Biden, Hunter. Su petición llegó poco después de que el Gobierno de Estados Unidos congelara la ayuda militar aprobada por el Congreso para Ucrania. Esa llamada encendió la llama del primer proceso de destitución a Trump en la Cámara de Representantes.

Una de las ceremonias habituales para un presidente es recibir con todos los honores a los aviones que repatrian los cuerpos de los soldados caídos en combate. En una ocasión, Trump invitó al actor Jon Voight para que lo acompañara en ese acto. En la foto, el presidente y la primera dama asisten a la recepción.

Trump recibió al presidente brasileño Jair Bolsonaro en Mar-a-Lago en marzo de 2020. El encuentro de ese fin de semana fue uno de los varios que tuvieron lugar en el club justo cuando el coronavirus estaba propagándose por el país. Un asesor de Bolsonaro dio positivo tras el fin de semana.

Trump participa en una sesión informativa del grupo de trabajo contra el covid en la Casa Blanca, bajo la atenta mirada del fiscal general William Barr. Sus meses más duros empezaron cuando la pandemia cobró impulso.

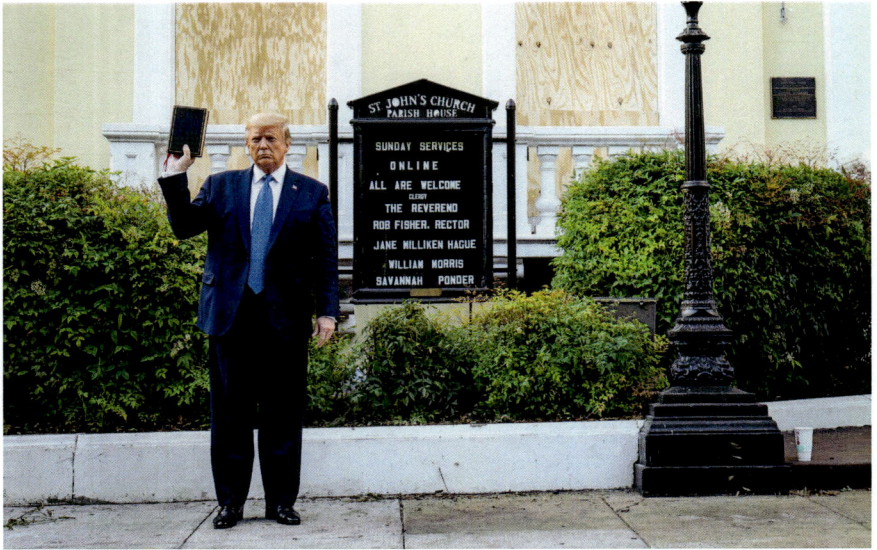

El 1 de junio de 2020, Trump trató de establecer su dominio sobre los manifestantes congregados cerca de la Casa Blanca caminando hasta la histórica iglesia de San Juan, cuyo sótano se había incendiado la noche anterior. El equipo del presidente planteó que Trump llevara una biblia y que leyera un pasaje, pero él la sostuvo en alto como si fuera parte de su atrezo.

Trump no cabía en sí de júbilo cuando, a finales de septiembre, desveló su tercer nombramiento para el Tribunal Supremo: la jueza Amy Coney Barrett. Sin embargo, el anuncio acabó convirtiéndose en un caso de superpropagación, pues una multitud de gente (la mayoría, sin mascarilla) llenó el Jardín de los Rosales y el Ala Oeste. Poco después, Trump daría positivo por coronavirus.

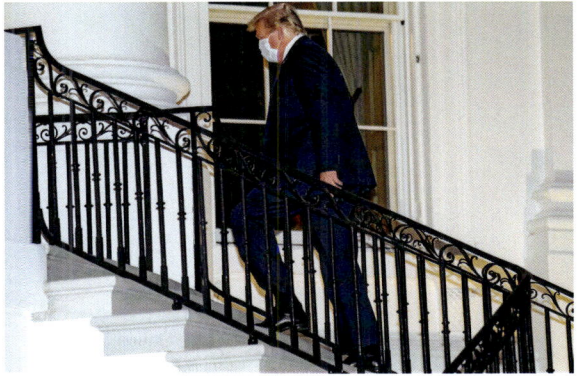

Trump estaba empecinado en demostrar que el covid-19 no le había afectado, y subió la escalera de la Casa Blanca tras recibir el alta del Walter Reed. Al llegar arriba, se quitó la mascarilla y le vimos jadear.

Roger Stone es el amigo y asesor más longevo de Trump. Aquí, posa para una foto en Washington D. C. la víspera del asalto al Capitolio.

El 6 de enero de 2021, el exalcalde de Nueva York Rudy Giuliani se dirigió a la multitud que protestaba por el supuesto «robo» de las elecciones. Exigió un «juicio por combate» poco antes de que los manifestantes interrumpieran la ratificación de los resultados del colegio electoral. Las airadas acusaciones de Giuliani, quien dijo que se le había arrebatado la victoria a Trump, ayudaron a conformar el segundo proceso de destitución de la Cámara de Representantes contra el presidente.

- DJT is said to have sent money to Stanley Friedman's wife when Friedman was in prison. Does he have any comment on this?

STANLEY WAS A GOOD MAN WITH GREAT COURAGE -

- DJT attended Roy Cohn's funeral but stood in the back; he told people who knew them both long prior to Cohn's death that he hadn't believed Cohn was gay. Does he have any comment on this?

FALSE

FALSE

- DJT had an intense concern about AIDS that he talked about a lot in the 1980s as it was spreading around the country, a topic he talked about frequently. Reporters he dealt with often recall him worrying that people he'd shaken hands with might be gay and transmitting the virus. Does he have any comment on this?

FALSE

WHO DIDN'T?

- DJT threw a surprise birthday party for Richard Fields in the 1990s at the Pirros' house. Does he recall why he threw it?

A NICE GUY - DON'T REMEMBER PARTY

- When Neil Barsky wrote the story in 1991 about how DJT may have to borrow money from his father, associates of DJT said he worried about the story leaving the impression that he was strong-arming his father publicly, or waiting to collect his inheritance. Is there additional context around what happened with Barsky that he wants to provide?

BARSKY WAS A SLEAZEBAG - MY FATHER AND I HAD A GREAT RELATIONSHIP - STORY WAS FAKE News

- When DJT's father bought more than $3 million worth of casino chips, they were ordered by regulators to be preserved because they were an unreported loan. One of the chips, worth many thousands of dollars, went missing from the lockbox where it was kept; ▮▮▮▮ Did he take it or was it someone else? ▮▮▮▮

FANTASYLAND!

- When DJT took a loan from his share of the estate and his brother objected, he wrote a letter to family members criticizing him, according to a friend of the family. Does he have a comment on this?

My BROTHER AND I WERE VERY CLOSE RIGHT UP UNTIL HIS PASSING - CALL ANN MARIE (WIFE)

- In the 1990s, former employees recall DJT taking percentages of leasing agreements on amenities like parking garages in cash (treated as a brokerage fee). One case involved having dozens of gold bricks wheeled to DJT's office on the 26th floor by Matt Calamari; it was said to be attached to a lease held for the GM building ▮▮▮▮ Was this kind of "brokerage fee" common for the Trump Organization? And

A FANTASY QUESTION!

---

was the gold related to the gold investment DJT declared on his personal financial disclosure form?

- DJT took a loan from George Ross, a wealthy man in his own right who for years worked for the Trump Organization; former employees were told it was to cover the Trump Organization's payroll. Does DJT recall have a comment on this?

FALSE

- Former employees recall him describing gay people as "queer" or "faggot;" Alan Marcus, a former DJT employee, recalls DJT referring to Abe Wallach as a queer who he didn't have to pay as much because of ithat fact. Does DJT have a comment on this?

TOTALLY FALSE

- Marcus recalls DJT using Nick Ribis to solve interpersonal fights in the office. He also recalls DJT marking up a draft earnings release for the casino holding company and sending it to Marcus for ultimate release. The issue was investigated by the SEC and Nick Ribis was blamed by Jay Goldberg. Marcus recalls calling Goldberg and telling him the release existed, and believes DJT was aware that the earnings statement was inflated. Does DJT have a comment either on the call or marking up the earnings release?

Fake News

- Associates recalled Trump saying that Roy Cohn would tell him that he should hope for a Black judge on cases; the implication, the associates said, was that Black judges could be manipulated in some way. "Let's hope the judge is Black," Trump periodically said about a legal case, they recalled. Does he have a comment?

NOT TRUE

- The former POTUS directed Pence to stay at his hotel in Doonbeg. Does DJT have a comment?

NOT TRUE - HIS RELATIVES LIVED OR HAD A BUSINESS IN DOONBEG -

- The former POTUS was unhappy with Flynn even before the reporting in the Washington Post about his discussion with Kislyak involving sanctions, but started expressing regret after firing him. Does he have a comment on that, and can he say why they began talking again?

FALSE - HE WAS, AND IS, A GREAT PATRIOT.

- Former POTUS wanted John Kelly to move the president's daughter and son-in-law out of the White House. Why did he ultimately decided not to?

FALSE STORY - KELLY WAS TOO DUMB TO PROPERLY HANDLE SUCH AN EVENT IF TRUE, WHICH IT WAS NOT.

- Officials say the former POTUS directed White House officials to hold the G-7 at the Doral. Does DJT have a comment on this?

WOULD HAVE BEEN A GREAT LOCATION AND BEAUTIFUL PLACE. MIDDLE OF MIAMI, NEAR AIRPORT ETC. TOO POLITICAL

- When DJT talked to Erdogan in 2019 just before the incursion into Syria, officials said that on their call, Erdogan swayed him by promising to take care of terrorists. Does DJT have a comment on this?

FALSE. I TOOK CARE OF THE TERRORISTS, GOT OUT OF SYRIA, SAVED BILLIONS OF $'S, GOT ALONG WELL WITH ERDOGAN.

- DJT repeatedly expressed regret over criminal justice reform. Does he have a comment on that? *DID IT FOR AFRICAN AMERICANS. NOBODY ELSE COULD HAVE GOTTEN IT DONE. GOT ZERO CREDIT -*

- DJT is said to have been encouraged on troop withdrawals from Germany by Ric Grenell. Why did he think this was an important move and has DJT's perspective changed in light of the Russia attack on Ukraine?

THEY DON'T PAY THEIR SHARE (LIKE MOST OTHERS). WOULD NEVER HAVE HAPPENED TAKE ADVANTAGE OF USA. WITH "TRUMP"

- There was a plastic surgeon whose office has photos of the former first family in his office and a piece about DJT sending him clientele - his name is [redacted] who treated several female staffers with outpatient treatments inside the White House medical unit. Why was he there?

HE WAS THE DOCTOR FOR MISS U - WHICH I HAD SUCCESSFULLY SOLD PRIOR TO W.H.

- Meadows told Pence folks that POTUS wanted to delay his transition funding after election day. Does DJT have a comment about why?

KNOW NOTHING ABOUT IT.

- DJT has told people if Roy Cohn was still alive, he would still be president. Does he recall saying this and can he explain what Cohn could have done that others didn't? *I GOT FAR MORE VOTES THAN ANY SITTING PRESIDENT. ELECTION WAS RIGGED & STOLEN.*

- Former employees recall DJT keeping salacious photos of women he said he'd been involved with and showing them to employees. Does he have a comment on this? *FAKE NEWS - NOT MY STYLE*

- DJT, talking to NBC executive Marc Graboff, said he thought he needed a Jewish agent. DJT had sought a hefty contract increase after the first season of the Apprentice, ultimately agreeing to a minor bump. Does he have a comment on this? *FAKE STORY I MADE A FORTUNE MAJOR ON THE APPRENTICE - BIG HIT*

- DJT spoke in the early 1990s about a relationship Marla Maples had with Michael Bolton, the singer, and how he won her over from Bolton despite an intense wooing effort. Associates said he wanted to attend a Michael Bolton concert with Maples shortly after they traveled to Hawaii, a trip he also talked about. Does he have a comment on this/memory of this? *I DID WELL WITH SUCH THINGS - NEVER PAID - ANOTHER DAY IN THE LIFE OF. WHO CARES?*

- Alan Marcus recalls DJT asking someone involved in preparing slides for investors for the stock pitch for the Trump casino holdings to doctor a slide related to the pitch for the Buffington Harbor, Indiana casino, showing the location as adjacent to Chicago, as opposed to a 40-minute drive away. When an aide reminded DJT that he was dealing with an

---

SEC-monitored public offering, DJT told the aide the map could be used outside Chicago, because no one would realize what the actual distance was. Does he have a comment on this?

HE MUST HAVE A BAD MEMORY (OR BAD / PRETTY EASY TO BEGIN). FIND OUT.

- Associates recall DJT describing then-Melania Knauss as, for what he wanted for his life, "out of central casting."

ACTUALLY, THERE IS SOME TRUTH IN THAT!

- Throughout the campaign and the presidency, DJT complained about Kushner taking time off for Shabbat. Does he have a comment on this?

FAKE NEWS -

GOOD NIGHT!

Trump respondió a mano a mis preguntas sobre algunas de las informaciones que figuran en este libro, aunque contestó dos semanas después de que se acabara el plazo para la entrega. (Para la traducción al castellano, véase anexo, p. 787.)

El presidente Trump se dirige a la multitud congregada en el Ellipse el 6 de enero. Trump les dijo a sus simpatizantes que marcharía con ellos al Capitolio, pero luego se fue y regresó a la Casa Blanca.

El 20 de enero de 2021, un Trump con cara larga embarcó en el Marine One por última vez en su mandato.